한국
독립운동과
역사인식

박걸순(朴杰淳)

충북대학교를 졸업하고 충남대학교에서 박사학위를 취득했다.
독립기념관 한국독립운동사연구소 수석연구원, 한국근현대사학회장,
한국사연구회 이사, 안중근의사유해발굴단 자료조사위원, 독립유공자서훈공적심사위원,
한국독립운동사인명사전 편찬위원 등을 역임하고 현재 대통령 직속 3·1운동 및
대한민국임시정부수립100주년기념사업추진위원회 위원 및 충북대학교 사학과 교수로 재직 중이다.

주요 논저

『한용운의 생애와 독립투쟁』(1992)
『한국근대사학사연구』(1998)
『식민지시기의 역사학과 역사인식』(2004)
『국학운동』(2009)
『시대의 선각자 혁신유림 류인식』(2009)
『충북의 독립운동과 독립운동가』(2012)
『독립운동계의 3만 정순만』(2013)
『독립전쟁론의 선구자 광복군총사령 박상진』(2014)
『한국사의 계보』(역, 2015)
『의열투쟁의 이론을 정립하고 실천한 류자명』(2017)
『기록으로 듣는 100년 전의 함성, 3·1운동』(2018)
이 외 한국근현대사, 한국근대사학사 논저 다수

한국
독립운동과
역사인식

박걸순 지음

3·1운동과 대한민국임시정부 수립 100주년의 뜻깊은 해를 맞이했다. 3·1운동에서 가장 중요한 사실은 자주독립을 선언한 일이다. 한민족은 전 세계 피압박 민족 가운데 선구적으로 독립을 선언하고 평화적 만세 시위를 통해 식민지 해방투쟁을 펼쳐나갔다.

독립선언은 곧 최초의 민주공화정 국가로서 국민이 주인인 대한민국의 탄생으로 결실을 맺었다. 미국은 1776년 독립을 선언하고 13년 뒤인 1789년 정부를 수립했다. 우리는 1919년 3월 1일 독립을 선언하고 4월 11일 비록 임시정부 형태이기는 하나 대한민국을 세웠으니 한 달 10일만의 일이다. 물론 우리나라는 침략자를 내쫓기 위한 선언이었고, 미국은 침략자가 선언한 것이니 선언이 갖는 가치는 전혀 다른 것이다.

3·1운동이라는 역사적 용어를 '혁명革命'으로 고쳐야 한다는 주장이 있다. 필자는 이런 주장을 하는 사람들의 의도는 이해하나, '운동運動'이 새로운 세상을 지향하는 광범한 역사적 변혁의 의미를 담고 있다고 평가하기 때문에 동의하지는 않는다. 그보다도 먼저 고쳐야 할 것은 '3·1절'이라는, 개념이 미약하고 몰가치한 용어이다. 사회주의 국가에서는 9·9절이니 쌍십절이니 하여 그냥 날짜에 절을 붙여 칭하는 경우가 있다. 우리의 경우는 광복절·제헌절·개천절 등 역사적 의미를 담아 부르고 있는데, 유독 3·1절만 날짜에 절을 칭하고 있는 것이다. 따라서 '3·1절'은 그 역사적 함의를 명확히 담아 '3·1독립선언절'로 칭함이

마땅하다. 그래야 '8·15광복절'과도 어우러진다.

필자는 3·1운동 100주년을 주중 대한민국대사관의 초청을 받아 베이징대사관에서 진행된 기념식에 참가하며 맞이했다. 2월 28일 인천공항을 이륙하며 지녔던 북·미 2차 하노이 정상회담에 대한 기대가 베이징 서우두 공항에 착륙하며 실망으로 변했다. 공항에 마중 나온 외교관에게서 트럼프 미국 대통령이 북·미 정상회담의 성과도 없이 회담장을 떠나 자기나라로 돌아갔다는 소식을 들은 것이다. 베이징에서 듣는 우리 대통령의 3·1절 경축사에서도 그에 대한 실망감이 행간에 비쳐졌다.

남북 관계는 우리 민족이 당사자이다. 그러나 정작 우리의 의지만으로는 할 수 있는 것이 아무것도 없다는 무력감이 3·1운동 100주년에 엄습했다. 국제적 역학관계가 빚어내는 원심력에 빨려 들어가 중심잡기가 쉽지 않은 혼미함도 느꼈다. 작년 4월 27일 남북 정상회담 이후 분단 70여 년 만에 엄청난 변화를 일궈냈으나, 2차 북·미 정상회담 결렬의 충격파는 좀처럼 가라앉지 않는 듯하다. 미국에서는 매파들의 발언권이 강화되고 있고, 북한의 동향도 심상치 않다. 3·1운동 100주년이라는 가슴 벅찬 날, 도리어 가슴 졸이는 일이 화두가 되고 만 현실이 안타깝다.

이 책은 필자가 지난 10여 년간 발표한 논문 가운데에서 17편을 선별하여 수록한 것이다. 필자는 중앙사로서 한국독립운동사, 지역사로서 충청 지역의 근현대사, 분류사로서 한국근대사학사의 세 영역을 관심분야로 하여 연구를 진행해왔다. 다행히 논문을 분류해 보니 대개 이 방향과 일치했다. 제목은 『한국독립운동과 역사인식』으로 했다. 이는 본서 수록 논문의 주제를 포괄하기도 하지만, 결국 독립운동은 치열한 역사인식의 소산이라고 믿기 때문이다.

현재적 관점에서 보았을 때 독립운동가들의 역사인식에 문제가 지적될 수 있다. 독립이라는 목적 지향적 역사인식에 치중하다 보니 다소 과학적이지 못하고 투사적 도그마에 빠져 독단적이고 편협한 해석의 늪에 빠진 경우도 있었다. 그러나 그들의 역사의식은 올발랐고 지향점은 정확했다. 당시의 시대적 상황을 제대로 이해하지 못하고 선인들의 일부 인식적 오류만 들먹거리며 함부로 그들의 삶과 이상까지 재단하려드는 것은 오만한 발상이다. 요즘 역사적 사실과 맞지 않는 '틀린' 해석을 다양성으로 포장하여 '다른' 해석으로 평가받으려는 세력들이 있다. '틀린' 것과 '다른' 것은 엄연히 구별되어야 한다. '다른' 역사해석은 존중되어야 하나, '틀린' 역사해석은 마땅히 제척되어야 한다. '틀린' 사고방식과 역사의식을 지닌 세력들이 역사의 지향을 설정하고 규정하려드는 것은 경계해야 할 일이다.

제1부는 1910~1920년대 국내외 민족운동, 제2부는 충청 지역의 민족운동, 제3부는 독립운동가의 역사인식으로 명명하고 5~6편의 관련 논문을 편제했다. 각 논문 말미에는 게재 학술지를 표기해 두었다.

수록 논문을 선별하고 정리하며 저서 발간 여부를 두고 적잖은 고민도 있었다. 그것은 필자가 논의한 주제와 내용 가운데에는 이미 학설로서 의미와 가치를 상실하여 연구사적 의의가 퇴색한 것이 있었기 때문이다. 그러나 어떤 것은 새로운 문제 제기를 통해 학계의 주의를 환기시킨 것도 있으며, 또 어떤 것은 여전히 논의가 진행 중인 것도 있다. 특히 북한이 소장하고 공개하지 않고 있는 신채호 유고를 동서독의 브레히트 전집 공동 편찬 사례를 들어 남북 공동사업으로 편찬하자는 제안은, 요즘 시국에서 남북 공동협력 사업으로 성사될 당위성과 가능성이 더욱 높아진 어젠다이다.

필자가 지난 10년간의 연구 성과를 정리하고자 한 의도는 시간의 '복기復碁'를 통해 남은 학문생활의 이정을 설정하고자 한 것이다. 그런데 지난 필자의 연구생활을 회고할 때 깊이 후회되는 사실이 있다. 그것은 필자의 연구 주제가 자의적이고 주체적으로 선정하여 진행된 것이 아니라, 학회 등의 기획에 따라 주어진 것이라는 것이다. '주어진 주제'의 청탁 원고 작성에 급급하다 보니 여기까지 이르게 되었다. 그나마 다행스러운 것은 주어진 주제가 필자의 연구 영역에서 크게 벗어나지 않는 것이란 사실이다.

저서 발간의 동기는 또 있다. '이순耳順'이 되었으나, 귀가 순해지지 않았다고 반성하고 있기 때문이다. 이순은커녕 도리어 이역耳逆하는 현상이 잦아지니 아직 멀어도 한참 먼 것 같다. 학문과 인격의 됨됨이가 반드시 비례하는 것은 아니라 하더라도, 반비례하는 위선자는 되지 말자고 자신에게 계고戒告하는 각오를 담고자 했다.

편집 방향과 체제가 다른 여러 학술지에 게재했던 논문을 하나의 저서로 엮는 것이 쉬운 일은 아니다. 교정을 도와준 충북대학교 근현대사 연구팀의 김건실·홍순영·최소라에게 감사한 마음을 전한다. 채산성도 없는 책의 출판을 선뜻 허락해준 역사공간 주혜숙 사장의 후의와, 난삽한 원고의 편집에 애쓴 선우애림 과장의 성의에 감사드린다. 손자 수용에게 할아버지가 살았던 시대의 고민을 전하고 싶은 마음도 담는다.

3·1운동과 대한민국임시정부 수립 100주년을 진심으로 경하하며
대한민국 건립 100주년의 날에 개신동 연구실에서
박걸순

3부 독립운동가의 역사인식

1부

1910~1920년대 국내외 민족운동

01

1910년대 비밀결사의 투쟁방략과 의의

머리말

1910년 대한제국은 일제의 침략에 의해 멸망했다. 그 때문에 사회진화론의 효용과 논리는 기로에 직면했다. 국권회복을 추구하던 세력들에게 사회진화론은 대한제국을 수호하기 위한 논리였다. 그러나 대한제국이 멸망함으로써 진화의 주체가 사라지자, 진화론에 균열현상이 나타났다. 한 부류는 대한제국을 포기하고 식민지 지배세력을 새로운 주체로 받아들였다. 이들은 강해지는 법을 모르면 약자로 사는 법을 배워야 하고, 약소민족이 강성한 민족과 함께 살아야 한다면, 약자가 취할 수 있는 최선의 방책은 강자의 호감을 사는 것뿐이라고 믿었다. 심지어 "물 수 없다면 짖지도 말라"고 했다.[1] 독립운동은 불가한 것이니, 아예 포기하라는 것이다. 그들에게 1910년대는 사회진화론을 포기하거나 자가 수정하는 비판과 조정의 시기였다.[2]

1　김상태 편역, 『윤치호일기』, 역사비평사, 2001, 70·79·83·189쪽.
2　권보드래, 「진화론의 갱생: 1910년대의 인식론적 전환과 3·1운동」, 『大東文化研

일제의 무단통치는 제국주의 역사에서 유례를 찾을 수 없는 가혹한 식민지 지배 방식이었다. 그 상징인 조선 총독은 내각의 감독을 받지 않고 일왕에 직예直隸하며 입법·사법·행정 및 군 통솔권을 지녔다. 여기에다 헌병대 사령관이 책임자로 있는 경찰까지 직할했으니, 조선 총독은 일본이 여타 식민지를 지배한 방식과는 구별되는 독특한 존재였다. 초법적 권한을 가진 총독의 무단통치하에서 독립운동은 크게 위축되어 암흑기를 맞았고 침묵을 강요당했다.

그러나 1910년대는 다양한 사상의 모색기이자, 본격적인 독립운동의 준비기였다. 이 시기를 주도해나간 세력은 진화의 주체를 국가가 아닌 민족으로 상정한 민족주의자들이었다. 그 가운데 일부는 자정과 순국으로써 식민지 민족 되기를 거부했다.[3] 또한 국외로 망명하여 후일을 도모하는 세력도 있었다. 그들은 독립운동선상에서 이탈한 부류들이 '일강족一强族의 약자弱者'가 된 것으로 만족하며 '신성神聖한 약자弱者'[4]가 되자는 요구를 거부했다.

1910년대 무단통치하에서 민족운동세력이 선택할 수 있었던 방식은 비밀결사 조직이었다. 비밀결사는 국내에서 전개된 독립운동에서 가장 특징적인 면모다.[5] 이후 비밀결사는 3·1운동기는 물론 일제 패망 때까

究』 제66권 66호, 성균관대학교 대동문화연구원, 2009, 246쪽.

3　1910년대의 자결 순국자는 64명에 달하는데, 이 가운데 경술국치에 분개하여 자결한 분은 洪範植을 위시하여 39명(61%)이며, 1911~1921년간에 자결한 분이 8명이나 되니 경술국치와 자결 순국의 관계를 잘 알 수 있다. 박걸순, 「安潚의 현실 인식과 자정 순국」, 『한국근현대사연구』 제61권 61호, 한국근현대사학회, 2012, 108~110쪽.

4　雪園生, 「忙中閑抄-神聖한 弱者-」, 『每日申報』, 1919년 9월 14일자.

5　愼鏞廈, 「韓國 國內 民族獨立運動의 特徵」, 『한국독립운동사연구』 제7권, 독립기념관 한국독립운동사연구소, 1993, 426~427쪽; 尹慶老, 「1910년대 독립운동의 동향과 그 특성」, 『한국독립운동사연구』 제8권, 1994, 393~394쪽.

지 효과적인 투쟁 수단으로 존재했다.[6] 따라서 1910년대 비밀결사는 한 말 국권회복운동의 전통을 발전적으로 계승하고, 3·1운동과 그 이후 한국독립운동을 지속적으로 이끌어나간 주체라 할 수 있다.

이 글에서는 그러한 인식을 바탕으로 1910년대 비밀결사의 투쟁방략과 의의를 검토하고자 한다. 먼저 비밀결사 조직의 전제 조건으로서 일제 무단통치의 실상을 살펴본다. 이어 비밀결사의 조직과 투쟁방략을 의병계열·계몽운동계열로 나누어 검토하고, 3·1운동기 비밀결사 조직과 그 활동 양상도 정리하기로 한다. 끝으로 비밀결사투쟁의 의의를 몇 가지로 정리하여 제시하기로 한다.

이로써 폭압적 무단통치 아래서도 3·1운동을 만들어나갈 수 있었던 저력과, 3·1운동이 최대의 독립운동으로 발전할 수 있었던 추동력을 확인할 수 있을 것으로 기대한다.[7] 다만, 이 글에서 검토하는 비밀결사의 지역적 공간은 국내로 한정한다. 물론 국외에도 한인 결사체가 있었고, 이들이 독립운동을 주도해나간 것도 사실이다. 그러나 일제의 직접 통치를 받던 국내와는 독립운동 조건에 현저한 차이가 있었다. 국외 한인 결사체는 굳이 비밀결사의 형태가 아니라도 존재가 가능했다.[8] 그러므로 이 시기 국외의 한인 결사와 국내의 비밀결사를

---

6 박걸순, 「3·1運動期 國內 秘密結社運動에 대한 試論」, 『한국독립운동사연구』 제2권, 독립기념관 한국독립운동사연구소, 1988; 張錫興, 「1920년대 초 國內 秘密結社運動의 성격」, 『한국독립운동사연구』 제7권, 1993; 권대웅, 『1910년대 국내독립운동』(한국독립운동의 역사 15), 한국독립운동사편찬위원회·독립기념관 한국독립운동사연구소, 2008; 변은진, 「일제 말(1937~1945) 각종 '불온문서'와 소규모 비밀결사」, 『한국민족문화』 제42권 42호, 부산대학교 한국민족문화연구소, 2012.

7 1910년대 독립운동사 연구에서 비밀결사운동이 3·1운동으로 연계되는 구체적 인과관계를 밝히는 것이 본질적 과제로 지적된다. 윤경로, 「1910년대 국내 독립운동사 연구의 동향과 과제」, 『한국민족운동사연구』 제62권, 한국민족운동사연구회, 2010, 25~27쪽.

8 예컨대 북간도의 대표적 한인 결사인 墾民會는 이주 한인의 당면 문제를 해결하고

같은 선상에서 논의하는 것은 타당하지 않다.

일제의 무단통치와 비밀결사

1910년대는 폭압적 무단통치 시기였고, 헌병경찰은 그 전위로서 강압적 수단이었다. 이 시기 일제는 토지조사사업을 통해 토지를 수탈하고 식민지적 농업체계로의 전환을 강요했으며, 회사령會社令을 통해 민족 산업을 억압하고 일본 자본의 독점적 지위를 확고히 했다. 또한 조선교육령을 통해 식민지 노예교육을 실시하고, 역사 금압 등 민족문화 말살을 획책했다.

일본군이 우리나라에 주둔하기 시작한 것은 1883년 공사관수비대(공사관호위대)부터이다. 이후 일본군은 한국주차군사령부와 임시한국파견대사령부가 되었다가 강점 후 조선주차군사령부와 임시조선파견대사령부로 명칭을 변경했다. 그런데 「조선주차군사령부조례」(1906. 7, 칙령 제205호)에서는 군사령관이 한국의 안녕질서를 위해 통감의 명령이 있을 때에 병력을 사용할 수 있도록 규정했다. 또한 「한국주차헌병에 관한 제制」(1907. 10, 칙령 제323호)에는 헌병이 통감의 지휘를 받아 일반 경찰 업무와 군사 경찰 업무를 겸장하도록 했다. 문관인 통감에게 주차군 지휘권을 인정한 것은 특례 조치로서, 이는 식민지 조선에 대한 일본의 관심

자치를 실현하기 위해 중국 지방정부나 일제와 교섭하기 위한 공식기구로 조직되었다. 물론 간민회는 중국과 일제 양측의 견제와 탄압을 받았지만, 해산의 실제 이유는 일제의 압력에 굴복한 중국 지방정부의 해산 명령 때문이었다(박걸순, 「북간도 간민회 선행조직의 성격과 추이」, 『한국근현대사연구』 제51집, 2009; 「북간도 간민회의 해산과 추이」, 『中央史論』 제30집, 중앙사학회, 2009).

도와 지배체제의 불안정성에 대한 위기감의 표현으로 이해된다.[9]

1909년 7월 일왕의 재가로 결정된 「대한시설대강對韓施設大綱」에서 '한국의 방어와 질서 유지' 및 '출병'을 위한 양면적 수단을 달성하기 위해 조선군의 주둔과 증파가 결정되었다.[10] 조선군은 일왕에 직예直隸하는 조선군사령부라는 독립된 지휘체계를 지니고 있었는데, 일본의 다른 식민지 군대와는 성격이 전혀 달랐다. 1910년 1월, 헌병사령관 아카시 모토지로明石元二郎가 데라우치 마사타케寺內正毅에게 헌병과 한국 경찰의 통합을 제안했다. 같은 해 6월, 데라우치 마사타케는 「한국 경찰사무 위탁에 관한 각서」를 강제했다. 이는 한국 경찰제도의 완비가 인정될 때까지 한국 정부가 일본 정부에 경찰사무를 위탁한다는 내용이었다. 결국 한국 정부는 명맥이나마 유지하던 경찰권을 완전히 일본에 빼앗기게 된 것이다.[11] 이로써 아카시 모토지로가 헌병사령관 겸 통감부 경무총장이 되고 전 조선에 헌병을 중심으로 한 헌병경찰제도가 시행되었다.

강제병합 10여 일 후인 9월 10일 공포한 「조선주차헌병대조례」는 헌병이 경찰과 군사경찰 업무를 담당한다는 사실을 확인하고, 직무 수행은 총독의 지휘 감독을 받되, 군사경찰은 육군대신과 해군대신의 지휘를 받도록 했다. 이로써 헌병경찰의 제도적 장치가 완전히 마무리되었다. 1910년 10월 3일 총독이 총독부 관리에 행한 훈시는 일제 식민지 지배의 기본 성격을 여실히 보여준다. 그는 "목하의 급무는 신영토의 질서를 유지하고 부원富源을 개발하며 신부新附한 인민을 부액扶掖하여

---

9   서민교, 『1910년대 일제의 무단통치』(한국독립운동의 역사 04), 한국독립운동사편찬위원회·독립기념관 한국독립운동사연구소, 2009, 266~267쪽.

10 朴慶植, 『日本帝國主義의 朝鮮支配』, 청아출판사, 1986, 28~29쪽.

11 일제는 그 이유로 한국 경찰과 일본 헌병이 양립하는 공동의 직무집행이 불편하고, 의병의 활동이 그치지 않은 상황에서 경무의 적확성과 민활성을 도모하기 위해서 경무기관의 통일이 필요하다는 구실을 들었다. 『施政二十五年史』, 1935, 32쪽.

치평의 은택을 입히는 데 있는데, 급극急劇한 변혁은 확실한 성공을 바라기 어려우며 도리어 인심의 동요를 가져올 우려가 있다"라고 하며 늘 세태世態 인정人情을 살필 것을 주문했다. 또한 그는 10월 5일 각도 장관에 행한 훈시에서는 지방행정에 대해 주의를 환기시켰는데, 제일 먼저 경찰제도에 대해 언급했다. 그는 아직 조선의 현상은 지방이 정밀靜謐하지 못하고 '불령不逞의 도徒, 초적草賊의 배輩'가 양민을 위협하고 재산을 약탈하는 상태이므로 조선에서는 내지와 구별되는 '일종의 특별한 경찰 조직'을 두는 것이라고 하며, 치안 유지를 확실히 하기 위해 상하 소통할 수 있는 민활 수단을 강구해야 한다고 강조했다.[12] 곧 헌병경찰제를 재확인한 것이었다.

1915년 6월, 일본 제국의회는 한국에 새로운 2개 사단의 편제를 승인했다. 현행 파견제도는 "신 영토의 치안유지상 적당하지 않고, 국방상 상비군 병력 증가의 필요가 있기 때문"이라는 이유에서였다.[13] 일제가 식민지 한국에 상주 사단을 설치한 것은 식민지 지배에 안정적 통치 기반을 조성하려는 의도와 함께, 일제의 대외작전을 중시한 조치의 결과였다.[14] 주차군제도를 폐지하고 편성한 조선군 19·20사단은 평시 편제 때 일제가 식민지나 해외에 배치한 유일한 상설사단으로서 식민지에 주둔한 군 가운데 최대 규모였다. 이는 토착민이나 용병이 아닌 지배 민족만으로 구성한 식민지 경영 전략의 특징적 면모를 보여준다. 조선군은 함경도와 중북부지방에 집중 배치되었고, 평시편제 사단이 아니라 준전시편제인 고정원高定員 편제 사단으로 운용되었다.[15] 따라서 단순한

---

12 釋尾春芿, 『朝鮮併合史』, 朝鮮及滿洲社, 1926, 715~722쪽.

13 朝鮮總督府, 『朝鮮總督府施政年報』, 1915, 87쪽.

14 辛珠柏, 「1910年代 日帝의 朝鮮統治와 朝鮮駐屯 日本軍」, 『韓國史研究』 제109권, 한국사연구회, 2000, 118쪽.

15 秦郁彦編, 『日本陸海軍總合事典』, 東京大學出版會, 1991, 704쪽.

조선의 식민지 지배용이 아니라 대륙 침략을 위한 정예부대였던 것이다.

일제의 조선 통치의 근본 방침은 내선일체에 의거한 동화정책이고, 궁극 목표는 조선의 시코쿠화四國化·규슈화九州化였다. 따라서 일제는 일본군의 상주, 증파와 함께 이른바 '문명화'라는 미명으로 조선 정신의 파괴에도 주력했다. 일본의 지식인들은 일본의 한국 강점을 당연한 귀결로 수용했고, 그 논리의 중심에 일선동조론이 있었다. 1910년 8월 26일자 『도쿄니치니치신문東京日日新聞』에 합병은 과거의 역사에 비추어 볼 때 당연한 일이라고 기고한 가나자와 쇼자부로金澤庄三郎와, 1910년 8월 31일자 『도쿄아사히신문』에 「합병은 다름 아닌 복고이다」라는 논설을 게재한 구메 구니타케久米邦武는 그 대표적인 예이다.[16] 그뿐만 아니라 대부분의 일본 언론들도 8월 29일을 전후한 사설에서 한국 강점을 동종동근론同種同根論에 따라 자연스러운 일로 호도했다.[17] 국내에서도 『매일신보每日申報』가 병합 직후의 잇단 사설을 통해 형제국이 다시 일가를 이룬 것이고, 동화의 급무는 '어론수작語論酬酌'을 위해 조선인이 일본어를 배우는 일이라고 강조했다.[18]

일선동조론을 역사학의 입장에서 정립한 것은 도쿄제국대학 교수 시게노 야스쓰구重野安繹·구메 구니타케·호시노 히사시星野恒가 공동 저술한 『국사안國史眼』이고, 언어학적 입장에서 정립한 이는 가나자와 쇼

---

16 崔錫榮, 『일제의 동화이데올로기의 창출』, 315~318쪽. 久米邦武는 1891년 「神道
は祭天の古俗」이라는 글을 통해 日鮮同祖論을 주장한 바 있는데, 이로 인하여 그는
神道學과 國體論者들의 반발을 사서 도쿄대학 교수를 사직하는 필화사건을 겪었다.
그러나 일제 강제병합 직후 또 다시 유사한 논문을 발표했으나(「倭韓共に日本神國
なるを論ず」, 『史學雜誌』 제22집 1호, 1910. 10), 이때에는 아무런 저항 없이 수용되
었다. 이는 학술 이론이 정치적 상황에 종속된 일본 학계의 경직된 분위기를 반영하
는 것이라 할 수 있다.
17 姜東鎮, 『日本言論界와 朝鮮』, 지식산업사, 1987 참조.
18 「同化의 主意」, 『每日申報』, 1910년 8월 31일자; 「同化의 方法」, 『每日申報』,
1910년 9월 14일자.

자부로였다. 그런데 한국 강점 이전부터 일선동조론의 가장 열렬한 전도사는 호시노 히사시에게서 수학한 기타 사다키치喜田貞吉였다. 그는 한국과 일본의 관계를 '빈약貧弱한 분가分家와 부강富强한 본가론本家論'으로 해석했고, 일제의 한국 강점을 '복귀론復歸論'의 관점에서 설명하고자 했다. 그는 3·1운동 이후에는 정체성론이나 대아시아주의를 동원하여 철저하고 열렬하게 '혼연융화渾然融化'를 부르짖은 대표적인 일선동조론자였다.[19]

한편 이른바 문명화론文明化論도 1910년대 일제의 지배 이데올로기로 작용했다. 데라우치 마사타케가 한국 병합과 더불어 자신이 '암흑暗黑같은 당지當地에서 점차 문명文明으로 개도開導'해야 하는 지난한 임무를 맡았다고 말한 바[20] 있듯이, 문명화는 침략의 논리이자 지배의 수단이었다. 이는 오래전부터 일본 자신을 문명, 조선을 야만으로 규정한 인식에서 비롯했다. 그런데 강점 전후 일제가 말한 문명화란 곧 제도의 확충이었다. 따라서 강점 이전 조선이 내재적으로 추구해온 발전적 면모와 근대화 시책은 모두 악정惡政으로 규정되었다. 반면 총독부가 시행한 각종 시책은 문명화라는 미명하에 선전되고 정당화되었다. 일제가 '신정新政의 효과'를 알게 하기 위해 1915년 조선물산공진회를 개최하여 시정 5년간 '조선 산업의 진보'를 전시하여 신구 시정의 성적 여하를 대비시키고자 한 것은 그 구체적 사례이다.[21] 그러나 그것은 일본 법체계와 제도를 이식한 데 불과했다.[22] 당시부터 왜곡된 침략 논리가 오늘날의 식

19 박걸순, 「喜田貞吉의 韓國觀 批判」, 『國史館論叢』 제100집, 국사편찬위원회, 2002, 193~218쪽.
20 釋尾春芿(1915), 앞의 책, 715쪽.
21 『每日申報』, 1915년 9월 4일자.
22 정상우, 「1910년대 일제의 지배논리와 지식인층의 인식」, 『韓國史論』 제46권, 서울대학교 국사학과, 2001, 205~210쪽.

민지근대화론으로 연장되고 있는 현재성에 유의해야 할 것이다.

그러나 동화정책에 대해서는 일제 내부에서도 이견이 있었다. 그들의 무단통치는 매우 폭압적이었으나, 1910년대의 동화정책은 구호와는 달리 소극적이었다. 『조선급만주朝鮮及滿洲』 사장인 샤쿠오 이쿠오釋尾旭邦는 조선인은 조선인일 뿐이라고 전제하고 그들이 제국 신민이 되었다고 일본인으로 취급해야 한다고 말하는 것은 '바보 같은 소리'이며, 동일하게 취급하는 것은 '매우 부자연스러우며 몰상식의 극치'라고 비난했다.[23] 이는 전래적인 한국 멸시관이 다시 고개를 든 것으로 이해된다. 일제는 병합 이후 민족차별정책을 쓰며 시세와 민도의 차이를 구실로 들었다. 따라서 1910년대의 일제의 동화정책을 적극성이 결여된 '예속적 동화정책'으로 부르는 견해도 있다. 일제가 한민족을 동화의 대상이 아니라 교화의 대상으로 여겼기 때문이다.[24]

1910년대 조선총독부는 정치적으로는 압살을 획책하면서도 문화적으로는 순치를 위한 관제문화를 주도했다. 따라서 한민족은 문화 영역에서 국한된 자족을 강요받았는데, 능동적 생산자가 아니라 수동적 소비자의 입장을 권고받았을 뿐이다.[25] 일제는 그 앞장에 『매일신보』를 내세웠다. 『매일신보』는 1910년대 초기 조선사회 무질서의 표상을 생산·유포하고, 사법과 경찰기관을 공통 이익의 수호자로 강조하는 수단이었다.[26] 『매일신보』가 '신정보급新政普及의 정세政勢를 찰察'하기 위해[27]

---

23 釋尾旭邦, 「總督統治の方針を論ず」, 『朝鮮』 32, 1910. 10.
24 권태억, 「1910년대 일제의 조선 동화론과 동화정책」, 『한국문화』 제44집, 서울대학교 규장각 한국학연구원, 2008, 99~124쪽.
25 권보드래, 「1910년대의 새로운 주체와 문화」, 『민족문학사연구』 제36호, 민족문학사학회·민족문학사연구소, 2008, 149~150쪽.
26 김현주, 「1910년대 초 『매일신보』의 사회 담론과 공공성」, 『현대문학의 연구』 제39권 39호, 한국문학연구학회, 2009, 235~268쪽.
27 『每日申報』, 1917년 6월 16일자.

'오도답파여행五道踏破旅行'을 기획하고 이광수를 기행자로 선정한 것은 그 대표적 행태였다.[28] 한편 매일신보사는 조선총독부의 의뢰를 받아 동화정책의 일환으로 일본시찰단을 구성하여 시행하기도 했다.[29] 요컨대 1910년대 일제의 한국 침략과 식민지 지배의 특징은 대륙 침략의 군사적·경제적 요구에 부응하는 식민지 경제로 개편하기 위해 무력과 폭력을 동원하여 여러 가지 정책을 강요했고, 이를 문명화사업으로 포장하여 선전했다는 점이다.[30]

이러한 상황에서 독립운동은 난관에 부닥쳤다. 비록 의병항쟁의 여맥이 3·1운동 때까지 지속되었으나, 무단통치에 맞서기에는 너무 무력했다. 계몽운동 또한 식민지화에 따라 그 추동력을 거의 상실해버렸다. 국권회복운동의 실패에 따라 새로운 형태의 독립운동이 필요했고, 미주 동포사회와 일본 유학생을 중심으로 독립운동 준비론이 제기되었다.[31] 준비론은 당장 독립운동에 나설 수 없는 상황에서 불가피한 차선의 논리였다.

그러나 국외 독립군기지 설치운동과 연계하면서 그를 뒷받침하려는 비밀결사들이 생겨나기 시작했다. 이는 1910년대 국내 독립운동의

28 이 기행은 이광수의 근대 문학에 대한 열망과 욕망을 보여주며 신문학 개척의 기념탑으로 평가되나(정혜영, 「〈오도답파여행〉과 1910년대 조선의 풍경」, 『현대소설연구』 제40권 40호, 한국현대소설학회, 2009, 313~331쪽), 식민지 조국의 참담한 현실에 눈감고 특유의 과다한 감상성으로 미래에 대한 낙관적 전망을 함으로써 일찍이 개량주의자로서의 면모를 보인 점이 지적되어야 한다.

29 조성운, 「1910년대 일제의 동화정책과 일본시찰단」, 『史學研究』 제80호, 한국사학회, 2005.

30 권태억, 「1910년대 일제 식민통치의 기조」, 『韓國史研究』 제124권 124호, 한국사연구회, 2004, 207~229쪽.

31 조동걸, 『한국독립운동의 이념과 방략』(한국독립운동의 역사 01), 한국독립운동사편찬위원회·독립기념관 한국독립운동사연구소, 2007, 12~13쪽.

가장 특징적 방법으로 평가된다.[32] 일제는 비밀결사가 조직되는 일을 우려했다. 강제 병합 직전인 1910년 7월 11일, 헌병경찰의 우두머리인 아카시 모토지로가 헌병대사령부에서 각도 헌병대장에게 행한 훈시에 그러한 우려가 잘 나타난다.

… 내가 살핀 바에 의하면 장래의 위험은 人民의 文化의 발전에 따라 생길 無政府主義, 社會主義 등과 같은 위험한 사상에 빠지는 것이다. 원래 한국 사람들은 우리 일본 사람의 성질과 닮아 학문을 좋아하고 관리가 되는 것을 바라며, 堅實한 實業에 종사하는 것을 바라지 않는 성질이 있는데 이러한 풍조는 國家變遷의 시기에 있어서 더욱 심하고 많은 사람이 배운 문학, 법률학은 국가의 수요공급에 맞지 않고 이를 사용할 길이 없어 학식은 있는데 지위를 얻지 못한 人才가 많이 생겨난다. 이 많은 失意者는 곧 不平分子가 되어 歐美에 있어서 社會主義者, 無政府主義者 또는 혁명을 꾀하는 음모를 품은 무리들도 모두 이러한 사람이며 … 그리고 이 不平分子들이 暴徒로 나타나 활동하는 것은 이를 도리어 막기 쉬우나, 막기 어려운 것은 위험한 秘密結社의 발생이다. … 현재 한국에서 도망하여 浦潮·上海·芝罘에 있는 망명자들은 항상 이 나라의 惡政을 비판하고 있고, 또 한국 내에서도 學才가 있는 한인 3명만 모이면 언제나 政事를 논의하는 형편이다. 실로 한국은 人心攪亂의 소질을 지닌 나라이다. … 때문에 諸氏는 오늘부터 철저히 管內의 인물에 주의하여 連絡의 保持를 확실히 하여 틀림없도록 하라.[33]

---

32 尹炳奭,「1910年代의 韓國獨立運動 試論」,『史學硏究』 제27호, 1977; 愼鏞廈 (1993), 앞의 논문.
33 姜德相,『現代史資料』25, みすず書房, 1967, xi~xii쪽.

아카시 모토지로는 병합을 목전에 두고 이를 '국가변천의 시기'라고 하며, 조선의 학식 있는 인재가 불평분자가 되어 위험한 비밀결사를 조직하는 것을 우려했다. 국권회복운동을 탄압한 경험이 있던 그의 지적은 예리했고, 일제는 3·1운동 때까지 민족운동을 탄압하는 헌병경찰제의 기조를 유지했다. 이에 의병전쟁론자와 강경파 계몽론자들이 합류하여 국외 독립군기지 개척운동을 펼쳐나갔고, 국외 독립운동세력과의 연대를 꾀했다. 한편으로는 민족교육의 강화도 추구했다.

1910년대의 독립전쟁론은 의병전쟁에 원류를 두고 있었고, 실력양성론은 계몽운동론에서 비롯했다. 따라서 1910년대의 독립운동론은 한말 국권회복운동 실패를 교훈 삼아 반성하고 발전시킨 것으로, 3·1운동을 폭발시키고 1920년대 이후의 투쟁을 예비했다. 그리고 이를 주도한 것은 의병과 계몽운동의 투쟁정신과 방법을 계승한 비밀결사였다. 한국독립운동사에서 1910년대는 비밀결사투쟁의 시기였다. 동양 근대 사회에서 중국의 비밀결사는 교문敎門과 회당會黨으로 구분되나, 역대 왕조 민중반란이나 20세기 혁명의 시대에 중요한 역할을 수행했다. 중국 비밀결사는 국가와 극단적 긴장관계를 유지해왔는데, 국가권력과 협력관계가 무너지면 대립과 충돌이 발생했다. 파룬궁法輪功 사태는 중국 비밀결사의 역사 과정 속에서 이해할 때 유용한 분석의 틀을 얻을 수 있으며, 이는 중국 비밀결사의 유산이자 현재성으로 이해된다.[34] 그런 점에서 볼 때 한국 근현대사에서 비밀결사는 이민족의 침략과 식민지 지배를 극복하기 위한 투쟁방략이라는 특징을 지니며, 이는 1910년대에서 비롯한 전통이라 할 수 있다.

---

34 박성수, 「중국 근현대의 국가, 사회 그리고 비밀결사」, 『아세아연구』 제46권 3호, 고려대학교 아세아문제연구소, 2003, 136쪽; 李銀子, 「中國 秘密結社의 歷史와 現在」, 『中國學報』 제53권, 한국중국학회, 2006, 180쪽.

비밀결사의 조직과 투쟁방략

1. 의병계열

1910년대의 의병항쟁

1909년 9월 1일부터 40일간에 걸쳐 의병을 포위, 교란하여 초토화하는 '교반적攪拌的' 방법을 동원한 일제의 '남한폭도대토벌작전'으로 의병은 일대 타격을 받았다.[35] 장졸을 잃고 근거지를 파괴당한 의진은 상당수 국외로 망명했으나, 국내에서는 1915년 채응언 부대의 활동을 고비로 종식되는 양상을 보인다.

그러나 국내에서 의병적 항쟁은 3·1운동 때까지 지속되었다. 『매일신보』 기사에 따르면 1918년까지 3~8명의 소규모 무장 '강도'들이 여전히 전국을 무대로 활동했음을 알 수 있다. 일제는 이들을 이전의 의병과는 성질이 다른 단순한 초적草賊이나 강도로 폄하하며 활동의 정치적 의미를 부정하려 했다.[36] 그런데 이들의 활동 양태는 비록 쇠퇴하기는 했으나, 이전의 의병과 크게 다르지는 않다. 이들 가운데에는 3·1운동 직전까지 수십 명의 의진을 유지한 채 활동하며 의병의 잔영을 보여주는 사례도 있다.[37] 그래서 채응언 피체 이후부터를 또 하나의 의병 시

---

35 홍영기, 『한말 후기의병』(한국독립운동의 역사 11), 독립기념관 한국독립운동사연구소, 2009, 272~280쪽. 홍영기는 이를 '1909년 호남의병대학살사건'으로 명명했다.
36 春川憲兵隊, 『江原道狀況梗槪』, 1913, 244쪽.
37 의병이나 의병과 유사한 활동으로 볼 수 있는 『每日申報』 기사는 50여 건이 넘는다. 그 가운데에서도 의령 일대에서 40~50명의 부하를 이끌고 활동하던 '담대한 늙은 大賊' 張學成(1918년 3월 29일자), 육혈포를 지니고 수십 명의 '강도단'을 조직하여 평원 일원에서 활동한 洪鍾緒(1918년 3월 29일자), 군용총과 군도로 무장하고 연기군 일대에서 활동한 30명 '강도단'(1918년 6월 1일자), 60명의 부하를 거느리고 경상도 일원에서 활동했던 南明涉(1918년 9월 22일자) 등의 기사는 의병의 잔영을 보여주는 구체적 사례다.

기로 설정하여 3·1운동까지를 말기의병이라 구분하기도 한다.[38] 의병사가 3·1운동으로 연계된다는 사실은 한국독립운동이 내재적으로 계승·발전했음을 의미한다. 곧 3·1운동을 외인론外因論으로 강변하고자 하는 식민사관의 허구성을 밝히는 중요한 증좌가 된다.

강점 이후 국내에 잔존한 의병의 잔여 세력들은 소수화·은둔화하는 경향을 보인다. 이는 1910년대 비밀결사 조직의 과도적·선행적 양상으로 이해된다. 3·1운동 때까지 국내에서 활동한 의병 잔여세력의 존재 양태와 활동은 비밀결사와 유사했다. 다만, 그들이 조직의 명의나 규약과 강령 등을 만들지 않았기 때문에 지금까지 독립운동사에서 비밀결사로서 인정받지 못했을 뿐이다. 향후 1910년대의 독립운동사와 비밀결사를 논의할 때에는 반드시 의병항쟁이 포함되고 평가되어야 한다고 믿는다.

망국 후 유림과 의병 출신자들을 중심으로 의병 조직을 재정비하려는 움직임이 일어났는데 대개는 척사 유림이 중심이 되다 보니 복벽주의적 성향이 농후했다. 그 대표적 비밀결사가 독립의군부·풍기광복단·광복회·민단조합 등이다.

독립의군부

독립의군부는 최익현 의병에 참여했다가 대마도에 유배된 임병찬이 1912년에 조직한 비밀결사이다. 일제는 독립의군부의 활동 목적을 다음과 같이 파악했다.

> … 내각 총리대신과 총독 이하 조선 내 대소 관헌에게 상시에 국권
> 반환을 요구하는 서면을 보내어, 이로써 일본 관헌에게 조선 통치의

---

38 조동걸, 『대한제국의 의병전쟁』(于史 趙東杰 저술전집 04), 역사공간, 2003, 268~281쪽.

어려움을 알게 한다. 그리고 외국에 대해서는 조선인이 일본에 열복
(悅服)하지 않는다는 것을 보여주며, 또 조선인에게 국권회복의 여론
을 일으키기 위해 …[39]

여기에서 주목되는 부분은 조직의 동인이 고종의 황칙과 밀칙에서
비롯했다는 사실이다. 조직 이후에도 고종은 임병찬의 지위를 격상시
킨다는 밀지를 보내기도 했다.[40] 따라서 독립의군부는 1910년대 복벽 노
선을 지향하고 있던 고종 세력이 전개한 최대 규모의 국권회복운동으로
평가된다.[41] 독립의군부가 고종의 밀칙에 의해 조직되고, 54명의 구성원
대다수는 허위許蔿의 일족이나 부하 의병, 임병찬 등 저명한 유학자로 구
성[42]되었음으로 미루어 볼 때, 복벽적 성향이었음은 의심할 바 없다.

독립의군부의 복벽적 성향은 그 구성이 향약 조직을 활용하고 있다
는 데서도 드러난다. 독립의군부 관제는 행정기관과 민권기관으로 구분
되는데, 향약 조직체제로 구성되었다.[43] 이는 1896년 1월 12일 기병을
계획하던 안창식安昌植이 화성化城 이인영李麟榮의 집에서 향회鄕會를 연 것
과 대비해 볼 필요가 있다. 이 향회에는 100여 명에 이르는 홍주 유생들
이 참여하여 군사 활동을 결의하고 홍주의병에 나섰다.[44] 즉, 사족士族들
의 향풍鄕風 규정糾正을 위한 향회가 의병을 결의하고 모군한 사실과, 독
립의군부가 향촌 자치질서의 조직을 추구했다는 것은 상통하는 것이다.

그러나 독립의군부를 복벽주의 단체로만 보아서는 곤란하다. 왜냐

---

39 류시종·박병원·김희곤 역주,『국역 고등경찰요사』, 선인, 2010, 335쪽.
40 권대웅(2008), 앞의 책, 78쪽.
41 오영섭,『고종황제와 한말의병』, 선인, 2007, 102쪽.
42 류시종·박병원·김희곤 역주(2010), 앞의 책, 335~337쪽.
43 권대웅(2008), 앞의 책, 79쪽.
44 金祥起,『韓末義兵硏究』, 일조각, 1997, 226~227쪽.

하면 임병찬이 천도교에 연대할 것을 제안했기 때문이다. 이는 매우 중요한 사실이나, 지금까지 거의 논의되지 않았다. 1913년 2월 말경 임병찬은 아들 응철應喆을 상경시켜 천도교 측 이종일을 만나 연대를 상의하도록 했다. 그러나 이종일은 이를 일축했다. 당시 천도교에서는 이미 비밀결사 민족문화수호운동본부를 조직하여 활동하고 있던 터이므로, 자칫 비밀이 탄로 날 수 있다고 여겼기 때문이었다.[45] 물론 임병찬의 천도교 접촉이 고종의 내락하에 진행된 것인지는 알 수 없다. 그러나 이 사실은 그들이 척사 유림적 성향에만 머물지 않고, 계몽주의적 성향을 지닌 종교계와도 연합할 수 있는 사상적 융통성을 지녔음을 알려준다.

독립의군부가 서간도 독립운동세력과 연대를 모색했다는 사실도 특기할 대목이다. 이 또한 잘 알려지지 않은 사실로서 윤이병 등의 신문 과정에서 밝혀졌다. 즉, 윤이병·유호·유병심·신규선 등 독립의군부 참여 인사들은 1913년 겨울 군산에서 독립 쟁취를 위해 대한교민광선회大韓僑民光鮮會라는 비밀결사를 조직하려 했고, 이듬해 5월 서간도로 건너가 통화현 하니허哈尼河에서 그곳 동포들과 광제회光濟會를 조직했다. 이들은 여준 등과 내왕하며 국내로 잠입해 군자금을 모금하기로 하고, 그해 9월 여준에게서 격문을 받아 귀국하여 활동하다가 피체되었다.[46] 이들이 군산에서 조직하려 한 대한교민광선회는 조직되지는 못했다.[47] 그러나 국내에서 또 다른 비밀결사 조직을 시도하고, 서간도로 건너가 국내외 동포를 규합하고 국내에서 군자금을 모금하여 해외독립운동기지 건설

---

45 李鍾一, 『黙庵備忘錄』, 1913년 2월 28일자. 이종일은 독립의군부의 와해 소식을 듣고 즉시 손병희에게 이 사실을 보고했다. 그러자 손병희는 당시 연대하지 않음을 다행이라 하며 민족문화수호운동본부를 잘 수호하도록 지시했다(『黙庵備忘錄』, 1913년 4월 9일자).

46 「金昌植外判決文」(1915. 9. 9), 고등법원.

47 大韓僑民光鮮會가 조직되었다는 견해가 있으나(권대웅, 앞의 책, 2008, 84~85쪽), 판결문에 따르면 조직에는 실패하고 서간도로 건너간 것이 분명하다.

에 참여하려 한 점에 의의가 있다. 1910년대의 비밀결사들은 거의 국외 독립운동기지 설치와 관련되었고, 이를 후원하는 활동을 벌인 것이 특징이다.[48]

독립의군부는 1914년 5월 김창식 등이 피체되며 조직이 노출되었고, 6월에 임병찬이 피체되며 계획이 수포로 돌아가고 말았다. 독립의군부의 파괴는 위정척사적 복벽주의 세력이 붕괴되는 고비였다. 반면 의병계열이 중심이 되어 국내 계몽운동계열과 국외 무장투쟁세력의 연대 시도와 실패라는 관점에서 평가할 필요도 있다.

풍기광복단[49]

풍기광복단豊基光復團은 1913년 정월 채기중蔡基中이 풍기에 이주해 살고 있던 전원식·정성산 등과 조직한 비밀결사이다. 한훈韓焄의 기록 등을 종합하면 16명의 구성원 명단이 확인된다.[50] 이들은 민족적으로는 의병적 기질을 지녔고, 사회경제적으로는 생활 근거를 잃었거나 동요한 인사들로 파악된다.[51]

---

48 尹炳奭, 『國外韓人社會와 民族運動』, 일조각, 1990, 12~13쪽.

49 풍기광복단의 명칭에 대해서도 당시 사용한 명칭이 아니라는 견해가 있다. 즉, 광복회(단)의 명칭 문제는 해방 후 과거 참여자들의 정통성 주장을 위한 기록에서 파생된 산물이라는 지적이다. 朴中烋, 「豊基光復團의 명칭과 1916년 再興說 검토」, 『安東史學』 제5집, 안동사학회, 2000.

50 이는 한훈의 「自筆履歷書」·「光復團略史」·「蔡基中先生略史」 및 「梁碧濤公濟安實記」(양한위), 『韓國獨立運動史』(애국동지원호회) 등에 나온 구성원을 종합한 인원이다.

51 趙東杰, 「大韓光復會의 結成과 그 先行組織」, 『韓國民族主義의 成立과 獨立運動史研究』, 지식산업사, 1989, 263쪽. 豊基가 『鄭鑑錄』에 十勝之地로 되어 있으므로 구성원의 성향을 이와 연결시키려는 견해도 있다. 이는 구성원의 상당수가 풍기로 이거해 와 출신지조차 알 수 없기 때문이다. 그러나 이들이 단지 秘記를 신봉해 여기에 우거해 온 사람들이라고 한다면 비밀결사에 참여한 적극적 동인을 설명하기가 궁색해진다.

풍기광복단의 활동 목표와 방략은 독립군 양성을 위한 무기 구입과 군자금 모금이었다. 이를 위해 채기중 등 주도세력들은 서간도 독립운동 세력과의 연계를 꾀했다. 이는 양제안梁濟安과의 연계 사례에서 분명히 확인된다. 만주에서 활동하던 양제안은 어느 날 젊은 소년에게서 풍기의 '진실로 의사이며 영웅'인 채기중의 활동에 동참할 것을 권유받았다. 또한 김봉초와 정성산에게서 '하늘을 찌를 만한 의기를 지닌 지사' 채기중 소식을 듣고 풍기로 가서 사돈관계를 맺었으며, 둘째 아들 한위漢緯가 권속까지 데리고 풍기로 이사하여 채기중을 돕게 되었던 것이다.[52] 이는 풍기 세력과 서간도 세력의 연대를 의미한다. 또한 양제안이 후일 박상진에게 채기중과 우재룡을 연결하여 광복회를 설립하는 단초가 되었다.

풍기광복단의 구체적 활동상은 확인할 수 없다.[53] 그런데 풍기광복단을 '혁명기관'으로 표현한 기록은 주목할 필요가 있다. 풍기광복단의 조직 실체와 지향을 잘 알 수 있는 위치에 있었던 인물이 한 표현이라는 점에서 의미가 부여되어야 한다. 당시 혁명이란 일제로부터의 독립을 의미할 수도 있으나, 운동 이념이나 방략의 혁신적 변화를 의미하는 것으로도 이해된다. 따라서 풍기광복단은 의병계열 인사들이 중심이 되어 조직한 비밀결사나, 이미 조직 당시부터 근대를 지향하고 공화정으로 전화하는 혁명적 비밀결사로 발전할 가능성을 내포하고 있었다고 이해된다. 결국 풍기광복단이 1915년 7월 광복회로 발전적으로 추이한 것은 당연한 귀결이었다.

---

52 金喜坤 編, 「梁碧濤公濟安實記」, 『朴尙鎭資料集』, 독립기념관 한국독립운동사연구소, 2000, 441~442쪽.

53 「梁碧濤公濟安實記」에 채기중이 모험용사 80여 명을 조직하여 군자금을 모금하려 한 사실은 풍기광복단이 아니라 광복회의 활동으로 보아야 한다. 또한 채기중이 1916년 영월에서 일본인이 경영하는 중석광에 광부로 잠입해 활동하고, 부호를 상대로 자금 모금 활동을 벌인 것을 풍기광복단 활동으로 설명하는 것도 오류이다.

광복회[54]

광복회光復會는 풍기광복단과 조선국권회복단 안에서도 더욱 격렬한 의병적 인사들이 합류하여 결성한 1915년 7월 대구에서 혁명단체이다.[55] 광복회의 성격은 「행사行事」 7항에 집약적으로 제시되어 있다.[56] 광복회는 여러 면에서 1910년대의 비밀결사를 대표하는 조직으로 평가할 수 있다. 광복회는 전국적 조직을 갖추고 국외에 연락기관까지 두는 등 가장 규모가 컸고 광범한 활동을 펼쳤다. 광복회는 대구의 상덕태상회를 본점으로 삼고 국내와 만주·베이징·상하이 등 요처에 지점이나 여관 또는 광무소鑛務所를 두어 집회를 열고 왕래할 수 있는 연락기관으로 삼고자 했다. 이에 따라 본부와 지린吉林, 충청도·경상도·전라도·황해도·평안도 지부가 결성되었다.[57] 한 조사에 따르면, 국내 지부 인원만 해도 충청도 57명, 경상도 45명, 전라도 9명, 황해도·평안도 26명으로 137명에 이르니,[58] 여기에 본부와 지린지부 인원까지 합하면 그 규모는 150명을 상회할 것이다.

광복회 결성의 주도세력들이 의병과 계몽운동의 양대 계열을 아울

---

54 광복회는 광복단·대한광복회·대한광복단 등으로 불려왔다. 이는 1920년대 광복회 활동을 보도한 신문기사와 해방 후 재건한 광복회(단)가 남긴 기록에서 온 혼란 때문이었다. 이 글에서는 이를 구체적으로 논의한 연구 결과(李成雨, 「光復會 명칭과 성격에 대한 검토」, 『한국근현대사연구』 제41호, 2007)에 따라 광복회라 명명한다. 조선국권회복단의 실체에 대해서는 후술하기로 한다.

55 趙東杰, 「1910년대 獨立運動의 變遷과 特性」, 『韓國民族主義의 成立과 獨立運動史 硏究』, 1989, 374쪽.

56 光復會, 「光復會」, 1945(金喜坤 編, 2000, 앞의 책, 389쪽).

57 박환, 「대한광복회에 관한 새로운 사료『의용실기』」, 『韓國學報』 제12권 3호, 1986; 조준희, 「대한광복회연구: 황해도지부와 평안도지부를 중심으로」, 『국학연구』 제6권, 국학연구원, 2001; 홍영기, 「1910년대 전남지역의 항일비밀결사」, 『전남사학』 제19권, 전남사학회, 2002; 李成雨, 「光復會硏究」, 충남대학교 박사학위논문, 2007.

58 李成雨(2007), 앞의 논문, 59~97쪽.

러 통합적 면모를 보인 점도 비밀결사의 대표적 존재로서 평가되는 요소이다. 물론 참여자의 출신 성분이나 이념적 성향을 면밀히 검토하는 것은 향후 과제이나, 지금까지 밝혀진 사실만으로도 이런 분석은 가능하다. 다만, 일부 기록에만 나오는 특정 조직이나 단체는 여타 자료와 대비하여 확인을 할 필요가 있다. 예컨대 박상진이 주도했다는 경천어동지회敬天語同志會가 그러하다.[59]

광복회는 이념적 측면에서 복벽주의와 공화주의가 합류하여 공화주의로 이행하는 추이를 보인다. 구성원을 보면 우재룡이나 한훈 등 의병 출신자와, 박상진·이관구 등 신교육 이수자가 혼재되어 있었고, 신분상으로도 양반과 상민이 섞여 있었다. 따라서 광복회의 이념을 복벽주의가 아니라 혁신 유림으로 보거나, 「경고문」을 근거로 공화주의로 해석하는 견해도 있다.[60] 광복회는 복벽주의와 공화주의 이념을 공유한 것이기는 하나, 이념의 통합을 이룬 것은 아니라는 주장도 있다.[61] 물론 광복회는 시대에 따라 명칭만 바꾼 '대한大韓 의병義兵'[62]이라는 말처럼 주력이 의병계열임은 틀림없다. 그러나 이는 무장투쟁론의 방략상 계승을 의미하는 것이지, 이념의 계승으로 보아서는 안 된다. 1910년대 독립운동의 이념은 경계를 넘나들고 있었다. 고종의 망명 계획을 추진했다는 이유로 신한혁명단을 복벽주의 단체로 보지 않듯이, 이념과 방략이 반드시 일치하지는 않았다. 그러나 분명한 것은 1910년대 중반 이후 새로운 이념적 지향을 하고 있었고, 이는 「대동단결선언大同團結宣言」으

---

59 李鍾一, 『朴敬重備忘錄』, 1949, 1~2쪽에는 무장독립운동의 맥락을 의병-신민회-경천어동지회-광복회로 연계하는 도식으로 설명하고 있으나, 경천어동지회 조직은 다른 자료에서는 전혀 확인되지 않는다.

60 趙東杰, 「大韓光復會의 結成과 그 先行組織」, 277쪽; 朴永錫, 「大韓光復會 硏究-이념과 투쟁방략을 중심으로-」, 『한국민족운동사연구』 제15권, 1997.

61 李成雨(2007), 앞의 논문, 44~58쪽.

62 朴敬重, 『固軒朴尙鎭先生略歷』, 1946(金喜坤 編, 2000, 앞의 책, 346쪽).

로 구체화되었음을 유념하여야 한다. 따라서 양 이념이 합류하여 새로운 시대적 사조를 형성한 것으로 이해함이 타당하다.

광복회는 군자금을 모금하고, 이를 바탕으로 독립군 양성을 위한 사관학교 설립을 추진했다. 이는 독립운동의 원류로서 의병에서 시작하여 1920년대 독립군 투쟁으로 연계되는 구체적 양상을 실증한다. 광복회는 군자금 모금을 위해 우편마차를 습격하고, 일본인 소유 광산을 습격했다. 또한 화폐를 위조했으며, 친일 부호에게 통고문을 발송하기도 했다.[63] 이 과정에서 조선 총독 처단을 시도했고, 친일 부호를 처단하는 투쟁을 벌이기도 했다. 이러한 투쟁에 참여했던 한훈과 우재룡 등이 이후 1920년대 암살단暗殺團이나 주비단籌備團 활동에 참여한 것은 광복회가 의열투쟁의 선구적 조직임을 입증한다.[64]

당시 대부분의 의병계열 비밀결사들은 재만 독립운동단체와 연계를 시도했다. 그러나 지부 설치와 인적 연계 등 구체적 결실을 거둔 것은 광복회였다. 이는 공간적으로는 국내에서부터의 확장을 모색하고, 방략 면에서는 독립군적 전환을 시도하여 결실을 거둔 것이라는 점에서 의의가 크다고 할 수 있다.

민단조합

민단조합民團組合은 1914년 9월 문경에서 이강년 휘하의 양반 유생과 독립의군부, 풍기광복단 참여자의 일부가 조직한 비밀결사이다. 특정 지

---

63 류시종·박병원·김희곤 역주(2010), 앞의 책, 338~342쪽.
64 광복회의 친일 부호 처단 등의 활동을 '義俠鬪爭'이라 칭한다. 그러나 독립운동사에서 다른 유사한 활동은 의열투쟁이라 한다. 광복회 활동에만 의협투쟁이라는 용어를 사용한 것은 특정 자료에서 의병적 전통을 강조하려 한 용어를 그대로 수용한 결과이다. 그렇다고 안중근 의거를 의협투쟁이라고 하지는 않는다. 의협투쟁이라는 용어는 역사적 의미나 사전적 어의에도 맞지 않는데, 굳이 구분하여 사용하는 것은 재고할 필요가 있다.

역을 배경으로 특정 의병장 휘하의 인물들로 구성했고, 충청남도(이동하)·충청북도(이은영)·경상북도(이세영)에만 지부장을 두었다는 점에서 특색이 있는 조직이다.

민단조합 결성의 주역은 이동하인데, 그는 이강년의 전·후기 의진에 참여한 인물이다. 그는 이강년 피체 후 재기를 도모하다가 여의치 않자 1911년 도만했다가 1914년 9월 귀향하여 민단조합을 결성했다. 주요 구성원 중 김낙문·이식재·노병직·강병수 등은 이강년의진에 참여했던 인물들이다. 특히 예천 참봉 출신 조용필은 이강년의진, 풍기광복단, 광복회에 모두 참여한 이력을 지니고 있다. 이인영의 아우 이은영은 1913년 독립의군부에 참여했다가 이동하를 만나 민단조합 결성에 참여했다. 이세영 역시 독립의군부에 참여했다가 민단조합에 합류한 인물이며, 김낙문도 마찬가지이다.[65]

민단조합은 동지 규합과 자금조달을 활동 목표로 삼았다. 이들은 몇 차례 군자금 모금을 성공하기도 했으나, 군자금 모금 목적과 사용처는 명확하지 않다. 이들은 활동 과정에서 복벽적 성향을 드러내고 있다. 즉, 밀양에 거주하는 박인근 등에게 군자금을 모금할 때 이태왕의 칙명勅命임을 칭했고, 모금 대상자를 의군부義軍府 정위正尉·참위參尉·참령參領에 임명했으며, 이들에게 준 사령장에 덕수궁 인장을 사용했다.[66] 실제 고종과 연계되었는지는 명확치 않으나, 스스로 복벽주의를 표방했음을 알려준다.

민단조합은 의병계열 비밀결사로서는 최후의 조직이다. 그러다 보니 이전의 의병계열 조직에 참여했던 자들이 이곳에 마지막으로 합류하는 현상을 보인다. 여기에 의병 참여자, 독립의군부·풍기광복단·광

---

65 권대웅(2008), 앞의 책, 93~94쪽의 〈표 7〉을 참조함.
66 姜德相(1967), 앞의 책, 50~53쪽.

복회 참여자가 합류한 것은 의병계열 비밀결사의 최후 모습임을 알려준다. 구성원이 10명에 불과한 것도 의병과 척사유림계열의 활동이 여맥이 다했음을 보여준다. 민단조합 또한 단명에 그치고 말았다. 의병계열의 비밀결사들이 대부분 계획단계에서 실패하거나, 이렇다 할 활동을 보이지 못한 것은 1910년대 중반을 지나며 복벽주의가 이데올로기로서 기능을 잃어가면서 대중적 기반을 상실했기 때문으로 여겨진다.

기타

선명당　1915년 11월, 임광모 등이 국권회복을 위해 간도와 평안도를 근거로 조직한 비밀결사이다. 선명당의 조직 규모와 활동상은 자료의 결핍으로 알 수 없다. 그러나 회장 정연웅이 총독 이하 고관을 처단할 것을 강력히 주장했고, 총무 임광모 등이 이에 동의하여 군자금을 모금한 사실[67]로 미루어 보면 의열투쟁을 도모하고자 한 비밀결사로 여겨진다.

이증연 등의 비밀결사[68]　1916년 음력 6월 말 이증연 등 12명이 지리산에서 국권회복을 도모하기 위해 조직한 비밀결사이다. 이들은 조선이 일본에 병합당한 것은 대신들의 잘못이므로 이들을 처단하여 독립을 도모하고, 병합 조약문을 일본으로부터 반환하며, 병합 당시 작위를 받은 사람들을 처단하기로 하고 이를 연말까지 실행하기로 결의했다.[69] 즉, 의열투쟁을 표방한 것인데, 삼국대도독三國大都督(이증연)·조선대원수朝鮮大元帥(황해철)·조선부원수朝鮮副元帥(최진영)라는 칭호도 이채롭다.

흠치교 비밀결사　1916년 4월 독립의군부에 참여했던 이용규 등이 충

67　姜德相(1967), 앞의 책, 24~25쪽.
68　이 비밀결사는 명칭이 확인되지 않아 대표자의 이름을 붙여 부르기로 한다.
69　姜德相(1967), 앞의 책, 21~22쪽. 이들은 자신들이 비밀결사를 조직한 1916년을 建陽 元年으로 부르기로 약속했다.

청도를 무대로 청림교 일파인 흠치교 조직을 이용하여 결성한 비밀결사이다. 이들은 조선 내에 거주하는 일본인을 척살한다는 목표를 내세우고, 고종황제의 칙명서와 마패를 제작하여 사용했다.[70] 이는 독립의군부의 경험에 따른 것으로 보인다. 그러나 회원들이 40~70세의 고령인데다 특별한 활동도 보이지 않는다. 또한 1916년 포천을 무대로 청림교도들을 이용하려 한 조직도 있었으나 민족운동과는 무관한 듯하다.[71]

2. 계몽운동계열

대동청년단

대동청년단大東青年團은 1909년 보성중학교 교장 박중화朴重華를 중심으로 남형우南亨祐의 집에서 조직되었다. 대동청년단은 신민회 청년들이 신민회의 이념에 따라 국권회복을 모색하고자 조직한 비밀결사로서 회원은 120여 명에 이르렀다.[72] 대동청년단은 망국을 예견하고 대비하고자 했으며, 가장 이른 시기에 조직된 계몽운동계열의 비밀결사라 할 수 있다.

현재 확인할 수 있는 대동청년단 단원 52명을 분석해보면 안희제·서상일·이원식·남형우 등 경상도 출신 계몽 지식인이 중심이 되었고, 상경하여 신교육을 이수했거나 신민회·교남교육회·달성친목회·조선국권회복단 등에서 활동한 인사들로 구성되었음을 알 수 있다.[73]

---

70 姜德相(1967), 앞의 책, 26~27쪽. 물론 고종의 칙명은 이들이 조작한 것으로 보인다.
71 일제는 이를 비밀결사로 분류하고 처벌했으나, 실제 이들의 활동을 보면 종교를 이용하여 금전을 편취하고자 한 것으로 보인다. 姜德相(1967), 앞의 책, 31쪽.
72 대동청년단은 자료에 따라 '團'과 '黨'이 혼용되고 있다. 그런데 「團規」를 보면 대동청년단이라고 부름이 타당할 듯하다. 강대민, 「白山 安熙濟의 大東青年團運動」, 『慶星大學校論文集』 제18집 2권, 1997, 75~76쪽.
73 이는 대동청년단원 尹炳浩의 회고에 따른 것이다.

자료의 결핍으로 대동청년단의 구체적 조직을 파악하기는 곤란하다. 그러나 「단규團規」를 통해 비밀결사로서의 존재는 분명히 알 수 있다.[74] 대동청년단은 교육 활동, 군자금 모금, 국외 독립운동단체와의 연계 등을 활동 목표로 했다. 단원들은 인재 육성을 위해 각지에 학교를 건립하고 교육 활동에 나섰다. 대동청년단원이 건립했거나 관여한 학교는 전국에 12개교나 된다.[75] 단원들의 학교 운영을 통한 교육 활동 등 계몽운동의 양상은 신팔균申八均의 사례에서 잘 알 수 있다.[76]

대동청년단의 활동에서 특히 주목하여야 하는 것은 거점으로서 상회商會를 이용하고 있다는 사실로서 안희제의 백산상회가 대표적이다. 백산상회의 상업조직은 경상도 일원과 서울, 원산 등은 물론 만주에까지 걸쳐 있었고, 군자금 모금과 연락사무소로서의 역할을 수행했다. 이들이 모금한 군자금은 재만 독립운동단체를 지원하기 위한 것으로서, 군대 양성과 무기 구입 용도로 사용하고자 했다. 대동청년단은 3·1운동의 지방 확산에도 노력했고, 이후 임시정부나 의열단과도 연계했다.[77]

이상과 같은 대동청년단의 활동을 통해 계몽운동계열의 비밀결사라 하여 무장투쟁을 배제하거나 계몽운동에만 고착하지 않았음을 알 수 있다. 이는 계몽운동과 무장투쟁의 합류를 의미하는 것으로, 독립운동사에서 발전적 양상으로 이해할 수 있는 현상이다.

---

74 「團規」는 尹炳浩 회고에 따른 것으로, ① 단원은 반드시 피로 맹세할 것, ② 새 단원의 가입은 단원 2명 이상의 추천을 받을 것, ③ 단명이나 단에 관한 사항은 문자로 표시하지 말 것, ④ 경찰 기타 관헌에 체포될 경우 그 사건은 본인에만 한하고 다른 단원에게 연루시키지 말 것 등 4개항으로 되어 있다.

75 권대웅(2008), 앞의 책, 150쪽의 〈표 10〉 참조.

76 박걸순, 「申八均의 생애와 민족운동」, 『역사와 담론』 제57권 57호, 호서사학회, 2010, 159~161쪽.

77 권대웅(2008), 앞의 책, 155~168쪽.

달성친목회·조선국권회복단

달성친목회達城親睦會는 1908년 대구 지역의 계몽운동계열 인사들이 조직했으나 1910년 경술국치 때 해산당했다가 1913년 서상일이 주도하여 비밀결사로 재조직된 단체이다. 조선국권회복단朝鮮國權恢復團은 1915년 정월 대구에서 서상일을 중심으로 한 달성친목회 회원이 결성한 것으로 이해되어왔다.[78] 즉, 지역적 공간이 일치하고 상당수의 구성원은 중복되나, 별개의 비밀결사로 파악하여온 것이다. 또한 조선국권회복단에 대한 연구도 광복회의 선행조직이나, 독자적 비밀결사로 보는 견해로 나뉘어 있다. 또한 조선국권회복단의 주도세력을 박상진과 상덕태상회, 서상일과 태궁상회로 보는 견해가 대립되어 있다. 이는 이용 자료의 구성 차이에 따른 상이한 결과이다.[79]

그런데 '조선국권회복단사건(일명 안일암사건安逸庵事件)'[80]에서 조선국권회복단은 일제가 독립운동을 탄압하기 위해 조작한 가공의 조직이고, 그 실체는 1913년에 재건한 달성친목회였다는 주장이 제기되어 주목된다.[81] 한편으로는 대동청년단의 표면적인 활동조직이나 전위조직이라는 상반된 견해가 있다.[82]

1913년 음력 정월 15일, 경상북도 달성군 수성면 안일암에서 시회詩會를 구실로 달성친목회원들이 모였다. 이들은 대종교적 인식을 바탕으로 식민지 상황을 타개하기 위해 노력할 것을 결의했다. 이 단체를 일제는

78 권대웅(2008), 앞의 책, 168~205쪽.
79 「서상일 신문조서」(『韓民族獨立運動史資料集』 7~9, 국사편찬위원회, 1988)가 공개되기 이전에는 『高等警察要史』만 이용되었다.
80 류시종·박병원·김희곤 역주(2010), 앞의 책, 343~346쪽.
81 김일수, 「1910년대 달성친목회의 민족운동」, 『한국학논집』 제45권 45호, 계명대학교 한국학연구소, 2011, 261~283쪽.
82 권대웅(2008), 앞의 책, 187·204쪽.

조선국권회복단중앙총부라 파악했다.[83] 한편, 서상일이 1913년 9월 귀국하여 달성친목회를 재흥시켰는데, 1915년 9월 대구경찰서에서 해산명령을 내렸다는 기록이 있다.[84] 일자는 약간 차이가 있으나, 한 자료에는 조선국권회복단중앙총부로, 다른 자료에는 재흥 달성친목회로 기록하고 있다. 문제는 조선국권회복단중앙총부는 『고등경찰요사高等警察要史』와 판결문 등 일제의 기록에 일관되게 등장하는 명칭이며, 일제가 조작한 가공의 단체인지 확인할 수 없다는 사실이다. 또한 해산되었던 달성친목회의 재흥이라는 사실은 박준영朴埈永의 「복명서」 외에는 확인되지 않는다. 달성친목회의 해산 시기는 대구 달성공원에서 광복회가 결성된 시기와 거의 같다. 따라서 달성친목회원들이 광복회로 합류한 것은 사실이나, 지금으로서는 그 단체의 이름이 무엇인지 단정하기가 곤란하다.

한편 1913년 3월 15일 달성친목회원들이 조직한 강유원간친회講遊園懇親會의 조직 시기와 성격에 대해서도 이견이 있다. 즉, 이를 달성친목회 재건 직후 그 외연을 확대하는 후비대로 보는 견해가 있는가 하면,[85] 달성친목회 재건 이전부터 조직된 것이고 조선국권회복단으로 재편성해나가는 중간 조직이라는 견해[86]가 제기되어 있다. 그러나 일제가 강유원간친회에 1916년 4월 해산령을 내렸으나, 이해 8월 중순에도 활동했다는 기록으로 보면 후자는 사실과 다른 것으로 보인다.[87] 따라서 강유원간친회는 달성친목회가 학생을 위해 별도로 조직한 것으로서 달성친목회가 해산당한 뒤 1년 정도 더 존재한 단체로 이해함이 타당할 듯하다.

---

83 류시종·박병원·김희곤 역주(2010), 앞의 책, 343쪽.
84 이는 1919년 조선국권회복단중앙총부사건 예심 과정에서 대구경찰서 순사 朴埈永이 제출한 「복명서」에 나오는 사실이다(『韓民族獨立運動史資料集』 7, 296쪽).
85 김일수(2011), 앞의 논문, 271~272쪽.
86 권대웅(2008), 앞의 책, 175~177쪽.
87 朴埈永, 「복명서」 참조.

조선국권회복단은 국외 독립운동단체를 지원하기 위해 동지를 규합하고 군자금을 모금하는 데 힘썼다. 이 과정에서 발생한 것이 이른바 대구 권총사건이다. 3·1운동 이후에는 군자금 모금, 임시정부 지원, 유림단의 파리장서운동 참여 등의 활동을 펼쳤다. 따라서 조선국권회복단 또한 대동청년단처럼 계몽운동계열에서 조직하고 주도한 것이나, 무장투쟁을 지원하고 계획했으며, 임시정부와 연계하려 한 비밀결사라 할 수 있다.

조선국민회

조선국민회朝鮮國民會는 1917년 3월 평양에서 장일환 등 숭실학교와 평양신학교 졸업생과 재학생, 교사 등 25명이 중심이 되어 결성한 비밀결사이다.[88] 조선국민회는 서북지방을 중심으로 전국적 조직을 지향한 점, 20~30대의 젊은 청년 학생들이 숭실학교의 학연과 기독교 조직을 통해 조직한 점 등을 특징으로 들 수 있다. 그런데 무엇보다도 1910년대 대부분의 국내 비밀결사들이 재만 독립운동세력과 연계를 꾀한 반면, 조선국민회는 미주, 특히 박용만을 중심으로 한 하와이 지역과 연결된 점이 중요한 특징이다.[89] 그래서 하와이 대조선국민군단 국내 지부라는 평가도 있다.[90]

그러나 조선국민회는 단순히 재미동포사회와의 연계만 추구한 것이 아니었다. 그 실행세칙에 따르면, 조선국민회는 재미국민회在美國民會와 연락을 도모하여 이상을 실현하되, 회의 세력을 점차 중국과 간도 방면

---

88 조선국민회의 결성 시기를 1915년으로 보는 견해도 있으나(趙東杰, 1989, 앞의 논문, 376쪽), 이는 사전 준비 단계로서 정식으로 결성된 것은 1917년으로 보는 것이 타당하다.

89 강영심, 「朝鮮國民會 研究」, 『한국독립운동사연구』 제3집, 1989, 186~188쪽.

90 趙東杰(1989), 앞의 논문, 376쪽.

으로 부식하고자 했고, 이를 위해 중국 안투현과 베이징에 통신원을 배치하도록 했음을 알 수 있다.[91] 이는 조선국민회가 박용만의 하와이 동포와 연계하되, 최종적으로는 만주를 근거로 한 독립군기지개척과 관련이 있음을 시사한 것이다.

조선국민회는 독립운동 근거지 구축과 조직 확대, 교육 활동, 『국민보國民報』 배포 등 민족의식을 고취하는 활동을 했고, 무력 기반 조성 계획을 수립하여 추진했다.[92] 특히 신교육을 이수한 졸업생이나 재학생들만으로 만들어진 국내 최초의 독립군적 조직이란 점을 주목해야 한다. 조선국민회는 박용만의 대조선국민군단과 연계된 것만으로도 무장투쟁을 추구한 단체임을 짐작할 수 있다. 실제로 조선국민회는 독립군적 암호를 사용했으며, 무기를 구입하고 동지들을 무관학교에 입교시키려 하는 등 무장투쟁 노선을 분명히 했다.

조선국민회는 계몽주의적 성향을 지닌 학생과 졸업생, 기독교 조직이 참여했기 때문에 계몽주의적 성향도 보인다. 그러나 무장투쟁 노선을 선명히 함으로써 1910년대 비밀결사의 독립운동 방략의 변화와 발전상을 보여준다. 조선국민회는 1918년 해체되었으나, 일부 회원들은 평양 일원에서 3·1운동을 주도하는 등 명맥을 이어나가고자 노력했다.

천도교계열의 비밀결사

일제 식민지로 전락하여 무단통치를 당하는 암울한 현실에서 민중들은 천도교를 대안의 유토피아 소국小國으로 인식하고 여기로 몰려들었다.[93] 교도가 300만을 헤아리는 등 교세의 급속한 발전은 '고금 종교계에 일찍

---

91 姜德相(1967), 앞의 책, 35~38쪽.
92 강영심(1989), 앞의 논문, 188~193쪽; 권대웅(2008), 앞의 책, 234~239쪽.
93 김정인, 「1910년대 『天道教會月報』를 통해서 본 민중의 삶」, 『韓國文化』 제30집, 서울대학교 한국문화연구소, 2002, 311~316쪽.

이 없던 일'이었다.[94] 따라서 일제는 「포교규칙布教規則」에서 천도교를 종교로 인정하지는 않았지만, 유사종교로 간주하여 많은 탄압을 가했다.[95]

그러나 이종일李鍾一은 『묵암비망록黙庵備忘錄』에 중요한 사실을 기록했다.[96] 즉, 강제병합 직후부터 천도교도를 중심으로 동학혁명을 계승한 대중봉기를 꾀했다는 것이다.[97] 이종일은 이미 이때부터 기독교와의 연합을 구상했는데, 1912년 초에는 농어민을 민중운동에 앞세우기 위해 경기도 일대 농어민의 피침 상태를 조사하도록 하기도 했다.[98] 그는 민중운동이 성공하기 위해서는 천도교중앙본부가 지원하고 보성사 사원을 주축으로 하되 기독교와 연합하여 경기도 일원의 농민과 서해안 일대의 어민, 서울과 중소도시의 노동자와 상인을 동원해야 한다고 생각했다.[99]

이종일은 1912년 7월 15일, 보성사 사원 등을 중심으로 국민집회를 개최하고자 취지문·건의문·행동강령 등을 기초했다. 그러나 이 계획은 일제에 사전에 발각되어 실패로 돌아갔다.[100] 그러자 이종일은 비밀결사를 조직하는 데 착수했다. 이미 기독교와의 연합을 모색했던 그는 이번에는 한용운과 백용성 등 불교계에 연합투쟁을 제의했다. 그러나 불교계의 반응이 신통치 않자, 1912년 10월 천도교도를 중심으로 비밀결사인 민족문화수호운동본부民族文化守護運動本部를 조직했다. 그 조직 구성은 다음과 같다.

---

94 朴殷植, 『韓國獨立運動之血史』 上篇, 1920, 58쪽(『全集』 II, 489쪽).

95 윤선자, 『한국근대사와 종교』, 국학자료원, 2002, 54~56쪽.

96 이하에서 논의할 천도교도를 중심으로 한 비밀결사 민족문화운동수호본부와 천도구국단은 李鍾一의 『黙庵備忘錄』에서만 기록되어 있어 신빙성에 의문이 제기될 수 있다. 그러나 내용이 구체적이고 시대적 상황과 일치하고 있어 신뢰할 수 있을 것으로 판단된다.

97 李鍾一, 『黙庵備忘錄』, 1910년 10월 7일자; 1910년 12월 10일자.

98 李鍾一, 『黙庵備忘錄』, 1912년 1월 16일자.

99 李鍾一, 『黙庵備忘錄』, 1914년 1월 10일자.

100 李鍾一, 『黙庵備忘錄』, 1912년 6월 30일자; 1912년 7월 14일자.

총재 손병희   **회장** 이종일   **부회장** 김홍규

분과위원장 권동진(1분과), 오세창(2분과), 이종훈(3분과)[101]

이 비밀결사는 본부를 보성사에 두었으며 회원은 100여 명이었다. 그런데 조직을 보면 상기 임원 외에 임예환林禮煥·박준승朴準承·장효근張孝根 등이 주요 구성원으로 참여하고 있어 사실상 3·1운동을 주도한 천도교의 주축들이 망라되었음을 알 수 있다. 민족문화수호운동본부는 수차 강연회를 개최하는 등 독립사상을 고취해나갔으나, 자료의 결핍으로 구체적 활동상은 알 수 없다.[102] 그러나 3개의 분과를 두었다는 점에서 나름대로 민족운동을 모색했을 것으로 여겨진다. 실제 이종일은 이 비밀결사를 서간도에 결성된 부민단扶民團처럼 민족운동의 중심으로 발전시킬 계획을 가졌으나,[103] 1914년 전반기 이후의 활동은 보이지 않는다. 이종일은 1914년 8월, 역시 천도교도를 중심으로 천도구국단天道救國團을 조직했다. 그 조직 구성은 다음과 같다.

명예총재 손병희   **단장** 이종일   **부단장** 김홍규

총무 장효근   **섭외** 신영구   **행동대장** 박영신[104]

회원은 약 50여 명이었는데, 대부분 민족문화수호운동본부 구성원과 중복된다. 따라서 천도구국단은 제1차 세계대전의 발발에 따라 좀 더 능동적으로 국제정세를 분석하고 민족운동을 모색하기 위해 조직한

---

101 李鍾一, 『黙庵備忘錄』, 1912년 10월 31일자.

102 李鍾一, 『黙庵備忘錄』, 1913년 5월 7일자; 1914년 4월 29일자.

103 李鍾一, 『黙庵備忘錄』, 1912년 11월 27일자.

104 李鍾一, 『黙庵備忘錄』, 1914년 8월 23일자; 1914년 8월 31일자; 1916년 3월 31일자 등.

비밀결사로 이해된다. 천도구국단이 첫 사업으로 섭외부를 통해 세계대전에서 일본의 승패 여부를 조사하는 국제정세 분석을 시도한 것은 그러한 성격을 반영한다.[105] 그런데 천도구국단이 독립운동을 주도함은 물론, 일본 패망 이후 독립국가를 건설할 수임기구로서의 준비를 진행하고, 정당 설립이 어려운 당시의 상황에서 그 역할까지 수행하려 한 것은 주목된다. 곧 천도교도를 중심으로 한 민족문화운동수호본부와 천도구국단은 3·1운동의 모태가 된 것으로 평가할 수 있다.

이 밖에 시천교·태을교·청림교도를 중심으로 한 비밀결사 움직임도 있었다. 시천교도들은 1917년 국민대동회國民大同會를 조직하여 동학계 인물들을 중심으로 활동을 전개했다. 충청도 태을교도들은 독립의 군부 지부를 만들어 총독에게 국권 반환 요구를 했다. 한편 청림교도들도 1916년 말경 비밀결사를 조직했고, 군자금 모금 활동을 벌이기도 했다.[106] 이러한 움직임은 일제의 주목과 탄압을 받았지만, 더 이상의 민족운동으로 확대되지는 못했다.

요컨대 1910년대 초반부터 천도교를 중심으로 비밀결사를 조직하여 활동했고, 특히 이 과정에서 기독교와 불교계의 연합을 시도한 것은 3·1운동 당시 민족대연합전선 구축의 예행이었다는 점에서 그 의의가 크다. 더구나 종교계가 민족적 반성을 토대로 무단통치의 폭정 속에서

---

105 李鍾一, 『黙庵備忘錄』, 1914년 9월 25일자; 1914년 11월 19일자. 2개월간의 조사 분석 결과 신영구에게서 일본이 패전할 것이라는 보고를 받은 손병희는 이종일에게 독립국가 건설의 수임기구 준비를 지시했다.

106 성주현, 「일제강점기 민족종교의 비밀결사와 독립운동자금 모금운동」, 『한국민족운동사연구』 제56호, 한국민족운동사연구회, 2008 참조. 3·1운동 직후 태을교인들이 비밀결사를 조직하여 군자금 모금 활동을 벌인 경우가 있다(성주현, 「1920년대 초 태을교인의 민족운동」, 『한국민족운동사연구』 제29권, 2001, 187~214쪽). 그러나 교단이 아닌 개인 차원의 활동이었고, 모금한 돈도 주로 교당 건립에 사용하고 있어 민족운동으로서의 성격 규정은 신중해야 한다.

3·1운동이라는 민족운동의 뇌관을 점화한 것은 독립운동사의 발전적 양상으로 평가해야 할 것이다.

기타

배달모음(배달말글몯음)　　1911년 한글학자 주시경의 제자들이 주축이 되어 결성한 비밀결사로서, 일제하 국내 최초의 사회주의 정당인 사회혁명당의 연원으로 평가된다. 배달모음의 종지는 '정치혁명을 실현하고 풍속 개량과 기타 여러 가지 혁명사업'으로서 1916년 일본에서 신아동맹단新亞同盟團의 조선지부 역할을 했고, 사회혁명당으로 발전하여 상하이파의 국내 기반이 되었다. 배달모음의 활동에서는 일본 유학생들의 국제적 연대가 주목되며, 대동청년단이나 조선산직장려계 등 국내 비밀결사와의 연계도 주목된다.[107]

흰얼모　　1913년 장지영 등 배달모음 출신들이 결성한 비밀결사로서, 백영사白英社라 했다. 이 단체는 여준·이동녕 등 상동청년학원 회원이 국외로 망명하자 국내와 연락을 담당하도록 하기 위한 단체로 조직되었다고 한다. 흰얼모란 단체명이 배달모음과 동의어이기 때문에 동일 계통의 조직임은 의심할 바 없는데, 회원들은 3·1운동에 주도적으로 참여했고, 대동단에도 참여했다.[108]

송죽회(송죽결사대)　　1913년 김경희 등 평양의 숭의여학교 졸업생을 중심으로 하여 여성 조직원들로 구성·조직된 비밀결사이다. 송죽회는 창립회원을 송형제松兄弟로 하고, 하부조직으로 죽형제竹兄弟를 두었는데, 상호 간에도 모르게 철저한 점조직으로 이루어져 있었고, 부모형제는 물

107　이현주, 『한국 사회주의 세력의 형성』, 일조각, 2003, 139~148쪽.
108　이현주(2003), 앞의 책, 148~156쪽.

론 남편에게도 비밀로 했다.[109] 회원들은 학생들에게 독립의식을 고취하고자 했으며, 회비를 군자금으로 송부했다. 3·1운동 때에는 각처에서 여성들의 만세운동을 주도했고, 대한애국부인회의 근간이 되었다.[110]

기성볼단   1914년 5월, 김영윤·차리석 등이 평양에서 대성학교 출신 청년을 규합하여 조직한 비밀결사이다. 이는 105인 사건으로 서북지방 지성이 큰 타격을 받은 뒤 조직한 단체로서 신민회의 독립전쟁론을 계승했다. 회원들은 서간도 신흥무관학교나 미주 네브래스카 무관학교 입학을 목표로 했는데, 실제 김영윤과 장병윤은 신흥무관학교에 입학하여 독립군이 되었다.[111]

조선산직장려계   1915년 3월, 경성고보 교원양성소 4년생 이용우 등 6인이 민족경제 자립을 표방하며 조직한 비밀결사이다. 이용우는 당시 일본 물산이 만연하고 있는 상황에서 조선은 패퇴자가 될 수밖에 없고 국권회복은 몽상이 될 것이라는 위기의식을 지니고 있었다. 이들은 계의 운영을 주식제로 하되, 1주를 20원으로 하고 계원이 훈도로 부임하면 10명씩 주주를 모집할 것을 맹약했다. 최남선·류근·김두봉 등이 역원으로 참여했고, 각지에 일반 회원이 130여 명이나 되었다.[112] 조선산직장려계는 1910년대 비밀결사 중 교사를 중심으로 경제 자립을 목표로 한 유일한 비밀결사라 할 수 있다.

단천자립단   1915년 8월, 단천에서 강명환 등 기독교 인사들이 결성한 비밀결사이다. 이후 자립단은 이원·북청·성진·길주·풍산·갑산 등지로 조직을 확대해나갔다. 단원들은 단비로 기금을 조성하여 사업에

---

109 최은희, 『조국을 찾기까지』상, 탐구당, 1973, 373~374쪽.
110 권대웅(2008), 앞의 책, 211~216쪽.
111 姜德相(1967), 앞의 책, 1~4쪽.
112 류시종·박병원·김희곤 역주(2010), 앞의 책, 450~453쪽.

투자했고, 그 이익금을 활동자금으로 삼고자 했다.[113] 자립단은 구국교육을 통한 육영사업과 실업을 진작하고자 한 점에서 실력 양성을 추구한 계몽운동단체라 할 수 있다.

이 밖에도 비밀결사 명의를 내세워 돈을 요구하거나, 사립학교 교사를 중심으로 한 애국창가집 사건 등도 비밀결사 활동으로 이해되고 있다.[114] 그러나 독립운동의 이념과 의미를 내포하지 않은 개인이나 종교의 활동과, 비밀리에 애국 창가를 교육시킨 것을 모두 비밀결사 활동으로 설명한다면 1910년대 독립운동사 서술의 본질이 흐려질 우려가 있다. 비밀결사는 목숨 걸고 지켜야 할 조직이 존재하고, 투쟁의 이념과 목표 및 방략이 분명한 조직을 대상으로 규정해야 한다.

3·1운동과 비밀결사

3·1운동은 폭압적 무단통치하에서 일궈낸 민족운동이었다. 3·1운동의 초기 계획단계를 주도한 것은 종교계였다. 종교계가 일제의 침략 과정에서 범했던 민족적 과오를 깨닫고 민족운동의 전면에 나선 것은 다행스러운 일이었다. 그런데 무단통치의 굴레를 뚫고 3·1운동을 거족적 민족운동으로 성공시킨 동인은 1910년대 불굴의 비밀결사투쟁의 전통이었다. 1910년대 비밀결사투쟁의 전통은 3·1운동기에도 계속되었다. 특히 3·1운동이 대중화할 수 있었던 데에는 각지 비밀결사의 역할이 컸다. 각지의 비밀결사들은 민족대연합전선 대열에서 이탈한 이른바 민

---

113 大正5年 刑控第116號, 「方周翼外判決文」(1916. 4. 17), 경성복심법원.
114 권대웅(2008), 앞의 책, 242~254쪽.

족대표들을 대신하여 대중투쟁을 주도해나갔다.[115]

　3·1운동은 다양한 형태로 전개되었으나, 몇 명의 주도자가 장날을 이용하여 장터에서 독립선언서를 낭독하고 장꾼들을 독려하여 만세를 고창하며 시위행진을 하는 것이 일반적 형태였다. 이를 일제는 조선 민족의 성정性情의 하나인 '성토법聲討法'으로 해석했다. 일제는 독립을 선언하고 만세를 고창하는 성토법이 군중의 심리를 통일하고 단결시킬 수 있으며, 총칼보다 더 큰 위력을 발휘한다고 놀라워했다.[116] 서양인들은 이러한 한민족의 3·1운동을 '주목할 만한 혁명'이자 '특유의 폭동'이라고 평가했다.[117] 그리고 그 중심에 비밀결사가 있었다.

　1910년대의 비밀결사는 계몽운동과 의병운동 노선으로 양분된다. 그러나 3·1운동은 독립선언과 만세시위라는 새로운 형태의 독립운동인 만큼, 이 시기의 비밀결사들은 이념이나 노선보다는 방략상 일치하는 모습을 보인다. 따라서 3·1운동기 비밀결사는 1910년대 비밀결사가 합류하는 양상으로 이해할 수 있다. 이 시기의 비밀결사들은 독립선언서나 격문류를 인쇄하여 배포하거나, 사전 연락을 통해 군중을 동원하고 현장에서 만세시위를 주도하는 등의 활동을 수행했다.

　3·1운동기에는 다수의 비밀결사 명칭이 등장한다. 그렇다고 이들을 모두 실제로 3·1운동을 주도한 비밀결사라고 보기는 곤란하다. 예컨대 대한독립협회大韓獨立協會·대한국독립협회大韓國獨立協會·조선독립단朝鮮獨立團·대한독립회大韓獨立會 등은 실재한 비밀결사 조직이 아니라, 격문이나

115　박걸순, 「3·1운동과 국내 독립운동」, 『東洋學』 제47집, 단국대학교 동양학연구소, 2010, 261쪽.

116　朝鮮憲兵隊司令部·朝鮮總督府警務總監部, 『朝鮮三一獨立騷擾事件』(독립운동사편찬위원회, 『독립운동사자료집』 제6집, 1973, 1143~1144쪽).

117　미국기독교교회총연합회 동양관계위원회, *The Korean Situation*(독립운동사편찬위원회, 『독립운동사자료집』 제4집, 1971, 445쪽); 내다니엘 페퍼, *The Truth About Korean*(독립운동사편찬위원회, 『독립운동사자료집』 제4집, 550쪽).

경고문을 발송하기 위한 가공의 단체다.[118] 이들은 비밀결사 명칭으로서 지역명을 사용하기도 했으나, '대한大韓'이나 '조선朝鮮'을 내세웠다. 즉, 전국적 조직임을 내세워 지역민들에게 만세운동에 적극 동참하도록 분발하게 하고, 한인 관공리들에게는 경각심을 일깨워주고자 했다. 따라서 비록 실체는 없었다 하더라도 나름대로 역할은 평가되어야 한다.

실제 전국 범위로 비밀결사가 조직되어 만세시위를 주도해나갔다. 조직 주체는 학생, 청년회, 종교인, 지역 유지, 양반 유생, 기존의 향촌 조직 등 다양했다. 먼저 학생이 주체가 된 비밀결사로서 경성독립비밀단京城獨立秘密團·조선독립개성회朝鮮獨立開城會·혜성단彗星團이 있다. 경성독립비밀단은 서울의 3·1운동에 참여했다가 보안법 위반 혐의로 옥고를 치르던 박인석朴仁錫(20세, 경신학교 4년)이 옥중에서 서로 독립운동을 원조하여 독립을 달성하자는 취지로 만든 창가집唱歌集에서 유래했다. 그는 출옥 후 1920년 1월경 동지들과 창가를 인쇄하여 경신·배재·이화·정신·중앙학교 학생 및 세브란스병원 간호사들에게 배포했다.[119] 이는 3·1운동에 직접 참여하고 옥고까지 치른 학생이 창가의 형태를 통해 항일투쟁을 확산하려 한 것으로 이해된다. 조선독립개성회는 고종의 인산에 참예參詣하기 위해 상경했다가 3월 3일 서울의 만세시위를 목격하고 귀향한 박치대朴致玳(22세, 서적 판매업)가 유흥준兪興濬·임병구林炳九 등 송도고보와 개성학당 등 학생들을 중심으로 조직한 비밀결사이다. 이들은 회칙과 회원 명부, 「개성회주의서開城會注意書」 등을 작성하고 동지를 모집하던 중 일제에 발각되어 피체되었다.[120] 이는 비록 구체적 행동으로 표

---

118 박걸순(1988), 앞의 논문, 180~182쪽.

119 大正9年 刑控 第118號, 「朴仁錫判決文」(1920. 4. 26), 경성복심법원(『독립운동사자료집』제5집, 144~146쪽).

120 大正8年 刑上 第144號, 「朴致玳外判決文」(1919. 6. 5), 고등법원(『독립운동사자료집』제5집, 516~518쪽).

출되지는 못했으나, 3·1운동 초기 비밀결사 조직 양상을 알려주는 사례라 할 수 있다.

혜성단은 3·1운동기 비밀결사의 전형을 보여준다. 혜성단의 주도자는 대구 계성학교 생도였던 김수길金壽吉(19세)이다. 김수길은 3월 8일 대구부에서 이만집李萬集 등의 주도로 전개된 만세시위에 참가한 이래 5월 7일경까지 약 2개월에 걸쳐 계성학교 생도 등 동지와 함께 수 종의 격문류를 인쇄하여 배포했다.[121] 이들의 활동을 정리하면 ① 만세시위의 주도, ② 민중의 만세시위 참여 촉구 문서 배포(경고문警告文, 근고동포謹告同胞), ③ 상인들에게 철시撤市 폐점 요구 및 일화배척日貨排斥 촉구 문서 배포(동정표시경고문同情表示警告文, 경고아동포警告我同胞), ④ 독립운동을 탄압하는 식민지 통치자에게 협박문 송부, ⑤ 독립운동 자금 모금, ⑥ 조선인 관공리에게 사직 요구서 송부(경고관공리동포警告官公吏同胞) 등 다양한 활동을 벌였다. 특히 11종 2,000여 매의 인쇄물을 작성하여 배포하면서 당시 비밀결사 중 가장 활발한 출판투쟁을 벌였다고 평가할 수 있다.[122]

혜성단의 활동은 3·1운동이나 국내투쟁에만 국한되지 않았다는 점에서 주목해야 한다. 즉, 혜성단은 최후의 독립 달성을 위해서는 국내외가 상응해야 한다고 생각하여 대구에 본부를 두되, 서울·만주와의 연계를 꾀했던 것이다. 혜성단은 인쇄책(김수길·최재화崔載華), 인쇄물 기타 배포책(허성도許聖徒·이덕생李德生·이종식李鍾植·이종헌李鍾憲·이기명李基明), 출납책(이수건李壽鍵), 만주 출장책(이영옥李榮玉), 연락책(이명건李明健) 등의 부서를 두었다. 이 가운데 만주 출장책은 만주동포사회와 연계를 시도하려 했다는 점에서 3·1운동 이후 민족운동과 비밀결사투쟁의 추이와

---

121 「金壽吉外判決文」(1919. 10. 9), 대구복심법원(『독립운동사자료집』 제5집, 1446~1453쪽).
122 박걸순(1988), 앞의 논문, 185~186쪽.

향배를 예시하는 것으로 주목된다.

종교를 중심으로 한 비밀결사도 있었다. 천도교도들이 조직한 비밀결사로서 조선독립단 이원지단을 들 수 있다. 이 비밀결사는 1919년 3월 초, 천도교 전도사 이도재李道在, 교구장 이병준李秉濬 등 천도교도 13인이 조직했고, 3월 10일 이원읍 만세시위를 주도했다.[123] 한편 기독교도를 중심으로 결성된 비밀결사로서 조선독립고흥단朝鮮獨立高興團이 있다. 이는 서울에서 귀향한 목치숙睦致淑이 4월 초, 기독교도들을 포섭하여 조직한 것으로 독립선언서를 준비하고 만세시위를 계획하다가 사전에 발각되어 실행에 옮기지는 못했다.[124] 그런데 3·1운동의 초기 계획을 종교계가 주도했고, 일제는 '기독교도와 불량 학생', '종교라는 가면을 쓴 정치적 결사라 볼 수 있는 천도교'가 각지에서 그 계획에 호응했다고 파악했으나,[125] 실제로 종교계 비밀결사는 더 이상 확인할 수 없다. 이는 3·1운동이 중앙 교단을 중심으로 극비리에 추진되었고, 단시간에 전국적으로 파급 확산되어 시간적 여유가 없었기 때문으로 이해된다.

기존의 청년회 조직이 비밀결사로 전화하여 만세시위의 전위로 나선 경우도 있다. 연기청년회가 그 대표적인 사례이다. 고종의 국장에는 각지 청년회 대표들이 군민대표 자격으로 상경하여 참배했다. 연기청년회 대표인 맹의섭孟義燮과 전병수全炳壽·김재형金在衡 등도 연기군민 대표로 상경했다가 3월 1일 탑골공원의 선언식과 가두시위에 참여하게 되었다. 이때 김재형은 민족대표인 박동완朴東完에게서 독립선언서를 교부받고 귀향하여 청주의 조동식趙東植 등에게 배포했다.[126] 연기청년회 대

123 독립운동사편찬위원회, 『독립운동사』 제2권, 1972, 716~717쪽.
124 독립운동사편찬위원회, 『독립운동사』 제3권, 1972, 599쪽.
125 朝鮮憲兵隊司令部, 『朝鮮騷擾事件狀況』(『독립운동사자료집』 제6집, 513쪽).
126 박걸순, 「3·1봉화만세운동과 趙東植」, 『중원문화연구』 제20권, 충북대학교 중원문화연구소, 2013, 16~19쪽.

표들은 귀향 후 3월 30일의 조치원 장날을 이용하여 시위를 주도했다. 이때 많은 군민들이 피체되었는데, 청년회장이자『매일신보』지국 기자인 맹의섭 등이 헌병분견소장과 협상을 벌여 모두 석방시켰다. 이는 맹의섭의 '유지기반과 정치'에서 이해할 수 있을 것이다.[127]

한편 향촌에서 양반 유생들의 시회詩會나 문인文人들의 친목단체를 표방한 형태의 비밀결사도 있었다. 예컨대 춘천에서 양반 유생들이 시회를 빙자하여 회합하여 '불온'한 행동을 했다거나,[128] 4월 3일 전남 장성군 모현리 만세시위가 전래의 화전회花煎會를 표방하여 전개한 것 등이 그 예이다.[129] 향촌사회의 친목조직이 만세운동의 비밀결사로 전화한 사례로는 전남 순천군 동초면 신기리 동민들이 조직한 도란사桃蘭社가 대표적이다.[130] 도란사는 4월 3일 이 마을 사람인 이병채李秉埰·안규휴安圭休·안주환安周煥·안응섭安應燮·안용갑安鏞甲 등 33인이 위친계를 표방하여 조직한 것으로서, 먼저 계원들이 단결하여 만세운동을 주도하기로 결의했다. 계원 전원은 4월 8일 한흥조韓興祚의 집에 모여 이튿날 벌교 장날을 이용하여 장터에서 만세시위를 주도할 것을 결의하는 서약서에 서명 날인했다. 4월 9일, 도란사원들은 벌교 장터로 나가 장꾼들을 주도하여 만세시위를 전개했다. 그들은 다음 장날인 14일에도 벌교장터에서 만세시위를 주도했다.[131]

---

127 지수걸, 「일제하 충남 조치원 유지, 맹의섭(1890~?)의 '유지기반'과 '유지정치'」, 『역사와 역사교육』제3·4호, 웅진사학회, 1999, 592~593쪽.

128 「鮮內民心一般의 趣向에 對하여」, 朝鮮軍參謀部 密受 第102號, 朝特報 第50號, 1919년 9월 20일(『韓國民族運動史料 三一運動篇 其二』, 國會圖書館, 374쪽).

129 독립운동사편찬위원회, 『독립운동사』 제3권, 1972, 564쪽.

130 桃蘭社라는 결사의 명칭은 중국 고대의 도원결의와, 晉나라의 뜻있는 문사들이 蘭亭에서 모임을 갖던 고사에서 유래한 것으로서, 死生을 같이하자는 의미이다. 독립운동사편찬위원회, 『독립운동사』 제3권, 1972, 594쪽.

131 大正9年 刑 第1093號, 「安應燮判決文」(1920. 11. 20), 광주지방법원 순천지청(『독립운동사자료집』제5집, 1538~1539쪽), 大正8年 刑 第653號, 「安鏞甲判決文」(1919.

동리 사람들끼리 만세운동을 조직적으로 추진하기 위해 비밀결사를 조직한 사례로는 혈성단血誠團이 있다. 혈성단은 3월 23~24일경 경기도 부천군 용유면 남북리에 거주하는 조명원趙明元·조종서趙鍾瑞·문무현文武鉉·최봉학崔奉學 등이 조직한 결사이다. 이들은 28일 관청리 광장에서 만세운동을 주도하기로 결의하고, 대형 태극기를 제작하고 동면 남북리·거잠리·을왕리·덕교리 주민들에게 만세운동에 동참할 것을 호소하는 격문 80여 매를 제작하여 배포했다. 조명원 등은 28일 대형 태극기를 앞세우고 관청리 장터로 나가 만세시위를 주도하다가 피체되었다.[132]

이상으로 볼 때 3·1운동기의 비밀결사는 독립선언과 만세시위라는 시대적 과제를 해결하기 위한 조직이라 할 수 있다. 따라서 대부분의 비밀결사들은 만세시위의 종료나, 주도자의 피체로 해산하는 단발적이고 일회적 성격을 지닌다. 그러나 이 시기의 비밀결사 가운데에는 만세시위의 주도를 넘어서 완전 독립을 추구한 조선국민자유단朝鮮國民自由團 등도 출현하고 있어 주목된다. 이 비밀결사는 3월 하순경 서울에서 백광필白光弼·최석인崔碩寅·유연화柳淵和 등 서울의 학생들을 중심으로 조직되었다. 그들은 만세시위가 전국적으로 확산되자 단순히 만세시위가 아니라 이 분위기를 이용하여 독립에 대한 여론을 환기시키고자 했다. 즉, 일부 유력 조선인 사이에서 일제로부터 언론 출판의 자유를 얻어내고, 제국의회에 조선인을 진출시켜 헌병경찰제도 폐지를 요구하자는 논의가 있음을 경계하고 일본의 통치에서 벗어나 완전 독립국을 추구하고자 했다. 이들은 그러한 취지의 경고문을 인쇄하여 동대문 일대에 배포하고, 『자유민보』라는 신문을 인쇄하여 배포했다.[133]

---

9. 13), 광주지방법원 순천지청(『독립운동사자료집』 제5집, 1539~1540쪽).
132 「趙明元外判決文」(1919. 9. 27), 고등법원
133 大正8年 刑控 第549號, 「白光弼外判決文」(1919. 8. 28), 고등법원.

결국 3·1운동기의 비밀결사는 1910년대 비밀결사의 전통을 계승하고, 1920년대 비밀결사투쟁을 예비하며 추이되는 과도적 성격을 지닌 것으로 이해할 수 있다. 3·1운동 직후 국내외에서 임시정부와 연계하여 군자금 모금 등의 활동을 벌인 비밀결사가 다수 출현했다. 이들은 3·1운동의 교훈을 반성적으로 반추하며 점차 비무장투쟁에서 의열이나 무장투쟁으로 방향을 선회했고, 농민 조직이 별동대로 조직되는 등 중산층적 부르주아 민족주의 성향에서 벗어나 민중적 성향을 강하게 지니게 되었다.[134] 그런 변화를 보이는 대표적 비밀결사가 3·1운동 직후 서간도 독립운동세력과 연계하에 조직되어 평북을 근거로 무장투쟁 활동을 펼친 천마산대天摩山隊와 보합단普合團이다. 이들은 이후 서간도 지역 독립군단의 통합운동에 참여하여 대한통의부로 추이했다.[135]

이로써 1920년대 이후 다양하고 총력적 투쟁이 전개될 수 있었다. 당시 국내 비밀결사가 수행한 역할과 활동은 일제하에서 합법화될 수 없는 '직접적 독립운동'으로서 가장 효과적인 것이었다.[136]

비밀결사투쟁의 의의

한국독립운동사에서 1910년대의 비밀결사투쟁이 지니는 의의는 지대하다. 그 의의를 몇 가지로 정리하기로 한다.

첫째, 일제의 무단통치라는 극도의 제한된 조건을 극복하고 조직되어 투쟁했다는 점에서 일제 식민지 지배는 처음부터 실패한 것임을 입

134 張錫興(1993), 앞의 논문, 245~277쪽.
135 朴杰淳, 「1920年代初 國內 武裝鬪爭團體의 活動과 推移」, 『한국독립운동사연구』 제3권, 1989; 「大韓統義府 硏究」, 『한국독립운동사연구』 제4권, 1990.
136 愼鏞廈, 『日帝强占期 韓國民族史(上)』, 서울대학교출판부, 2001, 451~472쪽.

증하는 증거가 되었다. 비밀결사들이 끊임없이 조직되어 투쟁하고, 끝내 3·1운동을 성취해낸 것은 헌병경찰의 폭압적 공포정치와, 문명화론과 동화정책을 가장하여 내세운 유화정책이 모두 실패로 귀결되었다는 의미다. 무단통치의 상징적 인물로서 독립운동 탄압의 경험을 지닌 아카시 모토지로가 비밀결사의 발생을 가장 우려하며 두려워했던 까닭을 알 수 있다.

둘째, 한말 국권회복운동을 계승하고 3·1운동 이후 독립운동을 선도하고 있어 한국독립운동의 내재적 발전과 전개 양상을 잘 보여준다. 국내에서 의병투쟁은 3·1운동 때까지 계속되었고, 한말 국권회복운동을 주도하던 양대 계열은 1910년대의 상황에 맞게 변용되며 시대적 소임을 다하고자 했다. 비록 일제의 탄압으로 비밀결사가 오랜 기간 존재하지는 못했으나, 구성원들은 해산 직후 곧 새로운 비밀결사를 조직하거나 다른 비밀결사로 합류하며 투쟁을 지속해나갔다. 예천의 참봉 출신 조용필이 이강년의진·풍기광복단·광복회·민단조합에 잇달아 참여한 것이 대표적인 사례이다.

셋째, 독립운동 이념의 발전 양상을 보인다. 한말에 대립적으로 존재했던 양대 계열은 1910년대에도 별개의 조직으로 존재하고 있었다. 독립의군부나 민단조합, 흠치교 비밀결사처럼 여전히 고종의 밀지나 칙서가 효용을 보이기도 한다. 고종 망명 계획이 있었다는 점을 보면 당시 민족운동에서 고종이 갖는 상징성을 알 수 있다. 그러나 의병 조직인 독립의군부가 천도교에 연대를 타진한 것은 주목할 만한 변화이다. 그리고 대부분의 계몽운동계열의 비밀결사들이 무장투쟁 노선을 스스럼없이 채택하고 있음도 더 이상 이념이 독립운동의 장애가 되지 않음을 반증한다. 1910년대 의병계열과 계몽주의계열의 비밀결사는 이념을 공유하며 점차 통합을 추구했다. 이는 이념의 확장성과 포용성을 의미한다. 또한 독립운동 이념의 발전적 양상으로서, 3·1운동 이후 민주공화정으로 정립되어가는 과도적 양상으로 이해된다.

넷째, 독립운동 방략의 변화상을 보이고 있다. 한말 의병계열과 계몽운동계열은 서로 무력 충돌을 빚을 만큼 상대의 방략을 부정했었다. 1910년대 의병계열의 비밀결사가 무장투쟁 노선을 견지하며 독립군적 변화를 추구한 것은 당연한 일이다. 계몽운동계열 가운데는 조선산직장려계나 단천자립단처럼 단순히 경제 자립이나 실업 장려만 목표로 하여 계몽운동에만 머문 경우도 있다. 그러나 계몽운동계열의 비밀결사 대부분은 계몽운동의 기조는 유지하되, 군자금을 모금하거나 만주 독립운동 세력과 연계를 꾀하며 무장투쟁을 추구하고 있어 주목해야 한다. 또한 의열투쟁을 목표로 내세워 1920년대 암살단이나 의열단으로 추이되는 양상도 보인다. 3·1운동기에만 존재하며 만세시위를 방략으로 삼았던 비밀결사의 존재도 특이한데, 이는 방략의 현실적 변용으로 이해된다.

다섯째, 특정 지역을 공간적 무대로 하되, 전국적 조직은 물론 국외까지 외연을 확대하고자 했다. 풍기광복단이나 민단조합은 풍기와 문경, 달성친목회·조선국권회복단·광복회는 대구, 조선국민회·송죽회·기성볼단은 평양을 무대로 조직되었다. 그런데 이들 대부분은 전국 조직을 시도했고, 일정하게 성과도 거뒀으며, 국내뿐만 아니라 국외 독립운동세력과 연계하여 조직을 확장하고자 했다. 독립의군부와 광복회는 물론 대동청년단·조선국권회복단·조선국민회 등 계열을 불문하고 국외 독립운동세력과의 연대 및 조직 확장을 꾀했다. 이들은 만주뿐만 아니라, 미주동포사회에도 주목했다. 조선국민회가 박용만의 하와이 대조선국민군단과의 연계하에 조직되어 활동했고, 기성볼단 회원들이 네브래스카 무관학교 입학을 목표로 했던 점도 특기할 만하다.

여섯째, 독립운동 주체 세력의 확대와 변화상을 반영하고 있다. 한말 국권회복운동은 척사 유림의 의병과 선각적 지식인들이 주도했다. 그런데 1910년대에 들어와서는 이들뿐만 아니라, 신교육을 이수한 학생과 청년, 여성, 종교인의 참여가 두드러진다. 학생층이 중심이 된 조직으로 조선국민회·기성볼단·조선산직장려계 등이 있는데, 3·1운동기에는 경성독립비밀단·조선독립기성회·혜성단으로 이 전통이 이어졌다. 기독교도를 중심한 비밀결사로는 단천자립단과 조선독립고흥단이 있다. 종교계의 비밀결사로는 천도교도를 중심으로 조직된 민족문화수호운동본부와 천도구국단이 있다. 이는 종교계가 1910년대에 들어와서 민족적 과오를 반성하고 조국의 식민지 현실을 자각하며 3·1운동을 추진해가는 과정으로 이해된다. 그런데 이미 1910년대 초반에 천도교를 중심으로 기독교와 불교계가 연대를 시도했다는 사실은 3·1운동 전사로서 중요한 의의를 지닌다. 한편 여성으로만 구성된 송죽회의 존재도 독립운동 참여세력의 확대와 변화상을 시사한다.

일곱째, 독립운동이 국제정세의 변동에 민감히 대응하며 전개되었다는 사실이다. 이는 독립운동세력의 고조된 국제인식을 반영한다. 1910년대 전반에 조직된 비밀결사도 있으나, 대개는 1915년 이후에 조직되었다. 이는 제1차 세계대전이 미칠 파장을 예의주시하며 시의에 부응하고자 한 것이다. 천도교 측이 중국의 신해혁명을 주시했고, 천도구국단을 조직하자마자 첫 사업으로서 일본의 승패 여부를 판단하고 독립 이후 수임기구를 조직했던 것은 그 대표적 경우이다.

맺음말

일제의 무단통치는 제국주의 역사에서 유례를 찾을 수 없는 폭압적인 지배 방식이었다. 조선 총독은 입법·사법·행정 및 군을 통솔하며 헌병 경찰로써 조선을 무력으로 압제했다. 한편으로는 문명화론과 일선동조론을 내세워 회유하려는 정책을 시행하기도 했다. 이러한 무단통치하에서 독립운동은 난관에 부딪혔으나, 한말 의병과 계몽운동계열의 투쟁정신과 방법을 발전적으로 계승한 비밀결사가 조직되어 투쟁을 주도했다.

1910년대의 독립운동에서 먼저 평가해야 할 것은 의병항쟁이 3·1운동 때까지 지속되었다는 점이다. 이는 의병에서 3·1운동으로 전이되는 한국독립운동사의 내재적 발전과 전개 양상을 실증한다. 잔여 의병 활동과는 별도로 망국 후 유림과 의병 출신자들을 중심으로 의병 조직을 재정비하려는 움직임이 일어났다. 그 대표적 비밀결사가 독립의군부·풍기광복단·광복회·민단조합 등이며, 이 밖에도 선명당·이증연 등의 비밀결사, 흠치교 비밀결사 등이 있다. 이들은 대개 유림이 중심이 되었기 때문에 복벽주의적 성향이 농후했지만, 척사적 사고 범주에만 고착되지 않고 사상적 소통과 포용성을 지니며 독립을 추구했다. 계몽운동 계열에서 조직한 비밀결사로는 대동청년단·달성친목회·조선국권회복단·조선국민회가 있으며, 이 밖에 배달모음·흰얼모·송죽회·기성볼단·조선산직장려계·단천자립단 등이 있다. 한편 천도교 계열에서는 민족문화수호운동본부와 천도구국단을 조직하여 독립운동을 모색했다.

3·1운동기에는 만세시위를 방략으로 하는 비밀결사가 등장하여 대중화를 주도했다. 그 가운데에는 명의만 내세운 비밀결사들도 있었다. 그러나 학생이 주체가 된 경성독립비밀단·조선독립개성회·혜성단, 천도교도가 조직한 조선독립단 이원지단, 기독교도가 조직한 조선독립고흥단의 활동이 돋보인다. 연기청년회는 기존의 청년회 조직을 활용했으며, 도란사와 혈성단은 향촌 조직이 비밀결사로 전화한 사례이다. 이들은 3·1운동의 교훈을 반성적으로 반추하며 점차 의열이나 무장투쟁으로 방향을 선회했고, 더욱 민중적 성향을 강하게 지니게 되었다. 천마산대와 보합단은 3·1운동 직후 서간도로 이동하여 독립군단 통합운동에 참여한 대표적 사례라 할 수 있다.

한국독립운동사에서 1910년대의 비밀결사투쟁이 지니는 의의는 지대하다. 비밀결사들은 일제의 폭압적 무단통치가 실패였음을 입증한다. 또한 한말 국권회복운동을 계승하고 3·1운동 이후 독립운동을 선도하고 있어 한국독립운동의 내재적 발전과 전개 양상을 잘 보여주고 있다. 그뿐만 아니라, 독립운동의 이념과 방략상 변화와 발전상을 보여준다. 그들은 공간적으로는 특정 지역을 무대로 하되, 전국적 조직은 물론 국외까지 외연을 확대하고자 했다. 주체세력은 점차 신교육을 이수한 학생과 청년·종교인·여성으로 확대되는 양상을 보였다. 특히 천도교를 중심으로 종교계가 1910년대에 민족적 과오를 반성하고 민족운동에 나서 결국 3·1운동을 선도한 것은 높이 평가해야 할 것이다. 이들은 제1차 세계대전 등 국제정세의 변동에 민감히 대응하며 독립 이후까지를 전망했다.

그러나 아직도 1910년대의 독립운동사에 대한 연구는 미진한 부분이 적지 않다. 가용할 수 있는 자료의 부족으로 광복회 등 특정 단체에 연구가 편중된 한계도 있다. 또한 비밀결사 조직의 구성과 활동, 성격을 둘러싸고 상이한 주장이 제기되어 있기도 하다. 향후 좀 더 심도 있는 연구가 진전되기를 기대한다.

(『한국독립운동사연구』 제46집, 독립기념관 한국독립운동사연구소, 2013)

02

북간도 간민회
선행조직의 추이와 성격

머리말

북간도에 한인 촌락이 형성되기 시작한 것은 1860년대부터이다. 이후 청조淸朝의 '이민실변移民實邊' 정책으로 대량 이주가 진행되며 조선과 청 간에 국경 획정 문제와 이주 한인의 관할권을 둘러싸고 분쟁이 있었다. 1909년 9월의 '간도협약間島協約'은 한인의 법적 지위를 규정했고, 이로 써 관할 주체도 바뀌었다. 이 협약으로 일제는 북간도에 대한 청의 영유 권을 인정했고, 따라서 이주 한인의 토지 소유권은 더욱 엄격히 제한되 었다. 또한 이주 한인의 재판 청구권은 일본에 귀속되어 한인은 청과 일 본 쌍방에서 구속을 받는 더욱 곤란한 입장에 처하게 되었다.

　이러한 상황에서 한인들은 당면한 제반 문제를 중국 관헌과 교섭하 여 해결하고자 했다. 간민회墾民會는 그 대표적 단체로서 1913년 4월에 조직되어 이듬해 3월에 해산당했으니 존속 기간이 1년도 안 되는 단명 단체였다. 그러나 간민회는 존재와 활동의 의미가 지대하기 때문에 일 찍부터 국내는 물론 중국 학계의 주목을 받아 적지 않은 연구가 산출되 었다.[1]

그러나 간민회에 관한 연구는 연구자에 따라 자의적이고 정형화된 논의를 벗어나지 못하고 있다. 즉, 한민족을 주체와 기준으로 민족교육, 나아가 민족운동이라는 관점을 강조하려는 경향이 있다. 이들은 간민회를 '정부 조직의 형태를 지닌 자치기관'[2]이라거나, '준정부적 역할'[3]을 했다는 등 정부적 형태와 역할을 강조했다. 또한 단순한 민간단체가 아니라 한인사회를 이끈 명실상부한 한인자치단체로 이해되기도 했다.[4] 이에 대해 현재의 중국 조선족과 연계하여 해석하려는 일단의 경향도 있다. 이는 주로 조선족 학자들의 연구로서, 당시 이주민이 중국 조선족으로서 이중성을 지니고 있었다거나,[5] '민족 과정(발전)'이라는 측면에서 비귀화 한인까지 조선족의 역사에 넣어야 한다거나,[6] 간민회를 옌볜 조선족사회에 처음 나타난 진보적 사회단체,[7] 잡거구역 조선인의 민간사회단체,[8] '간민'에 대한 중국 지방행정의 보조적 기관 내지 단체로

1 간민회에 관한 연구사는 최봉룡, 「북간도 간민회의 조직과 활동 및 성격」, 『북간도 한인의 삶과 애환, 그리고 문화』, 독립기념관 주최 명동학교 100주년기념 국제학술대회 발표문, 2008, 138쪽의 註 3) 참조.
2 尹炳奭, 『國外韓人社會와 民族運動』, 일조각, 1990, 32쪽; 宋友惠, 「北間島 大韓國民會의 組織 形態에 관한 硏究」, 『한국민족운동사연구』 제1권, 1986, 117쪽.
3 이명화, 「항일독립운동사상에서의 명동학교의 위상」, 『북간도 한인의 삶과 애환, 그리고 문화』, 독립기념관 주최 명동학교 100주년 기념 국제학술대회 발표문, 2008, 107쪽.
4 金春善, 『'北間島'地域 韓人社會의 形成 硏究』, 國民大學校 博士學位論文, 1998, 162쪽.
5 이는 중국인 연구자의 공통 인식으로서, 박창욱, 「조선족의 중국 이주사 연구」, 『역사비평』 제15권 17호, 1991; 권립, 「중국 거주 한민족의 역사적 특점에 대하여」, 『오세창교수환갑기념논총』, 1995; 유병호, 「국외 민족주의운동에 대한 역사적 평가」, 『한국민족운동사연구』 제23권, 1999 등이 있다.
6 손춘일, 「중국 조선족 민족과정과 간민회」, 『북간도 한인의 삶과 애환, 그리고 문화』, 독립기념관 주최 명동학교 100주년 기념 국제학술대회 발표문, 2008, 79~80쪽.
7 김택 주필, 『길림조선족』, 연변인민출판사, 1995, 225쪽.
8 姜龍範, 『近代中朝日三國對間島朝鮮人的政策硏究』, 흑룡강조선민족출판사, 2000,

서 자치 성질을 띤 임시적인 사회민간단체[9]로 해석하는 등 다양한 견해들이 제기되어 있다. 전자가 '정부적' 조직과 한인의 주체적 역할을 강조한 반면, 후자는 민간단체 또는 중국 지방정부의 보조기관임을 강조한 것이다. 그런데 후자는 중국 당안자료에만 의존하고 일제 측 자료는 거의 이용하지 않는 결정적 한계를 지니고 있다. 당시 한인을 둘러싸고 중·일이 대립하며 양국 간 많은 문서가 생산되었음에도, 일방의 자료만 가지고 논의하는 것은 타당하지 않다. 따라서 간민회 선행조직의 추이나 간민회의 활동과 해산 등을 둘러싸고 중국이 일본의 압력을 받고 굴복하여 한인을 탄압한 사실 등은 간과되고 있는데, 의도적이건 그렇지 않건 편향적이라는 지적을 면할 수 없다.

지금까지 간민회는 간민교육회를 선행조직으로 하고 해산 후 간도국민회로 추이된 것으로 이해되고 있다. 그러나 간민회 선행조직의 존재와 명칭, 존속 기간, 간민회 해산 이후 후속조직 등에 대해 재검토해야 할 부분이 적지 않다. 간민회의 성격도 더 천착해야 할 분야이나, 이를 올바로 이해하기 위해서는 선행조직의 추이와 이에 대한 중·일의 대응이 중요한데, 기존 연구에서 그다지 주목하지 않은 실정이다.

이 글은 이러한 문제의식에서 비롯되었다. 다만, 지금까지 어느 정도 밝혀진 한민교육회나 간민회의 활동에 관한 논의는 최소화하고, 한민자치회韓民自治會－한민교육회韓民敎育會－간민교육회墾民敎育會로 추이되는 선행조직과, 간민회의 조직 과정을 중점적으로 분석하고자 한다. 아울러 그 과정에서 표출된 중·일의 대립상도 구체적으로 논의할 것이다. 이로써 간민회의 조직 과정과 성격 등에 대한 기존 연구의 오류를 바로잡을 수 있을 것으로 기대한다.

204쪽.

9 최봉룡(2008), 앞의 논문, 161쪽.

북간도 최초의 한인단체, 한민자치회의 조직

한민교육회에 참여했던 계봉우桂奉瑀는 간민회 성립 이전 '간북墾北 집회集會의 비조鼻祖'로서 간민교육회에 대해 다음과 같이 논급했다.

社會의 興廢. 一은 墾民教育會라 距今 十一年前에 李同春 李鳳雨 具春先 朴贊翊 鄭載冕 尹海 諸氏가 此會를 設立하니 墾北集會의 鼻祖이엿다. 맛참 中國 官憲의 圓滿한 贊同을 得하야 凡四年 동안에 그 成績이 良好하야 墾北移民의 最有力者로 結成된 七十二兄弟派에서 會館을 사서 寄付하얏다. 各地方에 學校를 勸設하야 敎師를 義務로 派遣하며 月報를 刊行하야 民志를 喚醒함으로 將來 事業上에 多大한 效果가 有하엿다.[10]

여기에서는 간민교육회가 북간도 최초의 한인단체라고 하면서 그 이전에 존재했던 선행조직에 대해서는 언급하지 않았다. 그런데 분명히 간민교육회 이전에 존재했던 선행조직이 있었다. 1909년 간도협약 직후 이에 기민하게 대처하며 한인단체를 조직하고자 한 사람은 박무림朴茂林이었다. 그는 1908년 명동서숙明東書塾(명동학교)을 설립하는 등 민족교육에 노력하던 인물로서, 간도협약이 체결되고 통감부임시간도파출소가 철폐되자 노령 연추의 한인사회와 연계하여 간도 각지를 돌아다니며 한민자치회를 조직하기 위해 취지서를 배포하여 한인사회에 커다란 호응을 얻었다. 이에 대한 경성분대장의 보고 내용은 다음과 같다.

間島 居住 韓人 朴茂林이란 者는 排日主義者로 지난 四十年 八月 統監

---

[10] 桂奉愚, 「北間島 그 過去와 現在」, 『獨立新聞』, 1920년 1월 1일자.

府臨時派出所를 間島 龍井村에 開設하기까지 同地에서 兒童教育에 從事하면서 頻繁히 排日主義를 鼓吹하고 있었으나 드디어 두려워 어디론가 가버렸는데 지난 四十二年 九月 日清協約이 締結되어 派出所가 十一月에 撤退되고부터 갑자기 間島 各地에 나타나 間島韓民自治會의 趣旨書를 配付하고 한편 露領 煙秋地方의 暴徒와 連絡하고 있는 形跡이 있어서 現在 樺田社 地方 및 其他에서 近日 來 暴徒의 一派가 蠢動時 그들의 勸誘에 應한 者는 이 會의 趣旨에 賛成한 者가 많다고 한다.[11]

한편 또 다른 일제 측 자료는 박무림의 자치회 설립에 대해 다음과 같이 설명하고 있다.

間島 龍井村에 居住하며 昨年 十月頃부터 間島 居住 韓人들을 唱導하여 自治會를 設立하고자 자주 清國官憲에 出願한 바 延吉府 知府인 陶彬은 今年 一月 清國에 歸化하면 이를 許可하여줄 수 있다고 하였다하나 그 후의 動靜은 不明임.[12]

당시 한인 지도자들은 한민교육회가 성대하게 조직된 것은 한민자치회를 조직하고자 노력한 박무림의 공로가 컸다고 인정했으며,[13] 일제도 한민교육회를 '박무림이 주창한 한민자치회의 화신'이라고 파악하고 있었다.[14] 그런데 위 자료에서 알 수 있는 바와 같이 박무림은 자치회

---

11 憲機 第一二七六號, 「間島ニ於ケル暴徒ノ狀況ニ關スル件」(1910. 6. 3), 『한국독립운동사자료』18(의병편 XI).
12 「韓國駐箚軍參謀長 明石元二郎이 警務局長 松井茂에게 보낸 문서」(1910. 6), 『한국독립운동사자료』18(의병편 XI).
13 憲機 第299號(1911. 2. 6), 「間島墾民教育會臨時會ノ狀況ニ關スル件」, 『不逞團關係雜件-朝鮮人の部-在滿洲の部(1)』.
14 憲機 第351號(1911. 2. 13), 「局子街墾民教育會ニ關スル件」, 『不逞團關係雜件-朝

설립을 위해 노력했으나, 정작 중국 측에서 제시한 귀화 입적에는 응하지 않은 것으로 보인다.[15]

그런데 한민자치회나 한민교육회의 명칭에서 사용된 '한민韓民'은 거의 주목받지 못하고 간민자치회·간민교육회 등 '간민墾民'으로만 사용되고 있다.[16] 심지어 중국 학계에서는 북간도에서 처음 조직된 한인단체는 1909년의 간민교육회라 하여 '한민'이란 용어를 인정하지 않음은 물론 선행조직인 자치회의 존재마저도 부정해왔다.[17] 설령 자치회의 선행적 존재를 인정하는 경우라도 간민자치회라는 용어만을 인정했다.[18] 이는 일제 측 자료를 간과한 오류이다. 일부 일제 측 자료에는 선민교육회鮮民敎育會·선인교육회鮮人敎育會[19]·조선인교육회朝鮮人敎育會·한인교육회韓

鮮人の部-在滿洲の部(1)』.

15 朴茂林은 자치회 설립운동에서 보듯이 기독교도를 중심으로 북간도 초기 민족운동을 주도한 인물이었다. 그는 일찍이 이상설 등과 鐘城 對岸에 학교를 설립하려다가 룽징으로 들어와 명동학교의 설립에 참여했다. 일제는 그를 북간도 민족운동을 주도한 대표적 인물로 주시했는데, 1914년 2월 간도총영사는 외무대신에게 박무림이 전년도에 소집한 한인 3인이 일본과 중국 관헌의 경계가 엄중하여 뜻을 이루지 못했으나 금년에는 뜻을 이루겠다고 말하고 룽징촌 시장 여관에 투숙했다는 사실을 보고(機密 第30號, 1911. 4. 24, 「暴徒ニ關スル報告」, 『不逞團關係雜件-朝鮮人の部-在滿洲の部(1)』)한 데에서 북간도 한인사회에서 박무림의 영향력과, 일제가 그를 주시하고 있음을 잘 알 수 있다. 그는 간민회가 해산된 후 1918년에 東三省韓族生計會가 조직될 때 발기인으로 참여하여 실업부장에 피임되었다(政機密 第14號, 1918. 4. 11, 「排日鮮人ノ動靜ニ關スル件」, 『不逞團關係雜件-朝鮮人の部-在滿洲の部(1)』). 또한 1921년 베이징에서 제2회 普合團이 조직되었을 때에는 노동부 次任長에 피임(高警 第19570號, 1921. 6. 20, 「國外情報, 北京ニ於ケル不逞鮮人組織ノ件」, 『朝鮮騷擾關係書類(2)』)됨으로써 노령과 중국 등지 독립운동계의 대표적 인물로 인식되었다.

16 '韓民'이 '墾民' 이전에 사용된 용어임을 언급한 논고가 있었다. 반병률, 『성재 이동휘 일대기』, 범우사, 1998, 85~87쪽.

17 최홍빈, 「北間島獨立運動基地 연구」, 『한국사연구』 제111권, 2000, 60쪽; 金春善(1998), 앞의 책, 152~153쪽.

18 김택 주필 (1995), 앞의 책, 217쪽; 최봉룡(2008), 앞의 논문, 146~147쪽.

19 公信 第68號(1911. 5. 24), 「敎育會首領等ノ行動ニ關スル件」, 『不逞團關係雜件-朝鮮人の部-在滿洲の部(1)』.

人敎育會[20]라는 명칭을 사용하기도 했다.

한민·간민이라는 명칭 문제와, 교육회 이전에 자치회가 먼저 존재했던 사실은 단순한 명칭의 문제에 그치는 것이 아니라 조직의 성격을 규정할 때 중요한 기준이 된다. 한인들은 자치회나 교육회를 설립할 당시 한민을 명칭으로 내세웠고, 실제로도 그렇게 불렸던 것으로 보인다. 그런데 중국 측은 그들의 시각을 반영하여 간민으로 일관하여 표현했다. 일제는 중국 측에 한인의 관할권을 주장하기 위해 가급적 간민이라는 표현을 사용하지는 않았으나, 간민교육회로 명칭이 변경된 이후에는 실제 명칭대로 기록했다.[21]

북간도에서 가장 먼저 등장한 한인단체는 1909년 11월경 조직된 한민자치회다.[22] 그 이후 1910년 3월 한민교육회로 개편되었고, 경술국치 후 간민교육회로 개칭되었다.[23] 다만, 한민자치회의 공식적 설립 여부에 대해서는 논란이 있을 수 있다. 그러나 자치회의 설립 노력이 수포로 돌아갔다거나,[24] 중국 지방정부의 승인을 얻지 못했다고 보는 견해[25]는 사실과 다른 것으로 보인다. 그렇다고 하여 한민자치회가 공식적으로 조직되어 지부를 설립하고 본격적인 정치 활동을 벌일 만큼 회세가

---

20 機密 第2號(1911. 7. 22), 「局子街ニ在ル朝鮮人敎育會解散ノ件」, 『不逞團關係雜件 －朝鮮人の部－在滿洲の部(1)』.

21 간민회에 대해서는 서대숙의 연구가 비교적 정확하다. 그러나 그도 '한민'이라는 명칭으로 존재한 선행조직에 대해서는 언급하지 않았다(서대숙, 간도 민족운동의 지도자 김약연』, 역사공간, 2008, 92~109쪽).

22 1907년에 북간도 한인자치회나 연변교민회 등이 존재했다는 견해도 있으나, 이는 사실이 아니라고 보는 것이 타당하다. 최봉룡(2008), 앞의 논문, 146쪽.

23 公信 第176號(1910. 9. 29), 「局子街韓民敎育會ニ關スル狀況報告ノ件」, 憲機 第299號(1911. 2. 6), 「間島墾民敎育會臨時會ノ狀況ニ關スル件」; 憲機 第351號(1911. 2. 13), 「局子街墾民敎育會ニ關スル件」, 公信 第16號(1911. 2. 13), 「墾民敎育會ニ關スル報告ノ件」, 『不逞團關係雜件－朝鮮人の部－在滿洲の部(1)』.

24 姜龍範, 『近代中朝日三國對間島朝鮮人的政策研究』, 194쪽.

25 최봉룡(2008), 앞의 논문, 147쪽.

확장되었다고 보는 견해[26]도 과장된 듯하다. 당시 쥐쯔제局子街에 있던 인사가 간도 조선인사회에 기독교를 중심으로 자치회-교육회-간민회가 있었다고 회고한 것은 그 변천 과정을 알려주는 것으로 사료된다.[27]

　한민자치회의 설립 여부에 대해서는 상반된 자료가 있기 때문에 면밀한 검토를 요한다. 1909년 10월 박무림 등이 지린동남로병비도공서吉林東南路兵備道公署에 한민자치회의 설립을 신청하자, 타오빈陶彬이 이를 지린吉林 순무巡撫 첸자오창陳昭常에게 보고하여 11월 10일 '비밀로 알리는 명령'으로 회신한 문서는 중요하다. 첸자오창 순무는 비밀 명령에서 한민들이 임시자치회의소臨時自治會議所를 설립하려 한다면서, "준准하면 여러 가지 폐단이 생길 것이고 금禁하면 곧 감정을 크게 상하게 할 것이니 두 가지를 공평하게 하려면 국적 해결부터 하는 것이 좋을 것"이라고 귀화와 입적이 전제임을 내세웠다. 이어 "기인其人들의 입적은 이미 확인되었는바, 오민吾民의 권리 의무를 그들도 균등하게 향유케 함으로써 망국의 감정이 생기지 않을 수 있을 뿐만 아니라 강린强隣을 엿보는 것도 역시 삭감할 수 있다"고 했다.[28] 그런데 이 자료만으로는 중국 측이 한인이 설립을 요청한 자치회를 승인 혹은 거절한 것인지, 아니면 조건부로 승인한 것인지 명확하지 않다.[29]

　이와 관련해 일제 측 자료가 주목되는데, 여기에는 상반된 견해가 있다. 간도 일본영사관의 경고에 따라 중국 관헌들이 한민자치회를 해산시키자 한민교육회의 설립 인가를 청원했다는 자료가 있다.[30] 즉, 간도

26　한국독립유공자협회 엮음, 『中國 東北지역 韓國獨立運動史』, 집문당, 1997, 60쪽.

27　朴埜, 「在間島 朝鮮人 社會의 過去와 現在와 未來」, 『開闢』 제13호, 1921년 7월호, 72쪽.

28　延邊檔案館資料(5-3-621), 1909. 11. 10, 「爲密飭事」(최봉룡, 앞의 논문, 2008, 147~148쪽 재인용).

29　지린 순무가 이 전보를 「爲密飭事」라 한 것은 일본을 의식한 것으로 보인다.

30　公信 第176號(1910. 9. 29), 「局子街韓民教育會ニ關スル狀況報告ノ件」, 『不逞團關

영사대리가 외무대신에게 한민자치회가 성립되자 자신들이 중국에 경고하여 중국 관헌이 해산시켰다고 보고한 것이다. 그런데 재간도 일본 헌병 대위는 "박무림 등이 한민자치회를 조직하려 할 당시 중국 관헌들이 자국의 입장에서 볼 때 이러한 단체의 설립을 허가하는 것은 간도 한인의 세력을 증진시켜 통치상 불리할 것이라고 여겨 그들을 설유하여 교육회를 조직하게 한 것"이라고 보고했다.[31] 즉, 중국 스스로가 한인에 대한 정책의 일환으로 자치회를 교육회로 바꾸도록 설유했다는 것이다.

이상에서 본 바와 같이 한민자치회의 성립에 대하여는 양론이 있으나, 한인이 중국 관헌에 자치회 조직을 청원한 사실, 중국으로의 입적을 전제로 "부部에 준准하여 복覆한다"고 한 지린 순무의 비밀 명령, 간도 영사가 중국 관헌에 압력을 행사하여 성립된 한민자치회를 해산시켰다는 보고 등을 종합하면 한민자치회는 일단 성립되었다고 보는 것이 타당하다.

한민교육회로 개편

한민자치회는 이듬해 3월 한민교육회로 개편되었다. 그 까닭으로 일제의 세력 침투를 견제하려는 중국 측과 한민자치회 사이의 타협에 따른 결과로 이해하는 시각도 있으나,[32] 중국과 일본의 이주 한인을 둘러싼 이해가 일치한 결과로도 해석된다.

한민교육회는 기독교도 등 한인 40여 명의 청원에 대해 옌지延吉지부

係雜件-朝鮮人の部-在滿洲の部(1)』.

31 憲機 第351號(1911. 2. 13),「局子街墾民敎育會ニ關スル件」,『不逞團關係雜件-朝鮮人の部-在滿洲の部(1)』.

32 金興洙,「中國 延邊朝鮮族의 近代民族敎育에 關한 硏究」,『國史館論叢』제64집, 1995, 23~24쪽.

타오빈이 청국어淸國語로 교수할 것과 기타 교과서 등은 청국의 지정에 따른다는 조건으로 설립을 허가했다. 한민교육회의 조직 당시 한인들은 중국 측과 「보통조약普通條約」과 「비밀조약秘密條約」에 대해 협의했다.[33]

이처럼 「보통조약」과 별도로 「비밀조약」을 협의한 것은 일본을 의식했기 때문으로 보인다. 「보통조약」에서는 한민교육회와 지방관의 관계 설정이 주목된다. 즉, 한민교육회는 옌지지부 지방관의 예하가 되는 반면, 한인의 교육과 토지 및 재산 등에 관한 일부의 권리를 부여받고 또한 보호받는 쌍무적 성격을 지닌다. 특히 회장 이하 임원은 지방관地方官의 예우를 하라는 조항을 보면, 한민교육회를 지방관 산하의 행정보조 기관으로 여겼다고 볼 수 있다.

「비밀조약」은 매우 중요한 조항을 담고 있다. 가장 주목해야 할 것은 한인의 귀화 입적과 자치권 문제이다. 즉, 한인에게 자치권을 부여

---

33 公信 第16號(1911. 2. 13), 「墾民教育會二關スル報告ノ件」; 憲機 第351號(1911. 2. 13), 局子街墾民教育會二關スル件」, 『不逞團關係雑件-朝鮮人の部-在滿洲の部 (1)』. 이 조약의 내용은 다음과 같다.

「普通條約」
1. 본 教育會는 地方官에 附屬함
2. 본회 내에 특히 自治一部를 둘 것
3. 지방 소재의 韓民學校는 본회에서 관리할 것
4. 지방 소재의 私塾은 일절 폐지할 것
5. 만약 청년자제가 있는데도 학당에 보내지 않을 때에는 균등하게 상당한 벌금에 처할 것
6. 지방 소유 공동 재산은 본회에 부속할 것
7. 회장 이하 일반 임원은 地方官의 예우를 할 것
8. 본회 사항은 본 회장이 중론에 따라 지방관에 보고하면 보고에 의해 遵行할 것
9. 본 회원이 만약 橫罹의 폐를 입었다면 본 회장이 지방관에 보고하여 해방할 것
10. 만약 외인으로서 입회자가 있는 경우에는 지방관에 보고할 것
11. 한민의 전토 매매 시에는 每兩頭 三分씩 본회에 附寄할 것
12. 개회 시에는 특히 兵을 파송하여 보호할 것

하고 보호해주되, 귀화 입적을 전제 조건으로 하고 있다. 제6항에서 재간도 일반 한인을 대상으로 확장할 계획도 가지고 있었음을 알 수 있다. 일반 한인이란 비귀화 한인을 가리킨다. 제2항과 제3항은 더욱 주목되는데, 이는 중국이 일본과의 관계에서 한인을 활용하려는 것으로서 제3항에서는 군사적 동맹국가의 관계까지 암시한다. 따라서「보통조약」은 대외용이며,「비밀조약」은 일본에 대한 한·중 간의 비밀조약으로 볼 수 있다. 이 조항의 대부분은 한인의 필요에 따른 것이었으나, 일부는 한인들이 체결에 유리한 조건을 조성하기 위하여 중국 측의 입장을 고려하여 반영한 것으로 보인다.

그런데 이에 대해서는 중국 측 자료인「간민교육회장정墾民教育會章程」과「간민교육회시판간장墾民教育會試辦簡章」의 비교가 필요하다.「간민교육회장정」은 1910년 4월에 작성된 것인데, 앞의「보통조약」과 유사하나, 지방관에 의한 중어中語 교사의 파견, 중국인의 한민 압제자나 본회를 방해하는 한민에 대한 징치懲治, 토지 소유면적에 따른 의연금의 정액, 사사로운 금전 징수 폐단 금지 등 구체적인 조항도 보인다.[34] 그런데 여기

「秘密條約」
1. 만약 韓民으로서 國籍에 들어가 淸人이 된 후에는 自治權을 허가할 것
2. 淸國 國際上의 秘密事件은 本會로부터 偵探하여 보고할 것
3. 淸國이 만약 일이 생긴다면 韓民도 또한 義務的으로 同一한 運動을 할 것
4. 入籍 韓民은 地方官이 巡撫에게 보고할 것
5. 入籍한 韓民은 地方官으로부터 特別히 保護할 것
6. 만약 本會로서 擴張한다면 在間島 一般 韓民 모두에게 권고하여 入籍시킬 것

34 「普通條約」과 다른 「墾民教育會章程」의 주요 내용은 다음과 같다.
一. 中語 敎師는 자원에 의하여 지방관이 선발하여 보낸다.
一. 華人 중 만약 韓民을 압제하는 폐단이 있으면 지방관에 보고하여 懲治한다.
一. 韓民 중 만약 본회 취지를 방해하는 자 있으면 역시 지방관에 보고하여 懲治한다.
一. 의연금은 백성들이 자원적으로 모집하여 본회의 영구 유지를 도모한다. 의연금 납부는 토지 소유 면적에 따라 징수하되 田 10晌 이상 자는 10~15원, 30晌 이상 자는 30~50원, 50晌 이상 자는 50~100원, 百晌 이상 자는 200~300원으로 한다.

에서 가장 주목되는 것은 한인들이 동남로관찰사서東南路觀察使署에 인가를 요청한 「보통조약」 내용 가운데 별도의 '자치부自治部' 설치 조항(제2조)은 관찰사 타오빈이 거부하여 삭제되었다는 사실이다.[35]

이처럼 일제가 파악한 「보통조약」·「비밀조약」과는 다른 중국 측의 「간민교육회장정」이 존재하는 것은 한인이 요구한 「보통조약」·「비밀조약」의 내용과, 중국 측이 '비시批示'한 내용이 다르기 때문이다. 즉, 「보통조약」·「비밀조약」은 옌지지부와 간민교육회가 합의하여 제정한 것[36]이 아니라 한민교육회가 협의용으로 제시한 것이고, 「간민교육회장정」은 중국이 '비시'한 최종 결과로 보는 것이 타당할 것이다.

「간민교육회시판간장」은 이해 5월 9일 작성된 것으로 이 회의 성격과 운영에 관한 또 다른 면모를 보이고 있다. 여기에는 한민교육회의 목적과 예속 관서, 명칭, 회원의 자격, 책임과 의무, 경비, 회소會所 등이 다음과 같이 구체적으로 명시되어 있다.

본회는 전적으로 교육 보조를 제창하기 위해 設하여 勸學所 내에 예속시켜 모든 간민교육의 事宜는 본회의 제의를 勸學所 地方官의 동의를 거친 다음에 집행하는 故로 名稱을 延吉府墾民教育會라고 정한다.
본회의 회원 자격은 아래와 같다.
甲. 年齡은 25세 이상 자, 乙. 境內에 至小 6개월 이상 기거한 자, 丙. 雜居區域 내에 産業을 置有하고 능히 文理에 粗通한 자, 丁. 學望이 有한 자.

一. 公納稅項과 지방관의 恒定稅項 外 만약 사사로이 금전을 징수하는 폐단이 있으면 지방관에 조사 보고하여야 한다(東南路道檔案資料 〈20-1-76〉, 1910년 4월, 「有關墾民教育會資料」, 延邊檔案館 소장 자료).

35 東南路道檔案資料 〈20-1-76〉, 1910년 4월, 「有關墾民教育會資料」, 延邊檔案館 소장 자료.

36 반병률(1998), 앞의 책, 88쪽.

본회는 잡거지 내 간민의 각 學堂에 대해 改良을 제창할 의무가 있다.

본회는 간민의 각 私塾에 대해 改良의 책임이 있다.

본회는 간민의 청년 남자 7세 이상 25세 이하 자에 대해 權導하여 입학시킬 의무가 있다.

간민은 각 학당에 대해 반드시 中文 敎員을 초빙하고 勸學所長이 選任한다.

본회는 전체 간민의 교육을 보조하는 기관으로서 모든 회의 경비는 제1기 회의 후에 예산을 정하여 지방관에 올려 비준받고 경내 간민의 산업을 조사하고 분임한다.

본회 會所는 잠시 성동관립소학교에 부설한다.

이상 試辦章程은 임시방법에 속하며 만약 실행에 미비가 있을 시 회원 회의에서 보고를 올려 酌改한다.

여기에서는 매우 중요한 내용을 규정하고 있다. 즉, 본회는 전적으로 교육 보조를 제창하기 위해 설치한 기구이고, 권학소에 예속되어 권학소장의 동의로 시행되며, 따라서 정식 명칭은 옌지부간민교육회延吉府墾民敎育會라는 것이다. 그런데 샤오잉쯔중학교 교사와 학생이 옌지지부 아문을 방문하여 관원충關雲從 옌지지부와 이동춘 앞에서 체조와 창가 시범을 하자 지부가 만족하여 상급賞給을 했다거나,[37] 옌지지부가 권학소장 류수지樓樹基와 교육회 회장 겸 통역인 이동춘을 대동하고 샤오잉쯔중학교에 가서 한인의 단체 입적을 권유한 사례,[38] 치발역복薙髮易服과 입적으로 동남로 귀다오타이郭道台가 지린교섭사로 전임할 때 간민교육회에

---

37 朝憲機 第807號(1912. 6. 18), 「小營子中學校敎師生徒一同延吉知府衙門訪問及紀念寫眞撮影ノ件」, 『不逞團關係雜件-朝鮮人ノ部-在滿洲ノ部(1)』.

38 公信 第76號(1912. 8. 20), 「延吉知府鮮民懷柔ニ關スル擧動報告ノ件」, 『不逞團關係雜件-朝鮮人ノ部-在滿洲ノ部(1)』.

1,500적^吊을 보조해준 사실[39] 등에서 보듯이 간민교육회는 단지 권학소에 예속된 것이 아니라 사실상 그 상급인 지방정부에 예속된 곳으로 보는 것이 타당할 듯하다.

이는 이 회의 예산을 지방관이 비준하고 교육 외에 경내 간민의 산업을 조사하고 분임하도록 한다는 데에서도 알 수 있다. 또한 「간민교육회시판간장」은 학당과 사숙에 대한 개량의 의무와, 청년 남자의 입학 의무 등 전적으로 한인교육과 관련된 책임과 의무를 규정함으로써 이 회의 성격을 한정하려 했음을 알 수 있다. 이 규정의 말미에 "이상 시판 장정은 임시 방법에 속하며"라 하여 회소의 위치나 규정 내용의 임시적 성격을 드러냄으로써 향후 개정이나 보완의 가능성을 시사하고 있다.

그런데 「간민교육회시판간장」은 「간민교육회장정」을 무효로 하고 별도로 제정한 것으로 보는 견해가 있다.[40] 그러나 「간민교육회시판간장」에는 「간민교육회장정」에서 규정한 내용이 상당 부분 빠져 있으며, 불과 한 달 만에 기왕의 것을 무효로 하고 새로운 장정^{章程}을 마련했다고 보기도 어렵다. 따라서 시판간장^{試辦簡章}이라는 명칭 그대로 「간민교육회장정」의 주요 내용을 간추린 시행세칙 정도로 보는 것이 타당할 것이다.

1910년 4월 현재 한민교육회의 회장은 이동춘, 부회장은 윤해와 박찬익이 맡았으며, 회원은 약 200명 정도였다.[41] 이동춘은 1883년 회

---

39 公信 第68號(1911. 5. 10), 「教育會首領等ノ行動ニ關スルノ件」, 『不逞團關係雜件-朝鮮人の部-在滿洲の部(1)』.

40 최봉룡(2008), 앞의 논문, 150쪽.

41 憲機 第351號(1911. 2. 13), 「局子街墾民教育會ニ關スル件」, 『不逞團關係雜件-朝鮮人の部-在滿洲の部(1)』. 또 다른 일제 측 자료에는 간민교육회원이 120~130명(公信 第68號, 1911. 5. 10, 「教育會首領等ノ行動ニ關スルノ件」), 또는 300명이라고 되어 있다(尹炳奭, 『國外 韓人社會와 民族運動』, 31쪽). 중국 측 자료에는 회장 玄天默, 부회장 蔡奎燮으로 되어 있는 자료도 있으나, 주요 인물은 이동춘·박찬익·윤해 등이었다. 한편 정재면(일명 鄭秉泰)이 피체되어 진술한 자료에는 회장 이동춘, 부회장 최천일, 평의원 윤해·남세극·오병묵·강국전·박찬익, 회원 정병선 등의 명

령 출신으로 서울 주재 청나라 허대신許大臣의 통역관으로서 파총把摠이라는 관직을 부여받고 '월간신동越墾紳董'으로서 치발역복을 한 인물로, 1907년 광제욕에 양정학당을 설립하여 운영하기도 했다.[42] 그는 이미 20년 이전에 간도로 이주하여 토지를 소유하고 있었고 중국어에 정통했는데, 점차 이주 한인 사이에서 추앙을 받아 간민교육회장으로 추대되었고 청국 관헌에게서는 월 100냥의 수당을 받으며 촉탁 통역으로 재직했다. 그는 한인 자제를 교육하는 모범학당模範學堂에서는 중국어를 가르쳤고, 청국인을 대상으로 하는 순경학당巡警學堂에서는 조선어를 가르쳤는데, 일용문답에 관한 한·중 회화 교본인 『동어정규東語正規』를 만들어 도태道台에게 제출하기도 했다. 그는 이동휘와 매우 가까워, 1911년 봄 그의 차남이 혼례를 할 때 이동휘가 주례를 맡기도 했다.[43] 특히 그는 중국 관헌과의 친분이 깊어 한인들이 당면한 제반 문제를 해결하는 데 중요한 역할을 수행했다.[44]

단이 보인다(朝憲機 第521號, 1912. 4. 13, 「保安法違反者取調送致ノ件」, 『不逞團關係雜件-朝鮮人の部-在滿洲の部(1)』. 한편 1912년 11월 조선주차헌병대사령부가 조사한 자료에 따르면 회장 이동춘, 총무 박정기(일명 朴齊安), 연구회장 이봉우, 지회장 조기정, 평의장 손운순, 재무장 허순, 장부장 허곤, 찬리원 윤해로 되어 있는(「大正元年十一月調 在外朝鮮人結社團體狀況」, 『不逞團關係雜件-朝鮮人の部-在西比利亞(4)』) 등 수차 임원 개선이 있었다.

42 차성파, 「청나라 말기 양정학당」, 『연변문사자료』 제5집, 1988, 112~113쪽. 이동춘이 위안스카이의 통역이었다는 견해도 있다. 서대숙(2008), 앞의 책, 100쪽.

43 公信 第68號(1911. 5. 10), 「教育會首領等ノ行動ニ關スル件」, 『不逞團關係雜件-朝鮮人の部-在滿洲の部(1)』. 이 결혼식은 기독교식으로 진행되었는데, 식장 내에 만국기의 맨 윗자리에 대형 淸國旗가 걸리고 다음에 朝鮮旗, 다음에 각국의 기가 게양되고 일장기는 맨 아래에 소형으로 달았다. 이는 당시 이주 한인의 처지를 반영한 것이다.

44 예컨대 김정규는 조맹선이 자신을 찾아와 우루쩐 독판에게 편지를 전달할 수 있도록 도와달라고 하자, 이동춘에게 교섭을 부탁하는 것이 계책이라고 하며, 이동춘은 청인이 신뢰하는 사람이므로 그의 부탁은 꼭 들어줄 것이라고 했다(『龍淵金鼎奎日記』上, 1910년 1월 16일자, 독립기념관 한국독립운동사연구소, 1994, 477~478쪽). 일제

윤해는 1910년 8월경 간도로 와서 박찬익과 함께 부회장을 맡고 함께 기거했는데, 이동휘의 제자들과 각 촌락을 돌아다니며 기독교 포교에 열심이었다. 그는 기독교와 신학문은 일체라고 하며 이를 통해 국권회복을 할 수 있다고 강조했다.[45] 일제는 윤해가 연해주와 간도의 '배일자' 사이에 기맥을 통하게 하는 인물로 주목했다.[46]

한민교육회는 1910년 6월 이래 교육회 내에 별도로 연구회를 두었는데 회장은 이봉우李鳳雨가 맡았다. 교육연구회는 주요 한인 거주지에 학교를 설립하기 위해 조직한 것인데, 비밀리에 '이주민移住民 통치統治의 일기관一機關'으로서 1910년 10월경 각지에 시찰원을 파견하여 한인의 치발귀화薙髮歸化를 권유했다. 교육연구회는 후에 간민교육회로 개칭한 다음에도 존재했는데, 일제는 이를 '자치기관'으로 파악하며, 이들과 노령 연주 한인사회와의 연계를 주목했다.[47] 일제는 연구회장 박봉우를 지부가 추천했다고 하며, 연구회가 조선인 통치에 관하여 여러 조사 보고를 하고 또한 통치에 관한 의견을 제시하는 것을 허락함으로써 각지에 있는 향약鄕約과 같이 '조선인 통치의 주요기관'이라 보았다. 그런데 간민교육회와 교육연구회 회원 간에 내홍이 있어 반목이 있자 옌지 지부가 여러 차례 이들의 화해를 위해 진력하기도 했다.[48]

의 기록에도 관찰사 타오빈이 이동춘의 말이라 하면 10 중 8~9를 믿는다고 할 정도였다(朝憲機 第10號, 1914. 1. 13, 「李同春免職ノ件」, 『不逞團關係雜件-朝鮮人の部-在滿洲の部(3)』).

45 憲機 第1234號(1911. 6. 21), 「教育會員ノ行動ニ關スル件」, 『不逞團關係雜件-朝鮮人の部-在滿洲の部(1)』.

46 朝憲機 第2139號(1911. 9. 26), 「間島集報」, 『不逞團關係雜件-朝鮮人の部-在滿洲の部(1)』.

47 公信 第16號(1911. 2. 13), 「墾民教育會ニ關スル報告ノ件」, 『不逞團關係雜件-朝鮮人の部-在滿洲の部(1)』.

48 公信 第176號(1910. 9. 29), 「局子街韓民教育會ニ關スル狀況報告ノ件」, 『不逞團關係雜件-朝鮮人の部-在滿洲の部(1)』.

당시 박찬익은 쥐쯔제 동단에 있던 천주성당의 동방에 거주하며 '옌지동남로간민교육회연구회延吉東南路墾民敎育會硏究會'라는 간판을 헌두軒頭에 걸고 이주 한인의 교육 문제에 진력하고 있었다. 그런데 일제는 이를 표면적 이유에 불과한 것이며, 사실은 청국 관헌의 의향을 받들고 이동휘가 배출한 교육생들과 함께 기독교를 포교하는 것이 목적이라고 파악했다.[49]

비록 한인들은 조직의 명칭을 교육회라고 칭할 수밖에 없었으나, 자치운동을 포기하지는 않았다. 중국 측의 거부로 한인이 독자적인 자치회를 조직할 수 없게 되자 청국인의 자치회에 가담하는 형태로 나타났는데, 허룽현자치회和龍縣自治會의 경우가 해당된다. 이 자치회는 한국 병합 이전부터 있었으나, 제대로 활동하지 못하다가 병합 이후 한인이 참여하며 활기를 띠었는데, 회장은 허룽현和龍縣 지현知縣 장정계張廷桂가 맡았다. 일제는 이동춘이 회장으로 있는 교육회도 사실은 자치회로서 늘 허룽현자치회와 연락을 하고 있다고 하며, 근래 이동춘 등의 권유에 따라 허룽현자치회에 입회하여 강렬한 배일활동을 하는 한인이 많다고 파악했다.[50] 즉, 한인들은 독자적 자치회의 조직이 불가능하자, 비록 '자치'의 개념은 달랐으나 중국 자치회 조직을 이용하여 자신들의 자치 이념을 실현시키고자 했던 것이다.

49 公信 第68號(1911. 5. 10), 「敎育會首領等ノ行動ニ關スルノ件」, 『不逞團關係雜件-朝鮮人ノ部-在滿洲ノ部(1)』.
50 憲機 第903號(1911. 5. 16), 「對岸間島自治會ニ關スル狀況」, 『不逞團關係雜件-朝鮮人ノ部-在滿洲ノ部(1)』.

간민교육회로 개칭

한민교육회는 경술국치 이후 간민교육회로 개칭되었다. 그런데 1911년 7월경, 간민교육회는 중국 측의 해산 명령을 받았다. 이 사실은 지금까지의 연구에서는 전혀 언급되지 않던 부분이나, 한인단체의 조직과 활동에 대한 중·일의 입장과 대립상을 이해하기 위해 매우 중요한 사실이다.

일본 영사는 도태가 된 타오빈과 새로 옌지지부로 부임해 온 평수탕彭樹棠에게 간민교육회가 위해危害한 존재라며 해산시켜야 한다고 집요하게 요구했다. 일본 영사는 간민교육회의 주요 인사인 이봉우·윤해 등이 청국 관헌과 친교를 지니고 배일 등 '불온의 언론'으로 선동하고 있다고 의심했다. 또한 그는 간민교육회원들이 말하는 '애국적 언론'은 '자신들의 구복口腹을 살찌게 하려는 것으로서 지사知事의 이름을 이용한 호구적糊口的 영업營業'일 뿐이라고 폄하했다.

평수탕 지부는 결국 일본 영사의 압력에 굴복하고 말았다. 간민교육회 해산 사실의 누설을 우려하여 지부에도 전혀 언급하지 않고, 자신이 직접 일본 영사를 방문하여 영사관 문 앞에서만 언급했을 정도였다. 평수탕 지부가 간민교육회에 해산 명령을 내린 구실은 이해 6월 이봉우 등이 한인들에게 한인교육에 관한 일은 모두 간민교육회에서 관리할 것이고 교원도 모두 본회에서 관속管束할 것이며 이를 위배하면 징벌을 가할 것이라고 고시한 사실 때문이었다. 그 직후 평수탕 지부는 이봉우를 불러 힐책하고 교육회를 금지하고 쥐쯔제에서 퇴거하라고 명령했다. 이로 말미암아 이봉우는 쥐쯔제를 떠나 샤오잉쯔에 있는 중학교에 거주하는 수밖에 없었고, 윤해도 화를 우려하여 샤오잉쯔로 피신했다.[51]

---

51 機密 第2號(1911. 7. 22), 「局子街ニ在ル朝鮮人敎育會解散ノ件」, 『不逞團關係雜件 -朝鮮人の部-在滿洲の部(1)』.

평수탕 지부 등은 간민교육회의 이러한 활동을 비리非理로 간주했다. 중국 측의 해산 명령 이후 간민교육회의 주요 인사들이 샤오잉쯔로 모여들어 샤오잉쯔중학교가 한인 활동의 근거지가 되자, 중국 관헌들은 대대적인 가택수색을 했다.[52] 그 결과 이동춘이 이봉우에게 보내는 편지 등 18통의 서신이 압수당했다. 특히 이때 확인된 20여 종의 창가 가사는 한인학교 민족교육의 일단을 잘 알려준다.[53]

일본 영사관 부영사 하야미 잇코우速水一孔는 외무대신에게 자신이 부임한 이후 '조선인의 안녕을 도모'하기 위하여 3대 강령을 시행하고자 했다고 보고했다. 3대 강령이란 첫째 간민교육회를 해산시키는 일, 둘째 조선인 학교 사용 교과서의 엄선, 셋째 배일 불온언행자에게 축출령을 시행하는 것이었다.[54] 이는 일제의 간도 지방 한인정책을 간명하게 보여주는 것으로서, 결국 간민교육회 해산 조치는 중국이 일제의 압력에 굴복한 결과임을 알 수 있다.

이렇게 외형상으로 간민교육회는 해산되었으나, 활동은 비밀리에 계속되고 있었다. 그것은 후임 지부로 부임한 리앤츠廉慈가 비밀리에 지원했기 때문으로 보인다. 1911년 9월 16일, 리앤츠는 쥐쯔제 일원의 유력한 한인 50여 명을 부아府衙로 불러 다음의 3개 항에 대해 언급했다.

---

52 機密 第34號(1912. 9. 30), 「局子街ニ於ケル排日鮮人家宅搜索決行ノ件」, 『不逞團關係雜件-朝鮮人の部-在滿洲の部(1)』.

53 機密 第42號(1912. 11. 26), 「局子街ニ於ケル排日鮮人家宅搜索ノ結果具申」, 『不逞團關係雜件-朝鮮人の部-在滿洲の部(1)』. 이때 압수된 창가 가사는 少年保國歌·運動歌·愛國歌(2종의 애국가 가사가 더 있음)·韓半島歌·傳道歌·勸學歌·大韓魂歌·父母恩德歌·相逢有思歌·學徒歌·血誠隊歌·感動歌·英雄模範歌·冒險猛進歌·兵式行步歌·閔忠正公追悼歌·農夫歌·祖國生覺·青年立志歌 등이다.

54 機密 第2號(1911. 7. 22), 「局子街ニ在ル朝鮮人教育會解散ノ件」, 『不逞團關係雜件-朝鮮人の部-在滿洲の部(1)』.

첫째, 자신이 局子街에 憲政硏究會를 설립하여 입헌 정치의 발전을 기도하고자 하며 회원은 淸鮮人으로 조직하고자 하니 한인은 각자 이 회에 입회할 것을 노력할 것.

둘째, 孔子廟를 설립하려 하니 淸鮮人 모두 일치단결하여 잘 받들 것.

셋째, 간도 한인의 薙髮易服과 淸語에 통하는 것은 가장 급무임. 淸語에 통하면 서로 오해도 피하고 관헌을 번거롭게 하지도 않으며 또 일본의 압제도 받지 않을 것임.

헌정연구회의 설립은 당시 중국의 정치적 분위기를 반영하는 것으로서 회원으로 한인까지 포함하겠다는 것은 중요한 대목이다. 물론 이는 치발역복과 입적한 간민을 대상으로 한 것이다. 공자묘孔子廟 설립 건은 일본을 의식한 대응이었다. 즉, 당시 룽징촌龍井村에 거주하는 이윤수李潤秀 외 2명이 발기자가 되어 공자묘 설립을 위한 기부금 모집 건을 일본 영사관에 출원한 바 있었다. 이때 일본 영사는 조선인의 공자 숭배심이 깊어 이를 '선인 지도상 유익'하다고 인정하여 인가하고 또 그 관원들에게도 기부하게 하여 당시 상부지 안에 건물을 건축 중이었다. 이에 리앤츠 지부는 '공자는 원래 청국의 대성大聖인데 외인外人(일본인)의 허락을 받아 건립하는 것은 부당'하다며 중국도 별도로 설립하겠다고 밝힌 것이었다. 세 번째와 관련하여 룽징촌 거주 박무림 외 4명은 시내 각지에 한인들의 청국 연구를 위해 청어연구소淸語硏究所를 설치할 테니 입회하라고 첩지貼紙한 바 있다. 이때 진상부국장陳商埠局長이 청어연구소장이 될 것이라는 소문이 있었다.[55] 이는 당시 한인과 청국 관헌의 우호적 관계를 보여준다.

<hr>

55 朝憲機 第2286號(1911. 10. 12),「間島淸國官憲ノ鮮人ニ對スル狀況」,『不逞團關係 雜件 - 朝鮮人の部 - 在滿洲の部(1)』.

리앤츠 지부는 이봉우와의 면담 시에도 한인에 대한 호의적 태도를 분명히 했다. 즉, 그는 이봉우가 한인은 일제에 병합당했어도 이전처럼 '청국의 속민屬民'으로서 '군신의 사仕'를 하고자 이주하여 치발역복하려 하나 일본이 방해하고 있다고 말한 데 대해, 결코 청국은 조선인을 싫어하지 않으니 간도 이주 한인들은 성심으로 청국에 사仕하라고 답했다.[56]

1911년 9월 20일에는 쥐쯔제 교육회관에서 간민교육회가 개최되었다. 일제가 보낸 밀정이 보고한 바에 따르면,[57] 이날 모범학당 교원의 경질과 경비 결산에 이어 간민교육회와 청국 관헌의 교섭을 위해 총무원 윤해가 교섭원으로 당선되었음을 알 수 있다. 즉, 간민교육회는 해산 명령에도 불구하고 활동을 계속했던 것이다.

이와 관련하여 이날 행한 회장 이동춘의 연설 내용이 주목된다. 이동춘은 먼저 신임 리앤츠 지부가 음양으로 본회에 다대한 편의를 주고 있다고 하며, 이후 한인의 교육과 감독은 본회에 위임했으니 회원들은 간도 이외의 동포가 다수 가입하도록 권유하여 더욱 본회가 융성하기를 바란다고 말했다. 또한 그는 회원들은 기독교를 믿어 협동심을 양성하여 훗날 대한국大韓國의 독립을 이루어내야 한다고 강조했다. 아울러 일본 관헌이 본회를 주요 배일단체로 보고 감시하고 있으니 본회의 행동을 일제에 누설하지 않도록 하고, 주목받지 않도록 유의할 것도 당부했다. 결국 이를 보고한 간도 파견 장교는 본회는 전임 지부에 의해 해산되었으나 점차 배일사상을 고취하고 있어 해산된 것 같지는 않다고 보았고, 후임 리앤츠 지부는 이면으로는 간민교육회에 편의를 주고 있

---

56 朝憲機 第2139號(1911. 9. 26), 「間島集報」, 『不逞團關係雜件-朝鮮人の部-在滿洲の部(1)』. 여기에서는 이봉우를 '元墾民教育會員'으로 표기했다. 이는 간민교육회가 해산되었다고 보았기 때문이다.

57 憲機 第1234號(1911. 6. 21), 「教育會員ノ行動ニ關スル件」, 『不逞團關係雜件-朝鮮人の部-在滿洲の部(1)』.

으면서, 일본 관헌에게는 적당히 응답하고 있는 것 같다고 보고했다.[58]

간민교육회의 활동이 지속되었음은 1912년 교과서 편찬위원을 임명하여 교과서를 편찬했음에서도 알 수 있다. 즉, 샤오잉쯔 광성학교의 계봉우, 명동학교의 정재면, 워룽동臥龍洞 창동학교의 남공선 등 3인을 편찬위원으로 임명하여 교과서의 수집과 편찬에 노력했다. 이들은『대한역사大韓歷史』등 민족의식을 고취하는 역사교과서를 편찬하여 보급했다.[59]

한편 일제 측 자료에 수차 보이는 간민교육회를 중심으로 하는 간도 한인과 연해주, 미주 등의 한인사회와의 연계도 향후 추구해야 할 과제였다. 일제는 전술한 윤해와 정재면이 피체되었을 때 이 사실을 주목했다.[60] 윤해는 1912년 4월 18~19일경 간민교육회를 대표하여 블라디보스토크로 가서 이종호李鍾浩를 만나 쥐쯔제에 권업회 지회를 설립하는 문제를 논의했다. 또한 권업회 총대總代이기도 한 김립金立이 이해 음력 2월 10일경 샤오잉쯔에 와서 중학교 졸업생 12명에게 권업회 명의의 졸업증서를 수여했다. 졸업생들은 간민교육회 산하 학교의 교사로 파견될 예정이었다. 따라서 일제는 샤오잉쯔중학교와 권업회의 관계를 내사하기도 했다.[61]

당시 김립은 김하석金河錫・전의근全義根・황언오黃彦五 등과 함께 샤오잉쯔에 왔다. 권업회 간도지회를 설립하고 토지를 매입하기 위해서였다.

---

58 朝憲機 第2335號(1911. 10. 19),「間島ノ排日團體タル墾民教育會ノ行動」,『不逞團關係雜件-朝鮮人ノ部-在滿洲ノ部(1)』.

59 徐宏一,「1910年代의 北間島의 民族主義 教育運動」,『白山學報』제30・31합집, 1985, 227쪽.

60 朝憲機 第521號(1912. 4. 13),「保安法違反者取調送致ノ件」,『不逞團關係雜件-朝鮮人ノ部-在滿洲ノ部(1)』.

61 朝憲機 第643號(1912. 5. 13),「排日鮮人ノ行動ニ關スル件」,『不逞團關係雜件-朝鮮人ノ部-在滿洲ノ部(2)』.

김립은 현금 5,000여 원을 지참하고 왔는데, 샤오잉쯔 부근의 중국인 땅 129일경日耕을 13만 5,000적吊에 사서 간민교육회원인 정현설鄭鉉卨·박경삼朴景三·박정규朴正奎 등 3인 명의로 계약하고 간민교육회원으로서 농업에 종사하는 28호 207명을 이곳으로 이주시키기로 했다. 이들과는 별도로 4월 8일 이종호의 명을 받고 샤오잉쯔에 도착한 권업회 사무원 황재룡黃載龍도 김립 등과 논의한 뒤 뤄쯔거우羅子溝 거주 진묵우秦墨優[62]의 땅 100일경을 600원에 구입하여 농장으로 일구었다. 권업회에서는 투먼쯔土門子에도 121일경을 이곳에 거주하는 권업회원 윤낙서尹洛瑞 명의로 구입하여 농장으로 만들었다. 일제는 권업회가 이처럼 간도의 각 처에 토지를 구입하여 농장을 만들고자 한 것은 이곳에 '불평선인不平鮮人, 배일선인排日鮮人'을 불러들여 교육을 통해 애국심을 고취시키고, 장차 일본이 미美·러露·청淸 등과 전쟁을 한다면 그들을 도와 국권을 회복하기 위한 무장투쟁을 준비하기 위한 것이라고 파악했다.[63] 한편 이해 5월 29일에는 훈춘에 거주하는 황병길黃丙吉의 집에 연해주에서 이춘삼李春三 등 7명이 왔고, 또 학생풍의 청년 4명이 왔는데 일제는 이 또한 간도에 권업회 지회를 설립하려는 움직임으로 유의했다.[64]

이상으로 볼 때 간민교육회와 블라디보스토크의 권업회는 인적 교류나 지리적 근친성 면에서 분명히 연계되고 있었음을 알 수 있다. 또한 국민회간도지방회國民會間島地方會 병치倂置 기록이 있는바,[65] 간민교육회

---

62 일제는 진묵우를 중국인으로 파악했으나, 사실 그는 한인으로 간민교육회원이었다 (朝憲機 第807號, 1912. 6. 18, 「小營子中學校教師生徒一同延吉知府衙門訪問及紀念寫眞撮影ノ件」).

63 朝憲機 第644號(1912. 5. 13), 「排日鮮人ノ行動ニ關スル件」, 『不逞團關係雜件-朝鮮人の部-在滿洲の部(1)』.

64 朝憲機 第801號(1912. 6. 18), 「排日鮮人ノ行動ニ關スル件」, 『不逞團關係雜件-朝鮮人の部-在滿洲の部(1)』.

65 朝鮮駐箚憲兵隊司令部, 1913. 3. 7, 「大正元年十一月調 在外朝鮮人結社團體狀況」,

와 국민회 간도지부를 '동심이체同心二體'의 조직체로 평가하기도 한다.[66] 또한 간민교육회가 독립운동조직으로 전환되고 독립운동을 전개했다는 견해도 있는데,[67] 그 개연성은 인정되나 구체적 실증이 필요하다.

간민회의 조직

1913년 1월 13일 이동춘 등 25명이 발기인이 되어 「간민회조직총회소 집통지서墾民會組織總會召集通知書」를 배포했다. 그 내용은 다음과 같다.

> 嗟홉다. 圖們江北에 居住하시는 우리 兄弟시여. 우리가 中國 領域 內
> 에 尊接하여 食毛茹土한지 四十餘年 동안에 中國 法律의 保護와 一視
> 同仁의 恩澤에 沐浴하여 圖們江北이 果然 우리의 第二康衢된 지 오랬
> 도다. 그러면 우리 兄弟는 民國에 對한 誠愛가 간절치 아니치 못하겠
> 거든 況乎 民國 共和 成立 以來로 우리 墾民도 竝히 共和 幸福을 享有
> 하기 爲하여 入籍의 便宜를 주시며 土地에 對한 旣得權까지 保護하
> 신다 聲言하셨으니 民國에 對한 우리의 觀念은 다만 感服할 것뿐인
> 데 오히려 이도 不滿足다 하여 民國 二年 一月 十三日에 吉林東南路觀
> 察使 陶彬 閣下께옵서 우리에게 墾民會의 成立을 認許하였도다. 當 會
> 의 目的은 圖們江北에 居住하는 우리 民族으로 하여금 民國 法律에 抵
> 觸치 아니하는 範圍 內에서 무슨 爲事던지 우리의 福利增進을 盡하며
> 民國 行政의 一部機關이 되어 우리 兄弟의 生命 財産으로 政府에 對하

『不逞團關係雜件-朝鮮人の部-在西比利亞(4)』.

66 최봉룡(2008), 앞의 논문, 150쪽.

67 장세윤, 『중국동북지역 민족운동과 한국현대사』, 명지사, 2005, 38쪽.

여 保護請求權을 賜함이라. 嗟흡다. 觀察使 陶彬 閣下의 成實하신 사
랑은 舞하고 歌하여 찬송하리로다. 이에 陶彬 閣下의 命令을 奉하여
組織 總會를 來二十六日陰十二月 二十日 上午 十時에 延吉府 局子街 墾
民模範學堂內에 開하겠아오니 延, 和, 琿, 汪, 各地方百戶長되시는 이
와 有志하신 僉兄弟는 一齊히 屆期 光臨하심을 眕望하나니다.

中華民國 二年 一月 十三日

發起人

李同春 · 鄭安立 · 金立 · 鄭載冕 · 文勁 · 朴東轅 · 都成 · 白玉甫 · 趙永夏 ·
李鏞 · 趙克 · 張基泳 · 鄭昌斌 · 具春先 · 柳基淵 · 金錫永 · 申鉉均 · 李中
執 · 金秉洽 · 金永學 · 金仕範 · 金載範 · 王金鵬 · 朴正來 · 朴世豪

한인들이 간민회 조직에 적극 나선 것은 1912년 중화민국이 탄생
하고, 이른바 '연성자치聯省自治'의 분위기가 고조되자 다시금 한인 자치
기구를 만들고자 한 것이다. 위 통지서에서 알 수 있듯이 간민회는 1월
13일 타오빈에 의해 성립이 인허되었다. 이에 따라 1월 26일 정오, 쥐
쯔제 모범학당에서 200여 명의 한인이 참석한 가운데 간민회 조직 총회
가 개최되었다.[68] 이날 중국 측은 순관 1명과 순경 5명을 파견하여 총회
를 지원했다. 회원들은 먼저 임시회장으로 정재면鄭載冕, 사찰査察로 방기
룡方基龍 · 이진융李振隆 · 황경생黃京生 · 채천극蔡天極 · 강모姜某를 선출했다. 그
리고 임시회장 대리 자격으로 김립의 연설에 이어, 중앙총회 임원 선거
를 하여 회장 김약연金躍淵, 부회장 장기영張基永 · 조기영曹基永 · 백옥보白玉
甫, 의사부장 김병흡金秉洽, 민적조사부장 김립, 법률연구부장 남공선南公

---

68 公信 第40號(1913. 1. 27), 「鮮人集會ニ關シ報告ノ件」; 朝憲機 第260號(1913. 3.
25), 「墾民會組織總會ノ關行スル件」, 『不逞團關係雜件−朝鮮人の部−在滿洲の部
(2)』.

善, 재정부장 조영하趙永夏, 교육부장 박상하朴祥夏, 교섭부장 이동춘, 교섭원 이중집李中執, 서기원 박창익朴昌翼·박일송朴一松, 간사원 이용李鏞·이근용李根容, 의사원 백옥보·김립·도성都成·정재면·박찬익, 식산 이동춘·이중집, 취체원 이동춘 등의 임원을 선출했다.[69] 간민회의 직제를 간민교육회와 비교해보면 행정적 성격이 강화되었음을 알 수 있다. 회장은 김약연으로 바뀌었으나, 이동춘은 교섭부장·식산·취체원 등을 겸보하여 여전히 핵심적 위치에 있었다.

한편 이날의 간민회 중앙총회는 지린동남로 옌지부 쥐쯔제에 설치할 것, 훈춘·허룽·왕칭현 시가에 지방총회를 설립하고 지회는 매 사社에 하나씩 설치할 것, 총회 경비 1,000원을 분납할 것, 내년 음력 2월 10일 중앙총회를 열어 지방총회와 지방지회 설립 위치와 임원 등을 정할 것, 중앙총회와 지방총회의 임원은 1년에 2회 투표로 개선하고 지방지회 임원은 1년에 1회 투표하여 지방총회를 경유하여 중앙총회에 보고할 것 등을 결의했다.

일제는 간민회가 표면상 한인의 생명과 재산 보호를 명분으로 하고 있으나, 사실은 항일투쟁을 고조하기 위한 단체로 파악했다.[70] 간민회는 황병길이 나철에게 보낸 서신에서도 확인되는 바와 같이 간도 거주 한인의 단결을 꾀하여 대한大韓의 재흥再興을 도모하고 동포를 구제하기 위한 기관이었다.[71]

그런데 간민회 설립 이후 간민교육회는 해체되지 않고 '이신일체=

---

69 朝憲機 第260號(1913. 3. 25), 「墾民會組織總會ニ關スル件」, 『不逞團關係雜件-朝鮮人ノ部-在滿洲ノ部(2)』.

70 朝憲機 第260號(1913. 3. 25), 「墾民會組織總會ニ關スル件」, 『不逞團關係雜件-朝鮮人ノ部-在滿洲ノ部(2)』.

71 朝憲機 第1080號(1913. 12. 20), 「排日鮮人黃丙吉ノ通信ニ關スル件」, 『不逞團關係雜件-朝鮮人ノ部-在歐米ノ部(2)』.

身一體'의 형태를 유지하다가 간민회가 해산되자 간민교육회가 다시 간도 한인교육의 지도적 기관이라는 중임을 맡게 되었다는 견해가 있다.[72] 이는 중국이「획일간민교육법劃一墾民敎育法」을 강요했던 시기에 민족교육을 보존·발전시킨 간민교육회라는 단체가 있었고,[73] 1920년대 후반에도 간민교육회의 명칭이 여전히 보이기 때문으로 여겨진다.[74] 그러나 간민회와 간민교육회는 조직과 기능이 크게 달랐다. 간민회 직제에는 교육을 담당하는 부서가 있었기 때문에 함께 존재할 필요가 없었다. 또한 간민회 조직 이후 간민교육회의 존재는 확인되지 않는다. 게다가 "간민교육회가 간민회의 조직 이후 해산되었다"는 일제 측 기록,[75] "간민교육회가 2년도 못되어 해산했고, 그 얼마 되지 않아 간도 한인의 자치기관으로 간민회가 생겨났다"는 기록,[76] 주요 인물이었던 김립이 간민교육회가 간민회의 전신이었다고 한 말[77] 등을 종합할 때 간민교육회는 간민회의 선행조직으로서 간민회가 조직된 이후 해산되었으며, 이후에 등장하는 간민교육회는 별개의 조직으로 보는 것이 타당할 듯하다.

간민회가 조직되었다는 소식은 곧 연해주 한인사회에 알려졌다. 『권업신문勸業新聞』은 간민회 조직 총회 사실을 상세히 보도했으며,[78] 이후 해산에 이르기까지 논설이나 잡보의 간도소식란을 통해 수 차례에 걸쳐

---

72 金春善(1998), 앞의 책, 155쪽.
73 金泰國, 『滿洲地域 '朝鮮人 民會' 硏究』, 國民大學校 博士學位論文, 2001, 32~33쪽.
74 機密 第715號(1929. 6. 22), 「延邊墾民代表吉林省政府ニ對スル運動狀況通信ニ關スル件」件, 『滿蒙各地鮮人ノ農業關係雜件(1)』; 『東亞日報』, 1929년 12월 29일자 등.
75 朝憲機 第260號(1913. 3. 25), 「墾民會組織總會ニ關スル件」, 『不逞團關係雜件-朝鮮人ノ部-在滿洲ノ部(2)』.
76 「북간도동포의게」, 『勸業新聞』, 1914년 4월 12일자 논설.
77 公信 第142號(1913. 7. 25), 「鮮人墾民會會館開館式幷臨時總會ニ關スル件」, 『不逞團關係雜件-朝鮮人ノ部-在滿洲ノ部(2)』.
78 『勸業新聞』, 1913년 3월 2일자.

보도했다.

간민회의 조직과 관련한 또 다른 논란이 있다. 간민회가 이동휘·이동춘·정재면·박찬익 등 4인을 대표로 선발하여 베이징의 리위안홍黎元洪 부총통에게 보내 혁명의 성공을 축하하고, 한중 친선과 발전도모를 위해 '간민자치회'의 조직을 제의하자, 리위안홍이 '자치'라는 말을 삭제할 것을 요청하여 간민회로 결정되었다는 사실의 진위 여부이다.[79] 일설에는 간민회 대표들이 위안스카이 대총통을 만나 간민회 설립을 교섭했다고 한다.[80] 그런데 과연 간민회 대표가 베이징에 가서 중국의 최고 실력자를 만나 간민회 설립을 제의할 수 있었겠는가라는 회의가 제기된 것이다.[81] 그러나 이는 당사자인 정재면의 증언과 함께, 간민회가 위안스카이 대총통의 재가를 기다리고 있다는 일제 측 기록,[82] 1914년 1월경 이동춘과 김립 등이 간민회 대표로서 베이징에 가서 국무원에 「청원귀화입적서請願歸化入籍書」를 제출하고 대총통의 면회를 요청했던 사실[83] 등을 종합하면 간민회가 베이징의 실력자와 교섭한 것은 사실로 보는 것이 옳을 듯하다. 다만, 이 대목에서 유의해야 할 것은 간민회 측에서 1910년에 이어 자치회를 희망했으나, 중국 측에 의해 다시 거부되었다는 사실이다. 그 사실로써 한인단체의 설립을 둘러싼 한인과 중국 측의 입장 차이를 확인할 수 있다.

---

79 尹炳奭, 『國外韓人社會와 民族運動』, 32쪽.
80 宋友惠, 「北間島 '大韓國民會'의 組織形態에 관한 研究」, 『한국민족운동사연구』 제1권, 1986, 117쪽. 여기에서는 이 같은 위안스카이와의 파격적 교섭이 성공할 수 있었던 이유를 이동춘 때문으로 보았는데, 위안스카이가 조선에 주둔할 때 이동춘이 통역을 맡았다는 증언에 토대한 것이다.
81 최봉룡(2008), 앞의 논문, 154쪽.
82 朝憲機 第260號(1913. 3. 25), 「墾民會組織總會ニ關スル件」, 『不逞團關係雜件-朝鮮人の部-在滿洲の部(2)』.
83 「韓人歸化之批准」, 『申報』, 1914년 2월 7일자.

간민회가 정식 설립 인가를 받기 위해서는 동남로관찰사에게 제출한 「청원서請願書」와 「간민회초장墾民會草章」의 승인이 필요했다. 김약연은 2월 26일 제출한 「청원서」에서 한인으로 하여금 감정을 연락하게 하고 민국의 법에 복종하여 정부의 보호에 의뢰하여 의무를 다하고 권리를 온전하게 하는 것이 '시지급무時之急務'라 했고,[84] 「간민회초장」에서는 잡거지역 내 간민의 친선을 도모하고 중국의 법률을 연구하여 동일한 언어와 풍속을 실현하는 것이 간민회 설립의 종지임을 밝혔다. 동남로관찰사 타오빈은 간민회 설립 청원을 지린도독 겸 민정장 첸자오창에게 보고했다. 이를 검토한 첸자오창은 초장草章 등이 타당하다고 여기고 비준할 것을 타오빈에게 회시했고, 타오빈은 4월 1일 김약연에게 공문으로 비준 통보를 했다.[85]

드디어 4월 26일, 간민회는 쥐쯔제에서 백운보를 임시의장으로 선출하고 성립대회를 개최했다. 이날은 옌지지사 관원충도 참가하여 연설을 했다. 성립대회에서 피선된 임원은 회장 김약연, 부회장 백옥보, 총무 도성, 교육과장 장기영, 재정과장 겸 식산과장 이동춘, 민적과장 김립, 의사과장 김병흡, 의사원 정재면·조열·오기연·현영주·조희림·최양·김시형·조극·전의근·전여운·왕금붕·왕성서·심권·강구우·홍범윤·남약필·김영학·김자천·조영하 등 26인이었다.[86]

---

84 이는 이상룡이 「中國之待遇韓僑」·「韓僑之所求於中國」·「韓僑所請聽不聽之利害」에서 한인의 입적과 토지개간권·자치권 등을 주었을 때 중국이 얻을 수 있는 이해득실을 말하며 허락을 호소했던 절박한 심정과 같다. 『국역 石洲遺稿』 상, 안동독립운동기념관, 2008, 651~654쪽.

85 간민회 설립 과정은 앞의 김춘선(1998)과 최봉룡(2008)의 논문 참조.

86 公信 第2號(1913. 6. 5), 「朝鮮人墾民會ニ關スル件」, 『不逞團關係雜件-朝鮮人ノ部-在滿洲ノ部(2)』. 여기에는 법률과장이 누락되어 있는데, 임원은 수차 교체되었다. 1914년 2월에 개선된 간민회 임원은 회장 白純, 부회장 曹嘉林, 총무 金河錫, 서기 박창익, 재무(정)과장 朴鶴麟, 법률(연구)과장 林尙楚, 교육과장 李炳徽, 민적(조사)과장 張基永, 식산과장 민적과장이 代掌, 의사과장 玄永桂, 동 의원 이동춘·姜承

간민회의 조직과 운영 전반에 대해서는 중국 측의 수정을 거쳐 최종 확정된 「지린동남로잡거구역간민회초장吉林東南路雜居區域墾民會草章」(이하 「초장」으로 약칭)과 「간민회세칙墾民會細則」(이하 「세칙」으로 약칭)에 상세히 규정되어 있다.[87] 본회의 명칭에 대해 「초장」에서는 잡거구역 내 간민들이 본 조례에 따라 성립한 것이라며 '잡거구역간민회'라 했으나,[88] 「세칙」에서는 특정 범위 내에 있어서 간도 주민을 감독 관리하는 민회이므로 간민회라 칭한다고 되어 있다.

「초장」에서는 간민회를 임시조직이며 시한은 2년이라고 했다. 이는 「중화민국임시약법」에 따라 새로운 헌법이 제정된 후에 그 존립 여부를 다시 결정할 수 있는 시간적 공간을 준 것으로 보는 견해가 있다.[89] 그런데 「세칙」에서는 간민이 중화민국에 모두 입적한 후에는 명칭을 변경할 것이라고 되어 있다. 이는 중요한 대목이다. 즉, 중국 측이 전례와 같이 한인의 전원 입적을 조건으로 간민회가 자치회를 칭할 수 있도록 허용하겠다고 밀약했을 가능성이 있으며, 그 기간을 2년으로 한정한 것으로 추론할 수 있다.

간민회는 총회, 지방 분회, 지방 지회로 조직되었다. 총회는 회장·부회장·총무·서기를 각 1인씩 두고 의사과·민적조사과·교육과·법률

喬·金永學·남공선·김립·조열·都成·오영선·김약연, ·최봉기·백옥보·최양·趙永夏·韓泰根·金秉洛·張文七·玉金鵬 등 17명, 通事 朴世豪 외 수명 등이었다(朝憲機 第121號, 1914. 2. 23, 「墾民會總會開催ニ關スル件」; 朝憲機 第131號, 1914. 2. 28, 「墾民會開會ニ關スル件」, 『不逞團關係雜件-朝鮮人の部-在滿洲の部(3)』).

87 쥐쯔제 영사관 분관 주임은 중국 측에 항의하여 간민회 관계 서류를 건네받아 본국에 보고했는데(公信 第2號, 1913. 6. 5, 「朝鮮人墾民會ニ關スル件」), 「지린동남로잡거구역간민회초장」은 11항으로 되어 있으나, 「간민회세칙」은 제1장 명칭 및 위치, 제2장 목적 및 범위, 제3장 임원 및 직임, 제4장 재정, 제5장 회기 및 임기, 제6장 규칙에 관한 것 등 매우 상세히 규정되어 있다.

88 당초 간민회는 훈춘까지 대상지역으로 삼았으나 잡거구역이 아니라 제외했다.

89 최봉룡(2008), 앞의 논문, 157쪽.

연구과·재무과·식산흥업과의 6개 과를 두었는데, 각 과는 과장과 과원을 1인씩 두되, 의사과 과원은 19인, 법률연구과 과원은 3인 이하를 두기로 했다. 의사과는 각 과와 지방 분회와 지회의 의안을 검토하고 기타 중요사항을 의결하는 기구이기 때문에 19인의 의원을 둔 것이고, 법률연구과는 민사와 형사소송 대리 때문에 3인 이하로 규정한 것이다. 지방 분회는 회장, 부회장, 총무, 서기 겸 재무를 1인씩 두고, 간사원 2인, 의사원 10인을 두기로 했는데, 의사원을 10인이나 둔 것은 지회에 대한 의결기관이기 때문이다. 지방 지회는 회장, 부회장, 총무, 서기 겸 재무, 간사를 각 1인씩 두기로 되었다.

1914년 2월 현재 간민회의 지방 분회와 지회는 허룽현 관내 분회 1, 지회 19, 왕칭현 관내 분회 1, 지회 5, 옌지현 관내 분회 1, 지회 5 등 3개의 분회와 29개의 지회가 설립되어 있었다.[90] 분회의 조직 상황은 옌지현 분회와 허룽현 분회[91] 및 왕칭현 분회의 사례를 통해 그 정황을 알 수 있다.[92] 지회의 조직은 룽징지회의 사례를 통해서 확인된다.[93]

간민회의 조직과 관련하여 또 하나 논란이 되고 있는 것은 간민회의 성격에 대한 평가이다. 서두에서 밝힌 바와 같이 이에 대해서는 '정

---

90 朝憲機 第121號(1914. 2. 23), 「墾民會總會開催ニ關スル件」, 『不逞團關係雜件-朝鮮人の部-在滿洲の部(3)』. 한편 『國民報』, 1913년 11월 12일자에는 간민회 지회가 설립된 곳이 50여 지방이라고 보도한 바 있다.

91 朝憲機 第131號(1914. 2. 28), 「墾民會開會ニ關スル件」, 『不逞團關係雜件-朝鮮人の部-在滿洲の部(3)』; 金春善(1998), 앞의 논문, 157~158쪽.

92 朝憲機 第90號(1914. 2. 23), 「汪淸縣墾民分會落成式ニ關スル件」, 『不逞團關係雜件-朝鮮人の部-在滿洲の部(3)』.

93 朝憲機 第188號(1914. 3. 25), 「北間島狀況彙報」, 『不逞團關係雜件-朝鮮人の部-在滿洲の部(3)』. 그러나 「초장」에 총회와 분회 규정만 있다 하여 타오빈이 지회의 설립을 허락하지 않았다는 견해(최봉룡, 앞의 논문, 2008, 160쪽)는 사실과 다르다. 즉, 「세칙」에 지회와 관련된 규정이 있을 뿐 아니라, 실제 1914년 2월 28일 룽징지회 총회에서 지회장 유창환, 부회장 최병학, 총무 백천서·왕성서, 간사 김효민, 재무 정완혁, 재무 겸 임시서기 최상범 등이 선출되었다.

부'적 조직과 역할을 강조한 견해와, 민간단체 또는 중국 지방정부의 보조기관으로 보는 견해로 양분할 수 있다. 간민회의 올바른 평가는 '자치'의 개념과 성격, 특히 중국의 '지방자치'와 '민족자치'에 관한 인식에 대해 충분한 논의가 전제되어야 한다. 그러나 이는 별고를 요하는 문제이기 때문에 여기에서는 「초장」과 「세칙」의 규정을 중심으로 논의한다.

「초장」에 의하면 본회의 임원이 개선되면 회장이 관서에 보고하여 심사하도록 되어 있으며, 특별회의 또한 지방관의 비준을 받아야만 개최할 수 있었다. 또한 모든 회의 기간에는 지방관이 특파원을 파견하여 관찰하는데, 만일 '비법언행非法言行'이 있다면 정지나 해산을 명할 수 있도록 했다. 예산의 편성도 총회에서 지방관에 보고하여 심사를 받도록 되어 있다. 특히 본회는 간민공중사건墾民公衆事件에 대해 지방관에 건의할 권리와, 정황을 보고할 의무를 지닌다고 되어 있다. 간민회가 독자적으로 판단하거나 시행할 수 있는 것은 전혀 없이 철저히 중국 지방관에 예속된 체제였다.

「세칙」은 그러한 예속적 사정이 더욱 명확하게 규정되어 있다. 제2장의 목적에서는 "본회의 목적은 지린동남로관찰부 관내에 거주하는 간민으로서 중화민국의 법률을 연구하여 중화민국의 법률에 저촉하지 않는 범위 내에서 인생의 생활상 안녕 복리를 도모 증진하고 관찰부의 통치상 일부의 보조기관으로서 간민의 공중을 대표하여 고쳐야 할 사항을 관청에 건의하여 개량하고 억울한 일을 관청에 보고하여 보호를 청구하는 데 있다"고 되어 있다. 단, 안녕 복리를 향유하고 보호 청구권을 얻을 수 있는 자는 ① 민적조사부民籍調査簿에 등적登籍된 자, ② 소유 또는 차거借居의 일정한 거주지가 있고 소유 또는 임차한 경전耕田 2일경 이상이 있는 자, ③ 소유 또는 차거의 일정한 거주지가 있고 100엔 이상 영업자, ④ 소유 또는 차거의 일정한 거주지가 있고 관리·교사·의사 등 일정한 직업이 있는 자로 한정함으로써 예속적 신분을 요구했다.[94] 또한 "본회는 관찰부의 통치상 일부 보조기관으로서 보통결사적 성질을 지닌다"고 되어 있다. 즉, 간민회는 관찰부의 통치상 일부 보조기관에 불과하다는 것이다. 따라서 아무리 조직이 '준정부적'이라 하더라도 그것은 중국 지방정부 예하의 조직일 뿐 역할과는 무관한 것이다. 간민회의 민적조사과와 법률연구과의 존재가 이를 입증한다. 설령 간민회가 '자치'를 교섭하고 추진했다고 하더라도 이는 김약연이 관찰사서觀察使署에 올린 간절한 「건백안建白案」이 거부당한 데에서 알 수 있듯이 민족차별은 엄존했다.[95] 따라서 중국 측이 한인에게 동등한 권리와 의무를 운운한 것은 한인정책상의 구두선에 불과한 것이었다.

이로써 보면 간민회는 이전의 한민자치회와 한민교육회 및 간민교육회를 선행조직으로 하여 조직된 것으로 볼 수 있다. 간민회에 이르기까지 한인단체는 자치를 추구했으며 주도적 인사들도 연계되고 있다. 또한 독립의 추구를 최고의 가치로 삼았다는 점도 일치한다. 그러나 간민회는 이전의 한인단체와는 성격이 변질된 것으로 보아야 한다. 그 조직과 운용이 철저히 중국 지방정부에 예속되어 있었고, 2년이라는 한시성을 지니고 있었기 때문이다. 한편 간민회가 1년도 되지 않아 해산당한 사실은 '자치' 활동 등 주체적 활동의 한계를 여실히 보여준다.

요컨대 간민회로 추이된 북간도 한인단체의 조직은 '간도협약'이라는 국제적 조건의 변화에 대응하여 한인의 자치와 국권회복을 추구하고자 했으나, 중·일 간 이해관계의 대립과 상충, 쌍방의 압력에 의해 결국 그 의지가 좌절되는 과정으로 해석함이 타당할 듯하다.

---

94 이는 「초장」에서 규정하고 있는 회원 자격과 다른데, 여기에는 1) 잡거구역 내에 墾地가 있는 자, 2) 잡거구역 내 3년 이상 거주자, 3) 품행단정한 자, 4) 성년 남자로서 능력이 있는 자로 되어 있다.

95 金春善(1998), 앞의 책, 164~165쪽.

맺음말

간민회에 대한 기왕의 논의는 작위적이거나 편향된 부분이 있으며, 특히 그 선행조직의 추이에 대하여는 재조명해야 할 부분이 적지 않다. 이 글은 이를 정리한 것으로, 요약하면 다음과 같다.

북간도 최초의 한인단체는 1909년 11월경 기독교도 등을 중심으로 조직된 한민자치회였다. 이는 간민회 선행조직 중에서도 가장 먼저 중국 지방정부와 협의하에 조직된 것이었다. 중국은 침투해오는 일제에 대응하기 위해 이주 한인을 조직화해 관리할 필요가 있었다. 따라서 그들은 한인의 귀화 입적을 선결 조건으로 내세웠고, 자치는 인정하지 않았다.

한민자치회는 1910년 3월경 한민교육회로 개편되었다. 그것은 중국과 일본의 이주 한인정책으로 인한 결과였다. 한민교육회 조직 당시 한인과 중국 지방정부 사이에 「보통조약」과 「비밀조약」이 협의되었는데, 이때에도 한인은 자치부를 둘 것을 희망했으나, 중국 측에 의해 거부당했다. 이 회의 주도적 인물은 이동휘·이동춘·윤해·박찬익 등이었는데, 특히 이동춘은 오랜 간도 생활과 능통한 중국어, 중국 관헌들과의 친분을 바탕으로 중요한 역할을 했다. 한민교육회는 내부에 별도의 교육연구회를 조직하기도 했다. 한인들은 정식으로 자치회를 칭할 수 없었으나, 허룽현자치회와 같은 중국 자치회와 연계하거나 직접 가입하여 활동하기도 했다.

한민교육회는 경술국치 이후 간민교육회로 개칭되었다. 선행한 자치회나 교육회가 모두 '한민'을 칭한 것은 중요한 사실이다. 그러나 중국 측 기록에는 '간민'으로만 되어 있어 대부분의 중국 측 연구자들은 최초의 한인단체로서 간민교육회를 기점으로 삼고 있다. 이는 이전의 한민자치회와 한민교육회의 선행적 존재를 부정하는 것이므로 수정되어야 한다. 즉, 간민회는 한민자치회-한민교육회-간민교육회로 추이된 선행 조직을 경유하여 조직되었다.

1911년 7월경, 간민교육회는 중국으로부터 해산 명령을 받았다. 이 사실은 한인이 중·일 쌍방의 탄압을 받았음을 알려주는 결정적 사례이다. 일본 영사관 관리들은 누차 중국 관헌에게 간민교육회의 위해성을 경고하고 해산시킬 것을 강력히 요구했다. 일본 영사관이 간민교육회의 해산을 첫째 강령으로 설정한 데서 알 수 있듯이 일제의 압력은 집요했다. 중국이 간민교육회 해산령을 내린 것은 일제의 압력에 굴복한 결과였다. 그러나 간민교육회는 중국 관헌의 지원을 받으며 비밀리에 활동을 지속했다. 특히 권업회 간도지회 설립과, 토지 매입 및 농장 조성 계획은 간도와 연해주 한인사회가 연계하여 추진한 것으로 주목된다.

간민회는 1913년 1월, 중국 측에서 설립 인가를 받아 4월에 정식 출범했고, 간민교육회는 해산했다. 「지린동남로잡거구역간민회초장」과 「간민회세칙」은 간민회가 관찰부의 통치상 일부의 보조기관, 즉 중국 지방정부에 철저하게 예속되었던 상황을 잘 보여준다. 따라서 설령 간민회 조직이 '준정부적'이었다고 하더라도 역할은 전혀 그러할 수 없었다. 간민회가 당초 시한인 2년은 고사하고 1년도 되지 않아 해산당하고 만 것은 자치는 물론 어느 정도의 주체적 활동마저 불가능했던 당시의 상황을 여실히 보여준다.

요컨대 간민회로 추이된 북간도 한인단체의 조직은 '간도협약'이라는 국제적 조건의 변화에 대응하여 한인의 자치와 국권회복을 추구하고자 했으나, 결국 한인에 대한 중·일 간 이해관계의 대립과 상충, 쌍방의 압력에 의해 그 의지가 좌절되는 과정으로 해석된다.

(『한국근현대사연구』 제51권 51호, 2009)

03

북간도 간민회의
해산과 추이

머리말

북간도 간민회는 '간도협약'이라는 국제적 조건의 변화에 대응하여 국권회복과 자치를 추구한 이주 한인의 의지로 조직된 단체로서 친중반일親中反日의 성격을 강하게 지녔다.

그간 간민회에 대한 연구는 비교적 많이 진행되었다.[1] 그러나 연구자의 편향성과 자료의 일방성 등으로 말미암아 오류도 적지 않다. 그 가운데 가장 중요한 것은 간민회의 선행조직에는 어떤 것이 있었고, 그 단체들이 무슨 이유로 어떤 모습으로 추이되었는가 하는 사실이다. 필자는 이에 대해 문제의식을 지니고 지금까지 연구에서 간과하고 있던 자료를 다시 정리했다. 그 결과 간민의 선행조직으로 한민자치회-한민교육회-간민교육회가 있었으며, 이들의 추이는 한인에 대한 중·

---

1   간민회에 관한 연구사는 최봉룡, 「북간도 간민회의 조직과 활동 및 성격」, 『북간도 한인의 삶과 애환, 그리고 문화』, 독립기념관 주최 명동학교 100주년 기념 국제학술대회, 2008, 138쪽의 註 3) 참조.

일의 이해관계와 쌍방의 압력으로 한인의 자치 의지가 좌절되는 과정으로 해석했다.[2]

간민회는 선행조직의 추이를 거쳐 1913년 4월에 조직되어 이듬해 3월에 중국의 명령에 따라 해산되었다. 따라서 실제 존속 기간은 1년도 채 되지 않는 단명 단체였다. 그런데 간민회의 해산 과정과 이후의 추이에 대한 기존의 연구에 만족스럽지 못한 부분이 적지 않았다. 간민회의 해산 원인을 간민회와 농무계의 충돌로 단순화하거나 위안스카이의 자치기관 금지령에 따랐다고 보는 것은 지나치게 피상적인 논의이다. 오히려 그 근본적 원인은 중국 관헌은 간민회를, 일제는 농무계를 내세워 자국의 입장에서 한인을 이용하고자 했던 중·일 양국의 한인정책에서 비롯했다. 그런데 대부분의 연구자들은 이 부분을 거의 외면하고 있는 실정이다. 또한 간민회가 강제 해산당한 이후 후속조직을 결성하고자 했던 한인의 의지도 제대로 반영하지 못했다. 해산 이후 1919년 대한국민회大韓國民會의 결성에 이르는 시기에 간도 한인사회에 등장한 장업회奬業會나 동제회同濟會 및 동성한족생계회東省韓族生計會 등의 단체는 어떤 조직이며, 간민회의 추이와는 어떤 관계가 있는지도 밝혀야 할 과제이다.

이글은 이러한 문제의식에서 비롯된 것이다. 먼저 간민회의 해산 원인과 과정에 대해 면밀히 검토하고, 이를 통해 간민회와 농무계 대립의 실상과, 중국과 일제의 한인 이용정책 및 일제의 압력에 굴복하여 중국이 해산 명령을 내렸다는 점을 밝히고자 한다. 이어 간도 한인사회에 간민회의 후속조직으로 등장하는 단체들을 분석하여 그 추이를 규명하고 여기에 나타난 한인들의 자치 노력을 부각해 살펴볼 것이다.

---

2 박걸순, 「北間島 墾民會 先行組織의 추이와 성격」, 『한국근현대사연구』 제51권 51호, 2009 참조.

간민회 해산

1. 간민회의 해산

1913년 4월에 조직된 간민회는 호구조사사업, 토지매입권 획득을 위한 중국 측과의 교섭, 민족교육운동 등을 사업으로 시행했다. 이러한 간민회의 활동을 '자치운동'으로 보는 관점이 있으나,[3] '자치'의 개념과 성격에 대해서는 향후 심도 있는 논의가 필요하다.

간민회는 1913년 7월 20일, 300여 명이 참가한 가운데 전 간민교육회관을 매입하여 성대한 회관 개관식을 가졌다. 이 자리에는 타오빈과 옌지현 지사, 순경국장, 헌병대장, 권학소장, 관아의 각부 장관 등 다수의 중국 측 인사들도 참가했다.[4] 이처럼 중국 지방정부의 후원하에 활동하던 간민회는 조직된 지 1년도 되지 않은 1914년 3월 그들의 명령에 의해 해산당했다.

지금까지 간민회의 해산 배경과 원인에 대해서 간민회와 농무계의 대립과 알력, 위안스카이의 지방 자치기관 철폐령에 따른 조치 등으로만 이해되어왔다. 그러나 그보다 더욱 중요한 원인으로서 간과되어온 것이 일본의 한인사회에 대한 방해 책동과 중국에 대한 압력 행사 부분이다. 간민회와 농무계의 대립과 알력도 사실상 '반일친중反日親中'이라는 공통적 성향을 지닌 한인 간의 이념과 의무금 징수 문제, 종교상의 갈등에 따른 충돌과 함께, 이들을 이용하고자 한 중국과 일본의 한인정

---

3   金春善(1998), 앞의 책, 159~172쪽; 최봉룡(2008), 앞의 글, 161~173쪽.
4   公信 第142號(1913. 7. 25), 「鮮人墾民會會館開館式幷臨時總會ニ關スル件」, 『不逞團關係雜件-朝鮮人ノ部-在滿洲ノ部(2)』. 이날 타오빈은 축사를 통해 이주 한인이 40년 동안 3차의 정치적 변화를 겪었다고 회상하고, 간민회 설립 취의와 목적에 크게 찬성을 표하고 장래 커다란 발전을 희망한다고 말했다.

책과 관련하여 논의해야 한다.

1914년 1월 7일, 농무계와 공교회원 600여 명이 옌지지사 문전에서 간민회에 항의하는 시위를 벌였다. 시위대는 지사 면담을 요구하며 한인들이 간민회에 의무적으로 가입하여 의무금을 납부해야 하는가를 따지며 간민회를 해산시킬 것을 요구했다. 중국 당국은 순경 60명과 남영 南營에서 병사 100명을 출동시켜 농무계원 300명을 체포하여 순경총국으로 인치했다.[5] 이 사건의 주체인 간민회와 농무계를 유신파維新派와 수구파守舊派로 분류하고, 대립과 알력 관계로 보는 시각은 1914년 6월 1일 옌지현 지사 관원충이 동남로관찰사에게 보고한 문건에서 유래한다. 그 내용은 다음과 같다.

> 대체로 간민회는 적극적인 주의를 가지고 한민 교민을 그 간민회 범위 내에 받아들였고, 귀화민에 입적시켜 단발하고 옷을 바꾸어 입으며 공화민권을 신장하여 합병의 속박에서 벗어나게 하려고 합니다. 그런데 농무계 사람들은 모두가 중국에 거주한 지 오래된 초간, 월간 한족들로서 전답과 재산을 가지고 있으므로 생활상 관계로 망국에 관한 사상이 없습니다. 비록 외관상에서는 입적하지 않았으나 내용상에서는 일찍부터 동화되어가고 있으며, 복장과 풍속은 여전하지만 그것은 순전히 수구파의 표현입니다. 그들은 유신파들이 머리를 깎고 양복을 입는 것을 보면 고유의 저항으로 격렬한 저항을 써가면서 무리를 지어 공격합니다. 이것이 간민회와 농무계의 의견이 맞지 않는 유래입니다.[6]

---

5 朝憲機 第3號(1914. 1. 8), 「北間島鮮人騷擾ノ件」; 朝憲機 第22號(1914. 1. 20), 「北間島鮮人騷擾ノ件詳報」, 『不逞團關係雜件-朝鮮人の部-在滿洲の部(3)』.
6 東南路觀察使署(1914. 6. 1), 「延吉縣公署報告 第154號」.

농무계가 공교회와 관련이 있고 김정규의 예에서 보듯이 의병계열 인사가 있어 보수적 성향을 갖고 있었던 것은 사실이다. 그러나 이것 만으로 양자의 대립 원인을 단선화해 파악하는 것은 근시안적인 관찰 이다. 그 대립과 알력의 배경에는 일본과 중국이 있음에 유의해야 한다.

이 사건을 보는 일본과 중국의 시각 차이는 확연하다. 따라서 양국 의 사후 처리 방법에 대한 의견도 분명히 대비된다. 중국 관헌들은 이 사건이 발생하자마자 일본 정부가 교사한 것이라고 농무계와 공교회의 배후를 의심했다.[7] 이 사실은 『오사카마이니치신문大阪毎日新聞』에 그대로 보도되었고, 『오사카아사히신문大阪朝日新聞』에도 "간도 주재 가토加藤 헌 병 중위로부터 총독부에 보내온 전보에 의하면"이라고 취재원까지 밝 히며 일본이 교사한 것이라는 사실이 보도되었다.

중국 관헌뿐 아니라 간민회원들도 농무계 시위의 배후로서 일제를 지목했다.[8] 간민회원들은 농무계가 친일파로서 장차 일본영사관의 지원 을 받아 농학교와 모범농원을 건설할 것이라는 사실을 『권업신문』에 게 재했다.[9] 실제 농무계원 박의풍朴宜豊은 쥐쯔제에서 비행을 저지르고 영 사관에 숨어 있다가 그들의 비호로 국내로 들어가 간민회 간부인 김립 과 도성 등 회원 10명을 영사관에 무고한 일도 있었다.[10] 간민회원들이 농무계원들의 행위가 일본 관헌에 의한 것이라고 믿고 그 복수를 위해

---

7 「間島派遣將校ヨリ電報報告」(1914. 1. 9); 朝憲機 第3號(1914. 1. 8), 「北間島鮮人 騷擾ノ件」; 朝憲機 第22號(1914. 1. 20), 「北間島鮮人騷擾ノ件詳報」, 『不逞團關係 雜件-朝鮮人の部-在滿洲の部(3)』.

8 秘受 第1347號(1914. 2. 6), 「墾民會ニ對スル處置ニ關スル件」, 『不逞團關係雜件- 朝鮮人の部-在滿洲の部(3)』.

9 朝憲機 第188號(1914. 3. 25), 「北間島狀況彙報」, 『不逞團關係雜件-朝鮮人の部-在 滿洲の部(3)』.

10 朝憲機 第255號(1914. 4. 22), 「朴宜豊ノ告訴ニ關スル件」, 『不逞團關係雜件-朝鮮 人の部-在滿洲の部(3)』. 이 사건은 조선총독부까지 나서 중국 관청과 교섭했는데, 결국 허위임이 밝혀져 일제를 무색하게 했다. 『勸業新聞』, 1914년 5월 9일자.

대대적인 봉기를 하여 일본인과 친일 한인을 살해하고자 했던 것도 그 때문이었다.[11]

중국 관헌과 간민회원들이 그렇게 판단한 것은 이전부터 계속된 일본의 간민회에 대한 집요한 방해 공작과 중국 관헌에 대한 압력 때문으로 이해된다. 연해주 한인사회에서는 이 사건을 일본인이 사주한 일이라고 이해했다.[12] 미주 한인사회도 마찬가지였다.[13] 간민회가 조직되어 한인사회에 항일의식이 고조되자, 간도 주재 각 일본영사관은 한인들의 배일사상을 타파하고 자신들의 '순민順民'이 되도록 회유하여 왔다.[14] 일제는 이에 그치지 않고 간민회를 비호하고 지원하고 있는 중국 관헌에 압력을 행사했다. 그들은 "배일선인의 단체적 행동은 치안상·경제상 등 각 방면에 큰 영향을 미치고, 또 지나支那 관헌의 그들에 대한 태도는 크게 주의를 요한다고 인식된다"고 하며, "적당한 시기에 관찰사 등에 대하여 상당한 계고戒告를 해야 한다"고 판단했다.[15] 그리고 영사관 직원들은 관찰사 등 중국 관헌을 만날 때마다 간민회의 현황을 질문하고 단속해줄 것을 요구했다.[16]

1913년 후반기에 들어서며 간민회 소속 학교의 민족교육은 일제를

---

11 朝憲機 第75號(1914. 2. 6), 「北間島鮮人暴動計劃ノ風說」, 『不逞團關係雜件-朝鮮人の部-在滿洲の部(3)』.

12 『勸業新聞』, 1913년 9월 21일자; 1914년 1월 25일자; 1914년 2월 13일자; 1914년 3월 8일자; 1914년 4월 5일자 등.

13 『國民報』, 1914년 2월 18일자. 여기에서는 공교회가 日人 領事의 사주를 받아 일진회의 뒷자취를 밟으려 한다고 비판했다.

14 公信 第142號(1913. 7. 25), 「鮮人墾民會會館開館式幷臨時總會ニ關スル件」, 『不逞團關係雜件-朝鮮人の部-在滿洲の部(2)』.

15 政機密 第33號(1913. 8. 20), 「排日鮮人學校聯合運動會ニ關スル件」, 『不逞團關係雜件-朝鮮人の部-在滿洲の部(2)』.

16 公信 第53號(1913. 9. 22), 「鮮人墾民會ノ近狀報告ノ件」, 『不逞團關係雜件-朝鮮人の部-在滿洲の部(2)』.

더욱 자극했는데, 이는 운동회 등의 행사 때 분명히 표출되었다. 예컨대 이해 9월 22일 명동서숙 추계 운동회는 간민회 민족교육의 양상을 잘 보여준다. 개회 때 학생과 교사들은 구한국 황제의 초상화에 공경을 다해 경배하고 애국가를 합창했고, 운동회에 이어 학생들이 절반씩 나뉘어 전투동작 시범을 보였으며 대한국 황제폐하 만세삼창을 끝으로 파했다.[17]

한·중 학생들의 연합운동회도 '배일적' 상황은 마찬가지였다. 일제는 1913년의 춘계 대운동회 때 배일 행동이 극심했다고 판단하고 총영사대리가 관찰사에게 항의하고, 추계 대운동회의 개최 중지를 요구했다. 관찰사는 총영사대리에게 배일적 행동을 엄금하겠다고 약속하며, 운동회에 참가해줄 것을 요청했다. 일본 총영사대리는 다수 생도와 교사, 관중들에게 일본과 중국의 친선관계를 과시하는 것이 '대한인對韓人 정책상 가장 효과가 있을 것'으로 판단하고 운동회에 참가했다.[18]

한중연합 추계 대운동회는 10월 10일 중국 국경일을 기념하여 쥐쯔제 허난육군조장河南陸軍操場에서 한인과 중국 관립·사립학교 39개교 1,923명의 학생이 참가한 가운데 개최되었다.[19] 일본 총영사대리가 관찰사와 함께 운동장에 나타났을 때 학생들이 일제히 그에게 경례를 했고, 이에 분개한 '배일학교排日學校의 거벽巨擘' 샤오잉쯔 광성학교 학생들은 운동회의 해산을 주장했다. 이날 노령 방면에서 비밀결사단원이 다수 잠입했다는 설이 있자 중국 측은 삼엄한 경비로 일본 총영사대리를

---

17 朝憲機 第921號(1913. 10. 13), 「排日學校運動會狀況ニ關スル件」, 『不逞團關係雜件-朝鮮人の部-在滿洲の部(2)』. 이날 간민회 지회장 마진은 미국·중국·러시아 등 열국이 일본을 적으로 간주하고 우리를 동정하고 있기 때문에 만약 우리 황제가 국권회복을 선언하면 열국이 모두 우리를 보호해줄 것이라는 연설을 하여 학생들의 독립사상을 고취시켰다.

18 機密 第5號(1913. 11. 28), 「鮮支人學校大運動會ノ狀況ニ關スル件」, 『不逞團關係雜件-朝鮮人の部-在滿洲の部(2)』.

계호했는데, 이러한 중국 측의 태도는 한인을 실망시켰다.[20] 이는 일제의 중국 관헌에 대한 압력을 잘 보여주는 사례라 할 수 있다.

중국 관헌에 대한 일제의 압력은 농무계의 시위와 함께 노골화되었다. 사건 당일인 1월 7일 관찰사는 신년축하를 위해 룽징촌에 와 있었다. 그는 사건 소식을 듣고 곧 일본 영사와 만나 선후책을 논의하고자 했는데, 이때 일제는 간도 파견 장교의 전보를 토대로 관찰사를 회견하도록 요령을 시달했다. 나아가 일제는 이 사건을 기화로 간민회를 해산

---

19 이날 참가한 학교와 생도 현황은 다음과 같다(「鮮支人學校大運動會ノ狀況ニ關スル件」의 參列學校調査表 참조).

종별	학교명	소재지	참가 학생 수	종별	학교명	소재지	참가 학생 수
관립	兩等學校	局子街	122	사립	濟東學校	東良下里社	23
관립	模範學校	上同	108	사립	震明學校	官廳峴	34
관립	初等女學校	上同	97	사립	東一學校	平崗	25
관립	初等學校	銅佛寺	98	사립	協東學校	五道溝	28
관립	初等學校	頭道溝	60	사립	正東學校	開雲社	30
관립	養正小學校	鍾城間島	95	사립	鳳鳴學校	朝陽川	33
관립	初等小學校	六道溝	68	사립	新明韓成學校	大敎洞	32
관립	初等小學校	崇禮社	120	사립	新鄕學校	大敎洞	24
관립	初等小學校	東盛湧	80	사립	新東學校	楡田洞	26
관립	初等女學校	東盛湧	88	사립	泰成學校	土城子	30
관립	初等女學校	銅佛寺	50	사립	普進學校	平崗二道溝	31
사립	南陽學校	傑滿洞	15	사립	東盛學校	局子街可東	18
사립	養振學校	霄霞社	16	사립	萬東學校	局子街可東	26
사립	玉成學校	局子街	22	사립	新明韓成女學校	大敎洞	18
사립	養性學校	門樓溝	28	사립	吉新女學校	局子街	24
사립	南陽學校	一兩溝	22	사립	明東女學校	龍巖村	15
사립	明東書塾	龍巖村	108	사립	溝湖學校	湖川街	33
사립	昌東學院	臥龍洞	64	사립	西甸義塾	東盛湧	22
사립	昌東學院女子部	臥龍洞	10	합계	관립학교	11개교	986
사립	光成學校	小營子	122		사립학교	28개교	937

합계 1,923

※ 상기 외에 臥龍洞 昌東學院의 女子部 一部人.

20 機密 第5號(1913. 11. 28), 「鮮支人學校大運動會ノ狀況ニ關スル件」, 『不逞團關係雜件-朝鮮人の部-在滿洲の部(2)』.

시키고, 이후 결사를 조직하지 못하도록 관찰사에게 요구하게 했다.[21]

한편 농무계원이 이 사건과 관련하여 간도 영사관이나 조선총독부에 진정하려 한 사실도 주목된다.[22] 이는 일제 측이 농무계 주모자를 석방하기 위해 중국 측과 교섭한 사실과 연관된다. 일제는 농무계원들의 행위가 간민회의 비행에 대한 것일 뿐 하등 '불온'하지 않고 단순한 집회에 불과한 것이라고 주장하고, 이 사건을 잘 무마하기 위해 쥐쯔제 분관 주임이 관찰사에게 '특별히 호의적 태도'로서 '수시충언隨時忠言' 하도록 했다.[23] 즉, 간민회에 대해서는 해산 등 엄중 조처를, 농무계원에 대해서는 처벌 없이 석방해달라고 요청한 것이다. 그 결과는 관찰사가 분관 주임의 '충언忠言'과 '충고忠告'에 따라 농무계 수모자를 석방하되, 이를 비밀에 부친다는 것으로 나타났다.[24] 간민회의 해산이 일제의 압력 때문이라는 것은 그들 자신이 간민회의 존재가 '시정상施政上 악영향'이 심대하기 때문에 영사가 관찰사에 요구한 결과 해산되었다고 한 보고에서 명확히 드러난다.[25]

간민회의 주역인 이동춘은 농무계가 일제와 결탁했다는 사실을 확신했다. 그는 1913년 11월 13일 동남로관찰사서 외교과장 류전즈劉振之에게 올린 보고서에서 6월 29일 개최된 농무회農務會 설립대회 때 일본 영사가 300원을 특별의연금으로 송달했는데, 참석자 가운데 1/3이 이를 일본인의 농락 수단으로 여겨 탈회했다고 했다. 또한 그는 농무회가 장

21 朝憲機 第3號(1914. 1. 8), 「北間島鮮人騷擾ノ件」, 『不逞團關係雜件-朝鮮人の部-在滿洲の部(3)』.
22 機密 第5號(1914. 1. 11), 「鮮人集團ノ嗷訴ニ關シ其後ノ成行報告」, 『不逞團關係雜件-朝鮮人の部-在滿洲の部(3)』.
23 秘受 第1347號(1914. 2. 6), 「墾民會ニ對スル處置ニ關スル件」, 『不逞團關係雜件-朝鮮人の部-在滿洲の部(3)』.
24 機密 第9號(1914. 1. 20), 「鮮人集團ノ嗷訴ニ關シ處罰赦免ノ件」, 『不逞團關係雜件-朝鮮人の部-在滿洲の部(3)』.
25 朝憲機 第192號(1914. 3. 26), 「自治機關及墾民會農務契解散ニ關スル件」, 『不逞團關係雜件-朝鮮人の部-在滿洲の部(3)』.

래 일본인이 이용하는 수단이 될 것이 우려된다고 하며 일찍 방비하는 것이 상책이라고 했다.[26] 심지어 이동춘은 농무계원들을 '일본의 응견鷹犬'이라고 표현하기도 했다.[27]

이와 관련한 일제 측 기록도 주목된다. 일제는 농무계가 진심으로 '제국 신민'으로서 지조를 지니고 있다고 속단하기는 어렵다고 하면서도 친일에 가깝다고 보았다. 일제가 농무계와 공교회가 친일적이라고 여겼던 것은 사실이다.[28] 그러면서도 일제는 간도 이주 한인들은 모든 것을 자기들의 이해관계에 따르는 경향이 있기 때문에 성향을 쉽게 판단할 수는 없다는 조심스러운 입장을 보였다.[29]

그런데 일제와 농무계와의 관계 및 농무계의 성향에 대한 판단은 매우 신중해야 한다. 농무계 그 자체가 친일적 성향을 지녔다고 보아서는 안 된다. 이는 김정규의 간민회 비판에서 잘 알 수 있다. 김정규는 간민회가 한인을 중국 백성으로 변화시키기 위해 치발역복薙髮易服과 중국 입적을 권유하는 것은 한국사상을 말살하는 것이며 따라서 그들이 외치는 국권회복은 사람을 속이기 위한 것에 불과하다고 했다. 그는 간민회가 일진회보다 더 나쁘다고까지 했다.[30] 또한 김정규가 사건 직후 지장회池章會와

---

26 吉林東南路觀察使署檔案資料(1913. 11. 13), 「竊査農務會始末由」.

27 機密 第9號(1914. 1. 20), 「鮮人集團ノ嗷訴ニ關シ處罰赦免ノ件」, 『不逞團關係雜件－朝鮮人の部－在滿洲の部(3)』.

28 『勸業新聞』, 1914년 1월 25일자.

29 機密公信 第4號(1914. 1. 8), 「鮮人集團ノ嗷訴ニ關スル件」, 『不逞團關係雜件－朝鮮人の部－在滿洲の部(3)』.

30 『龍淵金鼎奎日記』中, 1913년 6월 14일, 492~493쪽. 그 내용은 다음과 같다.
    " … 요즘 머리 깎고 신식 공부했다는 아무개 등이 중국 관리에게 아첨하느라 墾民會라는 단체를 설립하여 우리 백성들에게 권하여 중국에 호적을 올리라고 유도하고 있다고 한다. 오는 17일이 바로 총회를 여는 날이다. 나와 용담 지장회는 이런 소식을 듣고 분통을 터뜨리며 탄식했다. 신식 공부했다는 놈들이 우리 종족을 멸망시키고자 함이 과연 이와 같은가. 그들은 우리 민족을 보호하고 장차 우리의 國權을 되찾으려 하기 때문에 이 墾民會를 설립했다고 감히 큰 소리치고 있다. 간민회는 바로

함께 홍자문洪子文을 통해 지린 민정장과 지린성 의사회 의장에게 보낸 청원서에는 간민회의 '행악行惡'과 농무계가 봉기한 원인이 상세히 기록되어 있다. 그 내용은 다음과 같다.[31]

吉林 民政長 보십시오.

원통함을 풀어주는 것은 백성을 사랑하는 것이요, 악함을 징계하는 것은 착함을 힘쓰게 하는 것입니다. 敎化를 돈독히 하고 풍속을 바르게 하는 것은 진실로 여기에 달려 있는 것입니다. 延吉縣·化龍縣·汪淸縣의 백성들은 풍모를 그리워하는 마음으로 이곳에 와서 거주하여 세금 납부의 의무를 수행하고 삼가 법령에 복종했습니다. 오로지 같은 종족의 厚誼와 보호해주는 仁政에 의지하여 지금의 삶을 보존하고 있으니 다행스러움이 그지없습니다.

韓人會이다. 이 한인회라고 이름을 지었으면서 우리 백성을 중국 백성으로 변화시키려 하니 도대체 무슨 생각을 하는 것인가. 머리를 묶어 상투를 틀고 흰 옷을 입는 것은 본래 우리 민족의 제도이다. 지금 머리를 깎고 검은 옷을 입으며 같은 언어를 쓰고 풍속을 같게 한다고 한다. 과연 이렇게 한다면 韓國思想이 도대체 어디에 있는가. 한국사상이 없어질 것 같으면 장차 우리의 국권을 되찾는 것이 목적이라는 것은 사람을 속이는 것이 너무 심한 말이다. 한번 물어보자. 오늘날 중화민국의 복장이 과연 중국의 옛 제도인가? 아니다, 바로 서양에서 들어온 신식이다. 서양의 신식을 따르면서 중국을 숭상한다. 중국을 숭상한다고 하니 식견이 있는 사람이 들으면 정말 비웃고 통탄할 것이다. 또 한번 물어보자. 이 지역은 중국이 점유하고 있으니 이곳에 사는 우리 백성들이 중국에 戶籍을 올리는 것이 옳다고 한다면, 외국에 흩어져 사는 우리 백성들도 또한 외국에 호적을 올려야 한단 말인가? 중국 사람이 우리에게 호적을 올리라고 권하는 것은 자기 나라를 위하는 그 사람의 정성이겠지만, 자기도 한국 사람이면서 우리에게 중국에 호적을 올리라고 권하는 것은 나라를 팔아먹은 一進會보다도 더 심한 경우이다. 일진회는 단지 우리 땅을 넘겨주었을 뿐이지만, 지금 이 墾民會는 종족을 속박하여 조상도 잊고 후손도 끊어버리는 상태에 던지는 것이니 진실로 통탄할 만하다. 장차 어디로 귀결될 것인가. 울고자 하나 그럴 수가 없어 눈물을 삼키면서 오랫동안 방황하다가 天水坪을 향해 가서 그곳에서 묵었다."

31 『龍淵金鼎奎日記』中, 1913년 12월조, 574~552쪽.

그런데 뜻밖에 근래에 李同春·金立·都成 세 사람이 스스로 墾民會의 수뇌부라고 하여 간민회의 이름을 빌려 제멋대로 개인적인 욕심을 부렸습니다. 백성의 권리를 침탈하고 戶口稅를 강제로 징수하며 근거 없는 말들을 만들어내어 不義의 이름으로 모함하고 곤궁하게 만들어 끝이 없었습니다. 이에 많은 이들이 심하게 분노하여 참을 수가 없었습니다. 여러 번 觀察署에 하소연했으나 끝내 답을 받지 못했습니다. 원통함이 있으나 풀지 못하여 분노를 이길 수 없습니다. 이에 사실에 근거하여 하나하나 말씀드렸으니 받아들여주시기를 간절히 바랍니다. 특별히 확실한 명령을 내려 세 사람의 죄를 엄하게 바로잡아주시기 바랍니다. 평안하시기를 빕니다.

吉林省 議事會 議長 보십시오.
貴會에서는 公議를 주장하고 民權을 존중하는 입장에 있어서 백성들이 우러러보니 어찌 보통에 비하겠습니까. … 이에 사실에 근거하여 하나하나 말씀드렸으니 받아들여 살펴주시기를 간절히 바랍니다. 뒤에 民政公署에 전달하여 확실한 명령을 내리기를 기약하시고, 세 사람의 죄를 엄하게 바로잡아 많은 백성들의 바람에 부응해주시기 바랍니다. 평안하시기를 빕니다. 李同春·金立·都成 세 사람이 저지른 세 사람의 죄상을 항목별로 대략 적었으니 살펴보시기 바랍니다. 전보로 답을 주시기 바랍니다.
하나, 지난해 7월에 延吉縣·化龍縣·汪淸縣의 선비들이 서당을 개량하려는 취지를 가지고 각 관청의 동의를 얻은 후에 模範學校를 빌렸을 때, 李同春이 경찰 8~9명을 불러 선비들을 내쫓고 제멋대로 "모두들 일본의 사냥개들이다"라고 소리 높여 지껄였습니다. 자리에 있던 모든 선비들이 매를 맞아 다치게 되어 낭패스러운 상황으로 흩어졌습니다. 그 장소의 상황은 그 참담함이 막심하였습니다. 여러 사람들이 존경하여 추대한 선비의 신분으로 이 씻을 수 없는 모욕을 당해 민중들의 분노가 들끓고 있으니 어쩌겠습니까.

하나, 李同春은 여러 해 동안 觀察署에서 통역관으로 근무하면서 관청의 세력을 빌려 백성의 재물을 무수하게 긁어모았습니다. 연전에는 模範學校 교육회의 명목을 사칭해서 백성의 돈을 거두어 전부를 개인 주머니에 넣었으니 이미 민간에 증거가 있습니다. 게다가 교육회는 지금 이미 폐지되었으니 그 무수한 돈을 어디에 쓰겠습니까. 애초에 설립한 학교가 없고 아울러 보조할 학비가 없었습니다. 민중들이 댈 수 있는 증거가 있고 원망과 비방이 들끓고 있습니다.

하나, 李同春·金立·都成이 墾民會의 수뇌부라고 하여 간민회를 설립할 처음에 백성을 위해 도움을 주려는 생각은 조금도 없고, 귀중한 물건을 보듯 하여 재물을 모으려는 목적으로 군인과 경찰을 대동하고 각각 총검을 지니고 마을에 돌아다니면서 위협적인 소리를 크게 지르고 손쉽게 사람들을 구타했습니다. 사람들을 포박하고 그의 말을 따르지 않는 사람이 있으면 느닷없이 일본의 사냥개라고 일컬었습니다. 조금의 증거도 없이 모함하는 것이 이 지경에 이르니 민중의 분노가 들끓어 극도에 이르러 차라리 살고 싶지 않다고 합니다.

하나, 호구를 조사하여 돈을 거둘 때에는 관찰사의 명령이라 큰 소리로 떠들고 경찰을 가장한 많은 사람들을 거느려 집집마다 각각 돈 3角을 강제로 거두고, 구타를 무수하게 했습니다. 심지어는 강제로 50전을 거둔 경우도 있으니 세상에 어찌 이와 같이 큰 협잡이 있습니까.

하나, 거둔 돈으로 이야기한다면, 간도에 사는 한국 백성들이 가령 4만여 가구라고 할 때 가구마다 30전이면 1만여 원이라는 거금이 됩니다. 그 용도에 대해서는 墾民會 회식비용과 임원들의 월급이라고 하고 공익적인 사업에는 조금도 쓰지 않았으니 이것은 명목 없는 세금입니다. 백성의 돈을 거두어 전적으로 개인 용도로 썼으니 예나 지금이나 세상 어느 곳에 어찌 이런 이치가 있겠습니까.

하나, 백성을 다스리는 자가 보호하는 방법이 없었습니다. 어쩔 수 없는 상황으로 수만 명의 백성들이 農務契를 조직하여 墾民會에 대항했습니다. 날마다 다투고 시간이 갈수록 더욱 격렬해져서 장차 끝내 어느 지경에 이를지를 모르겠습니다.

하나, 돈을 거둘 때에 백성들에게 "墾民會에 들어가지 않거나 3角의 돈을 내지 않으면 모두 국경 밖으로 내쫓을 것이다"라고 소리쳤습니다. 백성의 원망이 하늘에 사무치고, 하늘에 대고 부르짖으며 세월을 보내고 있어 손발을 둘 데를 모르고 편안할 수가 없습니다.

하나, 延吉縣·化龍縣·汪淸縣의 선비들이 北京 孔敎總會의 승인을 받고 각 관청의 동의를 얻은 후에 음력 11월 2일에 延吉에 있는 勸學所에서 開會하였습니다. 다음 날 講會를 순차적으로 하고 吉新女學校를 빌려 몇 시간 동안 많은 선비들이 모이는 때에 李同春·金立·都成의 무리들이 많은 자기들 편을 대동하고 갑자기 모임에 들어와 모욕을 주고 독한 주먹을 날려 못하는 짓이 없었습니다. 뒤이어 그 학교 교감인 鄭安立을 여러 차례 구타하여 거의 목숨이 위태로운 지경에 이르렀습니다. 흉악한 놈들의 悖惡스런 행동에 대해 어찌 할 말이 없겠습니까. 또, 길신여학교로 말한다면, 몇 명의 사람이 설립한 것이어서 애초에 기독교에서 설립한 것이 아니니 빌리거나 빌리지 않는 것이 어찌 墾民會와 관련이 있겠습니까. 다행히 勸學所長 程全勝이 직접 와서 엄하게 꾸짖는 것에 힘입어 겨우 민중들이 重傷을 입는 것을 면했습니다.

中華民國 2년(1913) 12월 어느 날, 延吉縣·化龍縣·汪淸縣 만여 명의 백성들 아무개 아무개.

그렇다고 해서 농무계나 공교회가 중국 관헌을 적대하지도 않았으며, 귀화를 반대하지도 않았다. 1913년 10월, 김정규는 정안립 등과 함

께 간민회와는 별도로 귀화 한인과 중국인들이 함께 참여하는 동변민족
친협회東邊民族親協會라는 단체의 조직을 준비하고 「주비선언서籌備宣言書」까
지 만들었다. 그 내용은 다음과 같다.

> 東邊에 있는 각 지역은 현재 韓族 교민이 간도로 옮겨와 거주하고
> 있다. 그 인구가 이미 100만을 넘었고 편안히 농사지으며 정착하여
> 중국에 歸化하고 있다. 다만 이제껏 함께 생계상의 행복을 도모하고
> 중국과 한국이 상호 간에 느끼는 감정을 전달할 연합 기관이 없었다.
> 三韓의 민족은 본래 한 집안으로 동일하게 神明의 자손이다. 그런데
> 지금 시대 상황이 변해 한국이 멸망하여 교민들이 歸順한 것인데, 중
> 국 사람들이 한 집안 식구 모두 함께 와서 이곳에 거주하고 있다. 吉
> 林省과 奉天省에는 멀게는 이미 30여 년이 되었고 근래에 다시 갓난
> 아이를 업고 와서 기꺼이 歸化한다. 만약 서로 도와줄 연합기관이 없
> 으면 질병에 걸리거나 정치적 대우가 공평하지 않을 경우에 교민들
> 이 正義를 사모하고 풍모를 우러러보려는 생각을 편안히 하기에 절
> 대 부족하다. 이에 본회가 바야흐로 처음 조직되었으나 여전히 계획
> 하고 준비하는 때에 있다. 이때에 대략 簡章을 확정하여 우리 동지
> 들과 단체를 굳게 결성하며 지식을 열 것을 기약한다. 다만 회원은
> 응당 직분을 지키는 良民으로 확실하게 귀화한 중국 사람으로 한정
> 한다. 몸이 중국 본토에 있으면서 근본 목적이 본회의 연합하려는 뜻
> 에 위배되는 자는 모두 회원으로 인정하지 않는다. 우리 4천 년 오래
> 된 동포들이 함께 열정을 다해 스스로 국가와 민족을 보호하는 것에
> 대해 서약하기를 원한다. [32]

이들은 지린법정학당吉林法政學堂 법률전문法律專門을 졸업하고 지린성
에서 공무원으로 몇 년간 근무해서 사회 각 분야의 상황에 대해 잘 알

고 있는 중국인 변호사 푸젠둥傳眞東을 전담 변호사로 초빙했는데, 이는 간민회에 대항하여 생명과 재산 등 권리를 지키기 위해서였다.[33] 따라서 간민회와 농무계의 대립 원인은 종교적 측면과, 그에 연계된 한인사회의 주도권 문제와 사회경제적 이해관계에 기인했다고 보아야 할 것이다. 다만, 유의할 것은 이들의 대립관계를 중국과 일본이 자국의 이해관계에 따라 이용하고자 했다는 점이다.

농무계는 이미 1913년 12월 8일 간민회원이 중국 관헌의 위세를 내세워 '기상만민欺上慢民'하는 구체적 실례를 들어 관찰사에게 홍자문洪子文

---

32 『龍淵金鼎奎日記』 제10권, 1913년 11월조. 동변민족친협회의 잠정적 회장은 다음과 같다.
　1. 본회는 吉林省과 奉天省 동쪽 경계에 사는 중국인과 한국인이 연합하여 만든 것이다. 명칭은 親協會이다. 延吉에 籌備本部를 설치하고 吉林省에 사무소를 설치하니 회원이 많아지기를 진심으로 기다린다. 성립 대회를 열어 다시 會章을 확정하기로 논의하였다. 다만 본회의 근본 목적은 언제나 위배할 수 없다.
　2. 본회는 인권을 보장하는 것, 위험과 고통에 빠진 사람을 도와주는 것, 文明을 창달하는 것, 실제 사업을 장려하는 것을 주된 목적으로 삼는다. 또한 중국 문명을 보급하고 나라를 사랑하며 종족을 보존하는 것을 지향점으로 삼는다.
　3. 본회의 범위는 중국인, 중국에 歸化한 한국인으로 중국인과 섞여서 지역 안에 사는 사람으로 한정한다.
　4. 본회의 회원 자격은 중국의 백성, 중국에 귀화한 사람 중에 동족을 사랑하면서 중국을 흠모하는 사람으로 한정한다.
　5. 본회의 직원은, 본부에는 회장 1명, 부회장 1명, 총무 2명, 幹事와 評議員 각각 몇 명을 둔다. 한국 교민과 함께 섞여 사는 지역에는 500戶가 되는 마을마다 부장 1명, 간사와 평의원 각각 몇 명을 둔다. 吉林 사무부에는 사무부장 1명, 간사와 평의원 각각 몇 명을 둔다. 편의에 따라 임시로 인원수를 정한 것이다.
　6. 본회와 사무부의 경비는 특별히 후원금으로 충당한다.
　7. 회의 중의 중요한 사항은 사무부장에게 보고하여 승인을 받은 후에 시행한다.
　8. 본회 회원은 본 省의 신문과 사무부에서 발행한 신문을 사서 볼 의무가 있다.
　9. 본부는 吉林省 사무부와 매월 적어도 두 번 연락을 한다. 만일 중요한 일이 발생하면 응당 서로 항상 보고하여 연락하여야 한다. 中華民國 2년 10월.
33 『龍淵金鼎奎日記』 제10권, 1913년 11월조. 여기에는 傅眞東 변호사 사무소 簡章까지 상세히 소개하고 있다.

등 33인 연명으로 탄원한 바 있다.[34] 이듬해 1월 7일 농무계가 집단행동
으로 나선 것은 최후의 선택이었다. 그러나 이때에도 농무계원 300명이
중국 관헌에 피체되고, 심지어 간민회원이 중국 순경과 함께 농무계원
을 체포하러 다니는 등 더욱 상황이 불리하게 되었다.[35] 따라서 농무계
원들이 중국의 비호를 받는 간민회에 대응하기 위한 수단으로 영사관에
도움을 요청할 수밖에 없었다.[36] 농무계원들이 해산 명령에도 불구하고
계속하여 이동춘 등이 자신을 '일본의 응견鷹犬'이라고 말한 '불의不義의
죄명罪名'을 벗겨주기를 요구하며 6월까지 공소[37]를 계속했던 것도 유념
해야 한다. 결국 일제는 중국 측이 간민회를 지원하는 것에 대응하기 위
해 농무계를 이용했던 것이다. 일제조차 농무계가 완전한 친일단체라
고 확신하지 못하는 터에 친일성 여부를 논의하는 것은 주의해야 할 일
이다.

농무계원들의 집회사건이 간민회원에게 불리하게 해결되자 이제는
간민회원들의 불만이 터졌다. 간도 일대에 간민회원들이 봉기를 위해
무기를 가지고 집결한다거나,[38] 노령의 배일단체가 중국 관헌의 교사나
밀의, 또는 중국 군대의 후원하에 간도의 각 영사관을 습격할 것이라는
소문이 돌았다. 일제는 이를 비상식적이고 과대적인 것이라고 판단하면

---

34 機密 第8號(1914. 1. 19), 「鮮人集團嗷訴事件ニ關スル書類送付ノ件」, 『不逞團關係
    雜件-朝鮮人の部-在滿洲の部(3)』. 여기에는 간민회원들이 官令을 稱託하여 동포의
    인권을 유린했다는 7개의 구체적 사례가 제시되어 있다.

35 朝憲機 第3號(1914. 1. 8), 「北間島鮮人騷擾ノ件」, 『不逞團關係雜件-朝鮮人の部-
    在滿洲の部(3)』.

36 朝憲機 第49號(1914. 1. 26), 「農民契員等暴動時關知事ノ措置ニ關スル件」, 『不逞團
    關係雜件-朝鮮人の部-在滿洲の部(3)』. 이때 원석주와 원용환이 영사분관을 찾아가
    피체된 농무계원의 석방을 탄원했으나 오히려 힐책만 당했다.

37 吉林東南路觀察使署檔案資料(1914. 4. 13), 「農務契代表人上疏文」.

38 機密 第5號(1914. 1. 11), 「鮮人集團ノ嗷訴ニ關シ其後ノ成行報告」, 『不逞團關係雜
    件-朝鮮人の部-在滿洲の部(3)』.

서도, 특사의 급보에 따라 3회에 걸쳐 가족을 피난시키는 등 매우 우려했다. 일제는 이 같은 소문이 간민회와 농무계의 알력으로 말미암아 고의로 조성된 것이거나, 친일 한인이나 일본인을 위혁威嚇할 목적으로 꾸며낸 것이라고 분석했다.[39]

한편 이 사태를 해결하는 과정에서 중국 측의 입장에도 변화가 있었다. 간민회원들의 회원 모집과 회비 징수 과정에서 문제가 없지는 않았다. 이에 따라 간민회에 대한 중국 측의 단속도 점점 심해졌고, 일부 회원 가운데 중국 관헌의 주목을 피하고 회비도 면하기 위해 탈회하는 자가 늘어나 회세會勢가 위축되자, 허룽현 분회장 마진馬晉이 이에 분개하여 곧 타국으로 이주할 것이라는 풍설이 있기도 했다. 그런데 1913년 11월 초순 간도 허청鶴城순경국장으로 부임한 순관 란융푸藍永甫가 관내 기독교도와 단군교의 임원을 불러 국권회복을 꾀하면서 속으로는 안일安逸을 탐하는 것은 중국의 질서를 문란하게 하는 것이므로 하루도 중국 영토 내에서 살도록 할 수 없다는 극언을 했다. 또한 란융푸는 허청학교鶴城學校·미전동학교米田洞學校에서 시행하고 있는 병식훈련兵式訓練도 조선인에게는 불필요한 것이니 다른 학과목으로 대체하라고 지시하기도 했다.[40]

중국 측은 사건을 처리하는 과정에서 그들이 신뢰하던 이동춘을 면직시켰다. 타오빈은 사건 직후 이동춘에게 당시 풍설과 신문에 보도된 간민회의 비행을 힐문했다.[41] 이에 분개한 이동춘이 사표를 내자 타오

---

39 機密 第4號(1914. 2. 14), 「鮮人暴徒襲來ノ謠言ニ關スル件」, 『不逞團關係雜件-朝鮮人の部-在滿洲の部(3)』.

40 朝憲機 第1006號(1913. 11. 13), 「北間島支那官憲ノ排日言動取締ニ關スル件」, 『不逞團關係雜件-朝鮮人の部-在滿洲の部(2)』.

41 『吉長日報』에 간민회 비행 관련 기사가 보도되었는데 그 내용은 다음과 같다(『龍淵金鼎奎日記』 제9권, 1913년 10월조).
　　"지난달 30일에 孔敎會에서 吉新女學校를 빌려 講經會를 열었다. 잠시 뒤에 저 기

빈은 단연 면직 처리했다. 일제는 양인의 관계를 고려할 때 면직 처리는 표면적인 조치일 뿐이라고 의심했다.[42] 이에 영사는 쥐쯔제 분관 주임에게 명하여 면직이 사실인지 여부를 수차 관찰사에게 확인하도록 했는데, 이때 관찰사는 경비 절감 차원에서 용원冗員을 해직한 것이라고 답했다.[43] 그러나 일제는 농무계 등 반대파의 예봉을 피하기 위한 일시적 조치로 해석했다.[44] 실제로 이동춘은 사건 이후 잠시 옌지를 떠나 베이징으로 갔다가 3월 2일 돌아와 여전히 관찰사서에 근무했는데, 다만 부

독교도이면서 墾民會 회원인 李同春·金立 등이 여러 사람들을 거느리고 와서 폭력을 행사했다. 한밤중에 다시 길신여학교 교감 鄭安立 집에 갔으니, 폭력을 행사하려 했던 것이다. 다행히 정안립이 일찍 피해서 모욕을 당하지는 않았다. 현재 공교회는 이미 觀察署에서 이동춘의 갖가지 죄악을 진술했다. 내용은 대략 다음과 같다. 크게 정의롭지 않은 자를 죽여 세상 사람들이 심복하도록 하는 것은 古今의 王道政治의 큰 의리이다. 이동춘·도성·김립의 무리들은 대단히 옳지 않고 대단히 큰 죄악을 지었으니 선비들과 백성들이 모두 아는 바이다. 그들의 죄는 세 가지이다. 첫째, 지난해 7월 선비들과 백성들이 私塾改良會를 조직했을 때 이동춘 등이 勸學所長 樓公의 명령에 의탁하여 경찰을 대동하여 지휘하고 위협적으로 고함을 치면서 "사숙개량회의 수백 명은 다름 아닌 일본의 사냥개들이니 도리상 마땅히 쫓아내고 해산시켜야 한다"고 목소리를 높였다. 둘째, 그들의 도당을 파견해서 백성들을 억지로 몰아 墾民會에 들어가도록 윽박지르고, 입회하지 않는 사람은 국경을 벗어나라고 억지로 우겼다. 아울러 觀察使의 명령이라고 하면서 위협을 가하고 잔혹한 짓을 하여 못하는 짓이 없었다. 셋째, 음력 이번 달 3일에 길신여학교에서 孔敎講經會를 열었는데, 저 흉악한 무리들 김립과 도성 등이 聖人이신 孔子를 욕하고 교감인 정안립을 구타했다. 아울러 "너는 감히 교감의 직함을 가지고 있으면서 제멋대로 공교강경회에 학교를 빌려주었으니 그 죄가 죽어 마땅하다"고 떠들었다. 학교를 빌려 講經을 하는 것은 정안립 개인의 뜻이 아니라 바로 본회 전체가 상의하여 요청한 것이다. 그렇다면 정안립이 구타당한 것은 바로 본회 전체가 구타를 당한 것이다. 저 김립 등이 어찌 孔敎를 모욕하는 것이 이러한 극악무도한 정도에 이르렀는가. 관찰사가 잘 살펴 조사하여 형벌을 바로잡아 선비들과 백성들의 분노를 해소해주기 바란다."

42 朝憲機 第10號(1914. 1. 13), 「李同春免職ノ件」, 『不逞團關係雜件-朝鮮人の部-在滿洲の部(3)』.

43 朝憲機 第25號(1914. 1. 20), 「李同春ニ關スル件」, 『不逞團關係雜件-朝鮮人の部-在滿洲の部(3)』.

44 政機密 第12號(1914. 2. 20), 「李同春免職ニ關スル件回答」, 『不逞團關係雜件-朝鮮人の部-在滿洲の部(3)』.

서가 외사과에서 경무과로 바뀌었을 뿐이다.[45]

그러나 결국 이동춘은 6월 7일 훈춘현청으로 전근 명령을 받고 옌지을 떠났다. 일제는 이를 '이동춘의 패퇴敗退'라고 하며 그가 중심지에서 떠남으로써 세력이 감소될 것으로 전망했다. 다만, 그가 전근하는 곳이 노령과 인접한 곳이라 그들과 연계한 활동을 경계했다. 또한 일제는 그의 전근이 중국 측의 설명대로 훈춘의 요청에 따른 것인가, 타오빈의 뜻에 의한 것인가를 주목했다.[46] 실제 이동춘이 베이징에서 돌아온후 간민회는 해산당했으나, 김립 등과 한인 입적 문제 등에 대해 자신감을 보이며 활발하게 활동했고, 장업회의 설립을 추진하는 등 재기를 도모했다.[47] 그러나 타오빈은 간민회를 해산시켰음에도 농무계 측에서 계속 이동춘의 처벌을 요구하자 그를 그냥 둘 수 없는 상황이었다.[48] 따라서 타오빈은 이동춘과의 관계를 고려해 그를 보호하고 배려하는 차원에서 전근을 주선해준 것이었다.[49] 따라서 이동춘의 전근은 본인의 의지나 훈춘의 요청이 아니라 타오빈의 뜻이었다고 보는 것이 타당하다.

이처럼 타오빈이 이동춘을 전임 조치한 것은 중국 측의 입장이 변화했음을 의미한다. 타오빈은 당초 간민회의 존재가 한인 통치상 유리하다고 판단하고 설립을 인정하고 지원해왔으나, 농무계와 반목 분쟁하는 상황을 보며 간민회가 도리어 유해하며 자신의 치적상 일대 오점을

---

45 政機密 第15號(1914. 4. 1), 「李同春免職ニ關スル件回答」, 『不逞團關係雜件–朝鮮人の部–在滿洲の部(3)』.

46 機密 第32號(1914. 6. 10), 「李同春轉勤ニ關スル件」, 『不逞團關係雜件–朝鮮人の部–在滿洲の部(3)』.

47 朝憲機 第188號(1914. 3. 25), 「北間島狀況報告」; 機密 第32號(1914. 6. 10), 「李同春轉勤ニ關スル件」, 『不逞團關係雜件–朝鮮人の部–在滿洲の部(3)』.

48 이에 대해서는 최봉룡(2008), 앞의 논문, 188~189쪽 참조.

49 朝憲機 第378號(1914. 6. 22), 「李同春轉任ニ關スル件」, 『不逞團關係雜件–朝鮮人の部–在滿洲の部(3)』. 그의 담당 업무는 훈춘 지방 아문의 통역으로 월봉 70원을 받기로 했다.

남긴 것으로 생각했다.[50] 관찰사서는 1월 10일 「포고 1호」를 발표했다. 이 포고는 3현에 각각 50부씩 배포 게시되었는데 간민회에 대한 중국 측의 편애적 입장을 보이기는 하나, 회비 징수를 금지한 것은 치명적 명령이었다.[51] 더구나 농무계에서 계속 처벌을 요구하는 이동춘·김립·도성에 대한 건은 간민회가 올린 보고대로 관찰사의 「포고 3호」로 공포되자 농무계의 반발이 더욱 커져 쌍방 간의 알력이 심해졌다.[52] 이 과정에서 일제의 간섭과 압력도 가중되었다.

그러던 1914년 3월 초 위안스카이는 각 성省의 자치회를 철폐하도록 명령했다. 이 명령은 간민회와 농무계의 대립과 분쟁으로 부심하고 있던 지린동남로관찰사서에게는 좋은 해결책이 되었다. 곧 두 단체에 대해 해산령을 내린 것인데, 이로써 중국 측은 일제의 압력에서도 벗어날 수 있었다. 3월 12일 타오빈은 「포고 제11호」로써 두 단체가 '자치성질自治性質'을 지니고 있으므로 응당 일률 취소한다고 공표했다. 4월 2일에는 「포고 제12호」로써 최후통첩을 내렸다.[53] 이후 6월까지 농무계의 공소는 계속되었으나, 사실상 3월의 「포고 제11호」로 간민회는 해산되었다고 보아야 한다.

50 機密 第32號(1914. 6. 10), 「李同春轉勤ニ關スル件」, 『不逞團關係雜件-朝鮮人の部 -在滿洲の部(3)』.
51 朝憲機 第50號(1914. 1. 26), 「觀察使ノ布告ニ關スル件」, 『不逞團關係雜件-朝鮮人の部-在滿洲の部(3)』.
52 朝憲機 第98號(1914. 2. 16), 「墾民會及農務契其後狀況」, 『不逞團關係雜件-朝鮮人の部-在滿洲の部(3)』. 도성은 타오빈의 간민회 수지결산 공표 명령이 있자 탈회를 결심했는데, 이는 자신이 책임을 지는 것으로 간민회를 보호하고자 했던 것이다. 朝憲機 第92號(1914. 2. 14), 「墾民會及農務契ノ狀況ニ關スル件」, 『不逞團關係雜件-朝鮮人の部-在滿洲の部(3)』. 그런데 그는 1915년 5월경 경성헌병대에 출두하여 귀순했다. 朝憲機 第663號(1914. 10. 9), 「排日鮮人歸順ノ件」, 『不逞團關係雜件-朝鮮人の部-在滿洲の部(4)』.
53 최봉룡(2008), 앞의 논문, 182~191쪽.

일제는 간민회의 해산을 한인과 중국 관헌이 서로를 이용하려는 정책이 실패한 것으로 분석했다. 즉, 한인은 표면적으로 중국 관헌들의 의사를 받들어 귀화를 하고 한인을 통일하는 간민회를 조직한다고 했고, 중국 관헌은 한인 회유정책으로서 간민회를 인가해줌으로써 서로를 이용하려 했던 것인데, 횡포한 일이 일어나고 여러 문제가 야기된 것은 결국 중국 관헌이 실시한 한인정책이 실패했기 때문이라고 해석한 것이다.[54] 이는 매우 예리하고 적확한 판단이라 여겨진다. 한편 간도총영사 대리가 외무대신에게 보고한 간민회 해산 포고에 대한 분석도 흥미롭다. 이 보고는 타오빈이 해산 포고를 내린 가장 비근한 동기는 일본 각 영사관과 일본인 등을 습격하고 조선에 침입할 것이라는 요언謠言이 극성을 부리는 것을 지방관의 시정이 실패했기 때문이라고 여긴 관찰사가 상사에게서 엄중한 질책을 받을 것을 우려했고, 점차 간민회의 존치가 치안에 도움이 되지 않는다고 여긴데다 일본영사의 '충언'을 받아들이지 않아 간도에 대혼란이 일어날 때면 큰 책임을 질 것을 두려워하고 있던 상황에서 대총통의 자치기관 정지 훈령이 '무상無上의 호기회好機會'가 되었기 때문이라는 것이다.[55] 이 보고 또한 중국 관헌의 간민회에 대한 인식의 변화, 일본의 압력, 위안스카이의 자치기관 금지령 등을 모두 포함하여 설명하고 있다. 한인들이 간민회 해산을 일제의 간섭과 음해, 위안스카이의 자치기관 해산령으로만 보았던 것에 비해 보다 다각적인 분석이다.[56]

54　機密公信 第1號(1914. 3. 20), 「墾民會ノ許可取消ト支那官憲ノ朝鮮人政策失敗ノ件」, 『不逞團關係雜件-朝鮮人の部-在滿洲の部(3)』.
55　機密 第15號(1914. 3. 18), 「鮮人結社禁止及墾民會解散ニ關スル件」, 『不逞團關係雜件-朝鮮人の部-在滿洲の部(3)』.
56　「간민회 히산 별보」, 『勸業新聞』, 1914년 4월 5일자; 「간민회 히산」, 『新韓民報』, 1914년 5월 28일자.

해산 이후의 추이

중국 측은 간민회 해산령을 내리며 향후 일체의 한인 결사를 허용하지 않겠다고 천명했다. 그러나 일제는 간민회가 중국에게서 버림을 받아 재기가 어렵다고 보면서도 향후 간민회원들의 추이에 대해 주시했다.[57] 일제는 어떤 형태로든지 간민회의 후속조직이 탄생할 것으로 우려했다.

> … 今日에 있어서는 表面 全部 解散된 것 같은 모습이나 結社의 목적
> 은 장래 국권회복의 정신으로 성립되는 것으로서 표면 해산을 숨하
> 였어도 금후 명칭을 바꾸든가 또는 기타의 방법으로 집단을 도모하
> 는 것은 분명한 일로 생각되므로 엄밀 주의 중[58]

이러한 일제의 우려는 현실로 나타났다. 간민회가 해산되자 이전의 간민회 산하기구들이 조직을 재정비하거나 별도의 후속조직을 마련하고 연합하는 형태로 후속단체의 조직이 추진되었다.

먼저 활동이 보이는 조직은 만인계萬人契이다. 이는 간민회 해산 이전에 간민회 주요 인물인 정재면·유약전·도성 등이 순경국의 허가를 받아 조직한 것으로, 일종의 복권 발행 형태로 운영되었다. 즉, 만인의 계원을 모아 일첨一籤의 출금액을 50전으로 하고 당첨 첨수籤數를 154본本으로 하여 1등부터 10등까지를 선발하여 5월에 개표할 예정이었다. 만인계에는 각 지방에서 다수의 회원들이 응모했는데, 그 수익금은 민족

---

57 機密 第15號(1914. 3. 18), 「鮮人結社禁止及墾民會解散ニ關スル件」, 『不逞團關係雜件－朝鮮人の部－在滿洲の部(3)』.

58 朝憲機 第192號(1914. 3. 26), 「自治機關及墾民會農務契解散ニ關スル件」, 『不逞團關係雜件－朝鮮人の部－在滿洲の部(3)』.

교육을 위한 학교 운영비로 쓰고자 했다.[59]

그런데 만인계는 간민회가 해산되자 간민회 존립 당시의 부채 1,300여 원을 해결하기 위한 활동을 벌였다. 6월 2일 김립과 도성은 하마탕蛤蟆塘에 사는 전 간민회 지회 부회장 오병묵의 집에 기거하며 각지로 사람을 보내 만인계원을 모집했다. 오병묵과 구정세는 따왕칭大汪淸으로 가서 회원을 모집했고 뤄쯔거우羅子溝에도 사람을 보냈다. 일제는 김립과 도성이 포고에 의해 간민회 해산 이후 간민회와의 관계를 엄금했음에도 불구하고 의연히 부채 정리라는 간민회 잔무殘務를 하고 있다고 파악했다.[60]

간민회가 해산된 직후인 4월경, 전 간민회 임원들은 장업회 설립을 추진했다. 이는 『신한민보』에도 보도되었는데, "북간도 동포들은 간민회의 해산을 당한 후에 그 단결과 권리를 회복하고자 하여 장업회를 설립"이라 하면서 장업회를 간민회의 후속조직으로 보았다.[61] 장업회라는 명칭은 권업회를 참조하여 만든 것으로 보인다. 장업회는 5월 18일 관찰사서에 「장업회간장조례獎業會簡章條例」를 올렸는데, 여기에 장업회의 설립 목적이 잘 나타난다.

> 오직 實業敎育만이 현 세계 인류의 급선무이며 잠시도 늦출 수 없는 것입니다. 그러나 이제 인심이 흩어져서 대중적 힘이 전혀 없는 때를 맞아 자본이 충족하지 못해 유통이 영활하지 못할까봐 근심하고 지식이 완비하지 못하여 소식이 통하지 못하여 실제 효과를 거두기 어

---

59 朝憲機 第141號(1914. 3. 4), 「間島及琿春地方狀況」, 『不逞團關係雜件-朝鮮人の部-在滿洲の部(3)』.

60 機密 第33號(1914. 6. 16), 「排日鮮人領袖動靜報告ノ件」, 『不逞團關係雜件-朝鮮人の部-在滿洲の部(3)』. 具丁世는 교육연구회장을 지낸 이봉우의 養壻로서 의란구 학교의 교사였다.

61 「쟝업회를 설립코져」, 『新韓民報』, 1914년 5월 28일.

려운 연고로 우리 동인들은 장업회를 특별히 발기하였습니다. 이 장업회는 新舊를 가리지 않고 정치와 관계없이 오직 실업교육을 진흥시키려는 것을 기본으로 삼습니다.[62]

장업회 설립은 이동춘 등이 추진했다. 그러나 "이동춘은 타오빈이 장업회의 설립을 인가하지 않자 이에 실망하고 불안해하여 결국 훈춘으로 전근을 결심했다"는 일제 보고[63]에 따르면, 이동춘이 쥐쯔제에서 재기하기 어려웠던 상황을 잘 보여준다.

「장업회간장조례」는 몇 가지 중요한 사실을 시사한다. "인심이 흩어져 대중적 힘이 전혀 없는 때"라는 것은 간민회 해산 이후 공동화된 한인사회의 현실을 표현한 것이다. "신구新舊를 가리지 않고 정치와 관계없이 오직 실업교육을 진흥"하겠다는 것은 간민회계나 농무회계를 포괄하겠다는 것이고 정치적 요소를 배제하겠다고 한 것이다. 이를 그대로 이해하면 장업회는 자치활동이나 민족운동과는 무관한 단체라 할 수 있다. 그러나 간민회계와 농무회계가 발기인으로 같이 참여하고 있는 것으로 보아, 이 부분은 관찰사의 인가를 득하기 위한 방편으로 볼 수 있을 것이다. 그러나 관찰사로서는 장업회의 인가가 어려웠을 것이다. 그 까닭은 모든 한인단체의 해산을 명하고 조직을 엄금한다는 포고를 발한 지 불과 한두 달밖에 지나지 않았기 때문이다. 따라서 장업회는 일제의 보고[64]대로 중국 관헌의 정식 인가를 받지는 못했다고 보는 것이 타당하다.

한편 일제는 간민회의 해산과 더불어 기존 단체의 움직임도 주시

---

62 金春善(1998), 앞의 책, 170쪽 재인용.
63 機密 第32號(1914. 6. 10), 「李同春轉勤ニ關スル件」, 『不逞團關係雜件 – 朝鮮人の部 – 在滿洲の部(3)』.
64 機密 第69號(1914. 10. 23), 「排日的鮮人團體同濟會ニ關スル件」, 『不逞團關係雜件 – 朝鮮人の部 – 在滿洲の部(4)』.

했다.[65] 간민회가 존재할 당시 그 산하조직으로서의 성격을 지녔거나 동시에 존재한 단체에 대하여는 계봉우의 기록이 참고된다.

… 靑年親睦會와 大東協新會라. 此兩會는 墾民會 되는 其時에 靑年有志의 大團結로 된 것인대 靑年會에서는 靑年이란 月報를 刊行하고 協新會에서는 敎科用書를 纂修하며 大震이란 月報를 刊行하다. 四는 基督敎友會라 距今 七年前에 黃丙吉 白圭三 吳秉默 諸氏가 琿春城을 根據로 하야 倭仇의 交涉을 避하기 爲하야 基督敎友의 名稱을 憑托하고 此會를 設立한 것인대 人心團結과 敎育普及으로써 主旨를 삼고 琿春一境의 五萬餘同胞에게 漆夜曉鍾이 되엿섯다. …[66]

또한 정재면의 기록도 1913년 11월경 존재했던 대동협신회^{大東協新會}·청년구락부^{靑年俱樂部}·청년친목회^{靑年親睦會} 등의 존재를 명확히 알려준다.

社會의 情形은 大東協新會는 當今까지 聲風은 保存하였고 靑年俱樂部는 主務者가 一甚不還으로 由하여 그러한데 特히 大光彩를 發하고자 하는 靑年親睦會가 發生하였는데 其正大함과 純粹함이 참 可觀이옵니다. 內地로 新渡한 靑年과 此地에서 已由한 者가 合하여 前進鵬程을 試하는데 靑年俱樂部와 合一이 되겠다는 것이옵니다. 俱樂部는 一部지만 親睦會는 全體를 統合할 次定이옵니다. 其 名稱과 目的은 尋常한 듯하나 이것은 隱秘的이오 果然 靑年만 一族下에 羅列되면 好事야 自然 來着할 것이오며 아마 不似한대로 雜誌卷이나 發行할 것이옵니다.

65 機密 第15號(1914. 3. 18),「鮮人結社禁止及墾民會解散ニ關スル件」,『不逞團關係雜件—朝鮮人の部—在滿洲の部(3)』.
66 桂奉愚,「北間島 그 過去와 現在」,『獨立新聞』, 1920년 1월 1일자.

이것은 南公善과 弟와 相互間에 獻慮한 靑年同志는 募하여 同力하는데 四方 靑年된 者 久歲月을 寂然함은 呻吟하다가 萬口合唱이 되어 나옵니다.[67]

이에 따르면 대표적인 단체는 청년친목회와 대동협신회로서, 대동협신회는 교과서를 편찬하며 『대진大震』이라는 월보를 발행하고 있었고, 청년친목회는 청년구락부를 통합한 청년단체로서 『청년靑年』이라는 월보를 발행하고 있었음을 알 수 있다.[68] 그런데 명칭은 비록 청년친목회였으나, 김립과 도성 등은 청년들의 단결만으로는 국권회복이 어렵다고 여기고 노약老弱을 막론하고 회원의 증가에 노력했다. 따라서 청년친목회와 간민회는 사실상 같은 단체였으나, 청년의 친목을 표방한 단체였기 때문에 간민회 해산 이후에도 존속할 수 있었던 것으로 이해된다.

4월 15일, 전 간민회관에서 청년친목회 임시총회가 열렸다.[69] 이 자리에서는 간민회 산하인 대동협신회를 통합하여 동제회同濟會로 개칭하기로 결의했다. 동제회는 다음과 같은 목적을 표방했다.

1. 동포의 정신을 활동케 하여 일본인에 굴하지 않게 할 것
2. 청년 학생에게 정신적 학문을 교육하여 조국을 회복하도록 할 것

---

67 「鄭載冕이 海峯에게 보낸 편지」(1913. 11. 25).

68 일본 헌병의 보고에 따르면 청년친목회의 명칭은 처음에는 청년비밀단이었는데, 청년단으로 개칭했다가 다시 개칭한 것이라 한다. 機密 第69號(1914. 10. 23), 「排日的鮮人團體同濟會ニ關スル件」, 『不逞團體關係雜件－朝鮮人ノ部－在滿洲ノ部(4)』.

69 朝憲機 第663號(1914. 10. 9), 「在間島排日鮮人結社同濟會ニ關スル件」, 『不逞團關係雜件－朝鮮人ノ部－在滿洲ノ部(4)』. 또 다른 일제 보고에는 동제회 결성일이 5월 19일이고, 임원 선출일은 6월 4일이며, 「設立主意書」를 연해주·미주·훈춘 등지로 보냈다고 되어 있다. 또한 동제회로 연합된 단체가 청년친목회와 장업회라고 했다. 機密 第69號(1914. 10. 23), 「排日的鮮人團體同濟會ニ關スル件」, 『不逞團關係雜件－朝鮮人ノ部－在滿洲ノ部(4)』.

3. 우둔한 민족을 이상적으로 지도하여 일본인의 치하로부터 벗어 나도록 할 것

4. 학교는 문학과 공업을 가리지 말고 모두 군사적으로 교육할 것

5. 민족은 남녀를 물론하고 군인이 되도록 지도할 것

동제회의 임원으로는 회장 조희림, 부회장 남공선, 총무 유진구, 인사부장 장기영, 편집부장 계봉우, 실업부장 조문백, 의사부장 김하석, 서기 김대정, 회계부장 도구호, 간사부장 이낙준·방진성, 평의원 최양·최우화·김병합·이진영·이중집·김강·정창빈·김창근·왕김붕(재무 겸)·조극·전일·신형균·최빈·조열·김영태 등이 선임되었다. 간부대부분이 간민회 간부 출신으로서, 동제회가 그 후속조직임을 알 수 있다. 다만, 목적에서 군사교육과 독립군 양성을 내세운 것은 간민회보다 민족운동조직으로서의 성격이 강조된 것으로 이해된다.

부서의 조직은 인사부·편집부·실업부·의사부·회계부·간사부 등 6개로 했다. 간민회 당시의 주요 기구였던 민적조사과·법률연구과·교육과를 없애는 대신 인사·회계·간사·실업 등의 부서를 둔 것은 정치적 색채를 약화시킨 것이라 할 수 있다. 이러한 조직은 회의 목적에서 강렬한 국권회복 의지를 표하고 군사 양성을 강조한 것과는 다소 맞지 않는 체제라 할 수 있다.

동제회의 조직에서 주목되는 것은 11개의 지회가 조직되고 지회장이 선임되었다는 사실이다. 즉, 이란거우依蘭溝 김순문, 장옌통獐岩洞 김기봉, 퉁포쓰銅佛寺 김정규, 쓰다오거우四道溝 이경희, 우다오취五道渠 박윤무, 얼다오거우二道溝 신현묵, 창아오퉁長奧洞 김택준, 관퉁커우官通口 김정부 등의 지회장이 선임되었고 밍탕셴明堂峴·제만퉁傑滿洞·무루거우母鹿溝에도 지회가 조직되었던 것으로 보인다. 이처럼 어려운 여건에서 동제회의 지회 조직이 가능했던 것은 기존의 단체를 통합 개편한 것이기 때문이었다.

일제는 동제회에 대해 매우 주의했다. 동제회를 간민회의 후속단체로 인식했기 때문이다. 일제는 동제회를 '간민회의 여천餘喘을 지속'하려는 조직,[70] '간민회의 후신으로 인정'되는 조직,[71] '간민회가 해산을 명받은 후 다시 동일 목적으로 설립되어 그 후 다시 중국 관헌에 해산을 명령받은 불온결사不穩結社',[72] '조직과 지회의 설립 등이 이미 해산을 명령받은 간민회와 방불'[73]하는 단체로 파악했다. 특히 일제는 블라디보스토크에서 권업회가 해산된 후 간도로 이거해 온 인물들에 대해 주의했다. 일제는 동제회의 해산을 위해 간도 파견 헌병 장교가 총영사대리에게 중국 관헌들과 교섭하도록 요청함과 함께 '불온' 언동자에 대해서도 상당한 조치를 하도록 요구하게 했다.[74]

결국 동제회는 다시 중국 측의 해산 명령을 받았다. 그러나 동제회의 활동은 이듬해까지 계속되었다. 즉, 1915년 2월 23일 타오빈은 전 회장 남공선에게서 동제회의 규칙서, 회원 명부 등을 차출하고, 이미 해산령을 받았음에도 비밀리에 집회를 하고 있는 것을 알고 있다면서 앞으로 집회를 하면 엄중한 처분을 내리겠다고 경고하는 것으로 보아 회원들이 해산령이 있었음에도 활동을 지속했음을 알 수 있다. 그러나 자료의 불비로 구체적인 내용이나 추이는 알 수 없다.

그런데 동제회 편집부장에 선임되었던 계봉우의 기록에 청년친목회

---

70 機密 第69號(1914. 10. 23),「排日的鮮人團體同濟會ニ關スル件」,『不逞團關係雜件－朝鮮人の部－在滿洲の部(4)』.

71 朝憲機 第663號(1914. 10. 9),「在間島排日鮮人結社同濟會ニ關スル件」,『不逞團關係雜件－朝鮮人の部－在滿洲の部(4)』.

72 朝憲機 第95號(1915. 3. 24),「同濟會處分ニ關スル件」,『不逞團關係雜件－朝鮮人の部－在滿洲の部(4)』.

73 朝憲機 第663號(1914. 10. 9),「在間島排日鮮人結社同濟會ニ關スル件」,『不逞團關係雜件－朝鮮人の部－在滿洲の部(4)』.

74 朝憲機 第663號(1914. 10. 9),「在間島排日鮮人結社同濟會ニ關スル件」,『不逞團關係雜件－朝鮮人の部－在滿洲の部(4)』.

와 대동협신회는 언급하고 있으나 동제회에 관한 기록은 없다. 당시 그가 블라디보스토크에서 『권업신문』에 참여하고 있을 때이므로[75] 실제 활동하지는 않았기 때문에 기록하지 않은 것 같다.

이 밖에 단지동맹斷指同盟이라는 단체명도 보인다. 이 단체는 윤영주尹永柱가 간도총영사대리와 면담하는 과정에서 등장한 것이다. 일제 보고에 따르면 단지동맹은 1913년 샤오잉쯔 광성학교 생도인 이흥삼李興三 등이 주창하여 동교 교사인 장기영張基永을 참모대장으로 하고 훈춘분대 등 9개 분대로 구성하여 무기를 구입하여 무장투쟁을 하고자 했다고 하나, 실존하지는 않은 것 같다.[76]

한편 이동춘과 김립이 입적 수속권을 독점하고 있는 것에 반발하여 간도친목회墾島親睦會라는 단체가 발기되기도 했다. '배일선인' 현덕전과 최창극은 이동춘과 김립이 간도 한인사회에 입적 수속을 하려면 자기들을 경유하지 않으면 안 된다고 한 말을 확인하여 만약 사실이라면 중국 관헌에게 그들에게만 특권을 부여한 것을 항의하고, 종래 입적 수속 무효 여부를 확인하고자 이 단체를 발기했다. 발기인은 지방과 관변에 세력이 있고 20년 이상 거주했으며 토지를 소유하고 있는 자를 대상으로 했다.[77] 물론 이는 간민회의 후속조직과는 무관하나, 간민회 해산 이후 간도 한인사회의 동향을 알려주는 것이다.

간민회 해산 이후 후속조직이 새로 만들어지거나, 이전 간민회 산하 기구들이 조직을 재정비하거나, 또는 이들이 연합하는 형태로 간민회를

---

75 계봉우는 동제회가 조직될 당시 『勸業新聞』의 기자로서 1914년 6월 28일부터 폐간되는 8월 23일까지 「ᄉ노릭」를 연재했다.

76 機密 第73號(1914. 11. 16), 「排日鮮人秘密結社其他行動ニ關スル件」, 『不逞團關係雜件-朝鮮人ノ部-在滿洲ノ部(4)』.

77 朝憲機 第241號(1914. 4. 18), 「間島情報」, 『不逞團關係雜件-朝鮮人ノ部-在滿洲ノ部(3)』.

계승하고자 했다. 만인계는 간민회 해산 이후의 잔무를 처리하고자 했으며, 장업회는 새로 생긴 조직이었다. 청년친목회와 대동협신회는 기존의 조직이지만, 정비·통합된 뒤 다시 장업회와 통합하여 동제회를 결성하기에 이르렀다. 곧 동제회는 간민회가 해산된 이후 간도 한인의 의지가 결집된 후속조직인 것이다. 특히 장업회를 통해 기왕에 대립과 알력 관계였던 간민회계와 농무계가 연합한 것은 향후 민족운동을 추진하는 토대가 되고 간도국민회로 전승되며 민족운동을 강화해갈 수 있었던 계기가 되었다고 보아야 한다.[78] 따라서 1914년 3월 간민회가 해산하고, 1919년 3·13 만세시위 때까지 중국 지방정부의 인가를 받은 한인 단체가 존재하지 않았다[79]고 보아서는 안 된다. 물론 동제회가 중국 지방정부의 정식 인가를 받았다고 할 수는 없으나, 인가가 지니는 한계, 중국의 해산 명령 등을 감안할 때 조직을 갖추고 활동하던 단체가 존재했다는 사실은 매우 중요하다.

간민회의 선행·후속조직이 생성·소멸하는 과정은 한편으로는 한인들의 끊임없는 자치 지향과 국권회복 의지를 보여주지만, 한편으로는 그 의지가 좌절되는 과정을 보여주기도 한다. 그 좌절의 요인으로 치발역복과 귀화 입적, 종교나 독립운동 방법론을 둘러싼 민족 내부의 갈등도 있었으나, 보다 근본적인 것은 한인조직에 대해 지원과 탄압을 반복하며 일본에 굴종해간 중국과, 끊임없이 방해하고 탄압한 일본 때문이라 하겠다.

---

78 1918년에 이르러 농무계 계열의 인사들을 중심으로 동성한족생계회가 조직된 바 있다. 機密 第14號(1918. 5. 10), 「鄭安立等排日行動ニ關スル件」, 『不逞團關係雜件-朝鮮人の部-在滿洲の部(6)』.
79 최봉룡(2008), 앞의 논문, 193~194쪽.

맺음말

간민회는 북간도 한인사회를 상징하는 존재이다. 그러나 간민회에 대한 기왕의 논의는 작위적이거나 편향된 부분이 있으며, 특히 그 선행·후속 조직의 추이에 대해서는 재조명해야 할 부분이 적지 않다. 이 글은 이러한 관점에서 시도한 것으로서 이상을 요약하면 다음과 같다.

북간도 최초의 한인단체는 1909년 11월경 기독교도 등을 중심으로 조직된 한민자치회이다. 이는 간민회 선행조직 중에서도 가장 먼저 중국 지방정부와 협의하여 조직된 것이나, 그 존재가 제대로 인정되지 않고 있다. 중국은 침투해오는 일제에 대응하기 위해 이주 한인을 조직화하고 관리할 필요가 있었다. 따라서 그들은 한민자치회뿐 아니라 이후 다른 한인조직도 귀화 입적을 조건으로 인가해준 것이다.

그러나 얼마 후 한민자치회가 해산되고 1910년 3월경 한민교육회가 조직되었다. 그것은 중국과 일본의 이주한인정책으로 인한 것이었다. 한민교육회 조직 당시 한인과 중국 지방정부 사이에 「보통조약」과 「비밀조약」이 협의되었는데, 이때에도 한인은 자치부를 둘 것을 희망했으나, 중국 측은 거부했다. 이 회를 주도한 인물은 이동휘·이동춘·윤해·박찬익 등이었는데, 특히 이동춘은 오랜 간도 생활과 능통한 중국어, 중국 관헌들과의 친분을 바탕으로 중요한 역할을 했다. 한민교육회는 내부에 별도의 교육연구회를 조직하기도 했다. 한인들은 자치회를 칭할 수 없었으나 자치운동을 계속하기 위해 허룽현자치회와 같은 중국 자치회와 연계하거나 직접 가입하여 활동하기도 했다.

한민교육회는 경술국치 이후 간민교육회로 개칭했다. 자치회나 교육회는 모두 '한민'을 칭했다. 그러나 중국 측 기록에는 '간민'으로만 되어 있어 대부분의 중국 측 연구자들은 최초의 한인단체로서 간민교육회를 기점으로 삼고 있는 것이다. 이는 이전에 존재했던 한민자치회와 한민교육회가 선행조직임을 부정하는 것이므로 수정되어야 한다. 즉, 간민회는 한민자치회-한민교육회-간민교육회로 추이된 선행조직을 경유하여 조직되었다.

1911년 7월경, 중국 측은 간민교육회에 해산 명령을 내렸다. 일본 영사관 관리들은 누차 중국 관헌에게 간민교육회의 위해성을 경고하고 해산시킬 것을 강력히 요구했다. 일본 영사가 간민교육회의 해산을 자신의 첫째 강령으로 설정한 데에서 분명히 알 수 있듯이 일제의 방해와 압력은 집요했다. 중국이 간민교육회 해산령을 내린 것은 일제의 압력에 굴복한 결과였다. 그러나 간민교육회는 중국 관헌의 지원을 받으며 비밀리에 활동을 지속했다. 특히 권업회 간도지회 설립과, 토지 매입 및 농장 조성 계획은 간도와 연해주 한인사회가 연계하여 추진한 것으로 주목된다.

간민회는 1913년 1월, 중국 측의 설립 인가를 받고 4월에 정식 출범했다. 이에 따라 간민교육회는 해산했다. 「지린동남로잡거구역간민회 초장」과 「간민회세칙」은 간민회가 관찰부의 통치상 일부의 보조기관, 즉 중국 지방정부에 철저하게 예속된 상황을 잘 보여준다. 따라서 설령 간민회의 조직이 '준정부적'이었다고 하더라도 역할은 전혀 그러할 수 없었다. 간민회가 당초 시한인 2년은 고사하고 1년도 되지 않아 해산당하고 만 것은 '자치'는 물론 어느 정도의 주체적 활동마저 불가능했음을 보여준다.

간민회 해산 원인에 대한 논의도 한인 간의 대립과 충돌보다는 오히려 중국이 간민회를, 일본이 농무계를 이용하려 획책한 면을 직시해야 한다. 중국과 일본은 농무계 시위사건을 보는 관점과 사후 처리에 있어 확연히 대비되는 입장을 보인다. 일본의 압박이 거세지자 중국은 이동춘을 면직시키고 간민회에 해산령을 내렸다. 결국 간민회는 1914년 3월 해산당했다. 중국이 일본의 압력을 받으며 한인 문제에 부심하고 있을 때 마침 내려진 위안스카이의 자치기관 해산령은 그들에게 '무상無上의 호기회好機會'가 되었던 것이다.

간민회 해산 이후 후속조직이 새로 만들어지거나, 이전의 간민회 산하기구들이 조직을 재정비하거나, 또는 이들이 연합하는 형태로 간민회를 계승하고자 했다. 만인계는 간민회 해산 이후의 잔무를 처리하고자 했으며, 장업회는 후속조직으로 새로 생긴 것이었다. 청년친목회와 대동협신회는 기존의 조직으로서 정비·통합된 뒤 다시 장업회와 통합하여 동제회를 결성하기에 이르렀다. 동제회는 곧 지금까지 거의 주목되지 않은 단체이나, 간민회가 해산된 이후 간도 한인의 의지가 결집된 후속조직이다. 특히 장업회를 통해 간민회계와 농무계가 연합한 것은 향후 민족운동을 추진하는 토대가 되고 간도국민회로 전승되며 민족운동을 강화해갈 수 있었던 계기가 되었다고 볼 수 있다. 그러나 동제회 또한 일제의 압력에 굴복한 중국 측에 의해 해산당했다. 중국은 한민자치회·간민교육회·간민회에 이어 네 번째로 한인단체에 해산명령을 내렸던 것이다.

간민회의 선행·후속조직이 생성·소멸하는 추이는 한편으로는 한인들의 끊임없는 자치 지향과 국권회복 의지를 보여주지만, 한편으로는 중국과 일본에 의해 그 의지가 좌절되는 과정을 보여주기도 했다.

(『중앙사론』 제30권 30호, 중앙대학교 중앙사학연구소, 2009)

04

이상설의 독립운동론과 독립운동

머리말

보재^{溥齋} 이상설^{李相卨}은 1906년 망명한 이래 순국할 때까지 매우 폭넓은 독립운동을 펼친 인물이다. 헤이그 특사 사행과 구미 순방 외교, 북간도 서전서숙 개설과 연해주 일원의 독립운동 주도 등 그만큼 넓은 공간에서 활동한 독립운동가는 많지 않다. 또한 전방위적 독립운동론을 지닌 이론가로서, 그처럼 직접 실천에 앞장선 인물도 없을 것이다.

이상설에 대해서는 윤병석의 종합적 연구가 있다.[1] 이를 통해 이상설의 민족운동 관련 자료가 수합되고 행적이 어느 정도 밝혀지게 되었다. 그러나 그 이후 이렇다 할 후속 연구가 산출되지 못했다.[2] 그 까

---

1 尹炳奭, 『李相卨傳』, 일조각, 1984. 이 책은 일부 자료를 보완하여 1998년 『增補 李相卨傳』으로 증보판이 발행되었다.
2 朴杰淳, 「李相卨의 民族運動과 後人 論贊」, 『中原文化研究』 제10권, 충북대학교 중원문화연구소, 2006; 박민영, 「국치 전후 이상설의 연해주지역 독립운동」, 『한국독립운동사연구』 제29권 29호, 독립기념관 한국독립운동사연구소, 2007(『만주·연해주 독립운동과 민족수난』, 선인, 2017 재수록).

닭은 자료의 부족에 기인한 바 크나, 실증에 얽매여 기왕에 밝혀진 자료조차 정치한 분석을 통한 역사적 의미 파악에는 소홀했기 때문이다.[3] 따라서 인물 연구에서 가장 기초적 사실인 순국일조차 제대로 고증되지 않아 지금까지 엉뚱한 날 제례를 봉행해왔다.[4]

일제 관동도독부 민정장관은 블라디보스토크에 거주하는 이상설이 '주뇌主腦'가 되어 하얼빈·상하이 및 러시아에 거주하는 배일조선인과 기맥을 통해 '하사何事를 획책劃策'하고 있다고 본국에 보고한 바 있다.[5] 이상설와 함께 활동했던 독립운동가는 그를 '두뇌頭腦'라고 평가했다.[6] 여기에서 '주뇌·두뇌'라는 표현은 그가 독립운동의 기획자·입안자였음을 입증하는 중요한 표현이다. 즉, 당시 일제는 물론 우리 독립운동계에서도 그는 최고의 독립운동론자로 평가되고 있었던 것이다. 따라서 그의 독립운동론을 정립하는 일은 중요한 과제이다. 이는 이상설 개인 연구를 넘어 공간적으로는 그가 참여한 북간도·미주·연해주 지역의 독립운동사를 규명하는 것이며, 시간적으로는 1910년대 독립운동사의 이론을 정립하는 긴요한 주제이다.

이 글은 이러한 문제의식에서 비롯되었다. 먼저 이상설이 망명 직후 서전서숙 운영 경비를 전담할 수 있었던 경제적 배경으로서 『충청북도 진천군양안忠清北道鎭川郡量案』에 나타난 그의 고향 소유 토지 현황을 주목

---

3 윤병석은 이상설과 관련한 중요한 자료를 수집·제시하여 학계에 큰 도움을 주고 있다. 다만, 저서의 부제를 '海牙特使 李相卨의 獨立運動論'이라 붙였는데, 그의 독립운동론을 본격적으로 논의하지는 않았다.

4 이상설의 순국 제례를 4월 22일에 봉행해오고 있는데, 4월 1일로 바로잡아야 한다. 이에 대해서는 제5장에서 상론하기로 한다.

5 「排日朝鮮人의 狀況에 關한 件」, 1919. 8. 6(관동도독부 민정장관 → 외무차관 보고), 不逞團關係雜件-朝鮮人의 部-在滿洲의 部(3).

6 권오돈은 이상설을 두뇌에, 이동녕과 이회영을 팔다리에 비교하며, 만일 이상설이라는 두뇌가 없었다면 이동녕과 이회영이라는 팔다리도 제대로 움직일 수 없었을 것이라고 평가했다. 윤병석, 「溥齋小傳」, 『增補 李相卨傳』, 1998, 186쪽 재인용.

하고자 한다. 최초로 시도되는 이 분석은 이상설이 독립운동을 전개할 수 있었던 경제적 배경의 단서를 제공해줄 수 있을 것이다. 또한 출계 후 부재지주로서 고향과의 연계성을 밝혀줄 수 있을 것이다. 다음으로 안중근이 주목한 이상설의 동양평화론과 안중근 의거와의 관련성을 주목하고자 한다. 지금까지 연구에서 안중근 의거와 최재형·류인식과의 관계는 중시되었으나, 이상설과의 관계는 크게 주목받지 못했기 때문이다. 이어 이상설과 광무황제의 관계를 통해 그가 지녔던 정체론을 논의하고자 한다. 그의 독립운동은 광무황제와 일정한 관련이 있었고, 그의 정체론에서 광무는 보위해야 할 최고의 가치이자 보루였다. 그러나 일각에서 그가 대한광복군정부 정통령에 피선된 사실을 들어 그를 국가수반으로 해석하고자 하는 경향이 있는데, 그 시비를 따져보고자 한다. 마지막으로 권업회의 조직 과정과 활동을 중심으로 그의 대동단결론을 살펴보고자 한다. 권업회의 창립은 복잡한 한인사회의 파쟁 속에서 빚어진 그의 심복 정순만의 피살사건이 중요한 동기가 되었다. 그러나 지금까지의 이상설 연구는 물론 연해주 독립운동사에서 이 사실은 전혀 논급되지 않거나 별개의 사건으로 취급되어왔다. 따라서 이 글에서는 1910년대 연해주 최대의 한인 독립운동단체인 권업회의 창립 과정을 이상설을 중심으로 재구성하여 독립운동사에서 그의 위상을 올바로 자리매김하고자 한다.

서전서숙 설립과 운영 자금

이상설이 1906년 망명 후 처음 착수한 민족운동은 서전서숙[瑞甸書塾] 설립을 통한 민족교육이었다. 이는 교육구국사상론에 입각한 독립군양성 계획의 실천으로 평가할 수 있다.[7] 서전서숙에 대해서는 일제의 보고서와 선행연구[8]를 통해 대강이 밝혀졌으므로, 여기에서는 서전서숙의 설립과 운영에 소요된 경비 문제를 중심으로 이상설이 펼친 독립운동의 경제적 배경을 살펴본다.

이상설은 1906년 10월경 북간도 룽징의 부호로서 천주교를 이끌고 있던 최병익이 소유한 신축가옥을 교사로 매입했다. 구입자금은 그가 망명하면서 가지고 간 돈이었다.[9] 이상설은 이 집을 학교로 개수하여 서전서숙을 개설했다. 이상설은 서전서숙 숙장으로서 교사 구입뿐만 아니라, 교원의 월급·교재 구입비·학생들의 지필묵 구입비 등 운영 경비 전체를 전담했고, 『산술신서[算術新書]』 상하권을 지어 갑반[甲班]의 산술을 가르쳤다. 당시 서전서숙의 운영경비에 관한 기록으로는 "유지경비는 이상설이 사재를 털어 부담하였다"[10]는 기록을 비롯하여 일제의 보고에서도 이상설의 자금임이 강조되어 있다.

> 資生. 李相卨 一人이 부담한다고 말한다. 혹은 각 직원의 合資로서 李相卨은 5千円, 全共達·王昌東은 각 5百円, 金東煥은 3百円, 洪昌燮은 1百円을 각각 준비하여 其 資金에 充當하였다고 말한다. 그리고 金東煥은 자금의 출처에 대해서 전혀 각자의 자산에서 지출하고 결코 타

7 　朴杰淳(2006), 앞의 논문, 7~8쪽.
8 　尹炳奭(1998), 앞의 책, 49~56쪽.
9 　東洋拓殖株式會社編, 『間島事情』, 大日本 印刷株式會社, 1918, 811쪽.
10 　玄圭煥, 『韓國流移民史』(上), 語文閣, 1976, 465쪽.

의 원조를 받는 것은 아니라고 진술한다.[11]

　　서전서숙 교사 구입과 각종 운영경비 조달에는 적지 않은 자금이 필요
했다. 서전서숙은 폐교되는 이듬해 9~10월경까지 약 1년간 운영되었는데,
특히 최대 70여 명에 이르는 학생들의 기숙에 소요되는 경비에는 많은 돈
이 필요했다. 이 경비 일체를 이상설이 전담했다고 보아도 과언은 아니다.

　　필자는 이상설이 서전서숙 운영경비를 전담할 수 있었던 경제적 배경
을 규명하기 위해 『충청북도진천군양안』을 분석했다.[12] 지금까지 독립운
동사 연구에서 독립운동가의 자금을 밝히기 위한 자료로서 필자가 안숙과
홍범식의 양안을 이용한 바 있다.[13] 양안은 20세기 초기 토지 소유 형태를
알려주는 귀중한 자료이고, 독립운동가의 경제적 토대를 밝힐 수 있는 단
서를 제공해줄 것으로 기대된다. 이 양안이 작성될 당시 이상설은 서울에
서 관직생활을 하며, 부재지주로서 고향 진천에 상당한 토지를 소유하고
지주 경영하고 있었다. 그런데 그에 대한 고향 경주이씨들의 평판은 그다
지 좋지 않다. 그 까닭은 그가 '나랏일'에 쓰기 위해 돈 떨어질 때마다 와서
고향의 전답을 팔아가서 모두 없애버렸다고 생각하기 때문이다.[14]

11　「間島版圖에 關한 淸韓兩國紛議一件(5)」(1907. 9. 16, 統監府派出所長 齋藤季治郎 統
　　派發 第五號 報告), 『日本外務省文書』135.

12　量地衙門編, 『忠淸北道鎭川郡量案』(奎 17678), 1901. 이 양안은 양지아문이 1900년
　　시행한 조사를 토대로 1901년 작성한 필사본으로, 15책(제1책: 南邊面, 제2책: 北
　　邊面, 제3책: 德文面, 제4책: 方洞面, 제5책: 山井面, 제6책: 草坪面, 제7책: 文方面,
　　제8책: 白洛面, 제9책: 聖巖面, 제10책: 杏井面, 제11책: 栢谷面, 제12책: 梨谷面, 제
　　13책: 萬升面, 제14책: 月村面, 제15책: 所畓面)으로 구성되어 있다.

13　박걸순, 「一阮 洪範植의 자결 순국과 그 遺訓」, 『軍史』 제79호, 2011; 「安潚의 현실
　　인식과 자정 순국」, 『한국근현대사연구』 제61권 61호, 2012 참조. 홍범식과 안숙은
　　모두 이상설과 사돈 관계이다.

14　李相卨(1931년생, 초평면 영구리) 증언. 신영우 편, 『광무양안과 진천의 사회경제 변
　　동』, 혜안, 2007, 200쪽.

그러나 그가 당시 고향에 소유하고 있던 전답의 규모가 얼마나 되었는지에 대해서는 주목받지 못했다. 이는 이상설이 독립운동을 주도하게 된 배경으로서, 특히 망명 직후 서전서숙 운영 경비를 전담할 수 있었던 사유에 대한 해답을 제시해줄 수 있는 중요한 부분으로 사료된다. 다만, 초가삼간의 '극빈極貧한 농가'[15]에서 태어난 그가 실부 행우行雨에게서 토지를 상속받을 처지는 아니었다. 따라서 양부 용우龍雨 소유의 토지를 물려받은 것으로 짐작되나, 이상설의 진천 토지 소유에 관해서는 추후 면밀한 검토가 필요하다.[16] 또한 그가 양부에게서 물려받은 서울의 재산도 있었는데, 이 글에서는 우선 고향 소유의 전답만을 논의하기로 한다.

『충청북도진천군양안』에 기재된 이상설 소유의 전답을 정리하면 표 1과 같다.[17] 표 1에 따르면 이상설 소유 토지는 진천군 내 4개 면에 걸쳐 분포하고 있다. 이를 환산하면 총 19.7정보에 이르는데, 현 시가로 80~100억 원을 호가한다.[18] 이는 당시 진천군 상위 지주 18위에 해당하는 대지주였다.[19] 이 가운데 논이 47필지에 7결 31부 5속이고, 밭이 25필

---

15 필자 불명, 「議政府參贊李相卨先生略傳」.

16 이상설의 양부 龍雨는 時發의 동생 時得의 후손으로 鍾德의 아들로 출생했으나, 時發의 아들 慶億(좌의정)의 후손 敎重의 아들로 출계한 인물이다. 그의 조부 圭祏은 吏判을 지내는 등 時發의 아들 6형제 중 가장 현달한 가문으로 재산도 가장 많았던 것으로 보인다(『慶州李氏世譜』 권 5).

17 충북대학교 중원문화연구소는 2002~2007년간 양안의 데이터베이스화 작업을 진행했고, 그중 진천·여주·충주군 양안의 입력을 완료했다. 이 분석은 양안 DB를 활용했기에 가능했다.

18 이상설 소유 토지는 현재 진천읍·초평면·이월면 등지에 분포해 있었는데, 여러 방법을 동원하여 토지가액 산출에 애써준 진천군청 신운철 과장과 직원 여러분께 감사의 말씀을 드린다.

19 『충청북도진천군양안』에는 총 1만 3,412명의 인명이 등장하는데, 이 가운데 토지소유자는 9,332명, 소유지는 없고 경작지만 소유한 자는 4,080명이다. 진천의 상위 부재지주 가운데 중앙의 세력가였던 한규설(3위)·민영준(5위)·민원식(14위) 등이 주목된다. 신영우 편, 『광무양안과 진천의 평산신씨 무반가문』, 혜안, 2012, 177~178·194쪽.

표 1   이상설의 진천 토지 소유 현황

일련	地目	田品	尺	결/부	時作	가옥	초가	기와	위치	지명
1	답	3	8,923	62/5	林元實	0	0	0	淸巨里坪	남변면
2	답	3	253	1/8	金承有	0	0	0	淸巨里坪	남변면
3	답	3	855	6/0	金承有	0	0	0	淸巨里坪	남변면
4	전	5	2,601	10/4	林元實	0	0	0	淸巨里坪	남변면
5	전	4	1,580	8/7	朴凡性	0	0	0	下馬坪	남변면
6	전	3	2,627	18/4	張德三	0	0	0	高額坪	남변면
7	답	3	518	3/6	金用西	0	0	0	高額坪	남변면
8	답	3	1,723	12/1	池成七	0	0	0	高額坪	남변면
9	전	4	3,800	20/9	金用西	0	0	0	下馬坪	남변면
10	답	3	3,295	23/1	河洛西	0	0	0	校洞前坪	남변면
11	전	4	1,164	6/4	李能孫	0	0	0	石金坪	남변면
12	답	3	675	4/7	李俊其	0	0	0	連三坪	남변면
13	답	3	1,350	9/5	金仁善	0	0	0	連三坪	남변면
14	답	3	2,088	14/6	李石晚	0	0	0	舍廊坪	북변면
15	답	3	1,628	11/4	朴東方	0	0	0	連三坪	북변면
16	답	3	1,350	9/5	李石其	0	0	0	連三坪	북변면
17	답	3	4,440	31/1	朴士兼	0	0	0	連三坪	북변면
18	답	2	2,208	18/8	朴東方	0	0	0	連三坪	북변면
19	답	4	2,613	14/4	任元一	0	0	0	舟頭坪	북변면
20	답	5	2,280	9/1	河命今	0	0	0	沙尾坪	북변면
21	답	3	5,192	36/3	任宗云	0	0	0	沙尾村	북변면
22	답	3	1,643	11/5	崔凡山	0	0	0	沙尾村	북변면
23	답	4	5,346	29/4	李永水	0	0	0	聖坪	북변면
24	답	5	1,430	5/7	安春明	0	0	0	舟頭坪	북변면
25	답	4	2,240	12/3	朴致凡	0	0	0	舟頭坪	북변면
26	전	2	1,113	9/5	尹玉童	0	0	0	錦村新坪	초평면
27	전	4	2,438	13/4	尹玉同	0	0	0	錦村新坪	초평면
28	전	3	167	1/2	尹玉童	0	0	0	錦村新坪	초평면
29	전	4	2,016	11/1	林思進	0	0	0	錦村新坪	초평면
30	전	3	7,107	49/7	李暘雨	0	0	0	福谷	초평면
31	전	3	2,040	14/3	李明雨	0	0	0	福谷	초평면

일련	地目	田品	尺	결/부	時作	가옥	초가	기와	위치	지명
32	전	3	2,100	14/7	李暘雨	0	0	0	福谷	초평면
33	대	2	117	1/0	金在能	1	2	0	金谷	초평면
34	대	2	140	1/2	金珪鉉	1	2	0	金谷	초평면
35	전	2	150	1/3	李炳虎	0	0	0	金谷	초평면
36	대	2	486	4/1	李炳虎	1	2	0	金谷	초평면
37	대	1	1,089	10/9	李相卨	1	0	20	金谷	초평면
38	전	3	2,325	16/3	金在興	0	0	0	虎蹄嶺	초평면
39	전	3	2,266	15/9	金君實	0	0	0	虎蹄嶺	초평면
40	전	3	4,400	30/8	鄭萬申	0	0	0	墨方谷	초평면
41	전	3	2,508	17/6	韓君明	0	0	0	長峴	초평면
42	대	2	5,005	42/5	崔勝千	1	5	0	臺巖坪	초평면
43	전	3	1,584	11/1	朴齊斑	0	0	0	上永	초평면
44	전	3	3,232	22/6	朴允三	0	0	0	裏坪	초평면
45	답	3	7,360	51/5	尹用西	0	0	0	裏坪	초평면
46	전	4	1,302	7/2	申斗金	0	0	0	裏坪	초평면
47	답	2	2,519	21/4	金玉鉉	0	0	0	亭子坪	초평면
48	답	2	2,925	24/9	朴千業	0	0	0	亭子坪	초평면
49	답	2	456	3/9	金在暄	0	0	0	亭子坪	초평면
50	답	4	2,092	11/5	鄭俊好	0	0	0	內斗前坪	월촌면
51	전	5	3,604	14/4	李樂雨	0	0	0	內斗前坪	월촌면
52	답	4	4,900	27/0	李樂雨	0	0	0	內斗前坪	월촌면
53	답	4	4,650	25/6	李樂雨	0	0	0	內斗前坪	월촌면
54	답	3	4,275	29/9	李樂雨	0	0	0	內斗前坪	월촌면
55	대	3	132	9	李鍾憲	1	3	0	內斗村	월촌면
56	대	3	182	1/3	李英秀	1	3	0	內斗村	월촌면
57	전	4	580	3/2	李樂雨	0	0	0	內斗村	월촌면
58	대	3	80	6	金良培	1	2	0	內斗村	월촌면
59	대	3	315	2/2	尹在模	1	4	0	內斗村	월촌면
60	대	3	425	3/0	金貞植	1	8	0	內斗村	월촌면
61	대	3	336	2/4	李圭一	1	3	0	內斗村	월촌면
62	전	4	1,574	8/7	鄭俊好	0	0	0	內斗村	월촌면
63	전	6	580	1/5	李樂雨	0	0	0	內斗村	월촌면

일련	地目	田品	尺	결/부	時作	가옥	초가	기와	위치	지명
64	전	5	2,016	8/1	李樂雨	0	0	0	內斗村	월촌면
65	답	4	2,160	11/9	鄭順哲	0	0	0	小外斗坪	월촌면
66	답	4	4,485	24/7	李柏有	0	0	0	小外斗坪	월촌면
67	답	5	2,048	8/2	金祐三	0	0	0	奉天洞	월촌면
68	답	3	2,067	14/5	林舜先	0	0	0	奉天洞	월촌면
69	답	5	1,190	4/8	申內斗	0	0	0	奉天洞	월촌면
70	답	4	2,535	13/9	朴致吉	0	0	0	筍坊築坪	월촌면
71	답	4	1,092	6/0	申成甫	0	0	0	筍坊築坪	월촌면
72	답	4	828	4/6	林順先	0	0	0	筍坊築坪	월촌면
73	답	4	1,505	8/3	李敬七	0	0	0	墨坊里	월촌면
74	답	3	1,698	11/9	朴用三	0	0	0	四松亭里	월촌면
75	답	3	3,392	23/7	李孝源	0	0	0	四松亭里	월촌면
76	답	3	1,488	10/4	朴用三	0	0	0	四松亭里	월촌면
77	답	3	1,230	8/6	李仁源	0	0	0	四松亭里	월촌면
78	답	4	3,108	17/1	李鍾成	0	0	0	泥洞後坪	월촌면
79	답	3	1,475	10/3	方元民	0	0	0	周坪	월촌면
80	답	5	1,872	7/5	朴元章	0	0	0	東谷前坪	월촌면
81	답	5	1,350	5/4	朴元長	0	0	0	東谷前坪	월촌면
82	답	5	3,250	13/0	金鎭玉	0	0	0	東谷坪	월촌면
83	답	5	900	3/6	吳行善	0	0	0	下龍坪	월촌면
	총계		180,081			11	34	20		

지에 3결 37부 4속이며, 대지가 11필지에 70부 1속이다. 곧 이상설의 소유지는 밭이나 대지보다 논의 면적이 훨씬 많았는데, 전품의 평균은 3.41등으로 중급 정도에 해당한다.[20]

이상설의 토지는 남변면·북변면·초평면·월촌면의 4개 면에 걸쳐 있

---

[20] 『충청북도진천군양안』에 따르면 전답의 총결은 3,682결 16부 4속으로 이 중 밭이 34.1%, 논이 65.9%인데, 이상설 소유 토지는 36% : 64%로 이와 유사하다.

어 집중도는 그리 높지 않다.[21] 물론 이상설은 자신 소유의 토지를 직접 경작하지 않고 타인에게 대여하는 병작지주였다. 이상설 소유 토지에는 모두 11채의 가옥이 있었는데, 초가가 10채에 34간, 기와가 1채에 20간이었다. 양안의 기록상 이상설은 초평면 금곡리 금한마을에 20간짜리 기와집에 거주한 것으로 되어 있다(일련번호 37).[22] 이상설의 집을 중심으로 동으로는 김세현金世鉉이 대주이자 가주인 초가 3간집이, 서로는 김재찬金在燦이 대주이자 가주인 기와 10간집과 초가 4간집이, 남으로는 김대현金大鉉의 전田이, 북으로는 이상설이 대주이고 이병호李炳虎가 가주인 초가 2간집이 있었다. 그의 집 주변에 몇 채의 집이 더 있었는데, 김재능金在能과 김규현金珪鉉의 초가 2간집도 이상설의 땅에 지은 것이다.[23] 즉, 이상설의 집은 북으로 자신의 밭에 지은 이병호의 집 뒤로 바로 산을 등지고 있으며, 서쪽으로는 김재찬의 집 뒤로 산록이 있었고, 집 앞으로 문전옥답이 펼쳐져 제방과 냇가에 이르는 모양임을 알 수 있다(그림 1 참조).[24]

이 같은 이상설의 고향의 토지 소유 현황은 그가 펼친 독립운동의 경제적 기반을 밝히는 단서를 제공할 수 있을 것이다. 지금까지 독립운동사에서 독립운동가의 군자금으로 이회영 형제의 600억 원 정도가 알려져 있을 뿐이다.[25] 이상설이 양부에게서 상속받은 서울의 가옥과 토

---

21 이상설의 각 면별 토지 소유 면적(정보)은 월촌면(6.91), 초평면(5.98), 북변면(3.55), 남변면(3.2) 순이다.

22 현재 진천군 초평면 금곡리 411번지 일원인 이상설 명의의 집은 일제가 토지조사사업을 시작할 때 査定(1912. 3. 20)한 문서에는 정인보 명의로 되어 있다(『土地臺帳』, 진천군). 이 집은 3·1운동 직후인 1919년 3월 31일 유해준(김재찬의 사위)에게 양도되었다. 『土地臺帳』에 따르면 1910년대 초평면 일원에는 정인보 명의의 토지가 적지 않았다. 이상설과 정인보의 토지 거래 등의 관계 파악은 향후 과제로 미룬다.

23 이들은 광산김씨들인데, 현재도 금한마을은 광산김씨가 집성촌을 이루고 있다.

24 『진천군양안』 김곡리.

25 김삼웅, 『이회영평전』, 책보세, 2011, 65쪽.

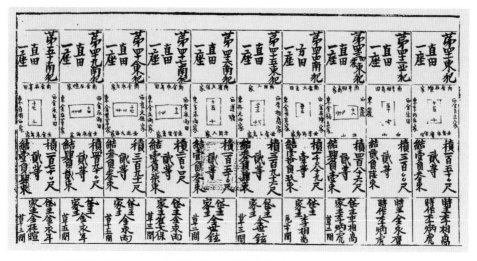

그림 1   이상설이 대주와 가주로 기록된 『충청북도진천군양안』(초평면 금곡리)

지도 상당액에 달하나,[26] 확인할 부분이 남아 있다. 따라서 이 글에서는 우선 그의 진천 소유 토지를 중심으로 논의하되, 향후 전체 재산을 논의하여 독립운동자금 문제를 재론하고자 한다.

그간 이상설은 7세 때인 1876년 출계하여 상경함으로써 고향 진천과 절연한 것으로 이해해왔다. 그러나 이번에 분석한 『충청북도진천군양안』의 이상설 토지 소유 현황은 그가 출계 후 망명 직전까지 30여

---

[26] 이 글을 탈고하는 시점에 이상설이 1906년 서울 중구 저동 73통 2호에 소유했던 瓦屋 77칸의 건축대장을 확인했다. 이 집은 이상설이 1906년 2월 19일 李世稙에게서 매입했다가 이듬해 6월 1일 村田金次郎에게 매도했다(『漢城府統表』). 이 집은 당시 건축물 규모도 대단하지만, 대지가 약 500평으로 부동산중개소에 문의한 결과, 현재 시가로 1,500억 원을 호가하는 엄청난 규모이다. 물론 당시와 현재의 토지와 가옥의 환금가치를 단순 비교할 수 없다고 하더라도 상당액의 규모임은 틀림없다. 이 부동산을 그의 망명 직후에 매각한 것으로 보아 이 또한 독립운동자금으로 전용했을 가능성이 크나, 더 이상의 사실은 알 수 없다. 이상설이 진천 이외의 서울 등지에 소유했던 부동산은 현재 추가 확인 중에 있어 추후 논의하고자 한다.

년간 고향에 대규모 토지를 소유하고 부재지주로서 병작 경영해온 사실을 입증함으로써 고향과의 연계를 확인시켜주는 소중한 자료다.

동양평화론과 안중근 의거 주도

동양평화론東洋平和論과 관련하여 가장 널리 알려진 인물은 안중근이다. 그가 옥중에서 『동양평화론』을 집필했고, 이토 히로부미와 대비되는 그의 구체적 정치구상을 잘 제시하고 있기 때문이다.[27] 안중근 의거는 연해주 한인 지도자와의 관련하에서 진행되었다. 안중근 의거 직후 일제는 배후 인물을 밝히기에 혈안이 되었다. 안중근은 법정에서 자신의 상관을 김두성金斗星이라고 밝혔다. 그는 1910년 2월 7일 관동도독부 법정에서 마나베 주조眞鍋十藏 재판관의 심문에 대해 이전부터 연추에서 김두성에게서 청국과 노령에서 의병사령관으로 활동하라는 명령을 받았으나, 의거와 관련하여 경비를 지원받지는 않았다고 답변했다.[28]

안중근이 언급한 김두성에 대하여는 류인석설, 최재형설, 실존 인물설, 고종 황제설, 고종 측근설 등 다양한 논의가 펼쳐졌다.[29] 한편 안중근과 최재형[30]·류인석[31]과의 관계를 주목한 논고가 나온 것도 의거를

27 현광호, 「안중근의 동양평화론의 연구 현황과 연구 과제」, 『한국민족운동사연구』 제75권 75호, 한국민족운동사학회, 2013, 93~132쪽.
28 국사편찬위원회, 「공판시말서 ①」, 『한국독립운동사자료』 제6권, 1969, 306~308쪽.
29 오영섭, 「안중근 상관 金斗星의 실체를 둘러싼 諸說의 비판적 검토」, 『한국민족운동사연구』 제85권 85호, 2015, 39~88쪽.
30 반병률, 「安重根과 崔在亨」, 『역사문화연구』 제33권, 2009, 71~114쪽.
31 이상근, 「러시아 연해주에서 柳麟錫과 安重根」, 『毅菴學研究』 제4권, 2006, 71~114쪽; 박민영, 「柳麟錫의 의병 통합 노력과 安重根의 하얼빈의거」, 『毅菴學研究』 제7권, 2009, 81~107쪽; 鄭禹澤, 「安重根 의사의 독립운동과 毅菴 柳麟錫 관련 연구」, 『華西學會研究』 제7권, 2016, 32~67쪽.

구체적으로 파악하기 위한 노력의 일환이다. 그러나 안중근과 이상설의 연계에 대해서는 거의 주목하지 않거나, 의거에 미친 영향에 대해서 소극적으로 기술하는 정도이다. 일제는 안중근 의거 직후 '공범자'로 인정할 만한 연해주 한인사회 지도자를 거명했는데 최재형을 가장 세력이 있는 첫 번째 인물로 꼽고 '제2위의 세력가'로서 이상설을 주목했다.

元 學者로 頗히 명망이 있다. 明治三十八年一九○五 日韓協約 당시에 있어서는 의정부 참찬[内閣書記官長]이었었는데 협약이 성립되자 此를 개탄하여 協約破毁의 上奏率先者가 되어 동지와 더불어 경성 서대문 동대문 간을 분주하면서 國家將亡이라고 號泣하여 此를 호소 크게 인심을 동요케 하였다. 明治三十九年一九○六 三月 慨然立志 국권이 회복 안 되면 맹서코 경성 땅을 밟지 않겠다 하고 남부 苧洞[若草町] 저택을 매각하고 간도로 가서 새로이 학교를 창설하고 盛히 배일사상 고취에 노력하였었는데 李儁이 해아평화회의에 가게 됨에 당하여 共히 相携하여 화란에 이르러 목적이 실패되자 헐버트와 共히 미국에 이르렀었는데 최재형 등은 此를 맞아서 謀主로 삼고자 여비를 보내어 블라디보스토크로 오게 하였다. 이래 노우에프스키·블라디보스토크 간을 왕래하면서 항상 극동총독부에 출입하여 최재형에 다음가는 제이위의 세력자였다.[32]

다른 자료에서도 일제는 연해주의 첫째 실력자를 최재형으로, 둘째를 이상설로, 이범윤과 류인석을 그다음 순위로 파악했다.[33] 일제는 안중

32 국사편찬위원회, 『한국독립운동사자료』 제7권, 1969.
33 機密統發 第1961號, 「松井局長으로부터 統監에게의 提出書 寫本 送付의 件」, 1909. 11. 12(臨時統監府 總務長官 署理 統監府 參與官 石塚英藏 → 駐劄軍 參謀長 明石元二郎).

근 의거를 조사하며, 이 의거의 수령은 최재형인데, 이상설의 '헌책獻策'으로 부하를 사주하여 벌인 일이라고 판단했다. 곧 연해주에서 최고의 실력자는 최재형이나, 그를 움직이는 책사는 이상설이라는 것이다. 위의 일제 자료에서 최재형이 이상설을 '모주謀主로 삼고자' 블라디보스토크로 초빙했다는 표현에 주목할 필요가 있다. 곧 일제는 연해주 독립운동의 최고 실력자를 최재형으로 파악했으나, 사실상 그를 움직이는 인물은 이상설이라고 판단했던 것이다.

이 자료에 따르면 일제는 안중근이 간도에서 이상설의 문하생이 되어 그에게 사사했고, 이상설이 헤이그 사행을 떠나자 블라디보스토크로 와서 최재형의 부하가 된 것으로 파악했다.[34] 즉, 일제는 안중근 의거의 정신적 배경으로서 간도 시기 이상설과 안중근의 만남에 의미를 부여했음을 알 수 있다.

실제 일제는 안중근 의거 직후 연해주 지역 관련자를 조사하는 과정에서 최재형 다음으로 이상설에게 혐의를 두었다. 일제는 안중근 의거 직전인 10월 14일 이상설이 하바롭스크로 떠났고, 안중근이 그 며칠 전인 10월 9일 연추로 떠났다는 정보를 입수했다. 일제는 둘의 행보를 모두 안중근 의거와 관련지어 파악했다. 즉, 일제는 이상설의 하바롭스크 행을 '흉행兇行'의 동지를 모집하기 위한 행동으로, 안중근의 연추행을 최재형을 만나 계획을 논의하기 위한 것으로 보았다. 따라서 일제는 안중근 의거의 책원지로 하바롭스크와 연추를, 배후자로 이상설과 최재형을 주목했던 것이다.[35]

---

34 국사편찬위원회, 『한국독립운동사자료』 7, 1969. 그러나 안중근은 자신이 간도로 이상설을 방문했을 때 그가 만국평화회의에 가고 없어서 만나지 못했다고 답변했다.

35 機密統發 第1961號, 「松井局長으로부터 統監에게의 提出書 寫本 送付의 件」, 1909. 11. 12(臨時統監府 總務長官 署理 統監府 參與官 石塚英藏 → 駐劄軍 參謀長 明石元二郎).

일제는 안중근이 의거를 떠나기에 앞서 블라디보스토크에서 이상설을 만나는지 여부에 촉각을 곤두세웠다. 그러나 안중근은 이상설을 만나지 못하고 하얼빈으로 떠났다. 이상설이 군영지 개척을 위해 청령淸領 쑤이펀허綏芬河로 갔기 때문인데, 안중근은 자신이 이상설을 만나지 못해 유감으로 생각한다고 답변했다.[36]

이상설은 1909년 여름 안중근을 블라디보스토크에서 처음 만나 '수회數回' 면회를 했다. 안중근은 제3회 공술(1909. 11. 29)에서 이상설에 대해 다음과 같이 답변했다.

李相卨은 금년 여름 블라디보스토크에서 처음으로 만났다. 同人의 포부는 매우 크다. 세계대세에 통해 동양의 시국을 간파하고 있었다. 李範允 따위는 萬人이 모여도 相卨에는 미치지 못한다. 同人의 의병에 대한 관념은 의병을 일으키니 한인은 일본의 보호를 받는 것을 기뻐한다고 伊藤이 중외에 선전하고 있는데 그것은 결코 기뻐하는 것이 아니라는 반증으로서는 굳이 나쁘지 않을 것이다. 그러나 동양인 사이에 불화를 초래하여 인심의 일치를 맺지 못하게 되면 동양의 평화가 스스로 파괴되는 것을 우려한다고 말하고 있었다. 수회 면회하여 그의 인물을 보니 기량이 크고 사리에 통하는 대인물로서 대신의 그릇됨을 잃지 않았다.[37]

이상설을 몇 차례 만나 대화를 나눈 안중근은 그를 '기량器量이 크고 사리事理에 통하는 대인물大人物'로 정의했다. 이 답변에서는 이상설을 자

---

36 국사편찬위원회, 「境 警視의 訊問에 대한 安應七의 供述(第一回)」, 『한국독립운동사 자료』 7, 1969, 396쪽.

37 국사편찬위원회, 「境 警視의 訊問에 대한 安應七의 供述(第三回)」, 『한국독립운동사 자료』 7, 1969,

기 상관이었던 이범윤과 비교하는 대목이 주목된다. 만인의 이범윤이 이상설에 미치지 못한다는 평가를 한 것이다. 이상설에게는 극찬이지만 이범윤에게는 매우 폄하적인 평가이다. 이는 안중근과 이범윤의 의병에 관한 의견이 상충된 결과로 보인다. 즉, 안중근은 제1회 공술 시 이범윤과는 의견이 맞지 않아 의병을 같이 일으킨 적이 없다고 답변한 바 있다. 물론 안중근은 이상설의 의병관에 대해서도 그리 긍정적으로 평가하지만은 않았다. 이상설이 의병을 '굳이' 반대하지는 않으나, 그 이유는 이토가 중외에 한인이 일본의 보호를 기뻐하지 않는다는 반증이 되기 때문이라고 보았다. 반면 이상설은 의병이 동양인 사이의 불화를 초래하여 동양평화를 해칠 수 있다는 우려를 지니고 있다고 보았다.

이상설이 의병조직인 동의회에 참여한 것은 확인되지 않는다. 그러나 그의 심복 정순만이 평의원으로 참여하고 있어 일정한 관련은 있어 보인다.[38] 더구나 이상설은 후일 십삼도의군을 주도했기 때문에 그가 부정적 의병관을 지녔다고 해석하는 것은 타당하지 않다. 일제는 1909년 이상설에 관한 조사 보고에서 그가 '주의主義로 폭동·암살 등의 비문명적 행위에 반대하고 오로지 문명적 행동에 의해 한국韓國의 독립을 기도企圖'하고 있다고 파악했다.[39] 이는 명백한 오판이었다. 당시 그는 봉밀산 개척에 분주했는데, 이는 독립군기지개척론에 입각한 활동이었음을 일제가 파악하지 못한 결과였다. 안중근의 이상설에 대한 극찬은 제5회 공술(1909. 12. 2)에서도 계속되었다.

李相卨은 재사이며 법률에 밝고 數算에 통달하며 英·佛·日語에 통한다. 사람은 지위에 따라 마음가짐을 바꾸는 것이므로 崔益鉉 許蔿

---

38 「統監報告」(1909년 10월 30일), 『국편자료』 7, 256쪽.

등에 견주면 용맹한 기상은 혹 적겠으나 지위를 달리하므로 하는 수 없다. 세계 대세에 통하고 애국심이 강해 교육발달을 도모하고 국가 백년의 대계를 세우는 자는 이 사람일 것이다. 또 東洋平和主義를 가지는 데에 있어 이 사람과 같은 친절한 마음을 가진 자는 드물다.

3회 심문에 대한 공술 때의 평가보다도 더욱 구체적이다. 여기에서 안중근은 이상설을 최익현이나 허위 등 의병장과 비교했다. 의병론자·무장투쟁론자인 안중근의 인물관을 보여주는 대목이다. 안중근은 이상설이 최익현이나 허위보다 용맹한 기상은 적으나, 이는 사람의 지위에 따른 차이일 뿐이라고 했다. 오히려 안중근은 이상설에 대해 ① 세계 대세에 통함, ② 애국심이 강해 교육발달을 도모하고 국가 백년대계를 세움, ③ 동양평화주의의 친절한 마음의 소유자라는 사실을 높이 평가했다.

이 부분에서는 안중근의 류인석 평가와 대비할 필요가 있다. 안중근은 1908년 봄에 블라디보스토크에서 류인석을 만나 가르침을 청한 바 있다. 그는 당시 류인석을 면회한 소견을 다음과 같이 밝혔다.

… 노쇠한 그는 다만 일본인을 미워할 뿐이며 세계의 대세 동양의 백면을 아는 사람이 아니다. 한국에 있는 일본인을 구축하는 것을 목적으로 할 뿐 결코 금일의 형세에는 통하지 않는다. 러시아인들이 내방한 일은 없다. 한인 중에는 본국에서 학자가 왔다 하여 모두 가서 여정을 위로하나 금일 이곳에 있는 한인은 그와 같은 완고하고 시세에 어두운 사람과는 의사가 합치하지 않으며 다만 노인이므로 존경심

---

39 諸機密 三七號, 「排日的 韓人에 관한 調取의 件」, 1909. 12. 10(在哈爾賓總領事 → 統監府 總務長官).

을 가지고 있다고 해도 과언이 아닐 것이다.[40]

　이에 따르면 안중근은 아무리 의병장이라 하더라도 무조건 존경하지만은 않았음을 알 수 있다. 그는 류인석을 단지 일본인을 미워하고 그들을 구축하는 것만을 목표로 하는 완고하고 시세에 어두운 학자라고 평가하며, 연해주 한인이 그를 존경하는 것은 노인이기 때문이라고 했다.
　안중근의 이상설 평가의 요체는 동양평화론에 있었다. 그는 이상설을 세계 대세에 통하고 동양의 시국을 간파하며 동양평화주의를 지닌 대표적 인물로 극찬했다. 일제가 안중근이 이상설을 가장 존숭尊崇했다고 파악한 것은 그 때문이다.[41] 그러나 이상설 연구에서는 이 부분이 간과되어왔다.[42] 안중근의 동양평화론 형성에 이상설이 미친 영향은 좀 더 추구되어야 할 주제이나, 그 관련성은 의심할 바 없다. 일제와 연해주 한인사회가 이상설을 안중근 의거에 영향을 미친 주요 인물로 지목하고, 이상설이 의거 이후 정순만과 함께 변호사 선임 등 안중근의 사후를 도모하는 활동을 한 것은[43] 그 증좌라 할 수 있다. 안중근 의거 직후 중국 언론도 안중근이 이상설의 부하임을 주목했다.[44]
　요컨대 이상설의 동양평화론은 안중근의 동양평화론 형성에 중요한

40　국사편찬위원회, 『한국독립운동사자료』 7, 1969. 境 警視의 訊問에 대한 安應七의 供述(第二回).
41　日本公使館記錄, 「1909년 安重根及合倂에 關한 書類一」(윤병석, 『增補 李相卨傳』, 132쪽 재인용).
42　윤병석은 이상설의 독립운동이 동양평화를 위한 경륜을 펼친 것으로 간략히 서술했으나(『增補 李相卨傳』, 156쪽), 근거를 제시하거나 논의를 구체적으로 전개하지는 않았다.
43　電報 第三三號(暗號), 1909. 11. 26(明石元二郎等 → 石塚長官, 『한국독립운동사자료』 7).
44　중국 언론 중 안중근 의거 직후 그가 이상설의 부하였다는 사실을 처음 보도한 것은 1909년 11월 9일자 『民吁日報』였으며, 『漢口中西報』는 11월 14일자에, 『廈門日報』는 11월 20일자에 『民吁日報』 기사를 그대로 전재하여 보도했다.

영향을 미쳤고, 이상설은 안중근 의거를 주도한 인물로서 최재형이나 류인석보다 실질적 배후로서 평가해 마땅하다.

광무황제와의 관계와 정체론

이상설의 독립운동론과 독립운동의 내면을 정확하게 이해하기 위해서는 그가 지닌 정체론政體論을 올바로 이해해야 한다. 이상설의 정체론은 별로 논의되지 않은 주제이나, 그가 1910년대를 대표하는 독립운동 지도자라는 사실을 전제하면 매우 중요한 논의 대상이다. 그런데 그가 대한광복군정부 정통령正統領에 피선된 사실과, 박은식·신규식 등과 신한혁명단 활동을 펼친 사실에 주목하여 그의 정체론을 공화정으로 이해하려는 경향이 있다. 심지어는 그가 정통령에 피선되거나 추대되었다는 사실을 강조하여 국가 수반격 위상의 인물로 평가하려는 경향도 있다.[45]

이를 제대로 논의하기 위해서는 먼저 대한광복군정부大韓光復軍政府와 정통령에 대한 올바른 이해가 필요하다. 대한광복군정부는 한인의 시베리아 이민 50주년인 1914년에 맞춰 조직된 단체이다. 이 단체의 성격에 대해서는 '국치 후 최초의 망명정부'로 보는 견해와,[46] 명칭 그대로 군정부軍政府로 해석하는 견해가 있다.[47] 그러나 대한광복군정부는 관련 자료가 거의 없고, 조직 직후 제1차 세계대전의 발발과 일본과 동맹을

---

45 이상설 순국 100주년 추모제전위원회가 추모제의 격식을 국가수반에 준해서 거행해야 한다고 논의한 것이 그 사례의 하나이다.

46 尹炳奭(1998), 앞의 책, 155쪽.

47 趙東杰, 「臨時政府 樹立을 위한 1917년의 〈大同團結宣言〉」, 『韓國民族主義의 成立과 獨立運動史研究』, 지식산업사, 1989, 326쪽. 다만 군정부는 民政도 관할하는 성격을 가지므로 단순한 군사령관은 다른 首席(사령관)으로 해석하고 있다. 물론 자료가 없으므로 근거를 제시하지는 않았다.

체결한 러시아의 탄압으로 해체되고 말았기 때문에 구체적 조직과 실상을 이해하기는 어렵다. 대한광복군정부의 정체에 대해 중요한 시사를 하는 것은 계봉우의 기록이다.

> … 紀元 4247年 甲寅(1914年)에 至하여 俄國 경성으로부터 각 지방을 통하여 俄日戰爭 10年 紀念會된 결과로 복수열이 極頂에 달하여 다시 개전될 조짐이 非朝非夕에 在하매 李相卨·李東輝·李東寧·鄭在寬 諸氏의 主謀로 俄中 兩領에 산재한 동지를 대망라하야 大韓光復軍政府를 조직하고 正統領을 선출하야서 軍務를 總轄케 하니 첫째는 李相卨씨요 그다음은 李東輝氏가 되얏섰다. 군대를 극비리에서 편성하고 中領 羅子溝에는 사관학교까지 設하였으며 또 우리 민족의 俄領 이주한 50年 기념대회를 장차 開하고 그 시기를 이용하야 군자금을 수취하기로 하야 俄官에게 그 기념 허가까지 득하였는데 …[48]

그는 대한광복군정부의 비서로 활동한 인물이기 때문에 누구보다 그 실체에 정통하다고 자부하고 있었으며 기록도 신빙할 만하다. 이 기록에 따르면 대한광복군정부는 무장투쟁을 위한 군사조직으로 보는 것이 타당하다. 더구나 이상설을 정통령으로 선출하여 군무軍務를 총할總轄하게 했다는 사실은 대한광복군정부가 군무를 중심으로 한 무장투쟁단체였음을 확인시켜준다. 무엇보다도 이상설이 광무황제가 존재하고 있는데, 그를 제치고 공화정부를 수립하여 국가 원수로서 정부의 수반이 되었다고는 상정할 수 없다.

한편 계봉우는 대한광복군정부와 정통령에 대해 상위한 기록을 남

---

48 뒤바보, 「俄領實記」, 『獨立新聞』, 1920년 3월 30일자.

겄다. 그는 대한광복군정부는 러일전쟁의 분위기에 편승하여 이동휘가 주창하여 조직한 비밀정부로서, 3군구(제1군구: 노령, 제2군구: 북간도, 제3군구: 서간도)로 나눴고, 군구의 통제권은 '정도령正都領'에게 있었다고 했다. 그는 정도령은 비결에 대한 조선 민중의 신앙 조건을 부합시킨 것이라고 부연 설명했다.[49] 즉, 정통령이 아니라 비결秘訣에 나오는 정도령이라는 주장을 한 것이다. 정도령이란 그 자신이 정통령이라고 한 다른 기록과 상위하며, 다른 사람들의 기록과도 다르므로 정밀한 검토가 필요하다.

동양사회에서 통령이라는 용어는 무관 직책 또는 군사와 관련된 직책에 사용되어왔다.[50] 우리 근대사에 통령이라는 직책이 의미 있게 사용된 사례는 손병희에게서 찾아볼 수 있다. 손병희는 동학의 통령이었는데, 3·1운동을 주도했다가 일제에 피체되어 1919년 8월 21일 고등법원에서 예심판사 남상장楠常藏에게 이와 관련된 심문을 받았다.

그때(동학혁명-필자 주) 동학의 수령은 누구인가?

최시형이었으나 연로하므로 나를 통령으로 추천하여 사실상 내가 수령으로 있었고 전라도 전봉준과 3인이 연락을 취하고 있었다.

그때 피고는 신정부를 수립하려면 어떤 정체를 하려고 생각하였는가?

그 당시 정부 체제를 논할 시대는 아니었고 착실한 사람을 택하여 정부를 다시 조직할 생각이었고 李朝를 전복할 목적은 아니었다.

피고는 동학의 통령으로 있을 때 정부를 없애고 자신이 정치를 할 포부를 가지고 있지 않았는가?

---

49 桂奉瑀, 『꿈속의 꿈』(『北愚 桂奉瑀資料集』) 1, 독립기념관 한국독립운동사연구소, 1996, 171쪽).

50 갑신정변 당시 우리나라에 진주한 袁世凱의 상관 吳長慶의 직위가 통령이었다. 우리나라에서는 조선시대 조운선 10척을 거느리는 벼슬을 통령이라고 불렀다.

통령이라고 하는 것은 군사를 일으키는 데 있어 통솔하는 것을 명명한 것이지 정부를 정복하고 내가 정부를 조직한다는 것은 아니다.[51]

곧 통령이란 정부를 대표하는 수반인 대통령의 개념이 아니라, 군사단위의 지휘자를 말한다. 특히 기존의 조선왕조 정부를 전복하거나 정복하고 새로운 정부를 조직하기 위한 직책이 아니었다는 손병희의 답변에 주목할 필요가 있다. 한편 계봉우의 기록에서 또 하나 주목되는 것은 이상설이 정도령을 '자퇴'했다는 사실이다.

… 통일을 표방한 대한광복군정부의 주석인 정도령으로 피선되었다가 인차 자퇴한 것은 무슨 까닭일까? 그에게는 그런 신망을 등지지 아니할 만한 능력도 없지 않았다. …

대한광복군정부에 대해서는 워낙 기록이 불비하나, 이상설이 정도령에 피선되었다가 '자퇴'했다는 내용은 이 기록이 유일하다. 이는 지금까지 학계에서 전혀 주목하지 않은 부분이다. 계봉우는 이상설이 정도령을 자퇴한 까닭을 지방색을 배경으로 한 계파 간 다툼에서 비롯한 것으로 파악했다. 이와 함께 계봉우는 이상설이 『권업신문』 주필을 사퇴한 것도 같은 이유로 설명했다.[52] 이러한 계봉우의 기록은 이상설에 대한 개인적인 감정에서 비롯된 의도적 악평의 성격이 농후하다. 그러나 대한광복군정부 비서라는 그의 위치를 전제하면 소홀히 할 수 없는 기록이다. 신한혁명단을 대한광복군정부의 다른 형태로 해석하는 견해

51 李炳憲, 『3·1運動秘史』, 시사시보사, 1959, 85쪽.
52 桂奉瑀, 『꿈속의 꿈』(『北愚 桂奉瑀資料集』 1, 독립기념관 한국독립운동사연구소, 1996, 172쪽).

도 있는데,[53] 그렇다면 더구나 정부로 보기는 어렵다. 오히려 가설이기는 하나, 대한광복군정부는 1910년에 조직되었다가 해산한 십삼도의군을 발전적으로 계승한 조직으로 보는 것이 타당하지 않을까 한다. 즉, 대한광복군정부는 이전의 의병적 조직이 독립군적 형태로 변화·발전한 것으로 이해된다. 이상설은 광무황제의 최측근 근신近臣이었다. 이상설은 광무황제에게 을사늑약에 반대하고 '순사직殉社稷'하라는 상소를 올렸다.

> … 대저 그 약관이란 인준해도 나라는 망하고 인준을 아니해도 나라는 또한 망합니다. 이래도 망하고 저래도 망할 바에야 차라리 순사의 뜻을 결정하여 단연코 거부하여 열조열종의 폐하께 부비하신 중임을 저버리지 않는 것이 낫지 않겠습니까? …[54]

그의 상소를 보도한 『대한매일신보大韓每日申報』는 국가 위난의 때를 당해 '진언불휘盡言不諱'의 직언을 하는 신하들은 많지만 임금에게 순사殉社의 뜻으로 간諫한 신하는 오직 '대충대의大忠大義'의 이상설뿐이라고 극찬했다. 그리고 그러한 이상설의 '충언'은 광무황제의 '명확한 성단聖斷'이 아니었다면 들을 수 없는 일이라고 했다. 이 언론의 보도와 같이 이상설이 황제에게 순사직의 상소를 할 수 있었던 것은 황제의 근신으로서 군신 간의 신뢰에 기인한 것이다. 광무황제가 자신의 모든 것을 걸고 극비리에 추진한 헤이그 특사의 정사로서 이상설을 지명한 것도 그 때문이다.

이상설은 입헌군주제적인 정체론을 지녔던 것으로 이해된다. 그가 1909년 『신한민보新韓民報』에 기고한 논설에는 그의 정체론이 잘 드러난다. 그는 자신은 금수나 초목이 아니어서 임금과 황실을 존중한다며,

---

53 尹炳奭(1998), 앞의 책, 168쪽.
54 『大韓每日申報』, 1905년 11월 24일자.

'이씨李氏 종사宗社의 만대萬代 상전上典하기'와, '황실의 만수무강'을 매일 빈다고 했다. 그리고 자신이 영국 의회 개회식에 참관했을 때 에드워드 7세를 바라보는 수많은 영국 인민들이 만세를 외치는 광경을 보고 '하염없는 더운 눈물이 옷깃을 적심을 깨닫지 못하여 취한 듯이 미친 듯이 심신을 진정鎭靜치 못한' 일화를 소개했다. 이상설은 영국 인민은 임금과 나라를 분별하여 임금이 직책을 다하도록 하여 나라의 이익을 도모하나, 우리는 영국 인민과 달라 임금과 나라를 하나로 알아 임금으로 하여금 직책을 다하게 하지 못해 나라를 망하게 했다고 했다. 그 생각이 이상설로 하여금 울음이 나게 만든 것이었다. 그는 임금-나라-인민의 관계를 다음과 같이 설명했다.

> … 슳흐다. 우리 인민의 분간치 못하는 바는 님군과 나라이다. 님군과 나라를 분간치 못하면 님군을 욕되게 하며 나라를 망케 함을 면치 못하나니라. 무릇 님군은 나라를 위하여 둔 것이요 나라는 님군을 위하여 세운 것이 아니니, 이럼으로 님군이란 것은 인민이 자기의 사무를 위탁한 공평된 종뿐이오. 인민이란 것은 님군으로 하여금 저의 직역을 전력케 하는 최초 상전이라. 종된 님군이 사무와 직역을 다하지 못할지면 상전된 인민의 책망을 도망키 어려우니 …[55]

이는 헤이그 사행 직후 그의 정체론을 잘 보여주는 논설이다. 연해주로 돌아온 그는 1910년 십삼도의군 조직에 참여하고 도총재 류인석과 연명한 상소문을 인편을 통해 광무황제에게 보냈다. 이 상소문에서 이상설의 직함은 '의군별지휘義軍別指揮 전前 종2품가선대부의정부참찬從

---

55 창희ㅈ, 「皇室非滅國之利器」, 『新韓民報』, 1909년 3월 31일자.

二品嘉善大夫議政府參贊'이었는데, 그는 이 상소문에서 칭신을 하며 황제에게 내탕금의 지원과 연해주로 파천하여 독립운동을 영도해줄 것을 요청했다. 이상설은 광무황제에게 '폐하陛下를 보호保護하고 중흥中興할 계획計劃'을 갖고 있다고 확신을 심어주고자 했다. 이상설과 류인석이 고종의 망명을 계획한 것은 밖으로는 '세계만방의 공론을 제창'하고, 안으로는 '우리나라의 민심을 고동鼓動'시킬 수 있다고 여겼기 때문이다.[56] 십삼도 의군을 이끈 류인석과 이상설은 광무황제에 대한 군신의 의리론에 입각하고 있었다. 따라서 분명히 입헌군주제적 정체론을 지니고 있었다고 할 수 있다. 이상설뿐만 아니라 연해주에서 활동하던 민족지도자들의 정체론도 비슷한 사유였다. 1913년 이동휘·이종호·이강·이갑·정재관 등 권업회 지도자들이 블라디보스토크 신한촌 강양호姜良浩의 집에 모여서 계파 간 반목과 불화를 극복하고 '동심협력同心協力 성의제휴誠意提携하여 훗날 군부君父의 원수를 갚자'고 결의[57]한 것은 대부분의 연해주지역 지도자들의 정체론이 입헌군주제에 기반하고 있음을 알려준다.

성명회의 취지서에도 그의 입헌군주제적 정체론은 다시 확인된다. 성명회는 취지서에서 일본이 우리 황제를 핍박하고 정부를 위협하여 주권을 침탈한 사실을 지적하며 이를 비판했다. 당시 이상설은 각국 정부에 보내는 선언문을 직접 작성했는데, 「여청국정부서與淸國政府書」에서는 성명회를 '한국국민의회韓國國民議會'라고 표현하고는 있으나, 존황실尊皇室의 입장에서 일본의 침략을 규탄했다. 이상설은 명성황후 시해 등 일제가 우리 황실에 범한 '비문명적' 행위를 지적했고, 광무황제의 을사늑약 파기를 위한 외교 노력을 평가했다. 그리고 일본이 우리 황제의 존

56　尹炳奭,「與淸國政府書」,『增補 李相卨傳』, 1998, 130쪽.

57　「大正 5년 6월 30일조 朝鮮人槪況」(尹炳奭,「與淸國政府書」,『增補 李相卨傳』, 1998, 154쪽).

위를 폐치하고 일본 황족으로 편입하고 우리 정부의 직책을 폐멸시키고 일본 총독의 이름으로 대신하는 등의 죄악을 지적했다.[58] 한편 또 다른 성명회의 취지서 초고가 블라디보스토크 극동문서보관소에 소장되어 있는데, 여기에서도 '대한황제의 신민'임을 강조하고 있다.[59]

이상설의 신한혁명단 활동은 그와 광무황제와의 관계 및 정체론을 논의하는 데 중요한 단서를 제공한다. 그가 신한혁명단에 참여하기 위해 상하이로 간 것은 1915년 3월로, 대한광복군정부가 와해된 직후였다. 이상설은 본부를 베이징에 두기로 한 신한혁명단의 본부장으로 추대되었다. 신한혁명단은 광무황제를 당수로 추대하고자 했는데, 성낙형을 국내로 들여보내 광무황제에게서「중한의방조약中韓誼邦條約」을 체결하기 위한 위임장을 받아오도록 했다.

「중한의방조약」은 매우 중요한 한·중 국제조약인데, 그간 제대로 조명되지 못했다. 이 조약은 대독일대황제大獨逸大皇帝를 중한의방中韓誼邦의 연대보증국대황제連帶保證國大皇帝로 정해 중국과 한국의 쌍방 군사동맹적 성격을 지닌 것이다. 이 조약의 체결 주체는 '양국의 원수'인데, 대중화민국대총통大中華民國大總統을 의국대총통誼國大總統으로 정하고 한국韓國은 한국韓國○

---

58 尹炳奭,「與淸國政府書」,『增補 李相卨傳』, 1998, 138쪽. 이 글은 한국국민의회(성명회) 회장 류인석 명의로 되어 있으나, 이상설이 초고를 작성하고 류인석은 '略加修潤'하는 정도였다.

59 러시아 극동문서보관소 문서(관리번호, 1-11-73). 순 한글로 작성된 이 문서의 제목은「취지서재고」로, 성명회 명의로 되어 있으며 류인석·이범윤·김학만·차석보·김좌두·김치보 등 6명의 연명이 되어 있으나, 이상설 명의는 보이지 않는다. 이 초고는 실제 인쇄된 취지서와는 내용이 다르다. 초고의 내용은 "슬프다. 오늘 이후로는 다시 대한 이를 들어볼 수도 없을지며 대한 황제의 신민도 다시 되어볼 수 없을지며 대한 정부란 말도 다시 하여보지 못할지로다. 슬프다. 오늘 우리 대한의 신민이여. 어찌 차마 우리의 대한이 저 일본의 영지가 됨을 보며 어찌 차마 저 원수의 일본 睦仁이 우리의 임금이 되는 것을 보며 어찌 차마 저 무도 불법한 일본 관리가 우리의 상전이 됨을 보고 안연히 앉았으리요. 슬프다. 대한의 민족이여. 눈물이 뫼가 되며 백골이 진토가 될지라도 우리의 …"라고 되어 있다.

○○을 의방국^{誼邦國}○○○으로 정한다고 규정했다.[60] 한국의 체결 주체를 ○○○으로 표기한 것은 망명정부가 수립되기 이전이었기 때문으로 보이는데 한국대황제^{韓國大皇帝}를 지칭하는 것으로 보아도 무방할 듯하다.

이처럼 신한혁명단이 광무황제에게 조약 체결 위임장을 받아오도록 성낙형을 파송한 사실에서도 광무황제를 염두에 둔 조직이었음은 의심할 바 없다. 그런데 조약문 가운데 '한국 혁명사업 착수' 이전에는 이 조약을 비밀에 부쳤다가 성공 후 정식으로 세계에 공포한다는 조항(제18조)과, '한국 혁명사업 착수' 이전에는 한·중·독 3국의 중요한 인물 사이에 사결^{私結}하고 성공 후 각 정부 원수가 이를 계승하여 공포한다는 조항(제19조)은 매우 중요한 단서를 시사한다. 즉, 이 조약은 공포와 계승 시점을 '한국 혁명사업 착수' 이전과 이후로 나누어 규정하고 있다. 여기에서 말하는 '한국혁명'이란 독립을 지칭하는 것이고, 혁명사업의 착수는 독립운동을 이끌어나갈 망명정부의 수립을 의미하는 것으로 이해된다.

광무황제의 옹립과 망명정부 수립을 위한 신한혁명단의 보황주의를 종결한 것은 1917년의 「대동단결선언^{大同團結宣言}」이었다. 이 선언은 주권불멸설에 의한 국민주권설을 내세우고, 융희황제의 주권 포기를 단정함으로써 왕실의 신국가 건설 참여를 원천 봉쇄했다.[61] 한국독립운동사에서 「대동단결선언」이 발표된 1917년은 정체론의 전개에서 중요한 의미를 지니는 해이다. 그러나 이해에 이상설은 47세를 일기로 순국했다. 이상설은 국제정세의 변화에 민감했던 인물이기 때문에 분명히 공화제를 인지하고 있었을 것이나, 광무황제는 그의 영원한 주군이었다. 따라서 그가 망명정부를 추진했다 하더라도 그것은 광무황제의 망명과 옹립 이상은 아니었다. 물론 신한혁명단이 광무황제를 받든 이

---

60 金正柱 編, 『朝鮮統治史料』 5, 東京韓國史料研究所, 1970, 629~671쪽.
61 趙東杰(1989), 앞의 논문, 316~317쪽.

유는 제정체제를 갖추는 것이 황제에 오를 예정인 위안스카이와 제정을 택하고 있는 독일의 지원을 받기에 유리했기 때문이었을 것이다. 또한 국내 동포의 지원을 받기 위해 황제가 지닌 상징성을 고려한 독립운동 방략의 일환이었을 수 있다.[62] 그러나 이상설의 광무황제에 대한 군신의 의리는 무엇에도 앞서는 최고의 가치였다. 신한혁명단 활동은 이상설의 민족운동에서 최후의 활동이었다. 따라서 이상설은 헤이그 특사 사행부터 광무황제의 근신으로서 황제의 명령을 충실히 수행했으며, 망명 이후 순국할 때까지 광무황제에 대한 충성심을 지니고 군신의 의리를 저버리지 않았던 것이다. 그러므로 이상설의 정체론은 입헌군주제의 단계를 벗어나지 않았다. 그것은 시기적으로도 그렇고, 이상설 개인의 의리론으로 보아도 그러하다.

연해주 한인사회의 통합과 권업회 조직

연해주 한인사회는 일찍이 분파가 형성되어 파쟁이 있어왔다. 그 원인과 배경은 복잡한 모습인데, 민족운동의 역량을 약화시키는 요인이 되었다. 일제는 이를 주시하며 한인사회를 통제하는 데 활용하고자 했다. 일제는 연해주 한인사회를 이범윤·이갑·최봉준·정순만 등 '유력한 파의 수장' 휘하 및 어느 파에도 속하지 않는 자 등 5개의 파로 구분하거나, 지역을 중심으로 경성파(서울파)·서파(평안도파)·북파(함경도파) 등 3개 파로 나눠 파악하고 있었다.[63]

---

62 尹炳奭(1998), 앞의 책, 166쪽.
63 박걸순, 「沿海州 韓人社會의 갈등과 鄭淳萬의 피살」, 『한국독립운동사연구』 제34권, 2009, 258~260쪽.

이상설은 연해주 한인사회의 통합을 위해 노력했다. 그는 북도인이든 남도인이든 원호와 여호 등을 가리지 않고 모든 계층에서 숭앙받았다.[64] 그는 명리를 초개와 같이 여기는 애국심을 바탕으로 특정 파당에 치중되지 않고 공평무사하게 일을 처리하고자 했다.

> … 정치가로서의 선생은 본시 물욕이나 영달에 뜻이 없었던 만큼 행정에 있어서도 불의를 남달리 미워하여 그 행적은 공평무사하였고 열렬한 애국심은 오히려 명리를 초개시한 것으로 미루어 만일 평화시였다면 그의 경륜을 펴고 賢相으로서 후세의 공덕을 많이 남겼을 것을 의심치 않는다. …[65]

연해주 한인사회가 파당의 분열을 극복하고 대동단결의 통합을 추구하여 이룬 결실이 1911년 12월 권업회의 창립이었다. 권업회는 이보다 앞선 6월 1일 발기회를 열고 임시 임원을 선출했다. 그 구성원의 면면을 보면 회장 최재형, 부회장 홍범도 등 대부분이 함경도파였다. 그런데 지금까지 권업회 연구에서 간과하고 있는 중대한 사실이 있다. 그것은 1911년 6월 1일 함경도파를 중심으로 발기회를 가진 권업회가 6개월여 만에 정식 발족하게 된 데는 비극적인 사건이 중요한 계기가 되었다는 사실이다. 곧 1911년 6월 21일 발생한 정순만 피살사건은 권업회 조직을 촉진한 중요 동인이 되었다.

정순만은 망명 이래 줄곧 이상설과 행동을 같이했다. 이상설은 정순만을 수령으로 내세워 활동하기도 했는데, 따라서 일제는 정순만을 '이상

---

64 尹炳奭(1998), 앞의 책, 153쪽.
65 李完熙, 「溥齋 李相卨先生傳記抄」(尹炳奭, 『增補李相卨傳』, 188쪽).

설의 심복'으로 파악할 정도였다.[66] 심지어 이상설은 정순만과 형제라고 말할 정도로[67] 불가분의 관계였다. 정순만 피살사건은 그가 1910년 1월 23일 민회장 양성춘을 오발사고로 사살한 데 대한 보복 살인으로 빚어진 참극이었다. 이 참극은 경성파와 서북파의 대립이라는 고질적인 연해주 한인사회의 분파가 작용한 결과였다. 일제는 이 사건 직후 '경북 양파兩派의 대분쟁'을 예견하기도 했다.[68] 정순만 피살 직후 연해주 한인사회의 분파와 대립상은 한 일제의 보고문건에 여실히 나타나 있다. 1911년 7월 일제가 밀정을 통해 수집한 이 자료에 따르면, 당시 한인사회는 경성파(서울파)·서파(평안도파)·북파(함경도파)의 3개 파벌이 대립해 있었고, 이상설은 개척리에 거주하며 경성파의 수령으로 보고되어 있다.[69]

---

66 朝憲機 第1451號(1911. 7. 12), 「六月二七日以降浦潮地方鮮人ノ動靜」, 『不逞團關係雜件-朝鮮人ノ部-在西比利亞(三)』(『CD-ROM 한국독립운동사』 36).

67 機密鮮第四三號(1911. 6. 27), 「鄭淳萬殺害ニ關スル報告」, 『不逞團關係雜件-朝鮮人ノ部-在西比利亞(三)』(『CD-ROM 한국독립운동사』 36).

68 機密鮮 第四八號(1911. 7. 31), 「朝鮮人形動靜ニ關スル密偵情報送付」, 『不逞團關係雜件-朝鮮人ノ部-在西比利亞(三)』(『CD-ROM 한국독립운동사』 36).

69 機密鮮 第四八號(1911. 7. 31), 「朝鮮人ノ動靜ニ關スル密偵ノ情報送付」(『CD-ROM 한국독립운동사』 36). 3개 계파를 정리하면 다음과 같다.
1. 京城派(19명): 首領 李相卨(開拓里), 柳麟錫, 金顯土(東洋學院 教師), 具德成(要塞司令部 偵吏), 尹逸柄(憲兵隊日本新聞反譯 근무), 李奎榮(市役所 書記), 安基璇(露國輸入東洋語文書檢閱官 雇員), 李敏馥(무직, 개척리), 金慶定(要塞司令部 探偵이라 함), 李範錫(개척리), 洪範道(煙秋), 李宗翊(학교 교사), 洪建杓(다수의 교과서를 경성에서 가져와서 책방을 시작했다고 함), 太完善(水上警察 雇吏), 徐相琦(元 聲明會員), 金學萬(元 民長, 개척리), 朴昌淳(露國密偵, 煙秋), 安玉道(元 副民長, 開拓里), 李範允(이르쿠츠크)
2. 西(平安道)派(14명): 首領 車錫甫(船內人夫頭), 金致寶(藥屋), 咸東喆(藥屋), 高尙俊(宿屋), 安昌浩(寧古塔), 李剛(슬라비얀카), 鄭右寬(煙秋), 安定根(寧古塔), 黃公道(니콜리스크), 崔寬屹(寧古塔), 許良勝(개척리), 申采浩(신문 주필), 白元甫(同通信係), 金聖武(蜂蜜山), 金起龍
3. 北(咸鏡道)派(23명): 首領 崔才亨(生牛 請負), 崔鳳俊(生牛, 船舶業), 崔萬學(봉준의 지배인), 兪鎭律(신문 발행인), 李尙雲(副民長), 김그레고리, 金奎涉(청년파 30인파의 수령), 金이반, 崔이반, 嚴仁燮, 李鐘浩, 金益鎔(이종호와 함께 來浦. 경성모

여기에서 주목해야 할 것은 연해주 한인사회의 파벌이 있었으나, 꾸준히 화해와 통합을 시도했다는 점이다. 정순만은 민회에서 양성춘에게 기호파와 서북파의 화해 주선을 요청한 바 있다.[70] 또한 '양성춘 사건'이 발발한 이후인 1910년 11월 6일 정오, 안창호와 이갑 등이 이상설과 만나 양파의 알력을 떨치고 상호 협력하여 조국의 독립회복을 위해 진력할 것을 약속하기도 했다.[71] 이듬해 1월 16일 밤에는 김학만이 각파 간의 내홍을 중재하기 위해 이상설·안창호·차석보·고상준·김규섭·유진률·김치보·신채호 등을 초청하여 연회를 베풀고, 모국의 독립만세 삼창을 외친 일도 있었다.[72]

그러나 정순만 피살사건은 조심스레 모색하던 양파의 화해 노력을 파국으로 몰고 갔다. 정순만은 과실살상죄로 러시아 감옥에서 1년여의 옥고를 치르고 1911년 2월 8일 출옥했다. 그러나 그는 정상적인 생활이 불가능했다. 그 까닭은 '북한파北韓派'가 정순만을 보복 살해할 것이라는 풍문이 자자했기 때문이다. 정순만은 출옥 후 이상설의 집에서 숨어 지내는 등 그의 보호하에서 겨우 생활할 수 있을 정도였다.[73]

결국 정순만은 처참하게 살해당하고 말았다. 이상설은 정순만의 피살 소식을 듣고 곧바로 현장에 당도하여 러시아 경관에게 형제간이라

법률학교 졸업생), 趙璋元(民會, 勸業會 書記), 李春植(元 新聞社員, 現 勸業會員), 田義根(美國으로부터 來浦한 자), 韓馨權(市役所 稅金係 雇吏), 李相憲(前憲兵隊 探偵), 오와실리(希敎 傳道師), 金秉學(民長), 田표토르(梁의 寡婦의 弟), 崔와실리.

70 「양씨피살상보」, 『大東共報』, 1910년 4월 24일자; 「양성춘씨피살흔뎐말」, 『新韓民報』, 1910년 6월 1일자.

71 憲機第二四一八號(1910. 12. 6), 「十一月九日以降浦潮斯德地方排日朝鮮人に關する 情報」(『CD-ROM 한국독립운동사』 36).

72 機密鮮第二號(1911. 1. 21), 「朝鮮人近況報告ノ件」(『CD-ROM 한국독립운동사』 36).

73 機密鮮 第十四號(1911. 2. 23), 「朝鮮人ノ動靜ニ關スル情報進達ノ件」 및 憲機 第四三二號(1911. 2. 24) 「二月十日以降浦潮斯德地方朝鮮人ノ動靜」(『CD-ROM 한국독립운동사』 36).

고 칭하여 정순만의 사체를 확인했다. 이때 서북파인 최공도崔公道가 현장에 도착, 이상설과 조우하여 악수를 청했으나, 이상설은 이를 외면해버렸다.[74] 이 장면은 정순만 피살이 향후 한인사회 계파 간 대립 등 동향을 상징적으로 보여준다. 정순만의 장례를 둘러싸고 계파 간 '분의紛議'가 있었으나, 이상설의 주선으로 무사히 치를 수 있었다. 그러나 경성파와 서북파의 반목이 더욱 심해질 것이라는 소문은 확산되어갔다.[75]

이상설은 정순만 피살 직후 러시아 관헌에 안창호·정재관·이강·김성무 등 서북파 4인을 고소했다. 그 사유는 이들이 양성춘의 형 양덕춘과 미망인에게 정순만 살해를 교사했다는 것이었다. 이에 따라 러시아 관헌이 이들에게 구인장을 발부했고, 이 사실을 눈치 챈 이강과 정재관은 미리 도피했으나, 자신들은 전혀 혐의가 없기 때문에 법정에 출두하여 변론을 하고자 했다.[76] 이들과 함께 백원보도 블라디보스토크 헌병사령관 명령으로 체포되었다.[77] '양성춘 사건' 이후 계파 간 대립 상황을 극복하기 위한 화해의 노력은 정순만 피살사건으로 물거품이 되었고, 경성파와 서북파의 대립은 더욱 극단으로 치닫게 되었다.

당시 이상설은 러시아 관헌과 유지하고 있던 긴밀한 관계를 적극 활용하려 한 것으로 보인다. 이상설은 10여 명의 기호 출신 인사들을 러시아 헌병사령부에 '정탐배偵探輩'로 배치했다.[78] 이는 서북파를 견제하

---

74 機密鮮 第四三號(1911. 6. 27), 「鄭淳萬殺害ニ關スル報告」 및 朝憲機第一三九0號(1911. 7. 5), 「六月二十一日以降木藤通譯官カ嚴仁燮ヨリ得タル情報」(『CD-ROM 한국독립운동사』 36).

75 朝憲機第一四五一號(1911. 7. 12), 「六月二十七日以降浦潮地方鮮人ノ動靜」(『CD-ROM 한국독립운동사』 36).

76 「李剛과 鄭在寬이 安昌浩에게 보낸 편지」(1911. 8. 7), 『島山安昌浩全集』 제2권, 411~413쪽.

77 「白元普가 安昌浩, 李甲에게 보낸 편지」(1911. 8. 7), 『島山安昌浩全集』 제2권, 131~135쪽.

78 반병률, 『성재 이동휘 일대기』, 범우사(1998, 100쪽)

고 기호파의 세력 확장을 도모하고자 한 조치로 이해된다. 그러나 이상설은 이러한 대치 국면을 오래 끌고 가지 않았다. 그는 자신이 고소했던 정재관에게 편지를 보내 만나자고 제안했다. 이상설은 편지에서 '청국혁명淸國革命' 풍조를 거론하며 조국의 참상을 애통해 하는 동시에 '통일단합'을 이루고자 하나 세인들이 모두 연해주의 당파는 '정모鄭某 이모李某의 소위所爲'라 하니 우선 '동석의사同席議事'하여 세인들의 무혹誣惑함을 깨뜨리자고 했다. 그는 치타에 있는 정재관에게 속히 여장을 꾸려 블라디보스토크로 오도록 하며 여비를 부담했다. 이에 대해 정재관도 이상설에게 회신했다.[79] 이상설은 1911년 말경부터 대립관계에 있던 이종호와 먼저 화해를 하고 정재관에게 편지를 보냈던 것이다.[80] 한편 북파 이익용도 서파 백원보에게 정재관의 블라디보스토크 내왕을 요청하기도 하는 등 한인사회에 화해의 분위기가 일었다.[81]

이 편지는 매우 중요한 사실을 시사한다. 즉, 정순만 피살사건을 계기로 극단을 치닫던 양파의 대결 국면에서 이상설이 먼저 정재관에게 화해의 손길을 내밀었고, 이에 정재관이 화답을 했던 것이다. 그럼으로써 발기회를 구성하고도 한동안 진척을 보지 못하던 권업회 조직이 추진되기에 이르렀다. 사실 권업회는 1911년 6월 1일 발기회가 열렸고, 청년근업회靑年勤業會와 합동한 후 기관지 『대양보大洋報』의 주도권을 둘러싸고 서도파와 북도파 간의 대립이 있었다. 급기야 북도파의 대표격인 이종호가 서도파 인사들의 권업회 참가를 저지하기 위하여 이들을 구타하고 위협하는 사건이 발생했다. 그리고 이상설이 러시아 헌병사령부에 정탐을 배치한 것이 이종호를 모해하기 위한 것이라는 의구심이 퍼지면

---

79 「李剛이 安昌浩에게 보낸 편지」(1912. 2. 12), 『島山安昌浩全集』 제2권, 436~437쪽.
80 「白元普가 安昌浩에게 보낸 편지」(1912. 3. 9), 『島山安昌浩全集』 제2권, 169~172쪽.
81 「白元普가 安昌浩에게 보낸 편지」(1911. 12. 29), 『島山安昌浩全集』 제2권, 166~168쪽.

서 기호파와 북도파 간의 충돌이 일어나는 등 각파 간의 분쟁은 격심해졌다. 따라서 권업회의 정식 창립은 난망한 상황이었다.

권업회는 1911년 12월 19일 정식 조직된 시베리아 한민족 개척과 독립운동사에서 가장 큰 자취를 남긴 재러한인의 연합 결집체였다.[82] 권업회가 악화된 계파 간 대립을 지양하고 조직이 가능했던 결정적 요인은 이상설의 노력이었다. 곧, 이상설의 심복 정순만이 야기한 양성춘 사건과 그로 인한 정순만 피살사건이 연해주 한인사회에 극도의 분열과 대립상을 형성했다. 이상설은 그 대립의 중심에 있던 인물이나, 그는 이를 극복하는 주역으로서 화해 분위기를 조성하여 결국 권업회 조직에 이르게 되었다. 권업회 창립총회 때 이상설이 임시의장으로 추대된 것은 이러한 배경에서 이해가 가능하다. 이상설은 임시의장으로서 창립총회를 주재했고 가장 중요 부서인 의사부 의장으로 선임되었다.[83] 또한 신채호에 이어 『권업신문』의 주필 및 사장을 맡는 등 한동안 권업회를 주도해나갔다.

그러나 한인사회의 계파 간 화해와 단합은 오래가지 못했다. 이는 권업회 조직 직후 그 정황을 안창호에게 보고한 백원보의 편지에 명확히 드러난다. 백원보는 권업회의 창립 과정과, 부서와 임원 등을 안창호에게 상세히 보고하며, 권업회가 러시아 당국이 이상설과 타 계파 사람

---

82 尹炳奭, 『國外韓人社會와 民族運動』, 일조각, 1990, 180~186쪽; 박환, 『러시아한인민족운동사』, 탐구당, 1995, 120~127쪽.

83 러시아극동문서보관소에 소장되어 있는 「勸業會 任員錄」에는 수총재 류인석, 총재 최재형·김학만·이범윤·최봉준 휘하에 교육부 등 13개 부서가 있고, 별도로 議事部가 있었는데 이상설이 의사부 의원 겸 의장으로 되어 있다. 이상설과 대립관계에 있던 정재관은 교육부장, 이종호는 의사부 부의장, 백원보는 演論部 부원에 선임됨으로써 통합조직으로서의 성격을 분명히 했다. 그런데 지금까지 권업회 조직에서 이 자료에 등장하는 연론부는 전혀 거론되지 않은 것인데, 부장은 경성파 이범석이 선임되었다.

들에게 조화를 권고하여 조직된 것이라고 했다. 그런데 백원보의 이상설에 대한 평가는 매우 부정적이고 비판적이다. 그는 이상설이 권업회 창립의 주역임을 인정하면서도 그를 '보재溥齋인지 상설씨相卨氏인지 해생該生'이라고 폄하하여 지칭했고, 그의 권업회 창립 주도를 비루한 생각에서 비롯한 운동으로 평가절하했다. 또한 창립 당시 권업회를 '비우비마非牛非馬의 임원 조직'이라고 하여 계파 간 연합체적 성격을 부정적으로 평가했다.[84] 이 편지는 안창호와 서파의 권업회에 대한 인식을 여실히 보여주는 것으로, 미봉적 연합이 언제든지 파열될 수 있음을 예시하고 있다.

1913년 이상설이 밀정으로 몰려 하바롭스크로 추방당한 것은 계파의 대립이 재연된 증좌이다.[85] 1913년 2월 초순 하바롭스크에서 발행되던 어느 신문에 이상설이 동지同志 신문(『권업신문』-필자 주)의 주필을 그만두고 러시아 당국과 한인 동포들의 내정을 일본인에게 밀고한다는 기사가 보도되었다. 이상설은 이러한 '허구의 무언誣言'에 놀라워하며, 하바롭스크를 향해 출발하며 동지들을 향해 이 신문기사는 이종호의 간책에서 나온 것으로서 도저히 장래에는 북파와 화합할 수 없을 것이라고 말했다.[86] 결국 이상설은 아무 변명도 없이 모든 공직을 사임하고 「읍국읍가우읍기泣國泣家又泣己」라는 비장한 시를 짓고 하바롭스크로 떠났다. 이상설은 밀정이라는 오해가 풀려 다시 블라디보스토크로 귀환하여 권업회를 이끌었으나, 1914년 세계대전의 발발로 권업회는 해산당했고, 대한광복군정부도 별다른 활동을 하지 못하고 해산당하고 말

---

84 「白元普가 安昌浩에게 보낸 편지」(1911. 12. 29), 『島山安昌浩全集』 제2권, 166~168쪽.
85 1913년 하순 연해주 한인사회의 계파 간 갈등은 여러 단체들이 " … 각기 입을 빗죽거리며 눈을 흘겨보니 알지 못거라"는 기록(『勸業新聞』, 1916년 6월 30일자, 1913년 11월 9일자)이 잘 보여준다.
86 「朝鮮人槪況」(1916. 6. 30), 『日本陸海軍省文書』 M/F(릴 NO. S. P 44128).

았다.

이상설이 '경성파' 수장으로서 조직을 관장하고 일정한 역할을 했음은 부정할 수 없다. 그러나 그는 계파의 통합을 위해 노력했고, 권업회 조직은 그 결실이었다. 그러나 이상설이 모든 계파에서 존경을 받았다는 기록과는 달리, 그의 계파 활동에 대해 매우 부정적인 평가도 있다. 계봉우의 기록이 그러하다. 계봉우도 이상설의 학식을 존경하고, 그가 독립운동에 헌신하여 연해주 한인들 사이에서 신망이 높던 인물임은 인정했다. 그러나 계봉우는 '기호파의 수령 보재'가 사색당쟁으로 얻은 지방적 편견을 지니고 자신의 소임을 제대로 수행하지 않았다고 비판했다. 그는 이러한 연해주 한인사회의 파쟁이 계파 간 주의主義가 달라서 그런 것도 아니고, 정견政見이 대립되어서 그런 것도 아니라 '봉건적 영웅들에게서 흔히 보는 수령 다툼'에서 기인한 것이라고 진단하며 그 책임의 상당 부분을 보재에게 묻고자 했다. 그리고 보재의 대표적 실책을 그가 하바롭스크 정탐부에 있을 때 자기파를 많이 배속시켜 결국 이동휘를 투옥하게 한 것을 '평생의 역사로 보아 결점'으로 지적했다. 그는 '기호파'라는 이름도 조선시대의 부정적 정치사에서 비롯한 것으로 해석했다. 물론 계봉우가 이상설의 계파 인식과 활동만을 비판한 것은 아니다. 그는 양비론적 입장에서 안창호 등의 서북 사람들의 과실도 따졌다.[87] 그러나 기호파와 이상설에 대한 평가가 특히 냉담하다는 지적은 면할 수 없다.

이상설은 고질적인 연해주 한인사회 계파의 한 축인 경성파의 수장으로서 파쟁의 당사자였다. 그러나 그는 계파 간 화합을 위해 노력했고,

---

[87] 桂奉瑀, 『꿈속의 꿈』(『北愚 桂奉瑀資料集』 1, 독립기념관 한국독립운동사연구소, 1996, 171~172쪽). 계봉우의 이상설에 대한 비판은 지나치리만큼 가혹하다. 그 까닭은 그가 함경도 출신으로서 이동휘 추종자였던 北派的 편견에서 비롯된 것이라고 이해된다.

권업회와 대한광복군정부와 같은 통합체를 이뤄내고 주도했다. 그는 임종을 맞아서도 동지들의 단합을 당부했다. 그러나 결국 그는 계파 간 파쟁의 희생자로서, 이역만리에서 고혼이 되고 말았다. 그가 동지들에게 "… 내 죽은 후에는 그대들은 상해로 내려가서 그곳 동지들과 합세하여 조국광복을 이루도록 하라"[88]는 유언을 남긴 것은 의미심장하다. 그가 동지들에게 연해주의 기반을 버리고 상하이로 가서 독립운동을 하도록 한 것은 더 이상 연해주가 독립운동을 펼치기에 적합한 환경이 아니라고 판단했기 때문인 듯하다. 그의 사후 연해주에서 그를 추도하는 기록이 보이지 않는 것도 그를 정점으로 한 경성파의 침체를 의미하는 것으로 이해된다.[89]

1914년부터 1917년까지 연해주에서의 독립운동은 사실상 불가능한 상황이었다. 제1차 세계대전 이후 러시아가 일본과 동맹관계가 되며 강압적으로 권업회와 대한광복군정부를 해산시켰다. 그 직후 이상설은 신한혁명단에 참여했다가 1916년부터 병석에 누웠고, 이종호는 국내에 인치되어 있었으며, 이동휘도 블라디보스토크 옥중에 수감되었다가 1917년 말에서야 방면되는 등 독립운동 지도자도 부재한 상황이었다. 그럼에도 한인사회 내부의 계파 간 대립은 그치지 않았다.

연해주에서는 러시아 2월 혁명 이후 새로운 독립운동을 모색할 수 있었다. 이상설은 러시아 2월 혁명의 와중에 순국했기 때문에 새로운 정세를 알지 못했다. 만일 이상설이 러시아혁명이라는 정세변동과 그로 인한 독립운동 조건 변화를 인지했다면 동지들에게 상하이행을 부탁했

---

88 尹炳奭(1998), 앞의 책, 184~185쪽.
89 1917년 8월 15일 북간도 和龍縣 龍岩村에 있는 明東學校에서 교장 金躍淵 등 25명이 회합하여 이상설·백규삼·이갑 3인에 대한 추도회를 열었다. 이로 인해 교장 김약연이 간도파출소로 끌려가 취조를 당했다. 朝憲機 第276號(1917. 9. 10), 「圖們江對岸支那領情況彙報」, 『不逞團關係雜件-朝鮮人の部-在滿洲の部 6』.

을까는 미지수이다. 그런데 1917년 7월 상하이에서 「대동단결선언」이 발표된 사실을 연해주 한인사회의 조직이 살아나는 것과 연계하여 해석한 견해는 주목할 만하다.[90] 즉, 이상설은 신한혁명단 활동을 하면서 상하이를 독립운동의 거점으로 새롭게 발견했을 것이다. 「대동단결선언」에는 그와 함께 신한혁명단 활동을 했던 박은식과 신규식이 서명했고, 대한광복군정부와 권업회 활동을 함께 한 박용만과 신채호도 서명했다. 그는 순국하지 않았다면 「대동단결선언」에 서명할 수 있는 당당한 지도자급 위치에 있었다. 그러나 그가 광무황제가 존재하는 상황에서 그를 배제하고 국민주권설에 의한 '유일무이한 최고조직'을 구성하자는 제의에 동참했을지는 알 수 없다. 무엇보다 중요한 것은 연해주를 독립운동의 근거지로 개척하고 독립운동을 주도하던 이상설이 순국 당시인 1917년 사실상 연해주를 포기하고 상하이를 주목했다는 사실이다. 이는 그의 독립운동 방략의 변화를 암시하는 것이나, 곧 바로 순국함으로써 실현되지는 못했다.

여기에서 마지막으로 논의해야 할 사실이 있다. 그것은 이상설의 순국일자 문제이다. 언제부터인가 4월 22일을 그의 순국일로 지정하여 제례를 봉행해오고 있다. 이는 그의 순국일을 1917년 3월 2일이라고 한 윤병석의 주장[91]을 근거로 이 날짜를 음력으로 보고 양력으로 환산한 4월 22일로 순국일을 확정한 듯하다. 그의 순국일자를 논의한 것은 후손과 향토사가에 의해 비롯되었다. 그의 조카 이완희李完熙는 「보재溥齋 이상설선생전기초李相卨先生傳記抄」에서 '음력 2월 9일(양력 3월 2일)'이라 했고, 진천국민학교 교장을 역임하고 그의 자료 수집에 애쓴 강상원姜相遠은 '양력 3월 2일(음력 2월 9일)'이라고 같은 날짜를 적시했다. 물론 근거를 제시하

---

90 趙東杰(1989), 앞의 논문, 326~327쪽.
91 尹炳奭(1998), 앞의 책, 184~185쪽.

지는 않았다. 『세보世譜』 등 가승은 이를 그대로 옮긴 것에 불과하다. 이 밖에 그와 함께 독립운동을 했던 조완구趙琬九는 '정사춘丁巳春'으로 기록했고, 작자 미상의 자료에는 '정사년丁巳年 이월二月'로 기록되어 있다.

그런데 지금까지 간과해온 기록이 있다. 바로 일제의 정보 보고문서이다. 1917년 4월 4일자 블라디보스토크 총영사대리 쓰보가미 데이지坪上貞二가 외무대신에게 보고한 문서에 따르면 이상설은 4월 1일 니콜리스크 우수리스크시에서 병사한 것으로 되어 있다.[92] 한편 이해 4월 10일자 블라디보스토크 파견원의 보고는 더욱 구체적이다. 여기에 따르면 일제는 전년도 10월경부터 이상설이 병원에 입원 요양 중임을 주시해왔음을 알 수 있다. 특히 그가 폐환肺患으로 '대년병원大年病院'에 입원해 치료를 받던 중 4월 1일 오후에 사망했다고 매우 구체적으로 보고하고 있어 주목된다.[93] 그가 입원한 병원명과 사망 시점이 밝혀진 것으로는 최초의 자료이다. 이상설이 사망한 지 불과 열흘 이내에 정보 요원과 총영사대리가 각각 이상설의 순국을 즉각 보고한 것이다.

이상설의 순국 소식은 국내에서도 보도가 되었다. 『매일신보』는 위의 일제 보고보다는 약간 늦은 1917년 4월 17일자로 「이상설이 노령露領에 객사客死」라는 2단짜리 기사를 보도했다. 이 기사에 따르면 그가 신병에 걸려 음력 윤 2월 10일 시베리아의 니콜라옙스크에서 사망했는데, 4월 15일 경성에 있는 아우에게 부음이 도착했다.[94] 이는 윤 2월을 정확히 보도한 기사로, 1917년 윤 2월 10일은 양력 4월 1일이다.[95]

---

92 機密 第15號, 「朝鮮人ノ近狀ニ關シ報告ノ件」(1917. 4. 4), 在浦潮斯德總領事代理 坪上貞二→外務大臣, 『不逞團關係雜件-朝鮮人의 部-在西比利亞 6』.
93 朝憲機 第96號, 「李相卨ノ死亡ニ關スル件」(1917. 4. 10), 浦潮派遣員報告, 『不逞團關係雜件-朝鮮人의 部-在西比利亞 6』.
94 「李相卨이 露領에 客死」, 『每日申報』, 1917년 4월 17일자.
95 원본의 상태가 명료하지 않아 十일은 九일로도 판독할 수 있으나, 이 기사에서 중요한 것은 2월이 윤달 2월이라고 보도한 사실이다.

그의 순국일을 4월 1일로 확신할 수 있는 자료는 『신한민보』의 보도이다. 『신한민보』는 1917년 5월 10·17·24일 3회에 걸쳐 대대적으로 이상설의 순국 기사를 보도했다. 그런데 5월 10일과 17일자에는 순국일을 음력 2월 10일(3월 12일)로 보도했다가, 24일자에는 4월 1일로 정정했다.[96] 이는 4월 15일 러시아에서 '이상설 선생이 4월 1일 숙환 폐염증으로 장서'했다는 전보를 받은 상하이의 어느 인사가 4월 17일자로 '대한인국민회북미총회 회장 리대위 각하'에게 보낸 부음 전문에 따른 것이다.[97]

이와 함께 그의 순국일을 4월로 기록한 독립운동가의 자료도 있다. 조소앙은 「이상설전李相卨傳」에서 그의 사망 시기를 일자까지 명기하지는 않았으나, '1917년 4월'이라 했다.[98] 1917년 음력 2월은 윤달이 끼어 있다. 따라서 한 달의 시차가 생겨 음력 2월 9일은 양력 3월 2일이지만, 윤달 음력 2월 9일은 양력 3월 31일이 된다. 이완희나 강상원 기록의 오류는 여기에서 비롯한 것으로, 이후 그의 순국일에 혼선을 빚은 원인이 되었던 것으로 보인다. 그러니 이상설의 순국일을 4월 22일이라 한 것은 근거도 없이 제시된 일자를 음력인 줄 알고 다시 양력으로 환산하여 확정한 것이니, 오류의 재생산인 셈이다. 그의 순국일은 여러 기록으로 볼 때 4월 1일이 확실하다. 그는 조국이 독립되기 전까지는 제사도 지내지 말라는 추상같은 유언을 남긴 것으로 유명하다. 순국 100년, 광복 72주년이 되도록 엉뚱한 날 제사를 모셔온 사실은 반성해 마땅하다.

---

96 「입에 룬음을 물고 헤거평화회에 갓던 리샹셜군의 댱셔」, 『新韓民報』, 1917년 5월 10·17일자. 양력 일자를 3월 12일로 환산한 것은 오류이다.

97 「입에 룬음을 물고 헤거평화회에 갓던 리샹셜군의 댱셔」, 『新韓民報』, 1917년 5월 24일자.

98 趙素昻, 『遺芳集』, 南京東南印刷所, 1933, 108~111쪽(아세아문화사, 1991년 영인본). 한편 조완구는 '丁巳春'(宋相燾, 『案相燾』, 국사편찬위원회, 1995, 117쪽)이라 했는데, 음력 2월 상순을 '春'이라 하지는 않는다.

맺음말

이상설은 한말~1910년대에 광폭의 공간을 무대로 전방위적인 독립운동론을 실천하고자 노력한 대표적 독립운동가의 한 사람이다. 그러나 그의 활동은 다른 독립운동가에 가려져 지나치게 저평가되거나, 잘못이해된 부분도 적지 않다. 이 글에서는 이러한 이상설의 독립운동론과 독립운동을 올바로 정리하여 독립운동사에서 그의 위상을 제대로 정립하고자 한다. 이상을 요약하면 다음과 같다.

첫째, 이상설이 서전서숙을 운영하는 등 독립운동을 주도할 수 있었던 경제적 배경을 추구하기 위해 그가 고향 진천에 소유하고 있던 토지 현황을 『충청북도진천군양안』(1901)을 중심으로 분석했다. 이에 따르면 이상설은 초평면 등 4개 면에 걸쳐 총 83필지에 18만 081척, 11결 39부 (19.7정보)의 토지를 소유하고 있었고 진천군 상위 지주 18위에 해당하는 대지주였다. 이 토지는 그의 양부 용우에게서 상속받은 것으로 여겨진다. 이 토지의 현 시세는 80~100억 규모로 평가된다. 따라서 그가 망명 때 처분한 양부에게서 상속받은 서울의 가옥과 토지, 진천의 토지 재산을 합산하면 망명 자금의 규모가 밝혀질 수 있을 것이고, 독립운동가의 군자금을 논의할 수 있는 단서를 제공할 수 있을 것이다. 또한 이상설이 출계 상경 후 30여 년간 부재지주로서 대규모 토지를 병작 경영하며 고향과 연계를 지속했음을 확인할 수 있었다.

둘째, 이상설은 안중근이 동양평화론을 형성하는 데 중요한 영향을 미쳤고, 실제 의거를 주도한 배후 인물이었다는 사실이다. 그러나 지금까지 최재형이나 류인석에게 가려져 그의 역할이 제대로 평가받지 못했다. 최재형은 연해주의 첫 번째 실력자로서 안중근 의거를 주도했으나, 사실 그를 움직이게 '헌책獻策'한 '모주謀主'는 이상설이었다. 안중근이 심문 과정에서 수차 이상설을 극찬하며 이상설의 동양평화주의를 특히 높이 평가한 사실, 일제가 안중근 의거의 배후로 이상설을 주목한 사실, 안중근과 이상설의 관계를 주목한 중국 언론 보도 등은 안중근 의거의 실질적 배후가 이상설이었음을 증명한다.

셋째, 이상설은 입헌군주제적 정체론을 지니고 광무황제를 중심에 두고 독립운동을 펼쳤다. 이상설이 대한광복군정부의 정통령에 피선된 사실과, 신한혁명당 활동을 주목하여 공화정으로 이해하려는 시각은 올바르지 않다. 대한광복군정부는 망명정부가 아니라 군무를 중심으로 무장투쟁을 전개하기 위한 단체로서, 의병적 조직인 십삼도의군의 독립군적 발전으로 이해함이 타당하다. 정통령 또한 국가수반에 해당하는 직책이 아니라 단지 군사 지휘자로서, 기존의 왕조를 대신할 새로운 정체가 아니었으며 심지어 비결秘訣에 등장하는 정도령이라는 기록도 있음에 유의해야 한다. 신한혁명단이 체결하고자 한 「중한의방조약中韓誼邦條約」도 그의 정체론을 판단할 수 있는 중요 자료이다. 이상설은 광무황제의 최측근 근신으로서 망명 때부터 순국 때까지 황제를 옹립하고 보위하고자 하는 입헌군주제적 정체론을 지니고 있었다. 이는 시기적으로 보나 이상설의 군신의리론으로 보나 의심할 바 없다.

넷째, 이상설은 연해주 한인사회에서 주요 세력의 하나인 경성파의 수령이었으나, 화해와 통합의 주창자로서 통합 결정체인 권업회 조직의 결정적 분위기를 조성했다. 이 또한 기존 연구에서 완전히 간과된 부분이다. 연해주 한인사회의 파쟁은 그의 심복 정순만이 야기한 양성춘사건(1910. 1. 23)과, 그로 인한 정순만의 피살(1911. 6. 21)로 극단으로 치달았다. 따라서 1911년 6월 1일 발기회를 개최한 권업회의 정식 창립은 난망한 상태였다. 한때는 이상설이 안창호 등 서북파 4인을 러시아 관헌에 고소하는 등 경성파와 서북파 사이에 극심한 대립상이 연출되었다. 그러나 이상설이 정재관에게 화해 편지를 보내고 자리를 주선하는 등으로 노력하여 권업회가 정식 발족할 수 있었다. 권업회 창립총회

때 이상설이 임시의장으로 추대된 것은 그러한 배경에서 이해가 가능하다. 이상설은 임시의장으로서 창립총회를 주재했고 가장 중요한 부서인 의사부 의장으로 선임되었으며, 『권업신문』의 주필 및 사장을 맡는 등 한동안 권업회를 주도해나갔다. 그러나 서북파와의 화해와 단합은 오래가지 못했고 결국 1913년 그가 밀정으로 몰려 하바롭스크로 추방당하는 일이 발생했다. 1915년 신한혁명단 활동을 마지막으로 그의 독립운동은 종지부를 찍게 되었다. 그런데 그가 동지들에게 상하이로 가서 그곳 동지들과 합세하여 조국 광복을 이뤄달라고 유언을 남긴 것은 시사하는 바가 크다. 이는 그가 연해주를 포기하고 상하이를 새로운 근거지로 주목했다는 것으로 그의 독립운동론의 변화를 의미하나 곧 바로 순국함으로써 실현되지는 않았다.

마지막으로 이상설의 순국일과 관련된 자료를 검토한 결과, 그의 순국일은 1917년 4월 22일이 아니라 4월 1일로 수정해야 한다.

이 글은 이상설을 중심으로 독립운동사의 중요한 사건과 단체를 재조명하여 그를 올바로 자리매김하고자 했다. 그러나 여전히 추론에 그친 부분이 적지 않다. 러시아극동문서보관소 소장 자료 등 러시아 관헌 자료를 다수 이용할 수 없었기 때문이다. 이는 이상설 연구뿐만 아니라 연해주 한인 독립운동사 연구에서 여전히 남아 있는 커다란 공백이다.

(『한국독립운동사연구』제60집, 독립기념관 한국독립운동사연구소, 2017)

05

3·1운동과 국내 **독립운동**

머리말

한국독립운동사의 전개 양상을 개관할 때 두 차례의 뚜렷한 고조기를 확인할 수 있다. 하나는 1919년 3·1운동 때부터 1921년 자유시참변을 전후한 시기이며, 또 하나는 1929년 광주학생독립운동 때부터 1931년 일제의 만주침략 때까지의 시기이다.

3·1운동이 우리의 손으로 이루어낸 독립운동의 내적인 전기라면, 만주침략은 일제가 조성한 독립운동의 외적인 조건 변화였다. 따라서 3·1운동과 만주침략은 독립운동사를 3시기로 구분할 때 그 기점이 된다.[1] 국내의 독립운동은 일제의 식민지 통치 방식에 기민하게 대응하며 전개되었다. 일제의 공포적 무단통치기에는 철저한 비밀결사의 형태를 지닐 수밖에 없었고, 기만적 문화정치기에는 일제가 허용하는 공

---

1   조동걸, 『한국독립운동의 이념과 방략』, 한국독립운동사편찬위원회·독립기념관 한국독립운동사연구소, 2009 참조. 조동걸은 독립운동의 이념과 방법론을 기준으로 초기(1910~1919), 중기(1919~1931), 후기(1931~1945)로 구분했다.

간을 최대한 이용하고자 했다. 일제의 만주침략과 중일전쟁, 세계대전 도발 등 침략전쟁이 확대 강화되며 한민족에 대한 탄압이 더욱 기승을 부리자 독립운동은 다시 지하화하되, 일제 패망을 예견하며 광복 이후를 구상했다. 이 과정에서 꾸준히 국외 독립운동 세력과의 연계를 추구했다.[2]

이 글에서는 3·1운동과 국내 독립운동에 대해 살펴보고자 했다. 즉, 3·1운동에서 배태된 독립운동 주체의 민중화, 이념의 다원화, 방법론의 다양화와, 이를 배경으로 한 이후 국내 독립운동의 양상을 검토해보았다. 검토의 방법은 운동 주체나 유형별 구분도 고려할 수 있으나, 국내 독립운동인 만큼 일제의 식민지 통치 방식을 중요한 기준으로 인식하여 시기별로 정리했다. 또한 이 글은 기획 주제로서 전반적이고 개괄적 주제이므로 특정 분야에 대해 구체적 논의를 전개하기보다는 가급적 최근의 연구 성과를 반영하여 대강을 정리하고자 했다. 다만, 필자의 견식 부족으로 중요한 사실을 간과하거나, 지면의 제한과 학술발표회의 기획 의도 등으로 지나치게 피상적 논의로 그치고 만 부분도 있음을 미리 밝혀두고자 한다.

---

2 愼鏞廈, 「韓國 國內 民族獨立運動의 特徵」, 『한국독립운동사연구』 제7권, 독립기념관 한국독립운동사연구소, 1993, 426~440쪽. 여기에서는 국내 독립운동의 방법과 형태상 특징으로 비밀결사운동과 비무장·비폭력운동을 들고, 운동 내용 면에서 민족문화운동, 민족교육운동, 물산장려·실업운동, 언론민족운동, 독립운동 자금모금운동이, 운동 주체 면에서 학생운동·여성운동·농민운동·노동운동의 비중이 현저히 증대하는 것을 특징으로 지적했다.

독립운동의 호수 3·1운동

1. 3·1운동의 대중화와 비밀결사

3·1운동은 한국독립운동사에서 가장 커다란 분수령으로서 독립운동의 호수로 평가된다. 그 까닭은 3·1운동이 1910년대 비밀결사투쟁의 세류를 모아 1920년 이후 총체적 독립운동이라는 대하를 이루어냈기 때문이다. 3·1운동은 독립운동에 참여하는 계층을 확대하고 이념과 방법론을 다양화하는 계기를 만들었다.

한국 강점 직전인 1910년 7월 11일, 경무총장 아카시 모토지로明石元二郎가 헌병대 사령부에서 지방 헌병대장들을 대상으로 한 훈시에는 비밀결사의 발생과 투쟁에 대한 경계심이 잘 나타나 있다.[3] 그의 우려는 적중했다. 한국독립운동사에서 비밀결사투쟁은 전 시기를 망라하고 있지만, 특히 1910년대 독립운동의 특징으로 평가된다. 1910년대의 비밀결사는 대한광복회와 조선국민회의 비교에서 확연히 드러나듯이, 의병과 구국계몽운동이라는 양대 계열의 정신과 방법론을 계승하여 폭압적 무단통치기를 견디며 독립을 모색했다.

3·1운동이 대중 봉기로 확대 발전할 수 있었던 것은 1910년대 비밀결사의 전통을 계승한 각지 비밀결사의 활동 때문이었다. 이른바 민족대표들은 초기 계획과 독립선언식만을 주도하고 일제에 자수함으로써 스스로 민중과의 가교를 단절하고 시위를 대중화하는 노력을 포기하고 말았다. 그 간극을 메우고 만세시위 대중화의 길을 연 것은 각지의 비밀결사였다.

3·1운동기에 등장한 비밀결사로는 3·1운동 참가 경험이 있는 박인석

---

3   姜德相, 『現代史資料』 25, みすず書房, 1967, xi~xii쪽.

등이 조직하여 독립가獨立歌를 인쇄하여 배부한 경성독립비밀단京城獨立秘密團, 서울에서 귀향한 목치숙 등 기독교도들이 4월 14일의 고흥 장날 시위를 주도하기 위해 조직하여 태극기를 제작한 조선독립고흥단朝鮮獨立高興團, 전남 순천에서 이병채李秉埰 등이 문인들의 친목계를 표방하고 조직하여 4월 9일과 14일의 벌교 장터 시위를 주도한 도란사桃蘭社·桃蘭契, 경기도 부천에서 조명원 등이 조직하여 4월 28일의 관청 장터 시위를 주도한 혈성단血誠團, 함경북도 이원에서 이도재 등 천도교도들이 조직하여 3월 10일 이원 장터 만세시위를 주도한 조선독립단朝鮮獨立團 이원지단利原支團, 맹의섭 등 기존 청년단이 비밀결사로 전환하여 3월 30일 조치원 장터 만세시위를 주도한 조치원청년단鳥致院靑年團, 고종의 인산에 참배하고 귀향한 박치대 등이 개성의 만세운동을 주도하기 위하여 취지서를 돌리고 회원을 모집한 조선독립개성회朝鮮獨立開城會 등이 있다.

3·1운동기 비밀결사의 특징을 잘 보여주는 조직은 혜성단彗星團이다. 혜성단은 김수길 등 계성학교啓聖學校 학생들이 3월 8일의 대구 시위에 참여한 것을 시작으로 2개월 동안 시위 주도, 선언서 배부, 자금 모금, 조선인 관공리에게 사직 권고문 발송 등 다양한 활동을 전개했다. 특히 이들은 본부를 대구에 두되, 서울과 만주에 동지를 파견하여 그곳의 독립운동세력과 연계를 시도하기도 했다. 이 외에 비록 조직과 실체는 없었지만 대한독립회大韓獨立會·대한독립단大韓獨立團·대한독립동맹大韓獨立同盟 등의 명의를 사용하여, 지역 주민들의 만세시위 참여를 촉구한 가공의 단체들도 있었다. 그런데 이들의 투쟁 방법론은 3·1운동이라는 독특한 독립운동에 맞춘 것으로서, 만세시위의 지역적 종료와 함께 해체되는 단기적인 일과성을 지닌다.[4]

---

4 박걸순, 「3·1運動期 國內 秘密結社運動에 대한 試論」, 『한국독립운동사연구』 제2권, 1988, 167~200쪽.

그러나 3·1운동 직후 비밀결사들은 만세시위의 범위를 넘어서 독립운동의 방법론을 확대 발전시켜나갔다. 이들은 3·1운동의 열기를 모아 전국 규모로 조직을 확대했고, 임시정부를 중심으로 각 단체 간 통합과 연대를 모색했다. 또한 이들은 3·1운동의 교훈을 반성적으로 반추하며 점차 비무장투쟁에서 의열이나 무장투쟁으로 방향을 선회했고, 농민 조직이 별동대로 조직되는 등 중산층적 부르주아 민족주의 성향에서 벗어나 민중적 성향을 강하게 지니게 되었다.[5]

이로써 1920년대 이후 다양한 총력 투쟁이 전개될 수 있었다. 당시 국내 비밀결사가 수행한 역할과 활동은 일제하에서 합법화될 수 없는 '직접적 독립운동'으로서 가장 효과적인 것이었다.[6]

2. 3·1운동의 민족사적 의의

3·1운동의 역사적 의의는 지대하다. 3·1운동은 제1차 세계대전 종전 직후 피지배 약소민족 가운데 최초로 민족해방투쟁에 나선 선구적인 투쟁으로서, 1919년 여름 이후 전 세계에서 전개된 피압박민족 해방투쟁에 영향을 끼쳤다.[7] 또한 3·1운동은 한민족의 독립운동이었지만 폐쇄적 민족주의를 극복하고 인류의 보편적 진리에 접근하려는 세계화의 선구적 사상을 실천한 세계성을 지닌다.[8]

3·1운동이 국내 독립운동에 끼친 영향도 매우 크다. 그 결과 대한

---

5 張錫興, 「1920년대 초 國內 秘密結社運動의 성격」, 『한국독립운동사연구』 제7권, 1993, 245~277쪽.
6 愼鏞廈, 『日帝强占期 韓國民族史』上, 서울대학교출판부, 2001, 451~472쪽.
7 愼鏞廈, 「三·一獨立運動의 社會史」下, 『韓國學報』 제31집, 1993, 172~179쪽.
8 이만열, 「3·1운동과 항일독립운동」, 『지역과 역사』 제16호, 부경역사연구소, 2005, 14쪽.

민국임시정부가 수립되고, 만주와 연해주 독립군 무장투쟁이 강화되며 국내의 독립운동도 그 이전과는 비교가 되지 않을 정도로 비약적으로 발전했다.

먼저 3·1운동이 당시 국내 독립운동에 끼친 영향은 일제의 포악한 무단통치를 붕괴시켰다는 점이다. 대한민국임시정부가 편찬한 『한일관계사료집』에는 일제의 가혹한 무단통치가 '종교일동宗敎一同 사회일단社會一團 귀족貴族 학생學生 범고등귀족凡高等貴族이 공수共手로 의기義旗를 게게揭'하게 한 배경이 되었다고 지적하고, "진실로 수水는 옹甕으로 필궤必潰하고 초草는 답踏으로 환생還生한다"고 확신했다.[9] 일제는 자신들의 한국 강점과 식민지 지배가 영속할 것으로 확신했었다. 그러나 그들은 3·1운동을 통해 자신들의 오판을 반성하고 이른바 문화정치로 전환하게 된 것이다. 이는 "저들의 대책을 궁하게 만들어 전날의 잘못을 크게 뉘우치게 한다면 완전 독립도 또한 빠를 것이다"라고 예견한 박은식의 지적처럼 우리의 독립에 한걸음 다가가는 계기가 되었다.[10]

또한 3·1운동은 이전부터 진행된 독립운동을 계승하여 무단통치기에 침체된 독립운동을 부활시키고 더욱 강력하게 전개되는 전기를 만들었다. 일제의 폭압적 무단통치로 말미암아 1917~1918년을 전후하여 많은 비밀결사들이 해체되고 있었지만, 의병사는 단절되지 않고 지속되었다. 곧 의병은 사화산이 아닌 휴화산으로서 언제든지 활화산으로 폭발할 잠재력으로 존재했던 것이며, 그 잠재력은 3·1운동 형성의 기반이 되었다.[11] 3·1운동이 의병과 의열투쟁의 연속선상에서 전개되었음은 이미 당시부터 강조된 사실이다.[12]

---

9 국사편찬위원회, 『韓日關係史料集』(『대한민국임시정부자료집』 7, 2005, 171쪽).

9 국사편찬위원회, 『韓日關係史料集』(『대한민국임시정부자료집』 7, 2005, 171쪽).
10 朴殷植, 『白巖朴殷植全集』 제2권, 동방미디어, 2002, 426쪽.
11 趙東杰, 『韓國民族主義의 成立과 獨立運動史研究』, 지식산업사, 1989, 441~455쪽.
12 朴殷植(2002), 앞의 책, 673~674쪽.

3·1운동은 우리 스스로에게 독립에 대한 확신과 자신감을 심어주었다. 이는 3·1운동이 쟁취한 중요한 소득이었다. 식민지주의가 끼친 최대 죄악 중의 하나는 식민지 민족이 자신감을 상실하게 하는 일이었다. 3·1운동은 일제의 무단통치로 인해 자칫 좌절되어 불가능할 것 같은 민족독립운동을 가능의 세계로 이끈 것이었다.[13]

3·1운동은 이후 6·10만세운동이나 광주학생독립운동으로 연계되며 독립운동의 유력한 방법론으로 계승되었다.[14] 또한 전 민족이 독립운동에 참여하며 저변이 확대되어 총력 항쟁을 전개할 수 있는 기반을 만들었다. 이제는 소수의 선각자나 애국지사에 의한 개별적 독립운동이 아니라 전 민족적 항쟁으로 발전한 것이다. 박은식은 그 의의를 다음과 같이 말했다.

> … 삼일 선언 이후에 우리 민족이 남녀노소가 없이 내외와 원근이 없이 전체의 활동이 일치하여 끓는 물에 뛰어들고 불을 밟고 만 번 죽어도 사양하지 않았다. 지난번에 이토를 총격한 자가 안중근 한 사람이었지만 지금은 몇백 명의 안중근이 나왔다. 지난번에 이완용을 칼로 찌른 자가 이재명 한 사람이었지만 지금은 몇천 명의 이재명이 나왔다. …[15]

『한일관계사료집』에는 3·1운동에 참가한 군중을 '독립군獨立軍'이라 표현했다.[16] 이는 3·1운동을 보는 임시정부의 관점을 대변하며, 이후 전 민족이 '독립군'이 되어 각 분야에서 투쟁할 것을 기망한 것이라 할 수

13　朴殷植(2002), 앞의 책, 426쪽.
14　張錫興, 「3·1운동과 국내 민족주의 계열의 독립운동」, 『한국독립운동사연구』 제13권, 1999, 243~267쪽.
15　朴殷植(2002), 앞의 책, 674쪽.
16　국사편찬위원회, 『韓日關係史料集』(『대한민국임시정부자료집』 7, 193~195쪽).

있다.[17] 3·1운동은 우리나라에서 본격적인 노동·농민·학생운동을 비롯한 다양한 사회운동이 전개되는 물꼬를 텄다. 이로써 '독립운동의 민중화民衆化' 시대가 열린 것이다.[18]

3·1운동은 농민과 노동자의 의식을 각성시키고 지위를 향상시켜주었다. 농민층의 주체적 역량은 3·1운동의 대중화와 깊은 관련이 있다. 농민들이 이를 통해 성장한 민족의식과 계급의식을 바탕으로 1920년대 이래 농민운동을 더욱 발전시켰기 때문에 3·1운동은 농민운동의 건곤일척으로 파악되기도 한다.[19] 일제의 식민지 노동 입법이 3·1운동 이후 사회 전반에 걸친 유화책의 일환으로 마련된 것도 노동자 계층의 성장과 연계하여 눈여겨봐야 한다.[20]

그런데 3·1운동이 이후 민족사에 끼친 가장 중요한 영향은 민주공화정 이념을 표방한 대한민국임시정부가 수립되어 독립운동의 중추기구가 되었고, 오늘날 대한민국의 법통과 정통이 되었다는 점이다. 독립운동 세력들은 1910년의 경술국치는 융희황제가 주권을 포기하고 국민에게 묵시적으로 선위한 것이므로 '신한新韓'을 통치할 특권과 대통大統 상속의 의무가 국민에게 있다고 선언했다.[21] 고종의 폭붕暴崩이 3·1운동 대중화의 한 요인이 된 것은 부정할 수 없으나, 3·1운동 지도자들에게 고종의 배별拜別은 '나이가 많으면 죽는 것으로 특별한 감상은 없는 것'이

17 박걸순, 「대한민국임시정부의 역사서 편찬」, 『대한민국임시정부 수립 80주년 기념 논문집』하, 국가보훈처, 1999, 426쪽. 한편 일본인이 한복을 입고 변장하여 시위 군중에 합류해 행패를 부린 행위를 '반독립군'이라 표현했다.

18 K. S, 「獨立運動의 民衆化」, 『獨立新聞』, 1922년 9월 30일자.

19 김용달, 「일제의 농업정책과 농민운동」, 『東洋學』제41호, 단국대학교 동양학연구소, 2007, 272~273쪽.

20 김경일, 「일제의 노동정책과 노동운동」, 『東洋學』제41호, 단국대학교 동양학연구소, 2007, 287쪽.

21 「大同團結宣言」(1917).

었다.[22] 대한민국임시정부도 '국민國民의 신임信任'과 '전全 국민國民의 위임委任을 수受하야 조직組織'되었음을 천명했다.[23] 이는 3·1운동이 민중의 힘으로 만들어낸 것이기 때문에 가능한 일이었고, 대한민국임시정부가 정통성과 법통성을 지닌 것으로 평가되는 까닭이다.[24] 국내외 독립운동 세력이 꾸준히 임시정부와 연계하거나, 군자금을 지원했던 것은 그 정통성을 인정한 결과였다. 따라서 대한민국의 '건국' 기점은 1919년이지 1948년이 될 수 없다.[25] 대한민국임시정부의 역사를 부정하거나 왜곡하는 것은 독립운동사 전체를 부정하고 왜곡하는 부당한 일이다.

1920년대의 민족총력항쟁

1. 민족주의계열의 운동[26]

일제의 이른바 문화정치의 시행은 국내 독립운동에도 변화를 가져왔다. 이 시기에는 민족주의계열이 재결집과 분화를 반복했고, 사회주의사상이 유입되어 민족운동과 연결되었으며, 농민·노동운동 등 계층운동이

---

22 「孫秉熙 피고인 신문조서」(1919. 3. 7), 경무총감부(『三一運動秘史』, 81쪽); 「權東鎭 피의자 신문조서」(1919. 3. 10) 경무총감부(『三一運動秘史』, 184쪽) 등.

23 「大韓民國臨時憲章(1919. 4. 11)」(韓詩俊 編, 『大韓民國臨時政府法令集』, 국가보훈처, 1999, 41~42쪽).

24 金喜坤, 「3·1운동과 민주공화제 수립의 세계사적 의의」, 『한국근현대사연구』 제48호, 2009, 12~22쪽.

25 韓詩俊, 「대한민국 '건국 60년', 그 역사적 모순과 왜곡」, 『한국근현대사연구』 제46호, 2008, 236~255쪽.

26 일제강점기의 민족운동을 민족주의(자유주의)와 사회주의로 양분하거나, 민족주의를 좌·우파로 구분하는 방법이 실제 민족운동과 반드시 일치하는 것은 아니다. 그러나 이 글에서는 편의상 이 방법에 따라 논의하기로 한다.

전개되며 민족의식과 계급의식이 심화되어갔다.

1920년대 전반기 민족주의 진영의 운동은 실력 양성을 목표로 하는 문화운동으로 시작했다. 신채호는 문화운동을 '일제의 강도정치에 기생하려는 주의를 지닌 자'로서 우리의 적으로 규정한 바 있다. 나아가 그는 일제를 향한 저항이 전제되지 않은 문화 발전은 도리어 조선의 불행이라고까지 말했다.[27] 이는 일제하 문화운동이 지니는 양면성을 경계한 것이었다.[28]

1920년대 민족운동으로서 문화운동의 양대 지주는 물산장려운동과 민립대학 설립운동이었다. 1923년 1월 창립된 조선물산장려회 창립총회에서 채택된 활동지침은 이 운동의 방향성을 가늠하게 한다.[29] 그러나 이 운동에는 토산 장려론을 주장하는 단체와 이와는 궁극적 방향이 다른 생산 증식론을 주장하는 두 개의 단체가 함께 참여하고 있어, 부르주아 민족주의운동 세력의 분화를 예견할 수 있었다.[30] 이는 경성방직이 조선총독부의 보조금을 지급받으며 민족운동 노선에서 이탈하는 민족주의 진영의 분해로 나타났다.

민립대학 설립운동은 일제에 의한 정치·경제적 예속을 당장은 인정할 수밖에 없는 상황이나, '學의 獨立'을 통해 궁극적으로 일제의 기반에서 벗어나기 위해 추진된 운동이었다.[31] 당시 이 운동은 '민중 문화의 선구', '최초의 가장 큰 민중운동', '우리 민족의 생명운동이요 문화운동'으

---

27 申采浩, 「朝鮮革命宣言」, 『단재신채호전집』 제8권, 단재신채호전집편찬위원회, 2008, 894쪽.

28 趙東杰, 「丹齋 申采浩의 삶과 遺訓」, 『韓國史學史學報』 3, 2001, 195쪽.

29 이때 채택된 활동 지침은 ① 조선인의 산업적 지능을 계발 단련하여 실업에 입각하게 하는 산업 장려, ② 조선인의 상품을 애용 撫育하여 조선인의 산업을 융성하게 하는 산업 장려, ③ 조선인의 생활 및 기타에 관하여 경제적으로 건설 또는 개선할 바 일반사항을 조기 강구하여 그 실현을 지도 관철하는 경제적 지도 등이었다.

30 이균영, 「1920년대 민족운동의 전개와 성격」, 『한국독립운동사연구』 제8권, 1994, 408쪽.

31 『東亞日報』, 1922년 2월 3일자.

로 여겨졌다.[32] 1922년 1월 조선민립대학기성준비회가 결성되어 활발한 활동을 벌였고, 1923년 5월경에는 전국에 230여 개의 지방부가 설립되었다. 그러나 이 운동은 여러 요인으로 말미암아 실패하고 말았다.[33]

부르주아 민족주의 진영의 분화는 이광수의 「민족적民族的 경륜經綸」(1924) 발표로 구체화되었다. 이광수는 이 글을 통해 합법적 정치결사를 조직하여 총독부와 타협적 자치운동을 모색하고자 했고, 민족주의 우파세력의 자치운동단체인 연정회硏政會 결성을 타진했던 것이다. 반면, 1920년대 중반 사회주의 진영이 조직을 결집해나가자 민족주의 진영은 두 개의 단체를 조직하여 이에 대응하고자 했다. 하나는 1925년 9월 김기전·홍명희 등 26명이 조직한 조선사정조사연구회였다. 또 하나는 이해 11월 민족주의 좌파와 우파 인사들이 함께 참여하여 결성한 태평양문제연구회 조선지회였다. 이는 그때까지만 해도 민족주의 진영의 분화가 명확하지는 않았음을 보여준다.

그러나 1925년 말 자치론이 다시 대두하며 상황은 변했다. 『동아일보』의 송진우·김성수 등과 최린은 수차 회합을 갖고 자치운동으로의 방향 전환에 대해 협의했다. 당시 천도교 신파와 『동아일보』, 안창호의 국내 기반인 수양동우회, 천도교 신파 세력 산하의 조선농민사 등이 자치운동의 잠재적 세력으로 간주되었다. 1926년 3월, 조선공산당 책임비서 강달영과 천도교 구파 권동진, 『조선일보』의 안재홍 등 8명이 민족협동전선을 논의했는데, 1926년 말 다시 우파의 자치운동 부활 기도가 있자, 민족주의 좌파와 사회주의가 합류하여 신간회를 결성하기에 이른다.[34]

---

32 『東亞日報』, 1922년 2월 23일자. 『朝鮮日報』도 사설을 통해 '사람으로서 가치 표명'을 위해 민립대학을 설립해야 한다고 주장했다. 『朝鮮日報』, 1922년 12월 1일; 1922년 12월 2일자.

33 盧榮澤, 「民立大學 設立運動 研究」, 『國史館論叢』 제11권, 1990, 88~94쪽.

34 이균영(1994), 앞의 논문, 409~410쪽.

2. 사회주의계열의 운동

1920년대 국내 독립운동에서 두드러지는 현상은 사회주의가 수용되고 많은 사상단체들이 조직되어, 농민·노동·청년·신간회·여성·형평 등 민족운동의 질적 변화를 가져온 사실이다. 이른바 '혁명적 민족주의 좌파'에서 상당수의 사회주의자들이 출현한 것은 식민지 사회주의운동의 특수성을 잘 보여주며, 한말 이래 민족운동이 조직이나 이념적으로 발전하는 과정에서 사회주의운동이 시작되었다고 평가된다.[35]

3·1운동 이후 1920년 노동공제회 등 노동단체가 결성되었고, 사상단체로서 1921년 서울청년회, 1922년 무산자동지회, 1923년 신사상연구회, 1924년 화요회, 1924년 북풍회 등이 조직되었다. 이러한 사상단체들은 변화무쌍한 분파가 있었으나, 1925년 조선공산당(이하 조공)의 결성으로 사회주의운동은 본격화할 수 있었다.

사회주의운동에 있어서 1925년은 중요한 전기가 되는 해이다. 이 해 4월 조공이 결성되었고, 북풍회·화요회·조선노동당·무산자동맹 등 4개 사상단체가 전선 통일을 위해 4개 단체 합동위를 결성하고 이듬해 1월 비타협적 민족주의와 협동전선을 결성하기로 결의했다.

조공은 17개의 당면 문제를 슬로건으로 내세웠다. 그중 중요한 것으로는 '일본 제국주의의 완전한 타도와 조선의 완전한 독립', '민족개량주의자와 투기주의자의 기만 폭로', '언론·집회·결사의 자유와 노예교육 박멸', '중국 노농혁명의 지지와 소비에트연방 옹호', '동양척식회사, 일본 이민, 군농회 철폐', '8시간 노동제 실시, 최저 임금제 제정' 등이었다. 그러나 1925년 신의주 사건으로 조공 조직이 파괴되고, 제

---

35 李浚植, 「사회주의 민족운동과 대한민국 정부」, 『한국근현대사연구』 제48호, 2009, 31~32쪽.

2차 조공(1925. 11~1926. 6)이 조직되었는데, 제2차 조공은 주요 정책 목적을 민족협동전선 결성에 두었다.[36] 1926년 7월에 발표한 '조선공산당선언'은 프롤레타리아의 헤게모니를 유보할 정도로 민족통일전선 문제를 중요한 과제로 인식했음을 알려준다.[37] 조공이 주도한 6·10만세운동을 준비하는 과정에서 드러난 대한독립당도 그 연장선상에서 구상한 것이었다. 6·10만세운동은 3·1운동처럼 대규모 시위를 계획한 것으로, 국내 독립운동의 특징의 하나로 이해된다.[38] 6·10만세운동 계획은 사전에 발각되면서 실패로 그쳤으나, 민족주의의 개량화와 사회주의의 국제화에 대한 반성으로써 새로운 분기점을 이루며 민족운동의 새로운 이정표를 제시한 것으로 평가된다.[39]

1926년 11월 정우회선언이 발표되었다. 그 주요 내용은 민족주의 세력에 대해 일시적·동맹자적 성격을 인정하여 제휴해야 한다는 것, 경제적 투쟁에서 계급적·대중적·의식적인 정치투쟁으로 방향을 전환해야 한다는 것이었다. 이 선언은 사회주의자들이 신간회에 참가하는 사상적 배경으로 이해된다.[40]

1920년대 후반에 이르면 조공의 핵심은 지식계급과 학생의 결합이었고 정작 노동자와 농민은 소수만이 참여하는 한계에서 벗어나지 못했다. 따라서 1920년대 조공은 '지식인 공산당'이었고 분열과 파쟁의 장소였다. 그러므로 코민테른이 인텔리 중심의 당을 해체하고 노동자·농민 중심의 당으로 재조직할 것을 지령했지만 제4차 조공의 후속은 해

---

36 김호일, 「1920년대 독립운동의 양상과 성격」, 『한국독립운동사사전』 총론편 상, 독립기념관 한국독립운동사연구소, 1996, 442~443쪽.
37 임경석, 「일제하 공산주의자들의 국가건설론」, 『대동문화연구』 제27권, 1992, 214쪽.
38 愼鏞廈(1993), 앞의 논문, 427쪽.
39 장석흥, 『6·10만세운동』, 한국독립운동사편찬위원회·독립기념관 한국독립운동사연구소, 2009, 3~16쪽.
40 이균영(1994), 앞의 글, 413쪽.

방을 맞이할 때까지 재건하지 못했다.[41]

1920년대의 사회주의운동은 다방면의 독립운동에 영향을 끼쳤기 때문에, 이를 밝히는 것은 부문별 운동의 연구를 통해 구체적 사실을 검출해내야 하는 어려운 일이다. 그럼에도 1920년대의 농민운동이나 노동자운동이 경제 권익 투쟁으로부터 1930년에 이르러 혁명적 농민조합이나 혁명적 노동조합운동으로 발전해갈 수 있었던 것도 3·1운동 이후 농민과 노동자의 계급의식 고취와 사회주의 이념의 영향덕택이었다.

3. 민족협동전선과 신간회

1920년대 특징적 민족운동의 하나로 들 수 있는 것은 민족유일당운동이다. 이는 독립운동의 역량을 결집하기 위한 것으로서, 국외에서는 모두 실패했으나 국내에서는 신간회의 조직을 탄생시킴으로써 성공을 거두었다.

3·1운동 후 독립운동 전열은 민족주의와 공산주의 진영으로 분열했다. 그런데 분열을 전후한 시기, 민족주의 우파계열은 민족운동이 사회주의운동과 배치되는 것이 아니며, 개량적이라는 것도 반드시 혁명에 배치되는 것은 아니라는 입장을 밝혔다. 그들은 나아가 식민지 조선 현실에서 민족운동과 사회운동이 배치한다고 보는 것은 일종의 편견 아니면 감정론이라고 하여 사회주의운동에 대해 일정한 이해를 넘어 자신들과의 동질성을 인정하기도 했다.[42] 그러나 그들의 대동단결론은 사실은 사회주의운동의 독자적 존재를 부정하는 것이었다. 이는 민족주의 좌파

41　김호일(1996), 앞의 논문, 443~444쪽.

42　「2대 해방운동의 일치점-사회주의적 운동과 민족적 운동」, 『東亞日報』, 1928년 8월 1일자.

들이 사회주의운동이 민족운동의 전면에 나서는 것을 경계하면서도 그들 계열의 존재를 인정하고 민족통일전선을 형성하고자 한 것과는 달랐다.[43]

1920년대 중반부터 민족주의 세력이 분화한 것은 독립운동 주체라는 면에서 볼 때 시민계층의 분화였다. 이제 독립운동선상에서 개량주의자나 타협적 민족주의자나 시민계층은 이탈한 것으로 간주해도 좋을 것이다. 비타협적 시민계층은 민중과 공통분모를 공유할 수 있었고 합류를 시도할 수 있었다. 그것이 곧 신간회였고, 자작농까지 포함하는 농민조합의 특성이었으며, 광주학생독립운동의 성격으로 이해된다.[44]

민족주의 좌파와 사회주의계열은 국민대표회國民代表會와 국민당國民黨 결성 계획 등 두 진영의 합동이나 연합을 추진했으나 실패한 바 있다. 그러던 1926년 권오설 등 제2차 조공과 천도교 구파가 민족협동전선을 수립하여 6·10만세운동을 추진했고, 다시 양자가 조선민흥회朝鮮民興會를 발기했다. 그리고 정우회선언에서 민족혁명유일전선民族革命唯一戰線을 촉구함으로써 드디어 1927년 2월 15일 '진순眞純한 민족당民族黨'으로서 신간회가 결성되는 구체적 계기를 만들기에 이른다.[45]

신간회는 전국에 120~150여 개의 지회가 있었고, 2~4만 명의 회원을 보유한 일제강점기 최대의 항일사회운동단체였다.[46] 신간회의 존재는 그 자체도 커다란 의미를 지니지만, 중앙본부와 지회들이 전개한 민족운동은 국내 민족운동을 고취하고 크게 고양했다. 1929년의 광주학생독립운동이나 원산노동쟁의, 용천소작쟁의 때에는 신간회의 개입과 활동으

---

43 金明久, 「1920년대 국내 부르주아 민족운동 우파 계열의 민족운동론」, 『한국근현대 사연구』 제20권, 2002, 173~177쪽.
44 趙東杰, 「獨立運動의 理解와 論理」, 『韓國近代史의 試鍊과 反省』, 지식산업사, 1989, 58쪽.
45 姜德相 編, 「秘密結社新幹黨組織計劃ノ內容」, 『現代史資料』 29, みすず書房. 95쪽.
46 이균영, 『신간회연구』, 역사비평사, 1993, 17쪽.

로 전국적 독립운동으로 확대 발전할 수 있었고, 노동·농민·여성운동 등 사회운동을 보호하고 발전할 수 있게 했다.[47]

그러나 신간회는 1931년 해소되었다. 그 원인 중 가장 큰 요인이 된 것이 코민테른과 프로핀테른의 지시와 영향에 따른 것이었으므로, 국제주의 형식 논리가 민족의 모순에 앞서 작용했다는 것은 안타까운 일이다. 또한 해소 이후 국내에서는 그 어떤 전국적 조직을 만들지 못한 것도 역사적 교훈으로 삼아야 할 것이다. 반면, 국외의 민족유일당이나 민족단일당 형성에 영향을 끼쳤다는 것은 평가되어야 한다.

신간회의 유산은 신민족주의나 삼균주의의 이념으로, 정당정치의 구현으로, 연합전선의 형성으로 전승되어 8·15를 맞이했다.[48] 그러나 민족 분단의 현실은 신간회의 교훈이 단지 과거의 역사가 아니라 오늘날에서 효용성을 지닌 것이라는 사실을 일깨워준다.

4. 국내 무장투쟁의 전개

3·1운동의 영향으로 만주와 노령 등 국외에서 독립군 조직이 정비되고 강화되어 항일무장투쟁이 가능하게 되었다. 이로써 봉오동 전투와 청산리 대첩에서 크게 승리하고, 일부 독립군들은 국경 지방에서 국내까지 진공할 수 있게 되었다.[49] 그러나 기존의 연구에서 간과한 사실이 있다. 3·1운동 직후 국외 무장투쟁단체의 조직과 정비에는 주목했으나, 국내를 근거로 한 무장투쟁단체의 존재와 활동에 대하여는 거의 논외로 한 것이다.

---

47 신용하, 『신간회의 민족운동』, 한국독립운동사편찬위원회·독립기념관 한국독립운동사연구소, 2009, 321~322쪽.
48 조동걸(2009), 앞의 책, 195쪽.
49 이만열(2005), 앞의 논문, 12쪽; 愼鏞廈(1993), 앞의 논문, 172~179쪽.

3·1운동 이듬해인 1920년 3월, 3·1운동의 열기를 되살리고 비폭력 투쟁의 한계를 극복하고자 평안북도 지방에서는 천마산대天摩山隊와 보합단普合團이라는 무장단체를 조직하여 활발한 투쟁을 벌였다.[50] 천마산대는 평북 의주·삭주·초산·강계 등지를 근거로 대대를 단위로 3개 소대로 구성되었다. 대원은 40~50명에서 200명 정도에 달했으며, 다수의 구한국 군인들로 구성된 것이라는 점에서 주목된다. 천마산대는 1920년 3월부터 1923년 2월경까지 약 3년간에 걸쳐 군자금 모금, 순사주재소·면사무소·우편소 등 식민지 통치기구 습격 파괴, 친일 관리와 일본 헌병과 경찰 처단 등 다양한 투쟁을 전개했다. 이들은 일제가 천마산을 포위하자, 5~6차례 근거지를 옮기며 투쟁했다.

천마산대 대대장(사령장)인 최시흥崔時興은 3·1운동을 주도했다가 도만했고, 귀국 후 천마산대를 조직했다가 광복군사령부를 거쳐 대한통의부와 참의부의 중대장을 역임했다. 특히 최시흥뿐만 아니라 천마산대소속 대원들은 최시흥과 함께 대한통의부 의용군 제3중대와 참의부 제3중대 소속으로 활동했다. 특히 참의부에서는 제3~4소대장과 훈련대장을 천마산대 간부들이 이끌면서 기간무력으로서 주도적 역할을 담당했다. 따라서 천마산대는 3·1운동 이후 국내 무장투쟁단체의 추이 양상을 가장 잘 보여준다고 할 수 있다.[51]

보합단도 3·1운동 직후 만주 지역 독립운동세력과 연계하며 국내에서 조직된 대표적 무장투쟁단체였다. 김동식은 만주에 있는 대한독립단과 투쟁 방법을 상의한 후 귀국하여 1920년 3월 보합단의 선행조직인 대조선청년결사대大朝鮮靑年決死隊를 조직했는데, 이후 보합단으로 개칭하

---

50 박걸순, 「1920년대 초 국내 무장투쟁단체의 활동과 추이」, 『한국독립운동사연구』 제3권, 1989, 281~315쪽.
51 박걸순, 「大韓統義府 硏究」, 『한국독립운동사연구』 제4권, 1990 참조.

고 평안북도 일원을 무대로 혈연과 지연을 배경으로 20대를 주축으로 하는 50여 명의 단원으로 활동했다.

보합단은 식민지 통치기구의 습격과 파괴, 친일 부일배와 순사의 처단, 일제와 교전 등의 활동을 벌이고 있어 천마산대와 함께 전형적인 무장투쟁단체의 모습을 보여준다. 특히 김동식이나 백운기는 신흥무관학교 졸업생이었고, 단원 중에는 교원·의사·신문기자 등 다수의 식자층이 있었음이 확인된다. 그런데 보합단의 경우, 40여 차례에 걸친 군자금 모금 활동이 보이는데, 모금 자금을 3~4차례 임시정부로 송금하고 있어 임시정부 지원단체로 볼 수 있다. 또한 보합단은 1920년 9월, 서울에서 이종영 등이 조직한 무장계획단과 연계 투쟁을 시도하다가 이른바 운니동雲泥洞사건으로 일제에 발각되자 중국 관전현으로 이동했다. 이후 보합단은 대한독립단·광복군사령부·광복군총영·대한통의부에 참여했다.

천마산대와 보합단은 3·1운동의 영향으로 국내에서 조직된 무장투쟁단체로서 근거지와 투쟁 내용 등이 유사하며, 서간도 독립군단 통합운동에 중요한 단체로서 참여했다. 따라서 3·1운동 직후 무장투쟁을 논의할 때 만주 지역의 독립군 조직과 함께 국내의 한·중 접경지대에서 조직되어 활발한 투쟁을 벌인 천마산대와 보합단은 반드시 언급할 가치가 있다. 즉, 만주 독립군 조직의 정비와 강화에 국내적 기반이 중요한 역할을 했던 것임을 알 수 있다.

이 밖에 주로 군자금 모금을 위해 무장하고 활동한 소규모 조직으로서 암살단暗殺團 등의 단체도 있었으나, 상세한 조직과 활동상은 알 수 없다.[52]

---

52 愼鏞廈(2001), 앞의 책, 451~472쪽.

1930~1940년대 독립운동의 발전

1. 혁명적 조합운동

1930년대에는 독립운동을 총체적으로 이끌어갈 통합 조직이 없었다. 국외에서는 독립운동 정당 조직이 구심점을 이루었으나, 국내에서는 일제의 만주침략 이후 전반적으로 독립운동이 침체되었다. 1920년대의 국내 독립운동을 계승한 조직은 농민·노동·학생운동뿐이었다. 그러나 1930년대의 국내 독립운동에는 새로운 형태의 운동이 대두했으며, 풍부한 내용을 지니고 발전적 양상을 보이는 부분도 있다.

1930년대의 국내 독립운동은 사회주의운동선상에서 이루어진 사례가 적지 않다. 이는 국제주의에 따른 일정한 한계를 지니고 있으나, 농민·노동운동이 혁명성을 지니는데 크게 기여했다.

1920년대의 농민·노동운동 단체들로는 합법적 단체가 많은 반면, 1930년대에는 비합법적이고 혁명적인 조합운동으로 발전해갔다. 1920년대 후반 이후 농민운동의 주체가 소작인회에서 농민조합으로 바뀌고, 쟁의 상대가 지주에서 식민지 권력으로 확대되면서 1930년대에 들어 더욱 치열해지는 양상을 보인다.[53] 혁명적 농민조합운동의 특징은 종전에 합법주의에 매몰된 운동의 한계를 극복하고 전국적으로 비합법적 투쟁을 전개했고, 개량적 농민운동을 분쇄하고자 했으며, 자신들의 운동을 공산주의운동이나 당재건운동과 결합시키려 한 점이다.[54]

그런데 1930년대 혁명적 농민조합운동에서 가장 주목해야 할 것은

---

[53] 趙東杰, 「1930년대의 국내독립운동」, 『韓國民族主義의 發展과 獨立運動史研究』, 지식산업사, 1993, 294쪽.

[54] 지수걸, 『1930年代 朝鮮의 農民組合運動研究』, 고려대학교 박사학위논문, 1990, 89쪽.

단순한 사회운동으로서의 경제투쟁을 넘어 식민지 체제를 타파하려는 정치투쟁과 결합하고 있다는 점이다. 즉, 소작료 불납과 경작 거부 등 통상적 경제투쟁과 함께, 면·군 단위의 일제 기관 습격과 무력투쟁을 동반하는 독립운동의 성격을 지녔다.[55]

노동운동도 농민운동과 비슷한 변화를 보인다. 1920년대 중반 이후 1930년대 전반기에 걸쳐서 합법적 노동조합운동이 활발히 전개되었다. 그런데 이 시기의 노동운동은 혁명적 조류와, 개량주의나 기회주의가 첨예하게 대립하고 있었다. 합법적 노동운동이 모두 개량주의로 비판받을 것은 아니나, 1929년의 원산총파업과 1930년의 신흥탄광과 평양고무노동자들의 파업이 개량주의로 비판되며, 이후의 노동운동은 혁명적 노동조합이 주도하는 경향을 보인다.[56]

1930년대 이후 노동운동은 일제의 침략이 확대되고 병참기지화가 추진되는 상황에서도 도시를 중심으로 활발히 전개되었다. 지역적으로는 서울·경기 지역과 함경도가 중심지였고, ML계의 이재유李載裕 그룹과 화요파의 권영태權榮台 그룹이 혁명적 노동조합의 실상을 알려주는 대표적 사례이다.[57]

혁명적 노동조합의 주도로 진행된 투쟁 가운데 폭력적 양상은 반제 투쟁으로 발전할 가능성과 잠재성은 지니고 있었으나, 계급 문제를 민족 문제보다 우선한 것은 문제로 지적될 수 있다. 즉, 계급해방론이 사회운동의 중심 개념으로 부상한 것은 민족주의보다 국제주의가 상위 개념으로 인식되었다는 것으로서, 맹목적이고 형식적인 국제주의는 독립

---

55 김영범, 「1930년대 독립운동의 특성」, 『한국독립운동사연구』 제8권, 1994, 440~441쪽.
56 김경일, 『일제하 노동운동사』, 창작과 비평사, 1992, 511~515쪽.
57 김영범(1994), 앞의 글, 441쪽.

운동사에서 반성해야 한다는 지적에 유념해야 한다.[58]

그러나 혁명적 농민·노동운동은 1937년을 전후하여 침체되는 양상을 보인다. 즉, 소작쟁의가 감소하고 노동쟁의는 급감하는 양상이다. 이는 일제의 중일전쟁 도발과 식민지 통제가 강화된 데 따른 것이고, 해외독립운동세력과의 연계가 끊기며 나타난 현상으로 이해된다.

2. 문화운동과 국학민족주의

1930년대는 정신사적 관점에서 볼 때 일제에 대한 반발로 민족의식의 폭과 깊이가 한층 확대 심화된 시기였다. 1930년대 전반기에 학계가 정비·발전되고 문화운동이 치성한 점은 이 시기의 가장 특징적 양상으로 파악된다.[59] 그 가운데 국어학·국문학·역사학은 '국학민족주의國學民族主義'에 기초한 문화운동의 핵심적 분야라 할 수 있다.[60]

문화운동은 일제에 대한 저항성과 독립운동에의 기여 여부를 기준할 때 평가가 상반될 수 있다.[61] 민족운동의 성격을 지니지 않고 단순히 기회주의적 실력양성운동의 성격만 지닌 문화운동일 경우, 자의적이든 그렇지 않든 일제의 민족말살 계략에 빠질 위험이 있다. 이 시기의 문화운동은 한민족말살을 획책한 일제의 식민지 통치에 대항하여 민족 보전을 추구한 것이었다. 또한 정치투쟁이 좌절되자 그 한계를 경험한 독립운동계가 문화투쟁으로 노선을 전환하는 시점임을 감안할 때 독립운동

---

58 趙東杰(1993), 앞의 글, 300~301쪽.
59 1930년대의 國學 발전에 대하여는 高麗大學校 民族文化硏究所, 『民族文化硏究』第 12號(1930年代의 國學振興運動 特輯號, 1977) 참조.
60 최기영, 「일제강점기 國學의 발달」, 『식민지시기 민족지성과 문화운동』, 한울아카데미, 2003, 11~67쪽.
61 趙東杰, 「1930·40년대의 국학과 민족주의」, 『人文科學硏究』 창간호, 同德女子大學校 人文科學硏究所, 1995, 126쪽.

의 일환이었음은 재론의 여지가 없다. 그 대표적인 사례는 안재홍에게서 찾을 수 있다. 그는 신간회 해소를 반대했고, 해소 직후 새로운 전 민중적 표현 단체와 결사체의 조직을 주장했으나, 결국 정치투쟁에 절망하고 역사연구로 민족운동의 방향을 선회하고 조선학운동朝鮮學運動을 주도했던 것이다.

조선학운동은 운동의 실체적 양상이 드러나지 않을 뿐만 아니라, 문화운동의 역사적 평가에 소극적이었던 학계의 경향 때문에 독립운동사에서 간과되거나, 매우 간략하게 논급되고 있는 실정이다. 그러나 조선학운동은 이러한 문화운동의 차원에서 주창된 것이다. 그러나 조선학운동은 운동사보다는 학술사적으로 접근하고 조명되어야 할 '조선연구의 기운'이다.[62]

일제강점기 국학자들의 학문적 영역은 다변적이었다. 대부분의 학자들은 국어학과 국문학은 물론 국사학의 영역을 넘나들었다. 권덕규·안확·문일평·계봉우 등은 그 대표적 인물이라 하겠다. 신채호·정인보·안재홍 등도 예외는 아니며, 심지어 유물론사가인 백남운도 사회경제사의 해석에서 어의를 중시했다. 류인식이 통사인 『대동사大東史』를 저술하는 한편, 문학사라 할 수 있는 『대동시사大東詩史』를 저술한 것은 역사나 시나 모두 민족정신과 국수를 발양해줄 수 있을 것이라 믿었기 때문이다.[63] 그렇기 때문에 굳이 학문 영역을 엄격히 구별할 필요도 없었을 것이다. 진단학회가 국학연구를 표방했을 때, 여기에 다양한 부류의 학자가 참여한 것도 그러한 경향을 보여준다.

이처럼 국학자의 학문적 영역이 모호하고 다변적이었던 것은 당시

---

62 박걸순, 『국학운동』, 한국독립운동사편찬위원회·독립기념관 한국독립운동사연구소, 2009, 10~13쪽.
63 박걸순, 「東山 柳寅植의 歷史認識」, 『植民地 시기의 歷史學과 歷史認識』, 경인문화사, 2004, 238~240쪽.

학문이 독립적 체계를 갖지 못한 단계였기 때문일 것이나, 그보다는 민족보전이라는 국학민족주의의 요구에 부응하기 위한 것으로 봄이 타당할 듯하다. 따라서 일제강점기 국학운동은 지나치게 학문적 잣대로만 따져서는 곤란하다고 사료된다.

국학민족주의에 포함되어 있는 어문민족주의와 역사민족주의는 운동성과 실천성을 지닌 강렬한 민족주의를 표방하고 있다. 따라서 국학자들은 학자인 동시에 독립운동가였다. 최남선처럼 학자의 길만을 고집하다가 훼절한 인사가 있었으나, 많은 국학자들은 지행합일이 요구되는 시대적 의무와 민족적 요구에 부응하고자 했다. 그들은 혹독한 상황에서 한글맞춤법을 제정하고 국어사전을 만들었으며 한글보급운동을 펼쳤다. 또한 문학사와 소설사 등을 정리하고, 저항문학을 발달시켰으며 출판법과 신문지법 등 식민지 악법을 폐지하기 위한 투쟁에도 나섰다. 요컨대 일제강점기 어문과 역사민족주의를 통해 민족을 보전하고자 한 국학운동이 지닌 특징과 한계는 그 상대적 조건인 일제의 민족말살정책과 관련하여 논의하고 평가되어야 할 것이다.

3. 학생운동과 비밀결사

3·1운동과 6·10만세운동으로 역량을 성장시킨 학생운동은 1929년 광주학생독립운동으로 절정을 맞이했고, 1930년대 이후 국내 독립운동의 전위대 역할을 했다. 학생운동은 사회운동과 문화운동이라는 양면성을 지니며, 비밀 지하조직으로서 결사의 형태를 띠었다.

1929년 11월 시작된 광주학생독립운동은 이듬해 전국적인 독립운동으로 확산되었다. 광주학생독립운동은 이전의 단순한 동맹휴교와는 달리 식민지 교육 타도와 민족해방을 외쳤다. 당시 학생들의 운동은 고양된 대중투쟁과 궤를 같이했으며, 대중운동을 활성화하는 데 선도적 역할을 담당했다.[64] 신채호가 3·1운동 이후 문예운동이 현저히 발달한 결과 신시新詩와 신소설新小說이 성행하여 학생사회가 '침적沉寂'해졌다고 비판했으나,[65] 이는 1920년대 전반기의 부분적 현상을 지적한 것이었다.

1930년대 들어 학생단체는 비밀 지하조직화했다. 이는 농민·노동운동의 경우와 비슷한 양상을 보인다. 학생운동은 독서회, 반제동맹 등 15~20명의 소수 학생들로 구성된 비밀결사가 조공재건운동이나 여타 부문의 사회운동과 결합하여 '비합법적'인 맹휴나 반전운동을 벌이는 사회운동의 형태로 전개되기도 했다.[66]

일제는 자신들의 만주침략이 조선 내 반제·반전운동을 자극하여 조공 재건과 학생층의 반제 비밀결사 조직에 영향을 끼쳤다고 파악했다.[67] 실제로 1930년대에 학생 비밀결사가 90개 정도 조직되었다. 그들의 명칭도 적광회赤光會·적우회赤友會·학생전위동맹후계조직學生前衛同盟後繼組織·적기회赤旗會·반제전위동맹反帝前衛同盟·공산청년학생회共産靑年學生會·독서회반제반讀書會反帝班·ML·적색돌격대赤色突擊隊·사회과학연구회社會科學硏究會·반제동맹反帝同盟 등 사회주의 연구나 좌익적 색채를 농후하게 표방하고 반제를 목표로 내세웠다. 일부 단체는 민족운동과 비밀결사를 명칭으로 사용하기도 했다.[68] 1930년대 학생 비밀결사의 구성원이 중복되는 경우가 없다는 사실은 학생층의 민족적 역량이 축적됨을 반영한다.[69] 그런데 1930년대 후반 들어 학생 조직은 민족적 반성의 토대 위에서 명

---

64 이만열, 「1930년대의 민족운동」, 『한국독립운동사사전』 총론편 하, 독립기념관 한국독립운동사연구소, 1996, 280쪽.

65 申采浩, 「浪客의 新年漫筆」, 『東亞日報』, 1925년 1월 2일자(『단재신채호전집』 제6권, 599~589쪽).

66 김영범(1994), 앞의 글, 441쪽.

67 朝鮮總督府警務局, 『最近に於ける朝鮮治安狀況』, 1936, 30쪽.

68 예컨대 '京農生의 民族運動', '京城藥學專門秘密結社' 등이 그러하다.

69 趙東杰(1993), 앞의 글, 295~297쪽.

칭이나 활동이 일제의 민족말살정책에 대응하며 민족주의적 성격을 회복하고 강화하는 방향으로 변환했다. 이는 1930년대 중반 이후 학생운동이 침체하는 경향을 보이는 것과도 관계가 있다고 여겨진다.[70]

1930년대 지하조직을 통해 활동하던 학생단체는 1940년대에 독립군적 조직으로 변화했다. 이러한 조직에는 사회 인사와 학생이 함께 참여하는 경우도 있었다.[71] 1940년대에 들어서 학생조직에 독립군적 요소가 해외 독립운동세력과 연결되지 않고서도 자생할 수 있었던 것은 국내 독립운동이 일제의 패망을 예견하면서 독립을 전망할 수 있을 만큼 성장했음을 의미한다.

한편 학생운동은 농민·노동 야학이나, 『조선일보』의 문자보급운동, 『동아일보』의 브나로드운동처럼 문화운동의 성격을 띠는 형태로 전개되기도 했다. 1929~1934년 사이 실시된 양대 신문사의 운동은 단순한 문맹퇴치 계몽운동이 아니었다. 이는 일제의 가혹한 민족말살정책에 맞서 일제의 식민지 언어정책을 패퇴시키고, 우리 손으로 마련한 과학적인 한글맞춤법을 바탕으로 민족문자를 확립·발전시킨 민족운동이었다.[72]

요컨대 학생운동은 사회운동의 성격을 지녔든 문화운동의 성격을 지녔든 방법론의 차이는 있을지언정 민족운동의 일환으로 이해함이 타당하다.

---

70 이만열(1996), 앞의 글, 280~281쪽.
71 趙東杰(1993), 앞의 글, 295~297쪽.
72 愼鏞廈, 「1930년대 문자보급운동과 브·나로드운동」, 『韓國學報』 제31권 3호, 2005, 128~132쪽.

4. 독립의 전망과 건국동맹

한국독립운동사에서 1937년이 지니는 의미는 크다. 이해, 국내의 한민족들은 독립에 대한 희망과 절망을 동시에 맛보아야만 했다. 동북항일연군 제1로군 제2군 제6사장 김일성이 이끄는 유격대는 6월 4일 보천보전투에서 승리를 거뒀다. 김일성은 보천보 전투의 승리를 "생이별을 당한 어머니와 그 자식들의 상봉과 같은 사변"으로, "망국사의 흐름을 광복에로 돌려놓은 결정적 계기의 하나"라고 자평했다.[73] 물론 북한에서는 보천보 전투를 "우리 민족의 반일정신을 최상의 높이에서 과시한 력사적 사변"으로 치켜세우고 있다.[74]

보천보 전투는 규모나 전과 면에서는 보잘것없었다. 그러나 1937년이라는 시기에 김일성이 이끄는 유격부대가 국내로 들어와 갑산 지역의 한인조국광복회와 연계하여 투쟁을 벌이고 독립을 외쳤다는 데서 그 의의가 작지 않다.[75]

그러나 승리의 기쁨과 희망은 잠시였다. 일제가 중일전쟁을 도발하며 식민지 통제를 악랄하게 강화했기 때문이다. 1938년 제3차 조선교육령과 국가총동원법이 시행되고, 이에 근거하여 국민징용령 등 일련의 전시 법령들이 독립운동의 기반을 철저히 파괴하고자 했다. 1942년의 조선어학회 사건은 한민족말살의 상징적 탄압이었다. 그러나 전술한 바와 같이 1930년대 후반부터 침체하는 양상을 보이던 학생운동은 일제의 패

---

73 김일성, 회고록 『세기와 더불어』 6, 조선로동당출판사, 1995, 149쪽.

74 허종호, 「보천보 전투는 우리 민족의 반일정신을 최상의 높이에서 과시한 력사적 사변」, 『조선 민족 항일투쟁과 민족주의 문제』, 보천보 전투 승리 70돌 기념 평양국제학술토론회 발표 요지문, 2007, 11~15쪽. 북한에서는 김일성이 지휘한 부대를 조선인민혁명군이라 주장하고 있고, 보천혁명박물관에는 「조선인민혁명군사령관 김일성 명의의 포고문」(1937. 6. 1)이 전시되어 있다.

75 서대숙, 『현대 북한의 지도자 김일성과 김정일』, 을유문화사, 2000, 43~44쪽.

망을 예견하고 결정적 시기를 기다리며 무장봉기를 준비하고 있었다.[76]

1940년대 들어 세계대전의 발발 등 국제정세가 급변하며 국외 독립운동의 객관적 조건이 유리하게 조성되었다. 이에 따라 국외 독립운동의 지역적 기반이 충칭과 옌안으로 이동하고, 독립운동의 양대 세력 간 재편이 있었다. 독립운동세력의 재편은 대한민국임시정부로 통일전선이 형성되고 조선독립동맹이 결성되는 쪽으로 귀결되었다.[77] 즉, 국내 독립운동은 중일전쟁 이후 어려운 국면을 맞이했으나, 국외 독립운동은 활기를 띠게 되었던 것이다.[78]

1940년의 독립운동을 국외에서 임시정부와 조선독립동맹이 이끌었다면, 국내에서는 조선건국동맹이 조직되어 광복에 대비했다. 여운형은 1941년 일제가 태평양전쟁을 도발하자, 일제의 패망을 전망하며 1942년부터 전국적 독립운동단체의 결성을 추진했다. 1943년 8월 여운형 등은 건국동맹 조직 준비 단계에서 조선민족해방연맹을 결성했다.[79]

건국동맹은 1944년 8월 조직되었다. 여기에는 민족주의자와 사회주의자들이 동참하여 독립운동사에서 최후의 연합전선을 이루어냈다. 그리고 두 달 만인 10월에는 중앙과 지방의 조직체제도 갖췄고, 해외 주재 연락 책임자도 정했다. 건국동맹은 철저한 비밀결사 조직이었으나, 1945년 8월 초순까지 전위 조직인 농민동맹을 포함하여 맹원이 7만에 달했다. 건국동맹은 독립을 이루어내기 위해 다양한 국내 투쟁을 계획했으나, 국외 독립운동단체와도 연계를 모색했다. 그들은 만주에 군대

---

76 이만열(1996), 앞의 글, 281쪽.
77 한시준, 「1940년대 전반기 독립운동의 특성」, 『한국독립운동사연구』 제8권, 1994, 448~449쪽.
78 중일전쟁 이후의 독립운동사를 '終戰期'로 별도로 구분하여 국가총동원체제에서 국내 독립운동은 비록 침체했으나, 해외 독립전쟁을 중심으로 독립전쟁의 발전기로 이해하는 견해가 있다. 조동걸(2007), 앞의 책, 250~252쪽.
79 정병준, 「조선건국동맹의 조직과 활동」, 『한국사연구』 제80권, 1993, 100쪽.

편성 계획을 추진했을 뿐 아니라 옌안의 무정과 연락을 취하며 조선의 용군과 협동전선을 모색했다. 또한 임시정부에 국내 사정을 알리고 협동전선을 구축하기 위해 연락원을 파견하기도 했다.[80]

건국동맹의 존재는 매우 열악한 국내 조건에서 전국적 비밀결사로 조직되어 해외 독립운동세력과 연계하며 광복에 대비했다는 점에서 1940년대 독립운동사에서 매우 중요한 의의를 지닌다. 건국동맹은 국내 독립운동의 최후 조직이었지만, 8·15와 함께 건국준비위원회로 발전한 한국현대사의 최초 조직으로 평가할 수 있을 것이다.

맺음말

3·1운동은 한국독립운동사의 최고봉으로 평가된다. 따라서 그 이후의 독립운동은 이전과는 확연히 구분된다. 독립운동은 일제의 식민지 통치 방식이나, 국제정세의 변동 등 외적 조건에 영향을 받을 수밖에 없었으나, 3·1운동은 우리의 힘으로 독립운동의 지형도를 바꾼 획기적인 것이었다.

일제의 직접 통치하에 놓여 있던 국내에서 진행된 독립운동은 국외 독립운동과는 커다란 조건의 차이가 있었다. 그럼에도 국내 독립운동은 다양한 형태로, 총력적으로 전개되었다. 운동 주체를 기준으로 하면 농민·노동자·학생·청년·여성운동으로, 운동 계열을 기준으로 하면 사회·경제·문화운동 등으로 대별할 수 있을 것이다. 이를 세분하면 사회운동에는 여성운동과 형평운동이, 경제운동에는 물산장려운동과 협동조합운동이, 문화운동에는 학술(국학)·언론·교육·예술·종교운동이 포

---

80 愼鏞廈, 「建國同盟의 민족독립운동」, 『3·1運動과 獨立運動의 社會史』, 서울대학교 출판부, 2001, 508~511쪽.

함될 수 있을 것이다. 운동 주체나 계열은 독자적인 영역을 지니기도 하지만, 중복되거나 복합적으로 전개되는 경우도 많았다. 이처럼 국내 독립운동의 양상이 복합성을 지니는 것은 이념의 다원성과, 방법·전략의 다양성에서 비롯한 것이다.

필자는 한국독립운동사의 하한은 8·15를 기점으로 종결된 것이 아니라, 현재 진행형 또는 미래형으로 이해해야 한다고 확신한다. 그 까닭은 진정한 독립운동의 완결은 민족통일로서 성취될 수 있다고 믿기 때문이다. 그러나 독립운동의 완결점이 점차 멀어지는 것 같아 안타깝기 그지없다. 3·1운동과 그 이후 독립운동사의 해석과 평가에 대한 남북의 기준과 결과는 각각 정반대의 지점에서 절반을 외면해왔다. 우리 스스로가 독립운동의 완결 의무를 방기하고 있지 않나 반성해본다.

분단과 남북 간 역사인식의 괴리를 거론할 필요조차 없이, 작금의 이른바 식민지근대화론과 '건국절' 주장은 일부 세력의 천박한 역사인식이라고 치부하기에는 너무도 층위가 커다란 단층을 이루고 있다. 더구나 이러한 인식이 독립운동사에 대한 오해와, 특정 목적을 위한 의도성에서 비롯했다는 점에서 위험성도 매우 크다. 이러한 그릇된 역사인식을 불식하지 않고 3·1운동과 한국독립운동의 민족사적 의의를 말하는 것은 공허한 논의에 불과하며, 더구나 민족통일을 운위하는 것은 위선의 위선일 뿐이다.

(『동양학』 제47권 47호, 단국대학교 동양학연구원, 2010)

06

강석기 부자의 대종교 신앙과 민족운동

머리말

대종교 중광제현重光諸賢 가운데에는 종문倧門 초유의 '일문이세一門二世의 사위四位 원로元老 영전榮典'이라는 독특한 존재가 있다. 강석기姜錫箕와 그의 세 아들 진구鎭求·철구銕求·용구鎔求가 그들이다. 강석기는 도형호道兄號를 받았고, 그의 세 아들은 모두 정교가대형호正教加大兄號로 승질陞秩되었으며, 석기와 진구는 중광제현, 철구는 임오십현壬午十賢, 용구는 중흥제현中興諸賢으로 추앙되고 있다.[1]

필자는 2005년 마을사 연구의 일환으로 이들의 고향인 부여군 장암면 장하리 장정마을 진주강씨 집성촌의 대종교 신앙과 민족운동을 검토한 바 있다. 그 결과, 장정마을은 종족마을이라는 혈연과 지연을 배경으로 하여 대종교로 종교적 유대를 형성했으며, 야학이라는 공동체적 공간을 중심으로 공산주의사상을 수용하여 부여 일원의 민족운동을 주도

---

1   大倧教總本司,『大倧教重光六十年史』, 1971, 812쪽.

했다는 사실을 규명했다. 그리고 그 전통이 해방공간에서도 일정하게 유지된다는 사실도 주목했다.[2]

그러나 이는 마을사와 진주강씨 문중의 민족운동사 연구였기 때문에, 강석기와 그 부자의 민족운동에 대해서는 충분히 논의하지 못했다. 그뿐만 아니라, 당시 논문에서는 이용하지 못한 강철구의 군자금 모금과 관련된 다량의 자료 등을 후에 새로이 확인했다. 강철구의 주도로 1920년과 1922년 두 차례에 걸쳐 진행된 군자금 모금운동은 '근대 조선 안에서는 처음으로 생기는 극히 중대한 사건'[3]으로, '서울과 부여가 뒤집혀진 듯 요란하고', '3·1운동 이후 처음 보는 진정한 사건'[4]으로 여겨진 중대사였다. 3·1운동 직후 대한민국임시정부나 대한군정서와 연계한 국내 군자금 모금 사례는 논산 노성면 병사리의 노성윤씨魯城尹氏가 대표적이다.[5] 그러나 노성윤씨의 경우, 문중의 혈연과 지연을 배경으로 했으나, 종교와는 전연 무관했다.

한편, 장정마을의 천조궁天祖宮에는 이들 부자의 대종교 신앙과 관련된 자료가 적지 않게 보존되어 있다.[6] 새롭게 확인된 자료들을 검토해

2 朴杰淳, 「扶餘 長亭 晋州姜氏 문중의 대종교 신앙과 민족운동」, 『한국근현대사연구』 제34호, 한국근현대사학회, 2005, 63~99쪽; 충남대학교 마을연구단, 『부여 장정마을』, 대원사, 2006.
3 『每日申報』, 1922년 12월 1일자.
4 姜鎔求, 「公判見聞記」(독립기념관 자료 1-000513-000), 1963.
5 박걸순, 「일제하 군자금 모금의 문중적 기반과 활동: 論山 魯城尹氏를 중심으로」, 『역사와 담론』 제52권 52호, 호서사학회, 2009, 121~153쪽.
6 天祖宮은 단군영정을 봉안한 곳으로 마을이 내려다보이는 동산(의자로 706번길 16-9)에 조성되었는데, 단군전·천진전·단군사당 등으로 불린다. 단군영정은 강석기가 일제강점기 때 평양 숭령전에서 모셔와 보존한 것인데, 1949년 개천절에 진주강씨 문중에서 이 천진을 봉안하기 위해 일제강점기 때 야학이 설치되었던 곳에 천조궁을 건립했다. 봉안식 때 제주는 부통령인 이시영이 맡았고 1만여 명이 운집했으며, 후에 3대 교주인 윤세복도 다녀갔다고 하니 대종교단에서 장정마을이 지니는 위상을 알 수 있다. 이곳에는 강석기와 장정마을의 대종교 관련 자료가 다수 보관되어

보니, 강석기와 그 세 아들의 대종교 신앙과 군자금 모금 활동을 중심으로 한 민족운동은 별도로 논의해야 할 중요한 주제로 인식되었다.

이 글은 이러한 문제의식에서 비롯되었다. 이를 통해 3·1운동 직후 국내의 독립운동 분위기와 군자금 모금의 구체적 실태가 밝혀지기를 기대한다. 또한 대종교와 군자금 모금과의 관련성 및 만주 독립군과 국내와의 연계상도 어느 정도 규명될 수 있을 것으로 믿는다.

강석기의 대종교 중광과 민족운동

강석기(1862~1932)는 장정마을에서 호서湖西 문호文豪 강신발姜信發의 큰 아들로 태어났다. 장정마을에 진주강씨가 세거한 것은 17세기 초에 14세 치손이 입향하면서부터다. 이 마을은 일제강점기 부여에서 가장 오랜 전통을 지닌 종족촌이었는데, 현재에도 전체 호수의 약 90%가 진주강씨일 정도로 혈연적 전통이 강하다.[7] 강신발은 물욕이 없어 산속으로 들어가 몇 칸 규모의 서옥을 짓고 임하林下라고 자호自號한 인물이다. 그는 경의도학經義道學을 강구하고 후진을 양성하는 것을 자신의 책임으로 느꼈는데, 종족의 자제들은 7세가 되면 숙문塾門에 들어왔고, 먼 곳에서도 공부하러 오는 사람들이 늘어 수백 명의 제자를 배출했다.

당시 진주강씨들은 초수야부樵叟野夫라도 경의經義를 담론하고 서찰을 능히 썼는데, 이는 모두 그의 노력의 결과였다고 한다. 1930년대 중반에도 장정마을 인근 지역의 60세 이상 노유老儒들은 그의 학덕을 존경

있었는데, 지금은 다른 곳으로 옮겨 보관하고 있다.

7 장정마을의 종족마을 형성과 일제강점기의 사회경제적 상황에 대해서는 朴杰淳 (2005), 앞의 논문 참조.

하고 칭송하여 임하 선생이라 불렀다고 한다.[8] 그의 아들 강석기와 손자 강진구가 학교를 건립한 것과 장정에서 야학이 지속된 것은 그의 영향이었다.

그의 처음 이름은 석기錫箕였으나, 대종교 입교 후 우虞로 개명했고, 석화錫華라는 이름을 사용하기도 했다. 자는 순서舜瑞, 호는 호석湖石, 도호는 천일거사天一居士이다. 그는 어려서 아버지에게서 한학을 배웠는데, 총명하고 재질이 영특했다고 한다. 7세경에는 사서삼경을 모두 외워 천재의 이름을 인근에 떨쳤으며, 9세 때인 1871년에는 홍산군 백일장 시회에 나가 장원을 하여 일찍이 문장의 소질을 보였다고 한다. 또한 부모를 3년 동안 극진히 간병하여 모두 '강효자姜孝子'라고 칭송했다고 한다.[9]

강석기는 1900년 8월 29일 경흥감리서주사서판임관육등慶興監理署主事敍判任官六等에 임명되었다가,[10] 이듬해 9월 24일자로 의원면관했다.[11] 경흥감리서는 두만강가의 러시아와 경계지역에 있던 외교 관서였다. 당시 러시아인들이 조선과 체결한 조약을 이행하지 않고 조선인을 침탈하는 등 행패를 부렸으나, 관원들은 무서워서 감히 대항하지 못했다. 그러나

---

8 善生永助,『朝鮮の聚落(後編)』, 朝鮮總督府, 1935, 772쪽. 한편『晉州姜氏通溪公派中正公家譜』, 173쪽에는 그에 대해 "道德文章顯宇 當世屢叅科試 滿場學士無出其右 然以數奇不得高第"라 설명하고 있다.

9 「倧門都司教聖師湖石姜公諱錫箕追慕碑」(1972);「愛國先烈湖石姜錫箕先生墓碑」(1981). 이 비는 다른 사람들의 비석과 함께 장정마을 어귀 금강 제방으로 옮겨 세워졌다.

10 『官報』, 1900년 8월 31일자. 강석기는 9월 29일 부임하여 업무를 시작했다(『慶興報牒』, 1900년 9월 29일, 慶興港監理 沈厚澤이 外部大臣 朴齊純에게 올린 보고서). 그가 사환하게 된 계기는 다른 자료에서 확인되지 않으나, 위의 추모비에 "한양 박동 김정승 댁에 진학의 특전을 얻었다"는 내용으로 보아 과거에 급제한 것은 아닌 듯하다.

11 『官報』, 1901년 9월 26일자. 경흥감리서의 복설 이후 개항장에서 자국민 보호 기능이 강화되었다. 즉, 1902년 경흥감리 황우영이 러시아인에게 소를 파는 牛商을 보호하기 위해 매매지구를 설치하려 한 것이 그 예이다. 민회수,「한국 근대 開港場·開市場의 監理署 연구」, 서울대학교대학원 박사학위논문, 2013, 178~183쪽.

그가 부임한 이후 러시아인의 위협에도 굴하지 않고 그들의 불법행위를 엄히 징계함으로써 국경이 평온해졌다고 한다.[12]

그는 곧이어 1901년 10월 15일 성진감리서 주사로 임명되었다가,[13] 1902년 4월 18일 길주감리서 주사로 전임했다.[14] 이후 1903년 5월 11일 다시 성진감리서 주사로 전임했다가,[15] 1904년 5월 21일 의원면 관했다.[16] 그의 관직 경력은 채 4년이 되지 않으나, 감리서의 주사로 근무한 것은 그의 생애에서 중요한 의미를 지닌다.[17] 감리서는 개항장과 조계지 내 외국인들의 활동을 관리 감독하기 위한 부서로서, 지방 차원의 외교를 담당했던 중요 관서였다.[18] 따라서 그의 감리서 근무는 열강 침탈의 국제적 상황을 누구보다도 먼저 목도하고, 특히 러일전쟁과 을사늑약으로 치닫는 상황에서 국권회복의 의지를 다지는 계기가 되었을 것으로 보인다.[19] 그가 1905년 일본에 가 있던 의친왕을 모셔오기 위해

---

12 徐載謙, 「家狀」, 『湖石先生文集』, 1933(독립운동사편찬위원회, 『獨立運動史資料集』 제12집, 1977, 525~534쪽).

13 『官報』, 1901년 10월 17일자.

14 『官報』, 1902년 4월 21일자. 그는 성진감리로 재임 당시 성진과 길주의 합군 분규를 중재하여 사태를 원만히 해결했는데, 그가 전임되자 백성들이 옷을 벗어 길을 막으며 전임을 반대했다고 한다. 강진구, 「家狀」, 『湖石先生文集』, 1945(독립운동사편찬위원회, 『獨立運動史資料集』 제12집, 1977, 514쪽.

15 『官報』, 1903년 5월 13일자.

16 『官報』, 1904년 6월 1일자. 성진감리서 근무 당시 그가 執照와 憑票費를 紙貨로 바꿔 원산항으로 가서 은행에 환부했다는 기록이 남아 있다(『城津報牒』, 1900년 9월 29일, 城津監理 沈厚澤이 外部大臣 臨時署理 宮內府特進官 李夏榮에게 올린 보고서).

17 한편 그가 1904년 남포군수에 임명되었으나 병을 핑계로 나가지 않았으며, 1906년에도 홍주군수에 특명되었으나 때가 아니라고 판단하여 나가지 않았다고 하나, 이는 앞의 「愛國先烈湖石姜錫箕先生墓碑」와 白純이 撰한 그의 묘갈명과 부여군청년회, 「奉悼天一居士」, 1932(장정마을 천조궁 소장 「姜湖石先生輓詞附祭文」)에서만 확인될 뿐, 관찬 자료에서는 확인되지 않는다.

18 민회수(2013), 앞의 논문, 3~4쪽.

19 조완구, 「湖石大兄略史奉述」, 1932(앞의 「姜湖石先生輓詞附祭文」)에도 그가 감리로 근무하며 열강의 침탈에 분우한 사실을 기억하는 사람이 많다고 했다.

역사カ士를 파견했던 일은 그의 민족적 면모를 알려준다.[20]

이후 그는 낙향하여 향리에서 열성적으로 교육활동에 전념했다. 그는 1906년경 향리에 천영학교天英學校를 설립하여 인근 여러 지역의 자제들을 교육했다. 당시 강석기가 장정마을에 건립한 천영학교는 전국적인 주목과 찬사를 받았다. 『대한매일신보』와 『황성신문』 기사에 따르면, 천영학교는 강석기가 사재와 종중 재산을 합해 건립했고, 그의 열성에 감화를 받은 사범학교 출신 임운호任雲鎬가 스스로 교사를 담임하여 문을 연 지 몇 달 만에 학생이 50여 명에 이를 만큼 발전했다. 당시 언론은 강석기와 임운호의 활동을 '호우표준湖右表准'이라고 극찬했다.[21]

천영학교의 교과목은 국어는 물론 일어·영어와 산술, 내외 역사와 지지, 국문·영문·일문·한문의 습자와 작문 등이었다. 천영학교에서 일본어를 가르쳤다는 사실에서 민족교육으로서의 성격에 대한 시비가 제기될 수 있으나, 이는 계몽운동의 일환으로 이해함이 타당할 듯하다. 한편 그는 향리에 노동야학을 설치하여 농촌 부로父老에게까지 시대의 변혁을 알려주고 강경·논산·은진 등지에 야학 30여 곳을 설치해 도처에 대성황을 이루었다. 이와는 별도로 자택에 광일의숙光一義塾을 세워 학령을 넘긴 남녀 학동을 모아 보통학교 4년 정도의 교육을 실시했는데, 야학으로 운영했다.[22] 광일의숙은 후에 강진구가 맡아 운영했는데, 이로써 보면 강신발-강석기-강진구 3대가 숙문塾門을 운영했던 것이다.

향리에 거주할 당시, 그는 '은일거사隱逸居士'로서 국제정세를 통찰하고 재만동포사회를 주시하며 청년들에게 독립운동을 권면하고 있었다.

---

20 강진구(1945), 「家狀」, 앞의 책.

21 『大韓每日申報』, 1906년 8월 30일자. 동보는 이미 4월 17일자에도 이와 유사한 기사를 보도한 바 있으며, 『皇城新聞』도 동년 3월 19일자에서 강석기와 천영학교를 상세히 보도했다.

22 姜相模 증언(1939년생, 2014. 7. 25. 부여군 장암면 장하리 의자로 704번길 4 자택).

1911년 11월 20일, 그가 향제에서 정원택鄭元澤의 방문을 받고 그를 대종교총본사에 소개하고 북간도로 보내 독립운동에 나서게 한 것은 이 시기 그의 동향을 알려주는 일화이다.[23]

그의 교육 활동에서 또 하나 주목되는 사실은 백순白純과 함께 경성공업전습소京城工業傳習所를 설치하여 수백 명의 졸업생을 배출했다는 사실이다.[24] 이는 교육 활동의 일환이기도 하나, 실업을 중시한 계몽운동의 성격이 강하다. 그는 1920년대 후반, 서울에서 미루나무를 무상으로 구해 금강변의 종토 1만 5,000여 평에 식재하여 그 수입으로 종중의 돈화계敦和契를 설립 운영했고, 1929년 가을에는 뽕나무 5,000주를 심어 잠업을 권장하는 등 실업 장려에 적극적이었다.[25] 이는 그의 구국과 독립운동의 방법론이 교육과 실업을 중시했음을 알려주는데, 대종교 민족운동과는 또 다른 면모를 보여준다 하겠다.

이러한 활동은 그가 평소 지녀왔던 구국방책의 실천 과정이었다. 그는 자강과 혁신을 부르짖었다. 그는 '신식 이야기'를 들으면 개화당으로 지목하는 몽매한 사람들을 비판하고, 예전 것만 고집하고 변하지 않으면 우리나라에는 반드시 사람이 없어질 것이라고 우려했다. 그는 현실구제책으로서 교육·유통·식재·양잠·개간 등 다섯 가지의 자강론을 제시했는데, 이를 정리하면 다음과 같다.

1. 학교를 많이 설립하여 청년을 교육시킬 것
2. 각 지의 도회지에 식산은행을 설치할 것
3. 강이나 바닷가에 미루나무를 심을 것

---

23 鄭元澤, 『志山外遊日誌』, 탐구당, 1983, 17~22쪽.
24 『東亞日報』, 1931년 4월 2일자.
25 朴杰淳(2005), 앞의 논문, 68~69쪽. 이는 호서 지역 미루나무 식재의 시초로 평가된다.

4. 魯桑 종자를 사서 공한지에 심어 양잠업을 일으킬 것

5. 바닷가 황무지에 제방을 쌓고 논으로 만들 것[26]

강석기는 1909년 대종교를 신봉한 이래 사거할 때까지 대종교의 핵심적 인물로 활동했다. 그는 지교知教(1911)를 거쳐 상교尚教 및 총본사 총전리總典理(1915)가 되었고, 1915년 6월에는 나철을 대신하여 백두산 상봉上峰을 봉심奉審하고 혈서로 제천祭天했다고 한다. 이어 정교正教와 대형호大兄號(1916), 사교司教(1918), 도사교위리都司教委理(1921)로 승질陞秩했다.[27] 그의 대종교 입교 동기는 분명하지 않다. 다만, 월남 이상재 등이 그에게 기독교 입교를 권유했으나, '국혼國魂'을 잃어버릴까 염려하여 거절했다는 기록으로 보면,[28] 그는 망국으로 치닫는 상황에서 민족종교인 대종교를 국혼 유지의 정신적 수단으로 여겼음을 알 수 있다.

1909년 홍암 나철과 더불어 대종교를 중광한 그는, 일제의 핍박이 있자 1913년 두만강을 건너 허룽현 칭포후青坡湖로 갔다.[29] 그의 망명 과정과 소회는 망명 당시 그가 남긴 몇 편의 시를 통해 알 수 있다. 망명 도중 마천령 위에서 그는 고국을 생각하며 비분강개했고, 원산역에 도착해서는 나철의 자제들에게 시를 지어주었다.[30] 두만강을 건너면서는 김하석金霞石·이정완李貞完과 함께 시를 읊었고,[31] 7월 룽징에 도달해서

26 徐載謙(1933), 「行狀」, 앞의 책.

27 大倧敎總本司, 『大倧敎重光六十年史』, 1917, 811쪽. 여기에서 그는 중광제현 43위 중 두 번째로 소개되고 있어 대종교단에서 그의 위상을 짐작하게 해준다. 그의 장자 강진구는 28번째로 소개되고 있다.

28 부여군청년회(1932), 앞의 논문.

29 필자는 이전 논문에서 강석기의 도만 시기를 1917년으로 판단했으나, 1913년으로 확인되어 정정한다.

30 「入滿途中 摩天嶺上 回憶舊寰 不勝慷慨」·「至元山驛樓 贈弘岩子舍 正紋兄弟」, 앞의 책, 463쪽.

31 「至豆滿江與金霞石共吟」, 「渡豆滿江 至米田洞 與李貞完白洋共吟」, 앞의 책,

는 박찬익朴贊翊과 박승익朴勝益을 만나 기쁘면서도 슬픔에 젖어 운자를 달았다.[32] 8월, 청파호에 도착한 그는 나철과 백순을 만나 백두산을 바라보며 벅찬 마음을 시로 남겼다.[33] 이후 그는 1919년 귀국할 때까지 7년여간 만주에 체류하며 대종교를 중심으로 동포사회를 이끌어나갔다. 강석기의 만주 체류 시기 활동에 대해서는 추모비와 「가장家狀」·「행장行狀」 등의 기록이 참고된다. 이들 자료에 따라 그의 만주 활동을 정리하면 다음과 같다.

강석기는 1914년 여름, 교도를 인솔하고 백두산 상봉에 피를 뿌리며 구국 제천했는데, 이를 본 많은 우국 동포들이 감화하여 대종교를 받들게 되었다. 이해 겨울에는 러시아 소왕령에 망명 중인 이상설의 초빙으로 그곳에 가서 대종교 포교를 위해 러시아 동포사회를 순력했다.[34] 1915년에는 지린성 안투현 토호이며 군벌인 다이융쿠이戴永奎가 그를 상부의 예우로 모시자, 그곳에서 3년간 체류하며 조만동포동맹서朝滿同胞同盟書와 천격문天檄文 등을 작성했다고 한다. 그러던 1919년 봄, 서일과 김좌진이 그를 북로군정서 총재에 추대했으나, 이를 사양하고 오직 교리천명과 교세 확장에만 전념했다고 한다.

그러나 1919년 4월, 강석기는 3·1운동에 연루되어 룽징 주재 일본영사관에 피체되어 옥고를 치렀다. 그는 당시의 굴욕적 술회를 6절의 시로 남겼다.[35] 40여 일의 옥고를 치른 그는 일제 기마대의 삼엄한 호위를 받

464~465쪽.

32 「至龍井市 逢朴贊翊南坡朴勝益貞齋 喜且悲適有開學原韻 故次一首」, 앞의 책, 465~466쪽.

33 「與羅弘岩 白隱溪兩弟 登青坡湖檀山上峰 望見天山 不勝喜感敬愛」, 앞의 책, 466쪽.

34 그가 남긴 이상설 추모 만시는 양인의 교유관계를 짐작하게 한다(「李相卨溥齋輓」, 앞의 책, 493~494쪽).

35 「己未四月 以朝鮮獨立宣言 被囚于滿洲日本總領事館屈辱中述懷 六節」, 앞의 책, 473~475쪽. 강진구는 朝鮮獨立宣言을 서울의 독립선언과 파리장서로 설명하고 있

으며 강제 국내 송환되어 회령감옥으로 옮겨졌다. 그는 이수移囚 도중의 광경과 회령감옥 생활 또한 몇 편의 시로 남겼다.[36] 회령감옥에서 헤이그 특사와 하얼빈 의거를 노래한 것은, 하얼빈을 지나다가 안중근 의사를 생각하며 지은 시와 함께 그의 독립사상을 잘 알려준다.[37]

강석기의 교육에 대한 열정은 망명지에서도 계속되었다. 그는 1917년 옌지현 관다오거우官道溝에 국내와 같은 이름의 천영학교天英學校를 세워 동포 교육에 힘썼다.[38] 그는 우승열패를 공례로 하는 사회진화론의 세상에서 교육의 중요성을 강조하며 천영학교를 건립했고, 향후 중학과 대학 설립까지 계획하고 있었다. 그는 천영학교가 천시天時·지리地利·인화仁和를 갖췄다고 하며, 귀국한 후에도 의연금 청구서를 작성하는 등 천영학교 운영에 열심이었다.[39] 그는 고학생 갈돕회를 학생계에서 가장 사랑스럽다고 하며, 이들을 위한 기숙사와 공장 설립 기금 의연 취지서를 작성하기도 했다.[40]

귀국 직후인 1920년 5월 3일에는 가회동 남도본사에서 개최된 삼신전천제식三神殿天祭式에 집례원으로 주도했고,[41] 1921년 봄 도사 김교헌에

으나(「家狀」, 앞의 책, 517쪽), 그가 룽징에서 피체되었음을 감안하면 룽징 3·13시위에 연루된 것으로 보는 것이 타당할 듯하다.

36 「自龍井監獄 移囚會寧途中 二節」·「會寧獄中」·「會寧獄柳 二節」·「會寧獄中 賀金妹順鳩 五節」·「會寧獄中 賀金教師麟瑞 二節」, 앞의 책, 476~482쪽.

37 「過哈爾濱回憶安義士有感 二節」(1914), 앞의 책, 491~492쪽.

38 그의 장자인 강진구의 이력서에는 그가 1918년 8월부터 12월까지 옌지현 관다오거우 천영학교 교사로 재임했다고 되어 있고, 강철구도 군자금 모금 활동 당시 직업을 천영학교 교사라 했으며, 철구와 함께 독립공채를 국내로 반입한 김동진도 천영학교 교사였다.

39 「만주 연길현 관도구 천영학교 취지서」·「만주 연길현 관도구 천영학교 의연금 청구서」(1922), 앞의 책, 500~503쪽. 한편 그는 「滿洲延吉縣官道溝 天英學校 落成原韻」도 지었다(앞의 책, 490~491쪽).

40 「고학생기숙사 의연 취지서」, 앞의 책, 503~505쪽.

41 『每日申報』, 1922년 12월 1일자.

의해 대종교 도사교위리에 위촉되어 3년간 시무하는 등 본격적인 국내 종단 활동을 했다. 이때 이재곤·김윤식 등 노소대관 70명이 입교하자, 당황한 사이토 총독이 30만 원과 도지사직을 제안하며 누차 그를 유혹했으나 거절했다고 한다.[42] 그는 1922년 9월, 대종교 대표로서 다른 사회단체 대표들과 연명으로 태평양회의에 우리 대표단 위원의 출석을 용인해주기를 청원하는 「한국인민치태평양회의서韓國人民致太平洋會議書」를 제출하는 등 민족운동에 참여하기도 했다.[43]

그런데 1922년 6월 남도본사 신구파 간에 충돌이 일어나 주먹싸움으로까지 번지는 사건이 발생했다.[44] 이 사건은 직책 문제로 교벌敎罰을 당했던 박일병·신명균 등이 강석기를 축출하고자 하면서 발단했다. 이해 초 종단의 내분을 심히 통탄하며 자애심自愛心과 자애혼自愛魂을 강조[45] 했던 강석기는 이 같은 교인의 분경이 자신의 허물에서 비롯된 것이라며 도사교위리와 전교직 사임서를 도사교에게 제출하고 '경천자책警天自責'하고 3일 절식絶食, 2주일 폐문원도閉門願禱 한 뒤 고향으로 내려가 도사교의 처분을 기다렸다.[46] 그런데 이 기사에는 강석기를 '교중을 통할하고 제諸 교인敎人이 스승으로 여기는 강우씨'라 하여 당시 교단 내에서 그의 위상을 잘 보여준다. 그의 사임서는 곧 반려되었고, 사건을 일으킨 당사자들은 출교 처분했다.[47]

그는 강화도 참성단 아래 은거하며 교화사업에 진력하는 등 대종교

42 「倧門都司敎聖師湖石姜公諱錫箕追慕碑」, 앞의 글. 이 비문은 연대나 사실관계 등에 오류가 있으나, 활동 내용은 참고할 만하다.
43 국사편찬위원회, 「군축회의에의 한국청원서(1922)」, 『대한민국임시정부자료집』 18, 2007, 235~245쪽.
44 『每日申報』, 1922년 6월 6일자.
45 「自愛眞訣書」(1922년 정월), 앞의 책, 433~440쪽.
46 『每日申報』, 1922년 6월 9일자.
47 『每日申報』, 1922년 6월 24일자.

교리를 밝히는 종리문답倧理問答 · 천산도설天山圖說 · 제천혈고사祭天血告辭 · 일삼경一三經(천부경해설天符經解說) · 애오가愛吾歌 등의 저술을 남겼다.[48] 그리고 1922년에는 남일도본사의 전리강典理講, 이듬해에는 총본사 전강典講을 겸임하는 등 주요 직임을 계속하여 맡았다.[49]

일제는 귀국 후 향리서 교육에 전념하고 실업을 장려하며 대종교 총본사의 직임을 수행하고 있던 그를 '배일사상을 지닌 인물'로 파악했다.[50] 일제는 강철구 군자금 모금사건이 발생하자 아버지인 그까지 동대문경찰서로 연행하여 조사했다. 그는 이 사건으로 기소되지는 않았으나, 당시 언론은 이를 '강우씨姜虞氏 사건' 운운하며 연일 보도했다.[51]

일제가 강석기의 귀향 활동을 위험시한 것은 그의 장례식의 탄압에서도 잘 나타난다. 강석기는 1930년 중풍이 발병하여 신음하다가 1931년 3월 30일 장정 향제에서 사망했다. 그는 죽기 전날 저녁, 아들 진구에게 '천하동포'와 '배달동포'에게 종사를 잊지 말고 한 빛 기치 아래 엎드리라는 내용의 유고 2통을 쓰게 했다.[52] 그의 장례는 규암리에 있는 『동아일보』지국에 장의사무소를 차리고 진행되었고 4월 4일 동지연합장同志聯合葬으로 치러졌다. 동지연합장이란 독특한 장례의식인

---

48 大倧教總本司, 『大倧教重光六十年史』, 1971, 812쪽. 강석기가 북간도에서 저술한 것은 일제에게 모두 압수당했고, 고향 집 벽속에 숨겨둔 저술은 해방 후 꺼내보니 상당 부분이 훼손되어 알아볼 수 없었다고 한다. 『호석선생문집』(호석선생유적간행회, 1965)은 그나마 판독 가능한 자료를 모은 것이다(「家狀」 앞의 책, 522쪽; 호석선생유적간행회, 「通文」). 그런데 장정 천조궁에는 문집에 수록된 「倧門垂統大略」의 번역 이전 원본 초안인 「大倧教垂統大略」과, 문집에 누락된 『檀事記語解』 필사본 등이 보관되어 있다.

49 大倧教總本司, 『大倧教重光六十年史』, 916·966쪽. 대종교에서는 남도본사가 폐문 당하는 1930년까지 이를 수호한 대표적 인물로 강석기를 꼽는다.

50 「姜鎭求 素行調書」, 1922년 12월 20일, 부여경찰서(國史編纂委員會, 『韓民族獨立運動史資料集』38, 1999, 185쪽. 이하 『資料集』으로 약칭).

51 『每日申報』, 1922년 12월 1일자; 1922년 12월 2일자.

52 「천하 동포에 크게 誥함」·「특별히 우리 배달 동포에게 誥함」, 521쪽.

데, '동지同志'란 부여군 내 사회운동자들을 일컫는다. 장례일에는 강경과 홍산청년회 등지에서 1,000여 명의 조문객이 운집했다. 이때 부여경찰서에서 경부보 이하 7~8명의 정사복 경찰이 출동하여 엄중히 경계했고, 장례가 끝난 오후 6시경 그의 당질인 강일(강성구)과 유기섭을 연행해 갔다.[53] 일제는 사전에 화성당火星黨 조직 정보를 입수하고 강석기의 장례 때 부여군 내 사회단체 대표들이 모두 모이는 기회를 이용하여 이들을 일망타진하려 한 것이었다. 이날 피체된 강일과 유기섭은 부여 공산주의 운동단체인 화성당 조직의 주역이었다.[54] 한편 그의 장례 관련 자료는 동 명의의 「봉도천일거사奉悼天一居士」 등의 만가輓歌와 대종교총본사에서 초한 조문 등이 전한다. 그의 사거 후 대종교에서는 그에게 도형호道兄號를 추가했다.

강철구의 군자금 모금운동

강철구(1894~1943)는 강석기의 차남으로, 대종교 임오십현壬午十賢 중의 한 사람이다. 그의 활동에서 가장 주목할 것은 1920년과 1922년 두 차례에 걸쳐 세상을 놀라게 한 군자금 모금운동이다. 그는 강경공립보통학교 졸업하고 동교 보습과를 1년 반 수학한 뒤, 18세 때 조선총독부 순사보가 되어 홍산경찰서에서 근무했다. 3년 만에 사직한 그는 즉시 상경하여 임시토지조사국 기술자 및 사무원 양성소를 수료하고, 1914년 충북·전남·평북 일원에서 토지조사국 기수로서 측량 사무에 종사했다. 그러나 1916년 11월 조사국이 폐지되자, 기수를 그만두고 1917년

---

53 『東亞日報』, 1932년 4월 2일자; 1932년 4월 3일자; 1932년 4월 7일자.
54 朴杰淳(2005), 앞의 논문, 80쪽.

1월, 만주 철령 소재 육영학교에 입학하여 중국어를 습득한 뒤, 이해 9월 아버지가 있는 간도에 도착했다.[55]

엔지현 통포쓰銅佛寺에 정착한 그는 부친이 건립한 천영학교의 교사로 재직하다가 독립운동에 참여했다. 강철구는 보통학교 재학 시절, 일제의 식민지 교육에 반발하여 동맹휴학을 주도하는 등 민족의식이 남달랐다고 한다.[56] 그가 독립운동에 적극적으로 나선 계기는 부친의 영향도 있었으나, 북간도에서 3·1운동을 목도하면서부터이다.[57] 그리고 그 결정적인 계기는 두 차례에 걸쳐 서일徐一을 만난 것이었다. 그는 1919년 말경 서일을 만나 그의 권유로 대한정의단에 가입했고, 이듬해 3월 다시 만나 대한정의단을 개칭한 대한군정서에 가입하고 총재 비서가 되었다.[58] 부친 강석기가 국내로 강제 송환되었으나, 그는 계속 북간도에 남아 본격적으로 독립운동에 참여했던 것이다. 대한군정서에서 그가 맡은 비서역은 총재 서일의 지시에 따라 독립선포문과 독립공채 모집 취의서를 작성하는 일이었다.[59]

서일은 1911년 항일무장투쟁을 위해 대종교도를 중심으로 중광단을 결성했고, 이는 대한정의단을 거쳐 대한군정서로 발전했다.[60] 강철구는

---

55 「姜鈇求 訊問調書」, 1922년 12월 17일, 동대문경찰서(『資料集』 38, 135쪽). 그가 다닌 육영학교는 외무성 촉탁인 장우근이 경영하는 보통학교 수준의 학교이며, 중국어를 가르치는 것이 특징이었다. 그의 소개로 문장섭이 도만하여 입교했고, 문장섭은 여기에서 만난 문창환과의 관계를 바탕으로 군자금 모금 활동에 동참했으니, 육영학교 동창관계는 군자금 모금 활동의 연결고리 역할을 했던 것이다.

56 「亡弟家狀」, 앞의 책, 1945, 523쪽.

57 「姜鈇求 訊問調書」(1922. 12. 27), 경성지방법원(『資料集』 38, 188쪽).

58 「姜鈇求 訊問調書」(1922. 12. 17), 동대문경찰서(『資料集』 38, 135쪽).

59 「公判始末書」(1923. 3. 29), 경성지방법원(『資料集』 38, 234쪽).

60 이동언, 「서일의 생애와 항일무장투쟁」, 『한국독립운동사연구』 제38집, 독립기념관 한국독립운동사연구소, 2011, 60~70쪽; 신운용, 「서일의 민족운동과 대종교」, 『국학연구』 제16집, 국학연구소, 2012, 77~99쪽.

총재 비서로서 특별히 수행해야 할 일이 없어 1주일 정도 근무하다가 곧 통포쓰로 돌아갔다고 했다. 그러나 그는 신문 시 대한군정서의 직제와 활동에 대해 구체적이고 상세히 답변하여 대한군정서에서의 역할을 짐작케 해준다.[61]

1920년 4월, 그는 국내에 거주하는 모친이 위독하다는 소식을 듣고 귀국했다. 그는 귀국 때 군정서 재무국장 윤정현尹廷鉉에게서 군자금을 모금해달라는 부탁을 받고 군정서 발행 선유문, 영수증 4~5매, 경신국장 사령서 1통(선임서), 국장 사령 3~4매 등을 받아 가지고 왔다.[62] 귀국 이튿날 모친이 사망하자, 그는 11월까지 고향에 머물며 상례를 갖췄다.

1921년 1월 초, 강철구는 상경해 있었는데, 부여군 구룡면 동방리에 거주하는 박길화朴吉和가 군자금 모금과 관련하여 상의할 일이 있다면 자신의 집으로 오도록 서신을 보내왔다. 박길화는 상동면 서기와 면장을 지냈는데, 10여 년 전 강철구가 홍산경찰서에 근무할 때 알던 사이였다.

박길화는 강철구가 군자금을 모금하러 국내에 들어와 있다는 사실을 지인을 통해 알고 있었다. 그때 같은 마을의 자산가로서 6촌간인 박창규와 박남규가 임시정부원을 자칭하는 사람에게서 군자금 납부 협박을 당하고 있다며 상의해오자, 이 문제를 강철구와 협의하고자 한 것이었다. 마침 강철구도 순사보 시절부터 박창규와 박남규를 알고 있었다.[63]

박남규는 1920년 음력 12월, 자신을 임시정부 군자금 모금원이라고 밝힌 사람의 방문을 받고 1,000원을 납부할 것을 요구받았다. 그가 거

---

61 「姜鋌求 訊問調書」(1922. 12. 17), 동대문경찰서(『資料集』38, 136쪽).
62 강철구는 선포문이라 기안했으나, 임시정부에게서 '선유'로 고치라는 명령을 받고 선유문으로 수정하여 발행했다(『資料集』38, 137쪽).
63 「朴吉和 訊問調書」(1923. 1. 25), 경성지방법원(『資料集』38, 220~221쪽). 그런데 박길화는 1921년 2월경 강철구가 자신의 집을 찾아와 대종교 가입을 권유하여 가입하게 되었다고 밝힌 바 있다. 「聽取書」(1922. 12. 26), 부여경찰서(『資料集』38, 251쪽).

절하자 모금원이 권총을 꺼내 보이며 납부하지 않으면 살해하겠다고 위협하자 이듬해 1월까지 납부하겠다는 서약서를 써준 것이었다. 이후 박남규는 군자금을 내지 않기 위해 피신해 있다가 박길화를 만나 자신의 상황을 털어놓은 것이었다. 이미 박창규에게서 비슷한 상황을 듣고 강철구를 연결해주었던 박길화는 박남규에게도 강철구를 소개했다. 강철구는 이들을 만나 자신에게 군자금을 내면 다시는 돈을 낼 필요가 없도록 해주겠다고 했다. 또한 혹시 다른 독립단원의 자금 제공 요구가 있으면 자신이 발부한 영수증을 제시하면 된다고 이들을 안심시켰다. 강철구가 이들에게서 받은 군자금은 총 800원이었다.[64] 이 중 300원은 자신이 간도로 귀환하여 직접 군정서 서무부장 김택金澤에게 전하고, 나머지는 여비 등으로 사용했다.[65]

이 과정에서 주목할 사실이 있다. 즉, 강철구가 군자금 모금에 적극 협조하거나, 군자금을 납부한 자에게 대한군정서 경신국장 또는 분국장, 과장 등의 사령장을 주었다는 사실이다. 강철구는 김철수金哲洙에게 공채권을 전하며 적극 협력한 문경섭에게 경신국장을, 박길화와 박창규·박남규에게는 경신부국장 또는 과장 사령장을 주었다. 강철구는 각 군에 1명의 경신국장을 두고, 그 아래에 수명의 분국장을 두고자 했다. 경신국장은 군자금 모금의 부정행위 유무를 조사하고 군정서와 연락 통신 업무를 담당했다.[66] 다른 자료에는 박길화에게 군정서 제4과장, 박창규에게 제5과장, 박남규에게 제6과장 사령장을 주었다고 되어 있다.[67] 이로써 강철구가 군자금 모금 과정에서 대한군정서의 경신국장·분국

<hr />

64 「證人 朴南奎 訊問調書」(1923. 1. 25), 공주지방법원 강경지청(『資料集』 38, 214~217쪽).
65 「姜銕求 訊問調書」(1922. 12. 27), 경성지방법원(『資料集』 38, 176·190쪽).
66 「姜銕求 訊問調書」(1922. 12. 17), 동대문경찰서(『資料集』 38, 137쪽).
67 「朴吉和 訊問調書」(1923. 1. 25), 경성지방법원, 『資料集』 38, 221쪽.

장·과장 등의 사령을 주었음을 확인할 수 있다.

경신국警信局은 대한군정서 서무부 휘하의 부서이다. 서무부에는 경신국·징모국徵募局·간사국幹事局·계사국稽查局의 4국이 있었고, 경신국 휘하에는 경신분국警信分局과 그 아래에 과를 두었는데, 분국에는 국장 1명과 국원 약간 명과 서기를 두었고, 과에는 과장 1명, 통신원通信員 5명, 경사원警查員 3명, 서기 1명을 두도록 규정되었다.[68] 강철구가 국내 군자금 모금 활동을 하며 경신국장·분국장·과장 사령장을 주었다는 것은 본부의 직제를 국내에도 똑같이 적용하여 국내 지부 조직을 시도한 것으로도 이해된다.[69]

강철구는 1921년 2월 고향을 출발해 상경했고, 4월까지 체류하다가 펑톈·하얼빈·블라디보스토크를 거쳐 6월에 북간도로 귀환했다. 당시 그의 국내 체류는 1년 남짓이었으나, 군자금 모금 활동에 나선 것은 단 한 차례였고 모금액도 800원에 불과했다. 북간도로 귀환한 후 그는 대한군정서에는 더 이상 관여하지 않은 것으로 보인다. 그 까닭은 이미 대한군정서가 산간지역으로 이동했고, 이해에 서일이 사망했기 때문이다. 그는 1922년 1월부터 천영학교 교사로 재임하며 농업에 종사했는데, 이해 음력 6월 부친의 회갑을 맞아 재차 입국하게 되었다.[70]

귀국에 앞서 강철구는 대한군정서 간부 전승호全勝鎬와 만났다. 전승

---

68 受20669號-公第259號(1921. 6. 27), 「朝鮮側 警察이 朝鮮人 金順 등을 拘引시킨 것에 관한 件」.

69 1921년 재차 귀국한 강철구가 문경섭·박남규와 다시 연계하고 있음에서 이러한 추론이 가능하다.

70 천영학교 교사는 무보수였다. 당시 강철구의 북간도 생활에 대해서는 그의 제2회 신문 답변에서 알 수 있다. 그는 자신이 북간도에서 조선인민회를 조직하고 '세력을 지닌 사람'으로서 그곳 일본 경찰과도 친분이 있어서, 오히려 조선인들에게 일본 관헌의 밀정이라고 오해를 받을 정도였다고 했다. 따라서 그의 대한군정서 활동이나, 국내 군자금 모금에 대해서는 일제에게 발각되지 않았다. 「姜銕求 訊問調書」(1922. 12. 17), 동대문경찰서(『資料集』 38, 140쪽).

호는 사관 양성 비용을 모금하라는 임시정부의 명령을 받고 3만 5,000원 가량의 독립 공채권을 지니고 있었는데, 이를 그에게 주며 국내에서의 모금을 부탁했다.[71] 이는 비록 강철구가 대한군정서를 떠나 있었으나, 일 정하게 연계하고 있었음을 시사해준다. 강철구는 마침 방학 중이어서 동료 교사 김동진金東鎭과 함께 귀국 길에 나섰다. 도중 그는 김동진에게 자신이 독립공채를 소지한 사실을 밝히고 운반을 부탁했는데, 그는 흔쾌히 수락했다. 두 사람은 무사히 국경을 통과했고, 청진에 사는 김동순金東純의 집에 독립공채를 은닉해두었다.[72] 강철구는 후에 김동순에게 1만 원 가량의 독립공채를 우편으로 보내게 하여 서울에서 수령했다.[73]

강철구는 8월 초순, 1회 모금 때 경신국 제4과장에 임명한 박길화에게 전부터 알고 있던 구룡면 동방리 거주 박성호朴成鎬에게 군자금을 요청하도록 했다. 그러나 박성호의 거절로 실패했고, 같은 마을에 사는 이기범李基範에게 300원을 요구했으나, 역시 거절당했다.[74] 이어 전년도에 납부 서약서를 제출한 박남규에게 군자금 납부를 요청하여 100원을 수령했다.[75] 이해 9월, 강철구는 부여면 동남리 거주 문장섭文章燮에게 100원 권 30매와 취의서를 주어 부여면 정동리 거주 김삼현金三鉉의 집에서 그와

---

71 강철구는 전승호를 군정서 중대장이라고 밝혔다. 「姜銕求 訊問調書」(1922. 12. 13), 경성지방법원(『資料集』38, 176쪽).

72 金東鎭은 1919년 지린에서 정안립이 建國團을 조직하자 그 부하가 되었고, 1920년 3월에는 왕칭현에 있는 朝鮮獨立光復團에 가입하여 활동했으며, 대한군정서에도 참여하고 있었다. 김동순은 그의 6촌 형이다. 「金東鎭 訊問調書」(1923. 1. 11), 동대문 경찰서(『資料集』38, 274쪽).

73 「金東鎭 訊問調書」(1923. 1. 17), 경성지방법원(『資料集』38, 209쪽); 「姜銕求 訊問調書」(1922. 12. 17), 동대문경찰서(『資料集』38, 138쪽).

74 「朴成鎬 聽取書」(1922. 11. 19), 동방리 본인의 집(『資料集』38, 224~225쪽). 박성호는 강철구가 전년도에 모금했던 박창규의 아들인데, 박창규가 죽자 대신 아들에게 모금하고자 한 것이다.

75 「朴吉和 訊問調書」(1923. 1. 30), 경성지방법원(『資料集』38, 223~224쪽).

부친 김재설金在卨에게 군자금 제공을 요구했으나 거절당했다.[76] 강철구와 문장섭은 육영학교 동창생으로, 강철구는 1920년 귀국하여 문장섭을 만나 관리를 그만두고 임시정부원으로 가입하라고 권유한 바 있다.[77]

이와 비슷한 무렵, 강철구는 지난번 모금 활동 때의 동지로서 경신국장으로 임명해둔 문경섭文瓊燮을 만났다. 문경섭이 그의 재입국 소식을 듣고 장정 집으로 여러 차례 찾아와 군자금 모금에 대해 상의했다. 강철구는 문경섭에게 100원 권 공채 30매를 주며 그가 마름[舍音]으로 있는 논산군 강경면 금정錦町 거주 김철수에게 모금하도록 했다.[78] 그러나 김철수는 군자금 납부를 거절했을 뿐만 아니라, 이해 겨울 문경섭에게 마름을 그만두도록 했다.[79]

10월 하순, 강철구는 논산군 부적면 부황리 거주 종제 강종구姜鍾求를 찾아가 자산가를 소개해줄 것을 부탁했다. 그러나 논산군 서기로 근무하던 종구가 난색을 표하자 문경섭이 되돌려준 100원 권 공채 10매를 부탁하고 돌아왔다.[80] 군자금 모금 활동이 여의치 않자, 강철구는 상경하여 동생 용구의 가회동 집에 머물렀다. 그러던 10월 30일, 그는 동생의 집에서 대한군정서에 참여했던 김정제金廷濟에게 공채 100원 권 10매를 주며 모금을 부탁했고, 김정제는 이날 공채권을 김목현金穆鉉에게 교부하며 공채 응모자를 권유하도록 부탁했으나 모금에 성공하지는 못했다.[81]

---

76 「證人 金三鉉 訊問調書」(1922. 12. 1), 부여경찰서(『資料集』 38, 129~130쪽).

77 「文章燮 訊問調書」(1922. 12. 2), 부여경찰서(『資料集』 38, 133쪽). 문장섭의 모친은 진주강씨로 강철구와 인척이며, 문장섭은 강석기에게서 한학을 배운 제자이다. 「文章燮 訊問調書」(1923. 1. 16), 경성지방법원(『資料集』 38, 197~199쪽).

78 「文瓊燮 訊問調書」(1922. 12. 2), 동대문경찰서(『資料集』 38, 110~113쪽).

79 「證人 金哲洙 訊問調書」(1923. 1. 18), 공주지방법원 강경지청(『資料集』 38, 212~218쪽).

80 「姜鍾求 訊問調書」(1922. 12. 1), 동대문경찰서(『資料集』 38, 115~116쪽).

81 「金廷濟 訊問調書」(1922. 12. 2), 동대문경찰서(『資料集』 38, 117~120쪽).

강철구는 공채권과 군자금 모금 관련 문서를 북간도로 귀환하기 위해 상경하며 형에게 부탁해 고향집에 묻어두었다.[82] 이는 차후의 모금 활동을 예상한 행동으로 보인다. 고향집에서 보관하다 발각된 공채권 액면가는 총 6,160원이었다. 이 밖에 항아리에 들어 있던 문서는 박남규 발행 700원 납부 서약서, 대한군정서 영수증 3매, 대한민국임시정부 공채 모집원 문창환文昌煥 발행 공채 모집 취지서 1매, 동 성명 미기입 2매, 호외선포문號外宣布文(원고 4매철) 1통, 선포문(원고 4매철) 1통, 통신문(강진구 앞 봉투) 1매 등 10종이나 되었다.[83] 강철구는 북간도로 귀환하고자 했으나 여비조차 없었다. 그는 엄주천嚴柱天에게서 여비를 지원받아 11월에야 겨우 경성을 출발하여 귀환할 수 있었다.[84] 엄주천은 대종교 교도이자 대한군정서에서 서일의 비서로 활동한 동지였다.[85] 엄주천의 강철구 지원은 이 군자금 모금 활동이 대종교와 대한군정서가 연계한 것임을 다시 입증해준다.

강철구는 신문 과정이나 법정에서 당당했다. 허헌·김병로 등 저명한 변호사들이 자진 변론을 했고, 28명의 변호인단이 불복 공소를 권유했으나,[86] 그는 사절하고 결국 이른바 제령 제7호 위반으로 징역 3년형

82 강철구는 형수에게 부탁하여 고향집 부엌 뒤에 3척 깊이 구덩이를 파고 공채권 등을 항아리에 담아 묻어두었다. 「姜鎭求 訊問調書」(1922. 12. 2), 동대문경찰서(『資料集』 38, 108~109쪽).
83 「同行報告書」(1922. 12. 7), 동대문경찰서(『資料集』 38, 106~107쪽). 공채권은 100원 권 46매, 50원 권 30매, 10원 권 6매 등 총 82매 6,160원이었다.
84 「搜査復命書」(1922. 12. 25), 동대문경찰서(『資料集』 38, 153쪽).
85 嚴柱天은 본명이 柱東으로 보성중학을 졸업하고 시종원 시종을 지내는 등 관직 생활을 했으며, 조선산직장려계에 참여했다(독립운동사편찬위원회, 『독립운동사자료집』 제14집, 1977, 285~287쪽). 대종교 교도인 그는 1920년 5월 3일 총본사에서 열린 경하식에 집례원으로 활동하는 등 주요 직임을 지냈고(『每日申報』, 1920년 5월 51일자), 만주에 있을 당시에는 대한군정서 총재 서일의 비서를 지냈으며, 국내에서 군자금 모금 활동을 벌인 독립유공자(1990년 애국장)이다.
86 姜鎔求(1963), 앞의 글.

을 선고받고 옥고를 치렀다.[87] 출옥 후 다시 도만한 그는 교질教秩이 영계靈戒·참교參教·지교知教·상교尙教로 승질陞秩했으며 경의원經議院 참의參議, 경각經閣 봉선奉宣, 총본사總本司 전강典講을 역임했다. 특히 그는 1939년 신경정부新京政府와 교섭하여 교적教籍 간행을 승인받고 대종교서적간행회를 조직하고 그 총무가 되어 회장인 안희제安熙濟와 함께 『홍범규제弘範規制』 등 6종 1만 500부의 서적을 출간했다. 1942년 10월에는 천전건축주비회天殿建築籌備會의 발기에도 노력했다.[88]

그러나 이해 11월 19일 이른바 임오교변壬午教變 때 그는 윤세복尹世復 등과 함께 일본 경찰에 검속되었다. 그는 융안현서寧安縣署와 무단장경무처牧丹江警務處에 구금된 지 9개월 만에 병보석으로 출옥했으나, 1개월 만인 1943년 9월 23일 통포쓰 자택에서 사거했다.[89] 1946년, 그는 순교십현殉教十賢에 대한 상호식上號式에서 '경신애족敬神愛族 위도성인衛道成仁'의 공로로 정교가대형호正教加大兄號에 추승追陞되었다. 이때 이용태가 지은 「곡강해산철구대형哭姜海山鐵求大兄」이 전한다.[90]

이상의 강철구의 두 차례에 걸친 국내 군자금 모금 활동을 도표로 정리하면 표 1과 같다. 강철구의 군자금 모금 활동은 몇 가지 특징을 지닌다.

---

87 국가기록원에 강철구의 「刑事事件簿」(대전지방검찰청 강경지청, 1922)와 「受刑人名簿」(대전지방검찰청 강경지청, 1921~1923)가 보존되어 있다. 그와 함께 재판에 회부된 동지는 6명인데, 김동순은 징역 2년, 김정제·문장섭·문경섭·박길화는 모두 징역 1년을 선고받았는데, 김동진은 미결수로 4년간 옥고를 치르다가 징역 1년 집행유예 3년을 선고받았다. 김동진은 1990년 애국장, 다른 동지는 같은 해에 애족장을 추서 받았다.

88 大倧教總本司, 『大倧教重光六十年史』, 1971, 447~456쪽; 大倧教總本司, 『壬午十賢殉教實錄』, 1971, 58~59쪽.

89 그는 옥중에서 한 달 이상 토혈했다고 한다. 앞의 책 「亡弟家狀」(1945), 앞의 책, 525쪽.

90 박달재수련원, 『檀菴李容兌先生文稿』, 1997, 130쪽.

표 1   강철구의 군자금 모금 활동 주요 일지

연월일	활동 내용
1917. 1	만주 철령 소재 육영학교에 입학하여 중국어 습득
1917. 9	강석기가 있는 북간도로 이주. 이듬해 아내와 자식도 이주
1919년 말	서일을 만나 대한정의단 가입
1920. 3	서일의 권유로 대한군정서 가입, 서일의 비서역으로 임명
1920. 4	어머니 위독 소식 듣고 귀국. 이때 군정서 재무국장 윤정현에게서 군자금 모금 부탁을 받고 공채권 등을 가지고 귀국. 이후 어머니 상중이라 같은 해 11월까지 부여 자택 거주
1921. 1. 하순	박길화와 협의, 부여군 구룡면 동방리 거주 재산가 박남규와 박창규에게 군자금 요구. 이때 문경섭을 경신국장에, 박길화 · 박남규 · 박창규를 분국장, 과장에 임명
1921. 2	부여군 장암면 내리 강석민의 집에서 박남규와 박창규에게서 각 400원씩 모금하고, 박남규에게서 700원 납부 서약서 받음. 모금액 중 300원을 북간도 귀환 후 군정서 서무부장 김택에게 직접 전달
1921. 6	2월 자택에서 상경하여 4월경까지 서울에서 체류하다가 펑티앤 · 하얼빈 · 블라디보스토크를 거쳐 6월 간도 귀환
1922. 1	통포쓰 소재 사립 천영소학교 교사로서 농업에 종사
1922. 6	아버지 회갑연 참석을 위해 귀국. 이때 군정서 사관양성소 주임 전승호에게서 대한군정서 사관양성소 재흥을 위해 고향에서 임시정부 독립공채 모집 부탁을 받고 3만 5,000원 공채권 교부 받음
1922. 8월 초	동료 교사 김동진과 귀국 도중 공채권을 청진 김동순의 집에 맡기고 귀국. 8월 20일경 서울에서 1만 원가량의 공채권을 우편으로 받음
1922. 8월 초	박길화에게 의뢰하여 부여군 구룡면 동방리 거주 박성호에게 군자금 요구했으나 거절당하고, 같은 마을 이기범에게 300원을 요구했으나 거절하자 추후 송금 부탁하며 공채 100원 권 3매를 전달. 이어 전년도에 박남규에게서 받은 700원 납부 서약서를 지참하고 그를 방문하여 100원 모금
1922. 9	부여면 동남리 문장섭에게 100원 권 30매와 취의서를 주어 동면 김삼현의 집에서 그와 부친 김재설에게 군자금 제공을 요구했으나 거절당함
1922. 9	부여면 장암면 북솔리 문경섭에게 공채 100원 권 30매를 주어 논산군 강경면 금정 거주 김철수(金哲洙)에게 군자금 제공을 요구했으나 거절당함
1922. 10 하순	사촌동생 강종구에게 공채 모금 협조 요청하며 공채권 100원 권 10매 전달
1922. 10. 30	동생 강용구의 서울 가회동 자택에서 김정제에게 공채 100원 권 10매를 교부. 김정제는 이날 공채권을 김목현에게 교부하며 공채 응모자 권유를 부탁
1922. 11. 7	엄주천과 형에게 여비를 빌려 경성을 출발, 도중에 김동순의 집에 들러 공채권 보관을 부탁하고 북간도로 귀환

첫째, 그의 군자금 모금 활동은 당시 '근대 조선 안에서는 처음으로 생기는 극히 중대한 사건'[91]으로, '서울과 부여가 뒤집힌 듯 요란하고', '3·1운동 이후 처음 보는 진정한 사건'[92]으로 인식되었다는 점이다. 사실 모금 액수라는 성과적 측면에서 볼 때에는 그리 중대한 사건이 아니라고 치부할 수 있다. 그러나 일제가 매우 긴장하고 언론이 연일 보도하며 세간의 이목을 집중시켰다. 당시 언론은 이를 '강우씨 사건', '대한군정서 사건'이라고 보도했다.[93] 일제는 이 사건을 대종교총본사와 대한군정서가 연계한 활동으로 파악했다. 또한 일제는 임시정부와의 관계에도 촉각을 곤두세웠다. 군자금 모금원이 대한군정서와 임시정부의 공채권을 함께 지니고 활동한 사례는 김좌진이 주도한 대한건국단大韓建國團의 사례에서 확인되나,[94] 강철구의 활동은 연속성과 조직상에서 볼 때 그보다 더욱 구체적이다. 따라서 일제는 이 활동을 3·1운동 직후 만주 독립군과 임시정부세력의 국내 활동 및 조직 확대로 파악하고 민감하게 대응했던 것이다. 이는 이 군자금 모금운동에 참여한 인물들 대다수가 독립을 희망하고 있었고, 그 가능성의 계기를 3·1운동에서 찾았던 시대적 상황과도 관련이 있다.

둘째, 군자금 모금에 대종교도가 동원되고 그 조직을 이용했다는 점이다. 그의 아버지는 당시 대종교단의 대표적 인물이었다. 그러나 강석기는 철구에게서 군자금 모금 사실을 들어 알고는 있었으나 직접 개입하지는 않은 듯하다.[95] 일제가 이 사건으로 강석기를 체포하고 혹독하

---

91 『每日申報』, 1922년 12월 1일자.

92 姜鎔求(1963), 앞의 글.

93 『每日申報』, 1922년 12월 2일자; 『東亞日報』, 1923년 2월 15일자.

94 박걸순(2009), 앞의 논문, 125~134쪽.

95 「姜銕求 訊問調書」(1922. 12. 20), 동대문경찰서(『資料集』38, 143쪽).

게 신문했으나 기소하지 않은 것은 그 사실을 입증한다.[96] 그런데 문경섭이 부여 대종교 지교당 전무였고, 박길화가 강철구의 권유로 대종교 교도가 되어 군자금 모금에 동참한 사실을 보면 강철구는 대종교 포교와 군자금 모금을 병행하고, 교단을 이용하려 했음을 알 수 있다. 문장섭 또한 대종교도였던 것으로 보인다.[97] 그의 부친 강석기가 대종교 중앙 교단과 부여 교구에서 지니는 상징성을 볼 때, 대종교 중앙 교단의 협조나 지원은 충분히 예상할 수 있는 일이다. 엄주천과의 연계 또한 중앙 교단 지원의 일환으로 이해할 수도 있을 것이다. 따라서 일제는 이를 대종교 총본사와 연계된 활동으로 파악했던 것이고, 실제 어느 정도 대종교 조직과 관련한 활동이라 할 수 있다.

셋째, 혈연과 지연적 기반을 최대한 활용하여 온건한 방법으로 군자금 모금 활동을 했다는 점이다. 그의 활동지역은 고향인 부여와 인근의 논산이 중심이었다. 그의 활동에는 형제와 종제從弟가 동원되고 형수까지 참여하는 양상을 보인다. 문장섭은 모친이 진주강씨로 강철구와 인척관계일 뿐만 아니라, 어려서 강석기에서 한학을 수학한 문도였다. 또한 강철구·문장섭·문창환은 육영학교 동창생이었다.[98] 일제는 강진구와 강용구의 혐의를 인정하면서도 철구와 친족관계이므로 기소유예 처분을 하는 수밖에 없었다.[99] 한편 그의 군자금 모금과 연관된 인물들은 모두 이전부터 잘 알던 사이였다. 따라서 당시 군자금 모금에서 일반적

---

96 金廷濟에 대한 동대문경찰서 신문 시 일제는 군자금 모금이 대종교와 관련이 있는지, 강석기의 지휘에 의한 것인지를 추궁했다. 「金廷濟 訊問調書」(1922. 12. 4), 동대문경찰서(『資料集』38, 119쪽).
97 문장섭은 1954~1956년간 장정 천조궁 天祭式에서 尙敎로서 導式을 담당했고, 1957년 奠貨費, 1960년 典儀를 담당하는 등 대종교의 주요 인사였다(『長亭天祖宮天祭式備員錄』). 그는 1965년 호석선생유적간행회의 회장을 맡기도 했다.
98 「姜銕求 訊問調書」(1922. 12. 17), 동대문경찰서(『資料集』38, 133~134쪽).
99 「意見書」(1922. 12. 16), 동대문경찰서(『資料集』38, 129쪽).

으로 무기를 동원한 협박이나 폭력이 행사되는 다른 군자금 모금 사례와 달리 매우 온건한 방법으로 진행되었다. 일제는 강철구의 권총 소지 여부를 그와 문경섭에게 따졌다.[100] 또한 증인들에게는 강철구에게서 협박을 당했는지를 추궁했다.[101] 이는 중형을 선고하기 위한 신문임은 물론이나, 증인들은 모두 위협 사실을 부정했다. 실제 서로 잘 아는 사이이기 때문에 협박이나 물리력 행사는 필요하지 않았다. 변호인들이 만일 협박이 있었다면 최하 5~6년 내지 10년 이상의 선고를 받을 것이나, '협박 공갈 위협한 사실이 추호도 없이 사사건건 진정으로 효유했고 열정으로 권고하여 가장 온건한 사건'이기 때문에 3년형 선고로 그친 것이라고 말한 데서도 그러한 정황을 잘 알 수 있다.[102]

넷째, 군자금 모금에 참여한 인물들 중 식민지 기구에 참여한 인물들이 많다는 점이다. 강철구 자신이 순사보와 토지조사국 기수 경력을 지니고 있었고, 사촌동생 강종구는 논산군청 서기로 근무하고 있었다. 문경섭 또한 순사보 경력이 있었고 6년간 초촌면장을 지냈으며, 문장섭은 부여군 잠업조합 기수로 재직하고 있었다. 그들은 강철구와 친인척, 동창, 동향 등의 관계로 군자금 모금 활동에 참여했다.

다섯째, 국외 독립운동세력의 국내 군자금 모금의 한 유형을 잘 보여주고 있다는 점이다. 강철구는 군자금 모금에 협조한 동지나 군자금 납부자에게 대한군정서 직제인 경신국장과 분국장 또는 과장 등의 사령장을 발급했다. 이는 대한군정서를 국내에 조직하려는 시도의 일환으로도 해석된다.

---

100 「姜銕求 訊問調書」(1922. 12. 20), 동대문경찰서(『資料集』 38, 144쪽);「文瓊燮 訊問調書」(1922. 12. 2), 동대문경찰서, (『資料集』 38, 124쪽).
101 일제는 박남규와 이기범에게 강철구가 협박했는지 여부를 추궁했다(『資料集』 38, 216~217쪽).
102 姜鎔求(1963), 앞의 글.

마지막으로, 강철구의 두 차례에 걸친 군자금 모금은 모친 위독이나 부친 회갑 등 사적 용무로 인한 귀국이 계기가 되어 추진되었다는 점이다. 따라서 처음부터 주밀한 계획하에 진행되지 못했고, 개인적 연고나 친분을 이용한 모금이라는 한계를 지닌 활동이었다. 그의 활동이 부친의 대종교 지도자로서의 명성이나 대한군정서와의 연계 등으로, 일제를 긴장시키고 사회를 떠들썩하게 한 중대 사건이었음에도 그 성과가 미미했던 이유는 이런 한계에서 이해할 수 있다.

강진구·강용구의 활동과 대종교의 중흥

1. 강진구의 활동

강진구(1884~1957)는 강석기의 장남으로 태어나 어려서 아버지에게서 한학을 배우고 20세에 잠시 한문사숙의 교사를 하다가, 이해 강경 보명학교普明學校에서 수학했다. 1905년부터 1년간 무관학교에서 수학했고, 1906년 강경보통학교에 입학하여 1908년 졸업했다. 이해 한성사범학교에 입학했으나, 병으로 중도 퇴학하고 1910년을 전후하여 부여군 소양학교蘇陽學校와 석양학교石陽學校의 교원을 지냈다.[103] 1913년에는 부여군 초촌면서기를 잠시 하다가 그만두고 대서업을 개업했다.[104] 1918년 8월에는 만주로 가서 부친이 세운 천영학교 교사로서 12월까지 지내다가 귀국했다.[105]

---

103 「姜鎭求 履歷書」는 강진구의 친필 이력서로, 장정 마을 천조궁에 2種이 보관되어 있다.
104 「姜鎭求 訊問調書」(1922. 12. 2), 동대문경찰서(『資料集』 38, 107쪽).
105 大倧敎總本司, 『大倧敎重光六十年史』, 1971, 851쪽. 그의 천영학교 교사 재임은 이

그는 1919년 이후 일제의 관치 질서에 편속되는 양상을 보인다. 즉, 그는 논산군 삼운금융조합杉雲金融組合 평의원(1919), 장암면협 의원(1920), 부여공립보통학교 학무위원(1921), 부여군 농회農會 평의원(1925), 부여군 학교學校 평의원·부여군 산업조합産業組合 평의원(1927), 장암공립보통학교 학무위원(1929), 부여군 삼림조합森林組合 평의원(1930) 등을 지냈다.[106] 1926년에는 부여군진흥회연합회에서 공로자로 표창되었으며,[107] 1930년대에는 수 년간 장암면장을 지내는 등 식민지 통치 질서에 한동안 참여했다.[108]

그러나 그는 일정하게 민족의식과 독립사상을 지닌 인물로 여겨진다. 이는 일제가 강철구 군자금 모금사건으로 그를 조사한「소행조서素行調書」기록을 통해 짐작해볼 수 있다.

> 본인(강진구-필자 주)의 父 錫箕는 배일사상을 가진 자로서 어려서부터 성품을 이어받고 표면상으로는 지극히 충직함으로 동리에서 여러 가지 돌보는 일을 하여 마을 사람들의 평이 좋았으나 이면으로는 배일사상을 가지고 항상 경성 부근을 왕복하고 있는 자이다.[109]

이 조사는 부여경찰서 순사가 그의 이웃 주민들에게서 청취한 내용을 바탕으로 작성한 것인데, 그가 '개전의 정'이 없다고 보고했다. 그는 강철구에게서 군자금 모금운동 사실을 듣고 찬성은 했지만 적극 동조하

력서에도 기재되어 있다. 그러나 姜相模의 증언에 의하면 그는 장손으로서 고향을 떠나지 않았다고 하나, 잠시 도만했을 때 맡았을 가능성도 배제할 수 없다.
106 「姜鎭求 履歷書」.
107 『每日申報』, 1926년 11월 29일자.
108 『朝鮮總督府職員錄』, 1931년부터 1936년까지 장암면장 재임이 확인된다.
109 「姜鎭求 素行調書」(1922. 12. 20), 부여경찰서(『資料集』38, 185~186쪽).

겠다는 의사 표시는 하지 않았다.[110] 그러나 그는 동생 철구가 북간도로 귀환하며 맡겨둔 공채권과 서류를 은닉해두었다가 발각되어 고초를 겪는 등 군자금 모금에 소극적이나마 기여했다.

해방 직후인 1945년 8월 26일, 그는 부여군민대회에서 건국준비위원회 부여군위원장에 피임되었다. 얼마 후인 10월 27일에는 군민대회에서 조선인민공화국 부여군위원장에 피임되었다.[111] 이 사실은 부여 지역에서 그의 사회적 위상을 잘 보여준다. 특히 그가 조선인민공화국 부여군위원장에 피임된 것은 일제강점기 부여 지방의 공산주의운동이 활발했던 양상과 관련이 깊다.

한편 강진구는 대종교에서 중요한 위치에 있었다. 그는 1909년 부친과 함께 대종교를 신봉한 이래 참교(1922), 지교·상교(1946)로 승질했다. 해방 이후 1948년에는 장정에 천조궁을 건축하고, 이듬해에 총본사에서 받은 천진을 봉안했다. 이후 정교가대형호(1950)가 되었고 부여 지사 전무(1954)를 지냈다. 그는 사거할 때까지 정교 도형으로서 중앙 종단은 물론, 대종교적 질서가 강하게 남아 있는 고향 장정[112]에서 해마다 천조궁 천제식을 주례하는 등 '중광제현'으로서 활동했다.

2. 강용구의 활동

강용구(1896~1970)는 강석기의 삼남으로 태어나 사립 천흥학교를 거쳐 군산공립농업학교를 1915년에 졸업했다. 그는 곧 동양척식회사 강

---

110 「姜鎭求 訊問調書」(1922. 12. 17), 동대문경찰서(『資料集』 38, 139쪽).
111 「姜鎭求 履歷書」.
112 장정 마을에서는 1950년대까지도 신혼예식이 엄격한 대종교적 의식에 따라 진행되었다. 장정 昌新契의 「新婚禮式範儀」(1956)에는 開·廢式願禱辭, 神歌, 誓告辭, 一心誓 등의 신혼예식 범의가 수록되어 있다.

경지점에 취직했으나, 1916년에 사직하고 홍산공립보통학교 촉탁 교원이 되었다가 1918에 사직하고 부형이 있는 북간도로 건너갔다. 그곳에서 잡화상을 경영하다가 1920년에 귀국하여 이듬해부터 서울에서 숙박업을 경영하기도 했다. 그의 직업에 대해 군자금 모금사건으로 피체 당시 「신문조서」에는 무직으로, 「소행조서」에는 미두거래소 중매사로 되어 있다.[113]

강철구는 군자금 모금에 강용구의 서울 집을 거점으로 삼고, 동생을 연락책으로 삼아 활동했다. 강철구는 동지 김정제에게 군자금 모금과 관련하여 용구와 연락하도록 당부했고, 용구는 북간도로 귀환한 형에게 군자금 모금 상황을 알리기도 했다.[114] 강용구는 일제의 신문에 대해 북간도에 거주할 때에는 독립사상을 지니고 목적 달성을 위해 결행하고자 했으나, 귀국 후에는 독립이 불가하다고 자각하게 되었다고 대답했다. 또한 자신은 형의 군자금 모금에도 찬성하지 않는다고 했다.[115] 물론 자기 보호를 위한 답변의 임의성을 감안하여 이해해야 할 부분이다.

일제의 강용구에 대한 「소행조서」 내용은 매우 불량하다. 그의 성질이나 품행, 생활태도 등에 대해 악의적으로 기술했고, '방일放逸하여 양친과 형제를 울리는 방탕자放蕩者'라 했다. 그러나 독립운동과 관련해서는 향후 '개전의 정'이 없다고 단정적으로 파악했다.[116] 그런데 그가 홍산공립보통학교 재직 시 가르친 제자 중에 이호철李戶喆이라는 학생이 있었다. 이호철은 후일 부여의 공산주의운동을 주도하고 대종교에 가입하

---

113 「姜鎔求 訊問調書」(1922. 12. 7), 동대문경찰서(『資料集』 38, 121쪽). 그가 수원농림을 졸업했고, 북로군정서 경신국장을 역임했다는 기록(大倧敎總本司, 『大倧敎重光六十年史』, 1971, 899쪽)은 오류이다.

114 「姜銕求 訊問調書」(1922. 12. 20), 동대문경찰서(『資料集』 38, 143쪽).

115 「姜鎔求 訊問調書」(1922. 12. 7), 동대문경찰서(『資料集』 38, 122쪽).

116 「姜鎔求 素行調書」(1922. 12. 20), 부여경찰서(『資料集』 38, 185쪽).

여 주요한 직임을 역임했는데, 그의 민족운동은 스승이었던 강용구의 영향에서 비롯한 것이다.[117] 이는 강용구의 민족주의적 성향을 짐작하게 해준다.

강용구는 아버지의 영향으로 1921년 참교(1921)로 대종교 활동을 시작한 이래, 남일도본사 계리감정(1922), 계선시교당桂善施教堂 찬무(1923), 지교·상교·총본사 찬리(1946), 경각經閣 봉선(1947), 총본사 전강(1950), 대선시교당大善施教堂 찬무(1954), 남이도본사 찬무·정교가대형호正教加大兄號·원로원 참의·남이도구南二道區 순교원(1955), 삼일원三一園 대덕(1959), 대일각大一閣 전교(1961) 등 주요 직임을 두루 역임했다.[118] 또한 1957년 형 진구가 사거한 이후에는 장정의 천제식에 정교로서 도식의원導式儀員으로 참여하는 등 중앙과 고향의 대종교 중흥에 힘써 대종교단에서 중흥제현으로 추앙되고 있다.[119]

해방 전후 시기 강진구·강용구 형제의 대종교단에서 위치는 윤세복·이시영 등의 원로들과 함께 촬영한 '대종교총본사의 환국기념(1945)' 사진에서도 확인할 수 있다.

맺음말

강석기는 1900년부터 약 4년간 변경 외교관서인 경흥·성진·길주감리서의 주사로 근무했다. 이 시기, 그는 열강의 침탈과 국권상실의 현실을 누구보다 먼저 인지하며 자강론적 국권회복의 의지를 지니게 되었다.

---

117 朴杰淳(2005), 앞의 논문, 89~90쪽. 이호철은 후에 호석선생유적간행회 간사로 활동했다(「通文」).
118 大倧敎總本司, 『大倧敎重光六十年史』, 1971, 899~900쪽.
119 『長亭天祖宮天祭式備員錄』.

그의 자강론적 현실구제책은 교육·유통·식재·양잠·개간이었는데, 특히 그가 역점을 둔 것은 교육과 실업 분야였다. 그가 낙향하여 장정마을에 천영학교를 설립하여 인재를 양성하고, 미루나무를 식재하고 뽕나무를 심어 잠업을 권장한 것은 자강론을 실천한 것이었다.

1909년 대종교 중광에 참여한 그는, 대종교의 주요 직임을 역임하여 중광제현으로 추앙되고 있다. 1913년 도만하여 칭포후로 망명한 후에는, 대종교 포교에 진력하는 한편 이곳에서도 천영학교를 세워 교육사업에 힘썼다. 1919년 3·1운동에 연루되어 강제로 국내 송환된 이후에는 대종교총본사를 이끌어나가며 교리를 강구하는 많은 저술을 남겼다. 또한 향리에 거주하며 부여 일원의 민족운동에도 일정하게 영향을 끼쳤는데, 일제는 그를 배일사상을 지닌 인물로 위험시했다.

강철구는 1917년 부친이 있는 북간도로 건너갔고, 3·1운동을 경험하며 독립에 대한 자신감을 얻었다. 서일의 권유에 따라 대한정의단과 대한군정서에 참여하며 본격적으로 독립운동에 투신했으며, 1920년과 1922년 두 차례에 걸쳐 국내에 들어와 군자금 모금 활동을 펼쳤다. 이는 3·1운동 이후 최대의 중대 사건으로서, '강우씨 사건', '대한군정서 사건'으로 불리며 일제를 긴장시키고 세간의 이목을 집중시켰다. 이는 일제가 강철구의 군자금 모금 활동을 대한군정서와 대종교가 연계한 것으로 파악했기 때문이다. 실제로 이 사건에 연루된 강철구 부자와 형제들, 문경섭·박길화·문장섭·엄주천 등이 대종교도였기 때문에 대종교와의 관련성은 충분히 인정된다. 이 군자금 모금에는 일제 식민지 기구에 참여하고 있던 사람들이 많이 동참했고, 혈연과 지연을 이용하여 온건한 방법으로 진행되었다. 특히 군자금 모금 과정에서 참여자들에게 대한군정서 직제인 경신국장과 분국장, 과장 등의 사령장을 준 것은 국내 조직을 시도하려 한 것으로 주목된다. 그러나 강철구의 사적인 귀국을 계기로 군자금 모금이 전개되었으므로 주밀한 계획하에 진행되지 못하여 큰 성과를 거두지는 못했다. 출옥 이후 강철구는 다시 도만하여 대종교단의 주요 직임을 지내다가, 1942년 임오교변 때 사망하여 임오십현으로 추앙되고 있다.

강진구는 강석기의 큰 아들로서 고향에 머무르며 1919년 이후 일제의 식민지 통치 질서에 편속되어 여러 관변 친일단체에 참여했고, 1930년대에는 수년간 장암면장을 지내기도 했다. 그러나 일제는 그를 배일사상을 지닌 위험한 인물로 경계했다. 그가 소극적이나마 강철구의 모금 활동을 찬성하고 지원한 것은 그런 인식의 표출로 이해된다. 그는 대종교에서도 중요한 역할을 수행하여 아버지와 함께 중광제현으로 추앙되고 있다.

강용구는 부친이 있는 북간도에 가 있다가 1920년 귀국하여 서울에 거주했다. 그는 강철구의 군자금 모금 때 자신의 집을 서울 거점으로 제공했다. 그는 형의 군자금 모금 활동을 부정적으로 생각했으나, 일제는 그가 개전의 정이 없다고 단정했다. 그 또한 아버지의 영향으로 대종교에 가입하여 주요 직임을 역임하여 중흥제현으로 추앙되고 있다.

요컨대, 강석기와 그의 세 아들은 일제강점기 대종교단에서 주요 위치에 있었고, 3·1운동 직후 혈연과 종교적 유대를 배경으로 대한군정서와 임시정부와 연계해 국내 군자금 모금 활동을 주도한 독특한 존재라 할 수 있다.

(『한국사연구』 제167호, 한국사연구회, 2014)

2부

충청 지역의
민족운동

01

1894년
합덕 농민항쟁

머리말

19세기는 초기부터 '민란의 세기'라고 규정될 만큼 전국적으로 농민들의 폭력적 저항이 확대된 시기였다.[1] 이는 봉건왕조의 말기적 모순이 극심했고, 사회변혁의 기층세력으로 성장한 농민이 역사의 주체로 부상했음을 의미한다. 19세기 후반기에 들어 농민항쟁은 1894년의 동학농민전쟁을 전망할 수 있도록 한 차원 높은 수준으로 전개되었다. 즉 이 시기의 농민항쟁은 조직과 이념, 지속성, 투쟁목표와 대상에서 이전의 '민란'과는 확연히 구별되는 양상을 보이며, 특히 반외세적 성격을 지녔다는 점이 매우 중요한 변화라 할 수 있다.[2]

1862년 이후 상대적으로 뜸하던 '민란'은 1880년대 후반부터 격증해 1890년대에 더욱 심해지는 양상을 보였다. 당시의 형국은 동서남북

---

1 愼鏞廈, 『東學과 甲午農民戰爭研究』, 일조각, 1993, 13쪽.
2 배항섭, 「19세기 후반 '변란'의 추이와 성격」, 『1894년 동학농민전쟁연구』 2, 역사비평사, 1992, 260~262쪽.

의 여러 읍들이 서로 민란을 일으켜주기를 기대하며 바라보는 분위기였기 때문에, 빈발하는 '민란'에서 분출되는 에너지는 전국적 항쟁이나 혁명으로 치닫는 상황에 이르렀다.[3] 실제로 동학농민전쟁이 발발하기 1년 전인 1893년에는 전국적으로 60여 회 이상의 민란이 일어났고,[4] 1894년에는 민란이 없는 고을이 없다고 기록될 정도였다.[5]

1894년의 동학농민전쟁은 이러한 봉건적 모순과, 외세의 침투로 인한 민족적 모순을 극복하고 근대민족국가를 수립하려는 반봉건·반제反帝운동이었다. 동학농민전쟁은 '민란'과 '민요民擾'의 극점에서 본 근대의 여명이라 할 수 있다. 현재 학계에서 동학과 농민전쟁과의 관련성에 대해서는 여전히 이견이 제기되어 있는 실정이나,[6] 동학과는 별개의 '민란'들이 전국적으로 발생하여 동학과 결합하는 양상을 보이는 것으로 이해된다.[7]

고부 민란은 후에 동학과 연결되지만 봉기의 원인이나 주체세력의 구성 등에서 동학과는 차원이 다르다.[8] 고부 민란이 일어난 비슷한 시기

---

3 배항섭, 「1890년대 초반 민중의 동향과 고부민란」, 『1894년 동학농민전쟁연구』 4, 역사비평사, 1995, 19쪽.

4 韓㳓劤, 『東學亂 起因에 關한 硏究』, 서울대학교출판부, 1971; 김양식, 「고종조 민란 연구」, 『용암차문섭교수화갑기념사학논총』, 1989 참조.

5 『日省錄』, 高宗 31年 2月 30日.

6 동학과 갑오농민전쟁의 관련성에 대해 ① 동학사상이 혁명사상을 갖고 있어서 이 동학의 혁명사상에 의거하여 농민전쟁이 일어났다고 보고 갑오농민전쟁 자체를 동학혁명으로 보아야 한다는 '동학혁명설', ② 동학은 갑오농민전쟁의 진정한 힘이 아니었고 오직 농민전쟁의 外皮·外衣에 불과했다는 '동학외피설', ③ 동학은 종래의 민란, 농민전쟁에 사상과 조직을 주어 양자가 결합함으로써 전국적 규모의 갑오농민전쟁이 일어날 수 있었다는 '동학과 농민전쟁의 결합설'이 제시되어 있다. 愼鏞廈, 「東學과 甲午農民戰爭의 民族主義」, 『韓國學報』 제47집, 1987.

7 이는 동학농민전쟁의 전개 과정에 대한 시기 구분 문제로 연결된다. 현재 동학농민전쟁은 ① 고부 농민항쟁, ② 제1차 농민전쟁, ③ 집강소 개혁, ④ 제2차 농민전쟁의 4단계로 이해되고 있다. 愼鏞廈, 『東學과 甲午農民戰爭硏究』, 130~131쪽.

8 愼鏞廈(1993), 앞의 책, 95쪽.

인 1월 12일 함안, 1월 16일 사천, 2월 28일 영광, 3월 12일 금산, 3월 말 김해 등지에서 일어난 농민운동도 '민란'의 성격을 벗어나지 못한 것으로서 동학 조직과 관련 없이 군현 단위로 전개되었으나, 농민전쟁이 본격화하자 이에 곧 합류했다.[9]

고부 민란보다 약간 이른 시기에 봉기한 합덕 농민항쟁도 고부 민란과 발발 원인 등에서 매우 유사한 양상을 보인다. 1893년 섣달그믐(양력 1894년 2월 6일)에 충남 당진군 합덕면 합덕리(당시 공주목 신남면 창리)에서 발생한 농민항쟁은 19세기 후반 '민란'의 전형적 형태를 보여줄 뿐만 아니라, 이후 전개된 동학과 결합하는 양상으로 이해된다. 즉, 합덕 농민항쟁은 동학농민전쟁의 전사前史이자 서곡의 성격을 지녔다고 할 수 있다.

합덕 농민항쟁은 1930년에 충청남도 소작관小作官으로서 이 지역의 소작관습을 조사하던 히사마 겐이치久間健一가 생존한 직접 참가자와 목격자 등을 면담하고 현지답사 등을 통해 일찍이 주목하여 발표한 바 있다.[10] 그런데 합덕 농민항쟁은 히사마 겐이치의 논문을 토대로 향토지에서 논의될 뿐, 19세기 후반의 농민항쟁이나 동학농민전쟁 차원에서는 거의 언급된 바 없다. 이는 아마도 동학의 초기단계를 전라 지역을 중심으로 설명해온 기존의 연구 경향과 관련이 있는 것으로 이해된다.[11]

그러나 합덕 농민항쟁은 고부 민란과 매우 유사한 성격을 지니며, 특히 19세기 후반에 발생한 농민항쟁 중 가장 상세하고 생동적 기록이 남

9 이영호, 『동학과 농민전쟁』, 혜안, 2004, 431쪽.
10 久間健一, 「合德百姓一揆の硏究-朝鮮農民一揆の一事例-」, 『朝鮮農業の近代的樣相』, 東京 西ケ原刊行會, 1935, 61~77쪽.
11 洪奭杓, 「合德방죽에 대한 綜合的 考察」, 『內浦文化』 제5호, 唐津鄕土文化硏究所, 1993(『唐津鄕土史의 照明』 재수록); 합덕읍지편찬위원회, 『합덕읍지』, 1997; 이인화, 「내포지역 동학농민운동의 전개과정과 그 결과」, 『당진향토문화논총』, 당진문화원, 1997 등 참조.

아 있어 당시 농민항쟁의 사례 연구로서 충분한 가치가 있다. 합덕 농민 항쟁의 사례 연구는 참여 농민들이 조사 과정에서 "중민일심衆民一心 개 왈장두皆曰狀頭"[12]라고 한 데에서도 알 수 있듯이, 농민항쟁과 동학의 초 기단계에 대한 구체적인 단서를 제공해줄 수 있을 것으로 기대된다.

우선 합덕 농민항쟁의 원인제공자인 전 병사兵使 이정규李廷珪의 '무단 탐학武斷貪虐'에 대한 사료를 확인하고, 히사마 겐이치의 현지 조사와 대 비하며 당시의 상황을 이해해보고자 한다. 다행히 합덕 농민항쟁의 조 사 기록인『충청도관찰사조장계忠淸道觀察使趙狀啓』가 규장각에 소장되어 있 어 그 구체적 실상을 전해준다. 이 글에서는 히사마 겐이치의 조사 보고 가 지니는 성격을 검토한 다음 합덕 농민항쟁의 원인·전개 양상·추이 를 밝히는 순으로 서술한다. 또한 가능하다면 곧 이어 전개되는 동학농 민전쟁과 합덕 전투와의 연계도 추구함으로써 이른바 민란과 동학농민 전쟁과의 관련성 추구의 사례로 제시하고자 한다. 그러나 자료의 한계 가 여전히 제약으로 작용했다.

히사마 겐이치의 조사 보고

합덕 농민봉기가 발발한 것은 1894년 2월 6일이었다. 합덕 농민항쟁에 대하여 히사마 겐이치는 36년이 지난 1930년에 처음으로 현지를 조사 하여 파악한 내용을 발표하며 '양반소타兩班燒打'라고 성격을 규정했다.[13]

12　『日省錄』, 高宗 31年 2月 15日.
13　『조선총독부 및 소속관서 직원록』과『일본제국직원록』에 따르면 히사마 겐이치는 강원도 종묘장 도기수(1924), 수원고등농림학교 조교수(1928), 충청남도 소작관보 와 소작관(1930~1934), 황해도 소작관(1935~1936), 경기도 소작관(1937~1943) 등 을 역임했음이 확인된다. 한편 그는『朝鮮行政』과『朝鮮』등의 잡지에「農業に於け

그의 조사는 그 자신이 밝힌 것처럼 최초의 조사 보고라는 연구사적 의미는 있으나, 기본적인 사료조차 전혀 확인하지 않고 전적으로 몇몇의 현지 노인과 목격자 및 직접 참가자들에 대한 구술자료와 현지 조사를 바탕으로 했다는 한계를 지녔다.

그런데 조사자는 비교적 학술적 태도를 견지했다.[14] 그는 면담자 중 유식자는 체계적이었으나 과장과 극화 경향이 있다고 보았고, 직접 참가자는 기억은 확실했으나 무식하여 단편적이고 모순되는 증언을 했다고 그 한계를 인정했다. 또한 조선 농민들의 특유의 감추려는 습관[秘密癖]도 지적했다. 그가 면담 대상으로 선택한 4명의 인물도 적정했다고 볼 수 있다. 물론 참가자나 목격자 중 상당수가 사망하거나 이주해버려 구술 청취의 한계가 있었을 것이나, 그는 직접 참가했던 박준성朴準成(78)과 직접 참가한 사실을 밝히지는 않았으나 참가자가 아니고는 도저히 알 수 없을 사실을 증언한 최용현崔用顯(65)을 참가자로 단정했다. 특히 그가 면담한 김기성金基性(77)과 김철호金喆鎬(54)는 전현직 면장이자 연제수리계蓮堤水利稧의 계장이나 이사, 평의원 등을 역임하며 합덕지合德池를 직접 관리했던 사람들로서 그 누구보다 사실관계를 정확하게 이해하고 있었을 것이다.[15] 따라서 이 조사의 내용을 바탕으로 하고 당시 사료에서 내용을 보완하고 사실을 확인하면 합덕 농민항쟁의 성격을 이해하는 데는

る指導精神の展開」, 「朝鮮農業の強靭性と脆弱性」, 「農村再編成の課題」, 「朝鮮不在地主論」 등 많은 논저를 발표한 관료이자 식민지 농정 이론가였다. 그는 1930년 충청남도 소작 관습 조사 시 이 사실을 확인하고 일단 朝鮮農會誌에 발표했다가 1935년에 보정하여 자신의 저서에 재록했다.

14 목차도 학술적 체계를 갖추고자 했는데, 緖言, 一. 硏究方法, 二. 一揆 發生의 素因, 三. 合德池와 農民의 關係, 四. 兩班 李廷珪의 素性과 誅求, 五. 一揆 發生의 動因, 六. 一揆의 勃發, 七. 一揆의 結果, 八. 中心人物의 最後, 結論 순으로 구성되었다.

15 『조선총독부 및 소속관원 직원록』에 따르면 김철호는 1919년에 합덕면장을 지냈고, 1926년부터 1930년까지 계속 면장을 지냈으며, 김기성도 면장을 지낸 인물이다.

무리가 없을 것이다.

그러나 히사마 겐이치의 조사 보고는 기본적인 한계를 지니고 있음에 유념해야 한다. 먼저 그는 합덕 농민항쟁에 대한 기본사료 조사를 전혀 하지 않았으며, 식민지 농정 관리로서 식민지 대상의 농업사회와 그 계층에 대한 관심에서 접근했다는 점이다. 특히 그는 조선의 농민항쟁을 일본과 비교하고자 했는데, 이는 식민지 농촌의 사회경제사에 대한 관심의 표출이라 할 수 있다. 그는 조선시대를 일본의 도쿠가와德川시대와 대비하며 도쿠가와시대 : 조선시대, 중앙집권적 봉건사회 : 중앙집권적 군현정치사회, 무사계급 : 양반귀족계급을 등치시켜 이해할 수 있다고 하며, 조선의 농민항쟁이 도쿠가와시대보다 적지 않았음에도 전혀 연구되지 못했음을 지적했다.[16]

또한 그는 조선에서 민란이 발생하지 않았다고 한 이마무라 도모今村鞆의 분석을 조선의 실정을 잘 모르고 내린 성급한 결론이라고 비판하면서도[17] 정작 그 자신 또한 식민지 관리로서 일정한 편견을 지니고 합덕 농민항쟁을 접근했다. 즉, 그는 합덕평야 주민들은 자연적·사회적·역사적 조건상 품성이 나쁘고 무지하며 부화뇌동하고 폭력적이었는데, 여기에 정치의 부패와 사회적 원인들이 가중되어 폭발한 돌발행동이 합덕 농민항쟁이라고 보았던 것이다.

---

16 久間健一(1935), 앞의 논문, 61쪽.
17 이마무라 도모는 당시 한국에 체재하던 식민사학자로서 貞陽會 例會에서 「日鮮古代共通風俗의 二三」(1931. 1), 「韓末見聞漫談」(1935. 11) 등을 발표한 바 있다(朴杰淳, 『韓國近代史學史研究』, 國學資料院, 1998, 131~132쪽). 그는 한국에서 민란이 발생하지 않았던 이유를 첫째, 너무 학정에 시달린 나머지 반항의 기운이 쇠했다. 둘째, 운명이니 하는 수 없다는 식으로 포기하는 성향이 강했다. 셋째, 鄕土團結心이 매우 약했다. 넷째, 계급에 대한 자각이 없었다고 분석한 바 있다(久間健一, 앞의 논문, 1935. 62쪽).

… 이 지역 주민은 일반적으로 民度가 낮고 지식인도 거의 드문 것으로 알려져 있다. 이 지역 주민들은 행동이 매우 폭력적이며 부화뇌동한다. 이들 중 대다수는 빈곤한 상민계급이며 양반은 극히 드물고 빈부 차가 현격하다. 현재도 이러한 현상은 과거와 별반 차이가 없으며 보통 다른 지역 사람들은 합덕평야 사람이라고 하면 무지하고 빈곤하다고 여긴다. … 본래 합덕평야 주민들의 품성이 나쁘다는 것은 충청남도 내에서도 잘 알려져 있는 사실이지만 이는 앞에서 설명한 것처럼 자연적·역사적인 여러 조건들에서 그 원인을 찾아볼 수 있다. 요컨대 합덕평야 주민은 자연적·사회적 악조건들로 인해 무지하고 부화뇌동하며 폭력적인 경향을 보인다. 또한 빈곤한 자가 많아 생활이 단조롭고 사물에 대한 감수성이 민감하다. 따라서 정치가 부패하고 이러한 사회적 원인들이 가중되어 폭발적인 돌발행동이 나타난 것이다.[18]

히사마 겐이치의 조사 보고는 비교적 학술적 태도를 지니고 사실을 고증하는 데 주력했으나, 근본적으로는 식민지 농정 관리가 지배자의 우월적 관점에서 피지배 민족의 농민항쟁을 지역적 편견을 지니고 접근한 한계가 있다. 이는 조사 보고의 말미에서 그가 합덕 농민항쟁이 '양반소타'의 형태를 띤 것을 '발생지역의 사회적 본질'이나 '조선 농민으로서의 민족성'에서 구하려 한 데에서 명확히 알 수 있다.[19]

---

18 久間健一(1935), 앞의 논문, 64~65쪽.
19 久間健一(1935), 앞의 논문, 76~77쪽.

농민항쟁의 동인

고종조 민란은 발통취회發通聚會-정소呈訴-봉기로 이어지는 전개 과정, 고을 단위에 매몰된 투쟁 공간, 부세賦稅 문제와 관련한 읍폐교구邑弊矯抹가 중심이 된 투쟁 구호, 주로 부민가富民家에 대한 공격이나 이서배吏胥輩의 살상 등으로 나타나는 투쟁 양상의 성격을 보인다.[20] 당시의 상황은 1894년 2월 각도군읍各道郡邑의 민인民人에게 내린 고종의 윤음에서도 '탐묵貪墨한 자들의 침학侵虐'으로 인한 민란은 '반드시 부득이한 것'이라고 말할 정도였다.[21]

1894년의 합덕 농민항쟁은 이러한 시대적 상황에서 세도가 이정규의 '무단탐학武斷貪虐'[22]·'무단향곡武斷鄕曲'[23]·'무단제조武斷諸條'[24]에서 비롯했다. 좀 더 구체적으로 말하자면 합덕 농민항쟁은 이정규가 평소 횡포한 가렴주구를 일삼고, 합덕지 계장임을 이용하여 관개농민에게 수세를 징수하려 하고 합덕지를 사용私用하려 하자 이에 위기의식을 느낀 몽리 구역 내 6개 동리 농민이 봉기한 사건이었다.[25]

이정규의 본은 한산韓山으로 승지공파承旨公派 9대 손이다. 그의 9대조

---

20 배항섭(1995), 앞의 논문, 18쪽.
21 「下綸音于各道郡邑民人」, 『日省錄』, 高宗 31年 2月 22日. "혹은 貪墨한 자들의 貪虐에 곤궁하여 그 산업을 잃고 유랑하거나 이산하여 이미 삶을 편안하게 할 수 없게 된즉, 문득 무리를 모아 난을 일으키고 관장을 억누르니 무릇 백성된 자들이 어찌 명분을 범하고 기강을 어지럽힘이 중죄가 됨을 몰라서 기꺼이 저촉하고자 하겠는가. 반드시 不得已한 것이니라. …"
22 『高宗時代史』 제3집, 1894년 4월 11일 丁巳.
23 『大韓季年史』 卷之二, 高宗 31年 夏四月.
24 『忠淸道觀察使趙狀啓』, 奎章閣 官府文書(狀啓) 2冊, 522592號.
25 당시 6개 동리는 홍주목 합남목에 속하는 포내리·합덕리(당시 대합덕리)·상흑리·하흑리·옥금리·신남면 창리(도리를 포함한 당시 합덕리)로서, 현재의 합덕리·옥금리·도리·신석리·대합덕리·점원리 지역이다. 그런데 『忠淸道觀察使趙狀啓』에는 '八洞之民'이라고 되어 있다.

제배悌培는 인조반정 때 정사공신으로서 후에 영의정과 한천군韓川君에 봉해진 충장공忠壯公 의배義培의 동생이다. 현재 이의배의 신도비가 예산군 봉산면 봉림리 산 5-1번지에 있어 그의 선대들의 세거 양상을 알려준다.

이정규는 임천군(현 부여군) 출생으로 어려서 서울의 참판 이현직의 재종의 양자가 되었고 점차 출세하여 현직顯職으로 승진했다. 기록에 따르면 그는 1883년에 덕산군수,[26] 1886년에 전라도수군절도사,[27] 1892년에 한성부 우윤과 병조 참판[28] 등을 역임했는데, 이후 홍주목 신남면 창리(현재의 합덕읍 합덕리)로 정착하여 거대한 저택을 짓고 호화롭게 살았다고 한다.[29] 그런데 그는 1892년 4월 다시 전라도병마절도사에 임명되어[30] 현지로 부임하여 봉직한 후 다시 이곳으로 돌아왔는데, 불과 2개월 만에 농민 봉기가 일어난 것이었다. 그가 관직을 마치고 합덕에 정착한 정확한 배경은 알 수 없다. 다만 인근의 선대 거주와 관련하여 낙향의 개념으로 이해할 수 있으며, 한편으로는 덕산군수 재임 등 지방관 재직 시의 인연과 관련이 있을 것으로 추측된다.

그가 거주했던 합덕리 저택은 1899년에 천주교 합덕본당合德本堂이 자리하게 되었다. 그 경위에 대하여는 합덕 농민항쟁 이후 면천면沔川面의 부호인 유진태兪鎭泰의 아버지가 이정규에게서 토지를 매입하여 천주교에 기부했다는 견해와,[31] 초대 주임신부인 퀴를리에Curlier, 南一良 (1863~1935)가 장차 양촌본당陽村本堂이 본당 자리로 적합하지 않다고 판단하여 1898년에 합덕지 인근 언덕인 이곳을 매입하여 이듬해에 사제

---

26 『高宗時代史』제2집, 1883년 7월 13일.
27 『高宗時代史』제2집, 1886년 7월 18일.
28 『高宗時代史』제3집, 1892년 2월 12일; 1892년 3월 7일.
29 洪奭杓(1993), 앞의 논문, 78~79쪽.
30 『高宗時代史』제3집, 1892년 4월 7일.
31 久間健一(1935), 앞의 논문, 67쪽.

관 겸 본당을 완공하고 이전한 것이라는 견해가 있다.[32] 합덕 농민항쟁이 발발했던 1894년 당시 천주교 본당은 양촌(예산군 고덕면 상궁리)에 있었기 때문에 천주교와 합덕 농민항쟁이나 이후의 동학농민전쟁과의 직접적인 관련성은 없는 것으로 보이나, 1890년경부터 내포 지역에서 새로운 천주교 신자 집단이 생기는 등 교세가 확장하고 있어 향후 정밀한 분석을 요한다.[33]

예컨대 1895년에 양촌의 퀴를리에 신부 사제관과 공세리貢稅里 사제관이 '토비土匪'들의 습격으로 파괴되고 일부 집기들을 탈취당하는 사건이 발생한 적이 있었다. 이 사건은 외무대신 김윤식金允植의 신속한 조치로 쉽게 해결되어 덕산현감이 사제관을 수리해주고 손실된 집기를 배상해주었다. 또한 이해에 동학도가 서학을 가탁한 사례가 발생하기도 했다.[34] 그러나 이는 합덕본당 구역에서만 일어난 현상이 아니고, 전국적으로 갖가지 교안敎案이 발생했기 때문에 교회와 향촌사회의 알력 등 관계는 종합적 분석이 필요하다.

이정규는 덕산군수로 재직한 직후, 충청우도암행어사 이용호李容鎬의 서계書啓에 의해 치죄당한 바 있다. 그 정확한 내막은 알 수 없으나, 그가 암행어사의 서계로 전 남포현감藍浦縣監 이교원李敎元, 전 결성현감結城縣監 정필현鄭泌鉉, 전 노성현감魯城縣監 송희두宋熙斗 등 전직 현감 등과 함께 치죄된 것은 재임 시의 비리와 관련되었던 것으로 보인다.[35]

합덕에서 이정규 악행의 실상은 『충청도관찰사조장계』와 히사마 겐

---

32 崔奭祐·車基眞, 「忠淸道의 天主敎會와 本堂 廢置에 관한 연구」, 『구합덕본당 100년사 자료집』, 구합덕본당 100년사 자료집 편찬위원회·한국교회사연구소편, 1990, 54쪽.

33 崔奭祐·車基眞(1990), 앞의 글, 52~53쪽.

34 崔奭祐·車基眞(1990), 앞의 글, 59쪽.

35 『高宗時代史』 제2집, 1883년 7월 13일. 이는 『承政院日記』·『日省錄』·『高宗實錄』 등의 자료에서도 확인된다.

이치의 글을 통해 잘 알 수 있다. 『충청도관찰사조장계』는 덕산군수 김병완金炳琓의 첩정牒呈에 의한 충청도관찰사 조병호의 장계이다. 이에 따르면 이정규가 농민들에게서 수탈한 금전은 3만 7,850냥에 달하고 나머지 소소한 것들은 거론할 수조차 없으며, 그 외에 미조米租·염포塩苞·우마牛馬·전답田畓·가사家舍·산록山麓·시장柴場·재목材木·고초藁草·어강漁綱·선척船隻 등의 침탈과 인명을 살상하는 잔학한 행위도 허다했음을 알 수 있다. 여기에서는 이정규의 행악이 민소民訴와 사안査案에 제시된 내용에 부합하여 차이가 없다고 했다. 즉, 이정규의 행악은 농민들이 작성한 이른바 『혈원록血怨錄』과, 덕산군수 김병완의 첩정에 의한 사안의 내용과 일치하는 명확한 것이라고 했다.[36]

히사마 겐이치의 조사 내용은 더욱 구체적이다. 이정규는 부근의 농민 중 조금이라도 재물이 있는 사람은 끌어다가 참혹하게 탈취했다. 그에게 재물을 모두 탈취당한 어느 농민이 그가 연제지蓮堤池에서 낚시를 즐기는 것을 이용하여 그를 끌어안고 함께 물에 빠져 죽으려고 하다가

---

36 『忠淸道觀察使趙狀啓』의 내용은 다음과 같다. "正憲大夫. 行忠淸道觀察使. 兼兵馬水軍節度使. 都巡察使. 公州牧使. 臣趙(押)節到付議政府關內. 節啓下敎府啓辭. 卽見忠淸監司趙秉鎬査啓. 則枚擧德山郡守金炳琓牒呈. 前兵使李廷珪. 武斷諸條. 及觀査案. 果無差爽. 而各年所奪錢. 爲三萬七千八百五十兩. 而諸般零瑣之數. 不爲擧論. 其外米租·塩苞·牛馬·田畓·家舍·山麓·柴場·材木·藁草·漁綱·船隻等物之侵奪. 及人命致死致傷之許多行虐. 有難枚擧. 故一依邑報. 別成冊子. 上送于議政府爲辭矣. 民之始因呼寃. 轉以紛集. 至於放火作鬧. 其情雖日可念. 其習亦宜痛懲. 詳覈其首倡之漢. 令道臣按法嚴勘. 前兵使李廷珪. 武斷鄕曲. 侵虐平民. 乃有人命之致斃. 而若其綑打重傷. 殆遍隣里. 其百船攘奪. 不可枚擧. 民訴與査案符合無差. 道 啓臚列. 不啻可駭. 可見其貪殘之行. 使闔境黎. 庶不能安堵. 迫於困阨. 激而致騷. 究厥罪狀. 不何仍置. 施以邊遠竄配之典. 何如. 答曰. 允事 傳敎敎是置. 傳敎内辭意. 奉番施行向事關是白乎等用良. 德山前兵使李廷珪家放火作鬧之狀. 頭羅成蕾段. 聚衆放火. 縱緣積寃. 參情究跡. 難免首倡. 故嚴刑三次. 定配於咸鏡道利原縣. 使卽押送是白遣. 方栽星·金允弼等段. 情雖可原罪合懲後乙仍于. 各嚴刑二次. 懲礪放送爲白乎㫆. 謹將關辭. 行會於德山郡守金炳琓處. 一一曉飭於蓮堤下八洞之民. 使各安堵樂業之地. 緣由并以馳 啓爲白臥乎事是良尒. 詮次善啓向敎是事."

일이 제대로 되지 않자 분한 나머지 자신만 자살한 사건이 발생했다고 한다. 이때 이정규의 성정을 잘 아는 인근 농민들은 그가 농민을 떠밀어 죽였다고 믿을 정도였다. 또한 연제지라는 이름이 말해주듯이 이 방죽에는 연꽃으로 수면이 모두 덮일 정도로 연이 많아 합덕팔경의 하나로 절경을 이루었다고 하는데,[37] 이정규가 시도 때도 없이 농민들을 동원해 연근 채취를 지시하자 고통을 참다 못한 농민들이 연제지에 몰래 칡덩굴을 집어넣어 연을 고사시켰다는 일화가 전할 정도다.[38]

한편 주민들이 물고기를 잡기 위해 개울이나 방죽에서 물을 거의 퍼내 고기를 잡게 될 무렵이 되면 이정규가 하인을 시켜 물을 푸던 주민들을 쫓아버리고 고기를 잡아오게 하여, 주민들은 고기를 잡기 위해 물을 푸는 것을 '이병사李兵使 구멍'이라고 불렀다고 한다. 그뿐만 아니라 그는 연제지에서 낚시를 하면서 인근의 상민常民 중 부자富者를 불러 그의 아들을 자신의 비婢와 혼인하도록 강요하여 승낙하지 않으면 족보를 가져오게 하여 저수지에 던져버리는 등 행악질이 극심했다고 한다.[39]

이러한 이정규의 수탈, 행악질과 함께 농민봉기를 촉발한 직접적 원인이 된 것은 합덕방죽을 둘러싼 대립과 갈등이었다. 합덕방죽은 문헌과 구전에 의하면 합덕지合德池·합덕제合德堤·합덕제언合德堤堰·연호蓮湖·연지蓮池·연제蓮堤·하호荷湖 등으로 다양하게 불려왔다. 합덕지는 견훤축조설도 있으나,[40] 백제 사비시대의 위덕왕이나 무왕 재위 연간에 축조된 것으

---

37 洪思俊, 「三國時代의 灌漑用地에 對하여」, 『미술사학연구』 제136·137호, 1998, 19쪽.
38 久間健一(1935), 앞의 논문, 68쪽.
39 洪㷡杓(1993), 앞의 논문, 79쪽.
40 현지 전설에 따르면 견훤축조설은 견훤이 보병 9,000명과 군마 6,000두를 성동산에 주둔시키고 습지를 파서 군마의 음용수로 사용하며 비롯한 것이라 전한다. 또한 합덕연제수리계가 주관하여 일제시대 때까지 거행된 제언제의 제문에 '견훤 장군' 운운하는 내용이 있었다고 하며, 합덕방죽과 관련하여 서거정의 시와 「蓮湖와 甄萱」

로 추정되고 있다.[41] 『동국여지승람東國輿地勝覽』에는 합덕지가 벽골지碧骨池로 표기되어 있는데, 이는 김제의 벽골제와 마찬가지로 미곡 생산이 많은 대평야의 벽골碧骨이라는 관개지의 이름을 붙인 백제시대의 지소池沼임을 연상하게 한다.[42] 이때 벽골은 '벼골', '도향稻鄕'을 말하는 것이며, 도곡稻穀을 백제에서는 '벼'라고, 신라에서는 '나락'이라고 부른 것과 같이 백제시대에 축조된 방죽으로 이해되고 있다.[43]

이후 합덕지는 『세종실록지리지世宗實錄地理志』에는 연지로 기록되어 있으며,[44] 조선 후기에 이르기까지 조선 3대 제언의 하나로서 호서지방을 대표하는 제언으로 인식되어왔다.[45] 자료에 따라 약간씩 다르나 예당저수지禮唐貯水池의 준공으로 합덕지가 폐지廢池된 1964년경 제방의 길이는 1,771m, 둘레는 8~9km에 달했으며, 저수면적은 175정보로서 몽리면적은 무려 726정보에 달했다고 한다. 또한 1930년대까지만 해도 매년 음력 7월 용날[辰日]에 합덕연제수리계가 주관하여 제언제堤堰祭를 지냈으며, 1950년대까지 음력 정월 14일에 합덕방죽에 가서 용갈이[龍耕]를 하고 온 소에게 야식을 먹이는 세시풍속이 남아 있었다고 한다. 그뿐

(홍병철)이라는 시문이 전한다.

41　洪思俊(1998), 앞의 책, 18~19쪽.

42　합덕지에 대하여 『동국여지승람』 면천군 산천조 지소에 보면 "碧骨池 在郡東"이라 되어 있고, 『文獻備考』 홍주조에는 "在合德廢縣 堤長三百步 周可二十里", "灌漑甚 博數郡蒙共利"라 되어 있다. 한편 『大東地志』 홍주 산수조에는 "在合德古縣東 堤長 五百餘步周二十里 水滿則爲巨湖 南有廣野 土甚肥沃 灌漑甚廣"이라고 설명하고 있다.

43　洪思俊(1998), 앞의 책, 19쪽.

44　『세종실록지리지』 券149, 홍주목조에 "蓮池 在合德池 長三千六十尺 灌漑田 一百三十結"이라 되어 있다. 한편 성종대에는 "長二千七百餘尺 七邑蒙水利"라고 기록되어 있다(『成宗實錄』 卷35, 4年 10月 1日).

45　중추원 조사자료인 『水利에 관한 舊慣』에는 合德堤를 조선 3대 제언의 하나라고 했고, 호남의 碧骨堤, 영남의 恭儉池, 관북의 七里, 해서의 南池, 관서의 潢池와 같이 전국의 대표적인 제언으로 인식되었다(『正祖實錄』 卷五十, 正組 22年 11月 15日; 正組 22年 11月 30日).

만 아니라 합덕지를 노래한 많은 민요와 시문이 전하는 등 합덕지는 주민들에게는 생명의 원천으로서 절대적인 존재였던 것이다.[46]

그런데 합덕지는 권신權臣의 농간으로 사용私用되거나 충훈부忠勳府에 사급賜給의 대상이 되기도 했다. 즉, 연산군은 합덕지 내에 논으로 쓸 수 있는 토지를 장숙용張淑容에게 주도록 전지傳旨했고,[47] 현숙공주顯肅公主에게도 특사特賜하려고 하다가 반대에 부딪힌 바 있다.[48] 또한 중종 때에는 충훈부에 사급하여 일반인의 경작을 허락하지 않는다고 사헌부가 사급 반대를 했으나 윤허하지 않았고,[49] 효종 때에는 정유성鄭維城이 합덕지가 여러 궁가宮家의 입안立案에 들어가 있는 것이 한심한 일이라고 아뢰자 왕이 즉시 혁파할 것을 지시하기도 했다.[50]

합덕지는 당연히 농민들의 공유물로 인식되어왔다. 그러나 합덕지의 사회경제적 이익을 독점하려는 시도도 있었다. 합덕 농민항쟁이 일어나기 10년 전인 1884년, 당시 면천면 성원리成元里에 거주하는 손사빈孫士彬이 수세를 징수하려고 시도했다. 그러자 몽리 지역 내 농민들은 하흑리에 거주하는 문충식文忠植과 최응수崔應洙를 대표로 선발해서 상경하도록 의정대신 윤용선尹容善에게 진정했다. 윤용선은 좌영대장 민응식閔應植에게 수세징수 중지 명령을 내려 이 시도는 좌절되었다. 농민들은 민응식의 조치에 감사하여 연제에 그의 불망비不忘碑를 세우기까지 했다. 당시 농민들은 손사빈의 처사에 분노하여 그의 집에 불을 질러버렸다고 한다.[51] 또한 서울에 거주하는 한 인사가 합덕지를 개인 소유로 하기 위

46　洪羲杓(1993), 앞의 논문, 83~91쪽.

47　『燕山君日記』六十一卷, 燕山君 12年 正月 21日.

48　『燕山君日記』四十卷, 燕山君 7年 5月 25日.

49　『中宗實錄』二卷, 中宗 2年 1月 8日. 당시 사헌부는 제언에 물이 없더라도 국법에 일반인의 경작을 허하지 않는 것이라며 사급을 반대했다.

50　『孝宗實錄』九卷, 孝宗 3年 10月 23日.

51　久間健一(1935), 앞의 논문, 69쪽. 당시 농민들이 의정대신 윤용선에게 달려가 진정

하여 농공상부農工商部에 수속까지 했으나, 김철호가 수차 농공상부에 진정하여 공유로 복귀시킨 일도 있었다.[52]

합덕지는 공유개념하에 1750년경부터 진사 김태윤金泰潤이 연제수리계를 조직하여 운영 관리한 이래 감역監役 유계환兪啓煥에 이어 1894년에는 이정규가 계장을 맡게 되었다. 그런데 이정규는 자신이 연제수리계의 계장임을 기화로 저수지의 얕은 곳을 밭으로 개간하여 자신이 차지하고, 깊은 곳만을 저수지로 만들고자 했다. 그뿐 아니라 관개구역의 농민들에게 수세를 부과하고자 했다. 이 소식을 들은 농민들은 크게 상심했다. 왜냐하면 이정규의 계획대로 저수지의 일부를 밭으로 만든다면 저수면적이 축소되어 자신들의 유일한 수원이 부족하여 농사에 막대한 지장을 초래할 것이고, 직접적으로는 수세의 부과로 새로운 경제적 부담이 가중될 것이기 때문이었다. 합덕 농민항쟁 발발 원인에 대하여 히사마 겐이치는 원인遠因과 근인近因을 다음과 같이 명쾌하게 설명했다.

> … 합덕 농민봉기는 한마디로 말하자면 이정규라는 양반계급에 속한 소위 土豪의 농민에 대한 신분적·경제적 지배관계에 기반한 극단적인 誅求搾取를 遠因으로 하고 합덕지의 개간과 수세부과가 近因이 되어 발생한 관계 부락 농민의 반항운동이었다.[53]

합덕 농민항쟁 발발의 원인이 된 이정규의 소위所爲는 고부 민란의 원인이 된 조병갑의 소위와 거의 일치한다. 즉, 전봉준이 지적한 조병갑의 가렴주구의 내용 중 수세水稅 늑징勒徵, 황무지 개간 후 과세課稅, 부

한 것은 그가 이곳에 농지를 소유하고 있었기 때문이다.

52 洪奭杓(1993), 앞의 논문, 75~76쪽.
53 久間健一(1935), 앞의 논문, 76쪽.

민富民에 대한 약탈 등은 이정규의 탐학 내용과 거의 일치한다고 볼 수 있다.[54] 결국 합덕 농민항쟁은 토호 이정규의 무단수탈과 잔학행위, 그리고 공유지인 합덕지를 둘러싼 전횡이라는 19세기 후반기의 전형적 사회경제 상황에 대항해 일어난 봉기이며, 이는 곧 농민의 불만에서 기인했다고 할 수 있다.

농민항쟁의 양상

이정규의 악행과 수세 부과, 저수지 내 개간 등의 횡포와 전횡에 대해 농민들의 분노는 극에 달했다. 농민들은 추위에도 아랑곳하지 않고 1893년 섣달그믐날 비밀리에 저수지 서쪽 산기슭인 도랑당이에 모여 대책을 협의했다. 농민들이 추위를 무릅쓰고 굳이 섣달그믐날 봉기한 것은 사태의 시급함을 반영하는 것으로서, 납세 기일과 관련이 있지 않나 추측된다.

농민들은 협의 결과 이정규의 횡포와 농민의 고통을 호소하기 위해 홍주목에 등장等狀하기로 결정했다. 그들은 당시 옥금리玉琴里에 사는 나성로羅聖魯와 창리倉里에 사는 이영탁李永鐸 등 2인이 지금까지 자행한 이정규의 악행을 일일이 열거하여 『혈원록』을 기초하고, 이를 지니고 관개구역 내 농민 약 800여 명이 멀리 홍주까지 달려가 목사 이승우李勝宇에게 자신들의 딱한 사정을 호소했다.[55] 목사 이승우는 농민들에게서 사정을 들은 뒤 귀향을 명령할 뿐 하등의 재정裁定을 내리지 않았다. 당시 농민

---

54 「全琫準供草」, 『東學亂記錄』 下卷, 522쪽.

55 久間健一(1935), 앞의 논문, 69~70쪽. 『忠淸道觀察使趙狀啓』에는 주동자로서 처벌을 받은 인물이 羅成蕾로 기록된 바, 그는 히사마 겐이치의 조사에서 등장하는 羅聖魯와 동일인으로 보인다.

들이 홍주목에 등장했을 때는 이정규가 거주하던 창리 주민들은 그의 협박과 후환을 두려워하여 참가하지 못했다.

한편 농민들이 대거 홍주목으로 등장하러 간 사실을 뒤늦게 알게 된 이정규는 농민들의 행위에 매우 분개하며 곧 당시 성동리城東里에 거주하던 전 비인庇仁 군수 표명서表明西·表明瑞를 통해 등장에 나선 농민들을 모두 죽이라고 요청하는 서신을 홍주 목사에게 보내도록 했다. 그런데 마침 아버지 김봉로金鳳露의 심부름으로 표명서의 집에 갔던 김석현金錫賢이 이 서신을 보고 놀라 이 사실을 이영탁에게 급히 알렸다.

이 소식을 들은 이영탁은 이를 매우 중대한 일이라고 판단하여 곧 자세한 편지를 써서 홍주로 간 농민들에게 알리고자 했다. 홍주에 등장 했으나 아무런 소득도 없자 낙담한 채 고향으로 돌아오던 농민들은 이영탁의 서신을 보고는 이정규의 폭거에 통분이 폭발했다. 농민들은 귀가하지 않고 연제지반蓮堤池畔의 작은 저수지인 용추龍湫 부근에 집결하여 마침내 최후의 수단을 강구하기로 결의했다.[56]

농민들은 삼삼오오 모닥불 주변에 모여 평소 이정규의 가렴주구와 수세부과 등의 행악을 규탄했다. 이때 홍주 등장에 동참하지 않은 창리 농민들을 모두 죽여버리자는 극단적인 의견이 제시되었다. 이 소식을 듣고 놀란 창리 농민들이 달려와 자신들의 고충을 호소하며 다른 동리 농민들과 행동을 같이할 것을 약속했다.

더욱 기세가 오른 농민들은 이정규를 죽이기로 결의하고 나성로와 이영탁을 대표로 추천하고 행동에 돌입했다. 이날 오후 8시경 농민들은 징을 쳐서 동리의 농민들을 불러들였는데, 참가한 농민들이 수천 명에 달했다고 한다. 그들은 용추 동편에 있는 주막에 이르러 그 집의 솔잎과

---

56 久間健一(1935), 앞의 논문, 70~71쪽.

장작으로 횃불을 만들고 함성을 지르며 연제를 지나 순식간에 광대한 이정규의 저택을 포위했다.

살기등등한 농민들이 지켜보는 가운데 농민 대표인 나성로와 이영탁이 이정규를 대면했다. 먼저 나성로가 이정규에게 농민들에 대한 끊임없는 가렴주구와 연제지의 개간과 수세 부과의 부당함을 힐문하고, 아울러 홍주목에 등장하러 간 농민들을 살해하라고 한 연유 등을 날카롭게 따졌다.[57] 이에 대해 이정규는 시치미를 떼며 대응했으나, 나성로가 여러 가지 증거를 들이대자 비로소 자신의 죄를 뉘우치고 농민들에게 사죄하며, 앞으로는 동리를 위해 협력하겠다고 약속을 되풀이했다.

그러나 옆에 있던 이영탁은 이정규의 태도가 급변하는 것을 보고 궤변이라고 하며, 이런 대화는 쓸데없는 일이라며 자리에서 일어섰다. 그러자 저택 안에 있던 농민들은 먼저 횃불로 변소에 불을 지르고 이어 객사와 본채 등 십수 동의 가옥 전부를 차례로 방화했다. 이에 크게 놀란 이정규는 겨우 몸을 피해 안채로 들어가 부친의 위패를 챙기고 아이들을 데리고 야음을 틈타 얼음이 언 연제지를 건너 도주했다. 이를 본 농민 몇 명이 그를 추적했으나 잡지 못했고 행방을 알 수 없게 되었다. 후에 이정규가 표명서의 집에 숨어든 것을 알고 농민들이 다시 수색했으나 찾지 못했다고 한다. 당시 특기할 것은 농민들이 이정규의 가족에게는 어떠한 위해도 가하지 않고 오히려 불을 끄고 무사히 부근 민가로 피난시켰다고 전해지는 사실이다.[58] 농민들은 자정이 되어서야 해산했다.[59]

당시 농민들이 이정규의 저택을 방화했을 때 화염이 부근을 대낮처

---

57 久間健一(1935), 앞의 논문, 71쪽.
58 히사마 겐이치의 보고에는 「騷動地域圖」(72쪽)라 하여 당시 농민들이 회합한 도랑당이, 사전에 집합한 용추, 주막이 있던 지점, 이정규의 저택 지점 등 상세한 지도를 첨부하여 생생하게 묘사하고 있다.
59 久間健一(1935), 앞의 논문, 73쪽.

럼 밝혔으며, 농민들의 함성과 화염이 멀리 떨어진 운산리雲山里에서도 손에 잡힐 듯 들리고 보일 정도였다고 한다. 이정규의 저택은 3일 동안 화염에 휩싸였는데, 일부 농민들은 잿더미를 뒤져 이정규가 수탈한 재보財寶를 나누어 가지는 사람도 있었다고 한다. 이러한 합덕 농민항쟁을 히사마 겐이치는 '양반소타'라고 표현했으며, 『충청도관찰사조장계』는 '방화작료放火作鬧'라고 표현했다.

항쟁 이후의 추이

농민들은 일단 이정규를 쫓아내 가렴주구와 수세 부과의 화근을 없애는 데는 성공했으나, 이후의 상황 전개에 불안을 느끼고 있었다. 즉, 관헌의 분명한 재정을 얻지 못했기 때문에 향후 자신들에게 내려질 처벌에 불안한 나날을 보냈다. 그렇다고 마냥 기다릴 수만 없었던 농민들은 사건 발발 2개월이 지난 1894년 음력 2월, 6개 동리 800여 명이 다시 홍주목에 등장했다. 농민들은 거듭 목사 이승우에게 자신들의 딱한 형편을 호소함과 함께, 이번 사건의 종결과 관대한 처분을 요청했다. 그러나 이승우는 확정적인 재정을 내리지 않고 다만 사건의 위법함과 무분별함을 지적하고 소식이 있을 때까지 일단 귀향하여 근신할 것을 명했다. 결국 농민들은 공허하게 귀향하는 수밖에 없었다. 그러나 그 후 홍주목사에게서 아무런 통지가 없자, 농민들은 다시 대거 상급관청인 공주감영으로 등장했다. 농민들은 당시 관찰사 조병호趙秉鎬에게 똑같이 진정과 애원을 했다.[60] 농민들은 공주에서 돌아오는 길에 권세가인 민영달閔永

---

60 히사마 겐이치는 농민들이 공주감영 조병호 관찰사에게 등장한 결과도 홍주목 등장과 같이 하등의 재정도 내려지지 않았다고 추측했으나, 『忠淸道觀察使趙狀啓』에 따

達·민영철閔泳喆을 만나 그들에게도 선처를 호소했다고 한다.[61]

히사마 겐이치는 농민들이 초조와 불안 속에 홍주와 공주로 등장했지만, 관헌은 아무런 확정된 재결裁決을 내리지 않았던 것 같다고 했다. 그러면서도 농민들은 결국 저수지의 개간과 수세 부과가 이루어지지 않았기 때문에 그들의 목적을 충분히 달성한 것으로 평가했다.[62] 그러나 이는 사실과 다르다. 즉, 『충청도관찰사조장계』에는 농민 대표인 나성로羅成蕃에게 3차에 걸쳐 엄형을 내리고 함경도 이원현으로 정배定配했으며, 방재성方栽星과 김윤필金允弼 등은 2차에 걸쳐 엄형에 처했다고 되어 있다.[63] 당시 농민항쟁이 발생할 경우 해당 지역의 부사나 안무사 등의 책임은 물었으나 주모자나 참여자는 거의 처벌하지 못하는 상황이었는데,[64] 합덕의 경우는 농민 주동자가 처벌을 당했던 것이다.

한편 농민들을 피하여 도주했던 이정규도 정배 처벌을 받았다. 히사마 겐이치의 조사에는 이정규는 분노한 농민들에게 맞아 중상을 입고 도망하여 범천면 송산리 안재명安在明의 집에 며칠간 숨어 살다가 송도松都를 거쳐 경성으로 돌아갔으며, 2년간 유배형을 당했다고 했다. 또한 유배를 마친 그는 당시 해미군海美郡 오산면吾山面 덕지천리德之川里(속칭 덕지내)로 내려와 임시 거처했고, 서산군 '삼밭굴'로 이주하여 살다가 죽었다고 했다.[65] 이정규는 이해 4월 11일 덕산군수 김병완의 첩정牒呈으

르면 이는 사실과 다름을 알 수 있다.

61 久間健一(1935), 앞의 논문, 75쪽.

62 久間健一(1935), 앞의 논문, 75쪽.

63 『忠淸道觀察使趙狀啓』. 그러면서도 덕산군수 김병완에게 날마다 동리 농민들을 曉飭하게 하여 安堵樂業케 하는 위무도 병행했다.

64 고석규, 「19세기 농민항쟁의 전개와 변혁주체의 성장」, 『1984년 농민전쟁연구』 1, 역사비평사, 1992, 339쪽.

65 '삼밭굴'은 서산군 팔봉면 금학리에 포함되어 있는 麻田의 별칭으로서, 이곳에 이정규의 묘가 있었다고 한다(久間健一, 1935, 앞의 논문, 75쪽). 마전은 금학리 3리로 이정규가 거주했으며, 한말에 다른 세도가도 거주했다고 한다(瑞山市, 『瑞山의 地名

로 충청도관찰사 조병호의 장계에 따라 선천부宣川府로 찬배竄配되었다.[66] 그러나 이정규는 이듬해 6월 조칙에 의한 대사령으로 다른 여러 명의 죄인들과 함께 방송放送되었다.[67] 이때 이정규는 민영은 등 민씨 척족을 비롯하여 여러 명의 '범장죄인犯贓罪人', '탐도죄인貪饕罪人' 등과 함께 방면되었는데, 당시 식자들은 이때의 대사면을 비난했다.[68]

그런데 이정규는 그로부터 12년이 경과하여 국채보상운동이 전개되던 1908년 7월 31일 대한매일신보사 내에서 개최된 특별총회에 참가했음이 확인되어 주목된다. 이날의 회의는 국채보상지원금총합소장國債報償志願金總合所長 윤웅렬尹雄烈이 5개 안건을 토의하기 위해 소집한 회의였는데, 회의 안건으로 보아 일제의 사주로 조작한 이른바 '국채보상의연금비소사건國債報償義捐金費消事件'과 관련이 있었다.[69] 이날 이정규는 전 병사兵使 자격으로 윤웅렬 등 13인과 함께 회의에 참여하여 국채보상의금國債報償義金 4만 8,300여 원을 즉시 베델에게서 회수할 것, 총합소의 인장·통장·서류 3점을 만함萬咸. A.W.Marnham에게서 회수할 것, 회수한 돈과 인장 등 서류를 윤웅렬이 보관할 것 등을 결의했다.[70] 이러한 윤웅렬이 중심

史』, 2005, 324쪽).

66 『高宗時代史』 제3집, 1894년 4월 11일. 이 사실은 『承政院日記』·『日省錄』·『高宗實錄』·『大韓季年史』 등의 해당 연월조에서도 확인된다.

67 『高宗時代史』 제3집, 1895년 6월 27일. 이 또한 『承政院日記』·『日省錄』·『高宗實錄』 등의 해당 연월조에서 확인된다.

68 『梅泉野錄』 卷之二, 高宗 32年 乙未 七月.

69 憲機第四一六號(1908. 7. 29), 「大韓每日申報社內 國債報償金募金을 위한 會議開催 通文에 關한 件」, 『統監府文書』 5, 국사편찬위원회, 1999 참조. 안건은 총합소 금 4만 2,830원 6전을 베델에게서 반금하는 건, 황성신문사나 제국신문사 등 기타 단체의 의금을 총합소에서 관할하고 내각에서 감독하는 건, 국채총합소는 대한매일신보사 밖으로 이전하는 건, 양기탁과 박용규 등을 고소하는 건(告訴人: 所長 尹雄烈·檢査員 李康鎬·評議員 安重植·書記 鄭志永) 등이었고, 예상 참여 인원은 27명이었다.

70 憲機第四二一號(1908. 7. 31), 「七月二十九日 憲機第四一六號續報」, 『統監府文書』 5권. 이날 참가자는 이정규를 비롯하여 윤웅렬(전 대신)·이강호(전 참봉)·이항의(전

이 된 이른바 '국채보상의연금비소사건', '국채보상금반환청구사건'은 일제의 간섭과 탄압의 대표적 사례로서, 국채보상운동이 좌절되고 실패로 돌아간 요인으로 지적된다.[71] 이정규의 이 회의 참가는 합덕 농민항쟁 이후 삶의 한 행태를 보여준다.

이 글에서 가장 유념해야 할 것은 이때의 농민항쟁과 동학농민전쟁과의 연계 또는 결합 여부이다. 이와 함께 합덕 농민항쟁 직후인 1894년 4~5월경 크고 작은 '민란'들이 홍주군 관내에서 발생했는데, 이들과 동학농민전쟁과의 관련성도 추구되어야 한다. 『홍양기사洪陽紀事』에 따르면 1894년 10월 20일, 홍주목사 이승우가 호연초토사湖沿招討使에 임명되어 관군을 지휘하여 합덕으로 와서 동학군과 대규모 전투를 벌였음을 알 수 있다. 이 자료에는 10월 16일 동학군 수천 명이 합남合南 땅에 주둔하고 있었는데 성세가 매우 커서 관군을 보내 토벌하게 했으며, 17일에는 관군이 덕산 한내에 이르러 동학군이 감추어둔 군기軍器를 모두 가지고 돌아왔다고 했다. 19일에는 군영에 1,000량을 광천에 출전했던 관군에게 상금으로 나누어 주었고, 400량을 목시전사木市戰士들에게 송급頌給해주었다. 저녁 후에 덕산이 위급해져 200명을 보내 합남과 원평院坪 등지를 경계하게 했고 예산현에서 유치교兪致敎를 체포했다. 20일에는 새벽부터 저녁까지 전투를 벌였는데 덕산 한내와 면천 남산이 적군 사이에 있어 형세가 위험하여 대항하여 싸우기 어려워져 300명을 증원해 보냈고, 또 합덕에서 첩보가 와서 100여 명의 장정에 맞추어

관찰사)·민영옥·조존우(전 통제사)·안중식(전 주사)·정지영(전 교관)·김린·강태응(청년회 목사)·안철용(전 비서관)·이순우(유학)·윤치병(전 부위)·베델(찬성원) 등이 었는데, 참가자들은 베델에게 의금의 用處를 힐문했다.

71 李松姬,「韓末 國債報償運動에 關한 一硏究」, 『梨大史苑』 제15집, 1978; 趙恒來, 「國債報償運動의 發端과 展開」, 『1900년대의 애국계몽운동연구』, 아세아문화사, 1990; 李尙根,「國債報償運動에 關한 硏究」, 『國史館論叢』 제18집, 1990 참조.

탄환을 보내주었다고 기록하고 있다. 관군은 21일 회군했는데, 이 전투에서 사살한 동학군의 수는 부지기수이며, 60여 명을 포로로 잡아 5진으로 나누어 부역을 시켰다고 기록했다.[72]

이 기록들로써 합덕 전투의 규모와 양상을 짐작할 수 있다. 또한 합덕 전투는 현지의 유적과 증언으로도 확인된다. 즉, 합덕 성동리의 테미 산성은 산머리를 테두른 것같이 쌓았다 하여 붙인 이름으로 백제시대의 토성인데,[73] 당시 초토사 이승우가 관군을 이끌고 이곳으로 와서 토성을 수축하는 등 정비한 뒤 관군을 주둔시키고 동학군을 토벌하는 기지로 활용했다고 한다. 동학군은 이에 대항하여 구 합덕성당 방면 꽃동산 소들성에 집결하여 합덕방죽을 중심으로 활을 쏘며 싸웠다고 한다.[74]

한편 당시 합덕 전투와 동학농민군의 무덤에 관한 증언들도 다수 있다. 이들 증언에 따르면 당시 가뭄이 들어 방죽이 말라 있었는데 관군과 전투를 벌이던 동학군 수백 명이 합덕방죽 주변에서 대량 살해당해 4~5개의 동학총東學塚에 묻혔으며, 죽은 자들은 대부분 서산과 태안 사람들이라고 한다. 또한 관군들이 동학군의 시체를 줄줄이 엮어 합덕읍 운산리 공동묘지에 묻어 현재에도 수십 기가 있으며, 박정희 대통령 때 동학군의 무덤으로 추정되는 묘지에 대해 이장 공고를 했으나 이장해가는 사람이 별로 없었으며, 현재는 과수원으로 개간했다고 한다.[75] 이로써 보면 1894년 10월 20일을 전후하여 합덕지 주변에서 관군과 동학군의 대규모 전투가 벌어져 수많은 동학군이 죽임을 당하는 등 합덕이 내포 지역 동학의 주요 근거지 또는 접전지였음을 알 수 있다.

히사마 겐이치의 조사 보고는, 확실하지는 않지만 농민 대표였던 나

---

72 『洪陽紀事』, 1984년 10월 16~21일자.
73 洪思俊(1998), 앞의 책, 18쪽.
74 이인화, 「당진 동학혁명·의병운동사」, 『內浦文化』 제16호, 2004, 52쪽.
75 이인화(2004), 앞의 논문, 51~52쪽.

성로와 이영탁이 동학농민군에 합류했음을 시사한다. 그는 나성로가 홍주 초토사 이승우의 덕택에 동학도였음에도 피체를 면했다가 결국 홍주에서 총살당했다고 서술했으며, 이영탁도 면천군에서 피체되어 동학도라는 명분으로 홍주에서 총살당했다고 했다.[76] 이 기술은 구체적이지 않은 추론에 바탕하거나 또는 상호 모순된 부분이 있는 것은 사실이지만, 합덕 농민항쟁과 동학농민전쟁의 연계를 시사해주는 것으로 사료된다.

그런데 전술한 바와 같이 『충청도관찰사조장계』에는 농민항쟁의 주역인 나성로·방재성方栽星·김윤필金允弼 등이 몇 차례에 걸쳐 엄벌에 처해졌다고 상위한 기록을 남기고 있다. 만일 이 기록처럼 농민항쟁의 주역이 하옥되거나 정배되었다면 그들이 동학농민전쟁에 참여하기는 어려웠을 것이다. 또한 이 기록의 나성로와 히사마 겐이치 조사 보고의 나성로가 동일인이라면 연계는 더욱 어려운 일이었다. 그런데 히사마 겐이치의 현지 조사 당시 농민항쟁의 주역들이 동학농민전쟁에 참가하여 죽음을 당했다는 증언들은 상당한 가능성을 지닌 것으로서 주의를 요한다. 합덕 농민항쟁과 동학농민군의 합덕 전투는 불과 9개월 정도의 시차밖에 없으며, 합덕의 동학세력이 강대했음을 볼 때 그 주체세력의 연계와 결합은 얼마든지 가능했다. 그러나 이를 밝혀줄 실증적인 자료를 찾을 수 없으며 후손들의 증언도 확보하지 못했다. 이와 관련된 자료를 발굴하고 역사적 사실을 규명하는 것은 향후의 과제로 미룰 수밖에 없다.

---

76 久間健一(1935), 앞의 논문, 75~76쪽.

맺음말

이 글에서는 1894년 2월 6일 발발한 합덕 농민항쟁의 동인과 전개 과정, 양상 등을 살펴보고 동학농민전쟁과의 연계를 추구하고자 했다. 이상을 요약하면 다음과 같다.

합덕 농민항쟁은 1930년 식민지 관료인 충청남도 소작관 히사마 겐이치에 의해 최초로 조사 보고되었다. 이 조사 보고는 비교적 학술적 태도를 견지했으나, 식민지 농정 관리로서 지배자의 우월적 편견을 지니고 접근한 한계도 지닌다.

1894년의 합덕 농민항쟁은 덕산군수, 전라도수군절도사, 한성부우윤, 병조참판 등을 역임한 이정규라는 세도가의 '무단탐학'·'무단향곡'·'무단제조' 등의 탐학과 행악 및 자신이 합덕연제수리계장을 맡은 것을 기화로 지역 농민들의 생명수라 할 합덕지를 둘러싼 전횡으로 농민들과 대립·갈등한 데서 기인했다. 이러한 내용은 히사마 겐이치의 조사 보고와, 덕산군수 김병완의 첩정에 의한 충청도관찰사 조병호의 장계인 『충청도관찰사조장계』를 통해 잘 알 수 있다.

이정규의 악행과 수세 부과, 저수지 내 개간 등 사유화 횡포와 전횡에 대한 대책을 비밀리에 협의한 800여 명의 농민들은 억울함을 홍주목에 등장하기 위해 대표를 선발하고 이정규의 악행을 낱낱이 기록한 『혈원록』을 작성했다. 홍주목에 등장했다가 돌아오던 농민들은 이정규가 자신들을 죽이라는 서신을 홍주목사에게 보냈다는 사실을 알고 분노가 극에 달했다. 결국 그들은 봉기하여 이정규의 집을 에워싸고 그의 끊임없는 가렴주구와 합덕지에 대한 전횡을 힐문했고, 급기야 '양반소타'·'방화작료'의 행동으로 발전되었던 것이다.

이 사건 직후 불안과 초조함을 이기지 못한 농민들은 다시 홍주목과 공주감영에 등장하여 선처를 호소했다. 관청에서는 농민들이 작성한

『혈원록』과 군수의 첩정에 의해 관찰사가 조사를 한 후 장계를 올렸다. 결국 이정규와 농민항쟁을 주도한 농민 대표는 정배 처벌을 받았던 것으로 보인다.

이정규는 1908년 국채보상운동을 좌절시킨 이른바 '국채보상의연금 비소사건', '국채보상금반환청구사건'에 참가하고 있어 그 후반생後半生의 단면을 보여주고 있다. 특히 히사마 겐이치의 조사 보고에 따르면 농민 대표였던 나성로와 이영탁이 동학농민군에 합류했음을 시사하고 있어 주목된다. 동학농민전쟁 당시 합덕의 동학교세는 매우 강성했으며, 1894년 10월 20일에는 합덕지 주변에서 대규모 전투가 벌어져 다수의 농민군이 희생된 바 있다. 따라서 양자의 연계 또는 결합은 상당한 가능성이 있으나, 향후 확인되어야 할 과제이다. 이와 함께 합덕 농민항쟁을 보다 심층적이고 구조적으로 이해하기 위하여 19세기 후반 합덕의 사회 경제적 상황, 특히 천주교와의 관계도 주의 깊게 살펴야 할 과제로 삼고자 한다.

1894년의 합덕 농민항쟁은 고부 민란에 선행하며 발발 원인 등에 있어서 유사성을 지닌다. 또한 매우 생동적인 조사 보고와 사료를 남긴 특이한 존재로서 19세기 후반 농민항쟁의 구체적 양상을 알려주는 사례이자 동학농민전쟁의 전사이며 서곡의 사례로서 평가되어야 할 것이다.

(『한국독립운동사연구』 제28권 28호, 독립기념관 한국독립운동사연구소, 2007)

02

한말 음성 지역의
사회경제적 동향과
의병투쟁

머리말

한국근대사에서 항일투쟁은 동학농민운동이 그 시원을 이룬다. 동학농
민군은 척양척왜斥洋斥倭의 왜양일체론倭洋一體論을 기치로 내세웠는데, 곧
항일의병으로 이어졌다. 의병들의 투쟁 목표는 국권회복운동을 위한 항
일투쟁으로 대상이 단선화되며 무장투쟁으로서 민족운동의 주류를 이
루게 되었다.

반봉건 반외세운동이자 동학농민운동과 국권회복운동으로서 의병 투
쟁은 동시성同時性을 지닌다. 시간적 공간뿐만 아니라, 참여 주체도 '동학
의병東學義兵'[1]으로서 역사적 층위가 중층重層되는 중복성을 지닌다. 따라서
동학 참여자의 귀향과, 향촌사회 내에서 보수·기득세력과의 대립과 갈
등상, 이후 의병투쟁과의 연계를 밝히는 것은 학계의 중요한 과제이다.

충청북도 음성은 20세기에 이르기까지 호서는 물론 전국에서도 가

---

1   이영호, 「갑오농민전쟁 이후 동학 농민의 동향과 민족운동」, 『역사와 현실』 제3호,
    한국역사연구회, 1990, 186~218쪽.

장 '잔약殘弱'한 '소읍小邑'의 하나였다.[2] 또한 이렇다 할 만한 학맥이나 사족층이 형성된 지역도 아니었다. 그러나 음성은 충주와 연접해 있고, 경기와 서울로 연결되는 교통의 요충에 위치해 있었기 때문에 근대의 소용돌이가 거셌다. 음성에서 동학농민운동과 의병투쟁이 격렬히 전개된 것은 그러한 사실을 방증한다.

20세기를 전후한 시기의 음성 지역을 이해하는 데 1900년의 양전量田 기록인 『음성군양안陰城郡量案』은 매우 유용한 자료이다. 그런데 지금까지 음성 지역사를 논의하는 연구에서 거의 활용하지 않았다. 또한 음성에서는 일찍이 동학 참여 농민의 추향과 향촌사회와의 대립 갈등상을 여실히 알려주는 『이곽포원록李郭抱寃錄』이라는 귀중한 자료가 학계에 제시된 바 있다.[3] 최근에는 일제가 후기의병 탄압 주체로서 증파한 일본군 보병 제14연대의 『진중일지陣中日誌』가 공개되어 의병투쟁의 실상을 잘 알 수 있게 되었다.[4]

그런데 특정 지역을 공간적 대상으로 하여 특정 주제의 민족운동을 검토하는 것은 의의와 한계를 동시에 지닌다. 즉, 음성 지역에서는 적지 않은 의병전투가 벌어졌고, 수많은 의병 전사자가 발생했으나, 현재 의병 공적으로 독립유공자가 된 음성 출신 인물은 6명에 불과하다.[5] 이는

---

2   金塏, 「陰城縣陳弊疏」, 『潛谷先生遺稿』 卷3.
3   박걸순, 「東學農民戰爭 以後 陰城地方 鄕村社會의 動向과 葛藤相-『李郭抱寃錄』의 분석을 중심으로-」, 『湖西文化研究』 제12권, 충북대학교 호서문화연구소, 1994.
4   LH 토지주택박물관, 『陣中日誌』(전 3권), 2010.
5   음성 출신 독립유공자는 총 37명(2016년 현재)인데, 이 중 원화상·윤정학·장경춘·정이헌·조봉선·조응삼 등 6명이 의병계열이다. 이 중 윤정학은 전기의병에 참여했으나, 나머지 인물은 모두 후기의병 참여자들로서 음성 지역 의병 활동의 추향과 궤를 같이한다. 음성 출신 독립유공자를 운동계열별로 정리하면 다음과 같다(http://www.mpva.go.kr/narasarang/gonghun_list.asp).

운동계열	3·1운동	의병	만주 방면	국내 항일	중국 방면	임시정부	계
인원	26	6	2	1	1	1	37

의병 투쟁의 주체로서 지역민의 참여가 많지 않았음을 알려주는 통계이다. 한편 의당毅堂 박세화朴世和가 말년에 음성읍 동음리 창골에 머물며 순절殉節한 사적이 전하나, 구체적인 학맥이나 의병과의 관련성은 확인되지 않는다.[6] 이 글은 이러한 사실에 유념했으나, 자료의 부족 등으로 지역사 연구의 한계를 노정하는 부분도 적지 않을 것이다.

이 글에서는 『음성군양안』·『이곽포원록』·『진중일지』 등의 자료와, 기존의 『조선폭도토벌지朝鮮暴徒討伐誌』 등 의병 관련 자료를 분석하여 한말 음성 지역의 사회경제적 동향과 의병투쟁을 살펴보고자 한다. 특히 1907년 9월 19일, 수백 명의 의병이 일본군과 3시간여에 이르는 혈전 끝에 6명의 전사자가 발생한 음성읍 사정리 강당말 전투를 상세히 고찰하고자 한다. 이는 현재 강당말에서 동학군 또는 의병 묘로 전해지는 무연고 묘에 대한 단서를 밝혀줄 것으로 기대한다.

동학농민운동 이후 음성 지역의 동향

1. 사회경제적 상황

음성현은 17세기에는 2개 면으로, 18세기에는 4개 면으로 유지되다가 1906년 지방행정 개편 때 충주군에서 13개 면을 넘겨받아 17개 면이 되었다. 17세기에 음성현감을 지낸 김육金堉(1580~1658)은 「음성현진폐소陰城縣陳弊疏」에서 음성은 호서는 물론 전국에서도 가장 '잔약'한 고을이

---

6   구완회, 「毅堂 朴世和의 강학 활동」, 『朝鮮史研究』 제23권 23호, 조선사연구회, 2014, 215~216쪽.

표 1 『음성군양안』에 나타난 토지 소유 규모

구분	토지 소유 규모	음성군 인원 (%)
빈농	25부 미만	4,064 (72.4)
소농	25부~50부	810 (14.4)
중농	50부~1결	508 (9.1)
부농	1결~2결	169 (3.0)
	2결~5결	58 (1.0)
	5결 이상	6 (0.1)
총계		5,615 (100)

라고 표현했다.[7]

이러한 형편은 20세기에 들어와서도 크게 변하지 않았다. 20세기를 전후한 시기 음성의 사회경제적 상황을 알려주는 자료는 『음성군양안』이 대표적이다.[8] 이에 따르면 음성은 주변 군현에 비해 소읍에 속했는데, 토지 규모를 알려주는 결수로 비교하면 충주의 8.7%, 진천의 37.6%에 불과하여 사회경제적으로 열악한 소읍이다.[9] 음성 지역의 토지 소유 규모에 따른 농업 정도를 정리하면 표 1과 같다.[10]

---

7   金堉,「陰城縣陳弊疏」,『潛谷先生遺稿』卷3. 김육은 인조 원년(1623) 음성현감으로 부임하여 채 1년도 근무하지 못하고 중앙 정계로 올라갔는데, 재임 중 직접 견문한 내용을 바탕으로 「陰城縣陳弊疏」를 올렸다. 그 내용으로 토지의 적고 많음을 참작하지 않은 과중한 과세와 부과 과정의 부정을 상세히 나열했는데, 이후 대동법을 확대 실시하자는 주장의 근거가 되었다.

8   현전하는 『陰城郡量案』은 1900년 음성군의 양전 사실을 기록한 중초본이다. 양안 자료는 충북대학교 중원문화연구소 양안연구실의 분석 자료를 활용한 것임을 밝혀 둔다.

9   정경임,「광무양안을 통해 본 충북 소읍민의 경제상황」,『忠北史學』제26권, 2011, 88~102쪽.

10   조범희,「19세기 陰城郡 助村里 全州崔氏의 宗契 운영과 토지소유」, 충북대학교 석사학위논문, 2015 참조.

당시 음성인의 직업을 분류하면 농업 86.45%, 상업 5.83%, 기타 7.71%로 절대적인 농업 우위의 구조를 이루고 있다. 그런데 충북에는 100석 이상 지주가 207명이었는데, 음성은 6명으로 도내 2.9%에 불과 했다. 당시 음성군의 경작자는 7,458명이었는데, 자신의 토지를 타인 에게 병작시키거나 도조를 준 경우는 147명(1.97%)에 불과했고, 자작농 은 747명(10%), 자작 겸 소작농이 3,520명(47%), 순수 소작농은 3,044명 (41%)에 이르렀다. 자작농 이상이 12%에 미달하며, 소작농이 88%에 달하 는 매우 영세한 구조이다.[11] 이는 『음성군양안』의 통계와 거의 일치한다.

이런 상황에서 1906년 충청도를 덮친 이른바 병오년 대홍수는 음성 의 전답을 모래가 덮어버리거나[覆沙] 아예 냇가로 만들어버렸다[成川]. 조 정에서는 홍주군수 유맹劉猛과 진천군수 이탁응李鐸應을 충청남북도 위유 사慰諭使로 삼아 물에 잠긴 호구를 구휼하며 재난으로 인한 피해 상황을 조사하도록 했다.[12] 당시 음성의 피해 상황은 1907년 4월 괴산파주세무 주사槐山派駐稅務主事 임원재任元宰가 조사한 『음성군병오조재결소명성책陰城 郡丙午條災結小名成冊』에 잘 기록되어 있다.[13]

한편 당시 음성의 사회경제에서 광업도 중요하다. 왜냐하면 19세기 말 이래 음성의 광폐鑛弊가 사회문제가 되었고, 의병과도 일정하게 연계 하고 있기 때문이다. 의병 활동이 치열했던 1909년 당시 음성의 광업 현황을 정리하면 표 2와 같다.

1899년 10월, 금광파원金鑛派員 김덕화金德華가 광군鑛軍 수천 명을 이 끌고 음성 관내의 전답과 가묘를 파헤치고 주민을 구타하는 사건이 발

---

11 정삼철 편역, 『100년 전 충북의 옛 모습(음성군편)』, 충북학연구소, 2008, 28쪽.
12 황현, 『매천야록(역주)』, 문학과 지성사, 2005, 335~336쪽.
13 『陰城郡丙午條災結小名成冊』(규장각 도서번호 17009). 이에 따르면 覆沙는 田 11석 18두락결 3결 82.7속, 畓 39석 2두락결 25결 10.3속이며, 成川은 田 52석 9두 2승 락결 18결 24.9속, 畓 82석 3두 3승락결 49결 29.6속에 달했다.

표 2 음성의 광업 현황[15]

종류	소재지	광구 면적	소유자	허가번호
사금광	생동면	연장 99정 00칸	望月龍太郎 外 1명	34
석금광	금목면 오룡	185,300평	鄭永斗	53
석금광	금목면 무극, 발산, 오룡	718,367평	小田千多穗	438
금은광	동도면	884,840평	藤田組	42

생했다. 이에 군수 서창보徐彰輔가 현지에 출장해 효유하고자 했다. 그러나 광군들은 군수의 말을 듣지 않고 주민들을 치사하게 하거나 빈사상태에 빠뜨리게 하고 재물을 약탈하는 이른바 '금광요사金礦鬧事'가 발생했다.[14] 광군들은 음력 9월 23일 서군수를 토갱 속에 밀어넣으며 반항했고, 25일에는 광군 수천 명과 일본인이 조총과 환도로 무장하고 읍민 600~700명과 전투를 방불케 하는 격전을 치러 수많은 사망자가 발생했다. 이때 군수는 머리가 깨진 채 파원에게 붙잡혀 허광고시許礦告示를 늑청勒請당했다. 결국 내부內部에서 농부農部에 조회하여 이 금광을 철폐하고 파원 김덕화를 법부로 압송했다.[16]

1900년에는 음성군민 100여 명이 금광을 멋대로 채굴하는 바람에 농사가 망하자 농부에 연명으로 호소했고,[17] 군수 홍승영洪承永이 광폐로 면관 조치를 당하기도 했다.[18] 그러나 '광폐'는 그치지 않았다. 1901년에는 내장원에서 음성의 금광을 '엄훈봉광嚴訓封礦' 조치했고,[19] 1904년

14 『皇城新聞』, 1899년 11월 8일자.
15 정삼철 편역(2008), 앞의 책, 46~47쪽. 그런데 금목면 무극·발산·오룡 석금광의 소유권자가 三宅與太郎로 되어 있기도 하다(정삼철 편역, 앞의 책, 2008, 134쪽).
16 『皇城新聞』, 1899년 11월 18일자.
17 『皇城新聞』, 1900년 9월 26일자.
18 『皇城新聞』, 1900년 10월 10일자.
19 『皇城新聞』, 1901년 3월 13일자.

에는 이용익의 재종 이용진李容進이 관여한 '광폐'가 발생했으며,[20]
1906년 10월에는 충주에서 음성으로 이부移附한 두입지斗入地에 금광연군
배金礦鉛軍輩의 작폐가 심하다는 군수 박준설朴準卨의 보고가 있는 등 금광
으로 인한 폐단이 그치지 않았다. 또한 광군들은 의병과도 일정하게 연
계한 것으로 보이나, 단편적 자료만 가지고 그 상관성을 규명하기는 쉽
지 않다.

2. 동학 참여 농민과 토착 중성衆姓의 갈등상

동학농민운동이 발발하기 이전, 이미 음성에서는 그 전조가 화적火賊의
활동으로 나타났다. 이는 1886년 음성 일원에서 횡행한 화적의 활동을
보고한 충청감사 심상훈의「음성현적도사陰城縣賊徒事」장계[21]를 통해서
잘 알 수 있다. 1893년 보은집회 이후 충청도 동학도는 청안접 100여
명, 진천접 50여 명, 청주접 290여 명, 목천접 100여 명이었다. 음성접
은 확인되지 않으나, 인근에서 많은 교도가 보은집회에 참여할 정도로
교세가 성했다. 한때 최시형이 음성에 은신할 정도로 교주의 신임이 두
터운 지역이기도 하다.

동학농민운동 당시 음성은 일제가 파악한 충청도 34군현 41명의 집
강망에 포함되어 있지는 않았다. 그런데 권역으로는 진천·괴산과 함께
충청도 8개 권역의 하나로 파악된다.[22] 음성은 충주·괴산 등 충북 북부
지역 동학 조직의 중심지였고, 치열한 전투가 벌어진 곳이기도 했다.[23]

---

20 『皇城新聞』, 1904년 9월 24일자.
21 『高宗實錄』 卷23, 高宗 23년 2월 19日.
22 신영우, 「충청지역 동학농민전쟁의 성격」, 『湖西文化研究』 제12집, 1994,
39~54쪽.
23 채길순, 「충청북도 북부지역의 동학농민혁명 전개과정 연구」, 『동학학보』 제26호,

그 가운데 무극장터와 되자니마을은 대표적인 유적지이고, 최시형이 피신한 유적지도 있다.[24] 특히 1894년 10월 초에는 무극장터와 진천 구만리 장터에 수만 명의 농민군이 집결했고, 12월 22일에는 수백 명의 농민군이 장호원과 음성 사이에서 일본군 1지대와 전투를 벌여 수십 명이 전사했다. 동학군은 음성을 습격하여 관아의 무기를 탈취했고, 이 사건으로 음성현감이 파직당하기도 했다.[25] 요컨대 음성은 동학교도의 보은집회와 관련이 있고, 2차 봉기 때 다수의 교도가 집합하거나 음성 관아를 습격했으며, 일본군과 전투를 벌인 지역이라 할 수 있다.

동학 거의 이후 참여 농민들의 추향과 향촌사회의 동향을 파악하는 일은 여전히 학계의 과제로 남아 있다. 그런 점에서 1900년대 초, 음성지역에서 동학 참여 농민이 수령과 보수 세력에 핍박받는 상황을 여실히 기록한 『이곽포원록』은 중요한 자료다.[26] 『이곽포원록』은 1904년 남궁성배南宮聖培가 괴산접주槐山接主와 충청도 수접주首接主를 지낸 이헌표李憲表(1841~1909)와 곽근회郭根會 등이 동학당東學黨이라는 이유로 토착 중성衆姓의 모함을 받아 1903년과 1904년 두 차례에 걸쳐 관아에 끌려가 모진 고초를 당한 사실을 기록한 것이다. 이 자료는 몇 가지 중요한 역사적 사실을 시사한다.

첫째, 동학에 참여한 이른바 동학당여東學黨餘의 추향을 여실히 보여주는 희귀한 사례라는 점이다. 이 자료의 주인공 이헌표는 본래 충주시 신니면薪尼面 선당리仙堂里 사람인데, 동학 참여 이후 문전옥답이 있는 고

2012, 411~416쪽.

24 충청북도, 『충청북도 동학농민혁명 기념사업 기본계획』, 2007, 130~131쪽; 김양식, 『근현대 충북의 역사와 기억』, 도서출판 해남, 2011, 331쪽.

25 송찬섭·김용민, 「1894년 농민전쟁 일지」, 『역사연구』 제2집, 1993, 176~231쪽.

26 박걸순, 「東學農民戰爭 以後 陰城地方 鄕村社會의 動向과 葛藤相−『李郭抱寃錄』의 분석을 중심으로−」, 『호서문화연구』 제12권, 1994, 39~54쪽. 『이곽포원록』은 『湖西文化研究』 제12집에서 영인 공개했다. 이 장은 이를 요약하여 서술한다.

향으로 귀향하지 못하고 음성읍 용산리의 척박한 토지로 대토代土하여 솔가 이주했다. 이는 동학 참여 농민이 그 대가로 고향을 떠나야 했던 당시의 상황을 알려주는 사례이다.[27]

둘째, 동학 참여 농민이 동학의 평등과 혁신 이념을 지닌 채 향촌사회의 보수 전통질서와 대립하고 갈등하는 사례를 제시한다는 사실이다. 양반이었던 이헌표는 상민 곽씨郭氏를 손부로 맞아들이는 등 향촌사회의 전통질서를 부정하여 토착 중성을 대표하는 박천오朴千五와 대립 갈등하는 양상을 보인다.

셋째, 동학농민운동이 발발한 지 10여 년이 지난 시점에서 동학이 여전히 탄압의 대상이 되고 있다는 사실을 보여주는 사례라는 점이다. 이헌표 등은 당시 향권과 결탁한 음성군수 민진호閔晉鎬에게서 '동학당'이었다는 이유로 불문곡직하고 전근대적인 형벌을 받아야만 했다. 1903년 10월 13일 음성 관아로 잡혀간 이헌표 등 4인은 장형을 당한 후 속방贖放의 대가로 가산을 탕진할 정도의 고액을 내고 풀려 나왔다. 그러나 이듬해 정월 9일, 이들은 다시 관아로 끌려갔다. 이헌표는 사족이었기 때문에 제외하고 나머지 사람들은 20도씩 맞았다. 곽근회에게는 화형火刑이라는 극형이 가해졌다. 군수 민진호는 1904년 10월 말 군수에서 면관되는데, 이 사건과 관련이 있음이 틀림없다. 이는 『이곽포원록』에 관찰사의 밀명을 받고 이 사건을 조사하러 파견된 홍씨라는 자가 이헌표를 찾아와 조사를 했고, 이헌표가 이 사실을 영문營門과 관찰부觀察府에 정소呈訴했다는 기록을 보면 분명하다.[28]

---

27 용산 2리 마을회관 앞에 서 있는 「마을유래비」에는 이헌표가 용산 2리에서 출생했다고 되어 있으나, 손자 李基俊의 증언(1994년)에 따르면 신니에서 이주해온 것이 확실하다.

28 민진호는 홍산군수로 재임 중이던 1902년 8월 25일 음성군수로 발령받았다(『皇城新聞』, 1902년 8월 27일자). 그는 1903년과 이듬해에 잇달아 청유 귀가했으나, 기한이

넷째, 동학농민운동에서 광무농민운동과 의병으로 연계되는 이른바 '동학의병東學義兵' 세력의 존재를 이해하는 사례라는 점이다. 동학농민운동에 참여한 농민 중, 반봉건과 반외세 이념을 고수하며 잠복한 세력들이 적지 않았다. 전기의병이 활동하던 1897년 4월, 충청도 일부와 전라도 지역에 동학의 재흥 조짐을 우려한 일제의 보고[29]를 보면 동학의 하한과 의병의 상한 사이에는 교집합이 형성되어 있다. 따라서 『이곽포원록』에 피해자로 등장하는 인물들이 의병으로 참여했는지는 구체적으로 확인되지 않으나, 동학농민운동과 광무농민운동 및 의병과의 연관 가능성을 배제할 수는 없을 것이다.

의병항쟁

1. 전기의병

음성 지역에서 한말 의병 활동이 처음 보이는 것은 전기의병 때인 1896년이다. 전기의병 지휘부는 충주부와 홍주부를 중심으로 했는데,

---

넘어도 복귀하지 않아 충북관찰사가 內部에 '促訓下送'하도록 보고한 바 있다(『皇城新聞』, 1903년 4월 16일자; 1904년 4월 5일자). 한편 탁지부는 그를 전국에서 愆納이 가장 심한 군수의 한 명으로 지목하여 免官과 법부로 하여금 '拘拿督刷'할 것을 요청하기도 했다(『皇城新聞』, 1903년 7월 30일자). 결국 그는 관찰사의 春夏等殿最 보고서에 '治績居下'로 1904년 10월 29일 면관되었다(『皇城新聞』, 1904년 11월 3일자). 그의 면관은 이헌표 등에 가한 악형과 주구와 관련이 있다. 이 징계는 1906년 초 해제되었으나(『大韓每日申報』, 1906년 1월 13일자), 이후 그는 고관들을 상대로 한 獵官 행각으로 '전 음성군수' 명의로 지상에 오르내리기도 했다(『大韓每日申報』, 1906년 2월 15일자).

29　電受 제143호(1897. 4. 10), 辨理公使 → 外務大臣 보고(독립기념관 한국독립운동사연구소, 『韓末義兵資料』 3, 2002, 42쪽).

충주부의 제천의병은 전국의 의병을 주도했다.[30] 1896년 2월, 지평의진에서 비롯한 제천의병은 류인석이 거의하며 본격적인 진영을 갖췄다. 류인석은 제천 관아 뒷산인 아사봉에 본영을 설치하고 곧 충주성 공격을 준비했다. 충주는 내륙 교통의 요지일 뿐만 아니라, 관군과 일본군이 다수 집결해 있던 군사적 요충지이기도 했다. 따라서 충주를 공략하여 점령한다면, 호서 일원은 물론 중부지역을 장악하고 서울로 진격할 수 있는 교두보를 확보하게 된다.

2월 17일, 1만 명에 달하는 제천의병이 충주성 공격에 나서 승리했다.[31] 그 위용은 '성세가 점차 진동하고 멀고 가까운데서 호응하여' 대열이 엄숙하고 '군자의 군대'라고 할 만했다고 한다.[32]

당시 음성은 직접적인 전투 현장은 아니었으나, 의병을 일으켜 제천의병을 지원했던 것으로 보인다. 음력 2월 22일 죽산竹山과 음성 의병장 윤의덕尹義德과 손영국孫永國이 의병을 소모하여 충주로 합류했다. 이들은 충주 서면에서 적에게 곤경을 당해 충주 도착이 늦었다고 본진에 기별했으나, 충주 금관[金串]에 도착해서는 왜적과 싸워 14명을 베고 탄금대

---

30 제천의병의 호칭에 대한 논란이 계속되고 있다. 류인석의 거의를 기준으로 그 이전을 제천의진, 그 이후를 호좌의진으로 표기하는 경우도 있다(구완회, 「을미의병기 호좌의진(湖左義陣, 제천의병)의 편제」, 『한말 제천의병 연구』, 선인, 2005, 53쪽). 그런데 의병 참여자들은 스스로를 제천의병·호좌의병·충청도의병·제천의진·堤陣·류인석의진·지평의진 등 다양한 이름으로 표기했는데, 일정하게 자신의 입장을 반영하고 있다. 예컨대 이필희와 그 부하들은 지평의진이라는 용어를 사용했으나, 류인석은 이 용어를 사용하지 않은 것이 그 경우이다(김상기, 「義菴 柳麟錫의 思想과 堤川義兵」, 『의암 류인석의 생애와 대일의병항쟁의 재조명』, 의암 류인석 순국 100주년 추모 국제학술대회 발표집, 2015, 42~46쪽). 의병 집단의 명칭을 사용할 때에는 그 시원을 따르는 것도 방법이나, 연합의진으로서의 성격을 가장 선명히 드러내는 용어를 사용하는 것이 타당하다고 생각한다. 따라서, 이 글에서는 제천의병으로 사용하고자 한다.

31 『東京朝日新聞』, 1896년 2월 16일자.

32 『의병ᄉ시말』, 16쪽.

에 주둔했다.[33] 안승우 등 지휘부는 충주를 공격하며 청주 등지로 사람을 보내 의병을 소모하는 한편 정세를 탐지하도록 했다.

> 처음 공이 충주에 있을 때에 義德을 청주 등지로 보내어 군사를 일으키게 하고, 또 그곳의 형편을 탐지하였는데 청주의 관속은 모두가 개화 계통이며, 또 군사들을 잘 훈련하여 의병을 격파하는 것으로 공을 얻으려고 하니 대개 강적의 하나였다. 윤의덕이 군사를 죽산과 안성 등지에서 수합해가지고 충주 사람 손영국을 데려다 선봉을 삼았다. … 이때 죽산 의병장 朴郭山이라는 자가 속으로는 개화를 두둔하며 딴 생각을 가지므로 치려 하니 박곽산이 굉장하게 진을 치고 기다렸다. 손영국이 칼을 빼들고 돌격해 들어가며 그 군사들을 호령하니 그 군사들이 감히 총을 쏘지 못하고 앞으로 나오는 자도 없었다. 그래서 바로 앞으로 나가 칼로 치려 하니 박곽산이 급히 대응하다 칼이 부러져 마침내 목을 베어가지고 돌아왔다. 충주 금관으로 와서 왜적과 접전하여 크게 깨뜨리고 탄금대에 주둔하였다. …[34]

이 자료에 따르면 제천의병의 소모 과정에서 지역 의병장과 대립이 있었던 것으로 보인다. 그러나 결국은 음성에서부터 수십 일 만에 적의 주둔지를 뚫고 충주로 이동하여 전투에 동참했다. 윤정학尹正學은 제천의병이 충주성을 공격할 때 참여한 대표적인 음성 출신 인물이라 할 수 있다.[35] 그러나 관군과 일본군의 공격을 받고 패배한 제천의병은 3월 4일 충주성에서 퇴각하여 제천으로 회군했다. 이후 제천의병은 제천이

---

33 『下沙安公乙未倡義事實』(독립운동사편찬위원회, 『獨立運動史資料集』 1, 1984, 414쪽).
34 『下沙安公乙未倡義事實』(독립운동사편찬위원회, 1984, 앞의 책, 420쪽).
35 윤정학은 충주성 공격 때 참여한 인물로, 류인석의 서행 이후 은거했다가 1909년 류인석에게서 의병 봉기를 촉구하는 서신을 받기도 했다(국가보훈처 공훈록 홈페이지).

함락당하기까지 3개월 동안 수안보·가흥·단양 등지에서 관군 및 일본군과 전투를 벌여 상당한 전과를 거두기도 했다. 이때 음성도 주요 전투지의 하나였으며,[36] 유격장에 임명된 이강년의 활약이 컸다.[37]

그러나 제천의병은 점차 어려움에 직면했다. 그 가장 큰 계기는 3월 27일 김백선의 처형으로 말미암아 의병의 사기가 크게 떨어져 의진이 동요한 것이다. 게다가 관군과 일본군의 집요하고 총력적인 공격을 감당해내기도 힘들었다. 결국 류인석은 5월 25일 남산 전투에서 패배하자, 6월 4일 서행을 결정했다. 서행에 오른 류인석은 6월 6일 충주에 도착했다. 그리고 곧바로 전열을 정비한 뒤 6월 8일 음성을 공격하여 적을 크게 부수고, 이들을 추격하여 고개 넘어 수십 리까지 쫓아가 또 크게 부수고 다수의 군기를 노획하고 적의 머리를 많이 베는 전과를 올렸다.

陰城府에서 점심을 먹는데 밥을 다 먹기 전에 괴산에 있던 왜병과 음성의 적이 산에 올라 총을 쏘아 탄환이 비처럼 쏟아졌다. 선생은 제장들로 하여금 각각 대오를 나누어 다섯 길로 진격하여 적을 소탕하게 하고 총령 鄭寅㦼은 군사를 내어 적들의 뒤를 끊고 적의 진중을 충돌하게 하니 적들은 어쩔 줄을 몰라 서로 당황하여 달아나므로 뒤를 쫓아 고개를 넘어서 죽이고 사로잡은 것이 심히 많았으며 탄환한 궤짝과 군기, 돈, 재물을 얻었다. …[38]

음성 전투가 승리한 데는 공주 지역 소모장인 정인설의 공이 컸던

---

36 1896년 4월 14일 벌어진 음성 전투는 47명의 의병이 전사하는 대전투였다(김상기, 『한말 전기의병』, 한국독립운동사편찬위원회·독립기념관 한국독립운동사연구소, 2009, 294쪽).

37 朴敏泳, 『大韓帝國期 義兵研究』, 한울아카데미, 1998, 57쪽.

38 『義菴柳先生西行大略』(독립운동사편찬위원회, 1984, 앞의 책, 500쪽).

것으로 보인다. 또한 충주군수이자 선유사인 정기봉鄭基鳳은 류인석에게 갓을 벗고 사죄했으며, 관고의 쌀을 내어 1,100상이나 되는 밥을 지어 냈다. 당시 의병들은 정기봉을 죽이려 했으나, 류인석이 살려주도록 명했던 것으로 보인다.[39] 그러나 의병부대는 밤새 달려온 청주와 공주 주둔 일본군의 공격을 받았다. 여러 시간 전투가 지속되는데 짙은 안개에 비까지 내려 화승총을 쏠 수 없었다. 류인석은 남산 전투 패배의 악몽을 떠올리며 결국 충주 은현隱峴으로 후퇴했다.[40]

서행을 결정한 류인석이 제천에서 풍기로 후퇴했다가 단양과 수산, 충주를 거쳐 음성을 공격한 것은 청주를 거쳐 공주를 목표로 했기 때문으로 보인다. 그러나 공주로 가는 길을 일본군이 차단하자 여주를 거쳐 영월·평창·정선·강릉 등지로 향하여 일단 장마와 더위를 피한 뒤 서북쪽으로 가서 굳세고 용맹스런 군사를 모집하여 재기를 도모하고자 했다. 그 또한 여의치 않을 시는 중국으로 들어가 위안스카이에게 구원병을 요청하고자 했다. 이때 류인석은 요동에는 이미 수만 명의 우리 민족이 살고 있기 때문에 군사를 양성할 수 있을 것이고, 중화의 명맥을 보존할 수 있을 것이라고 믿었다.[41] 류인석이 음성을 떠난 이후 전기의병에서 음성 관련 기사는 더 이상 찾을 수 없다. 요컨대 음성은 전기의병 최대 격전지의 하나인 충주성 전투 인근 지역으로서 제천의병의 소모지召募地이자, 실제 치열한 전투의 현장이라 할 수 있다.

---

39 『義菴柳先生西行大略』(독립운동사편찬위원회, 1984, 앞의 책, 501쪽).
40 『義菴柳先生西行大略』(독립운동사편찬위원회, 1984, 앞의 책, 501쪽).
41 『義菴柳先生西行大略』(독립운동사편찬위원회, 1984, 앞의 책, 501~502쪽).

2. 중기의병

전기의병이 종료된 후, 1904년 러일전쟁 발발과 한일의정서 강요 등 일제의 침략이 구체적으로 진행되며 이에 반발하는 의병이 일어났다. 이를 중기의병이라 하며, 특히 을사늑약을 계기로 전국적으로 확산되었다. 충북 일원에서도 1906년에 접어들면서 의병 활동이 치열해지는 양상을 보인다. 이 시기 의병이 활동한 대표적 지역은 충주·음성·진천·옥천 등지였다. 의병들은 밤에 활동함은 물론 백주 대낮에도 여기저기 출몰했다. 의병 활동에 대한 보고가 잇따르자 충북관찰사 신태희申泰熙는 부군府郡의 순검巡檢만으로는 의병을 감당하기가 어렵다고 판단하고, 군부軍部에 조회하여 청주진위대를 파견하게 해달라고 내부內部에 보고할 정도였다.[42]

1906년 3월 5일(음력 2월 11일) 밤, 음성 숙천肅川[43] 점막店幕에 10여 명의 화적이 총을 쏘며 주점에 난입하여 투숙한 행인들을 모두 묶고 구타하는 사건이 일어났다. 이때 일본인 한 명이 기회를 엿보다 도망하자, 의병들이 그를 붙잡아 죽였다.[44] 당시 음성에는 주막이 12호가 있었는데, 이 가운데 8호가 원남면 교통의 요지인 보천에 몰려 있었다.[45] 따라서 보천의 주막은 의병이나 화적의 주공격 목표가 되었던 것이다. 일제는 이 시기에 활동하는 무리들을 의병과 화적으로 구분하여 파악했다.

의병이라 칭하는 자와 화적은 행동이 서로 비슷하지만, 그 실질에 있어서는 크게 다른 점이 있다. 의병은 대개 憂國慨世를 표방하는 양

42　『大韓每日申報』, 1906년 1월 31일자.
43　甫川의 오기로 보인다.
44　『大韓每日申報』, 1906년 3월 14일자.
45　『陰城郡量案』.

반 유생으로서 오로지 배일을 목적으로 하여 봉기한 한 무리의 黨與이다. 화적은 무뢰한 무리 십수 명 내지 수백 명이 무기를 휴대하고 각지를 횡행하며 관민을 협박하여 재화를 약탈하는 일종의 강도이다. …[46]

물론 이들을 명확히 구분하기는 곤란하다. 또한 뒤섞여 활동했을 가능성도 배제할 수 없다. 그런데 적어도 을사늑약 이후 활동한 집단 무장활동은 의병으로 이해하는 것이 타당할 듯하다. 따라서 보천주점을 습격한 무리도 의병의 일단으로 이해할 수 있을 것이다.

음성 일원의 의병 활동은 4월 이후 더욱 격화되며, 이에 따른 경비도 강화되는 양상을 보인다. 4월 초, '적경賊警'이 보고되지 않은 군郡이 없을 정도였는데, 음성 인근의 대소원에 20여 명의 '적당賊黨'이 밤에 불을 밝히고 총을 쏘며 동리에 돌입하여 물품과 전화錢貨를 빼앗아가는 일이 발생했다. 충북관찰사 윤철규尹喆圭가 각 지역의 피해 사례를 조사하여 내부에 보고하자, 내부는 군부에 알려 음성을 비롯하여 진천·연풍·제천·청풍 등지에 각각 병정 5명을 파주派駐 순찰하게 했다. 또한 금목면金目面 무극장대無極場垈 부근 12개 동리에 병정을 3명씩 배치하여 의병을 체포하도록 했다.[47]

당시 의병은 무극장이 있는 금목면 일원을 중심으로 활동했다.[48] 이

46 統發 제2588호 受 제21269호(1906. 12. 11) 臨時 統監代理 → 外務大臣 보고(독립기념관 한국독립운동사연구소, 『韓末義兵資料』 3, 46~47쪽).
47 『大韓每日申報』, 1906년 4월 6일자.
48 시장이 있던 무극리는 국채보상운동에도 적극 동참했다. 당시 언론은 무극리 주민들의 국채보상의연금 참여 사실을 보도하며, 음성군민들의 '一致義擧'는 과연 세계에서 드문 일[罕有之事]이라고 치켜세웠다. 반면 충북관찰사 윤길병이 무극리 주민의 국채보상운동을 탄압한 것을 비판했다(『大韓每日申報』, 1907년 3월 9일자; 1907년 3월 17일자; 1907년 4월 4일자).

해 11월 말에도 금목면 일대에 '적당賊黨이 대치大熾'했다는 보도가 있었고,[49] 11월 29일에는 도관찰부 순검 정규용丁奎鎔과 음성군 관예官隸 3인이 합동하여 금목면 구개천舊開川 등지에 출동하여 '적한賊漢' 2명을 체포하기에 이르렀다. 그런데 이들이 나머지 무리들을 추격할 때 금광덕대金鑛德隊 김성운金聖云이 광부 수백 명을 소집하여 순검과 관예를 붙잡아 묶고 난타하여 그들의 목숨이 경각에 달하게 하는 사건이 발생했다. 이에 충북경무서 순사부장과 순사, 순검 5인이 노은면 광소鑛所로 출동하여 덕대 김성운을 체포하고 나머지 무리도 쫓자 광부들은 원주 방향으로 도주했다.[50]

이 사건은 광부와 의병의 관련성을 시사하는 것이라 생각되나, 더 이상의 자료가 없어 논의 전개가 불가능하다. 한편, '광군鑛軍'들이 의병을 사칭하고 주민들을 늑탈한 것으로써, 이전부터 음성에서 자행된 '광폐'와 연관되었을 가능성도 있다.[51] 중기의병기 음성 일원에서 활동한 의병부대의 정확한 실체는 알 수 없다. 물론 제천 전기의병과의 관련성을 추론할 수 있으나, 이강년이 중기의병에서 늦은 시기인 1907년 5월 거의했기 때문에 이강년 의병과 직결되지는 않는다.

3. 후기의병

1907년, 일제의 구체적이고 총력적인 한국 침략이 잇달았다. 일제는 헤

---

49 『皇城新聞』, 1906년 12월 11일자. 당시 기사는 이들의 활동을 墳墓 掘鑿, 婦女 刦奪 등 부정적으로 보도했다.

50 『皇城新聞』, 1906년 12월 17일자.

51 의병이 금광 광부와 연계된 것은 후기의병인 1907년 8월에도 확인된다. 즉, 의병이 음성의 황금산 금광 역부들을 모아 음성을 습격하고 총기 50정을 지니고 장호원을 근거지로 삼았다고 한다(『大韓每日申報』, 1907년 8월 21일자).

이그 특사를 구실로 광무황제를 강제 퇴위시켰다. 이어 정미칠조약을 강제했고, 급기야는 대한제국의 군대마저 강제 해산시켰다. 그리고 이에 분개하여 후기의병이 일어났다. 일제는 1907년 7월, 본토에서 보병 제14연대를 포함하는 1개 여단 병력을 한국에 증파했다. 이는 광무황제의 강제 퇴위 이후의 상황에 대비하려는 조치로 이해된다. 이 중 후와 다로시치不破太郎七 소좌를 대대장으로 하는 제2대대의 배치는 다음과 같다.

- 제6중대(1소대 결): 公州
- 제6중대의 1소대: 群山
- 제8중대(1소대 결): 光州
- 제8중대의 1소대: 木浦
- 제2대대 본부 제5중대(1소대 결) 제7중대: 大田
- 제5중대의 1소대: 清州[52]

청주에 배치된 제2대대 제5중대의 1소대는 청주뿐 아니라 충북 일원 의병 탄압의 근간 무력이었다. 1909년 현재 충북에는 충주·제천·음성·괴산·문의 등 5개 수비대가 있었는데, 이 중 음성수비대는 제천·괴산수비대와 함께 충주수비대 관할이었다. 또한 음성에는 헌병분견소도 배치되어 있었는데, 천안헌병분대 충주관구 관할이었다. 여기에다 충주경찰서 관할의 음성순사주재소도 의병 탄압의 무력 수단이었다.[53]

충북 일원에서 의병이 다시 크게 일어난 것은 진위대의 해산과 관련이 깊다. 충북 의병에 영향을 끼친 것은 청주와 원주진위대 해산병의

---

52 『陣中日誌』1, 1907년 7월 26일자, 28쪽. 제5중대장은 대위 松野廉明이고, 소대장은 중위 西原矩彦, 소위 吉瀬直記와 井上覺次였다.

53 정삼철 편역(2008), 앞의 책, 9~10쪽. 음성순사주재소는 일본인 2명, 한국인 4명 등 6명 정원이었다.

의병 참전이었다. 청주진위대는 지방 8개 대대 중 제2대대로서 병력은 160명(장교 7명, 하사 및 병졸 153명)이었는데[54] 8월 4일 청녕각 앞뜰에서 해산식이 거행되었다. 청주진위대 해산 직후 해산병의 구체적인 활동으로는 1907년 8월 중순경 하사 출신 배창근裵昌根과 병졸 출신 이기석李基石이 진천군 초평면에서 의병 탄압을 위해 출동한 일병日兵 2명을 유인하여 사살한 일제 측 기록이 확인된다.[55] 특히 8월 6일 원주진위대 병사들이 항거한 이후 강원도와 충북 제천·충주·음성 등 북부 일원에서 의병이 크게 일어나는 계기가 되었다.[56] 일제는 충북 후기의병의 중추를 '원주진위대의 병정'으로서 세력이 심대했다고 파악했다.[57]

8월 18일 음성군 무극시장에 600여 명의 의병이 집결했는데, 이들은 충주에서 보조원과 일본인을 죽인 의병으로서 규율을 점차 갖추고 세력이 강성해졌다.[58] 이들의 주력은 원주진위대 해산병이었다. 이들은 무극을 습격하고 진천에서 3리 거리 떨어진 맹동면 도곡島谷에 300여 명의 무리가 부근 마을에서 총과 병사를 모으고 진천 습격을 준비했다. 진천분파소의 급보를 받은 일제는 하사 척후를 진천에 급파하여 의병을 방비하도록 했다.[59]

8월 21일, 충주와 음성 일원의 의병 활동이 치열해지자, 연대장은 청주수비대장에게 하사 이하 10명만 남겨두고 나머지 병력을 인솔하고 음성을 거쳐 장호원으로 가서 후와不破 대대장의 지휘를 받도록 명령했다. 또한 하사 이하 약 440명의 3개 중대와 공병소대, 기병 12기, 기

---

54 一記者, 「隊解散」, 『新民』 第14號, 1926年 6月.

55 「裵昌根·李基石 判決文」(독립운동사편찬위원회, 『獨立運動史資料集』 別集1, 1991, 373~374쪽).

56 機統發 제40호(1907. 9. 3), 韓國駐箚軍司令官 → 外務大臣 보고(독립기념관 한국독립운동사연구소, 『韓末義兵資料』 4, 79~80쪽).

57 『暴徒史編輯資料』(『韓國獨立運動史資料集』 3, 1989, 539쪽).

58 『陣中日誌』 1, 1907년 8월 18일자, 124쪽.

59 『陣中日誌』 1, 1907년 8월 21일자, 131쪽.

관포 4문으로 구성된 아다치足立 지대支隊를 청주에서부터 음성과 충주로 파견했다.[60] 이 지대는 음성과 괴산 일원에 의병 집합 정보를 입수하고, 음성에 주력부대로서 1중대를 파견했다.[61]

대대장 후와 소좌의 보고(8. 22)를 보면 당시 음성 일원 의병의 상황을 잘 알 수 있다. 이 보고는 의병의 한 무리가 무극시장 부근에서부터 장호원 사이에 산재하며 진천과 광혜원 부근에 군집하고 있음이 확실하며 진천·죽산·충주 근방 각 촌락은 대소의 의병이 활동하고 있다고 했다. 또한 나카노中野 중위(제7중대)의 지휘를 받는 1소대를 23일 무극에 파견하여 그 부근의 정황을 수색하려 하고, 다지쓰田實 소대(수원수비대에서 파견)는 장교 이하 12명을 본월 16일 이래 당지에 주둔하며 23일 광혜원 부근으로 출동해 그 부근의 정황을 수색할 예정이고, 기치세吉瀨 소대(청주수비대)는 23일 중에는 음성 부근으로 진출할 것이라고 보고하고 있다. 즉, 음성 일원은 제2대대 본부 병력은 물론 청주와 수원수비대에서 일본군이 증파되고 있어 의병 활동이 치열했음을 알려준다.

음성으로 파견된 기치세 소대는, 음성에서 장호원에 이르는 사이에 의병들의 활동으로 '한민韓民이 불손不遜'하고, 특히 음성 무극시장 부근 마을의 수령을 심문하여 상황을 정찰한 결과, 24일 오전 약 20여 명의 일본군이 의병 약간 명을 쫓아내고 장호원으로 행진한 사실을 보고했다.[62] 9월 17일 음성을 정찰하기 위해 아다치 지대에서 파견된 니노미야二宮 소대는 오후 9시 창동倉洞에서 의병 30명을 만나 교전했다. 이 전투로 5명의 의병이 전사했다. 일본군은 의병이 산중으로 흩어지자 이들

---

60 『陣中日誌』 1, 1907년 8월 21일자, 129~131쪽. 足立支隊는 조선주차군사령관 보고에는 足達支隊로 나오지만, 직속부대의 보고서에 따라 '足立支隊'로 표기한다.
61 『朝鮮暴徒討伐誌』(독립기념관 한국독립운동사연구소, 『韓國獨立運動史資料集』 3, 1989, 689쪽).
62 『陣中日誌』 1, 1907년 8월 25일자, 151~152쪽.

을 추격하여 10시 30분에는 원대院垈마을에 도착하여 입구에 보초를 세우고 마을 진입을 시도했는데, 이때 의병이 사격을 가해오자 교전을 벌였고, 다시 3명의 의병이 전사했다.[63]

일제는 전투 후 이 마을에 불을 지르는 만행을 저질렀다. 일제는 의병 진압책의 하나로, 의병 참여자의 마을이나 의병을 보호하거나 무기를 숨겨주는 등의 협조를 한 마을은 책임을 '현행범의 촌읍 전체'로 돌려 마을에 불을 지르는 만행을 서슴지 않았다. 이 만행의 대표적 피해지역은 제천으로서 도시 전체가 초토화되어 일제조차도 가혹하다고 할 정도였다.[64] 그뿐만 아니라 마을 방화 만행은 국제사회에서도 공분을 사서 영국 정부가 조사에 나서기도 했다.[65] 이에 남부수비대사령관 요다 히로타로依田廣太郎가 '내훈內訓'을 통해 각 지대장들에게 의병들에게 숙소를 제공했다는 이유로 함부로 집을 불지르는 경거망동을 하지 못하도록 했다.[66]

한편 니노미야 소대는 19일 오전 음성읍 사정리 안부鞍部에서 200여 명의 의병과 교전했다. 한국주차군사령관의 보고에 따르면 전투의 개황은 다음과 같다.

63 충주시 중앙탑면 창동리와 충주시 노은면 수룡리 원대마을을 말한다. 이 전투에서 의병 8명이 전사했다(『陣中日誌』 1, 1907년 9월 20일자, 238쪽).
64 『朝鮮暴徒討伐誌』(독립운동사편찬위원회, 『韓國獨立運動史資料集』 3, 1989, 671~672쪽).
65 電送 제3263호(1907. 11. 29), 오후 10시 5분 발, 伊藤 統監 → 外務大臣 보고; 電受 제5034호(1907. 11. 29), 外務大臣 → 統監(독립기념관 한국독립운동사연구소, 『韓末義兵資料』 4, 2002, 129~130쪽).
66 『陣中日誌』 1, 1907년 9월 29일자, 287쪽. 이는 당시 토벌종대에 한국인 순검을 부속시킨 것을 의식한 조치였다. 이 조치에는 "정당한 이유가 있을 때는"이라는 단서를 붙였으나, "가장 맹렬한 수단을 취해 소위 寬嚴其宜를 얻도록 할 것"을 지시하고 있어 사실상 탄압 명령이었다.

足立支隊에서 음성 방면으로 파견한 니노미야 소대는 19일 오전 5시 30분에 사정리(음성 서북 약 10리) 동남쪽의 안부에서 폭도 1개 종대를 만났으나 곧 바로 적이 퇴각하여 사정리 동남쪽 고지에서 정지하고 우리를 향해 사격을 개시했음. 적의 수는 적어도 200명 이상임. 소대는 추격하면서 도로 동편에 있는 산위로 전진하여 2시간 동안이나 교전한 끝에 그 대부분을 무극장 방향으로 궤주시킴. 적이 남겨둔 시체는 6구이고 우리 측 사상자는 없음. 노획한 총은 5정임.[67]

이 기록은 일방적인 일본군의 승리로 서술되어 있다. 한편 『진중일지』에서도 3시간의 교전을 통해 의병 6명을 사망시켰으나, 자신들의 피해는 없다고 보고했다.[68] 한국주차군사령관의 보고와 일치하는 기록이다. 그런데 당시 사정리 전투에 대한 『대한매일신보』의 보도 내용은 이와 다르다.

拾八日 陰城 無極場市에 義兵 七百名과 砂亭里에 三百名이 駐屯하얏는 디 當夜에 陰城邑을 襲擊혼다 揚言하고 砂亭里에 在혼 義兵은 洋銃을 持혼 者가 一百五十名이오 火繩銃을 持혼 者가 百五十名인대 其中에 韓兵 百餘名이 混雜하얏다는디 日兵幾小隊는 陰城으로부터 十九日 未明에 砂亭里로 발向하야 義兵과 交戰하야 義兵의 先頭는 鞍部에 退陣하얏다가 擬砲火와 如혼것을 日軍隊을 向하야 猛烈히 射擊을 開始하미 日兵은 南方山上으로 敗走홈으로 義兵이 追擊을 猛加혼則 東西를 不分하고 四散逃走하고 義兵 大部는 無極市로 向하얏고 …[69]

---

67 參1發 제133호(1907. 9. 21), 한국주차군사령관 보고(독립기념관 한국독립운동사연구소, 『韓末義兵資料』 4, 2002, 92~93쪽).
68 『陣中日誌』 1, 1907년 9월 20일자, 238쪽.
69 『大韓每日申報』, 1907년 9월 24일자.

이 기사의 전투 개요는 일제 측 기록과 일치하나, 중요한 차이가 발견된다. 의병의 수가 300명으로 이 중 양총 소지자가 150명, 화승총 소지자가 150명인데, 이 가운데 해산병 출신이 100여 명이나 되었다는 것이다. 또한 '의포화擬砲火'를 일본군을 향해 맹렬히 사격했다는 것으로 보아 의병의 규모와 무비武備 등을 추측할 수 있다. 따라서 일본군 소대 병력에 일방적으로 당할 상황은 아니었던 것으로 보인다. 특히 『진중일지』에는 의병의 숫자가 50명으로 축소 기술되어 있다.[70] 또한 『조선폭도토벌지朝鮮暴徒討伐誌』에는 『진중일지』나 한국주차군사령관의 보고와는 달리 전사한 의병 숫자가 16명으로 과장되게 기록되어 있다. 당일의 전황을 보고하고, 이를 종합한 일제의 기록이 이처럼 상위한 것은 고의성을 의심하지 않을 수 없다.

9월 19일 벌어진 사정리 전투는 음성 일원에서 의병이 일본군과 벌인 손꼽히는 혈전이다. 사정 1리 강당말은 용산리로 넘어가는 부용산 (645.2m) 고개(사정고개)에 있는데, 이를 통해 음성과 충주로 연결될 수 있고 아래로는 무극장터로 연결되는 요충지이다. 최근 강당말에서 발견된 몇 기의 무덤이 주목되고 있다.[71]

---

[70] 『陣中日誌』1, 1907년 9월 20일자, 238쪽.
[71] 음성읍 사정 1리 강당말 옹대동 60-1번지 일원에 있는 이 무덤은 커다란 5~6기의 봉분으로 구성되었는데, 무연고 묘로 알려져 있다. 우연인지는 모르나, 사정리 전투에서 전사한 의병 숫자가 6명이라는 사실과 봉분 숫자가 거의 일치한다. 그런데 매장자의 신원이나 매장 규모 등은 전혀 확인할 수 없으며, 마을에서 동학군 또는 의병의 무덤으로 구전되고 있다. 마을지에는 이를 '동학난리 묘'라고 이름했으나, 서술 내용에서는 의병의 사정리 전투를 소개하며 '무명의 동학난리 의병묘'라고 설명했다(사정향토지편찬위원회, 『사정향토지 부용』, 2005, 69쪽). 이는 동학군과 의병을 혼돈한 오류이나, 매장자의 신원과 성격을 더욱 모호하게 한다. 현재 김제군 금산면 용호리에 동학군 집단 무덤과, 충남 홍성군 홍성읍에 '丙午義兵殉難者'를 합장했다는 홍주의사총이 역사의 현장으로 보존되어 있다. 그러나 홍주의사총의 경우, 매장자가 의병이 아니라 동학군이라는 주장이 계속 제기되고 있다(성주현, 『동학과 동학혁명의 재인식』, 국학자료원, 2010, 1~19쪽). 강당말 무덤의 주인공은 동학군인지 의병인지 현재

9월 29일, 남부수비대사령관 요다 히로타로는 의병을 조직적으로 탄압하기 위해 '토벌종대'의 편성을 명령했다. '토벌종대'는 의병이 집결해 있는 지역을 중심으로 편성되었는데, 백암장·장호원·음성·청안·오근장·병천·직산·양성종대로 편조編組했다. 음성종대는 충주수비대의 장교가 지휘하는 보병 반개 소대로 구성되었는데, 음성종대가 장호원종대와 청안종대의 중간에서 연락 업무를 담당하도록 했다.[72] 이처럼 음성이 토벌종대에 편조된 것은 그만큼 의병 활동이 치열했음을 반증한다.

10월 9일, 무극시장에 모인 의병을 정탐하기 위해 충주경찰서 소속 보조원과 변복한 순검이 출장했다가 순검 유석종劉錫宗이 의병에게 사살당하는 일이 발생했다.[73] 또한 1908년 1월 14일에는 일진회一進會 자위단自衛團 부장 원세기元世基 일행 중 2명이 음성에서 의병에게 처단[74]되는 등 의병의 활동은 이듬해에도 치열하게 전개되었다. 의병이 일진회와 자위단을 공격한 것은 일진회가 통감부에 건의하여 의병을 '진무'하기 위해

로서는 추론조차 어렵다. 현재 남아 있는 자료에 입각한다면 이곳에서 벌어진 사정리 전투에서 전사한 의병의 무덤일 가능성이 더 크다. 이를 정확히 규명하는 작업은 문헌 분석을 중심으로 하는 학술회의만으로는 불가능하고 고고학적 발굴 조사가 필요하다. 물론 유해가 매장되었다고 하더라도 자연 조건상 유해가 완전 부식되어 출토되지 않을 수도 있고, 유해가 확인된다 하더라도 유해 감식만으로 동학군인지 의병인지 분간하는 것도 어려운 작업이다. 그러나 동학이나 의병 희생자가 매장된 실제 묘소인지, 묘소라면 매장된 인원이 어느 정도 규모인지 등을 실증하는 작업이 선행되어야 한다. 그 결과 동학군 또는 의병의 집단 묘소로 확인된다면, 사적지 지정 추진 등 기념사업이 강구되어야 할 것이다. 기록으로 대규모 의병 전사가 확인되거나, 구전으로 동학군의 집단 매장지로 알려진 홍천과 보은 북실 등지에서 발굴과 시굴이 진행된 바 있으나, 유해를 찾지 못한 사례도 있다. 따라서 기념사업은 우선 묘소로 추정되는 지역에 대한 시굴이나 발굴부터 신중히 진행해야 한다.

72 『陣中日誌』1, 1907년 9월 20일자, 284~285쪽.
73 『皇城新聞』, 1907년 9월 20일자;『大韓每日申報』, 1907년 9월 29일자; 1907년 10월 23일자.
74 『皇城新聞』, 1908년 1월 16일자.

표 3 『조선폭도토벌지』에 보고된 1907년 말 이래 음성 의병 활동

연월일	장소	의병 수	출동 일본 병력(명)	의병 피해(명)
1907. 12. 4	음성군 두의면	약 30	음성수비대 장교 이하 11	死 2
	음성 북방 신전	약 50	음성수비대 장교 이하 15	死 9
1908. 1. 12	음성 서방 30리	약 70	음성수비대	死 20
1908. 1. 29	무극장 부근	약 40	음성수비대 장교 이하 12	死 6
1908. 2. 25	청안 서북방	약 40	음성수비대	死 7
1908. 4. 21	진천 서북방 10리	약 10	음성수비대 하사 이하 6	死傷 7
1908. 9. 10	음성 서남 20리 반	약 40	음성수비대장 이하 22	死 2
	음성 남방 30리 반	약 40	음성헌병분견소	死 2
1908. 9. 11	음성 남방 30리 반	약 30	음성수비대	死 4
1908. 9. 12	음성 남방 20리	약 20	음성수비대	死 2
1909. 4. 12	음성 동북 30리	약 20	음성헌병분견소	死 4

각 도에 총무원을 파견한 데 따른 대응이었다.[75]

그런데 1907년 말 이래 음성수비대의 활동이 더욱 분주해졌다. 『조선폭도토벌지』에 보고된 음성 인근의 의병 활동 사항을 정리하면 표 3과 같다.

의병의 전투력은 그 고귀한 정신력에 비한다면 보잘것없었다. 무비에 엄청난 차이가 있음은 물론 고도로 훈련된 정규 일본군을 당해낼 수 없었다. 그래서 전투마다 많은 의병이 희생되었다. 1908년 1월 12일 음성 서방 30리 지점에서 벌어진 전투에서는 20명의 의병이 전사하기도 했다. 일제의 통계에 따르면 1907년 7월 이래 1908년 5월 19일까지 일제 측 사망자는 115명인데 반해 의병 사망자는 1만 3,445명에 달해 일

---

75 김상기, 「'제14연대 진중일지'를 통해 본 일본군의 의병 탄압」, 『한국독립운동사연구』 제44권 44호, 2013, 36쪽.

본 병력이 1명 사망할 때 의병은 117명이나 사망했다는 엄청난 사실을 알 수 있다.[76] 일본군과 의병의 전투는 전투라기보다는 일본군에 의한 의병의 대량 학살, 즉 제노사이드의 성격이 있다고 할 것이다.[77] 일제는 의병의 전투력을 아무런 저항력도 갖지 못한 '파리 떼'로 폄하하면서, 오히려 그래서 '섬멸'이 곤란했다고 보고했다.

> 폭도 토벌은 원래 보통 전투와 같지 않아 그들이 만약 '하룻강아지 범 무서운 줄 모르는 기백'을 가지고 있었다면, 그것을 소탕하는 것은 극히 쉬웠겠으나 그들은 파리 떼 같아 아무런 저항력도 없어 오히려 그것을 섬멸하기는 곤란했다.[78]

그러나 음성 일원 의병항쟁은 1909년에도 면면히 이어졌다. 4월 13일에는 음성 헌병이 동북방 30리 산중에서 20명의 의병과 교전했고,[79] 연말에는 동도면東道面 등지에 의병이 마을에 출현했다는 보도가 있었다.[80] 또한 1909년 1월 이래 음성군에 의병이 27회 '내습來襲'하여 33호가 피해를 입었고, 피해 상황으로는 금전 271.38, 곡물 5.25, 기타 292.61의 손해가 발생했다는 일제 측 기록도 있다.[81]

---

76 『陣中日誌』 2, 1908년 5월 24일자, 312쪽. 일제 측 사망자 115명은 수비대 56명, 헌병 4명, 경찰 55명(이 중 27명이 韓人 보조원)이다. 또 다른 조사에서는 일본군 : 의병 전사 비율이 1 : 131이라는 통계도 있다(홍순권, 「한말 일본군의 의병 학살」, 『제노사이드와 한국 근대』, 경인문화사, 2009, 106쪽).

77 충남대학교 충청문화연구소, 『제노사이드와 한국 근대』, 경인문화사, 2009에 수록된 김상기와 홍순권의 일본군의 의병 학살 관련 논문 참조.

78 『朝鮮暴徒討伐誌』(독립운동사편찬위원회, 『韓國獨立運動史資料集』 3, 670쪽).

79 參 1發 제384호(1909. 4. 26), 한국주차군사령관 보고의 요지(독립기념관 한국독립운동사연구소, 『韓末義兵資料』 4, 2002, 90쪽).

80 『皇城新聞』, 1909년 12월 22일자.

81 정삼철 편역, 『100년 전 충북의 옛 모습(음성군편)』, 충북학연구소, 2008, 84쪽.

표 4 음성의 의병투쟁 일지

연번	연월일	의병 주요 활동 내용	전거
1	1896. 2	윤의덕尹義德이 죽산과 음성에서 의병을 일으켜 호좌의진 합류	사실, 1896. 2. 22
2	1896. 6. 8	호좌의진이 음성에서 관군을 공격하여 승리	이강년창의록
3	1906. 3. 5	음성군 숙천鷫川 점막에 화적 10여 명이 총을 쏘며 돌입, 일본인 1명 죽임	대한, 1906. 3. 14
4	1906. 4	대소원에 적당賊黨 20명 활동, 음성 등 5군에 병정 5명씩 파주 순찰, 무극장 부근 12동에 3명씩 파주시킴	대한, 1906. 4. 6
5	1906. 12	음성 금목면 등지에도 적당히 대치大熾	황성, 1906. 12. 11
6	1906. 11. 29	충북 관찰부 순검과 음성군 관예官隷 합동으로 금목면에서 적한賊漢 2명 체포	황성, 1906. 12. 17
7	1907. 8. 14	의병 200명 14일 상오 12시 무극장대로 이동	황성, 1907. 8. 21
8	1907. 8. 14	의병이 음성군 황금산 금광 역부를 모아 동지를 습격하고 총기 50정을 가지고 장호원을 근거지로 삼음	대한, 1907. 8. 21
9	1907. 8. 23	음성군 사다산면沙多山面에서 의병 70~80명이 잠복했다가 일본군과 2시간 교전, 7명 전사하고 북방으로 패퇴	대한, 1907. 9. 1
10	1907. 9. 1	괴산에서 300여 명 의병이 일본군과 전투 후 음성과 청주 방면으로 도망	보고, 1907. 9. 1
11	1907. 8	8월 이래 충청도 북반부와 제천·청주·음성 등지에 의병 출몰 잦아 충주에 주력부대 배치 중, 아직 평온 찾지 못함	보고, 1907. 9. 3
12	1907. 9. 18	충주 부근 약간 평온, 음성과 미원의 의병 정찰을 위해 정찰대 파견	보고, 1907. 9. 18
13	1907. 9. 17	음성에 파견한 니노미야二宮 소대가 창동에서 의병 30명과 전투, 패퇴한 의병은 북쪽으로 도주	보고, 1907. 9. 19
14	1907. 9. 19	음성 무극에 의병 700명, 사정리에 300명 주둔. 이궁 소대가 오전 5시 반에 사정리 고개에서 200명 이상의 의병과 2시간 동안 교전, 의병은 무극장 방향으로 패퇴	보고, 1907. 9. 21; 대한, 1907. 9. 24
15	1907. 10. 9	무극장 부근에 출동한 충주경찰서 순검 유석종劉錫宗이 의병에게 처단당함	황성, 대한, 1907. 10. 13
16	1907. 12. 4	음성수비대가 신전 부근에서 의병 40명 공격하여 10명 사살	보고, 1907. 12. 10

연번	연월일	의병 주요 활동 내용	전거
17	1908. 1. 14	자위단 부장 원세기 일행 중 2명이 의병에게 처단 당함	대한, 1908. 1. 16
18	1908. 1. 12	음성수비대가 서남 30리 지점에서 의병 700명 공격, 20명 사살	보고, 1908. 1. 17
19	1908. 1. 29	음성수비대 일부가 서북쪽 30리 지점에서 의병 40명과 전투를 벌여 6명을 죽임	보고, 1908. 2. 3
20	1908. 3. 2	음성수비대의 일부가 청안 서북방 10리 지점에서 의병 40명과 교전하여 7명을 죽임	보고, 1908. 3. 2
21	1908. 4. 21	음성수비대 일부가 진천 서북방 15리 지점에서 의병 10명을 추격하여 2명을 죽이고 5명에 부상 입힘	보고, 1908. 5. 9
22	1908. 5. 11	음성수비대가 서북방에서 의병 2명 체포	보고, 1908. 5. 11
23	1908. 7. 7	음성수비대의 일부가 동지 서북방 30리 지점에서 의병 2명 체포	보고, 1908. 7. 23
24	1908. 7. 22	음성수비대가 7월 22일부터 24일에 걸쳐 청안 부근에서 의병 4명을 죽임	보고, 1908. 8. 6
25	1908. 9. 10	음성수비대의 일부가 헌병과 서남방 25리 지점에서 의병 40명을 공격하여 2명을 죽이고, 11일 동지 부근에서 30명의 의병을 만나 4명을 죽임	보고, 1908. 9. 22
26	1908. 9. 11	음성의 헌병과 보조원은 9월 11일 서남방 35리 지점에서 의병 40명을 공격하여 2명을 죽이고, 다른 토벌대는 12일 음성 서방 30리 지점에서 의병 20명을 만나 2명을 죽임	보고, 1908. 9. 26
27	1909. 4. 13	음성 헌병이 동북방 30리 산중에서 20명의 의병을 토벌	보고, 1909. 5. 17
28	1909. 8.	근일 음성 지방에 의병이라 칭하는 도당이 더욱 창궐하여 주민들이 불안해함	황성, 1909. 8. 19
29	1909. 12	음성군 동도면 등지에 근일 의병이 마을에 출몰하여 민심이 소동	황성, 1909. 12. 22
30	1912. 2	구거일야(九去日夜)에 음성군 맹골면 반종복 집에 적한 9명이 각기 흉기를 휴대하고 돌입, 금화 탈취 후 도주, 부근 한천리 헌병파견소에서 헌병이 출동하여 그중 김영진을 체포	매일, 1912. 2. 20

※ 전거: 사실(『下沙安公乙未倡義事實』), 황성(『皇城新聞』), 대한(『大韓毎日申報』), 보고(『韓國駐箚軍司令官報告』), 매일(『毎日申報』).

※ 이 표에서 의병 주요 활동 내용을 설명하는 용어는 신문이나 일제 보고서의 용어를 그대로 인용했다.

음성에서 의병항쟁의 하한은 1912년까지 이어졌다. 이해 2월 9일 밤, 음성군 맹골면孟骨面에 사는 반종복潘鍾復의 집에 각기 흉기를 휴대한 '적한賊漢' 9명이 돌입하여 금화를 빼앗아갔다는 급보를 받고 한천리寒川里 헌병분견소에서 헌병이 출동하여 그중 김영진金瑛鎭을 체포했다는 기사가 보도되었다.[82] 경술국치 이후 이른바 전환기의병 단계[83]에서도 음성에서 의병 활동을 확인할 수 있는 기사이다.

요컨대 음성 일원에서는 전기부터 전환기까지 의병항쟁이 면면히 이어져왔다고 할 수 있다. 일제는 음성 등지에서 활동한 의병을 계통이 없는 '초적草賊의 비류匪類', '소집단의 적도賊徒'라고 폄하하며 규모를 400여 명으로 파악했다.[84] 실제 음성 일원에서 활동한 의병 가운데 그리 알려진 의병장은 확인되지 않는다. 제천을 중심으로 활동한 이강년, 청주와 괴산 일원에서 활동한 한봉수 등의 저명한 의병장이 있었으나, 이들의 음성 지역 활동은 확인되지 않는다.[85] 그러나 무극장無極場을 중심 거점으로 한 음성 의병은 각지에서 활동하며 일제와 항쟁했다.

---

82 『每日申報』, 1912년 2월 20일자.

83 趙東杰, 「義兵運動의 韓國民族主義上의 位置(下)」, 『韓國民族主義의 成立과 獨立運動史研究』, 지식산업사, 1989, 68~72쪽.

84 『朝鮮暴徒討伐誌』(독립운동사편찬위원회, 『韓國獨立運動史資料集』 3, 1989, 667·736·759쪽).

85 한봉수의 경우, 괴산 모래재와 증평 도안 등지에서도 활동하고 있어 음성에서의 활동 가능성도 배제할 수는 없으나, 자료상 확인되지는 않는다(박걸순, 『충북의 독립운동과 독립운동가』, 국학자료원, 2012, 113~153; 국가보훈처·독립기념관, 『충청북도 독립운동사적지』, 310~313·392~393쪽).

맺음말

음성은 20세기에 이르기까지 매우 잔약한 소읍이었다. 『음성군양안』은 음성의 열악한 경제 규모 사정을 잘 알려준다. 또한 계속된 광폐와 병오년 대홍수는 음성의 사회경제를 더욱 어렵게 했다. 음성에는 이렇다 할 학맥이나 사족층의 형성도 없었다. 그러나 충주와 인접하고, 서울과 경기로 통하는 길목에 위치하고 있어 근대의 소용돌이 속에서 동학농민운동과 의병투쟁의 물결이 거센 지역이었다.

1900년대 초, 음성 지역에서 동학 참여 농민이 수령과 보수세력에 핍박받는 상황을 여실히 기록한 『이곽포원록』은 중요한 자료이다. 이 자료는 동학에 참여한 이른바 동학당여東學黨餘의 추향과, 동학 참여 농민이 동학의 평등과 혁신 이념을 지닌 채 향촌사회의 보수 전통질서와 대립하고 갈등하는 상황을 잘 보여준다. 또한 동학농민운동에서 광무농민운동과 의병으로 연계되는 이른바 '동학의병' 세력의 존재를 이해하는 사례로서도 중요한 자료이다.

음성에서 의병투쟁은 전기의병인 1896년부터 전환기의병인 1912년까지 17년간 면면히 이어져왔다. 무극장터는 동학농민운동 때부터 농민군과 의병의 주요 활동 거점이 되었다. 전기의병기 음성은 충주성 공략을 위해 의병을 소모하여 제천의병을 지원하는 후방기지 역할을 했고, 음성에서 소모한 병력이 실제 전투에도 참여했다. 6월 8일에는 서행에 나선 류인석이 음성을 공격하여 큰 승리를 거두기도 했다. 중기의병기인 1906년에는 보천주막과 무극장을 중심으로 의병이 활발하게 활동했다. 이해 11월 말 금광 광부들과 의병 진압을 위해 출동한 순검·관예와의 충돌은 광부와 의병의 관련성을 시사한다.

후기의병기, 특히 1907년 8월 원주진위대와 청주진위대의 해산 이후 해산병의 의병 참전으로 음성 일원의 의병 활동은 자못 활기를 띠게 되었다. 일제는 본토에서 보병 제14연대를 증파하여 의병을 탄압하고자 했고, 이 중 제2대대 일부 병력이 청주에 배치되며 음성 일원 의병을 탄압했다. 8월 중순, 무극 장터는 충북 북부와 경기 지역을 오가며 활동하는 의병의 중심 근거지가 되었다. 특히 9월 19일 음성 서북방 사정리에서 300여 명의 의병이 일본군 아다치 지대 니노미야 소대와 벌인 전투는 3시간에 달하는 혈전으로 특기할 만하다. 음성에서 의병투쟁은 전환기의병기인 1912년까지 계속되었는데, 전기부터 전환기까지 기록상으로 최소 30회 이상의 전투가 확인된다.

마지막으로 음성읍 사정 1리 강당말에 동학군 또는 의병 무덤으로 전해지는 무연고 묘에 대해 논의하고자 한다. 자료의 기록만 가지고 말한다면, 이 무덤은 사정리 전투에서 전사한 의병 6명과 관련이 있다고 판단된다. 그러나 이를 확정하기 위해서 반드시 시굴이나 발굴 등 고고학적 조사가 선행되어야 할 것이다. 이 묘역에 대한 기념사업은 성급한 추진으로 오류를 범해 시비가 일고 있는 다른 지역의 사례를 타산지석으로 삼아 정밀하고 신중하게 진행해야 할 것이다.[86]

(『한국근현대사연구』 제78권, 한국근현대사학회, 2016)

---

[86] 필자의 사정리 소재 묘소 발굴 필요성 제기에 따라 음성군이 발주하여 2017년 9월 13일부터 9월 20일까지 (재)호서문화유산연구원이 6기 가운데 1기(1호 분)에 대한 발굴조사를 실시했다. 발굴 결과 유골이나 유물은 출토되지는 않았으나, 회흑색사질점토층 위로 수십 센티미터 높이의 조잡한 인위적 성토 흔적이 확인되었다. 따라서 향후 확대 발굴 조사가 필요하다고 판단된다(호서문화유산연구원, 『2017년 음성 사정리 동학군(항일 의병) 묘소 발굴조사 약보고서』, 2017).

03

정순만의 교육구국사상과
청주 덕신학교 설립

머리말

1905년 을사조약 강제로 인한 망국의 위기의식은 치열한 국권회복운동
으로 구현되었다. 전국에서 의병이 봉기했고 사립학교 건립운동이 선풍
적으로 일어났다. 한말 청주 지역에서도 을사조약 직후 여러 개의 사립
학교가 건립되었다.

　정순만鄭淳萬(1876~1911)은 청주 출신으로 국내외에서 36년의 온 생
애를 격정적인 민족운동으로 일관한 인물이다.[1] 그는 독립협회와 상동
청년회의 간부로서 국권회복운동을 주도했다. 보안회 활동, 멕시코 이
민 참상 규탄, 을사조약 반대투쟁은 그가 중앙에서 주도한 대표적인 국
권회복운동이다. 그러나 그가 주도한 국권회복운동 가운데 잘 알려지
지 않은 부분이 있다. 그것은 그가 고향인 청주 덕촌에서 하동정씨 문중

---

[1]　박걸순, 「연해주 한인사회의 갈등과 정순만의 피살」, 『한국독립운동사연구』 제
34권, 독립기념관 한국독립운동사연구소, 2009; 「정순만의 생애와 국내민족운동」,
『백범과 민족운동연구』 제9집, 백범학술원, 2012; 『독립운동계의 3만 정순만』, 경
인문화사, 2013.

에 발의하여 망명하기 직전인 1906년 5월 덕신학교를 건립한 사실이다. 그는 철저한 교육구국사상의 소유자였다. 그가 망명한 직후 이상설과 함께 북간도 민족교육의 요람으로 평가되는 서전서숙을 설립하고 교사로 참여한 것과 연해주에서 민족운동을 주도하며 줄곧 교육의 중요성을 강조한 것은 교육구국사상을 실천하는 과정이라 할 수 있다.

따라서 이러한 정순만의 교육구국사상과 그가 발의하고 청주 덕촌 하동정씨 문중이 합심하여 건립한 덕신학교에 대해 규명하고자 한다. 이 글에서는 그간 교명만 거론되던 덕신학교의 설립 과정과 운영, 졸업생의 추이 등을 논의하는 데 주안을 두고자 한다. 지금까지 덕신학교가 제대로 규명되지 못한 까닭은 자료의 부족에 기인한 바 크다. 다행히 필자는 최근 문중 기록인 『삼세합고三世合稿』[2]를 발굴했는데, 여기에 덕신학교 건립 관련 내용이 기재되어 있다. 또한 「졸업증卒業證」·「수업증서修業證書」·「포증서襃証書」 등 덕신학교 관련 자료를 발굴함으로써 교사와 교과목 등도 밝힐 수 있게 되었다. 이로써 한말 이래 1910년대에 이르는 시기 독립운동가의 문중학교門中學校 설립과 그 운영에 대한 구체적 사례를 제시할 수 있을 것으로 기대한다. 또한 청주 지역 근대교육의 여명기를 밝힐 수 있는 단서를 제공할 수 있을 것이다.

---

2   鄭海珀, 『三世合稿』, 1962. 이 문집은 청주 덕촌 출신 정해박이 부친 정두현의 「石
     齋集」, 조부 鄭在浩의 「桐石集」과 자신의 시문 등 3대의 저술을 모아 엮은 것이다.
     정두현은 간재 전우의 문인으로 정순만과 함께 덕신학교의 설립을 주도하고 교사로
     참여하여 그 실상을 잘 아는 인물이다.

국권회복운동

정순만은 어린 시절 향리에서 한학을 수학했는데, 간재艮齋 전우田愚의 문하로 알려져 있다. 덕촌 하동정씨 문중에 간재 문인이 많다는 사실을 감안하면 그 가능성을 배제할 수는 없으나, 『간재선생전집艮齋先生全集』 등의 자료에서 직접적인 사승관계는 확인되지 않는다. 그가 전기의병에 참여했다는 기록도 있다. 이 또한 다른 자료에서는 확인되지 않으나, 그가 연해주 망명 이후 의병단체인 동의회同義會에 참여하고, '양성춘 사건'으로 투옥되었다가 나온 직후인 1911년 국내진공을 위해 의병을 계획했기 때문에 가능성이 있는 사실이다.[3]

정순만은 망명 이전 국권회복운동의 중심 인물로 활동했다. 일제는 1890~1900년대 국내 민족운동의 계보를 독립협회獨立協會–상동청년회尙洞青年會–신민회新民會로 파악했다.[4] 특히 을사조약 늑결을 전후한 시기 국내에서 가장 적극적으로 항일투쟁을 벌인 단체는 상동청년회였고, 정순만은 회장 전덕기와 쌍두마차로서 이 회의 민족운동을 주도했다.[5] 일제는 상동청년회를 '독립협회가 야소교耶蘇敎의 가면을 쓰고 대두'한 단체로 인식하여 사실상 독립협회의 후신으로 여겼는데,[6] 정순만은 두 단체의 주역이었다.

그가 상동청년회의 간부로서 추진한 활동으로는 적십자사 설립운동, 보안회 활동, 멕시코 이민 참상 규탄, 을사조약 반대투쟁 등이 대표

3　金鉉九, 『儉隱遺傳』, 1987;「鄭淳萬씨의 歷史」,『大東共報』, 1909년 5월 5일자; Dae-Sook Suh, *The Writings of Henry Cu Kim*, University of Hawaii, 1987, 279쪽.

4　「朝鮮獨立運動の根源」,『齋藤實文書』9(고려서림 영인본), 1990.

5　한규무,「을사조약 전후 상동청년회의 민족운동과 정순만」,『중원문화논총』제17권, 충북대학교 중원문화연구소, 2011, 1~2쪽.

6　「禹德淳先生의 回顧談」,『獨立運動家 安重根先生 公判記』, 1946, 195쪽.

적이다.[7] 그는 1904년 3월, 상동청년회원인 이준·이현석과 함께 적십자사 설립운동에 나섰다. 그들은 러일전쟁 중인 일본군을 백인종들도 나서 돕고 있는데, 같은 황인종인 우리 국민들이 아무런 행동을 취하지 않는다고 하면서 적십자사를 설립하여 일본을 돕자고 주장했다. 이들은 이런 취지를 담은 「동지권고문同志勸告文」을 발표했다.[8] 결국 정순만 등은 '외탁의조外托義助, 취집인중聚集人衆, 발문광고發文廣告, 선동인심煽動人心'이라는 죄목으로 태笞 80 처분을 받았다.[9]

정순만의 적십자사 설립과 일본군 지원 운동은 당시 조선의 지성들이 지녔던 일본관과 크게 다르지 않았다. 그들은 청일전쟁이 일본이 우리의 독립을 위해 일으킨 것이라고 여겼다. 나아가 일본이 우리나라와 청淸의 독립을 존중하여 러시아와 전쟁을 일으킨 것이기 때문에 러일전쟁에서 일본을 지원하는 것이 곧 우리의 독립을 위한 행위라고 인식한 것은 일본에 대한 인식의 취약성을 그대로 드러내고 있는 것이다. 따라서 이 활동은 그가 연해주에서 민족운동을 주도할 때 반대파에게 행적 논란의 빌미가 되기도 했다. 그러나 이는 정순만 등 한말의 지성이 일제의 침략적 본질에 대한 이해가 미흡했음을 반증하는 것이지, 그만의 친일적 인식이나 일본에 대한 인식의 한계라고 볼 수는 없을 것이다.

그가 일제 침략의 본질을 깨닫는 데는 그리 긴 시간이 걸리지 않았다. 일제는 러일전쟁 개전 직후 한일의정서를 강요하여 대한제국의 주권을 크게 침해했다. 특히 제5조에서 대한제국 정부가 일본 정부의 승인을 거치지 않고 제3국과 협약을 '정립訂立'하지 못하게 강제한 것은 명백한 자주권 침해였다. 이 조항은 을사조약 강제 이전에 우리의 자주

---

7 박걸순, 「정순만의 생애와 국내민족운동」, 『백범과 민족운동연구』 제9집 참조.
8 『官報』第二千八百號, 1904년 4월 14일자.
9 『日省錄』, 1904년 5월 4일자.

권을 일제가 이미 심각하게 침해했음을 알려준다. 또한 그들은 한반도를 무대로 러시아와 군사행동을 하는 동안 한국의 미간지 개간 점유권을 획득하기로 결정했다. 그에 따라 주한 일본공사는 대한제국 정부에 그 허가권을 강요했다.[10]

정순만은 1904년 7월, 보안회가 주도한 일본의 황무지 개간권 요구 반대투쟁의 선봉에 섰다. 적십자사 설립운동으로 평리원에서 태 80 처분을 당한 지 불과 2개월 만의 일이다. 보안회가 주최한 대중 집회는 철시가 단행되고 전차 통행이 중지되는 등 독립협회의 만민공동회를 방불케 하는 대규모였다. 이를 해산하기 위해 출동한 일본군이 총칼로 참가자를 제지하려 하자, 그가 큰 소리로 꾸짖으며 맞서 항쟁했다고 한다.[11] 이는 일본에 대한 그의 인식이 크게 바뀌었음을 알려주는 일화이다.

멕시코 농업 이민의 참상을 고발하고 정부를 규탄한 것은 그가 상동청년회 총무로서 수행한 회무의 일환이었다. 한인의 멕시코 노동 이민은 1905년 일본인 모집 대리인이 경성 등 6개 도시에서 모집한 노동자를 메리다Merida로 송출하면서 시작되었다. 그러나 '문명부강국文明富强國, 수토극가水土極佳, 기후온난氣候溫暖, 부다빈소富多貧小'라는 솔깃한 선전과는 달리 그곳은 멕시코 현지인들조차 기피하는 '세계상世界上 지옥地獄'이었다. 이런 열악한 환경에서 인신매매를 당하는 한인의 참상이 상동청년회에 알려지자, 그는 회를 대표하여 신문사에 기서를 했다.[12] 그는 기서에서 우리 이민 동포들이 처한 현실을 개탄하며, 그 원인이 국민을 노예로 여기고 국계민생國計民生보다는 자가自家의 이해를 꾀하는 데 급급한 정부 관인의

10 愼鏞廈, 「한말 보안회의 창립과 민족운동」, 『韓末愛國啓蒙運動의 社會史』, 나남출판, 2004, 13~36쪽.
11 「鄭淳萬씨의 歷史」, 『大東共報』, 1909년 5월 5일자.
12 「墨西哥 移民의 情況을 慘不忍聞」, 『皇城新聞』, 1905년 7월 31일자.

매국매가賣國賣家 행위 때문이라고 질타했다.[13] 이 활동은 그가 민족과 동포
문제가 시대적 과제라는 인식을 심화하는 계기가 되었고, 망명 후 해외 한
인사회 지도자로서 동포사회를 이끌어가는 기반이 되었다고 이해된다.

그가 본격적으로 민족운동에 투신한 것은 을사조약 반대투쟁이
었다. 을사조약 강제 직후 전국적으로 의병이 봉기하고 반대 상소가 쇄
도했다. 정순만은 상동청년회를 중심으로 반대 기도회와 상소투쟁을 주
도했다. 당시 정순만이 을사조약 반대투쟁을 주도한 사실은 『백범일지』
의 기록이 참고된다.

> … 其時 상동에 회집된 인물로 말하면 全德基·鄭淳萬·李儁·李石東
> 寧 … 金龜 등이 회의한 결과 상소하기로 하고 疏文은 이준이 작하고
> 제1회 疏首는 최재학이고 외 4인을 가하여 5인이 신민 대표의 명의
> 로 서명한 것은 1회, 2화로 계속할 작정이라. 鄭淳萬의 인도로 회당
> 에서 盟禱하고 大韓門前에 齊進하여 서명한 5인만 궐문 외에서 형식
> 상으로 개회하고 상소 의결하였으나 …[14]

각지의 청년회는 교회 일을 표방하여 상동교회로 대표를 파견하여
을사조약 반대투쟁을 논의했다. 김구는 당시 의병과 상소투쟁에 대해
"산림학자들을 중심으로 기의한 의병의 사상이 구사상이라면, 예수교
인들을 중심한 상소투쟁은 신사상에 기인한 것"이라고 평가했다. 그들
은 상소투쟁을 벌이기로 하되, 상소한 자들은 모두 사형당할 것이라고
판단하고 5인씩 계속하여 궐문에 엎드려 상소하기로 했다. 이때 무장한
일본 경찰이 출동하여 탄압하려 하자 5인은 도수전을 감행했고, 호위하

---

13 「國民이 盡爲奴婢어늘 誰能救乎아」, 『皇城新聞』, 1905년 7월 29일자.
14 윤병석 직해, 『백범일지』, 집문당, 1995, 144~145쪽.

던 청년회원들은 소리를 질러 이들을 응원했다. 결국 5인은 경무청으로 잡혀갔다.

그러나 사형시킬 것이라는 예상과 달리 5인이 훈방 조치되자, 그들은 상소투쟁을 중단하고 투쟁의 강도를 높여 종로에서 공개 연설회를 개최하고자 했다. 이때 만일 일본 순사가 무력으로 탄압하려 하면 대대적인 육박전을 벌이기로 결의했다. 드디어 이들이 종로에서 연설을 시작하자 일본 순사가 칼을 빼들고 달려왔는데, 이때 연설하던 청년이 발로 차서 순사를 쓰러뜨리자 일본 경찰들은 발포를 시작했다. 군중들은 인근에 적치되어 있던 기왓장을 집어던지며 대항했다. 그러자 일본군 보병 중대가 출동하여 포위 공격을 감행함으로써 군중들은 해산되고 수십 명이 피체되었다.

정순만이 주도했던 을사조약 반대투쟁은 실패로 끝나고 말았다. 그들은 '애국사상이 박약'하여 '절실한 각오가 부족한 민중'들과 더불어 실효성 있는 투쟁이 어렵다고 판단했다. 결국 상동청년회에 집결하여 을사조약 반대투쟁을 벌였던 각지 청년회 대표들은 인민의 애국사상을 고취하는 것이 최선책이라 판단하고, 사방으로 흩어져 신교육을 실시하기로 결의하고 각자 귀향했다.[15]

---

15 윤병석 직해(1995), 앞의 책, 146쪽.

교육구국사상과 실천

1. 교육구국사상

정순만이 철저한 교육구국사상을 지니고 국내외에서 교육 활동에 주력한 사실은 그에 대한 역사적 평가에서 주요한 부분을 차지한다. 『대동공보大東共報』는 그가 연해주 한인사회에서 친일 행적에 대한 의심을 받고 있을 때, 그가 상동청년회의 간부로 있으면서 사회운동과 교육 활동에 열심이었고, 이상설과 서전서숙을 설립하여 교육 활동을 한 공적을 들어 그에 대한 오해를 석명하며 그를 적극 옹호했다.[16] 김현구도 정순만이 연해주에서 한인 지도자들과 함께 학교 설립에 공헌했음을 높이 평가했다.[17]

국내 계몽 활동 시기 그의 교육구국사상을 잘 알려주는 자료는 1906년 그가 국민교육회國民敎育會 강습소에 보낸 편지이다. 국민교육회는 1904년 학교 설립과 교과서 편찬을 목적으로 설립된 계몽운동단체였다. 이 단체에는 여러 계열이 참여했는데, 그 주요 계열의 하나가 전덕기·서상팔·이준·이동휘·이갑 등 상동청년회 회원이었다.[18] 국민교육회 참여자는 정식회원·특별회원·후원자로 구분했는데, 여기에 정순만의 이름은 확인되지 않으나, 그가 어떤 형태로든지 참여했을 가능성이 크다.

국민교육회는 1906년 회관 내에 법학강습소法學講習所를 설치하여 야

---

16 「鄭淳萬씨의 歷史」, 『大東共報』, 1909년 5월 5일자.
17 Dae-Sook Suh(1987), 앞의 책, 282쪽.
18 申惠暻, 「大韓帝國期 國民敎育會 硏究」, 『梨花史學硏究』 제21권, 이화여자대학교 이화사학연구소, 1993 참조.

간에 근대법近代法을 강의하도록 했다.[19] 정순만은 이 강습소에 기서寄書를 보내 격려했는데, 편지 전문이 신문에 게재되었다. 그는 기서에서 구학舊學에 빠져 나라를 그르친 과오를 지적하고 신학新學의 중요성을 강조했다. 그는 국민교육의 중요성을 역설하되, 수용적需用的 학문만 긴요한 것이 아니라 정신적 학문도 반드시 함께 닦게 하여 '교인이도敎人以道 애국이성愛國以誠'하도록 할 것을 주장했다.

> … 汚穢之水에는 香을 調하기 難하고 獘敗之衣에는 新을 縫할 수 업스니 所謂舊習은 擊蒙要訣에 如將一刀로 快斷根株하는 法을 用하고 孜孜無怠함은 夏禹氏의 寸陰是惜하심을 倣하시오. 需用的 學問만 緊要함이 아니오 精神的 學問을 必修하야 敎人以道하고 愛國以誠하야 箇人마다 確實히 文明할새 精神을 充養하면 一擧而一事成하고 百進而百事能이라 於國之振興에 何難之有哉아. …[20]

정순만은 망명 후 가장 먼저 서전서숙의 건립과 운영에 착수했다. 이는 그의 교육구국사상이 지향하는 바를 잘 보여준다. 그가 블라디보스토크로 옮긴 이후에는 신문의 발간에 주력하여 1908년 2월 26일 『해조신문』을 창간하기에 이르렀다. 그는 주간·주필·총무의 1인 3역으로 신문 발간을 주도하며 몇 편의 논설을 썼다. 그는 창간호 논설에서 연해주 동포사회가 50년이 가깝도록 제대로 이루어놓은 것 없이 '망국종'·'야만'으로 배척을 받는 안타까운 현실을 지적했다. 그는 전 세계가 경쟁하는 시대에 우리는 변하지 않고 수구에만 매달리고 있으니 '대한국'과

---

19 『皇城新聞』, 1906년 8월 15일자 광고.
20 「鄭淳萬氏가 國民敎育會內講習所에 寄書」, 『皇城新聞』, 1906년 5월 24일자.

'대한인'의 이름을 지킬 수 없을 것이라고 경고했다.[21] 이 논설은 동포사회에 신문 구독을 호소하는 글이지만, 그의 현실 진단과 대응책을 엿볼 수 있다.

그가 논설을 통해서 역설하고자 한 것은 교육의 중요성이었다. 그는 교육이 없으면 그 시대에 생존할 수 없다고 절박감을 호소했다. 그는 당시를 "생존경쟁은 천연의 이치요, 우승열패는 공례의 일"인 시대라고 진단하며, 승패는 지식의 정도에 따라 결정되는 것이라고 주장했다.

> … 그런즉 누가 이기고 누가 패하는가 하면 가로되 지식이 많은 자는 이기고 지식이 없는 자는 패한다 할지로다. … 근래에는 인류가 지식과 세력으로써 서로 경쟁하는 것이 날로 더욱 심하여 육주오양에 화차 윤선이 연락부절하고 비조즉석에 오색인종이 호상 추축할새 지식이 열리고 세력이 많은 자는 우등인종이라 칭하고 지식이 어둡고 세력이 적은 자는 열등인종이라 칭하되, 우등인종이 열등인종을 대하여 야만이라 지목하고 견마로 대접하여 유의소욕에 기탄이 돈무한 고로 열등 인종은 생존함을 얻지 못하여 날마다 쇠약하니 어찌 슬프지 아니하며 참혹치 아니하리오. 지금 시대에 열등 인종이 우등 인종에게 구박을 받는 것이 상고시대에 금수가 사람에게 구박을 받는 것과 같은 고로 생존경쟁은 천연이요, 우승열패는 공례라 함이로다.[22]

그는 우등과 열등 인종은 학문의 유무로 결정하는데, 우리 민족은 지식과 세력에서 이미 우등을 잃은 존재라고 생각했다. 그러면서 이를

---

21 「우리 동포에게 경고함」, 『海朝新聞』, 1908년 2월 26일자.
22 「교육이 없으면 이 시대에 생존함을 얻지 못함」, 『海朝新聞』, 1908년 2월 27일자.

타개할 방책은 신학문에 종사하여 새 지식을 개발하는 것이고, 이를 위해 학교를 설립하여 교육에 힘쓸 것을 제시했다.

… 일언이폐지하고 이 시대를 당하여 교육을 힘쓰지 아니하면 생존함을 잇지 못하리니 우리 형제는 서로 분발하고 서로 권면하여 열심히 자녀를 교육하되 이미 설립한 학교는 영구히 유지할 방침을 강구하고 아직 학교가 없는 지방에는 빨리 설립하기를 강구할지니 그 설립 규모와 교육하는 방법은 곧 우리 무리의 책임이라. 이에 심혈을 토하여서 구습을 고치지 아니하는 형제에게 경고하며 두 손을 들어서 각 지방의 청년을 교육하기로 열심하시는 유지군자의 찬하하노니 경계하고 힘쓸지어다.[23]

그는 미주의 한인사회를 높이 평가했다. 그 까닭은 조국사랑과 학업 권면을 목표로 하는 협회가 조직되어 교민사회를 잘 이끌어나가고 있다고 보았기 때문이다. 그는 아무리 광대한 청국과 막강한 일본인이라도 구미에 가면 백인종에게 천대와 멸시를 당하는데, 망국이 되어 존재조차 보잘것없는 한인이 미국인에게 지식이 많은 세계 제일의 상등 인종으로 칭찬받고 있다고 소개했다.[24] 즉, 미주 한인이 백인들에게 인정받는 까닭은 교육을 통해 지식을 계발啓發한 때문이라 하여 재차 교육의 중요성을 역설한 것이다.

정순만은 특히 여성교육의 중요성을 강조했다. 그는 여성교육의 필요성을 '꿈속의 헛소리[夢中譫語]'라고 반대하거나, 여성을 교육하는 것에 대해 부정적인 것은 여성의 인격을 멸시하는 인식에서 비롯한 것이라

---

23 『海朝新聞』, 1908년 2월 27일자.
24 「기회를 잃지 마시오」, 『海朝新聞』, 1908년 3월 1일자.

지적했다. 그는 남녀평등이라는 인식을 전제로, '교육의 초보는 가정지학'이기 때문에 어린아이들의 가정교육을 위하여 여성교육의 필요성을 주장했던 것이다. 나아가 그는 그 사회의 성쇠는 여성교육의 유무와 관계있는 것이라고까지 말했다.

> … 원래 여자와 남자가 동등의 권리를 가졌음에 결단코 어질고 미욱하고 귀하고 천한 분별이 있는 것이 아니라 다만 신체와 완력이 건장하여 병기를 가지고 전장에 출전함은 여자가 남자만 못하려니와 사회를 이루는 인족을 생산함은 남자가 여자만 같지 못하니 어떤 연고로 남자의 교육만 힘쓰고 여자의 교육은 요긴치 않다 하느뇨. 고금동서의 어느 나라이든지 여자가 사회의 반분을 점령하였으니 그 교육의 있고 없는 것이 사회의 성하고 쇠하는데 관계됨이 적지 아니하도다. … 법률의 의사로 사람을 다스림은 남자의 사업이요, 도덕의 의사로 사람을 다스림은 여자의 사업이니 도덕은 법률과 같이 제어하고 명령함이 없고 다만 사람을 감화케 함으로 주지를 삼는 고로 가정지내에서 어린 자녀를 교육함이 제일 긴요하니 대저 교육 초보는 가정지학이라. 우리 인생이 어릴 때를 지내지 아니하고 장년에 이른 자 있지 아니한즉 어린 때에 도덕으로써 사람을 감화케 하는 여자에게 교육을 받은즉 여자가 교육이 없으면 어찌 사람을 감화케 하는 능력이 있으리오. 그런고로 여자를 교육함은 우리가 어린 때에 여자에게 교육을 받는 필요가 있는 까닭이라 하노라.[25]

이 무렵 국내에서 많은 사람들이 유학에 뜻을 품고 러시아나 중국

---

25 「녀자교육」, 『海朝新聞』, 1908년 2월 28일자.

또는 미국으로 건너가기 위해 블라디보스토크로 왔다. 이때 정순만은 그들에게 여행의 안내나 도움을 주기 위해 노력했다.[26] 1908년 봄, 장건 상이 미국으로 가기 위해 블라디보스토크에 들렀을 당시 정순만은 그에 게 그곳의 총대장격인 류인석과 민회장 양성춘을 소개해주었다.[27] 즉, 그는 자발적으로 국내와 연해주 한인사회를 연결하는 가교 역할을 자임 했는데, 이 또한 그가 강조한 교육의 중요성과 무관하지 않다.

2. 서전서숙의 설립

정순만은 1906년 블라디보스토크로 망명했다. 그러나 그가 망명한 정 확한 시점은 확실하지 않다. 또한 그가 이상설·이동녕의 망명길에 동 행한 것인지도 명확하지 않다.[28] 이를 규명할 수 있는 일제 측 단서가 있다.[29] 서전서숙을 내사한 일제 보고서에 따르면, 먼저 이상설과 이동 녕이 1906년 5월경 상하이를 거쳐 블라디보스토크에 도착했다. 이어 6월경 별도로 정순만·황달영·김동환 3인이 '시찰視察'이라 칭하고 블 라디보스토크로 와서 이상설·이동녕과 회합하고 서숙의 건립을 협의 했다. 이들 5인은 7월경 함께 간도로 출발했는데 도중에 홍창섭이 합류 하게 되어 6인이 룽징촌에 도착했다. 따라서 정순만은 이상설의 망명에 동행한 것이 아니라, 시점과 경로를 달리하여 별도로 망명했을 가능성이

---

26 Dae-Sook Suh(1987), 앞의 책, 284쪽.

27 이정식·김학준, 『혁명가들의 항일 회상』, 민음사, 1988, 196쪽.

28 필자는 이전 논문에서 정순만이 이상설과 함께 망명길에 올랐다고 서술했는데(박걸 순, 『독립운동계의 3만 정순만』, 경인문화사, 2013, 109쪽), 단정하는 견해는 유보해 둔다.

29 統派庶第五號(1907. 10. 1), 「龍井村에 設立된 韓人學校 瑞甸書塾에 關한 統監府 派出所長의 報告 送付의 件」, 『間島의 版圖에 關한 淸韓兩國紛議一件』 第二卷, 870~879쪽.

있다. 그러나 상동청년회 동지로서 사전 계획과 약속에 의해 망명을 결행하고 서전서숙을 공동으로 건립한 사실은 의심할 바 없다.

이해 12월, 이들은 룽징 시내에서 가장 큰 집을 매입하여 학교 건물로 개수하고 서전서숙이라 이름했다.[30] 숙장은 이상설이 맡았고 이동녕과 정순만이 운영을 맡았다. 건립과 운영경비는 전적으로 이상설이 부담했고, 무상교육으로 실시했다.[31] 서전서숙의 운영경비를 이상설이 전적으로 부담할 수 있었던 것은 그가 고향 진천에 소유하고 있던 광대한 토지 등 경제적 배경을 통해 이해할 수 있다.[32] 서숙의 건물 규모는 70평 정도였고, 처음에 인근의 한인 청소년 22명을 모아 개숙開塾했다.[33] 계봉우는 서전서숙을 '간북교육墾北教育의 기원起源'이라고 평가하며,[34] '태평천국 망명객'이 뿌린 씨가 결국 효력을 발하여 만주족에게 빼앗겼던 강토를 다시 회복하는 열매가 되었다고 찬양했다.[35] 즉, 서전서숙을 북간도 민족교육의 요람으로 평가한 것이다.

서전서숙은 학생들을 갑·을반으로 나누어 교육했다. 갑반은 고등반이고 을반은 초등반인데 갑반에는 20세 전후의 생도들이 있었다고 한다. 이상설은 갑반의 산술을, 황달영은 역사와 지리, 김우용은 산술,

---

30 현재 룽징실험소학교 교정에 '서전서숙 옛터 비'가 건립되어 있고 이상설의 이름을 딴 '李相卨亭'이 건립되어 있다. 이 자리가 서전서숙 터로 추정되고 있다(연변 조선족 향토사가 이광평 증언).

31 玄圭煥, 『韓國流移民史』, 上, 語文閣, 1959, 465~466쪽.

32 이상설은 망명 직전 고향 진천에 83필지에 18만 81척, 11결 39부의 토지를 소유하고 있었다. 『鎭川郡量案』에 따르면 그의 소유 토지는 군내 4개 면에 걸쳐 있었는데, 그는 당시 진천군 상위 18위에 해당하는 지주였다.

33 金成俊, 「3·1運動以前 北間島의 民族教育」, 『3·1운동 50주년기념논집』, 동아일보사, 1969 참조.

34 四方子, 「北墾島, 그 過去와 現在」, 『獨立新聞』, 1920년 1월 1~13일자.

35 桂奉瑀, 『꿈속의 꿈』(독립기념관 한국독립운동사연구소, 『한국독립운동사 자료총서』 제12집, 1998, 171~173쪽).

여준은 한문·정치학·법학 등을 가르쳤다. 중점을 둔 교육과목은 신학문과 함께 철두철미한 민족교육이었다. 곧 서전서숙은 이름은 서숙이었지만 실상은 독립군양성소나 다름없었다.[36]

서전서숙의 운영 실태는 1907년 8월 통감부 간도파출소를 개설하고 서전서숙을 '시국상 의심할 점이 있어 취조'한 결과를 한국통감대리 하세가와 요시미치長谷川好道를 통해 외무대신에게 보고한 일본군 중좌中佐 사이토 스에지로齋藤季治郎의 내사 보고에 상세하게 나타나 있다.[37] 이 보고는 서전서숙이 폐교하기 1~2개월 전에 시행된 것으로서, 설립·취지·중요한 직원과 경력·자생資生·교과목과 생도 수·시국에 대한 직원의 태도·서숙의 장래 등이 구체적으로 정리되어 있다. 내사자內査者는 왕창동王昌東(정순만)을 이상설·이량(이동녕)·전공달(황달영)·홍창섭·김동환 등과 서전서숙을 설립한 인물로 파악하고 주창자를 이상설로 보고했다. 설립 취지는 간도의 문화가 다른 지역에 비해 뒤짐을 근심하여 이의 개발을 주지로 한다고 파악했다. 중요 직원으로는 이상설·이량·김동환을 언급하고 이들에 대해 간략히 소개했다.

운영경비는 이상설이 전담한다는 견해와, 이상설 5,000원, 전공달과 왕창동 500원, 김동환 300원, 홍창섭 100원 등 주도자들이 분담한 것이라는 정보를 함께 보고했다. 그리고 김동환의 진술을 인용하여 자금은 결코 다른 이의 지원을 받지 않았음을 강조했다. 교과는 산술·습자·독서·지리·법률 등 중학과정으로서, 생도는 룽징과 인근 각 촌락에서 몰려와서 숙내 등에 기숙시켰는데 한때 70여 명에 달하기도 했다. 그러나 정순만이 이상설과 함께 블라디보스토크로 떠난 후 점차 줄어들어

---

36 윤병석, 『간도역사의 연구』, 국학자료원, 2003, 35~36쪽.
37 統派庶第五號(1907. 10. 1), 「龍井村에 設立된 韓人學校 瑞甸書塾에 關한 統監府派出所長의 報告 送付의 件」, 『間島의 版圖에 關한 淸韓兩國紛議一件』第二卷, 870~879쪽.

일제의 내사 당시는 20명 정도만 남아 있었다. 이 자료에는 정순만의 격정적인 성정을 알려주는 대목이 있다. 즉, 시국에 대한 직원의 태도를 내사한 부분에서 황제의 강제 퇴위 소식을 듣고 교직원과 나이든 생도는 모두 비분했다고 하며, 그중 정순만은 의관을 찢어 땅에 던지며 강개했다고 특기했다.[38]

이로써 보면 정순만이 망명 직후 착수한 민족운동은 이상설 등과 함께한 서전서숙 설립이었으며, 이는 곧 독립군을 양성하여 궁극적으로 일제와 무장투쟁을 전개하기 위한 포석으로 이해된다. 그러나 서전서숙은 이상설과 정순만이 헤이그 사행을 위해 이듬해 4월 룽징을 떠나자 김동환 1인만 남아 학교 일을 맡았으나 곧 재정난에 봉착했고, 통감부 간도 출장소 설치 이후 가중되는 일제의 방해와 감시로 결국 9~10월경 폐교되고 말았다.[39] 그런데 이 내사 보고서에서 이상설이 망명길에 상하이에서 전 경성 주재 러시아공사 파블로프Aleksandr Ivanovich Pavlov을 만나고, 블라디보스토크에서 이용익을 만난 행적을 헤이그 사행과 관련하여 의심하고 있어 주목된다. 이는 헤이그 사행에 대한 광무황제의 사전 밀명설과 관련하여 시사하는 바가 크다.[40]

38 統派庶第五號(1907. 10. 1), 「龍井村에 設立된 韓人學校 瑞甸書塾에 關한 統監府 派出所長의 報告 送付의 件」, 『間島의 版圖에 關한 淸韓兩國紛議一件』 第二卷, 877쪽.
39 尹炳奭, 『增補 李相卨傳』, 일조각, 1998, 53~54쪽.
40 尹炳奭(1998), 앞의 책, 61쪽.

덕신학교의 설립과 운영

1. 설립

옥산 덕촌에 설립된 덕신학교는 한말 청주 지역에서는 유명한 사립학교였다. 그런데 덕촌 하동정씨 집성촌에는 덕신학교 이전에 종학계宗學契가 조직되어 문중 자제의 교육을 도모했으며 학사學舍를 건축하여 교육을 실시해오고 있었다. 그 중심 인물은 정재호鄭在浩(1839~1899)였다. 그는 과거급제는 하지 못했으나, 독학으로 기삼백주朞三百註를 통달하고 주역에 능통했다고 한다. 그는 문중 자제교육을 위해 종인들과 상의해 종학계를 조직하여 상세한 규약을 정비하고, 학사學舍를 건축하여 경사經史를 비치했다. 그리고 어진 스승을 맞이하여 문중 자제들을 교도敎導함으로써 문풍이 크게 떨치고 예절의 풍속을 이뤄 인근 마을에서 부러워했다고 한다.[41]

현재 그가 지은 「종학서宗學序」가 전해져 그 일단을 알려준다. 그는 문절영당의 유사를 맡아 제의를 갖추는 등 종사宗事를 맡고 있었는데, "자식들에게 천금을 남겨주느니 경전 하나를 가르치느니만 못하다"라며 문중 자제교육의 중요성을 강조했다. 이어 "연못을 파서 물을 가둬야 고기가 모이고, 나무를 심어 숲을 이뤄야 새가 보금자리를 만든다"고 하며 학사를 지어야 학생이 모이고 교육이 가능하다고 생각했다. 그는 5,000문을 모아 학사를 창건할 계획을 세우고 문중에 고했는데, 이에 종인들이 각각 몇백 문씩 내며 적극 호응했다고 한다.[42] 정재호의 학사 건립과 문중 교육에 관한 칭송은 그의 장례 때 보내온 여러 장의

---

41 姜相遠, 「在浩 斗鉉 海珀 三代記」, 『三世合稿』.
42 鄭在浩, 「宗學序」, 『桐石集』(『三世合稿』).

만사輓詞와 묘갈명 등에서도 확인된다.[43] 청일전쟁이 벌어지고 의병이 봉기했을 때, 군병이 덕촌마을에 들이닥쳤으나 그의 아들 두현斗鉉이 문중의 자제들을 모아 강학에 열중하는 모습을 보고는 '군자지향君子之鄕'이라 칭송하고 피해를 끼치지 않고 돌아갔다고 한다.[44] 이때 두현이 강학을 했다는 사실은 부친 재호가 세운 학사의 존재를 알려준다.

1901년 음력 4월 7일(양력 5월 24일), 간재 전우가 청주 '덕절'에 내왕하여 강회를 열었던 적이 있다.[45] 이 강회에 모인 문하생은 300~400명에 이르렀는데, 장소는 정두헌鄭斗憲과 정해관鄭海觀의 동네 글방[里塾]이었다.[46] 이 사실은 덕신학교 설립 이전에 덕촌에 제법 큰 규모의 마을 글방이 존재했음을 재삼 입증한다. 덕신학교는 곧 문중 교육의 전통을 계승한 근대교육기관이었다. 한편 덕신학교의 설립일자에 대해 전하는 기록은 정확하지 않다. 덕촌리 신협 앞에 건립된 「덕촌리자랑비」(1992년 8월 덕촌리 주민 일동 명의)에는 정순만이 1903년 문중 종재로 덕신학교를 건립했다고 기록하고 있으니, 정순만에 대한 기술 자체에 오류가 있어 신빙하기 어렵다.[47] 마을 어귀에 세워진 「하동정씨충의위부사직공파세천비문河東鄭氏忠義衛副司直公派世阡碑文」(1997, 최병무 찬)에는 연대를 명시하지 않고 정순만이 덕신학교 창립을 발의하여 종재로 건립

---

43 「附錄」, 『桐石集』(『三世合稿』).

44 姜相遠, 「在浩 斗鉉 海珀 三代記」, 『三世合稿』.

45 덕절은 큰 절이 있었다고 하여 붙인 덕촌의 옛 이름이다. 지금 마을 도로명을 '덕촌덕절길'이라 부르는 것은 이에 연유한다.

46 「艮齋先生年譜」, 『艮齋先生全集』卷之三, 保景文化社, 1984. 鄭斗憲은 鄭斗鉉의 오기로 보인다.

47 「덕촌리자랑비」에는 정순만의 영향으로 다른 마을에 앞서 덕촌마을에서 만세운동이 일어났다고 기술되어 있다. 그러나 1919년은 정순만이 연해주에서 사거한 지 8년 후의 일이고, 당시는 그의 활동이 고향에 거의 알려지지도 않았다. 따라서 이는 근거 없는 기술이다.

한 사실을 기술하고 있다.[48]

그런데 옥산초등학교의 연혁에는 '1906년 5월 15일 덕신학교(사립) 설립' 사실을 첫머리에 내세워 후신임을 자처하고 있다.[49] 덕신학교가 1906년에 설립되었다는 사실은 덕신학교를 재학한 정해백의 기록도 있다. 또한 1920년대에 옥산공립보통학교 교사를 지내고 해방 이후 옥산초교 교장을 지낸 강상원姜相遠의 기록도 1906년으로 일치한다.[50] 다만 건립일을 5월 15일로 명시한 것은 강상원의 기술이 유일하다. 따라서 덕신학교 설립일을 1906년 5월 15일이라 한 옥산초등학교 홈페이지 연혁은 강상원의 견해를 따른 것으로, 이날을 개교일로 삼고 있다.[51]

정순만이 덕신학교 설립에 관여했다면 그 역할은 무엇이었을까? 먼저 정순만의 망명 시점과 연계하여 논의할 필요가 있다. 정순만은 1906년 블라디보스토크로 망명했다. 그 시점은 1906년 봄이라는 견해도 있으나 정확하지 않다.[52] 정순만과 동지들의 망명 시점을 추리해 볼 수 있는 근거는 이상설 양부의 제일祭日이다. 이상설은 음력 4월 8일

---

48 「河東鄭氏忠義衛副司直公派世阡碑文」에는 그가 배재학당에서 수학했다고 하는가 하면 전혀 관련이 없는 지역인 미주의 활동을 기술했고, 사망 시기도 1928년이라 하는 등 오류가 심각하다.

49 옥산초등학교 홈페이지(http://okmt.es.kr/index.jsp?SCODE=S0000000335&mnu=M001001002).

50 姜相遠은 1926년 청주사범학교에 입학하여 수학하고(『每日申報』, 1926년 3월 17일자), 1929년 옥산보통학교에 초임 부임하여 1931년까지 근무했고, 이후 현리보통학교와 오창공립심상소학교에서 교편을 잡았다(『朝鮮總督府職員錄』). 해방 후 1952년 옥산초등학교 교장을 역임했다(『大韓民國職員錄』). 또한 옥산의 향토지 편찬에 참여하는 등 향토사가로 활동하여 지역 사정에 밝았다.

51 그런데 후술할 덕신학교 제1회 졸업생 李根佑가 1910년 3학년으로 진급했고, 1911년에 졸업하고 있어 설립 시점에 의문이 제기된다. 덕신학교가 3년 과정이었다면 이근우의 입학은 1908년이어야 하고, 그해가 개교 시점이 되어야 한다. 이러한 설립 시점의 간극이 인가 과정과 관련이 있는지, 아니면 다른 연유가 있는지는 확실하지 않다.

52 宋相燾, 『騎驢隨筆』, 국사편찬위원회, 1955, 116쪽.

양부 이용우李龍雨의 친기親忌를 모신 직후 망명길에 올랐다.[53] 이는 양력 5월 11일인데, 덕신학교 설립일과 근접한 시점이다.

전술한 바와 같이 정순만과 상동청년회가 주도한 을사조약 반대투쟁은 실패했다. 그들은 실패의 원인을 민중들의 박약한 애국사상 때문이라고 분석하고, 애국사상을 고취하기 위해서는 신교육의 실시가 최선책이라고 인식하게 되었다. 이에 관해서는 『백범일지』의 기록이 중요하다.

> … 아무리 급박하여도 국가흥망에 대한 절실한 각오가 적은 민중으로 더불어 무슨 일이나 실효 있이 할 수 없다. 환언하면 애국사상의 박약함이라. 七年病艾 三年艾格으로 늦었으나마 인민의 애국사상을 고취하여 인민으로 하여금 국가가 즉 자기 생명 재산을 빼앗고 자기 자손을 노예 대할 줄을 분명히 깨닫도록 하는 외에 최선책이 없다고 생각하고 그때 모였던 동지들이 사방으로 헤어져서 애국사상을 고취하고 신교육을 실시하기로 하고 나는 다시 황해도로 돌아와 교육에 종사하였다. …[54]

정순만도 이 무렵 귀향하여 덕신학교 설립을 문중에 발의했다. 그가 덕신학교 설립을 발의한 것은 곧 상동청년회 동지들의 결의에 따른 것이고, 국권회복운동의 연장선에서 이뤄진 것임을 알 수 있다. 그가 망명 후에도 줄곧 교육의 중요성을 강조하고 학교의 설립을 추구한 것은 신교육을 통해 민중의 애국사상을 고취하는 것이 민족운동의 초석이라고 여긴 신념에 따른 것이었다.

---

53 尹炳奭, 『增補 李相卨傳』, 일조각, 1984, 50쪽.
54 윤병석 직해, 『백범일지』, 집문당, 1995, 146쪽.

덕신학교에 관해 기술한 문중 기록이나 1960년대 향토지 기록에는 정순만에 대해 전혀 언급하지 않았다. 그 까닭은 그가 곧바로 망명길에 올라 덕신학교 운영에는 전혀 관여하지 않았고, 그 이후 1911년 블라디보스토크에서 비참하게 요절하며 향리와 연락이 두절되었기 때문이 아닌가 한다.

그러나 덕신학교 설립에 정순만이 주도적으로 참여한 것은 분명하다. 그는 종재와 사재를 들여 덕신학교를 세우고 학생들에게 단발을 실시하는 등 신학문의 수용과 문중의 근대 개명을 위해 애썼다고 한다. 한때는 덕신학교에서 배출된 많은 졸업생들이 지역 내 각계로 진출하여 덕촌리 하동정씨의 위상이 높아졌다고 한다.[55] 그가 국권회복운동의 방법론으로서 먼저 의병에 참여하고 이후 근대학교의 설립과 신교육의 실시를 통한 계몽운동으로 전환한 것이 사실이라면, 안동의 류인식柳寅植처럼 을미의병에 참여했다가 협동학교를 건립함으로써 척사사상에서 계몽사상으로 전회한 경우로 이해할 수 있을 것이다.[56]

그런데 정순만이 덕신학교를 설립하여 신교육을 실시했을 때에 문중의 반대도 있었던 것으로 보인다. 특히 그의 단발 시행 등은 유림적 체질을 지닌 문중의 반발을 샀다.[57] 실제 덕신학교 설립에 참여했던 정두현조차 치의단발緇衣斷髮 조치에 공맹의 가르침을 들어 '죽음으로 천추에 의리를 빛내고자 결심'하는 「절명사絶命詞」를 짓기도 했다. 즉, 변복령과 단발령으로 주자학적 가치가 허물어지는 것에 대해 죽음으로 지키고자 했던 것이다.[58] 이는 화서학파의 정맥을 이은 류인석이 전통 복식과 상투의 존재를 성리학적 가치의 상징으로 여기고 "머리는 만 번이라도

55 鄭世模(1921년생, 덕촌 2리) 증언(2008. 7. 8, 자택).
56 朴杰淳, 「東山 柳寅植의 歷史認識」, 『韓國史學史學報』 2, 2000, 64~65쪽.
57 鄭準來(1917년생, 정순만과 9촌, 덕촌 1리) 증언(2008. 7. 8, 자택).
58 鄭在浩, 「聞削髮令豫作絶命詞」, 『桐石集』; 鄭在浩, 「又」, 『桐石集』.

갈라질지언정 상투는 한 번도 잘릴 수 없고, 몸은 만 번이라도 찢길지언정 복식의 전통은 한번이라도 훼손될 수 없다"[59]고 선언한 정신과 일맥상통한다.

한편 덕촌에 다른 지역보다 이른 시기인 1900년 무렵 기독교가 전파되고, 1909년 덕촌교회가 설립되었다는 사실은 주목된다. 덕촌교회는 덕신학교가 설립되고 3년 후에 설립되었으나, 덕촌 하동정씨의 기독교 신앙은 문중 자제의 근대교육 시행에 일정하게 영향을 주었을 것으로 짐작된다. 그러나 정순만이 독실하게 기독교를 신앙했고 상동교회 교인이자 상동청년회 간부였다는 사실만 가지고 그를 덕촌교회 설립에 참여했다고 직결시키는 것은 잘못된 무리한 논리이다.[60] 정순만은 덕촌교회가 건립되기 3년 전에 이미 해외로 망명했기 때문에 덕촌교회 건립에 참여할 형편이 아니었다.

덕신학교 설립 배경과 과정은 교사로 참여한 정재봉과 정두현에 대한 문중 기록을 통해 확인된다. 정순만의 학교 발의에 대해 유수공^{留守公} 후손 3파[61]를 대표하여 정재봉(종파)·정두현(중파)·정회종(계파)이 회합하여 종재를 내어 덕신학교를 설립하기로 합의했다. 그런데 당시 가장 재산이 많았던 사람은 도사공^{都事公} 지완^{志完}이었고, 교토제대^{京都帝大}를 유학한 그 아들 만용^{萬鎔}이 출자를 많이 했다고 한다.[62] 3파 대표 중 가장

59 柳麟錫, 『昭義新編』 卷四, 117쪽.

60 연규홍, 『덕촌교회 100년사 은총의 소나무 숲』, 도서출판 동연, 2014, 93~97쪽. 여기에서는 5쪽에 걸쳐 「덕촌교회와 정순만」을 설정하여 서술함으로써 마치 정순만과 덕촌교회가 큰 관련이 있는 듯했으나, 정작 정순만과 덕촌교회의 관련성에 대해서는 아무런 설명을 하지 않았다.

61 덕촌 하동정씨의 파조는 유수공 목(9대)이다. 유수공 3파란 13대에서 분파한 후손으로 종파·중파·계파라 일컫는다(河東鄭氏留守公派譜所, 「河東鄭氏政丞公後留守公淸州派世系圖」, 『河東鄭氏政丞公後留守公派世譜』, 1983).

62 정진래 증언(정두현의 손, 1941년생, 2016. 9. 5, 필자 연구실). 의금부 도사를 지낸 志完의 소유 토지가 인근 3개 면에 걸쳐 있을 정도로 많았고, 일제강점기에는 그의

연장자이고 촌수가 높은 사람은 재봉이었다. 재봉은 간재 문인[63]으로서 광묵의 아들로 입계人係한 인물이었는데, 을사조약 강요와 통감 정치의 시행 등 국권이 기울어가는 사태를 보며 교육구국사상을 품고 학교 설립의 필요성을 절감하고 있었다.

두현은 간재의 신임을 받는 문인이었다.[64] 하동정씨 유수공 후손 가운데 간재문인록에 등재된 인물은 「관선록觀善錄」에 수록된 정해관·정태현·정대현과, 「종유록從遊錄」에 수록된 정두현이 있다.[65] 이 가운데 간재가 가장 신임한 제자는 두현으로 보인다. 두현의 문집에는 간재와 왕래한 서한이 여러 편 수록되어 있으며, 간재문집에도 두현에게 보낸 답신(1917)이 수록되어 있다.[66] 특히 간재는 두현에게 '경신敬愼'이라는 「명銘」을 내려주고 있어 각별한 사이였음을 알려준다.[67]

두현은 을사조약 늑결 소식을 듣고는 순국할 뜻을 품고 먼저 각국 공관에 조약 파기를 요청하는 투서를 하고자 유림들과 상의하기 위해 어머니께 고별인사까지 하고 집을 나섰다. 이전의 변복령과 단발령에도 「절명사」를 지었던 그였기에 을사조약은 사실상 국망과 같은 청천벽력의 소식이었을 것이다. 그는 스승인 간재와 선배 문인들을 만나 협의했는데, 그들이 '시세불급時勢不及'이라며 만류하자 뜻을 접고 귀가하여 인재 양성을 통해 훗날의 국권회복을 도모하고자 했다. 이때 스승 간재는

집이 주재소가 되었다고 한다. 만용은 초명인 鏋으로 더 알려져 있다.

63 정재봉이 간재의 문인이라는 사실은 정해박이 찬술한 정재봉묘비문에 나오는 기록이나, 세보에는 기재되어 있지 않다. 그러나 정두현의 아들이자 덕신학교에서 수학한 해백의 기록은 신뢰할 만하다.

64 『三世合稿』에는 간재와 수고받은 서신이 수록되어 있고, 손자 정진래는 간재가 조부 두현에게 보낸 서한도 보관하고 있다.

65 『艮齋先生全集』;『華嶋淵源錄』.

66 「答鄭斗鉉」(1917), 『艮齋先生全集』後編卷之三.

67 「敬愼銘-爲鄭斗鉉作」, 『艮齋先生全集』後編續卷之七.

두현에게 학교의 설립을 반대했으나, 두현이 스승 모르게 추진했다고 한다.[68] 위정척사가인 간재가 개화계몽의 근대교육을 반대한 것은 당연한 일이었을 것이다. 그런데 회종晦鍾에 대해서는 자字가 창로昌老이고 임오생壬午生(1882)이라는 세보 기록[69] 외에, 그 어떤 기록도 없고 그를 기억하는 종인들도 없어 더 이상 그에 대해 논의하기 어렵다.

덕신학교 건립 과정에서 중요한 사실이 확인되는데, 덕신학교가 종재를 자산으로 건립된 문중학교門中學校라는 사실이다. 이런 점에서 이른바 '산동삼재山東三才'인 신규식·신채호·신백우가 주도하여 건립한 산동신씨山東申氏(고령신씨)의 문중학교와 유사하다.[70] 산동신씨가 세운 문중학교는 문동학원(1901, 가덕면 인차리), 덕남사숙(1903, 가덕면 질마루), 산동학당(1904, 낭성면 묵정리) 등이 있는데, 모두 그들의 집성 마을에 세워 문중 자제의 교육을 담당한 대표적인 근대교육기관이다. 그런데 문동학원 교사였던 신채호가 한문 무용론을 주장하여 문중 어른의 분노를 사서 곧 폐교되거나,[71] 교과목으로 측량 등 실용적 학문을 가르쳤던 것에 비하면 덕신학교보다 더 근대적이었다고 평가된다.

다음은 정순만과 정재봉·정두현·정태현 등 건립 주체와 교사진이 간재의 문인이라는 사실이다. 그들은 각기 다른 곳에서 활동을 하고 있었으나, 을사늑약을 망국의 사태로 인식하고 교육구국운동에 나섰던 것

---

68 宋毅燮,「鄭斗鉉碑文」,『三世合稿』. 宋毅燮(1865~1944)은 간재의 문인으로 문집으로『春溪集』(1969, 12권 5책)을, 역사 저술로는 조선사를 저술한『東國綱鑑』을 남겼다.

69 『河東鄭氏政丞公後留守公派世譜』, 지식산업사, 270쪽.

70 任椿洙,「申圭植 申采浩 등의 山東門中 開化事例」,『尹炳奭教授華甲紀念韓國近現代史論叢』, 지식산업사, 1990.

71 문동학원이 곧 폐교된 것은 신채호가 한문무용론을 주장한 것에 대해 문중 어른들이 분노했기 때문이다(고령신씨대종회,『後學敎養敎材』, 2000, 147쪽).

이다.[72] 또한 재봉과 두현은 교장과 교사로 학교 운영에 직접 참여했다. 회종이 교사로 참여하지 않은 정확한 사유는 알 수 없으나, 교사로서 학문적 소양이 마땅치 않았기 때문으로 여겨진다. 정순만이 망명하지 않고 고향에 머물렀다면 당연히 교사로 참여했을 것이다.

2. 운영

1909년 당시, 충북에 37개의 사립학교가 설립되어 있었고, 이 중 청주 지역에 8개의 사립학교가 보통과 교육을 담당하고 있었다. 덕신학교는 정재봉을 설립자와 교장으로 하여 1909년 8월 19일 인가를 받았으며, 교원 수 3명, 학생 수 45명이었고, 예산은 113만 5,000원이었다. 예산 규모는 민영은閔泳殷이 교장으로 있던 보성학교의 116만 4,000원 다음으로 많았고, 다른 학교의 두세 배에 달하는 청주 굴지의 학교였다. 다만, 다른 학교들의 수업 연한이 6년이나 4년이었던 것에 비하면 3년으로 가장 짧은 속성이었다.[73]

그러나 덕신학교는 지금까지 청주의 한말 사립학교를 논의한 논고에서 교명 정도만 거론되거나, 소재지조차 잘못 알려지는 등 외면당해 왔다.[74] 청주의 근대교육으로는 기독교 계통의 청남학교 연구 정도가

---

72 한말 사립학교설립운동이 을사늑약으로 인한 위기의식이 근대교육의 기폭제가 된 것은 일반적 현상이다(김형목, 「한말 경기도 사립학교설립운동의 전개와 성격」, 『한국독립운동사연구』 제32권 32호, 2009, 141쪽).

73 정삼철 편역, 『100년 전 충북의 옛 모습(청주·청원군편)』, 충북개발원 한국학연구소, 2005, 73쪽.

74 김형목, 「한말 충북지방의 사립학교설립운동」, 『한국근현대사연구』 제23권, 2002; 한관일, 『충북교육사』, 문음사, 2005; 김양식, 「한말 일제초 청주지역 개화지식인들의 외부세계 소통과 지역 활동」, 『韓國史硏究』 제135권 135호, 2006.

고작이다.[75] 덕신학교 연구 부진의 가장 큰 이유는 자료의 부족이고, 그 다음은 연구자들의 무성의이며, 여기에 문중의 무관심이 더해진 결과이다.

다행히 필자는 1909년 덕신학교 2년 재학생 이근우李根佑(18세, 서면 동포 거주)의 「수업증서修業證書」·「포증서襃証書」(1909), 「진급증서進級證書」(1910), 「졸업증卒業證」(1911) 등을 발굴했다. 이 자료를 통해 지금까지 전혀 알려지지 않았던 덕신학교의 교사 이름과 교과목 등 실상을 알 수 있게 되었다.[76] 「수업증서」에 기재된 교육과정은 수신·한문·지지·역사·습자·작문·일어·산술·이과·창가·체조였다. 교과목은 다른 학교와 유사하다. 이전에 덕촌에 있었던 학사에서 전통 유학을 가르쳤다면, 덕신학교는 근대교육을 수업했던 것이다.

그런데 일어日語 과목의 존재는 덕신학교의 설립 목적과 교사진의 성향에 비춰볼 때 이율배반적이다. 덕신학교는 을사늑약의 위기감에서 국권회복을 도모하기 위한 교육구국운동 차원에서 설립한 학교이다. 또한 설립자와 교사진은 비교적 강렬한 민족주의적 성향을 지니고 있던 인물들이었다. 물론 당시 주변 사립학교의 교과목에 대개 일어가 편제되어 있었다. 예컨대 민영은이 교장이던 청호학교淸湖學校(보성학교로 개칭)도 외국어로 일어와 영어 과목이 있었다.[77] 게다가 일제 통감부의 사립학교 교과목에 대한 간섭과 탄압이 있었던 것도 사실이다. 그러나 비록 초

---

75 全淳東·崔東晙, 「日帝期 淸州地方의 民族敎育運動－淸南學校를 중심으로」, 『중원문화연구』 제2권 3호, 1999, 91~134쪽.

76 이근우의 덕신학교 「卒業證」은 후손들이 보관해오던 것이나, 「修業證書」와 「襃証書」는 필자가 2015년 10월 16일 청주고인쇄박물관에서 확인했다. 「卒業證」은 제1회 제1호인데, 「修業證書」는 매 학년 말에 전체 학생에게 수여한 것이고, 「襃証書」는 성적 우등생에게 준 상장이다. 학교 관인과 교장 관인 및 교사의 사인이 찍힌 것이 이채롭다.

77 淸湖學校의 교과목은 수신·한문·작문·역사·지리·박물·이학·화학·도서·법학·농학·체조(병식)·외국어(일어, 영어)·창가 등 덕신학교보다 더 다양하고 근대 지향적이었다(『皇城新聞』, 1906년 9월 5일자).

창기이지만 덕신학교가 외국어 견문을 넓히는 차원에서 영어가 아닌 일어 교과목만 교수했다는 것은 교육구국운동이나 민족교육이라기보다는 단순한 계몽교육이나 문화운동을 벗어나지 못했다는 지적을 면할 수는 없을 것이다.

덕신학교의 교과목과 교사진은 곧 변화가 있었다. 이근우의 「진급증서」에는 교육과정에서 일어 대신 어학으로 표기되어 있고, 창가가 빠져 있다. 어학은 일어를 다르게 표기한 것으로 보이는데, 창가가 빠진 것은 3학년 과정에 없기 때문인지, 아니면 「졸업증」에는 있기 때문에 실수로 기재하지 않은 것인지 알 수 없다. 교사로는 오완영이 빠지고 황흥주黃興周가 새로 부임했음을 알려준다. 「졸업증」에는 일부 교과목과 교사진의 변화가 보인다.

- 漢文·歷史·地誌(鄭斗鉉)
- 國語·體操·算術·作文·理科·圖書·唱歌(申厚永)

그가 2학년을 수료한 교과목과 비교하면 수신·습자·일어가 없어진 대신 국어와 도서가 신설되었다. 작문 교과는 '일선日鮮'을 함께 교수했다. 또한 1910년 교사였던 황흥주가 그만두고 신후영申厚永이 새로 부임했음을 알 수 있다. 특히 교장이 정재봉에서 정윤종鄭崙鍾으로 바뀌어 주목된다. 정재봉은 종파 양良의 후손이나, 정윤종은 중파 검儉의 후손으로 경신생庚申生(1860, 당시 51세)이다.[78] 교장이 바뀐 이유가 문중 내부의 사정 때문인지 여부는 알 수 없다. 정재봉은 덕신학교 교장을 그만둔

---

78 정윤종은 지화(父)-용묵(祖)-의규(曾祖)의 후손으로 정순만의 9촌 숙인데, 『세보』에 생몰연대 외에 특별한 기록은 없다.

후 만년에 한약상으로 가정의 생계를 꾸려나갔다.[79] 그는 간문榦門으로서 친우와 왕래한 서찰과 시문 등 유고가 많았으나, 현전하는 것은 전혀 없다.[80]

덕신학교는 1911년 4월, 제1회 졸업생을 배출했다.[81] 이근우가 2학년을 수료한 것은 1909년 12월 31일이고 3학년으로 진급한 것은 1910년 3월 31일이었다. 이후 덕신학교의 운영은 자료의 결핍으로 알 수 없으나, 1916년 현재 4명의 교사가 82명의 학생을 가르쳤다는 기록이 있다.[82] 이는 설립 당시보다 학생 수가 배가된 것으로서, 면 소재지에 위치한 문중학교 치고는 제법 큰 규모로 운영되었음을 알 수 있다.

그러나 덕신학교는 1919년 폐교되고 말았다. 1920년 일제가 옥산공립보통학교를 개교했기 때문이다. 개교한 지 13년 만의 일이다. 폐교 이후 학생들은 모두 옥산공립보통학교로 편입되었다. 교사들은 덕신학교를 그만두는 수밖에 없었다. 교사들의 이후 추향은 두현을 통해 알 수 있다. 정두현은 덕신학교를 그만두고, 곧 그해 여름(음력 4월) 자신의 고향집 옆에 '애오정愛吾亭'을 짓고 후학을 양성했다.[83] 그가 자술한 「애오정기愛吾亭記」에 그 내용이 전한다.

… 내가 얼마 전 기미년 봄에 학교에서 교편을 던지고 고향집으로 돌

---

79 鄭海珀, 「晚守齋鄭在鳳碑文」, 『三世合稿』.

80 증손 정열모 증언(2016. 10. 13, 필자 연구실). 어릴 때 증조부가 지은 문서가 많았으나, 지금은 전혀 남아 있지 않다고 한다.

81 李根佑, 「卒業證」.

82 全淳東, 「德新學校」, 『디지털청주문화대전』(http://cheongju.grandculture.net).

83 '애오정'은 정면 1칸 측면 1칸의 홑처마 네모지붕의 목조기와집으로 지어졌는데, 1928년 중수되었으나, 1997년 여름 철거되었다(林東喆, 『淸原의 樓亭』, 청원문화원, 1997, 101쪽). 정자의 이름을 애오정이라 한 것은 "십 년간 人事의 변동이 천태만상이나 정자만은 우뚝 남아 자신을 지켜줄 것"이라는 의미에서 비롯했다.

아오니 마을에서 배우러 오는 사람들이 매우 많았다. 그해 여름 4월에 봉우리의 남쪽에 있는 본집의 옆에 한 칸 정자를 세움에 기둥을 세우고 풀을 엮으니 진실로 여러 학생들에 힘입은 바 크다. 그 제도가 비록 하잘것없더라도 가운데에는 십여 명이 둘러앉을 수 있었다. ···[84]

덕신학교가 폐교했음에도 그에게 배우고자 하는 사람들이 많자, 이들을 계속 가르치기 위해 본래 이숙里塾의 전통을 이은 서당을 지어 열었던 것이다. 그런데 그가 찬한 기문에서 "교편을 던졌다[投敎鞭]"는 표현을 주목할 필요가 있다. 이는 일제의 관제 학교에서는 교편을 잡지 않겠다는 의지를 표현한 것이라 여겨진다. 그는 1940년 사망했는데, 장례 때 일본 경찰이 각지에서 보내온 만장과 그가 소장하고 있던 중요 서책과 유고 등을 마차 가득 압수해갔다고 한다.[85] 이듬해인 1941년, 아들 해박이 그의 시문 등 남아 있는 유고를 모아 문집 발간을 추진했다. 그런데 그의 저술에 '척왜斥倭와 우국憂國'에 관한 내용이 있어 일제가 다시 가택수색을 하여 압수해가는 바람에 문집 발간이 중단되었다.[86]

덕신학교 졸업생으로서 기록을 남긴 이는 두현의 아들 해박海珀(1909~2000)이다. 그는 7세 때인 1916년 덕신학교에 입학했다. 3학년 때인 1919년 덕신학교가 폐교되자, 부친에게서 한학을 배웠다. 그는 일제강점기에 틈틈이 자전거로 금강산과 각 명소를 여행했고 만주 지역을 답사하며 지리·역사·민속·풍기風氣 등을 연구했다. 광복을 전후하여 2년간 서울에서 인장업印章業을 개업하여 고향에 십여 두락의 전답을 매입하여 농사를 지었다.

---

84 鄭斗鉉,「愛吾亭記」,『石齋集』(『三世合稿』).
85 鄭珍來 증언.
86 鄭海珀,「史學家德齋河東鄭海珀經歷」,『三世合稿』.

그는 자신을 '사학가史學家'로 자처했다. 그가 남긴 저술에는 반드시 사학가임을 명기했고, 『세보』에도 사학가라고 기록했다. 특히 그는 『단기고사檀奇古史』를 번역 출판(1956)했고, 『팔도유람기』를 발간(1954)했다.[87] 또한 1957년부터 4년간 『충청일보』에 단군 이래 조선시대까지의 역사를 「역사기이편歷史奇異編」으로 연재했다. 이후 1950년대에 지방의회 의원에 재선했고, 1967년에는 청주향교 장의掌議에 당선되는 등의 활동을 했다.[88]

행적이 확인되는 덕신학교 졸업생이 두 명 더 있다. 이근우와 임학순任學淳이 그들이다. 이근우는 전술한 「졸업증」 1호의 주인공이다. 그는 서면西面 동포리東浦里 출신으로 1914년 전북 장수공립보통학교 부훈도(관등 8)로 교편생활을 시작하여 1929년까지 주로 고향인 옥산보통학교의 훈도로 재임했다. 그리고 1931년 면장 당선 기록과,[89] 1934년부터 1939년까지 옥산면장으로 재임한 기록이 확인된다.[90]

임학순(1894~1967)은 옥산 소로리 출신으로 덕신학교에서 수학한 후 청주보통학교를 졸업했다. 그는 1921년 고향인 옥산보통학교 부훈도로 시작하여 강외·동량·백곡보통학교에서 교편생활을 했다.[91] 해방 이후인 1949년에는 덕성초등학교 초대 교장을 역임했고, 소로초등학교 건립에 기여했다.[92]

---

87 정해박은 1956년 선대의 유고를 모아 『三世合稿』를 발간할 때 그 말미에 자신을 번역 발행인으로 하여 『檀奇古史』를 부록으로 첨부할 정도로 이 책에 강한 애착을 지니고 있었다. 이는 그의 민족주의적 역사 연구 성향을 짐작케 해준다.

88 鄭海珀, 「史學家德齋河東鄭海珀經歷」, 『三世合稿』.

89 『每日申報』, 1931년 5월 24일자.

90 『朝鮮總督府職員錄』.

91 『朝鮮總督府職員錄』.

92 임학순의 아들 임형식(청주고등학교 교사)의 증언.

이들 이외의 졸업생은 더 이상 확인할 수 없었다.[93] 그러나 특별한 인물, 예컨대 독립운동에 공적을 남기거나, 반대로 친일행적으로 이름을 남긴 이도 없는 듯하다. 따라서 덕신학교는 당초 소기했던 민족교육이나 교육구국이라는 목표는 달성하지는 못했으나, 근대로 이행되는 시기의 지성을 양성했고, 그들은 나름대로의 방식으로 식민지 시기를 살았던 것으로 이해된다.

맺음말

정순만은 1900년을 전후하여 독립협회와 상동청년회의 간부로서 국권회복운동을 주도했다. 보안회 활동, 멕시코 이민 참상 규탄, 을사조약 반대투쟁은 그가 중앙에서 주도한 대표적인 국권회복운동이다. 그러나 을사조약 반대투쟁이 실패하자, 그는 실패의 원인을 민중들의 박약한 애국사상 때문이라고 진단하고, 애국사상을 고취하기 위해서는 신교육의 실시가 최선책이라고 인식하게 되었다. 따라서 그는 상동청년회 동지들과 각각 귀향하여 향리에서 근대교육을 실시하는 것으로 방향을 설정했다.

1906년 귀향한 정순만은 덕촌 하동정씨 문중 대표들과 학교 건립을 협의했다. 덕촌에는 이미 종학계가 있어 문중 자제들의 교육에 힘썼고, 정재호가 숙사를 건립 운영했다. 즉 집안에 문중교육의 전통이 있었다. 정순만은 유수공 후예 3파 대표인 정재봉(종파) · 정두현(중파) · 정회종

---

93 『朝鮮紳士大同譜』. 찬성원으로 활동한 송해관(宋海觀, 당시 충북 청주군 서강외이하면 방축리 삼통 오호 거주)이 청주의 사립 덕신학교 농림강습회를 수업했다는 기록이 있다(『朝鮮紳士大同譜』, 1201쪽). 이로써 보면 덕신학교에서 농림강습회도 개설했던 것 같으나, 자세한 사항은 알 수 없다.

(계파)과 회합하여 종재로 학교를 건립하여 근대교육을 실시할 것을 결의했다. 이들은 모두 을사조약의 강제를 망국으로 인식하고 국권회복을 위해 교육의 시급함을 인식하고 있던 차에 학교 건립을 결의한 것이다.

정순만은 덕신학교 설립을 발의하고 곧 해외로 망명했기 때문에 학교 운영에는 직접 참여하지 않았다. 그러나 그는 망명 이후 서전서숙을 설립하여 운영하고, 블라디보스토크에서 『해조신문』의 발행을 주도하며 논설을 통해 교육의 중요성을 강조하는 등 민족운동을 하는 내내 교육구국사상을 지니고 실천하고자 했다.

덕신학교는 1906년 덕촌 하동정씨 문중 자제들의 교육을 위해 종재로 건립된 문중학교이다. 그런데 덕신학교의 설립과 운영을 주도한 이들은 대개 간재 전우의 문인이라는 사실이 특징이다. 이들 가운데 정두현이 간재의 가장 가까운 문인이었는데, 그는 간재의 반대를 무릅쓰고 근대학교 설립을 결행했다. 덕신학교는 3년 과정의 보통과로 운영되었는데, 1911년 4월 제1회 졸업생을 배출했다. 이후 1916년에는 85명이 재학하는 등 면 소재지에 위치한 문중학교 치고는 제법 큰 규모로 운영되었다. 그러나 1919년 일제가 옥산공립보통학교를 개교했기 때문에 개교한 지 13년 만에 폐교되었다. 덕신학교는 독립운동가 정순만이 발의하고 하동정씨 문중이 호응하여 건립한 청주 지역 일원의 근대교육기관을 대표하는 문중학교의 사례로서 평가할 수 있을 것이다.

(『한국학논총』 제48권, 국민대학교 한국학연구소, 2017)

04

연병환의 민족운동

머리말

2014년 11월 14일, 중국 상하이 쑹칭링능원宋慶齡陵園에서 88년 만에 유해가 국내로 봉환되며 새롭게 주목된 독립운동가가 있다. 충북 증평군 도안면 석곡리 출신 연병환延秉煥(1878~1926)이 그 주인공이다.

연병환은 그 자신보다는 애국지사 연병호의 형으로 더 잘 알려져 있다. 그러나 그는 자신이 실제 독립운동을 했으며, 연병호 등 어린 동생들을 중국으로 불러 독립운동을 하게 만든 인물이었다. 그뿐만 아니라 그의 딸은 한국광복진선청년공작대와 임시정부에서 활동한 연미당延薇堂이고, 그의 사위 또한 임시정부에서 활동한 독립운동가 엄항섭嚴恒燮이며, 외손녀 엄기선嚴基善도 임시정부에서 활동한 독립유공자이다. 곧, 연병환은 3대에 걸쳐 5명의 독립유공자를 배출한 가문의 중심 인물이라 할 수 있다.[1]

---

[1] 연병환은 2008년 정부에게서 독립운동의 공적을 인정받아 대통령표창에 추서되었다. 그런데 아우 연병호는 1963년 건국훈장 독립장, 딸 연미당은 1990년 건국

그러나 연병환과 그 가족의 독립운동에 대한 연구는 전무한 실정이다. 그러다 1980년대 들어 생가 복원과 공훈비 건립이 진행되었고, 지역 인사들을 중심으로 기념사업회를 발족하여 연병환·연병호·연미당 관련 자료를 모아 발간하는 등 노력을 기울여왔다.[2] 2008년에는 연병환이 독립유공자로 추서되고, 최근에는 금석문에 새겨진 기록의 오류를 바로잡는 노력도 진행되었으나,[3] 정작 본격적인 학술 연구는 진행되지 못했다.

이 글에서는 이러한 문제의식에서 증평 출신 곡산연씨의 독립운동을 견인한 연병환의 생애와 민족운동을 검토하고자 한다. 먼저 곡산연씨의 도안道安 세거 과정을 살펴보고, 연병환의 민족운동의 사회경제적 배경으로써 1902년에 시행된 토지 조사 기록인 『충청북도청안군양안忠淸北道淸安郡量案』(이하 『광무양안』)에 기재된 연병환과 그의 부친 연채우의 토지 소유를 분석하기로 한다. 이로써 그가 직접 독립운동의 전면에 나서지는 않았으나, 고향에 남겨둔 처자의 생계를 염려하지 않고 재정적으로 독립운동을 후원할 수 있었던 단서를 찾을 수 있을 것이다. 그 단

훈장 애국장, 사위 엄항섭은 1989년 건국훈장 독립장에 추서되었으니, 연병환보다 3~4등급 높은 훈격으로 건국훈장을 받았다. 그뿐만 아니라 외손녀 엄기선도 1993년 건국포장을 받았으니, 아우·딸·사위·외손녀까지 3대에 걸친 독립유공자 집안이다. 아우인 연병주와 연병한(연병오)도 1995년에 독립유공자 포상 신청을 했으나, 자료의 미비와 적극적 독립운동 성격 불분명의 사유로 포상이 보류 중이다.

2 증평군·증평문화원, 『애국지사·제헌국회의원 원명 연병호』, 2006; 애국지사 연병환·연병호선생선양사업회, 『애국지사 연병환·연병호』, 2013; 『연미당의 愛國千秋』, 2013. 기념사업과 자료집 발간에는 유병택과 연창흠의 열정과 노고가 있었다.

3 연병호생가보존회는 1981년 생가 내에 연병환·연병호·연병주의 공훈을 새긴 비를 건립했다. 그러나 기록의 오류가 많고, 刻字 상태도 좋지 않아 판독이 불가능했다. 이에 연병호기념사업회에서 2009년 사당 입구에 「애국지사 연병호 공훈사」를 새긴 비를 새로 세웠다. 또한 2011년 연병환공적비건립추진위원회는 생가 뒤편에 「애국지사연병환선생공적비」를 새로 건립하고, 기존의 비석은 '생가 및 주변정비공사'의 일환으로 철거하여 2014년 11월 그 현장에 매립했다.

서는 그가 중국세관에 근무하며 받은 월봉의 비교 분석을 통해 더욱 명확해질 것이다. 그리고 독립운동가의 회고나, 일제 비밀문서 등 파편적 기록을 통해 그의 국내 활동 및 중국 이주와 독립운동 지원 사실을 규명하고자 한다. 마지막으로 연병호 등 동생, 연미당과 엄항섭, 엄기선으로 이어지는 가족 3대의 독립운동을 통해 그의 유지가 계승된 사실을 주목하고자 한다. 이 과정에서 그간 잘못 이해된 오류를 바로 잡고, 새로운 사실이 밝혀질 것으로 기대한다.

도안 세거와 사회경제적 배경

1. 곡산연씨의 도안 세거와 선대

곡산연씨의 시조는 고려 때 문하시중을 지낸 충장공忠壯公 계령繼苓이다. 관향조貫鄕祖는 충렬왕 때 좌복사左僕射를 지내고 황해도 곡산에서 여생을 보내며 그곳을 본관으로 삼은 7세 수창壽菖이다. 『만성보萬姓譜』에 따르면, 수창은 원래 중국 홍농弘農 출신으로 충선왕과 혼인한 제국공주齊國公主를 호종하여 고려로 건너왔다고 한다.[4]

시조 이후 연병환의 선조를 살펴보기로 한다. 경鏡(8), 조祚(9), 단서丹瑞(10), 주柱(11)는 고려 때 곡산연씨의 맥을 이어온 인물들이다. 경은 문과에 급제하고 삼중대광문하시중태사三重大匡門下侍中太師를 지냈다. 조는 음보蔭補로 벼슬길에 나서 좌우위산원左右衛散員을 지냈는데, 조선 개국 이후 함흥으로 이거했다. 단서는 1364년(공민왕 13) 여진족이 쳐들어왔을 때 화주에

---

4   谷山延氏大同譜所, 『谷山延氏大同譜』 卷之一, 回想社, 2002, 2~3쪽.

서 승리하여 여진족을 선춘령 밖으로 몰아내어 왕에게 자금어대紫金魚袋를 하사받고 좌리공신이 되었다. 주絑는 한성부윤을 지냈으나, 고려가 망하자 함흥으로 돌아갔고 이성계가 여러 번 불렀으나 나가지 않았다.

12세 사종嗣宗은 주의 차남으로 조선 초기에 명신으로 널리 이름을 떨쳤다. 사종은 이성계의 위화도회군에 종군하여 개국원종공신開國原從功臣이 되었고, 2차 왕자의 난 때 좌명공신佐命功臣이 되고 곡성군谷城君에 봉해졌으며 서울 노원구 하계동을 사패지로 받았다. 그는 노모 봉양을 위해 사직하는 등 효행이 뛰어나 정문이 세워졌다. 사종은 곡산연씨의 실질적인 시조로 추앙되고 있다.[5] 고려 말 조선 초에 무신으로서 명성을 떨치며 번성하던 곡산연씨 가문은 중기에 들며 정치적 소용돌이에 휩싸였다. 음廕(13)은 회양도호부사淮陽都護府使와 회양진관병마첨절제사淮陽鎭管兵馬僉節制使를 겸임했다. 정렬井洌은 연안도호부사延安都護府使와 해주진관병마첨절제사海州鎭管兵馬僉節制使를 겸임했으나, 기유사화 때 화를 입었다.

곡산연씨가 도안에 세거하게 된 것은 정렬의 아들인 사직공 정㑵(1486~1549) 때부터이다. 그는 부친이 1490년(성종 21)에 죽은 후 형인 인仁·건健과 함께 어머니 상산김씨의 친정인 음성군 원남면 조촌리助村里에 내려와 살게 되었다.[6] 그 후 정은 안동김씨와 결혼하면서 처가인 도안으로 이주하게 되었고, 정미사화에 연루되어 유배되었다가 안변에서

---

5 곡산연씨 가문 인물들의 묘소는 화성리 6·7구(명암) 뒤편 야산에 있다. 언덕 입구의 홍살문을 지나면 황희가 지은 사종의 신도비가 있고, 그 뒤편 언덕 맨 위에는 북한에 있는 조상 5명(壽菖·鏡·祚·丹瑞·柱)의 신위비를 모신 사단이 있고, 그 아래에 사종과 그 아들인 庇와 廱의 묘소가 있다. 이 묘소는 원래 사종의 사패지인 서울 노원구 하계동에 있었으나 도시개발로 1973년 음의 묘소, 1990년 사종과 비의 묘소를 이곳으로 이장했다. 이곳에는 사종의 虛塚도 있는데, 하계동에서 옮겨온 묘석으로 조성했다. 홍살문 오른쪽 언덕에는 입향조인 㑵를 비롯한 그 후손들의 묘소가 있다.
6 『谷山延氏世譜』淑人商山金氏墓表.

사망했다.[7]

정은 7형제를 두었는데, 그의 손자 대에 곡산연씨는 도안 일대에서 충위공파忠衛公派·교위공파校尉公派·안음공파安陰公派·사직공파司直公派·진사공파進士公派·눌문파訥文派·금당파金塘派 등 7개의 분파를 형성했다. 따라서 곡산연씨의 경우 동족 촌락이 분가와 이주를 통해 새로운 집성촌락을 형성한 것이라 할 수 있다.[8] 곡산연씨는 혼인과 사우관계 등으로 볼 때 노론계열이었던 것으로 보인다.[9]

성종·연산군 대 즈음에 입향한 곡산연씨는 임진왜란 때에 창의하여 의병 활동을 했다. 충수忠秀는 청안에서 의병을 일으키고 후에 안음현감을 지낸 바 있고, 영조 '무신정변戊申政變' 때 연세홍·연수창 등은 이인좌 세력을 진압하여 공신에 책록되었다. 이 가문은 청안『사마록司馬錄』에 가장 많은 19명의 인물이 입록되어 있는 것으로 보아, 이 지역을 대표하는 사족 가문이었음을 알 수 있다. 그리고 사마소 역시 1702년(숙종 28) 이 가문의 연세화延世華 등이 중심이 되어 복설되었고, 5번에 걸쳐 정려·효자각이 세워졌다.[10]

눌문파조訥文派祖인 예수禮秀와 아들 택澤은 충좌위부사과忠佐衛副司果를 지냈으나, 진영震榮(19)과 세권世權(20)은 벼슬을 하지 못했다. 명만鳴萬(21)은 관직이 충좌위忠佐衛라고만 되어 있고, 종대宗大(22)는 관직을 하지 못했다. 그런데 연병환의 고조인 계원繼源(23)과 증조인 완회完會(24)는 모두 계자系子인데, 계원은 통훈대부에, 완회는 비서승에 증직贈職되었다.[11] 그의

---

7 『谷山延氏世譜』司直公墓表陰記.
8 이해준,『조선시기 촌락사회사』, 민족문화사, 1996, 74~76쪽.
9 송준길의 증조모가 곡산연씨이고, 송시열은『谷山延氏世譜』의 舊序와 司果公 再熙의 묘지명을 썼으며, 그 후손인 송환기가 연사종·순흥안씨·청송심씨의 효열정려기를 지었다. 世鴻·壽昌 등은 이인좌의 세력을 진압하여 공신에 책록되기도 했다.
10 김의환,「도안의 성씨와 인물」,『道安面誌』, 도안면지편찬위원회, 2001, 142~144쪽.
11 繼源의 생부는 益大이고, 完會의 생부는 繼尹이다(『谷山延氏大同譜』卷之三, 108쪽).

조부 종기鍾基는 무과武科에 급제했다고 하며, 부친 채우彩羽는 통정대부중추원의관通政大夫中樞院議官이었다고 하나 관찬사료에서 확인되지 않는다. 아무리 증직이라 하더라도, 채우가 빈농 수준의 토지를 소유하고 있었음을 감안하면 과도한 직책으로 사료된다.[12] 연병환의 선대를 정리하면 다음과 같다.

繼莘始祖 - 漢公(2) - 惺(3) - 景輔(4) - 誨(5) - 世麟(6) - 壽菖貫鄕祖
(7) - 鏡(8) - 祚(9) - 丹瑞(10) - 柱(11) - 嗣宗(12) - 廥(13) - 井洌
(14) - 佂副司果公派(15) - 定遠(16) - 禮秀訥文派祖(17) - 澤(18) -
震榮(19) - 世權(20) - 鳴萬(21) - 宗大(22) - 繼源系子(23) - 完會系
子(24) - 鍾基(25) - 彩羽(26) - 秉煥(27)[13]

2. 『광무양안』에 기재된 토지소유

1900년대 연병환의 사회경제적 상황은 『광무양안』을 통해 잘 알 수 있다.[14] 『광무양안』은 20세기 전후 한국사회의 농업사와 사회사를 연구하는 중요 자료이기도 하지만,[15] 특히 독립운동가의 사회경제적 배경을

---

12 鍾基는 무과 급제가 확인되지 않을 뿐만 아니라, 贈嘉善協辦에 임명되었다고 하며, 彩羽는 陞嘉善宮內府侍從院副卿이라 되어 있는데, 증직 명칭도 맞지 않는다.
13 『谷山延氏大同譜』卷之三.
14 量案에는 해당 군현의 촌락명과 옛 지명, 토지소유주와 경작인, 지목, 토지 위치와 등급, 가옥의 주인과 위치 및 규모, 관아와 점포, 주막과 물레방아 등 당시의 농업사와 사회사 연구에 필요한 중요 사항이 기재되어 있다. 그러나 時主와 時作의 성격과, 양전사업의 성격 및 근대적 토지 소유 관계 등에 대한 논란이 있다(김의환, 「충주 豊德마을의 모습과 농민층의 토지소유」, 『歷史와 實學』 제42집, 역사실학회, 2010, 191~192쪽).
15 충북대학교 중원문화연구소는 한국연구재단의 지원을 받아 2002년부터 2007년까지 양안 연구와, 수록 내용의 데이터베이스화 작업을 진행했다. 이에 대해서는 신영우 편,

표 1 『광무양안』에 기재된 연채우 소유의 토지[16]

時主	地目	田品	尺	結	時作	가옥	초가칸	기와칸	위치	당시 面
延采羽	전	3	600	42	延采羽家主	1	2	0	山井	北面
	전	5	845	34	延采羽	0	0	0	鎭岩	北面
	답	5	1,400	56	延采羽	0	0	0	鎭岩	北面
	전	3	391	27	延采羽家主	1	2	0	金塘里	北面
	전	4	1,166	64	延采羽	0	0	0	金塘里	北面
	전	4	1,200	66	延秉夏	0	0	0	金塘里	北面
計			5,602	289		2	4	0		

이해하는 데 귀중한 단서를 제공해준다.[17] 연병환의 고향인 청안군淸安郡의 『광무양안』이 작성된 것은 그가 20대 초반으로 한창 관직생활을 하고 있던 1901년이었다. 다행히 당시 그의 고향이었던 청안(현 도안면)의 『광무양안』이 전하여 그의 사회경제적 처지를 파악하는 데 큰 도움이 된다.

먼저 연병환의 사회경제적 상황을 이해하기 위하여 『광무양안』에서 그의 부친 연채우 소유의 토지 관계를 정리하면 표 1과 같다.

연채우가 소유한 토지는 모두 6필지였는데 그중 전田 5필지, 답畓 1필지로 전이 대부분이다. 이는 그의 고향의 입지 조건 때문으로 여겨진다. 그가 소유한 토지는 모두 고향 인근에 위치하고 있었으며, 전품은 3~5등급

『광무양안과 진천의 사회경제 변동』, 혜안, 2007;『광무양안과 충주의 사회경제구조』, 혜안, 2010;『광무양안과 진천의 평산 신씨 무반가문』, 혜안, 2012 참조.

16　『忠淸北道淸安郡量案』北面 坤(北面下 中草). 여기에 延彩羽는 '延采羽'로 표기되어 있다. 그런데 延采羽는 延彩羽와 거주지역이 동일하고, 동향에서 동일한 한글명 이름을 사용한 사람이 확인되지 않으며, 安㴐의 사례에서 확인된 것처럼 초명이나 호까지 사용하여 동일한 時主名을 여러 이름으로 기재하거나(박걸순, 앞의 논문, 2012, 87~88쪽), 성명을 오기한 사례도 적지 않기 때문에 동일인으로 보아도 무방할 것이다. 그런데 延彩羽는 1916년 延綵羽로 개명하여 호적을 정정했다.

17　박걸순, 「安㴐의 현실인식과 자정 순국」, 『한국근현대사연구』 제61집, 2012, 87~88쪽.

표 2 「광무양안」에 기재된 연병환 소유의 토지[18]

時主	地目	田品	尺	結	時作	가옥	초가칸	기와칸	위치	당시 面
延秉煥	답	4	2,583	142	延秉煥	0	0	0	淸塘坪	邑內面
	전	1	225	23	延秉煥水春	0	0	0	淸塘坪	邑內面
	전	6	1,612	40	延秉煥	0	0	0	淸塘坪	邑內面
	전	3	204	14	延秉煥	0	0	0	玉峴坪	邑內面
	전	3	140	10	延河一家主	1	3	0	玉峴坪	邑內面
	전	3	624	44	延秉煥家主	1	7	0	芳谷里	邑內面
	전	3	324	23	延錢錫家主	1	3	0	芳谷里	邑內面
	전	4	5,916	325	延秉煥	0	0	0	芳谷里	邑內面
	전	2	640	54	延慶一家主	1	6	0	芳谷里	邑內面
計			12,268	675		4	19	0		

으로 중하中下에 속했다. 그가 소유한 토지는 모두 5,602척, 28부 9속 (0.61정보)으로 소농小農으로 분류되기는 하나, 사실상의 빈농貧農 수준이 었다.[19] 그는 금당리 소재 1필지만 연병하에게 경작시키고 나머지는 직접 경작했다. 그의 가옥은 현재 연병호 생가가 있는 마을인 산정과 금당리에 초가 1채씩 2채가 있었으나, 각각 2칸에 불과했다.

연병환의 사정은 부친보다는 훨씬 나았다. 『광무양안』에서 연병환 소유의 토지 관계를 정리하면 표 2와 같다. 연병환의 소유 토지 또한 9필지 중 8필지가 전이고 답은 1필지에 불과하다. 그가 소유한 토지

---

18 『忠淸北道淸安郡量案』邑內面 坤(邑內面 中草).

19 당시 농민층의 사회경제적 처지는 소유 토지를 기준으로 할 때, 1결 이상은 富農, 50부~1결 미만은 中農, 25부~50부 미만은 小農, 25부 미만은 貧農으로 구분한다 (김용섭, 『朝鮮後期農業史硏究』1, 일조각, 1970, 144쪽). 이를 정보로 환산한 경우, 5정보 이상은 지주, 1.6~5정보는 부농, 0.6정보~1.5정보는 소농, 0.5정보 이하는 빈농으로 구분하기도 한다(최윤오, 「대한제국기 광무양안의 토지소유와 농업경영에 관한 연구: 충북 진천군양안 전체분석을 중심으로」, 『역사와 현실』 제58호, 2005).

는 모두 읍내면 일원에 있었는데, 전품은 1~6등급이 고루 분포되어 있으나, 대개 중간 등급 정도였다. 그가 소유한 토지는 모두 1만 2,268척, 67부 5속(1.3정보)으로 중농中農에 해당했다. 그는 9필지 중 3필지를 타인에게 경작시켰는데, 이는 그가 관직 생활을 하고 있던 시기였기 때문으로 이해된다. 그의 가옥은 초가 4채에 19칸이었으나, 실제로 그가 가주家主인 것은 초가 1채에 7칸으로 큰 규모이다.[20]

그런데 연병환의 청당평 소재 토지 중 1등품에 해당하는 곳에 물레방아[水舂]가 설치되어 있어 주목된다. 물레방아의 존재는 그의 영농 규모를 짐작하게 해준다.[21] 그가 중국으로 건너가 생활하는 동안에도 고향의 토지는 처분하지 않고 부인이 남아서 경작했던 것으로 보인다.[22] 따라서 그는 고향 가족의 생계를 염려하지 않을 정도의 농토가 있었으므로, 자신의 넉넉한 봉급으로 독립운동을 지원할 수 있었던 것이다.

연채우와 함께 연병환의 소유 토지가 확인되는 것은 조사 당시 그가 23세였기 때문에 분재分財가 이뤄졌고, 연병호는 7세에 불과했기 때문에 분재가 이뤄지지 않았던 것으로 보인다.[23]

---

20 충주의 경우 초가 7칸 이상은 전체 호수의 4.4%에 불과하다. 신영우 편(2010), 앞의 책, 280~281쪽.

21 진천군의 경우, 총 70개의 물레방아가 있었는데, 덕문면과 백락면처럼 1개도 없는 면도 있었다. 신영우 편(2007), 앞의 책, 366쪽.

22 연병환의 처 안동김씨 金思永은 金基三의 장녀로 1879년생인데, 남편을 따라 중국으로 가지 않고 국내에 남아 생활하다가 1935년 사망했으며, 묘소는 음성군 원남면 문암리 선영에 있다.

23 『光武量田』에 延秉昊와 한자 이름이 다른 延秉浩 명의의 토지가 보이나, 다른 인물인 듯하다.

민족운동

1. 국내 활동

연병환은 1878년 10월 21일, 충북 증평군 도안면 석곡리 555번지에서 연채우와 전주이씨 사이의 장남으로 태어났다. 초명은 병우秉佑, 자는 순재舜哉, 호는 석란石蘭이다. 그의 어릴 적 행적이나, 국내 활동사항에 대해서는 별로 알려진 바가 없다. 이와 관련한 기록은 『곡산연씨대동보谷山延氏大同譜』가 전부이며, 생가 내의 「연병우병환선생공훈사延秉佑秉煥先生功勳史」나 「애국지사연병환선생공적비愛國志士延秉煥先生功績碑」 등 금석문에 새겨진 내용은 모두 이를 옮긴 것에 불과하다.

그는 5세 때 사숙에서 한문을 수학했다. 그리고 "과문科文을 졸업했다"는 기록으로 보아 과거에 응시할 뜻을 지녔던 것으로 보인다. 20세에는 시詩·부賦·표表를 했다고 하니, 일정하게 유교적 소양도 지녔던 듯하다.[24] 그런데 그가 1910년대 초반의 인명록에 기재되었다는 사실은 당시 그의 사회적 지명도를 가늠하게 해준다.

『곡산연씨대동보』에 따르면 그는 1897년 관립외국어학교를 졸업하고 처음 궁내부 주사에 임명되었다가 인천해관 방판幫辦으로 전임했고, 1898년 부산해관 방판으로서 외무부 주사를 겸임했다. 관립외국어학교는 1891년부터 1898년까지 일어日語·영어英語·법어法語·러시아어[俄語]·한어漢語·독일어[德語]학교가 별개로 존재했다. 외국어학교의 입학 연령이 15~25세이고, 수학연한이 5년이며, 연병환이 영어에 능했다는 사

---

24 국사편찬위원회 한국근현대인물자료 데이터베이스에는 그의 생년월일이 1869년 7월 3일로, 그의 부친이 延鶴羽(孝子)로 잘못 기록되는 등 오류가 있다(http://db.history.go.kr/item/).

실 등을 종합하면 그는 1894년 설립된 영어학교를 다녔을 것으로 짐작된다. 그런데 영어학교 졸업생 명단에서 연병환은 찾을 수 없다. 당시 외국어학교의 중도 탈락률이 높고 재학 중에도 취직하는 경우가 많았기 때문에,[25] 그가 "1897년에 졸업"했다는 기록을 졸업이 아닌 중도 퇴학으로 이해하는 것도 가능할 것이다.

1901년 12월 2일, 52명이 새로 양지아문量地衙門 양무위원量務委員에 임명되었는데, 여기에 연병환의 이름이 보인다.[26] 동일인 여부를 속단하기는 어려우나, 당시 측량 사업은 탁지부 양지아문에 고용된 미국인 측량 기술자 크러멘Raymond E. Krumen과 함께 작업을 해야 했기 때문에 영어 능력을 갖춘 외국어학교 출신들을 양지아문이 개설한 측량학교에 20명씩 충원한 사례를 보면,[27] 동일인일 가능성은 있다고 사료된다.

그런데 그는 주일공사 조민희趙民熙가 부임할 때 수원隨員으로서 도쿄에 따라가 외교 사무를 보는 데 협조했다고 한다. 조민희는 주미전권공사와 주일공사를 역임하는 등 중요한 외교관이었다. 『곡산연씨대동보』에 조민희의 주일공사 부임이 실명으로 거론된 것으로 보면 나름대로 신빙할 만한데, 만일 연병환이 일본에 갔다면 그 시기는 조민희가 주일공사로 부임했던 1904~1905년일 것이다.[28]

한편 그가 어렸을 적에 영국에 유학했다는 기록이 있다.[29] 나아가 그가

---

25 노민화, 「大韓帝國 時期 官立學校 敎育의 性格 硏究」, 이화여자대학교 박사학위논문, 1990, 173~174쪽.

26 『官報』, 1901년 12월 7일자(『皇城新聞』, 1901년 12월 9일자).

27 박창남, 「개화기 관립외국어학교 출신자 연구」, 성균관대학교 박사학위논문, 2012, 51~52쪽.

28 發第八號(1904. 1. 22), 「駐日韓國公使任命ノ件」, 『駐韓日本公使館記錄』 22; 『大韓每日申報』, 1905년 12월 22일자. 조민희는 1904년 1월 주일공사로 임명되었다가 1905년 12월 말 귀국했다.

29 鄭元澤 著, 洪淳鈺 編, 『志山外遊日誌』, 탐구당, 1983, 27쪽.

영국인 성공회 신부와 친분이 있어 그의 도움으로 영국에 유학했다는 좀 더 구체적인 증언도 있다.[30] 그러나 그의 행적이 비교적 소상하게 기술된『곡산연씨대동보』나, 후손이 신청한「공적조서」에 영국 유학 이야기는 없다. 따라서 그의 관립외국어학교 진학이 영국 유학으로 와전되었을 가능성이 있다. 그는 20세를 전후하여 관립외국어학교를 다니고, 10여 년간 계속 관직에 있었기 때문에 영국 유학은 정황상 불가능했을 것으로 판단된다.

2. 중국 이주와 독립운동 지원

『곡산연씨대동보』에는 연병환이 1907년까지 관직에 있다가, 정미7조약이 강제되자 국가가 망해가는 것에 분노하여 결연히 방판직을 사퇴했다고 기록하고 있다. 1908년 8월에 청주군수에 서임되었으나, 역시 일본 통감정치하에서는 관직을 맡지 않겠다고 고사하고 취임하지 않았다고 했다. 그리고 이해 9월, 영국 친구의 천거로 청국淸國 안동현安東縣 해관에 취직했고, 1909년 훈춘琿春해관을 거쳐 1910년 룽징龍井해관으로 전임했다고 되어 있다.

한편, 1907년 연병환이 경상남도 동래부 수면 사립 정정의숙貞靜義塾에 의연금을 납부했다는 신문 광고 기사가 보인다.[31] 이 또한 동일인일 가능성을 완전히 배제할 수는 없으나, 속단할 수는 없다. 그런데 1907년 2월 7일자『황성신문』에 연병환이라는 인물이 등장하는 기사가 게재되었다. 이 기사는「문명록文明錄」에 그가 10원의 다액을 구독료로

---

30 애국지사 연병환·연병호선생 선양사업회(2013), 앞의 책, 50쪽.
31 『皇城新聞』, 1907년 2월 6일자;『大韓每日申報』, 1907년 2월 7일자.

냈다는 내용이다.[32] 이는 이 글에서 논의하는 연병환일 가능성이 크다. 왜냐하면 그가 1909년 『황성신문』에 서신 응모를 한 기사가 확인되기 때문이다. 그렇다면 그의 중국 이주는 늦어도 1907년 2월 이전으로 보아야 할 것이다.[33]

연병환은 1909년 3월, 황성신문사에서 모종의 안건에 대해 "각 지방 첨언僉彦의 고명한 의意를 앙청仰請"한 데 편지로 응했다. 당시 각지에서 수천 통의 편지가 신문사로 답지했는데, 황성신문사 사장 유근柳瑾, 『대한매일신보』 기자 변일卞一, 『황성신문』 사원 이범수李範壽가 '고시원考試員'이 되어 내용을 심사했다. 그 결과, 10명을 등위별로 선정했는데, '청국 안동현 세관稅關 내內 연병환'이 5등으로 선정되었다.[34] 이는 그가 국내를 떠나 있었으나 인접한 중국 안동현 세관에 근무하며 『황성신문』을 통해 국내의 정보를 취득하며 관심을 두고 있었음을 알려준다.

그가 룽징해관으로 전임한 것은 1908년 7월이었다. 1916년 말경 일제의 비밀문서에 따르면 그는 북간도 중국 관공서에 취직한 다른 한인보다 훨씬 빠른 시기인 1908년 7월 취직했고, 다른 한인보다 훨씬 고액의 월급을 받고 있었다. 다른 한인의 경우, 극소수를 제외하고는 대개 다이쇼大正 이후에 중국 관공서에 취직하는 양상을 보인다. 또한 그는 같은 해관에 근무하는 동료들이 16~25엔을 받는 데 비해, 공사供事로서 무려 6~10배가 많은 150엔을 받고 있었다. 이는 당시 쥐쯔제 도윤공서道尹公署에 근무하며 한인으로서 최고의 월급을 받고 있던 이동춘李同春의

---

32 『皇城新聞』, 1907년 2월 7일자. 「文明錄」이란 구독료를 납부한 개인과 단체를 기재하는 고정란인데, 대구군수와 주사, 서기가 합해서 4원 86전을 낸 것에 비하면 고액이다. 이는 이 시기에 그가 중국 세관에 근무하고 있음을 방증하는 것으로 생각된다.

33 연미당의 출생 연월일이 1908년 7월 15일이기 때문에 1908년 중국 이주설은 맞지 않는다.

34 『皇城新聞』, 1909년 3월 3일자.

보수인 60원보다 1/3가량이나 더 많은 액수로 그의 월급 규모를 짐작할 수 있다.[35] 또한 당시 간도 이주 한인의 휴대자금이 300엔 정도라는 일제 측 보고 자료도 그의 월급이 고액이었다는 사실을 입증한다.[36] 그 때문에 풍족한 월급으로 독립운동가를 후원하고 독립운동을 지원할 수 있었던 것이다. 그가 이처럼 고액의 급료를 받을 수 있었던 것은 뛰어난 어학 실력을 바탕으로 한 대외 업무 처리 능력에 대한 반대급부로 이해된다. 그가 국내에서부터 중국으로 이주한 이후에도 계속하여 요지의 해관에서 근무한 것 또한 그러한 까닭 때문이었다.

연병환은 경술국치를 당하며 조국 광복에 뜻을 두고 수시로 독립운동을 지원했으며, 신해혁명으로 중화민국이 탄생하자 옌지현延吉縣에 여자중학교를 창립했다고 한다. 그런데 그가 구체적으로 독립운동에 관계한 사실은 1919년 6월 이후의 기록에서 확인된다. 이는 룽징 3·13만세시위 이후 고조되는 동포사회의 독립운동 분위기와, 이를 탄압하려는 일제의 기록인데, 이를 정리하면 다음과 같다.

> … 이로써 排日者들의 暴狀은 나날이 험악해졌고 한편 우리나라(일본-필자 주)의 중국 관헌에 대한 압박도 날로 더해갔고 또한 우리 영사관 경찰의 검거로 불령배는 신변에 위험을 느끼고 점차 오지로 숨

---

35 機密 第六十四號(1916. 12. 4), 「間島ニ於ケル支那官公署ニ就職セル鮮人名簿送付ノ件」, 在間島總領事代理領事 鈴木要太郎 → 外務大臣 報告, 『不逞團關係雜件-朝鮮人ノ部』(在滿洲ノ部 5). 중국 관공리로 취업한 다른 한인 관리의 경우 봉급액이 吊나 元, 또는 粟으로 표기되어 있으나, 룽징해관 소속 한인들만 円으로 표기되어 있는데, 이는 그가 對日 관련 업무를 수행했음을 시사한다. 월급액은 巡差인 尹景華 25円, 金時烈 18円, 韓炳煥 16円으로, 연병환이 6~10배가량 더 많이 받고 있었다. 당시 한인들이 받던 월급은 편차가 컸으나, 대개 10元, 100吊 이내가 다수였다. 당시 元:円:吊 환율은 1:1.8:12정도였으니(東洋拓植會社, 『間島事情』, 대일본인쇄주식회사, 1918, 462~466쪽), 이동춘의 월급 60元은 108円에 해당한다.

36 김주용, 『일제의 간도 경제침략과 한인사회』, 선인, 2008, 192쪽.

어 들어갔다. 곧바로 3월 31일 大笠子에 있는 명동학교 교장 김약연을 중국 관헌의 손으로 검거하고(우리가 검거할 것을 탐지한 중국 관헌이 우리보다 먼저 검거하였고 체포 후에도 비교적 자유를 주었다고 선인들의 칭송이 있음), 4월 9일에는 다시 4명을 체포하고 계속하여 5월 27일 명동학교를 수색하고 중국 관헌이 폐쇄를 명하였다. 이 밖에 5월 17일 局子街 배일선인 孫公範을 체포하고, 6월 상순 우리 경찰관 약 40명을 영사관 경찰에 증가시켜 우리 경찰의 내사와 검거가 함께 활기를 띠었다. 6월 15일 미명에 다시 大笠子 명동학교 부근에 출동하여 선인 교사 1, 학생 3을 체포하고, 계속하여 6월 18일 龍井村 中國 稅關員 排日鮮人 延秉煥을 체포하였는데 이로써 불령배는 점차 그 종적이 끊기게 되었다. …[37]

1919년 3월 13일, 북간도 룽징에서 한인들의 대규모 만세시위가 있자, 일제는 중국 관헌에게 압박을 가해 사격을 가하도록 하여 현장에서 13명이 순국하고 30여 명이 부상당했다. 이후 일제는 중국 관헌과 함께 대대적인 한인 수색과 체포에 나섰다. 명동학교 교장 김약연은 만세시위를 협의하기 위해 연해주로 가서 대한국민의회를 조직하고 국내외 독립운동가와 협의하며 독립선언문 작성과 선포 등에 관해 협의를 주도적으로 진행해왔다. 또한 명동학교 학생들은 룽징 3·13만세시위 때 30리 밖에 떨어진 학교에서부터 악대를 앞세우고 서전벌 시위대열에 합류하는 등 적극 참여했다.[38]

따라서 일제는 중국 관헌을 앞세워 김약연을 체포하고, 6월 중순에

---

37 官秘 第290號(1919. 8. 23), 「在露支方面鮮人ノ狀況送付ノ件」, 朝鮮總督官房外事課長 → 外務省政務局長, 『不逞團關係雜件-朝鮮人ノ部』(在西比利亞 8).

38 김병기·반병률, 『국외 3·1운동』, 한국독립운동사편찬위원회·독립기념관 한국독립운동사연구소, 2009, 49~57쪽.

이르도록 명동학교를 수색하여 교사와 학생을 체포하고 학교 폐쇄를 명하는 강경 조치를 취하도록 했다. 그런데 일제가 6월 18일 연병환을 체포했던 것이다. 이 대목에서 주목할 것은 일제가 그를 '배일선인'으로 지칭하고, 그의 체포 기사에 이어 독립운동가들의 종적이 끊겼다고 판단한 사실이다.[39]

이 자료는 연병환이 북간도 한인사회의 독립운동에서 차지하는 비중을 잘 알려준다. 또한 그의 피체 사유가 3·13만세시위와 관련된 것이 틀림없음을 알려준다. 그런데 일제는 그의 체포 사유를 "아편 음용 및 독립운동 가담 혐의"라고 밝혔다.[40] 또한 연병환이 독립운동 혐의가 있어 가택수색을 했더니 아편괴가 발견되어 2개월의 처벌에 회부했다고 보고했다.[41]

그의 체포 소식은 즉각 일본 언론에도 보도되었다. 즉, "유명한 배일조선인" 연병환이 "몰래 폭동에 가담한 혐의"가 있어 일본 경찰이 중국 경찰의 입회하에 그의 가택을 수색했더니 "증거 물건과 함께 놀랄 만큼 커다란 아편 덩어리"가 발견되었다는 것이다. 여기서 증거 물건이 무엇을 지칭하는지는 알 수 없으나, 아편의 순도는 12.5%에 달한다고 했다. 그런데 연병환은 가택수색을 당한 후 갑자기 톈진天津으로 전근 명령을 받았다. 이는 중국 당국이 연병환을 보호하기 위해 취한 조치였던

---

39 룽징 3·13만세시위 이후 일제의 탄압은 극심했다. 이는 북간도 한인 지도자 중의 한 사람으로서 대종교 간부인 강석기가 만세시위에 연루, 룽징 일본영사관에 피체되어 40여 일간 옥고를 치른 후 국내로 강제 송환된 사례에서 잘 알 수 있다(독립운동사편찬위원회, 『湖石先生文集』, 『獨立運動史資料集』 제12집, 1977, 473~475쪽).

40 朝特報 第二十二號(1919. 6. 21), 朝鮮軍參謀部, 「鮮內外一般の狀況」(金正明 編, 『明治百年史叢書』(제1권 분책, 9쪽).

41 朝特報 第四十一號(1919. 9. 6), 朝鮮軍參謀部, 「鮮內外一般の狀況」(金正明 編, 『明治百年史叢書』 제1권 분책, 63쪽). 『谷山延氏大同譜』에는 그가 수감되었을 시 일본인 橫加에게 혹독한 고문을 당했으나 끝내 굴복하지 않고 민족대의를 떨쳤다고 기록하고 있다.

것으로 이해된다. 그러나 그는 결국 2~3일 내에 전근하기로 하고 송별연에 참석하려다가 피체되었다.[42]

일제가 그의 체포 사유를 아편 소지와 음용으로 내세운 것은 악의적 의도에 불과하다. 일제는 3·13만세시위를 계기로 대대적인 검거 선풍을 일으킬 때, 그가 독립운동을 지원한 심증은 있으나, 확실한 물증을 찾지 못하자 체포의 구실로 아편을 이용한 것으로 판단된다.

북간도 룽징 제3구 제2호에 거주할 당시 연병환의 생활과 동정은 그의 집을 방문한 정원택과 박영준의 기록을 통해 확인할 수 있다.[43] 정원택은 1911년, 박영준은 1920년경 연병환을 방문한 바 있다. 정원택은 망명 도중인 1911년 12월 14일, 북간도 룽징에 도착하여 연병환의 집에 들렀을 때의 정황을 다음과 같이 기술했다.

> … 龍井村에 이르러 朴南坡의 소개로 延秉煥씨를 방문하니 연씨는 충청북도 사람으로 어렸을 때에 영국으로 떠나서 영국에서 유학하여 영어에 숙달하니, 세관에 취직하여 月銀月給이 풍부하더라. 연씨가 동향의 의리로 만류하여 투숙하고, 崔雲岩은 가족을 인솔하고 옌지현 局子街에 있는 金源始는 역시 崔와 동향 친우로 먼저 와서 거주하는지라, 저녁밥을 먹은 뒤에 주인 延秉煥(호는 石村)이 소개하여 金端玉(호는 石崗)씨를 방문하니, 김씨는 충남 홍성 사람으로 국치 후에 여기 와서 은거생활을 하는 사람인데, 지조가 고결하다는 소문이 있었다. 龍井은 역시 북간도의 번화한 시가이다. …[44]

---

42 『大阪每日新聞』, 1919년 6월 20일자.
43 북간도 룽징 거주 당시 연병환의 주소가 제3구 제2호라는 것은 일제 측 자료에서 확인할 수 있다(朝鮮總督府 高等法院 檢事局, 「在南京不逞鮮人團體員事件」, 『思想彙報』 제14호, 1938. 3, 254쪽).
44 鄭元澤 著, 洪淳鈺 編(1983), 앞의 책, 27쪽.

연병환의 집에서 하루를 묵은 정원택은 16일, 모아산帽兒山 밑에 있는
은계隱溪 백순白純의 집으로 갔다. 그는 백순에게 서울의 대종교총본사에
서 써준 소개장을 건넸고, 백순은 그를 가족처럼 대해주었다. 그런데 이
부분에서 그는 백순이 연병환·김단옥과 연기年期가 서로 맞으며 정의가
두터운 사이라고 서술했다.[45] 이는 연병환이 박찬익이나 백순 등 대종
교의 주요 인사들과 가깝게 교류하고 있었음을 의미한다. 따라서 그도
대종교에 가입했을 가능성을 배제할 수 없다.[46]

그런데 박찬익이 약관의 정원택을 연병환에게 소개시켰다는 사실
은 당시 연병환의 행적이나 위상을 시사하는 대목이다. 이 사실을 이해
하기 위해서는 먼저 정원택이 북간도로 오는 과정에 대한 검토가 필요
하다. 정원택은 1911년 11월 20일, '은일거사隱逸居士'로서 국제정세를
통찰하고 재만동포사회를 주시하며 청년들에게 독립운동을 권면하고
있던 강석기를 충남 부여군 장암면 장하리 향제로 찾아가 망명에 대한
방책을 상의했다.[47]

강석기는 대종교 중광에 참여한 이래 국권회복을 도모하던 우국지
사로서, 정원택에게 대종교총본사의 김교헌과 유근에게 소개장을 써주
며 북간도행을 권유했다. 강석기는 정원택이 룽징에서 만난 백순과 함
께 경성공업전습소京城工業傳習所를 설치하여 수백 명의 졸업생을 배출하기
도 한 대종교의 주요 인물이었다.[48] 강석기 자신도 1913년 7월 망명길

---

45 鄭元澤 著, 洪淳鈺 編(1983), 앞의 책, 28쪽.
46 백순은 1909년 대종교를 신봉한 이래 주요 직임을 지내고 도형 호에 추가된 인물
    로 대종교 중광제현의 제3위로 꼽힌다(大倧敎總本司, 『大倧敎重光六十年史』, 1971,
    1971, 812~814쪽). 박찬익은 1910년 대종교를 신봉했고 역시 도형 호에 추가된 중
    광제현이다(大倧敎總本司, 『大倧敎重光六十年史』, 1971, 635~639쪽). 이들이 연병
    환을 만났던 때는 이미 독실한 대종교도였다.
47 박걸순, 「湖石 姜錫箕 父子의 대종교신앙과 민족운동」, 『한국사연구』 제167호, 2014.
48 『東亞日報』, 1931년 4월 2일자.

에 룽징에 들러 박찬익을 만나 소회素懷를 운자韻字로 남긴 바 있다.[49]

정원택이 대종교총본사를 찾아가 김교헌과 유근에게 강석기의 소개장을 제시하자, 이들은 그를 환대하며 북간도에 가서 백순을 만나도록 주선했다. 박찬익이 정원택을 연병환에게 소개시킨 것은 독립운동과 관련된 것이 분명하며, 이는 연병환이 당시 대종교와 연계한 북간도 동포 사회의 독립운동에서 주도적 인물이었음을 방증한다. 이후 쮜쯔제에서 지내던 정원택은 1912년 11월 13일, 백순을 따라 룽징으로 가서 다시 연병환과 김단옥을 만나 환대를 받았다. 연병환은 그가 베이징北京으로 유학을 떠난다는 말을 듣고 30원의 여비까지 주며 전별했다.[50]

박찬익의 아들 박영준朴英俊[51]은 자서전에서 1920년을 전후한 시기 룽징에 거주하던 연병환에 대해 회고를 남겼다. 그의 회고는 「연延선생 댁에 관한 짧은 추억」이라는 별도의 장章을 설정하여 서술할 정도로 각별한 정을 담고 있다. 또한 회고의 내용은 매우 구체적이고 생생하며, 연병환은 물론 그 가족들의 독립운동 활동까지 기술한 점에서 사료적 가치가 크다.

---

49 「至龍井市 逢朴贊翊南坡朴勝益貞齋 喜且悲適有開學原韻 故次一首」, 『湖石先生文集』(독립운동사편찬위원회, 『獨立運動史資料集』 제12집, 465~466쪽).

50 鄭元澤 著, 洪淳鈺 編(1983), 앞의 책, 42쪽. 물론 정원택은 백순의 권유에 따라 베이징행을 포기하고 블라디보스토크로 가서 이상설을 만나고 상하이로 떠났다.

51 박영준은 1915년 북간도 룽징에서 박찬익의 3남으로 태어났다. 그는 1936년부터 상하이에서 독립운동에 참여했으며, 1942년 중국중앙군관학교를 17기(특별훈련반)로 졸업했다. 이후 1939년 광복진선청년공작대에 참여했고, 1944년 임시정부 이재과장을 거쳐 1945년에는 한국광복군 제3지대 제1구대장 겸 제3지대 훈련 총대장을 지냈다(1977년 건국훈장 독립장 수여). 그의 부인 신순호 역시 광복진선청년공작대와 한국광복군에서 활동한 애국지사(1990년 건국훈장 애국장 수여)로서, 임시정부에서 활동한 신규식의 동생 신건식의 딸이다.

내가 5~6세 때의 일이다. 그 당시 아버지는 주로 룽징에 나가서 독립지사들을 만나 간도의 교포들 문제, 교육 문제, 독립운동을 지원하는 문제 등으로 바쁜 나날을 보내고 있었는데 그 논의하는 장소가 연병호 씨 형인 연 선생(이름은 기억이 나질 않는다) 댁이었다. 어머니를 따라 사십 리 길을 걸어 그분 댁을 방문한 적이 있었는데 그때의 정경은 여든이 넘은 지금도 생생이 기억난다. 7~8명 정도의 독립지사들이 큰 서양식 식탁에서 공깃밥을 나누어 먹으며 심각하게 이야기를 나누기도 하고, 어느 때는 큰 소리로 웃기도 했다. 반찬은 된장국에 김치와 깍두기가 전부였고 저녁에는 더 많이 모여서 술을 마시며 모종의 계획을 세우고들 하였다. 당시 영국세관에 다니고 있던 선생은 직접 독립운동을 하지는 못하지만, 그 뒷바라지라도 해야만 한다는 마음으로 월급을 털어 경비를 충당하고, 자기의 집을 모임 장소로 제공하는 등 모든 협조를 아끼지 않았다. 연병호 선생은 해방이 될 때까지 독립운동을 하셨고 귀국 후에는 충북에서 국회의원까지 지내셨다. 결국 두 형제분이 조국의 독립을 위해 힘쓰셨다. …[52]

이 회고는 룽징에 거주할 당시 연병환의 집이 북간도 지역 독립운동가들이 독립운동 계획을 논의하기 위해 회합하는 장소로 이용되었음과, 그가 중국세관에 근무하는 관계로 직접 독립운동에 참여하지는 못했지만 월급을 털어 독립운동 자금을 지원하는 등 모든 협조를 아끼지 않았음을 증언한다. 그러나 영국세관에 다니고 있었다는 부분은 착오로 보인다.

연병환은 룽징영사관 감옥에서 출옥한 후 상하이로 건너갔다. 그 정

---

52 朴英俊, 『한강물 다시 흐르고』, 한국독립유공자협회, 2005, 59~60쪽.

확한 시점과 사유는 알 수 없다. 아마도 그 시점은 출옥 후 머지않은 때였으며, 사유는 만세시위에 가담했다가 옥고를 치렀으니 룽징해관에서 방출당했을 가능성이 있다.[53] 1920년 9월, 그의 이름은 상하이 대한인거류민단大韓人居留民團 의원 선거 시 피선거인 명부에서 확인된다. 이 명부는 "상하이 재류 조선인 중 독립적인 생계를 영위하고 상당히 분별이 있는 사람을 표준으로 하여 극히 최근에 만들어진" 것이었다. 이 자료는 1920년 9월 2일, 상하이 대한인거류민단장 여운형 명의로 상하이 강령리康寧里 민단 사무실에서 개최될 의원 선거에 참여하라는 문서에 첨부된 것인데, 그는 북구 소속으로 되어 있다.[54]

그는 1년여가 지난 이듬해 9월 말 조사된 명부에서도 이름이 확인된다. 이는 거류민단에서 계출한 「상하이재류조선인현재인명부上海在留朝鮮人現在人名簿」(1921년 9월 말)인데, '무계無屆 재류자在留者' 60명을 제외한 호주나 세대주 567명 명단이 기재되어 있다. 이 명부에 연병환은 한인이 집중해 거주하던 본구本區에 임시정부 요인들과 함께 거주하는 것으로 되어 있다.[55] 그러나 그는 거류민단에서 별다른 직책을 맡고 있지는 않았다.

룽징에서 상하이로 온 연병환은 이곳에서도 세관에서 근무했다. 그런데 일제는 상하이세관에 근무하는 '배일선인' 연병환을 독립운동에서

---

53 일제가 1920년 1월 초부터 상하이 세관에 근무하는 연병환을 편벽한 곳으로 내쫓으려고 획책했음으로 미루어 보면, 1919년 10월 상하이로 전임했다는 『谷山延氏大同譜』의 기록이 타당할 듯하다.

54 機密 第一五四號(1920. 9. 25), 「上海鮮人ノ行動ニ關スル件」, 在上海總領事 → 外務大臣, 『不逞團關係雜件-朝鮮人ノ部』(在上海地方 3).

55 機密 第一一0號(1921. 9. 28), 「上海在留朝鮮人現在人名簿調製ニ關スル件」, 在上海總領事 → 外務大臣, 『不逞團關係雜件-朝鮮人ノ部』(在上海地方 3). 이 명부에 따르면 상하이 거류민의 분포는 본구 372명, 동구 45명, 서구 66명, 북구 24, 무계 60명 등 총 567명이었음을 알 수 있다.

차단하기 위해 오지로 내쫓으려고 획책했다. 다음 일제의 비밀보고는 그 사실을 여실히 입증한다.

間島 稅關으로부터 上海 稅關에 轉任한 排日歸化鮮人 延秉煥을 조선인 배일운동의 중심인 上海에서 다른 곳으로 轉勤시키는 방안에 관해 德川書記官으로부터 總稅務司署 Chief Secretary 리차드슨과 통화한 본년 1월 29일 발송한 기밀 제34호 拙信으로 보고한바, 금번 리처드슨에게서 동 서기관에 대해 右 연병환을 上海에서 三都澳로 전근시킨다는 취지의 통지가 있었고, 三都澳는 편벽한 지역으로 선인의 배일운동 등과 관계가 없고, 이상과 같이 取計한다는 전언이 있기에 동 서기관은 리차드슨을 면회하여 右 取計에 대해 謝意를 표하여 둔 것이다.[56]

이 문서는 중요한 사실을 시사한다. 즉, 도쿠가와德川 서기관이 1920년 초부터 연병환을 상하이에서 격리시키고자 총세무사서 Chief Secretary 리차드슨과 협의했음을 알려준다. 이는 일제가 연병환이 상하이로 전임해 옴과 동시에 그의 동향을 감시했다는 뜻이다. 또한 이 문서의 작성 주체가 상하이총영사관이 아니라 재지나특명전권공사在支那特命全權公使 오바타 유키치小幡酉吉였음에 주목해야 한다. 오바타 유키치 공사는 이 문서를 외무대신에게 보고하고 상하이총영사에게도 발송했다. 따라서 이 문서는 일제가 베이징에 있는 일본공사관 차원에서 연병환을 주시했다는 사실과, 일제가 연병환을 어느 정도의 인물로 여기고 있었는가를 알려준다. 그런데 이 문서에는 그를 '지나세관원支那稅關員'·'배

---

56 機密 第五0三號(1920. 12. 25), 「排日鮮人支那稅關員延秉煥轉任ニ關スル件」, 在支那特命全權公使 → 外務大臣, 『不逞團關係雜件-朝鮮人ノ部』(在上海地方 3).

일귀화선인排日歸化鮮人'이라 표현하고 있어 논의를 요한다. 지나세관원은 중국세관에 근무하는 사람이라는 의미이고, 중국인이라는 뜻은 아니다. 다만, 그가 중국세관에 근무하기 위해서 귀화할 필요가 있었을 것이고, 그를 주시해온 일제의 비밀보고 문서라는 점에서 신빙성이 있어 보이나, 그가 귀화했다는 기록이 없기 때문에 속단할 수는 없다. 오히려 그가 상하이 징안쓰靑安寺 영국인 묘역에 안장된 사실로 미뤄보면 귀화하지 않았다고 해석하는 편이 타당하다.

일제가 연병환을 주시했다는 사실을 입증하는 또 하나의 비밀문서가 있다. 외무차관이 오바타 유키치 공사가 보내온 문서를 곧바로 척식국拓植局 장관長官에게 송부한 문서다.[57] 척식국은 일제의 식민지를 관리하기 위한 기구로서 외지 통치와 이민사업을 전담했던 부서이다. 따라서 일제는 외무성과 척식국이 공조하여 연병환을 감시했던 것이다.

요컨대 일제는 연병환이 한인 집단거주지역인 북간도 룽징에서 독립운동의 중심적 인물로 활동하자 그를 상하이로 방출했으나, 그가 임시정부를 중심으로 독립운동에 계속 관여하자 다시 압력을 행사하여 상하이에서 내쫓았던 것이다. 그가 이후 전임한 싼두아오三都澳는 푸저우福州 · 샤먼厦門과 더불어 푸젠성福建省의 3대항으로 꼽히는 항구도시이나, 독립운동과는 전혀 무관한 곳이었다. 그런데 이 이후의 연병환의 행적은 확인되지 않는다. 다만, 『곡산연씨대동보』에 따르면 1923년 전장鎭江해관으로 전임했고, 1925년 7월에 중국 허난군무독판공서河南軍務督辦公署 고문이 되었다고 하나, 다른 자료에는 나타나지 않아 확인할 수 없다.

그는 1926년 음력 5월 14일 사망했다. 그의 사망에 대해 『곡산연씨대동보』에는 1926년 음력 5월 14일 전장鎭江 임소任所로, 「제적부除籍簿」

---

57 亞三機密送 第五號(1921. 1. 12), 「排日鮮人支那稅關員延秉煥轉任ニ關スル件」, 外務次官 → 拓植局長官, 『不逞團關係雜件−朝鮮人ノ部』(在上海地方 3).

에는 1926년 8월 19일 오전 10시 상하이 법계法界 푸쉬로福熙路 아이런리愛仁里 56번지로 되어 있다. 우선 사망 일자는 상하이 징안쓰 영국인 묘지 303호에 안장된 그의 묘비에 1926년 6월 23로 되어 있는바, 음력으로 5월 14일이니 이날이 맞다. 사망 장소는 그가 상하이에서 죽었다는 묘비명과, 징안쓰 영국인 묘지에 안장된 것으로 볼 때 상하이에서 사망했다고 보는 것이 타당할 듯하다.[58]

여기에서 연병환의 유해 봉환 과정도 간략히 언급해두고자 한다. 국가보훈처는 2011년 상하이총영사관을 통해 쑹칭링능원 관리처 판공실에 연병환 등 독립운동가 4위의 묘소 실태를 질의한 바 있다. 이에 대해 능원 측은 '관련 기록'에 의하면 외적인묘역外籍人墓域 6-5-9호에 매장된 연병환의 유해는 구체적인 시기는 알 수 없으나 1994년을 전후하여 '상하이시조선인협회'에서 이장했다는 사실을 문서로서 회신했다.[59] 그러나 2014년 10월 30일, 유족 등이 지켜보는 가운데 능원의 묘비를 들어내고 파묘해보니 유골함이 나온 것이다. 당초 그의 묘비명에 새겨진 영문명은 'YUN PIUNG HAN'이었으나, 쑹칭링능원으로 옮겨지며 묘비명이 발음이 달라진 'YAN PUNG HAN'으로 바뀌었다. 박은식 선생 묘바로 우측에 위치해 있던 그의 유해가 88년 만에야 귀환하게 된 안타까운 이유 중의 하나이다.[60]

그런데 연병환의 초명이 병우秉佑라서 공적 확인에 혼선이 있었다.

---

58 당시 묘비 사진이 전해지는데, 비명은 「연병환님묻엄」이라고 되어 있고 사진 좌우에 한글로 생몰년월일을 기입했고, 하단에는 영어로 성명과 생몰사항을 새겨두었다. 애국지사 연병환·연병호선생 선양사업회(2013), 앞의 책, 37쪽.

59 「情況說明」(쑹칭링능원 관리처 판공실, 2011. 11. 1). 이는 쑹칭링능원의 「묘적부」에서도 확인되는데, 그의 原葬日은 1926년 6월 26일이었다.

60 연병환의 유해는 2014년 11월 14일 국내로 봉환되어 당일 국립대전현충원 애국지사 5묘역에 영면했다. 2011년 10월, 유해를 찾지 못할 것으로 여겨 국립대전현충원에 위패(08-01-94)로 봉안된 지 3년 만의 일이다.

1995년 그의 독립유공자 공적을 신청한 질녀 연순희는 연병환과 연병우를 동일인으로 파악하여 병우秉佑는 물론 병우秉右까지도 병환의 공적으로 제출했다. 그러나 연병우는 연병환과 연령은 비슷하나, 본적이 함남 갑산군 동인면 신창리 200번지로서, 당시 거주지는 블라디보스토크 신한촌 체레파노스카야였고, 활동지역도 블라디보스토크 일원이었다. 즉, 연병환과는 본적과 거주지와 활동지가 전혀 일치하지 않는 다른 사람이었다. 독립운동의 공적도 연병우는 1919년 6월 25일에서 10월 24일 동안 노인단 대표로서 조선독립청원서 제출 활동을 했고, 1920년 4월 한인사회당 선전부원, 1921년 8월 대한독립군단 신민단 대표를 지내는 등 운동계열도 전혀 다르고 직업도 노동 청부업자였다.[61] 따라서 연병환의 독립운동의 공적은 연병환 명의로 기록된 것이 전부이다.[62]

연병환과 부인 안동김씨 사이의 자녀 관계에는 몇 가지 의문이 있다. 『곡산연씨대동보』에는 연병환의 자녀로 아들 향희享熙와 딸 혜경惠慶이 기재되어 있다. 그러나 제적등본에는 향희는 기재되어 있지 않고 금련金蓮이라는 딸이 기재되어 있으며, 동생 병호의 장자 중희中熙(1914년생)가 1926년 사후 계자系子로 되어 있다. 향희가 제적부에 등재되지 않은 것은 어려서 사망했기 때문으로 추측되며, 혜경과 금련은 동일인이다.[63]

61　姜德相, 『現代史資料』 26, みすず書房, 1977, 64·222쪽; 美德相, 『現代史資料』 27, みすず書房, 2004, 178·276·294쪽.

62　현행 독립유공자 포상 기준에는 옥고 3개월을 대통령표창의 최소 요건으로 규정해 놓고 있다(국가보훈처, 『독립유공자 포상업무 매뉴얼』, 2008). 그런 기준에서 보면 연병환은 기준 미달이다. 그가 1995년 포상 신청 이후 2006·2007년의 잇단 심사에서 보류 처분된 것은 형량이 미달인 데다가, 신청인이 함경도 갑산 출신의 독립운동가 연병우를 이명으로 제시하며 공적을 뒤섞어 제출했기 때문에 동일인 여부에 대한 판단이 필요했기 때문이었다. 결국 2008년의 재심에서 연병환과 연병우의 공적을 분리하고, 비록 그가 3개월 이상의 옥고를 치르지 않았다 하더라도 북간도와 상하이에서 지속적으로 독립운동을 한 공적을 인정하여 대통령표창을 추서했다.

63　『谷山延氏大同譜』와 「연병환 제적부」. 연혜경은 達成人 徐丙薰과 혼인했는데, 연병

그런데 아들 향희는 1915년생이고, 딸 혜경은 1911년생이다. 연병환은 1908년 중국으로 건너간 뒤 김해김씨를 처로 맞이하여 딸 연미당을 낳았다. 그렇다면 연병환의 국내 자녀들은 그가 국내를 내왕했다는 전제로 이해가 가능할 것이다.

3. 가족들의 독립운동

연병환의 민족운동 업적은 그 자신보다도 가족들의 활동으로 더욱 빛난다. 우선 그는 국내에 있는 어린 동생들을 북간도로 불러 독립운동에 참여하게 했다. 그에게는 병호秉昊(1894년생)·병주秉柱(1897년생)·병오秉旿(1903년생) 등 나이 차가 많이 나는 동생 셋이 있었는데, 이들 중 연병호의 독립운동은 주목할 만하다. 여기서는 그 가족의 개별적 독립운동의 사실 규명은 별고로 미루고, 그와의 관련성을 중심으로 살펴보기로 한다.

연병호는 고향인 청안에 있는 사립 중명학교重明學校[64]에서 보통학교 정도의 교육을 마치고, 19세인 1913년 4월경, 형 병환이 있는 북간도 룽징으로 갔다. 병호는 형의 허락을 받고 그곳의 사립학교인 창동학원昌東學院에 입학하여 중등과정을 수학했으나, 이듬해에 병이 걸려 귀국했다. 1916년 2월경, 서울기독교청년회관 영어과에 입학했으나, 학자금이 궁하여 1년도 되지 않아 퇴학하고 이후 1918년까지 고향과 서울을 왕래하다가 3·1운동 이후 본격적으로 독립운동에 참여하게 되었다.[65]

호를 중심으로 한 상세한 가족사는 애국지사 연병환·연병호선생 선양사업회(2013), 앞의 책, 40~42쪽 참조.

[64] 중명학교는 1908년 9월 청안향교를 교사로 하여 개교했는데, 민가 매호당 의연금을 출연하여 운영하는 청안군의 대표적 교육기관이었으며, 군수 李鐸應, 교장 閔明植, 교감 李相泰가 특히 열심이었다(『皇城新聞』, 1908년 12월 19일자; 1909년 3월 14일자; 1910년 6월 5일자).

[65] 朝鮮總督府 高等法院 檢事局, 「在南京不逞鮮人團體員事件」, 『思想彙報』 제14호,

그는 기독교청년회관에 재학하는 동안 안재홍·조용주 등과 교유했는데, 이는 후일 기독교를 배경으로 대한민국청년외교단 활동에 참여하게 되는 중요한 인적 기반이 되었다. 그는 형과는 무려 16세나 나이 차가 나는데, 민족의식이 강하여 독립운동을 지원하고 있던 형에게서 영향을 받았음은 자명한 사실이다. 특히 그가 어학에 능통했다는 사실은 형의 영향임이 분명하다.

연병호는 1919년 상하이에 대한민국 임시정부가 조직되었을 때부터 참여했다. 그는 독립운동에 투신한 초기, 독립운동의 각오와 신념을 담은 글을 『독립신문』에 기고했다. 그는 이 기고문에서 동포들이 임시정부를 중심으로 독립운동에 동참하기를 촉구하며, 유독 형제의 투쟁과 재정적 지원을 강조했다.[66] 연병호의 항일투쟁은 1920년 국내에서 대한민국청년외교단의 조직에 '설립 수령'으로서 주도적으로 참여하고 외교원으로 피임되며 본격적으로 시작했다.[67] 이로 인해 피체되어 징역 3년을 선고받은 그는,[68] 이후 다시 중국으로 건너가 1922년 2월 23일 개원한 제10회 임시의정원 회의에 충청도 선출의원으로 참여했으나, 국민대표회의 문제로 혼란하자 6월 12일 사임 청원을 하기도 했다. 한편 이해 4월경 세계한인동맹회世界韓人同盟會가 결성되었는데, 연병호의 집(프랑스 조계 군영로 2호)이 통신소로 되어 있고,[69] 또한 6월 조직된 유호청년

---

66 延秉昊,「獨立紀念日의 말」,『獨立新聞』, 1920년 3월 30일자.

67 류시중·박병원·김희곤 역주,『국역고등경찰요사』, 선인, 2010, 353~361쪽. 당시 그의 주소는 상하이로 되어 있다. 연병호가 대한민국청년외교단 조직의 주역이었음은 이병철·안재홍·송세호 등의 심문 내용 등에서도 확인되며, 명칭을 배달청년회로 개정을 주도한 것도 그였음을 알 수 있다.

68 「延秉昊 등 裁判判決文」(1920. 6. 29), 대구지방법원. 그는 이 재판에서 다이쇼 8년 제령 제7호 및 출판법 위반으로 징역 3년형을 선고받았다. 그러나 이는 궐석재판이었기 때문에 그가 이 사건으로 3년의 옥고를 치렀다고 서술한 것은 오류이다.

69 機密受第0176號(1922. 9. 2)「上海情報」,『不逞團關係雜件-朝鮮人ノ部-在滿洲ノ

会留滬青年會에서 그가 윤자영尹滋英 등과 9인 위원에 선정된 것을 보면,[70] 그는 비교적 일찍이 상하이 독립운동세력 중 인정받는 위치에 있었음을 알 수 있다. 연병환과 김정숙의 장례식 사진에 연병호가 있음으로 미뤄 보면 형제는 상하이 거주 당시 긴밀히 내왕했음을 알 수 있다.

그런데 일제가 1921년 7월에 조사한 자료에 따르면, 그가 만주 안투현安圖縣 네이터우산內頭山을 근거로 약 40명의 부하를 거느린 광복단독립산포대光復團獨立山砲隊의 수장으로 되어 있다. 이 자료에는 그의 이름이 연병학(별명 연병준延秉俊, 연익延益)으로 되어 있으나 연령과 출신지가 일치한다.[71] 곧, 그가 상하이로 가기 전에 만주에서 독립군으로 활동했다는 사실을 알려준다. 이는 그가 베이징에서 활동하며 무장투쟁단체인 신민부의 군자금 모금 활동을 위해 노력한 사실과 함께, 그가 외교노선뿐 아니라 무장투쟁론도 견지하고 있음을 보여주는 것으로 이해된다. 이와 관련해서는 그가 베이징에서 무장투쟁론자인 이천민·박숭병과 함께 교우하며 활동한 사실도 시사하는 바가 크다.[72]

난징南京에서는 한국혁명당·신한혁명당의 조직에 참여했고, 다시 임시의정원에도 참가하는 등의 활동을 펼치다가, 1937년 1월 7일 상하이에서 일제에 피체되어 국내로 압송되었고, '적색운동赤色運動의 최고간부'·'적색운동의 거두'[73]로 치안유지법 위반 혐의로 6년형을 선고받고

部 33』.

70 機密受第209號(1922. 6. 14), 「留滬青年臨時大會開催狀況ノ件」, 『不逞團關係雜件-朝鮮人ノ部-在上海ノ部 4』.

71 高警第24216號(1921. 8. 10), 「間島竝其接壤地方ニ於ケル不逞鮮人團」, 『不逞團關係雜件-朝鮮人ノ部-在滿洲ノ部 29』; 秘受12316號(1921. 10. 25), 「國境警ニ關スル所見」, 『不逞團關係雜件-朝鮮人ノ部-在滿洲ノ部 30』.

72 연병호는 이천민·박숭병과 이승만의 탄핵을 통렬하게 비판하는 「교정서」(1925. 5. 31)를 발표했다.

73 『每日申報』, 1937년 11월 7일자; 1937년 11월 10일자.

옥고를 치렀다. 그는 해방 후에는 제헌국회와 제2대 국회의원으로 활동하다가 1963년 1월 26일 고향 자택에서 서거했다. 그리고 이해에 건국훈장 독립장에 추서되었다.

연병호는 형 연병환이 이루지 못한 꿈을 이루려고 많은 노력을 했다. 그는 3·1운동 이후 해방을 맞이할 때까지 독립운동을 하며 옥고를 치르는 간고한 생활을 했다. 연병호와 관련된 자료는 적지 않으나, 연구는 전무한 실정이다. 향후 연구의 진척을 기대한다.

연병환에게는 동생으로 병호 외에 병주와 병오가 있었다. 병주는 호적의 병규秉奎인데, 경술국치 후 병환이 있는 북간도로 건너가 형의 도움으로 옌징대학교를 졸업했다. 이후 그는 중국 관원으로 생활하다가, 동포들에게는 중국어를 가르치고 중국인들에게는 한·중 공동투쟁을 강조했다고 한다.[74] 병주는 1919년 3월 베이징에서 20여 명이 조직한 신대한동맹회新大韓同盟會의 내무부장과 서기를 맡아 독립운동에 가담했다. 신대한동맹회의 조직은 다음과 같다.[75]

회장	박정래朴正來	부회장	최우崔愚
총무	이상만李象萬	재무	조두진趙斗珍
교제부장	유장연劉璋淵	군무부장	전재홍全在弘
교통부장	유중한柳重韓	내무부장	연병주延秉柱
참모장	최동식崔動植	서기	연병주延秉柱

그러나 자료의 결핍으로 신대한동맹회의 활동 내용은 알 수 없다. 그런데 그가 베이징에서 독립운동가들과 함께 생활하며 그들의 연락 사

---

74 『谷山延氏大同譜』卷之三, 324~325쪽.
75 在上海日本總領事館 警察部第二課, 『朝鮮民族運動年鑑』, 1932, 55쪽.

무를 맡았다는 증언이 있다. 즉, 정화암은 회고에서 연병주로 하여금 자신의 전셋집 문간방에 살게 하며 외부와의 일체 연락을 맡겼다고 했으나, 역시 상세한 내용은 알 수 없다.[76] 이로써 보면 연병주 또한 연병환의 도움으로 옌징대학교를 졸업할 수 있었고, 그 영향으로 독립운동에 참여했음을 알 수 있다. 그러나 그는 '활동 내용 및 사후 행적에 관한 자료 보완'을 사유로 독립유공자로서 포상이 보류되고 있다.

연병환의 막냇동생은 병오인데, 호적에는 병한秉漢으로 되어 있다. 그는 12세이던 1914년 형 병환의 부름을 받고 북간도로 가서 생활하다가, 1919년 병환을 따라 상하이로 가서 포동중학교를 졸업하고, 1935년 광저우廣州의 지난대학교暨南大學校를 졸업했다고 한다.[77] 병오는 1924년 상하이에서 청년동맹회靑年同盟會 회원으로 활동하며 회비를 납부한 사실이 확인된다.[78] 또한 일제의 압수품 목록 중 윤기섭의 소지품에 연병오의 상아 인장 1점이 있었으며,[79] 형의 장례식과 형수의 장례식 사진에 연병호·엄항섭 등과 함께 촬영하고 있어 그의 상하이 체류는 분명히 확인된다.[80] 그러나 그 또한 "적극적 독립운동 참여 불분명" 사유로 독립유공자 포상이 보류되고 있다. 어쨌거나 병오 또한 형 병환의 도움으로 대학을 졸업하고 독립운동에 참여할 수 있었다.

한편 연병환은 1908년 중국으로 건너온 후 김해김씨 김정숙金貞淑을 둘째 부인으로 맞아 1908년 7월 15일 북간도 룽징촌에서 외동딸 연미당을 낳았다. 김해김씨는 『곡산연씨대동보』에 등재되어 있으나, 연미당

---

76 鄭華岩, 『이 조국 어디로 갈 것인가』, 자유문고, 1982, 34쪽. 여기에는 秉周로 적혀 있으나, 분명히 연병호의 동생이라고 되어 있다.

77 『谷山延氏大同譜』 卷之三, 325쪽.

78 機密第176號(1924. 10. 5), 「鮮人靑年同盟會總會狀況ニ關スル件」, 『不逞團關係雜件-朝鮮人ノ部 - 在上海ノ部 5』.

79 在上海日本總領事館 警察部第二課(1932), 앞의 책, 311쪽.

80 애국지사 연병환·연병호선생 선양사업회(2013), 앞의 책, 48~49쪽.

은 기재되어 있지 않아 양녀설養女說 등 혼선이 있었다. 그러나 연미당의 취적부나 엄항섭의 제적부 등을 종합하면 그녀는 분명 연병환과 김정숙의 소생이다.[81] 또한 '연미당의 친정 조카',[82] '엄모의 처조카'[83]로 지칭된 연충렬延忠烈도 그 소생이다. 연충렬은 1932년 조직된 상하이한인청년당上海韓人靑年黨(상하이한인독립운동청년동맹의 후신)에 이규서李圭瑞·김석金晳 등과 함께 주도적 인물로 참여했으나,[84] 이규서와 함께 이회영의 만주행을 밀고하여 그가 다롄에서 피체되어 사망하게 한 사건에 연루된 인물이다. 물론 그 또한 『곡산연씨대동보』에 등재되어 있지 않으나, 여러 정황으로 볼 때 연병환의 아들이자 연미당의 동생으로 보아야 할 것이다.[85]

연미당은 19세이던 1927년 상하이에서 이동녕의 중매로 프랑스 공무국에 근무하며 임시정부를 지원하던 엄항섭과 결혼했다.[86] 연미당의

---

81 연미당에 대해서는 최근 여성독립운동가로서의 조명이 이뤄졌다. 이명화(독립기념관 학술연구팀장)는 3·1여성동지회가 주최한 제20회 한국여성독립운동사 학술연구발표회(2014. 3. 24, 백범기념관)에서 「연미당의 생애와 독립운동」을 발표했고, 심옥주(한국여성독립운동연구소장)는 『백범회보』(2014년 여름호)에 연미당에 대한 짤막한 글을 발표했다.

82 애국지사 연병환·연병호선생 선양사업회(2013), 앞의 책, 46쪽.

83 한국무정부주의운동사편찬위원회, 『한국아나키즘운동사』, 형설출판사, 1978, 342~343쪽.

84 국사편찬위원회, 「各種團體一覽」, 1932; 「獨立運動團體 一覽表」, 1934(『한국독립운동사』 자료3: 임정편3, 1973).

85 여러 정황이란 연미당이 상하이 시절 사용한 延忠孝라는 이름과 유사하고, 상하이 시절 연병환 가족사진에 모두 그가 등장한다는 점이다. 연미당의 결혼사진에는 예복을 입은 어린아이로, 연병환의 장례식 사진에는 忠孝와 모친 김정숙 사이에 상주로서 있으며, 김정숙의 장례식 사진에는 충효와 삼촌 병호, 병오와 함께 관 앞에 상주로 서 있는 모습을 확인할 수 있다. '연미당의 친정 조카'라면 병호나 병오의 아들을 일컬을 텐데, 그들에게 상하이에 아들은 없었다. 『谷山延氏大同譜』에 김정숙은 등재되어 있으나, 연충렬이 등재되지 않은 것은 그가 1932년에 사망한 행적과 관련이 있어 보인다.

86 대전애국지사숭모회, 『사랑과 열정을 祖國에-일파 엄항섭선생·미당 연충효여사 부부 독립운동사-』, 1992.

독립운동과 엄항섭과의 관계는 앞의 박영준의 회고에 잘 나타나 있다.[87]

연미당의 독립운동은 상하이에서 여자청년동맹에 참여하면서 시작되었는데, 1934년에는 이 단체의 대표로서 상하이한인각단체연합회上海韓人各團體聯合會에 참가했다. 특히 그녀의 딸 엄기선의 회고에 따르면, 그녀는 1932년의 윤봉길 의거 때 사용한 도시락 폭탄을 싸는 보자기를 직접 만들었다고 한다.[88] 이후 그녀는 임시의정원 의원, 한국독립당, 한국광복진선청년공작대, 한국애국부인회 등에서 큰 활약을 펼쳤다. 그녀의 활동은 독립운동 시기 가장 활발한 활동을 펼친 여성 독립운동가로서, 엄항섭과 함께 부부 독립운동가로 평가될 수 있을 것이다. 그러나 동생 연충렬의 사망, 남편과의 이별 등은 아픈 가족사의 한 단면을 잘 보여준다.

한편 그녀의 장녀 엄기선도 한국광복진선청년공작대에 참여하는 등 부모를 도와 독립운동을 한 공적을 인정받아 건국포장을 수여받았다.[89]

맺음말

이 글에서는 충북 증평 출신으로 1907년경부터 1926년까지 북간도 룽징과 상하이 일원에서 활동한 연병환의 생애와 민족운동을 살펴보았다. 연병환은 1878년 곡산연씨 집성촌인 도안면 석곡리에서 출생했는데, 무반 출신이 많은 양반가문이었으나, 그가 출생할 당시에는 사회경제적으로 쇠락한 상태였다. 『광무양안』에 기재된 토지 소유 관계를 분석한

---

87 朴英俊(2005), 앞의 책, 60~61쪽.
88 애국지사 연병환·연병호선생 선양사업회(2013), 앞의 책.
89 엄기선은 외가가 경제적으로 부유했으며 외조부가 영어를 잘했고, 외조모가 독립운동가들에게 헌신적으로 대했다는 사실 등 외가와 모친에 대한 회고를 남겼다. 애국지사 연병호선생 선양사업회(2013), 앞의 책 96~98쪽.

결과, 그의 부친 채우는 빈농을 면한 정도의 소농이었으나, 그는 물레방아가 딸린 9필지, 67부 5속의 토지를 소유한 중농이었음을 알 수 있다. 이는 그가 중국으로 이주한 이후에 국내에 남은 처자의 생계를 염려하지 않고, 독립운동을 지원할 수 있었던 배경으로 이해된다.

그는 1897년을 전후하여 관립외국어학교를 다녔고, 궁내부주사를 거쳐 인천과 부산 등 주요 해관에서 방판으로 근무했다. 또한 양지아문에 근무했을 가능성이 있으며, 주일공사의 일본 사행을 수행했던 것으로 보인다. 그러나 영국 유학은 사실이 아닌 것으로 보인다.

1907년경 중국으로 이주한 그는, 안동을 거쳐 룽징세관에 근무하며 독립운동을 지원했고, 한인사회의 주도적 인물이 되었다. 이는 정원택과 박영준 및 외손녀의 증언을 통해 입증된다. 북간도 거주 시절, 그는 대종교의 주요 인물이었던 백순·박찬익 등과 친교가 있었는데, 이는 그가 대종교에 가입했을 가능성을 시사한다. 특히 그는 뛰어난 어학 실력을 바탕으로 대외 교역 업무를 담당하여 다른 사람들보다 훨씬 많은 월급을 받았다. 그는 그러한 경제적 여유를 토대로 독립운동을 지원하며 자신의 집을 독립운동가의 회집 장소로 이용하거나, 국내에서 만주로 오는 인사들의 거점으로 삼도록 했다. 그 결과, 1919년 룽징 3·13 시위에 이은 검거 선풍 때 피체되어 룽징영사관 감옥에서 2개월간 고초를 겪기도 했다.

연병환은 1919년 10월경 상하이세관으로 옮겼는데, 사실상 일제가 북간도 한인 독립운동 활동에서 그를 격리한 조치로 이해된다. 그러나 베이징에 있는 일본공사관은 1920년 1월 초부터 연병환을 다시 임시정부가 수립되며 독립운동의 중심지로 부상한 상하이에서 격리하기 위해 공작을 진행했다. 결국 일제는 총세무사서 Chief Secretary 리차드슨과 협의하여 연병환을 독립운동과 전혀 무관한 푸저우 싼두아오로 쫓아냈다. 그는 1926년 상하이에서 사망했다. 그리고 그의 유해는 우여

곡절 끝에 88년 만인 2014년 국내로 봉환되어 영면하게 되었다.

연병환의 민족운동은 동생, 딸과 사위, 외손녀로 이어지며 더욱 빛을 발했다. 그의 동생 연병호는 독립장을 추서받은 명망 있는 독립유공자이고, 병주와 병오도 중국에서 대학을 졸업하고 일정하게 독립운동에 참여한 사실이 확인된다. 이는 형 병환의 지원에 힘입은 바 크다. 한편 그의 딸 연미당은 사위 엄항섭과 함께 한국청년전지공작대와 임시정부에서 활동했으며, 외손녀 엄기선도 부모를 도와 독립운동에 참여하여 독립유공자가 되었으니, 3대에 걸쳐 5명의 독립유공자를 배출한 가문이다. 다만, 연충렬의 행적과 엄항섭의 납북은 식민지 지배와 분단이라는 한국근현대사의 굴곡이 드리운 가족사의 음영이라 할 것이다.

연병환, 그는 자신을 드러내지 않은 그림자 독립운동가이자, 가족의 독립운동을 이끈 견인차 역할을 한 인물로 평가해야 마땅할 것이다.

(『역사와 담론』 제73권, 호서사학회, 2016)

05

충북 출신 '민족대표'의
독립사상

머리말

충북 지방은 3·1운동의 초기 계획 단계를 주도한 이른바 '민족대표' 33인 중 6인을 배출한 고장이다. 민족대표 수장이었던 손병희를 비롯하여 권동진·권병덕 등 천도교계 3인과, 신석구·신홍식 및 정춘수 등 기독교계 3인이다. 더구나 이들은 권동진을 제외하고는 당시 청주군 출신으로서, 일개 군에서 5인의 민족대표를 배출한 것은 전국적으로도 최다이며 자랑할 만한 일이다.

3·1운동사에서 민족대표의 대표성과 역할 등에 대해서는 상반된 견해가 제기되어 있다. 여기에는 3·1운동을 영웅사관으로 볼 것인가 아니면 민중사관으로 볼 것인가라는 관점의 차이, 분단과 독재 등 이데올로기와 정치적 상황의 차이 등 복잡한 인식이 개재되어 있다. 대개 1980년대 전반기까지는 민족대표의 대표성과 역할에 대한 긍정론이 통설이었다. 그러나 1980년대 후반 이후 민주화운동의 분위기에서 부정론이 지배적이었다. 부정론은 그들이 외세 의존적이고 타협적이었으며, 반민중성을 지니는 등 부르주아적 민족운동의 한계를 집약적으로 보여

주었다고 비판했다. 이와 함께 초기 조직 단계와 민중운동 단계를 구분하고, 초기 조직 단계의 역할을 긍정하여 3·1운동의 기폭제에 점화한 역할을 인정해야 한다는 제한적 긍정론이 대두되기도 했다.[1]

민족대표에 대한 논의는 3·1운동사 연구의 부진과 함께 한동안 중단되었다. 그런데 근래 개인 연구를 통해 서울을 비롯해 그들과 연고가 있는 지방에서 시위가 연계되고 있음을 근거로 들어 민중사관적 비판론을 반박하며 역사변혁을 이끈 창조적 소수자로서 민족대표들의 역할을 인정해야 한다는 견해가 제기되기도 했다.[2] 이처럼 민족대표의 역사적 평가를 둘러싼 논의가 계속되는 것은 3·1운동 당시의 역할 외에 그들이 이후 이른바 민족대표라는 이름의 가치를 지켜냈느냐 하는 행적과 관련된 것으로 생각된다. 즉, 그들 가운데에는 민족운동선상에서 이탈하여 3·1정신을 훼절한 자가 적지 않기 때문이다.

이 글에서는 충북 출신 민족대표의 공판기록을 통해 그들의 독립사상을 검출해보고자 한다. 개인의 독립사상을 표출한 것으로는 사실심리를 위주로 한 공판기록이 가장 중요한 자료다. 영어囹圄의 처지에서 자신에게 가해질 극형의 불안에도 불구하고 그들이 일제 경찰과 검사 및 판사를 상대로 육성으로 토로한 취조서나 신문조서는 그들의 독립사상을 집약적으로 보여준다. 그러나 지금까지 3·1운동에 대해 많은 연구가 진

---

1 민족대표에 대한 논의로는 愼鏞廈, 「三·一獨立運動의 社會史」 下, 『韓國學報』 제31호, 일지사, 1983; 강만길, 「남북한 역사인식의 같은 점과 다른 점」, 『창작과 비평』 제17권 1호, 1989; 정연태, 「3·1운동의 전개양상과 참여계층」, 『3·1민족해방운동연구』, 한국역사연구회 역사문제연구소편, 청년사, 1989; 김성보, 「3·1운동에서 33인은 '민족대표'가 아니다」, 『역사비평』 제9호, 1989; 역사문제연구소 민족해방운동사반, 「3·1운동」, 『쟁점과 과제 민족해방운동사』, 역사비평사, 1990; 이정은, 「3·1운동 민족대표론」, 『한국민족운동사연구』 제32권, 2002 등 참조.
2 허동현, 「3·1운동에 미친 민족대표의 역할 재조명」, 『한국민족운동사연구』 제46호, 2006.

행되었으나, 이들의 공판기록을 면밀히 검토한 것은 별로 없으며, 그나마도 충북 출신 인물들에 대한 경우는 전무한 실정이다.[3] 이들을 개별적으로 검토한 논고가 없지는 않으나, 대부분 중앙사 차원으로 지역적 배경이나 연고가 전제되지 않은 것들이다. 따라서 이들의 공판기록을 분석하는 것은 이들의 독립사상의 분석을 통해 3·1운동사의 귀납적 해석을 시도함은 물론, 이들을 지방의 인물로서 재조명하고 자리매김하자는 의미도 있다.

일제 식민지 지배의 부정과 독립의 확신

대부분의 민족대표들은 일제의 강제 병합과 식민지 지배를 근본적으로 부정했다. 손병희는 한일병합에 대한 감상을 묻는 일본인 판사의 신문에 대해 자신은 중립의 위치에 있었다고 했다. 나아가 그는 동학혁명 때 인민의 행복을 얻기 위해 정부를 전복시키고자 했으나 실패했는데, 언젠가는 정부가 전복될 것이라고 생각했기 때문에 특별한 감상이 없다고 말했다. 또한 그는 러일전쟁 때 자신이 군자금 1만 원을 일제에 헌납하고 경부선과 경의선을 부설할 때 천도교에서 지원한 것은 일본이 깨어지면 동양이 파멸될 것으로 여겼기 때문이라고 말하기도 했다.[4] 이 부분은 손병희의 정세 인식과 행적에 대한 평가에서 논란이 될 수 있는 부분이다.

---

3 민족대표의 재판기록을 분석한 논고로는 李炫熙의 「三·一運動 裁判記錄을 通해서 본 天道教代表들의 態度分析」(『韓國思想叢書』 4, 한국사상연구회, 1980)이 있고, 충북 출신 민족대표에 대해 검토한 글은 박걸순의 「청원의 3·1운동과 청원 출신의 민족대표」(『淸原文化』 제8호, 청원문화원, 1999)가 있는 정도이다.
4 「孫秉熙 신문조서(제1회)」(1919. 4. 10), 경성지방법원(『韓民族獨立運動史資料集 (3·1運動 Ⅰ)』 11, 국사편찬위원회, 1990, 62쪽).

그러나 손병희는 한민족이 절대 일제에 동화될 수 없음을 강조했고, 일제도 세계 대세에 따라 한민족을 독립시켜야 한다고 주장했다. 그는 자신은 국가 관념은 없고 민족 관념만 있을 뿐인데, 일제가 병합 후 각종 압박과 차별 대우를 하고 있기 때문에 한민족을 절대 동화시킬 수 없을 것이라고 확신한다고 했다. 이는 박은식이 주장한 혼백론이나, 민족주의 사가들이 주장한 관념론적 역사인식과 일치하는 사유이다. 또한 그는 독립선언이 오히려 일본의 정책과 합치하는 것이라고 했는데, 이는 조선을 독립시키면 중국의 감정을 완화시킬 수 있으므로 장래 일본이 동양의 맹주가 될 수 있을 것이기 때문에 일본에게도 유리한 일이라는 논리를 폈다.[5]

일제는 손병희가 동학혁명 당시 교주로서 정부를 전복시키고 스스로 정치를 하고자 했던 것으로 의심했다. 이는 3·1운동이 천도교에 의한 정변으로 규정하고자 한 의도를 지닌 것으로서, 실제 그가 3·1운동 직후 조선민국임시정부나 대한민간정부 등에 본인의 의사와 무관하게 수반격인 대통령에 추대되었기 때문으로 보인다. 물론 그는 이에 대해 부정했다. 경무총감부에서 일본인 검사가 손병희에게 천도교도 전체가 구한국의 국권회복의 뜻을 가지고 있는지 여부를 추궁하거나,[6] 판사가 권동진에게 손병희 이하 천도교 신도가 정치적 기관으로 되는 것을 기도하고 있다는 것을 추궁한 것은 천도교가 정치적 비밀결사이고 이번 사건이 손병희의 정치적 야욕에서 나온 것임을 밝히고자 한 것이다.[7]

---

5 「孫秉熙 신문조서(제1회)」(1919. 4. 10), 경성지방법원(『韓民族獨立運動史資料集 (3·1運動 Ⅰ)』11, 64~65쪽).

6 「孫秉熙 피고인 신문조서」(1919. 3. 7), 경무총감부(이병헌, 『三一運動秘史』, 時事時報社, 1959, 80쪽).

7 「權東鎭 신문조서(제2회)」(1919. 7. 18), 경성지방법원(『韓民族獨立運動史資料集 (3·1運動 Ⅰ)』11, 151쪽).

일제가 취조와 재판 과정에서 손병희가 천도교의 실질적 실권자라는 사실을 밝히기에 부심했던 것도 이 때문이었다. 일제는 경무총감부의 신문 때는 물론 예심에서도 그가 실질적인 천도교 교주라는 사실을 집요하게 따졌다. 특히 일제는 그가 교주를 그만둔 뒤에도 천도교 자금으로 운동자금을 충당한 것 등을 예로 들며, 비록 교주를 사임했다 하더라도 신도들에게 '선생'으로 불리며 사실상 천도교를 지휘하고 있다고 보았다. 손병희도 그 사실을 부인하지는 않았다. 그는 자신이 교주는 사임했으나 천도교에 40년 동안 관계했으므로 돕고 있다고 말했다.[8] 또한 그는 독립운동을 위해 교도들에게 자금 모금을 지시했느냐는 신문에 대해, 자신이 돈을 모금하려면 얼마든지 할 수 있다고 답변했다.[9] 일제는 권동진에게도 비록 천도교의 표면상 대표는 박인호이지만 실권은 손병희가 잡고 있는 것이 아니냐고 따졌고, 권동진은 이를 인정했다.[10] 또한 권동진은 박인호를 민족대표로 가입시키지 않은 이유에 대해 박인호가 정치적 관심도 없었지만, 손병희만 가입해 있으면 독립운동에 지장이 없다고 판단했기

---

8 「孫秉熙 신문조서(제1회)」(1919. 4. 10), 경성지방법원(『韓民族獨立運動史資料集(3·1運動 Ⅰ)』 11, 60쪽). 한편 그는 고등법원에서도 이 사실을 신문당했고, 당당히 인정했다. 「孫秉熙 신문조서」(1919. 8. 21), 고등법원(『韓民族獨立運動史資料集(3·1運動 Ⅰ)』 12, 16쪽).

　문: 피고는 지금 천도교에서 어떠한 직에 있는가?

　답: 전술한 바와 같이 교도, 그 밖의 사람에게서 선생이라고 불리고 있으나, 직제상의 교무에는 맡은 것이 없다. 단순히 실제에 있어서 상의가 있을 때 그 지시를 하고 있을 정도이다.

　문: 그러면 피고는 천도교에 있어서 실권을 다 장악하고 있는 것이 아닌가?

　답: 그렇다.

　문: 그리고 천도교도 100만 명의 숭배의 표적으로 되어 있는 것인가?

　답: 그렇다.

9 「孫秉熙 신문조서(제3회)」(1919. 7. 14), 경성지방법원(『韓民族獨立運動史資料集(3·1運動 Ⅰ)』 11, 127쪽).

10 「權東鎭 신문조서」(1919. 8. 20), 고등법원(『韓民族獨立運動史資料集(3·1運動 Ⅰ)』 12, 40쪽).

때문에 가입시킬 필요가 없어 권유하지도 않았다고 말했다.[11] 당시 천도교의 교주는 박인호였으나 실권자는 손병희였다는 사실은 박인호의 신문에서 더욱 분명히 알 수 있다.

그대는 천도교에서 제일 두목이 아닌가?

그렇다. 가장 윗자리이다.

그러면 천도교의 소지금을 출입하는 일은 그대에게 전권이 있는 것이 아닌가?

형식상에서는 내가 가장 위에 있으므로 그런 식으로 되어 있지만 실제에 있어서는 孫秉熙의 명령이 없으면 일제 출입을 할 수 없게 되어 있으니 5,000원은커녕 단 5원의 돈이라도 내가 마음대로 지출할 수는 없는 것이다.

그렇다면 천도교의 사실상 제일 두목은 孫秉熙인데 그대는 간판이 되어 있을 뿐인가?

전적으로 그렇다.[12]

일제가 손병희를 상대로 정교분리에 대해 따지고, 천도교를 독립운동을 위한 비밀결사로 몰아붙인 것도 이와 무관하지 않다. 손병희는 자신은 종교적 목적을 달성하기 위해 조선의 독립을 기도한 것이며, 종교가 만족스럽지 못했기 때문에 정치에 관여한 것이지, 정치적 야심이 전혀 없다고 응수했다.[13]

---

11 「權東鎭 신문조서(제1회)」(1919. 4. 8), 경성지방법원(『韓民族獨立運動史資料集
  (3·1運動 Ⅰ)』11, 46쪽).
12 「朴寅浩 신문조서」(1919. 8. 29), 고등법원(『韓民族獨立運動史資料集(3·1運動 Ⅰ)』
  12, 117~118쪽).
13 「孫秉熙 신문조서(제3회)」(1919. 7. 14), 경성지방법원(『韓民族獨立運動史資料集
  (3·1運動 Ⅰ)』11, 129쪽). 손병희와 예심 판사 나가시마 유조와의 정교분리 논쟁 내
  용은 다음과 같다.
  문: 피고는 천도교를 생명으로 한다는 것이고, 사람을 훈화해야 할 지위에 있으면서

손병희는 권동진·오세창·최린이 자신의 집으로 와서 만세운동을 논의하는 과정에서 기독교 측에서도 이러한 일이 추진되고 있다는 사실을 보고받고는, '지극히 좋은 일'이니 그들과 함께 독립운동을 추진하도록 지시했다.[14] 곧 그는 3·1운동은 종교의 문제가 아니라 국가적 문제이니 종교를 떠나 연합해야 한다고 판단했던 것이다.[15] 손병희의 연합 지침은 초기 계획 단계를 주도했던 최린 등이 실행했는데, 최린은 독립운동은 '민족 전체에 관한 대사업'이므로 민족 과업을 이루기 위해서는 종교와 당파의 구별이 있을 수 없으니 독립에 대한 민족적 통일을 이루기 위해 절대 합동해야 한다고 여기고 타 종단과 연합을 추진했던 것이다.[16] 손병희가 운동자금을 전담하면서까지 기독교와 연합하도록 한 것은 3·1운동이 그의 개인적 야욕을 위한 것이 아니라 민족적 과제를 해결하고자 한 것임을 알려준다.

정치의 와중으로 뛰어들어 조선의 독립을 기도한다는 것은 피고의 사상에 위반하는 것으로 생각되는데 어떤가?

답: 그것은 종교가 만족스럽게 행해지도록 하기 위하여 조선의 독립을 도모했는데, 종교가 만족스럽게 행해지지 못하는 동안은 아무래도 종교가가 정치에 관계하게 된다고 생각한다.

문: 그러나 역사상 순정한 종교는 정치와 혼효되지 않도록 되어 있는 것이 명백한데, 천도교는 정치에 대한 비밀결사였기 때문에 이번 조선독립을 기도한 것으로 생각되는데 어떤가.

답: 국가가 종교를 도와주면 정치에 관계하지 않고 자립할 수 있는데 그렇지 않는 한에는 종교는 정치에 붙어가서 그 목적을 달성하도록 하지 않으면 안 된다고 생각하며, 종교의 목적을 달성하기 위해서 조선의 독립을 기도한 것이다. 나는 조선이 독립국이 되더라도 벼슬길에 나아갈 생각은 없는 것이다. 만약 내가 독립 후에 벼슬길에 나아간다고 한다면 정치상의 야심이 있었다고 하더라도 할 수가 없지만, 나에게는 종교의 목적을 달성한다는 일 이외에는 아무것도 없다.

14 「孫秉熙 피고인 신문조서」(1919. 3. 7), 경무총감부(『三一運動秘史』, 77쪽).
15 「孫秉熙 신문조서(제2회)」(1919. 4. 11), 경성지방법원(『韓民族獨立運動史資料集 (3·1運動 Ⅰ)』 11, 68쪽).
16 崔麟, 『自敍傳』(『韓國思想』 제4집, 1962, 165쪽).

손병희의 승례承禮(접대계接待係)인 권병덕은 손병희의 뜻에 따라 3·1운동에 참가했다. 권병덕은 손병희와의 관계를 묻는 신문에 "내 육신과 같이 지내는 사람"이라고 말할 정도였다.[17] 따라서 그는 손병희가 하는 일이라면 어떤 일이라도 뜻과 행동을 같이하고자 했고, 손병희가 하는 일이면 누구든지 따를 것이라고 믿었다. 그는 병합 당시에는 시천교도였기 때문에 병합을 반대하지 않았으나 천도교도가 된 후에는 반대했다고 밝히고, 일제의 민족차별을 지적하면서 한국의 독립이 일본에게도 도움이 되는 것이라고 주장하며 독립론을 펼쳤다.[18] 권동진 또한 일제의 병합에 분명히 반대하며, 절대 일본과는 동화할 수 없음을 강조했다. 그는 표면상으로는 병합 조약이 주권자 사이에서 원만히 체결된 듯하나, 이는 다수 조선 인민의 의사가 아니고 시대사조에도 맞지 않는 일이라고 지적했다.[19]

민족차별을 지적하며 동화불가론을 주장한 것은 정춘수도 마찬가지였다. 그는 자신이 병합 이래 정치와 교육 및 일반 시책에 있어 민족차별에 불만을 지녀왔고 양 민족이 동화할 수 없음을 알기 때문에 항상 독립운동을 해야겠다고 마음먹게 되었다고 말했다.[20] 신홍식도 비록 소극적 형태이지만 병합에 반대 의사를 밝혔다. 그는 병합 이래 심중에 불만을 품고 있었으나, 천의라고 생각되어 참고 있었다고 전제한 뒤 강화회의가 개최되고 민족자결이 주창되는 좋은 기회에 독립운동을 하면 독립이 될 것으로 믿었다고 말했다.[21] 따라서 그의 소극적 병합 반대론은

---

17 「孫秉熙 신문조서(제2회)」(1919. 4. 11), 경성지방법원(『韓民族獨立運動史資料集 (3·1運動 Ⅰ)』 11, 67쪽).
18 「權秉悳 경찰신문조서」(1919. 3. 1), 경무총감부(『三一運動秘史』, 217쪽).
19 「權東鎭 신문조서(제1회)」(1919. 4. 8), 경성지방법원(『韓民族獨立運動史資料集 (3·1運動 Ⅰ)』 11, 40쪽).
20 「鄭春洙 피고인 신문조서」(1919. 3. 7), 경무총감부(『三一運動秘史』, 546~547쪽).
21 「申洪植 피고인 신문조서」(1919. 3. 12), 경무총감부(『三一運動秘史』, 479~480쪽).

3·1운동의 당위론을 내세우기 위한 전략적 답변으로 이해해야 한다. 신석구는 병합 반대의 이유로서 4,000년 역사를 지닌 민족임을 표방하며 예심판사와 법정 논쟁을 벌였다. 특히 이른바 문화와 문명발전론과 시혜론 등 식민지근대화론을 둘러싼 내용에 대해서는 민족대표 중 가장 구체적이고 치열하게 논쟁을 벌인 것으로 주목된다.

피고는 한일합병에 반대하는가?

그렇다. 조선은 4,000년의 역사를 가진 나라로서 타국에 병합되는 것은 누구든지 싫어한다. 나는 한일합병에 반대한다.

한일합병 전의 조선은 대단한 惡政으로서 인민은 노예와 같이 대우를 받고 있었으나, 합병한 후부터 자유와 행복을 누렸다고 하는 것을 알지 못하는가?

그런 것도 있다. 하지만 독립국이 된다면 善政을 할 때가 필연코 올 것이다.

병합하여 영원히 선정을 하여 인민이 행복하면 좋지 않은가?

병합한 후 조선은 식민지로 되어 조선 사람은 열등한 대우를 받고 있는데 조선 인민에게 행복이 올 리가 없다.

조선은 문화의 발전이 되지 않고 인민의 생활 정도가 일본보다 낮으므로 그 정도에 응하여 교육제도의 시설을 하여야 하지 않는가? 그리고 조선인에 대한 대우를 말한다 하더라도 인민의 행복과 자유가 점차 커가고 있지 않은가?

조선 사람으로서는 동등한 대우를 받는다 하더라도 그런 것을 희망하지 않는다. 그것은 조선 사람으로 하여금 조선 정신을 잃어버리게 하는 일이기 때문이다. 교육에서도 정도가 낮을 뿐 아니라 일본 정신의 주입식 교육을 실시하므로 병합에 반대하고 있다. 가령 종처腫處가 있다면 치료할 수 있지 않은가?

그 치료를 하기 위하여 합병한 것이 아닌가?

그렇지 않다. 조선 사람으로서는 그러한 치료를 원하지 않는다.

그러면 피고는 조선의 국민성을 잃지 않고 있다가 기회만 있으면 조선 독립을 계획

하려고 생각하고 있는가?

항상 그런 생각을 하고 있다.[22]

일제의 식민지 지배를 전면 부정한 만큼 충북 출신 민족대표들은 독립을 확신하며 결연한 투쟁 의지를 밝혔다. 대부분의 민족대표들이 그러했으나, 특히 충북 출신 민족대표들의 답변이 돋보인다. 손병희는 경찰 신문에 대해 조선 민족 대표자는 일본 정부와 협의하여 평화롭게 목적을 수행하려 하나, 만일 불행하게 일본 정부가 용납하지 않는다면 어디까지든 계속 운동 목적을 수행할 것이라고 답했다. 그리고 검사의 신문에 대해서도 힘만 있으면 언제든지 독립할 생각을 이전부터 가지고 있었으며, 독립이 될 것으로 확신하기 때문에 기회만 있으면 독립운동을 하려는 의사를 관철시키겠다고 했다.[23] 천도교도인 권동진과 권병덕도 손병희처럼 기회만 있다면 독립을 이룰 때까지 계속 독립운동을 할 것이라고 답했다.[24] 또한 법정에서 법률적 제재니 처벌이니 하며 겁박하는 일본인 판사에게 각오가 되어 있다고 당당히 답했다.[25]

기독교도인 신석구와 신홍식은 조선의 독립은 하느님의 뜻이라며 독립을 확신했다. 기독교인으로서 타 종단과 함께 정치 행위에 참가하는 것에 대한 번민을 가장 잘 보여주는 인물은 신석구이다. 그는 서울 수표교 교회에서 목사로 있던 1919년 2월 12일경, 오화영에게서 기독

---

22 「申錫九 신문조서」(1919. 5. 5), 경성지방법원(『三一運動秘史』, 497~498쪽).

23 「孫秉熙 경찰신문조서」(1919. 3. 1), 경무총감부 및 「孫秉熙 피고인 신문조서」(『三一運動秘史』, 73~81쪽).

24 「權東鎮 피의자 신문조서」(1919. 3. 10), 경무총감부; 「權秉悳 피의자 신문조서」(1919. 3. 20), 서대문감옥(『三一運動秘史』, 185, 221쪽).

25 「權東鎮 신문조서(제1회)」(1919. 4. 8), 경성지방법원; 「權秉悳 신문조서(제1회)」(1919. 4. 11), 경성지방법원(『韓民族獨立運動史資料集(3·1運動 Ⅰ)』11, 49·81쪽).

교계가 천도교계와 연합하여 독립운동을 한다는 소식을 전해 들었다. 이때 신석구는 교역자가 정치운동에 참가하는 것과, 이질적인 천도교와 합작하는 것이 하느님의 뜻에 합당한가에 대해 번민하게 되었다. 그는 새벽마다 이 일을 위하여 기도하던 중 2월 27일경 "4,000년 전해 내려오던 강토를 너의 대代에 와서 잃어버린 것이 죄인데 찾을 기회에 찾아보려고 힘쓰지 아니하면 더욱 죄가 아니냐"는 하느님의 말씀을 듣고 곧 참가를 결정했다고 한다.[26] 따라서 그는 '상제上帝'께 맡긴 몸으로서 조선의 원수인 일본을 미워하지는 않지만 '신의 마음'으로 독립이 될 것으로 확신했고, 한일합병에 반대했으므로 독립이 될 때까지 독립운동을 할 것이라고 주장했다.[27] 이는 성경(마 5:44)에 근거하여 행동하되 독립 의지만은 분명히 천명한 것이었다.[28]

신홍식 역시 기독교인으로서 '하느님의 의사'로 조선이 독립될 것으로 믿고 있었다. 그러나 향후 독립운동의 지속 여부를 묻는 신문에는 최초의 운명이 막혔으니 말할 수 없다고 유보적 입장을 밝히면서도 비록 몸은 갇혀 있지만 총독이 선언서를 인정할 것이므로 독립운동의 목적은 달성된 것이라고 주장했다.[29] 신홍식은 옥고를 치르는 동안 '육적 재판'만 받은 것이 아니라 '영적 재판'을 받았다고 한다.[30] 이 영적 체험은 향후 그가 민족운동을 계속하도록 한 계기가 된 것으로 평가된다.[31]

---

26 한국감리교회사학회편, 『신석구목사자서전』, 1990, 83~84쪽.

27 「申錫九 경찰신문조서」(1919. 3. 1), 경무총감부(『三一運動秘史』, 491~494쪽).

28 이덕주, 『신석구 연구』, 기독교대한감리회 홍보출판국, 2000, 114쪽.

29 「申洪植 경찰신문조서」(1919. 3. 1), 경무총감부; 「申洪植 피의자 신문조서」(1919. 3. 12), 경무총감부(『三一運動秘史』, 478~482쪽).

30 신홍식은 이때의 체험을 「영적재판」이라는 제목으로 『基督申報』에 1925년 1월 28일부터 4월 22일 사이에 8회 연재했다.

31 김권정, 「일제하 신홍식의 기독교 민족운동과 사회사상」, 『한국교회사연구』 제18권 18호, 한국교회사학회, 2006, 14~15쪽.

그러나 정춘수는 모호한 사유로 태화관의 독립선언식에도 불참했고, 신문 과정에서도 다른 민족대표들과는 차이를 보인다. 대부분의 민족대표들이 끝까지 독립투쟁을 하겠다고 한 반면, 그는 자치 청원을 바라는 것이지 독립을 주장한 것은 아니었다며 자기변호를 하다가 결국 최초 목적을 달성하지 못했으므로 독립운동을 그만두고 종교사업이나 하겠다고 말했다.[32] 이는 1937년 이후 그가 민족운동선상에서 이탈하는 것을 예시한 것이나 다름없다.

국제정세와 민족자결주의에 대한 인식

3·1운동은 종교 지도자들이 세계 개조의 국제정세를 민족운동으로 활용한 결과였다. 당시 군국주의 국가의 패전과 연합국 측의 민족자결주의 제창으로 세계는 바야흐로 해방, 자유와 평등, 민주주의가 풍미하는 세상이 되었다.[33]

천도교 측에서는 제1차 세계대전의 개전과 경과를 예의 주시했다. 이때를 전후하여 천도교 측에서 민족문화수호운동본부와 천도구국단이라는 비밀결사를 조직한 것은 세계정세의 변화에 대비하기 위해서였다. 특히 손병희가 이종일에게 천도구국단이 독립국가 건설의 수임기구로서의 역할을 할 수 있도록 지시했다는 사실은 일찍부터 손병희를 비롯한 천도교 측 지도부가 독립운동을 준비했다는 사실을 입증하는 것으로서 시사하는 바 크다.[34]

---

32 「鄭春洙 피고인 신문조서」(1919. 3. 21), 서대문감옥(『三一運動秘史』, 542~553쪽).

33 이만열, 「민족운동과 민족자결주의」, 『한민족독립운동사』 11, 국사편찬위원회, 1992, 265~266쪽.

34 박걸순, 「옥파 이종일의 사상과 민족운동」, 『한국독립운동사연구』 제9권, 독립기념

손병희는 3·1운동 이전부터 '힘만 있으면 언제든지 독립할 생각'을 지니고 세계 정세의 변화를 예의 주시하고 있었다. 그는 여러 개의 신문을 구독하고 있었는데, 1919년 1월경 영국이 화란和蘭(네덜란드)을 독립시켰다거나, 민족자결주의가 제창되었다는 기사를 보게 되었다.[35] 그는 민족자결주의가 세계 대세를 이루고 있는 '이번 기회'를 '천재일우千載一遇의 호기好機'로 인식하고 동지와 교도들을 독려했다.[36]

민족대표들이 지녔던 국제정세 인식은 손병희와 권동진 등 천도교 대표들이 수립한 기본 지침이 반영된 독립선언서에 잘 나타나 있다. 이 중에 "신천지新天地가 안전眼前에 전개展開되도다. 위력威力의 시대時代가 거去하고 도의道義의 시대時代가 래來하도다"는 구절은 이를 잘 보여준다. 또한 3·1운동 직후 민족대표들의 독립사상을 집약적으로 보여주는 한용운의 「조선독립에 대한 감상의 개요」에는 20세기 초두부터 인류는 사상이 점점 새로운 빛을 띠어 미래의 대세는 침략주의의 멸망, 자존적 평화주의의 승리가 될 것이라고 확신했다.[37]

손병희 등이 크게 기대한 것은 강화회의와 민족자결주의였다. 손병희는 민족자결주의 제창 소식은 독립운동을 주도하던 이들의 '피를 끓게' 하는 것이라고 했고, 이로 말미암아 세계는 개조될 것이라고 여겼다.

관 한국독립운동사연구소, 1995 참조. 천도구국단은 명예총재 손병희, 단장 이종일, 부단장 김홍규, 총무 장효근, 섭외 신영구, 행동대장 박영신으로 조직되었다. 『默菴備忘錄』, 1914년 8월 23일자; 1914년 8월 31일자; 1916년 3월 31일자.

35 「孫秉熙 신문조서(제1회)」(1919. 4. 10), 경성지방법원(『韓民族獨立運動史資料集(3·1運動 Ⅰ)』11, 64쪽). 당시 그는 『京城日報』·『每日申報』 및 오사카에서 발행되는 신문을 거의 구독하고 있었다.

36 崔麟, 『自敍傳』(『韓國思想』 제4집, 164쪽).

37 박걸순, 『한용운의 생애와 독립투쟁』, 독립기념관 한국독립운동사연구소, 1992, 91~102쪽.

… 미국 대통령이 주창한 민족자결은 우리들의 피를 끓게 하는 주장
이며 2천만의 생명을 상실한 이번 유럽전쟁 그리고 민족자결의 제의
에 의하여 세계가 새롭게 될 것이라고 생각되어 일본인의 사상도 변
할 것으로 생각되고, 조선을 독립시키면 중국의 감정을 완화시킬 수
가 있으며 장래 일본이 동양의 맹주로 갈 수 있을 것으로 생각했기
때문이다.[38]

손병희는 강화회의에 일본이 5대국의 일원으로 열석하고 있고, 이
회의가 민족 평화 등의 권리를 의제로 하고 있기 때문에 일본이 당연
히 조선의 안녕 질서를 지키기 위하여 조선의 독립을 승인할 것이라 믿
었다. 또한 신문지상에 영국이 애란愛蘭(아일랜드)를 독립시킨 기사를 보
고 일본도 조선을 독립시키는 것이 옳은 일이라고 생각했다.[39]

조선의 독립이 일본에게도 유리하다는 논리로 일제를 설득하려 한
것은 권동진이나 신석구의 답변에서도 확인된다. 특히 권동진은 조선이
일본에 동화되지 않을 것이므로 만일 일본이 다른 나라와 싸울 경우 조
선이 일본에 화근이 될 것은 명약관화明若觀火하다고 하여 투쟁의 의지를
밝히기도 했다.[40] 그런데 손병희의 민족자결주의에 대한 답변 가운데에
는 과연 그가 민족자결주의의 본질을 명료하게 이해하고 있었는가 여부
와 관련하여 논란의 소지가 될 부분이 있다.

… 선언서를 발표한 것은 조선민족에 대하여 민족자결주의를 선언

38 「孫秉熙 신문조서(제1회)」(1919. 4. 10), 경성지방법원(『韓民族獨立運動史資料集
　　(3·1運動 Ⅰ)』 11, 64쪽).
39 「孫秉熙 피고인 신문조서」(1919. 3. 7), 경무총감부(『三一運動秘史』, 80쪽).
40 「權東鎭 신문조서(제1회)」(1919. 4. 8), 경성지방법원(『韓民族獨立運動史資料集
　　(3·1運動 Ⅰ)』 11, 49쪽).

서에 의하여 알리기 위한 것이다. 강화회의에 청원서를 낸 것은 원래 민족자결이란 것이 이 강화회의에서 나온 것이고 그것은 단순히 유럽에만 한정된 효력을 가지는 것이 아니고, 조선과 같은 곳에서도 다 그 민족자결이란 것에 의하여 독립할 수 있는 것이라고 생각하여 우리들 조선인도 강화회의에 청원하면 그 효과를 받을 수 있는 것으로 생각하여 한 일이다. 그리고 강화회의에 그것을 내면 반드시 그것이 토의에 오르고, 토의에 오르면 자연히 그 일에 대하여 일본과 교섭이 시작된다. 그러면 독립이 될 것이다. 그러나 강화회의의 교섭이 있는 것만으로는 그것이 반드시 성공될는지 어떨는지는 기약할 수 없으니, 또 일본 정부에 청원서를 제출함과 동시에 귀족원, 중의원 양의원에도 마찬가지로 청원서를 제출했던 것이다. 또 윌슨에게 청원서를 보낸 것은 민족자결이란 말이 그 사람 입에서 나왔으므로 그 사람에게 청원하면 꼭 동정이 있을 것이 틀림없다. 그러면 자연히 조선의 독립은 될 수 있을 것이라고 생각하여 그러한 절차를 밟았던 것이다. … 선언서를 발표한 것은 그러한 병합에 반대라든지 어떻다든지 하는 것이 아니고, 다만 현재의 세계 대세가 이러한 사조이니 민족자결주의에 의하여 조선도 독립할 수 있다는 것으로 선언서를 발표한 것이다.[41]

즉, 손병희는 민족자결주의가 유럽에만 한정된 것이 아니라 조선도 적용을 받는다고 생각하고 있었고, 강화회의 청원만으로 독립이 어려울 수 있으니 일본 정부와 귀족원, 중의원은 물론 윌슨 대통령에게도 청원을 하는 전방위적인 방법을 동원했다고 했다. 다른 민족대표들의 경우

---

41 「孫秉熙 신문조서」(1919. 8. 21), 고등법원(『韓民族獨立運動史資料集(3·1運動 Ⅰ)』 12, 16~17쪽).

도 손병희와 비슷한 판단을 했던 것으로 보인다.

　권동진은 1918년 11월경 민족자결주의가 제창되어 강화회의에서 논의되고 있다는 『오사카마이니치신문大阪每日新聞』 기사를 보고 조선도 이 범위에 들어가야 한다고 생각하고 독립운동을 결심했다. 그는 같은 생각을 하고 있던 오세창·최린과 함께 손병희를 찾아가 계획을 보고하고 승낙을 얻었다. 특히 그는 목적 달성을 위해 기독교 등 타 종단과도 기꺼이 연합함으로써 종교 이념을 초월한 3·1운동과 한국민족주의의 특질을 잘 보여주고 있다.[42] 그는 민족자결주의가 제창되고 강화회의가 열리는 국제정세를 독립운동에 활용하려 한 것은 분명하다. 그러나 그 적용 범위 등에 대한 이해가 철저하지는 못했던 것으로 보인다.

> … 나는 작년 11월 중에 오사카마이니치 신문지상에서 미국 대통령 윌슨이 평화회의에 제출한 의제 14개조 중에서 민족자결의 한 조항을 보고 조선도 이 문제의 범위에 들어가야 한다고 생각했고, 이어서 조선·아일랜드·폴란드 등 다른 나라도 그 범위에 들어간 13개국 국민 중 미국 주재자가 윌슨이 제창한 자결문제에 대하여 연맹대회를 열고, 13개국에 관한 문제에 대해서는 자기들에게 알려달라는 취지를 전보로 발송했다는 기사를 보고, 그 뒤 위의 결의가 미국 정부에 접수되어 상원 외교조사부에 회부되었다는 것이 모두 일본 신문에 나 있는 것을 보았으므로 나는 민족자결 문제를 해결하기 위하여 운동하지 않으면 안 된다고 뜻을 세우고, 우선 동지를 모아야 한다고 생각하여 …[43]

42　장석흥, 「권동진의 생애와 민족운동」, 『한국학논총』 제30권, 국민대학교 한국학연구소, 2008, 651쪽.

43　「權東鎭 신문조서(제1회)」(1919. 4. 8), 경성지방법원(『韓民族獨立運動史資料集(3·1運動 Ⅰ)』 11, 41~42쪽).

또한 권동진의 다음 문답 내용은 그가 민족자결주의의 범위를 잘못 이해하고 있음을 여실히 보여준다.

피고가 독립선언에 대하여 생각한 것은 작년 11월 이래 신문지상에 강화회의에서 민족자결이란 것이 제창되고, 외국에 있는 조선인이 독립운동을 하고 있다는 것을 읽은 후부터라고 했는데, 미국 대통령이 제창한 민족자결이란 것이 일본과 조선과 같은 관계에도 적용된다고 해석하고 있는가?

나는 그때 독립을 선언하면 평화회의에서 문제가 되고, 혹은 독립국으로서 인정될지도 모른다는 생각이었고, 미국 대통령이 제창하고 있는 민족자결은 전란에 관계없는 지역에 있는 조선과 같은 나라도 그 범위에 속하는 것으로 해석하고 있었다. 그래서 나는 조선독립운동을 기도하게 된 것이다.

오히려 권동진은 조선의 독립이 강화회의 등 국제적 합의로 달성될 것으로 바라고 있었다. 이는 강화회의의 본질을 제대로 간파하지 못했기에 나온 생각이었다. 강화회의에서는 새로운 민주주의 이념이 제시되는 가운데 국제관계의 민주주의 원칙이 제시되지만, 실제로는 열강의 제국주의적 거래의 장에 불과한 것이었다. 따라서 강화회의 결과 민주주의적 원칙과 제국주의적 요구와의 타협의 산물로 전승국에 의한 새로운 제국주의적 지배체제로 재편되었을 뿐이다.[44] 권동진의 강화회의 기대 관련 답변 내용은 다음과 같다.

… 선언서를 배포하고 총독부 및 일본의 귀족원과 중의원 양원에 청

---

44 이만열(1992), 앞의 논문, 269쪽.

원서를 제출하고, 또 파리의 강화회의에도 진정서를 제출하면, 그것이 국제연맹회에서 문제가 되고, 아울러 강화회의 쪽에도 문제로 오를 것이라고 생각했다. … 그리고 국제연맹의 문제가 되면 조선과 일본 사이에서 언젠가는 독립이 될 것이라고 생각했다. 그것은 지금도 굳게 믿고 있다. …[45]

그런데 기존의 연구에서 「신문조서」를 오독한 결과 민족대표들의 민족자결주의 인식 문제의 해석에 중대한 오류를 범했음을 발견할 수 있다. 물론 이는 이병헌의 『삼일운동비사三一運動秘史』에 수록된 신문조서의 번역상의 오류에 기인한 것이다. 그것은 손병희가 윌슨의 민족자결주의가 구라파주에만 적용하는 것이지만 이것은 조선에도 적용되어야 한다고 주장했다거나,[46] 권동진이 민족자결주의의 적용 범위에 대해 검토한 결과 민족자결주의에 따라 평화회의에서 독립 문제가 실현되기는 어려우나 그 취지 자체는 조선의 독립운동에 활용할 수 있을 것이라고 해석한 견해 등이 그것이다.[47]

이 견해들은 민족대표들이 민족자결주의의 적용 범위에 대해 우리는 대상이 되지 않는다고 명확히 인식하고 있었으나, 이를 적극적이고 주체적으로 이용하려 한 것이라는 주장의 중요한 논거가 되어왔다. 즉, 민족대표들이 민족자결주의의 한계성을 알고 있으면서도 능동적으로

---

45 「權東鎮 신문조서」(1919. 8. 20), 고등법원(『韓民族獨立運動史資料集(3·1運動 Ⅰ)』 12, 12쪽).

46 愼鏞廈, 「三·一獨立運動의 社會史」 上, 『韓國學報』 30, 12쪽. 이는 손병희가 민족자결주의가 단순히 유럽에만 한정된 효력을 가지는 것이 아니고 조선과 같은 곳에서도 적용되는 것이라고 답변한 사실을 오역함으로 인한 중대한 오류이다.

47 이만열(1992), 앞의 논문, 278쪽. 이는 윌슨이 평화회의에 제출한 의제 14개조 중에서 민족자결 조항을 보고, 조선도 이 문제의 범주에 들어야 된다고 생각했다고 답변한 사실을 오역한 결과이다.

활용하려 했다는 주장의 근거가 된 것이었다. 그러나 사실은 그들이 민족자결주의의 한계를 올바로 인식하고 있었다고 말하기는 곤란하다.

3·1운동 주도 인물 가운데에는 오세창이나 최남선처럼 민족자결주의의 적용 범위와 한계에 대해 명확하게 이해한 사람이 있었던 것도 사실이다.[48] 대부분의 민족대표는 물론 민중들에게 민족자결주의가 커다란 희망이 되었던 것도 사실이나, 그것은 세계 사조에 대한 기대로서, 이를 과장하거나 확대 해석한 것으로 보는 편이 타당할 듯하다. 민족자결주의에 대해 가장 명료하게 이해하고 있었던 것은 2·8독립선언을 주도한 도쿄 유학생들이었다. 2·8독립선언문 결의문 제3항에 "본단(조선독립청년단-필자 주)은 만국평화회의에 민족자결주의를 오족吾族에게 적용適用하기를 청구함"이라 되어 있다. 이는 민족자결주의가 패전국이 보유한 식민지 외에 우리처럼 승전국의 식민지에도 적용되어야 한다는 점을 적극적으로 요청했던 것이다.

민족자결주의에 대해 희망과 기대를 걸었던 것은 여타 충북 출신 민족대표들의 경우도 대개 비슷한 인식 양태를 보인다. 신석구는 이와 관련하여 다음과 같이 답했다.

> 민족자결이란 것은 구주 전란에 직접 관계가 있는 지역의 일부 민족에 관한 것이지 전란에 관계없는 세계 전체의 민족에 대한 문제는 아니라고 하는 것을 알지 못하는가?

---

48 오세창은 민족자결주의의 적용 범위를 묻는 질문에 "전란에 관계된 나라에 있어서는 실행되고 그 밖의 나라에 있어서는 곤란한 것이라고 생각하고 있었다"고 대답했고(「吳世昌 신문조서」, 1919. 4. 9, 경성지방법원(『韓民族獨立運動史資料集(3·1運動 Ⅰ)』 12, 52쪽), 최남선은 " … 나는 민족자결은 물론 환영하는 바이나 민족자결이란 것이 어떠한 지역에 적용되는 것인지 불분명하므로 생각해보아야 한다고 하였으며 민족자결이라고 해서 이것을 몽상하는 것은 지극히 어리석다고 말했다. …"(「崔南善 피고인 신문조서」, 1919. 3. 7, 경무총감부(『三一運動秘史』, 658쪽)고 하여 그 적용 범위와 한계에 대해 알고 있음을 보여준다.

나는 세계의 전 민족에 관계된 문제라고 생각한다.[49]

신흥식 역시 민족자결주의가 우리에게도 적용이 된다고 믿고 있었다.

… 나는 경성서 발행하는 『매일신보』에서 약소민족의 자결이라고
한 기사를 보았으므로 조선도 그 문제의 범위에 들어가는 것이 아닌
가 생각하고 있었는데 그 후 또 『매일신보』에 조선에서는 그 운동을
하여서는 안 된다고 하는 기사가 났으므로 조선도 문제가 되기 때문
이라고 생각하였다. …

일제는 처음에는 민족자결주의라는 용어의 사용을 기피했다. 그럼
에도 1918년 후반에 들어 민족자결주의가 국내 지식인 사회에 광범위
하게 전파되자, 일제는 기존의 입장을 바꿔 이를 적극적으로 보도하여
민족운동으로 연결되는 것을 차단하기에 부심했다. 그러나 일제는 민족
자결주의가 엄청난 민심의 동요를 일으키자 결국 이듬해 1월 17일 『매
일신보』 등에 보도통제를 실시했다.[50] 상기 신흥식의 답변은 일제가 기
관지 『매일신보』를 통해 적극적으로 민족자결주의를 부정, 비판한 것이
오히려 조선이 대상이 되기 때문이라고 의심했음을 보여주는 것이다.
정춘수 또한 1919년 1월경 『오사카마이니치신문』에 민족자결이 제창
되어 각 민족이 평화적으로 자결을 희망하고 있다는 보도를 보고, 조선

---

49 「申錫九 신문조서」(1919. 5. 5), 경성지방법원(『三一運動秘史』, 502쪽).
50 일제는 민족자결주의에 대한 보도통제를 3월 6일자로 해제했다. 그 까닭은 "유언비
어가 난무하여 과대한 풍설이 유전되어 오히려 민심을 미혹할 우려가 있으므로 반
대로 사실을 보도함과 동시에 해당 부처에서도 정확한 사실을 발표, 게재하는 것
이 유리하다"고 판단했기 때문이다(姜德相, 『現代史資料』 25, みすず書房, 1972,
123~124쪽). 이는 일제가 3·1운동 발발 직후, 그 원인이 민족자결주의에 대한 기대
에서 비롯했다고 판단하고 이를 적극적으로 차단하려 한 것이라 여겨진다.

도 민족자결을 하는 것이 좋다고 생각했다.[51]

곧 손병희와 권동진은 세계정세의 변화를 예의 주시하던 중 민족자결주의가 제창되고 강화회의가 개최되는 등 우리의 독립운동에 유리한 조건과 상황이 조성되자 이를 적극 수용하고 활용하여 3·1운동을 주도적으로 추진했다. 그러나 이들은 물론 나머지 충북 출신 민족대표들의 민족자결주의에 대한 인식은 철저하거나 정확했다고 말하기는 곤란하다. 오히려 이들의 민족자결주의에 대한 인식은 다분히 낭만적 기대와 환상을 크게 넘지는 못했던 것으로 보인다. 따라서 이들이 그 적용범위와 한계를 정확히 파악하고 있으면서 이를 적극적 기회로 활용하려한 것이라는 기존의 견해는 재고되어야 한다.

동양평화론과 선先조선독립론의 주장

손병희 등 충북 출신 민족대표들은 조선의 독립이 일본에도 유리하며 동양평화를 위해서도 긴요한 일이라고 주장했다. 이는 안중근이 이토 히로부미를 처단하고 그의 15개 죄상 중 하나로 '동양평화를 교란시킨 일'을 지적한 바 있듯이 독립운동의 정당성을 강조하려는 것이었다.[52] 그뿐만 아니라 과거 일본이 주장한 동양평화론의 원론적 구조를 상기시키고 현재 일본의 국제적 위상을 거론하며 조선을 독립시키도록 추동하겠다는 전략적 논리였다.

손병희는 1919년 1월 20일경, 자신의 집을 방문한 권동진·오세창·최린에게 독립선언서의 문의文意는 감정에 흐르지 말고 온건하게 하고,

---

51 「鄭春洙 신문조서」(1919. 5. 3), 경성지방법원(『三一運動秘史』, 554쪽).
52 國史編纂委員會, 『韓國獨立運動史』 資料 6, 3~4쪽.

동양평화를 위해 조선이 독립하는 것이 옳다는 내용이 되어야 한다고 지시했다. 또한 그는 세계 개조의 시기를 맞아 독립선언서를 일본 정부에 보내면 그들이 동양평화를 위하여 조선을 독립시킬 것으로 기대했다.[53] 이는 실현 가능성이 전혀 없는 비현실적인 판단이라 하겠다. 그러나 그는 동양평화론을 동양 3국 간의 관계 및 동양과 서양의 대립이라는 구도 속에서 논의하며 조선의 독립을 주장했음을 알 수 있다.

> … 조선을 독립시키면 중국의 감정을 완화시킬 수가 있으며 장래 일본이 동양의 맹주로 갈 수 있을 것으로 생각했기 때문이다. … 또 나는 우리 동양에 수많은 국가를 세워두는 것보다 동양 전체를 일단으로 가장 덕망이 높은 사람을 주권자로 하여 서양 세력에 맞서지 않으면 안 되는데, 일본 한 나라를 가지고서는 서양 세력에 대항할 수 없다고 생각하며, 더 나아가서는 세계를 일단으로 하여 침략이란 것을 끊어 없게 한다면 각 민족 서로 친화하여 행복한 세계로 갈 수 있다고 생각한다. 또 조선은 일본과는 국정이 서로 틀리지만 중국과는 서로 닮아 있으므로 조선이 독립되면 중국의 여론에 호소하여 동양을 일단으로 하는 것이 좋으리라고 생각한 일도 있다.[54]

여기에서 동양평화론에 대해 좀 더 논의할 필요가 있다고 생각한다. 동양평화론은 삼국제휴론·삼국공영론·동양주의 등 다르게 부르는 용어가 있는데, 문제는 사용 주체에 따라 그 의미가 크게 다르다는 사실

---

53 「孫秉熙 신문조서(제3회)」(1919. 7. 14), 경성지방법원(『韓民族獨立運動史資料集 (3·1運動 Ⅰ)』 11, 128쪽).

54 「孫秉熙 신문조서(제1회)」(1919. 4. 10), 경성지방법원(『韓民族獨立運動史資料集 (3·1運動 Ⅰ)』 11, 64~65쪽).

이다.[55] 이토 히로부미와 안중근이 같은 동양평화론을 주장했듯이, 일본과 조선이 사유한 동양평화론은 그 구조가 달랐다. 일본인의 동양평화론은 대륙침략론으로서 아시아연대론을 의미하지만, 한국에서의 동양평화론은 친일파와 애국계몽언론이 사용한 용어의 의미가 각각 달랐고, 그 결과도 강제병합과 독립운동으로 다르게 나타났다. 따라서 전혀 다른 의미의 동양평화론은 상충할 수밖에 없었고, 침략적 동양평화론자인 이토 히로부미를 진정한 동양평화론자인 안중근이 처단하는 것은 당연한 일이었다. 안중근의 동양평화론은 '동양 민족에 대한 신앙적 사랑'으로 보아야 한다거나,[56] 천주교의 영향과 안중근의 독창적 견해로 보는 것을 반박하며 1900년대 후반 국가주의와 민족주의가 중시되는 한국 지식인의 현실인식이라는 측면에서 접근해야 한다는 주장[57] 등이 있다. 그런데 안중근의 동양평화론의 구조는 '조선의 독립 → 동양 삼국의 동맹으로 동양평화 실현 → 서양 세력 침략 방어 및 세계 평화 노력'으로 이어지는 것으로서, 결국은 선조선독립론의 국권회복과 독립전쟁 방략이라 할 수 있는 것이다.

손병희의 답변 중 '장래 일본이 동양의 맹주' 운운하여 일본맹주론을 긍정하는 것은 삼국제휴론이나, 일본이 주장한 아시아연대론의 논리로 오해할 소지를 다분히 내포하고 있다. 그러나 손병희는 선조선독립을 주장하고 일본의 한국이나 중국 지배를 인정하지 않았다는 점에서 그들과 차별적이며 안중근의 동양평화론 체계와 유사하다고 볼 수 있다.

---

55 현광호, 「안중근의 동양평화론과 그 성격」, 『아세아연구』 제46권 3호, 고려대학교 아세아문제연구소, 2003, 155~157쪽.
56 洪淳鎬, 「安重根의 『東洋平和論』」, 『교회사연구』 제9호, 한국교회사연구소, 1994, 58쪽.
57 崔起榮, 「安重根의 『東洋平和論』에 대한 논평」, 『교회사연구』 제9호, 64쪽.

… 일본은 동양에서 이미 고립되어 한국민으로부터 독립전쟁의 공격을 받기 시작했으며, 청국 관민들로부터 공격의 표적이 되어가고 있을 뿐만 아니라, 전 세계로부터 경계의 대상이 되어가고 있다. 만일 일본이 계속하여 이웃나라를 침략하고 핍박한다면 이것은 일본 자체에 파멸을 자초할 것이다. 동양평화를 실현하고 일본이 자존하는 길은 우선 한국의 주권을 돌려주고 만주와 청국에 대한 침략 야욕을 버리는 것이다. 그 후로 서로 독립한 청·한·일 삼국이 동맹하여 일심협력해서 서양 세력의 침략을 방어하며, 나아가서 한·일·청이 동맹하여 평화를 부르짖고 서로 화합하여 개화의 域으로 진보해서 유럽과 세계 각국과 더불어 평화를 위해 진력하는 것이다. 이렇게 하면 동양평화는 실현되고 유지될 수 있을 것이다.[58]

권동진은 더 나아가 동양평화론을 백인종과 황인종의 인종 대결과, 동양과 서양의 지역적 대립으로 이해하고 있었다.

… 일본은 동양에서의 선진국으로 동양 전체를 지도해야 할 지위에 있고, 평화회의에서는 5대 국의 하나가 되어 있는데도 일본이 제출한 인종차별 금지 문제는 채택되지 않을 모양이고, 백인종은 여전히 동양 인종을 압박하고 있는 상태인데, 도리어 일본과 중국이 평화회의 안에서 다투고 있는 형국이다. 그것은 일본이 중국과 제휴하여 인종 문제를 제출하지 않았고, 일본이 馬關조약을 무시하고 조선을 병합했으니 나아가서 만주·몽고도 침략하려는 야심이 있다고 생각하고 있어서 감정을 상하게 하고 있으므로 일본과 중국은 제휴할 수 없

58 安重根, 『東洋平和論』.

는데, 그것은 결국 조선이라는 장애물이 있기 때문이다. …[59]

이러한 인종 대결 인식은 곧 러시아의 침략을 막기 위한 논리로서, 러일전쟁을 인종전쟁으로 보았던 것이다. 그러므로 러시아가 만주를 장악하면 한·청·일이 위기에 처하고 황인종이 멸망할 것이라고 보고 삼국의 동맹을 주창했던 것이다.[60] 결국 삼국제휴론은 "동양 삼국이 연합해야 동아 문명과 황인종 보호가 가능하다"는 인종주의적 세계인식에 기초한 것으로서, 당시 『황성신문』의 논조는 물론 장지연이나 윤치호 등 지식인 계층의 보편적 사고체계였다.[61]

권동진은 이 논리에 바탕을 두고, 일본이 황인종인 동양 삼국을 연합하게 하여 백인종에 대결할 생각을 갖지 않았음을 비판했다. 나아가 일본이 오히려 조선을 병합하고 중국을 침략한 것은 잘못이라고 지적하고, 현재 일본과 중국이 제휴하기 어려운 장애물이 조선이니, 조선을 먼저 독립시키는 것이 곧 인종 대립에서 승리하고 동양평화를 구축할 수 있는 일본의 역할이라고 치켜세웠던 것이다. 따라서 일본을 '동양에서의 선진국' 운운하며 부추겨 선조선독립론을 주장한 것은 손병희나 권동진이 같은 인식을 지녔음을 보여준다고 할 수 있다. 신홍식 역시 일본이 동양평화를 역설하고 있으나 진정으로 일본이 동양 평화를 보장하려면 조선의 독립이 필요하다며 선조선독립론을 주장했다.[62]

곧 충북 출신 민족대표들은 조선 독립의 논리로써 일본이 주장하는 동양평화론을 제기하고 일본의 역할을 부추기며 선조선독립론을 펼쳤

---

59 「權東鎭 신문조서(제1회)」(1919. 4. 8), 경성지방법원(『韓民族獨立運動史資料集 (3·1運動 Ⅰ)』11, 48쪽).

60 『皇城新聞』, 1904년 10월 1일자; 1904년 2월 12일자 논설.

61 현광호(2003), 앞의 논문, 172~173쪽.

62 「申洪植 피고인 신문조서」(1919. 3. 12), 경무총감부(『三一運動秘史』, 482쪽).

음을 알 수 있다.

상반된 정체론의 주장

민족대표 가운데에는 연방제를 주장하거나[63] 특별히 정체를 고려하지 않았다고 대답한 경우가 많다. 그러나 충북 출신 민족대표들은 대부분 군주제를 부정하고 공화정을 추구했다. 손병희는 광무황제의 홍거에 대한 감상을 묻는 일본인 판사의 신문에 대해 "별로 어떤 감상은 없다. 나이 많으면 죽는 것은 당연한 일이라고 생각한다"고 답변했다.[64] 나아가 그는 독립 이후 어떤 정체政體의 나라를 세울 것이었느냐는 신문에 민주정체를 추구한다고 명료하게 대답했다. 또한 민주정체를 희망한 것은 자신뿐 아니라 당시의 보편적 사상이었음도 지적했다.

> 민주정체로 할 생각이었다. 그것은 나뿐 아니라 일반적으로 그런 생각인 것으로 생각한다. 그리고 나는 유럽전쟁이 한창일 때 교도들과 牛耳洞에 갔을 때, 전쟁이 끝나면 세계의 상태가 일변하여 세계에 임금이란 것이 없어지게 된다는 말을 한 일이 있다.[65]

권동진도 손병희와 마찬가지로 광무황제의 홍거에 대한 감상을 묻는 일본인 판사의 신문에 대해 "별로 하등의 감상도 없다"고 답했고,[66]

63 「李鍾一 피고인 신문조서」(1919. 3. 10), 경무총감부(『三一運動秘史』, 394쪽).
64 「孫秉熙 피고인 신문조서」(1919. 3. 7), 경무총감부(『三一運動秘史』, 81쪽).
65 「孫秉熙 신문조서(제3회)」(1919. 7. 14), 경성지방법원(『韓民族獨立運動史資料集 (3·1運動 Ⅰ)』11, 128~129쪽).
66 「權東鎭 피의자 신문조서」(1919. 3. 10), 경무총감부(『三一運動秘史』, 184쪽).

또한 순사가 광무황제의 장례에 배별拜別할 생각을 하지 않고 만세운동을 추진한 것에 대해 추궁하자, 자신들은 일경이나 관청에 탐지되는 것을 늘 염두에 두었는데, 준비가 되지 않아 실행하지 못하다가 학생들이 3월 3일에 한다고 해서 급히 서둘러 실행한 것뿐이라고 답변했다.[67] 이는 3·1운동과 광무황제의 배별은 무관하다는 것으로, 더 이상 군주의 존재를 인정하지 않는다는 표현으로 여겨진다. 더구나 그는 광무황제의 국장에 참배하기 위해 상경한 많은 사람들이 체읍통곡涕泣慟哭하는 것은 군신의 정으로서 통곡하는 것보다, 만일 그가 살아 있었다면 민족자결주의에 따라 이전처럼 독립국으로 하여줄 가능성이 있었을 텐데 그 꿈이 깨어진 때문이라고 말했다.

> … 李태왕 전하의 훙거 때에도 국장을 참배하기 위하여 서울에 모인 많은 조선인이 체읍통곡했는데 조선에는 임금이 신하를 초개와 같이 본다면 신하도 임금을 적으로 본다[君而視臣草芥臣亦視君如敵]는 격언이 있을 정도로 임금과 신하의 정이 소원했는데 이번 국장 때에 본 바와 같은 상황은 李태왕의 죽음을 슬퍼하는 것이 아니고, 현재 민족자결의 문제가 제창되고 있으므로 李태왕이 생존해 있으면 혹은 이전과 같이 독립국으로 될 수도 있다는 희망이 훙거에 의하여 비로소 꿈에서 깨어나듯 살아나 병합 당시의 일을 상기하고 망국이 된 것을 한탄하고 있는 것이다. …[68]

신홍식도 정체론에 대해 신문을 당했는데, 그는 이 문제에 대해 이

---

67 「權東鎭 경찰 신문조서」(1919. 3. 1), 경무총감부(『三一運動秘史』, 179~180쪽).

68 「權東鎭 신문조서(제1회)」(1919. 4. 8), 경성지방법원(『韓民族獨立運動史資料集 (3·1運動 Ⅰ)』 11, 49쪽).

전에 깊이 생각하지 않아 무엇이라고 말할 수 없으나 독립이 되면 민의에 따를 것이라고 대답했다.[69] 그런데 정춘수는 국권을 회복한 뒤 자신들이 국가의 정치를 하려고 했다고 답변했다.[70] 손병희가 독립 이후 자신은 전혀 벼슬길에 나갈 생각은 없고 종교적 목적만 달성하면 된다고 답변한 것과는 상반된다. 손병희와 정춘수의 상반성은 정체론에서 극명히 대비된다. 정춘수는 2월 중순 서울 영신학교에서 오화영·이승훈·박희도·신홍식을 만나 만세운동을 협의하는 자리에서 천도교와의 합동을 반대하고 시종일관 독립이 아니라 자치를 청원할 것을 주장했다.

> … 나는 그때 민족자치가 마땅한가 조선독립이 마땅한가고 물었다. 그때 다른 사람들은 독립이든지 자치든지 좋은 방법을 말하라고 하므로 나는 독립은 아직 되지 않을 것이라고 말하였다. 그것은 독립은 하려면 다른 데 간섭 없이 조선 사람만으로는 아니 될 것이기 때문이다. 그러므로 자결이란 것을 이해하며 민족자치에 찬성하는 사람들이 일본 정부와 조선총독부에 조선 민족 자치의 청원서를 제출하고 기타 조선 내의 각 사회단체 또는 각국 영사관에게도 그 일을 통지하자고 하였더니 다른 사람들이 말하기를 일본 정부나 조선총독부에서 청원을 들어주지 않으면 어떻게 하겠는가 하였다. 나는 그런 경우에는 언제까지든지 뜻을 이룰 때까지 몇 번이고 청원하자고 하였다. … 나는 민족자치의 청원서에 명의를 내는 것은 승인하였어도 독립선언서에 명의를 내는 일은 승인한 일이 없다. …[71]

---

69 「申洪植 경찰신문조서」(1919. 3. 1), 경무총감부(『三一運動秘史』, 477쪽).

70 「鄭春洙 경찰신문조서」(1919. 3. 7), 경무총감부(『三一運動秘史』, 548쪽).

71 「鄭春洙 신문조서」(1919. 3. 21), 서대문감옥(『三一運動秘史』, 550~552쪽).

또한 그는 민족자치의 형태를 묻는 질문에 대해 조선은 조선 사람이 다스리며 일본의 원조에 의하여 정치를 하고 그 정체는 그때의 여론을 좇아서 할 것이라고 답했다. 그런데 그는 자치의 의미를 되묻자 자치는 독립을 하는 것이 아니라 일본의 원조를 받는 것이라고 강조했다.

일제강점기 자치론은 일본이라는 국가 권력과 식민지 실체를 인정하고 그 안에서 조선인의 정치력 행사를 목적으로 하는 것으로서 독립의 전 단계로 여겨지기도 했다. 그러나 신채호는 이를 내정독립론, 참정권이나 자치운동론을 일제가 친일파를 앞세운 '광론狂論'이라고 일갈하고 이에 부화하는 자들을 맹인盲人이 아니면 간적奸賊이라고 질타했다.[72] 자치론자들은 3·1운동 이후 식민지 의회 설립운동을 벌였고, 일본 내제1야당인 헌정회憲政會가 조선자치론을 주장했으나, 하세가와 총독이나 조선군참모부 등 군부는 자치론조차 반대했다.[73]

정춘수는 민족대표는 물론 3·1운동을 전후한 시기에 자치론을 주장한 대표적인 인물이었다. 그 나름대로는 일본의 기반을 벗어나되 독립보다는 우선 실현 가능성이 있다고 판단한 자치를 주장한 것으로 해석할 수 있다. 그러나 이는 다수의 민족대표나 민중의 의사와는 괴리가 있는 논리였다. 다음의 문답은 그의 자치론의 허상을 여실히 보여준다.

피고는 이 선언서에 기재된 취지와 같이 조선 독립을 허하여달라고 청원한 데 찬성하였는가?

나는 자치권을 달라는 것을 청원할 생각으로 명의를 내는 데 찬성하였지 독립을 선언하는 것은 나의 의사가 아니다.

---

72 申采浩, 「朝鮮革命宣言」, 『단재신채호전집』 제8권, 독립기념관 한국독립운동사연구소, 2008, 893쪽.

73 임경석, 「3·1운동기 친일의 논리와 심리: 『매일신보』를 중심으로」, 『역사와 현실』 제69호, 한국역사연구회, 2008, 66~70쪽.

피고는 독립선언서가 온당하다고 생각하는가?

잘 된 것도 있고 잘 안 된 것도 있으나 나는 독립 청원할 의사가 없고 그 선언을 하는 것도 나의 의사가 아니므로 3월 1일에 오지 않았다.

민족자치란 것은 무엇인가?

독립이라 하는 것은 일본과 전연 관계를 끊는다는 것이고 민족자치라고 하는 것은 조선이 주권을 얻어 자치하면서 중요한 안건에 대해서는 일본의 지도를 받는다는 것인데 자못 한일합병 전의 통감부 시대와 같은 것이라는 것이다.

민족자치를 한다면 어떠한 정체를 구성하려고 생각하였는가?

그것은 일본 정부에서 자치를 허락한 후 공화정체나 전제정체를 할 것을 결정하면 좋다고 생각한다.

그러면 피고의 민족자치라고 하는 것은 독립을 하자는 것이 아닌가?

나는 보호국이 되는 것이 독립국이 되는 것보다 좋다고 생각하였다.

3·1운동으로 피체된 민족대표는 물론 일반인 가운데에서도 한일합병 전의 통감부 시대와 같은 상태에서 일본의 지도를 받으며 자치를 하며, 더욱이 보호국이 되는 것이 독립국이 되는 것보다 좋다고 생각한다고 답변한 것은 정춘수가 유일한 사례라 할 수 있다. 정춘수는 독립과 자치를 엄밀히 구분함은 물론 선언과 청원의 의미도 구분해 사용하고 있다. 이를 신석구와 대비해 보면 청원이라는 의미가 어떻게 다르게 받아들여질 수 있는가를 명확히 알 수 있다. 신석구는 청원을 완전 독립을 승인하기 위한 것으로서 문서의 형식상 청원이라 한 것이라며 크게 의미 부여를 하지 않는 듯한 답변을 했다.

그대들이 기도한 독립운동의 방법은 무엇인가?

일본 정부에 조선민족이 독립하니 승인하라고 쓴 것을 보내는 것이다.

그것은 독립의 승인을 원한다는 취지가 아닌가?

원한다는 것과는 조금 의미가 다르다. 조선민족은 정신적으로 독립해 있지마는 사실상으로는 아직 독립해 있지 못하고 있으므로 완전하게 독립했다는 것을 승인해 받기 위하여 쓴 것을 보내는 것이다. 그러나 그 쓴 것의 형식이 청원이란 것으로 되어 있으니 굳이 청원이라고 한다면 청원이라고도 할 수 있으므로 그냥 청원서를 낸다는 것이 된다.

이로써 보면 손병희·권동진·신석구·신홍식 등 충북 출신 민족대표들은 모두 군주제를 부정했고 민주공화정체民主共和政體를 추구했음을 알 수 있다. 그러나 정춘수만은 독립선언을 반대하고 청원과 민족자치를 주장했고, 통감부 시대의 보호국으로 회귀하고자 하는 답변을 한 것은 3·1운동과 그 정신에 전혀 합치되지 않는다.

그런데 정춘수의 답변은 자수 직후와 얼마간 시간이 흐른 다음의 내용이 차이를 보이고 있어 주목된다. 그는 3월 7일 경무총감부에서 일본인 순사의 신문에 대하여는 분명히 "조선의 독립을 계획하기 위해 선언서를 인쇄하여 발표했다", "조선 독립을 할 목적으로", "양 민족은 동화할 수 없다는 것을 알기 때문에 독립하여야 되겠다는 것을 항상 마음먹게 되었다"라는 등의 답변을 했다. 자치라는 말은 어디에서도 찾아볼 수 없고, 다른 민족대표와 차이점도 발견할 수 없다. 그런데 3월 21일의 서대문감옥 신문 때에는 조선도 민족자결에 의하여 독립하는 것이 좋다는 생각을 가지고 있었다고 했으나, 본격적으로 자치론을 펴고, 독립운동을 포기하고 종교사업이나 하겠다고 하는 등 심경의 변화를 보이고 있다. 이는 자기보호를 위한 본능적 행위일 수 있으나, 이후의 행적과 연계되어 평가할 부분이라 사료된다.

파종론의 피력

대부분의 민족대표들은 독립을 확신하고는 있었으나, 만세시위를 한다고
하여 당장 독립이 이루어질 것으로 믿지는 않았다. 이는 손병희 등 충북
출신 민족대표들이 피력한 이른바 파종론播種論에서 명확히 알 수 있다.
손병희는 3·1운동 발발 직전 교도들에게 다음과 같이 말했다.

> 우리가 만세를 부른다고 당장 독립이 되는 건 아니오. 그러나 겨레의
> 가슴에 독립정신을 일깨워주어야 하기 때문에 이번 기회에 만세를
> 불러야 하겠소.[74]

충북 출신 민족대표의 파종론은 권동진과 신석구의 답변에서 명쾌
하게 전개되고 있다. 권동진은 3월 10일 경무총감부에서 검사 시모무라
시즈카下村靜永의 심문에 대해 "지금 독립이 안 된다 하더라도 우리는 지
금의 뜻을 가지고 씨를 심어놓으면 장래 기필코 열매가 열게 되리라고
생각한다"고 파종론을 전개했으며,[75] 고등법원에서는 남상장楠常藏과 이
에 대해 다음과 같은 신문을 주고받았는데, 민족대표 중 가장 적극적인
파종론을 벌였다.

> 피고가 위와 같은 일을 한 취지는 강화회의에서 일본으로 하여금 조선의 독립을 어
> 쩔 수 없이 받아들이도록 하는 것이 목적이지, 그렇게 될지 어떨지 모른다고 하는 식
> 의 우활한 것은 아니었다고 생각되는데 어떤가?
> 나로서는 그와 같은 깊은 목적은 없었다. 다만 우리들 쪽에서는 그렇

74 李東洛, 「孫秉熙敎主의 密命을 받고」, 『新東亞』 1969년 3월호, 343쪽.
75 「權東鎮 피의자 신문조서」(1919. 3. 10), 경무총감부(『三一運動秘史』, 185쪽).

게 해서 씨를 뿌려두면 언젠가는 싹이 트고, 누군가가 독립이 잘 되도록 해줄 것이라고 생각했을 뿐으로 곧바로 그 결과까지 보려는 생각은 없었던 것이다.

그와 같이 씨를 뿌리는 것만으로 수확을 하지 않는다면 아무것도 안 되는 것이 아닌가? 그렇지 않고 꼭 어떻게라도 해서 그 결과를 볼 계획이었던 것이 아닌가?

아니다. 그렇지 않다. 앞에서 말한 그대로이다.

피고 등은 선언서를 발표하여 조선 안에서 독립의 소리를 높게 하는 동시에 한편으로 강화회의에서 문제가 되게 한다면 반드시 조선의 독립은 획득할 수 있다고 믿고서 한 일이 아닌가?

즉시 독립을 획득하리라고는 생각하지 않으나, 하여간 문제에 오르리라고는 생각했었다.

그렇게 하면 반드시 독립이 되리라고도 생각하지 않고, 또 되지 않으리라고도 생각하지 않고, 하여간 강화회의에서 문제가 될 것이 틀림없다, 그래서 독립이 될지도 모른다고 해서 만일을 위하여 요행을 바랐다는 것인가?

그렇지도 않으나, 그렇게 해서 씨를 뿌려두면 수 년 뒤에는 반드시 그 결과로서 독립이 될 것으로 생각했다.[76]

신석구도 적극적인 파종론을 전개했다. 그는 독립선언서 첫머리의 "조선의 독립국임을 선언하였다"는 부분을 문제 삼는 예심판사 나가시마 유조永島雄藏의 신문에 대해 "완전히 독립이 되었다는 것은 아니나, 우리가 독립선언을 함으로써 독립이 될 것이라고 생각하고 독립선언을 한 것이다"라고 답변했다. 이어 다음과 같은 신문을 주고받았다.

---

76 「權東鎭 신문조서」(1919. 8. 20), 고등법원(『韓民族獨立運動史資料集(3·1運動 Ⅰ)』 12, 12~13쪽).

피고는 독립국이 꼭 되려고 선언하였는가 그렇지 않으면 선언을 하는 데만 그치려고 한 것인가? 정부가 조직되지 않고 실력도 없이 독립청원을 하고 있으므로 독립국이 된다고 믿지는 않았던 것이 아닌가?

형식상 금일 조선 독립은 성립되지 않고 있으나 씨를 심을 때에는 추수가 있을 것을 판단하는 것과 같이 청원한다고 하는 것은 실은 청원이 아니고 독립한다는 것을 통지한 것이다. 우리가 대표자로서 명의를 낸 것은 조선인 전체가 이 의견이라고 생각한 것이며 세계 각국이 민족자결을 제창하고 있으므로 우리는 독립이 되리라고 믿고 또 그 일을 일반에 통지한 것이다. 우리는 이미 일본의 쇠사슬을 벗어나려고 생각하고 있다.[77]

신석구는 자서전에서도 한 알의 밀알이 되어 땅에 떨어져 죽음으로써 열매를 맺기를 희망했고, '독립을 거두려는 것이 아니라 독립을 심는 심정'으로 민족대표에 참가했음을 강조했다.

… 그러나 곧 독립이 되리라고는 믿지 아니하였다. 예수 말씀하시기를 밀알 하나가 땅에 떨어져 죽지 아니하면 그냥 한 알대로 있고 죽으면 열매가 많이 맺힐 터이라 하셨으니 만일 내가 국가 독립을 위하여 죽으면 나의 친구들 수천, 혹 수백의 마음속에 민족정신을 심을 것이다. … 그때 어느 형제가 나에게 말하기를 어떤 선생님께서 말한즉 그 선생님 말씀이 시기상조라 합디다. 하기에 내가 대답하기를 나도 이른 줄 안다. 그러므로 나는 지금 독립을 거두려 함이 아니오 독립을 심으려 들어가노라 하였다. …[78]

77 「申錫九 신문조서」(1919. 5. 5), 경성지방법원(『三一運動秘史』, 500~501쪽).
78 한국감리교회사학회편(1990), 앞의 책, 84쪽.

이로써 보면 충북 출신 민족대표들은 자신이 한 알의 밀알이 되어 독립을 쟁취하고자 했음을 알 수 있다. 이들이 자신을 희생하며 파종한 자주독립정신은 이후 대한민국임시정부로 발아했고 1920년대 이후 다양한 독립운동으로 만개했던 것이다.

종교 계몽주의자의 한계

민족대표들은 종교계의 대표자이자 계몽주의자들로서 부르주아 민족운동의 한계를 노정하고 있는 것도 사실이다. 전술한 바와 같이 손병희는 천도교 교주로서 러일전쟁 때 자신이 군자금 1만 원을 일제에 헌납하고 경부선과 경의선을 부설할 때 천도교에서 지원한 것은 일본이 깨어지면 동양이 파멸될 것으로 여겼기 때문이라고 말한 바 있다. 이는 그의 일본관의 한계를 여실히 드러낸 발언이다.

그러나 이는 그만의 한계가 아니라, 한말 지식인의 공통적인 시대인식이었다. 예컨대 상동청년회의 주요 구성원이었던 정순만·이준·이현석·유종익 등이 1904년 적십자사 설립운동을 전개하며 그 이유로서 "백인종들도 일본을 돕는데 같은 황인종인 우리 국민들이 아무런 행동을 취하지 않는다"며 「동지권고문同志勸告文」을 발표[79]한 것은 당시 지성의 취약한 일본관을 보여주는 대표적 사례라 할 수 있다.

한말의 적십자사 설립과 러일전쟁 시 일본군 지원 운동은 당시 조선의 지성들이 지녔던 일본관과 크게 다르지 않았다. 즉, 그들은 청일전쟁을 일본이 우리의 독립을 위해 일으킨 것이라든가, 러일전쟁을 일본이

---

[79] 『官報』第二千八百號, 1904년 4월 14일자.

우리와 청의 독립을 존중하여 일으킨 것이기 때문에 일본을 지원하는 것이 우리의 독립을 위한 행위라고 여긴 것 등은 일본 인식의 취약성을 그대로 드러낸다. 안중근 역시 러일전쟁을 이른바 동양주의에 의해 백인종과 황인종의 대결로 인식하고, 이를 동양 평화와 한국의 독립을 유지하기 위한 전쟁으로 인식했다.

그런데 손병희는 천도교와 나라의 관계에 대해 다분히 오해의 소지가 있는 발언을 했다. 그는 전술한 정교분리 논쟁에서도 "종교의 목적을 달성하기 위하여 조선의 독립을 기도한 것"이라고 답변했다. 이는 그가 추구한 최고의 가치가 천도교였기 때문에 최우선 사업으로 독립운동을 선택했다는 말이 될 수도 있다. 다음의 답변은 천도교와 나라의 관계에 대한 그의 인식을 분명히 보여준다.

피고는 평소 지방의 천도교 도사 중에서 신용하고 있는 사람에게 자기의 한 몸 및 천도교를 희생하더라도 조선의 독립사업에 진력하지 않으면 안 된다고 해왔다는데 어떤가?

그런 일은 없다. 가령 내가 마음에 그렇게 생각하고 있었다 하더라도 그런 말을 입 밖에 내지는 않는다. 또 천도교 단체를 만드는 데 60만 명쯤의 생명을 잃었고 많은 고심을 했으므로, 나는 나라보다 천도교 쪽을 귀중하게 생각하고 있으며, 나라를 위하여 천도교를 희생하려는 것과 같은 생각은 없다.[80]

한말 초기의병들은 민족이나 국가를 전제하지 않고, 성리학적 가치를 지키기 위해 봉기했기 때문에 민족운동보다 도권운동道權運動이나 유

---

80 「孫秉熙 신문조서(제3회)」(1919. 7. 14), 경성지방법원(『韓民族獨立運動史資料集 (3·1運動 Ⅰ)』 11, 128쪽).

림운동儒林運動의 성격을 지녔다고 지적된 바 있다. 그러나 점차 의병들은 민중성을 강화하며 민족운동의 주류를 이루어나갔다. 그런데 3·1운동을 주도한 천도교 수장인 손병희가 이처럼 종교 계몽론에 경도된 답변을 했다는 사실은 향후 계속 논의되어야 할 것이다.

한편 손병희 등은 계몽론자로서 민중을 신뢰하지 못하는 경향을 보였다. 이를 '반민중성'이라고 표현하는 견해도 있으나,[81] 이는 너무 과도한 표현이며 국가는 문명창출文明創出 주체主體로서 인식하되 민중民衆은 몽매夢昧한 존재로 인식[82]했던 한말 계몽론자들의 인식과 사고의 틀에서 벗어나지 못했다고 보는 편이 타당할 것이다.

손병희는 학생들이 주축이 되어 국권회복 의견서를 총독부에 제출하려는 움직임에 대해 부정적으로 인식했다. 그는 학생 신분으로 함부로 일으켜서는 될 일도 아니고, 오히려 세간의 안녕 질서를 어지럽힐 수 있다고 우려했다. 또한 그는 파고다공원에 모인 민중들을 '사의思意 천박淺薄한 학생學生과 군중群衆'이라고 표현했다.[83] 그래서 권동진의 제안에 따라 독립 선언의 장소를 변경한 것이었다. 권동진은 학생들과의 연합을 '유해무익'한 일로 보고 장소 변경을 주장했던 것이다.

> … 李甲成이 내일 파고다공원에서 우리들이 독립선언을 발표한다는 것을 학생들이 알고 공사립학교 학생 전부가 응원하기로 되어 있다고 말하였으므로 나는 그것은 큰 일로 현재 국장 때문에 지방 사람들

---

81 김성보(1989), 앞의 논문, 166쪽.
82 鄭昌烈, 「開化思想의 歷史認識」, 『開港前後와 韓末의 歷史認識』, 國史編纂委員會 第10回 韓國史學術會議, 1987, 17~22쪽.
83 「孫秉熙 경찰신문조서」(1919. 3. 1), 경무총감부 및 「孫秉熙 피고인 신문조서」(『三一運動秘史』, 74·77쪽). 박희도는 독립선언 장소를 바꾼 이유를 "무식한 자가 불온한 일을 할지 알지 못하여"라고 답했다.

이 다수 서울로 오고 있으므로 소동을 일으키게 된다고 말하고, 선언
서는 낭독하지 않더라도 배포하면 지장이 없으므로 장소를 변경해
야 되지 않겠느냐 하였더니, 요리점이 좋겠다고 하여 명월관 지점을
장소로 선정하고 … 2월 28일에 孫秉熙의 집에서 회합했을 때 李甲成
이 학생과 연락하여 독립운동을 한다는 것 같은 말을 흘려 우리들은
그것은 유해무익한 일로 선언서를 발표하는 데 그런 원조를 구할 필
요는 없다고 크게 반대했으며, … 우리들은 학생과 일을 함께하는 것
을 피하고 있었던 것이다. …[84]

정춘수도 민중을 '유치'한 존재로 인식하고, 이들이 독립선언서가
배포되면 까닭도 모르고 돌아다니며 소요를 일으켜 질서를 어지럽힐 것
으로 염려했다.

… 인민의 정도가 유치하므로 독립선언서를 배포하면 조선이 독립
된 것으로 생각하고 규율이 없이 소란할지도 모르니, 그것이 걱정이
라고 했더니 郭明理는 그렇다면 자기가 경찰에, 李可順이 부청에 그
선언서를 가지고 가서 잘 설명하기로 하자고 하므로, 그렇게 해달라
고 했으며, 또 李可順과도 만났는데 동인은 관청에 가서 설명하는 이
외에 도매상이나 회사에는 선언서를 몇 장씩 봉해서 보내는 것이 좋
겠다고 하므로 나는 서울로 가니, 이곳의 일은 두 사람이 처리해달라
고 했는데, 그러나 인민이 시내에서 소요하는 것은 좋지 않다고 하므
로, 나는 선언서를 배포하면 인민이 까닭도 모르고 소요하여 돌아다

---

84 「權東鎭 신문조서(제1회)」(1919. 4. 8), 경성지방법원(『韓民族獨立運動史資料集
(3·1運動 Ⅰ)』 11, 44쪽).

니며 질서를 어지럽게 하는 일이 있을 것으로 생각했던 것이다.[85]

손병희의 민중 불신론은 3·1운동 직전 그가 대도주 박인호에게 보낸 '유시문諭示文'에서도 재확인된다. 손병희는 박인호에게 천도교의 관리와, 자기가 피체되고 난 뒤 교도들이 소동을 일으키지 못하도록 단속해달라는 내용의 유시문을 내렸다. 이를 문서의 형태로 보낸 것은 다른 사람에게 자신의 명령임을 알리기 위한 것으로써, 그의 권위를 상징하는 것이었다.

그리고 피고는 천도교의 대도주인 朴寅浩에게 금년 2월 28일 오전 11시경에 독립운동의 계획을 말했다는데 어떤가?

날짜는 기억하지 못하나, 朴寅浩에게 그대는 천도교를 주관하고 있는 사람으로 우리 교의 일은 모두 그대에게 맡겨져 있어 안심하고 있는데, 조상은 4천 년 이래로 이 조선을 분묘의 땅으로 하고 있으니 이제 가만히 침묵하고 있을 수 없어서 나라를 위하여 진력하기로 하는 바 그대는 어디까지나 종교를 위하여 진력해달라고 하고, 또 다수의 사람이 자기를 따라 소동을 일으켜서는 안 되니 그때에는 교도를 감독하여 단속해달라고 하는 그런 내용을 서면으로 써서 주었던 것이다.

왜 서면에 적어서 주었는가?

그것은 딴 사람에게 보일 때 필요하다고 생각하여 서면으로 써주었던 것이다.[86]

---

85 「鄭春洙 신문조서(제2회)」(1919. 7. 19), 경성지방법원(『韓民族獨立運動史資料集(3·1運動 Ⅰ)』11, 156쪽).

86 「孫秉熙 신문조서(제2회)」(1919. 4. 11), 경성지방법원(『韓民族獨立運動史資料集(3·1運動 Ⅰ)』11, 67~68쪽).

그런데 일제는 위의 손병희의 발언 중 천도교도들이 소동을 일으키지 말도록 주의하라고 한 대목을 문제 삼아 폭동을 선동한 것으로 몰아가고자 했다.

> 이 유시문에 망동을 일으키지 말라고 되어 있는데, 교도 중에서 망동을 일으킬 사람이 있을지도 모른다는 생각이 있었으므로 이것을 쓴 것이 아닌가?
>
> 그렇다. 내가 그런 몸이 되면 교도 중에 망동을 일으킬 사람이 있을지 모른다고 생각했으므로 그런 일이 없도록 경계한 것이다.[87]

손병희의 유시문 내용은 박인호의 신문조서에서도 동일한 내용으로 확인된다. 그는 고등법원에서 훈유서의 내용을 묻는 신문에 대해 "자기(손병희)는 시국을 위하여 일어선다. 너는 천도교 쪽의 일을 잘 맡아서 경거폭동을 하지 않도록 명심하라. 포교의 일에 힘쓰라는 등의 것이 씌어 있었다"고 답했다.[88]

이로써 보면 손병희는 자기가 3·1운동을 주도할 경우, 천도교에 화가 미칠 것을 염려하여 박인호에게 특별히 천도교를 잘 관리하고 포교에 힘쓰고 교도들이 자신의 피체에 격분하여 경거폭동하지 말 것을 유시문으로 명령했음을 알 수 있다. 그가 천도교가 국가보다 중요하다고 한 답변은 천도교에 대한 그의 애정을 과도하게 표현한 것으로 여겨지나, 학생이나 민중을 역사변혁의 주체로까지 인식하지는 않았던 듯하다. 이는 계획 초기 단계에 그들 스스로 수립한 3대 원칙 중 대중화의 원칙을 위배한 모순된 인식이다.

---

87 「孫秉熙 신문조서(제3회)」(1919. 7. 14), 경성지방법원(『韓民族獨立運動史資料集(3·1運動 Ⅰ)』 11, 129쪽).
88 「朴寅浩 신문조서」(1919. 8. 29), 고등법원(『韓民族獨立運動史資料集(3·1運動 Ⅰ)』 12, 118쪽).

그러나 민족대표의 대표성과 역할을 부정하는 논리로서 이들이 계획 초기 단계부터 스스로 민중과 차단한 것으로 보는 견해는 신중을 요한다. 왜냐하면 지방에 거주하고 있던 민족대표들은 중앙과 지방을 연결하거나, 지방의 만세시위를 준비하고 지도하는 등 직접 주도한 사실이 확인되기 때문이다. 그 구체적인 사례는 오화영과 유여대의 경우에서 입증되었다.[89] 충북 출신 정춘수도 자신이 시무하던 원산 장로교회 장로 이가순李可順과 전도사 곽명리郭明理에게 독립선언서의 배부 등을 지시하여 원산의 만세시위에 중요한 역할을 했다.[90]

그런데 손병희가 지역적 연고를 바탕으로 충북의 만세운동과 연결되고 있어 주목된다. 이는 손병희가 일제의 신문에 대한 답변과 실제 행동을 다르게 했다는 것을 입증하는 중요한 사실이다. 즉, 손병희는 3·1운동 직전 광무황제의 인산에 배관하기 위해 상경한 고향 후배 홍명희洪命熹와 한봉수韓鳳洙를 자택에서 만났다. 이는 다음 자료에서 확인된다.

仁山里 洪命熹는 경술국치에 순절한 금산군수 洪範植의 장남으로서 고종황제의 국장에 조문하고자 하여 전기에 서울로 올라왔다. 마침 淸州人 전일 의병장 韓鳳洙를 만나서 孫秉熙 자택을 동반 방문하였다. 의암은 반갑게 영접한 후 독립선언서를 내놓고 독립운동에 대한 제반사를 설명한 후, 제군도 우리 고장 청주와 괴산에 책임지고 이 운동에 협력 활약해주기를 신신당부하였다. 그 언사에 감격한 洪命熹는 다음 날 선언식과 인산에도 참가하고, 곧 고향으로 돌아와서

---

89 허동현(2006), 앞의 논문 참조.
90 「鄭春洙 신문조서(제2회)」(1919. 7. 19), 경성지방법원(『韓民族獨立運動史資料集(3·1運動 I)』11, 155~156쪽).

즉시 각 면 유지들을 찾아 의거할 것을 모의하고 … 또한 청주 韓鳳洙
와 자주 연락하여 기맥을 상통하였다.[91]

한봉수는 귀향 직후인 3월 7일의 청주 장날, 서문동 우시장牛市場에
서 장꾼들에게 독립선언서를 배포하고 만세시위를 주도했다고 하는데,
만일 이것이 사실이라면 충북 최초의 만세운동인 셈이다.[92] 만세운동의
기회를 노리던 한봉수는 4월 1일 밤, 고향인 세교리 장터에서 만세시위
를 벌였으며, 2일 정오경에는 여기에 모인 장꾼과, 마침 그곳을 지나던
내수보통학교생內秀普通學校生 85명과 교사들을 주도하여 만세시위를 전개
했다.[93] 사형선고를 받았던 의병장 출신이 만세운동을 주도한 것은 의
병에서 3·1운동의 맥락을 실증하는 것이자, 의병장 출신이 어린 학생을
주도하여 만세운동을 주도한 것은 국내에서 유일한 사례로서 3·1운동
의 거족성을 입증하는 사례로 평가된다.[94]

홍명희는 3월 19일 괴산 장날의 만세시위를 주도했다. 그는 이날 미
리 준비한 독립선언서를 장꾼들에게 나누어주고 그들의 선두에서 만세
시위를 주도했다.[95] 이날 600여 명의 시위대는 경찰서로 몰려가 동지의
석방을 요구하며 투석전을 벌여 경찰서를 파괴하는 등 이튿날 새벽까지
격렬히 투쟁했다. 이날 저녁 괴산공보 학생들은 장터에 모였던 군중들
과 연합하여 장터를 행진했는데, 사태의 위급함을 느낀 일제는 헌병경
찰과 보병 장교 등을 급파하여 엄중히 경계했다.[96] 그러나 다음 장날인

---

91 李龍洛, 『三.一運動實錄』, 1969, 482쪽.
92 독립운동사편찬위원회, 『독립운동사』 제3권, 79쪽; 李龍洛(1969), 앞의 책, 494쪽.
    그러나 일제 측 기록에서 확인되지 않기 때문에 확증할 수는 없다.
93 「韓鳳洙判決文」, 『독립운동사자료집』 5, 독립운동사편찬위원회, 1972, 1100~1101쪽.
94 박걸순, 「義兵將 韓鳳洙의 抗日鬪爭」, 『한국독립운동사연구』 10, 1996, 269쪽.
95 「洪命熹判決文」, 『독립운동사자료집』 5, 독립운동사편찬위원회, 1972, 1079~1080쪽.
96 高第七九五七號(1919. 3. 20), 「獨立運動に關する件(第二一報)」(『三一運動編』 一,

3월 24일에는 홍명희의 동생 홍성희洪性憙의 주도로 만세시위가 전개되었고 29일의 장날에도 연속하여 만세시위가 벌어졌다.[97]

이로써 보면 손병희를 만났던 한봉수와 홍명희는 실제 고향에서 만세운동을 주도했음을 알 수 있다. 따라서 그들이 폭동을 염려하여 독립선언 장소를 변경하고, 민중을 역사 변혁의 원동력으로 인정하지 않는 등 계몽주의적 한계를 노정한 것은 명백한 사실이나, 민족대표와 민중이 완전히 절연한 것으로 보아서는 안 된다. 이는 손병희나 정춘수 등 충북 출신 민족대표와 오화영·유여대 등 여타 민족대표의 경우에서처럼 지역적 연고를 배경으로 고향과 연계하거나 직접 시위를 계획하고 지도한 사실이 확인되기 때문이다. 다만, 이들의 모순된 인식과 행동을 어떻게 해석할 것인가에 대하여는 좀 더 논의해야 할 것이다.

맺음말

이 글은 3·1운동을 주도하고 피체된 충북 출신 민족대표들의 경무총감부·서대문감옥·경성지방법원·고등법원 등지에서 일본 경찰·검사·판사의 신문에 대한 답변에 나타난 독립사상을 검토한 것이다.

충북은 3·1운동의 초기 단계를 주도한 민족대표 중 6명을 배출했다. 이 중 손병희는 운동자금을 지원하고 3대 원칙을 수립하는 등 만세운동을 총괄 지휘했다. 권동진은 오세창·최린과 함께 만세시위의 초기 단계에서 중요한 역할을 한 3인 중의 한 사람으로서, 손병희가 만세시위를 결심하도록 추동하고 타 종단과 연합을 추진하는 등 매우 중요한 역할

320쪽).

97 朴杰淳, 『槐山地方 抗日獨立運動史』, 괴산문화원, 1996, 109~111쪽.

을 했다. 권병덕은 손병희의 승례로서 주저 없이 참가했고, 신석구·신홍식·정춘수는 기독교 목사로서 우리의 독립을 하느님의 뜻으로 여기고 참가했다.

충북 출신 민족대표들은 일제의 식민지 지배를 부정하고 독립을 확신했다. 이들은 우리 민족은 절대로 일제에 동화될 수 없다고 믿고 있었으며, 식민지 시혜론과 근대화론을 펴는 판사와 치열한 논쟁을 벌이기도 했다.

이들은 민족자결주의가 제창되고 세계 개조의 신기운이 팽배한 국제정세를 예의 주시하며 독립운동의 기회를 노렸다. 천도교 측은 이미 1910년대 초부터 천도구국단이나 민족문화수호운동본부 등을 통해 독립운동을 모색해오던 중, 강화회의와 민족자결주의 제창 소식을 듣고 구체적인 준비를 진행했던 것이다. 이들은 우리의 독립이 일본에게도 유리한 것이라는 논리로 일제를 설득했다. 그러나 기존의 견해와는 달리 손병희와 권동진은 물론 대부분의 민족대표들은 민족자결주의의 적용 범위나 한계 등에 대해 다분히 낭만적 기대와 환상을 넘는 정도의 인식은 하지 못한 것으로 여겨진다.

민족대표들은 동양평화론의 원론적 구조를 상기시키고, 일본의 국제적 위상을 거론하며 일제가 조선을 독립시키도록 추동하는 전략을 구사했다. 그들이 말한 동양평화론은 안중근의 생각과 유사한 것으로서, 이토 히로부미의 논리와는 근본적으로 달랐다. 다만, 이들이 지녔던 동양평화론은 동양과 서양의 대립이나, 황인종과 백인종의 대립으로 보는 동양주의적 한계를 드러내기도 했으나, 이는 선조선독립론을 주장하기 위한 방편으로 이해함이 옳을 듯하다.

손병희 등은 민주공화정체를 추구했다. 따라서 이들에게 광무황제의 홍거는 단순한 개인의 죽음 이상의 의미를 갖지 않는 것이었고, 오직 비밀리에 독립선언과 만세시위를 추진하는 것만을 최대 과제로 여겼다.

그러나 정춘수는 민주공화정체와는 전혀 다른 정체론을 폈다. 그는 통감부 시대와 같이 일제의 지원을 받는 민족자치를 희망했다. 심지어 그는 보호국이 되는 것이 독립국이 되는 것보다 낫다는 괴변을 펴며 다른 민족대표나 민중들이 지녔던 정체론과는 완전히 괴리된 답변을 함으로써 스스로 민족운동 대열에서의 이탈을 예시했다.

그들은 당장 독립을 달성할 수 있다고 믿지는 않았다. 오히려 그 자신들이 한 알의 밀알이 되어 독립을 추수하는 것이 아니라 독립을 심는 심경으로 파종론을 전개했다. 이들이 자신을 희생하며 파종한 자주독립 정신은 이후 대한민국임시정부로 발아했고 1920년대 이후 다양한 독립운동으로 만개했던 것이다.

그러나 손병희 등 민족대표들은 종교 계몽주의자로서의 한계를 노정하기도 했다. 그들은 일본이 우리를 지켜줄 것이라고 믿었다. 물론 이는 한말 이래 지성이 지녔던 일본관의 한계와 맥락을 같이하는데 일제의 침략적 본질에 대한 이해가 부족했음을 보여준다. 또한 민족이나 국가보다는 종교를 우선하는 한계를 여실히 드러내기도 했다. 그뿐만 아니라 그들은 민중을 역사 변혁의 주체로까지 인식하지 못하는 민중 불신론을 보인다. 손병희 등이 학생 등의 소동을 우려하여 독립선언 장소를 변경하고, 유시문을 통해 경거폭동을 금지한 것 등도 종교 계몽주의자의 한계로 지적할 수 있다.

그러나 그들이 민중과 완전히 절연했다는 견해는 수정되어야 한다. 왜냐하면 지방에 시무하고 있던 일부 민족대표들이 지방의 만세시위를 준비하거나 지도하는 경우가 확인되기 때문이다. 특히 손병희가 한봉수와 홍명희를 통해 고향인 충북의 만세운동을 지시하여 실제로 만세시위로 연결되었다는 사실은 이들이 지닌 종교 계몽주의자로서의 한계와는 별도로 평가되어야 할 것이다.

(『중원문화논총』 제13권, 충북대학교 중원문화연구소, 2010)

06

일제하 군자금 모금의
문중적 기반과 활동

- 논산 노성윤씨를 중심으로

머리말

일제강점기 항일투쟁은 혈연과 지연공동체를 배경으로 한 문중적 기반을 중심으로 이루어지는 경우가 많았다. 그 대표적인 사례로는 척족 인맥을 중심으로 전개된 안동 유림들의 도만과 항일투쟁을 들 수 있다.[1] 또한 가문 차원으로는 이회영의 육형제가,[2] 문중 차원의 개화와 독립운동 사례로는 산동신씨山東申氏가 주목되었다.[3] 이럴 경우 항일투쟁은 혈연과 동향의식으로 인해 더욱 엄격한 결속력과 지속성을 지닌다. 또한이들이 해외로 망명할 경우에도 국내의 혈연적 기반과 연계가 꾸준히추구되었다.

---

1 趙東杰,「安東儒林의 渡滿經緯와 獨立運動上의 性向」,『大邱史學』第15·16合輯, 1978(『韓國民族主義의 成立과 獨立運動史研究』, 지식산업사, 1989 재수록).
2 韓相福,「獨立運動家 家門의 社會的 背景: 友堂 李會榮 一家의 事例研究」,『한국독립운동사연구』제3권, 1989.
3 任椿洙,「申圭植·申采浩 등의 山東門中 開化事例」,『尹炳奭教授華甲紀念論叢』, 1990.

국외에서와는 달리 국내에서의 문중적 항일투쟁은 일제의 직접통치라는 여건 때문에 용이하지는 않았으나 그 사례를 찾기가 어렵지는 않다. 충남의 경우는 종족마을이라는 혈연과 지연을 배경으로 대종교라는 종교적 유대를 형성하고, 야학이라는 공동체적 공간을 중심으로 부여 지방의 민족운동을 주도한 장정長亭의 진주강씨晋州姜氏가 대표적이다.[4] 또한 은진송씨와의 혈연과 학연 형성을 배경으로 항일운동을 전개한 대전 지역의 경주김씨慶州金氏 송애공파松崖公派도 사례로 제시될 수 있을 것이다.[5]

충남대학교 마을연구단의 3차년도 연구 대상인 충남 논산시 노성면 병사리의 노성윤씨魯城尹氏도 그러한 사례로 주목할 필요가 있다. 노성윤씨는 16세기 중반 윤창세尹昌世가 노성(논산) 비봉산 기슭에 부친의 묘소를 정하고 자신도 마을을 이루어 정착하면서 세거하기 시작한 파평윤씨坡平尹氏 노종파魯宗派를 일컫는다. 노성윤씨는 17세기에 이르러서는 연산의 광산김씨, 회덕의 은진송씨와 함께 '호서 3대족三大族'으로 칭할 만큼 명문거족으로 성장했다.[6] 이처럼 노성윤씨가 입향 후 단기간에 명문거족으로 성장할 수 있었던 것은 윤돈과 윤창세의 처족인 문화유씨와 청주경씨의 재정적 기반에 힘입은 바 크다.[7] 노성윤씨는 은진송씨와는 '회니분쟁懷泥紛爭', 광산김씨와는 '연니분쟁連泥紛爭'이라 불리는 노·소론 간 분쟁을 빚었다. 특히 논산 지방에서는 18세기에 이르러 연산의 광산

---

4   朴杰淳, 「扶餘 長亭 晋州姜氏 門中의 대종교 신앙과 민족운동」, 『한국근현대사연구』 제34호, 2005.

5   김상기 편저, 「대전지역 '송애공파' 경주김씨가의 항일독립운동」, 『애국지사 강산 김용원』, 경인문화사, 2004.

6   宋時烈, 「회덕향약 중수 서문」. 여기에는 尼山 파평윤씨라 언급했는데, 이는 당시 노성면이 尼山縣에 속해 있었기 때문이다. 또한 丙舍라는 지명은 왕이 살던 마을인 甲舍와, 태자가 살던 마을인 乙舍 다음을 칭하고 있는 것으로서, 노성윤씨 문중의 사회적 위상을 알려준다. 충남대학교 마을연구단, 『논산 병사마을』, 대원사, 2008, 42쪽.

7   충남대학교 마을연구단(2008), 앞의 책, 54~57쪽.

김씨가 지배하는 '노론의 바다'에 노성의 파평윤씨가 '소론의 섬'을 만들며 양대 축으로 세력을 키워나갔다. 이들의 경쟁은 향론을 장악하고 문중의 위상을 제고하기 위한 서원의 남설 현상으로 극명히 드러났다.[8] 일제강점기에도 병사리와 장구리는 '동족마을'로 파악되었다.[9] 병사리에는 노성윤씨 외에 18세기 중엽에 입향하여 온 수원백씨도 세거하며 근대 민족운동의 공간에서 함께 활동하기도 했다.[10]

노성윤씨가 근대 민족운동의 전면에 나서는 것은 1893년 12월 수령의 봉건적 탐학에 분개하여 봉기한 노성민요魯城民擾부터 시작된다. 이때 민중들은 관아를 습격하고 현감을 축출하는 등 격렬한 투쟁을 벌였다. 이때 장두를 포함한 주론자들은 대성大姓인 노성윤씨들이었으나, 이들은 피신하여 처벌을 받지는 않았다. 그러나 동참한 수원백씨 중 백윤상白允相·백화서白化西 등은 피체되어 처벌을 당했다.[11]

노성민요의 여진이 남아 있고, 동학농민군이 활발히 활동하던 무렵, 대원군의 근신인 전 교리 송정섭宋廷燮이 노성현의 진사 윤자신尹滋臣에게 국왕의 옥새가 찍힌 밀지를 가지고 왔다. 이 밀지는 노성윤씨의 창의를 촉구하는 것으로서, 고종이 동학농민군과 보수유림을 동원하여 민족적 위기를 극복하려 했음을 잘 보여준다.[12] 이 계획은 준비 단계에서 실패로

---

8   李政祐, 「17~18세기 在地 老·少論의 분쟁과 書院設立의 성격-충청도 論山地方 光山金氏와 坡平尹氏를 중심으로-」, 『震檀學報』 제88권, 1999; 이해준, 「17세기 중엽 坡平尹氏 魯宗派의 宗約과 宗學」, 『忠北史學』 제11권 12호, 2000 참조.

9   『朝鮮の姓』, 1920. 그런데 현재 병사리에는 밀양박씨(10가구)가 파평윤씨(7가구)보다 많이 거주하여 예전의 파평윤씨 문중마을의 양상은 변화했으나, 대종회를 중심으로 파평윤씨의 모태이자 상징적 공간으로서 각종 현창사업이 진행되고 있다.

10 현재 병사리에는 비밀결사 대한건국단을 조직하여 군자금 모금 활동을 했던 윤태병과 백남식의 공적비가 나란히 서 있다.

11 충남대학교 마을연구단, 『논산 병사마을』, 67쪽.

12 張泳敏, 「大院君의 東學農民軍·保守儒林 動員 企圖에 관한 一考察」, 『重山鄭德基博士華甲紀念韓國史學論叢』, 경인문화사, 1996, 644~657쪽. 고종의 밀지는 8월

끝났으나, 밀지의 존재는 당시 노성윤씨의 위상을 잘 보여준다.

3·1운동 직후인 1919~1920년간 충남 일대에서는 군자금 모금 활동이 전개되었다. 이 과정에서 이들은 비밀결사인 대한건국단大韓建國團을 결성하여 활동했는데 노성윤씨들이 주요 인물로서 활동했다. 이들의 군자금 모금 활동은 대동단과 임시정부에서 활동한 김용원金庸源이나 대한 (북로)군정서를 이끈 김좌진金佐鎭과 밀접한 관련을 지니는데, 이들은 대전과 홍성 출신이라는 지연과 혈연적 배경을 바탕으로 연계하고 있다. 한편 같은 시기이나 이들과는 별개로 임시정부와 연계하며 군자금을 모금한 윤교병尹喬炳이나 윤상긍尹相肯의 활동도 주목된다.

이 글에서는 이러한 노성윤씨의 군자금 모금 활동을 정리하고자 한다. 이에 관하여는 부분적으로 검토한 선행 논고가 있으나,[13] 이들의 항일투쟁은 개인적 활동을 넘어 노성윤씨의 문중적 기반, 나아가 지역적 공간으로 외연을 확대하여 이해하고 구조화할 필요가 있다. 따라서 이를 주목하고 분석하여 일제강점기 문중을 기반으로 한 군자금 모금 활동의 사례로 제시하고자 한다.

14일에 작성된 것이고, 송정섭이 노성현에 당도한 것은 8월 말이나 9월 초로 추정된다.

13 김상기 편저, 『애국지사 강산 김용원』, 경인문화사, 2004; 김상기, 「魯城 丙舍里 魯城尹氏家의 항일운동」, 『충남지역 마을공동체의 생애와 정체성』, 충남대학교 충청문화연구소 마을연구단 3차년도 심포지엄 발표문, 2007; 이성우, 「백야 김좌진의 국내민족운동」, 『역사와 담론』 제44권 44호, 2006 참조.

대한건국단의 조직과 활동

1. 대한건국단의 조직

1921년 5월, 『동아일보』와 『독립신문』은 4월에 피체된 대한건국단원에 대한 기사를 보도했다. 이 기사에 따르면 대한독립단은 민심을 고취하고 군자금을 모집하기 위해 충청도 인사를 중심으로 조직되었으며, 단원은 윤태병尹泰炳을 단장으로 하여 윤상기尹相起 · 조병채趙炳彩 · 백남식白南式(이상 논산) · 이상설李商雪(영동) · 김세진金世鎭(청주) 등 6명임을 알 수 있다.[14]

이때 밝혀진 대한건국단원은 모두 김용원의 휘하에서 활동했던 인물이다. 그런데 1년 뒤인 1922년 5월, 『동아일보』와 『독립신문』은 '군정부원軍政府員' 또는 '김좌진의 부하' 9명이 공소를 신립했다는 기사를 보도했다. 9명의 명단은 김영진金瑛鎭 · 김명수金明秀 · 유기종柳冀宗 · 이완백李完伯 · 이창호李昌鎬 · 김백순金伯順 · 노재철盧載喆 · 조병채趙炳彩 · 이상설로서, 1920년부터 김좌진의 부하가 되어 무기를 지니고 이듬해 봄까지 군자금을 모금하여 만주로 보냈다는 것이다.[15] 그렇다면 김용원의 부하들이 중심이 되어 대한독립단이라는 비밀결사를 조직하고 김좌진의 군정부를 후원했다는 것인데, 이에 대해서는 다음의 판결 「이유」에서 단서를 얻을 수 있다.

---

14 『東亞日報』, 1921년 5월 15일자; 『獨立新聞』, 1921년 5월 25일자. 尹泰炳은 尹太炳과 동일인이다.

15 『東亞日報』, 1922년 5월 18일자; 『獨立新聞』, 1922년 5월 27일자. 이들은 이해 4월 19일 공주지방법원에서 김영진 10년, 노재철 9년, 조병채 8년, 이상설 7년, 이창호 6년, 김명수 외 3명은 5년형의 중형을 선고받았다. 경성복심법원에서 김영진과 조병채의 공소는 기각당하고, 노재철은 9년형으로 같았으나, 이상설은 3년, 나머지 5명은 2년 6월형으로 경감되었다.

김영진·조병채는 조선의 독립을 희망하고 중국 吉林에 있는 조선 독립운동 기관인 吉林군정부의 군무 독판 겸 총사령관이라는 김좌진 등의 행동에 조력을 하여 조선독립운동을 달성시킬 목적으로 동지인 윤상기·이치국·백남식·윤태병 등과 공모하고 조선 각지의 부호들로 하여금 독립운동에 필요한 자금을 제공하도록 하여 이를 김좌진 등에 보낼 것을 계획하고 피고 노재철·김명수·한기종·이완백·이창호·김백순·이상설 등은 모두 이에 찬동 협력할 것을 결의하고 …[16]

즉, 김영진과 조병채가 이 조직의 중심인물로서 군자금 모금을 주도했음을 알 수 있는데, 이들이 김좌진과 인척 관계이거나 이전부터 잘 알던 사이라는 점에 주목할 필요가 있다. 김좌진은 1919년 6월, 이전부터 알고 있던 조병채에게 부하인 천경수千景洙를 보내 군자금 모금에 대한 협조를 부탁했고, 조병채 등이 이에 부응하여 이해 음력 10월 논산군 광석면光石面 정동리井洞里에 거주하던 윤상기의 집에서 김영진·김세진·조병채·신현창 등 동지들이 모여 비밀결사로서 대한건국단을 조직했다.

… 피고 조병채에 대한 제2회 예심조서 중에 김좌진은 일찍이 서로 아는 사이인 바 동인이 중국 吉林성에서 조선 독립을 목적으로 하는 군정부의 군무 독판 겸 총사령관으로서 자기는 대정 8년 봄 이래로 조선의 독립을 희망하여 왔던바 동년 음력 6월경 김좌진의 부하라는 천경수라는 자가 찾아와 말하기를 김좌진 등은 동지와 더불어 조선의 독립운동에 모든 힘을 다하고 있는바, 군자금이 결핍하고 있으므로 동지를 모집하여 조선 독립을 위한 군자금을 모집하여 이것을 군

---

16 「金瑛鎭·金明秀·柳冀宗·李完伯·李昌鎬·金伯順·盧載喆·趙炳彩·李相雪 判決文」(1922. 9. 18), 경성복심법원(『독립운동사자료집』 10, 765쪽).

정부로 보내달라는 전갈이 있었다고 하므로 즉시 이를 승낙하였다. … 대정 8년 음력 10월 중 윤상기 집에서 김영진·김세진 등과 만났을 때 그전에 국외에 있던 김영진으로부터 천경수를 심부름시켜 나에게 김세진은 극력 동지와 함께 조선독립운동에 힘을 다하고 있으므로 국내 동포는 이 점을 헤아려 합심 협력, 국권회복에 노력하도록 바라며, 각자 그 동지들에게 그 취지를 선전시켜 금액의 다소를 불구하고 운동자금을 모집하여 보내줄 것을 바란다고 전달한 것을 위의 김영진 등에게 말하였던 바, 그들은 모두 이에 찬동하고 자금 모집 방법에 대해 협의하고 며칠 후에 백남식·윤태병 등 수십 명의 가입 희망자가 속출하여 비밀단체를 조직하고 김영진은 백남식에게 권총을 빌려주어 독립운동 자금 모집에 종사시켰다. …[17]

김좌진은 국내에서 활동할 때에도 군자금 모금에 주력했다. 그런데 그가 만주로 건너가 활동할 당시에는 일제의 간도 침략으로 자금 조달이 원활하지 못했고,[18] 고향 인근의 지역적 연고와 더불어 김영진·김세진이 재종再從이라는 혈연 관계를 통해 국내에서 모금을 계속했던 것이다. 김좌진은 1차로 부하인 천경수를 조병채에게 보내 군자금 모금을 부탁했고, 김영진을 재차 파견하여 대한건국단을 조직하게 했다. 이 판결문상에는 비밀결사의 명칭이 밝혀지지는 않았으나 대한건국단이라는 사실은 의심할 바 없다.

대한건국단의 정확한 규모는 알 수는 없다. 위의 판결문에는 "수십 명의 가입 희망자가 속출"했다고 하고 있으나, 그 규모는 김영진 등의 판

---

17 「金瑛鎭·金明秀·柳冀宗·李完伯·李昌鎬·金伯順·盧載喆·趙炳彩·李相雪 判決文」(1922. 9. 18), 경성복심법원(『독립운동사자료집』 10, 768~769쪽).
18 이성우(2006), 앞의 논문, 79쪽.

결문과, 강건중 등의 판결문에 등장하는 25명을 전후한 것으로 보인다.[19]

그런데 조직한 지 얼마 지나지 않은 1921년 4월, 대한건국단원 6명이 피체되었다. 대한건국단의 실체는 이상설의 피체로 드러났는데, 이들은 일제의 모진 고문에도 '혀를 깨물며' 조직에 대해 함구했으나, 대한건국단은 이들의 피체로 말미암아 더 이상 활동할 수 없었다. 이들의 피체 과정에서 주목되는 사실이 있다. 윤태병과 백남식은 충북에서, 윤상기와 김세진은 경기도 경찰부에서, 이상설은 동대문서에서, 조병채는 경남에서 피체되었다. 이는 이들이 전국을 대상으로 개별적으로 활동을 시도했다는 뜻이다.[20] 그런데 이들의 활동이 1920년 말로 그치고 있어 사실상 그 이후에는 단원들이 활동을 위해 전국에 분포했다기보다는 피신한 것으로 보는 것이 타당할 듯하다.

이로써 볼 때 대한건국단은 김용원의 군자금 모금 조직이 그가 상하이로 망명하기 직전에 김좌진과 연계되며 대한건국단으로 확대 발전한 것이라 할 수 있다. 다만, 대한건국단원의 활동이 김용원이 주도할 당시의 활동과 중복되는 4건이 있어 혼선을 초래한다. 그런데 이는 그들이 이전에 김용원의 부하로서 활동했던 것까지 심문이나 공판에서 밝혀졌기 때문에 함께 적시되었다고 보는 것이 타당하다.[21]

그러나 일제가 단장을 윤태병으로 파악하고, 윤상기의 집에서 동지들이 모여 대한건국단을 조직했다는 사실은 대한건국단에서 노성윤씨

---

19 이는 공판에 회부된 15명과 '원심상 피고' 또는 같이 활동한 인물로 적시된 양헌석·이명규·윤석영·김윤국·이순식·이병규·오재철·이치국·유상옥·김덕만·김형만 등을 합한 인원이다.

20 『東亞日報』, 1921년 5월 15일자;『每日申報』 1922년 9월 18일자. 그러나 실제 군자금 모금 활동을 벌인 곳은 충남 일대, 특히 부여에 집중되었다.

21 대한건국단에 대해 비교적 상세히 보도한 『每日申報』, 1922년 9월 18일자도 이들의 군자금 모금 활동으로 금산의 송석기와 윤상응를 대상으로 한 사실만 보도했을 뿐이다.

가 차지하는 비중을 방증하는 것으로도 짐작된다. 한편 이들이 비밀결사의 명칭으로서 '대한大韓'을 표방한 것은 당연하나, '건국建國'을 칭한 것은 선구적이라 할 수 있다.[22]

2. 대한건국단의 활동

대한건국단은 1919년 음력 6월 김좌진이 파견한 특사와 연계되며 이해 음력 10월 조직되었는데, 이들은 조직과 더불어 활동을 개시했던 것으로 보인다.

대한건국단원의 군자금 모금 활동은 1919년 11월 19일 백남식白南式과 신현창申鉉彰이 대전군 기성면 가수원리의 서병주徐丙冑의 집에 가서 350원을 모금한 것을 시작으로 1921년 초까지 20회에 걸쳐 진행되었다. 그런데 이들의 모금 활동은 대부분 권총을 휴대하고 위압적 행동을 동원하는 형태를 보인다. 즉, 대상자를 포박하여 권총을 겨누거나, 대상자나 그 가족들을 위협 또는 폭행하기도 했다.[23] 따라서 모금 대상자를 잘 아는 단원은 동행하지 않았다. 예컨대 공주의 인영태에게서 모금할 때, 그를 잘 알고 있던 조병채는 빠지고 대신 지리에 밝은 임종구가 참여했던 것이다.[24] 그런 점에서 대한건국단의 군자금 모금 활동 형태는 김용원이 주도한 경우와 유사하나, 인척관계를 이용하여 무기나

---

22 북간도 훈춘에서 황병길과 박치환 등이 중심이 되어 1919년 건국회를 조직해 항일 무장투쟁을 추진한 바 있으나(『독립운동사』 제5권, 237쪽) 국내에서 건국을 칭하는 조직으로는 1940년대에 들어 전북 정읍에서 조직된 조선건국단, 1943년 경남에서 조직된 학생건국회 정도에 불과하다.

23 일제의 판결문에는 대부분의 대한건국단원이 모금 활동 시 대상자에게 권총 등으로 살해 위협을 했다고 판사했다.

24 「姜中見·白南式·尹相起·尹太炳·任鍾龜 判決文」, 刑控 第3820號(1920. 7. 12), 경성복심법원.

폭력을 동원하지 않았던 윤교병의 경우와는 확연히 구별된다.

이들이 사용했던 권총은 1919년 음력 11월 경성부에서 김용원이 김영진에게 준 것이다. 따라서 이강공李堈公 탈출 기도가 실패한 뒤 김용원이 채근병에게 맡겨둔 권총을 김영진에게 넘긴 것으로 보인다. 권총은 김영진과 조병채가 관리하며 단원들의 군자금 모금 활동 때 이용하도록 한 것인데, 김영진은 일제의 감시를 피하기 위해 권총을 김형만이나 김윤국의 집에 은닉해두기도 했다.[25] 단원들은 모금 대상자에게 자신들이 지닌 권총을 보여주며 최근 상하이로부터 지급된 신식 권총이라는 사실을 강조했다. 예컨대 백남식이 일제의 심문 때 공주의 인영태에게 모금을 할 당시 "… 나는 주인에게 요즘 상하이 임시정부원이라고 하며 돌아다니는 사람은 모두 구식 권총을 가졌는데 이것은 이같이 신식 권총이며 최근 상하이로부터 도착 분배한 것이다. 이것만 보아도 알 터이니 신용하고 돈을 내라고 했다"라고 진술한 부분에서 알 수 있듯이,[26] 이들은 구식 권총을 지니고 임시정부를 사칭하는 사람들과의 차별성을 강조하며, 자신들이 지닌 신식 권총을 임시정부의 신표信標로 활용했던 것이다.

이들은 비밀리에 대상자의 집을 방문하여 모금하기도 했으나, 사전에 군자금 모금 요구서 등의 문서를 우송하거나 인편으로 보낸 후 지정한 날짜에 가서 받아오기도 했다. 1920년 12월 부여의 이규석에게 모금할 때에는 노재철이 1개월 전에 미리 「임시정부경리국경고서臨時政府經理局警告書」와 「임시정부총간부유고臨時政府總幹部諭告」를 우송한 후 방문한 것이었고, 부여의 김영만에게 모금할 때도 역시 노재철이 경고문 등을 우송

---

25 「金瑛鎭·金明秀·柳冀宗·李完伯·李昌鎬·金伯順·盧載喆·趙炳彩·李相雪 判決文」(1922. 9. 18), 경성복심법원(『독립운동사자료집』 10, 771쪽).

26 「姜中見·白南式·尹相起·尹太炳·任鍾龜 判決文」, 刑控 第3820號(1920. 7. 12), 경성복심법원.

해둔 뒤 모금하러 간 것이었다. 이들은 대상자가 현금이 없다고 하면 납부지원서를 받아 후일을 기약해두기도 했다.

대한건국단원의 활동은 대부분이 군자금 모금 활동이지만, 간혹 밀고자를 응징하려고도 했다. 즉, 조병채는 자신을 임시정부원으로서 강도짓을 한다고 일본 경찰에게 밀고한 부여군 규암면 호암리에 사는 임병진林秉鎭을 만나 그를 힐책하며 응징할 것이라고 경고하기도 했다.[27]

그런데 이들이 활동 시 지녔던 「임시정부경리국경고서」·「특파원증」·「납금명령서」·「군정부영수증」·「군정부포상장」·「대한정부영수증」·「임시정부총간부유고」·「군자금청구명령서」 등 여러 가지 문건은 이들의 성격을 아는 데 중요한 단서가 된다. 임시정부와 군정부를 동시에 연계하는 양상에서는 당시 임시정부와 만주 독립군과의 관계 설정과 관련한 문제에 주목해야 한다. 즉, 북간도 대한정의단大韓正義團 산하 무장단체인 대한군정회大韓軍政會는 대종교 계통의 민족주의자와 신민회 계통의 민족주의자들이 합작한 독립군 단체로서, 1919년 10월 대한군정부大韓軍政府로 통합되었다. 이때 김좌진은 신민회 계통으로서 대한군정부의 독립군을 전적으로 책임져 창설하고 사령관을 맡았다. 대한군정부는 창설 직후 임시정부에 군정부의 성립을 보고하고 임시정부 산하의 독립군 군사기관으로 공인해줄 것을 신청했다. 이에 대해 임시정부는 이해 12월, 대한군정부를 대한군정서大韓軍政署로 변경할 것을 조건으로 승낙했다.[28] 따라서 대한건국단원이 임시정부나 군정부 관련 문서를 동시에 휴대한다는 것은 2개 기관에서 별개로 발행한 문서가 아니라, 사실상 임시정부와 군정서를 동일시한 하나의 문서로 간주해도 무방하다.

---

27 「金瑛鎭·金明秀·柳冀宗·李完伯·李昌鎬·金伯順·盧載喆·趙炳彩·李相雪 判決文」(1922. 9. 18), 경성복심법원(『독립운동사자료집』10, 766쪽).

28 愼鏞廈, 「大韓(北路)軍政署獨立軍의 硏究」, 『한국독립운동사연구』 제2권, 1988, 206~207쪽. 이는 國務院 제205호로 승인되었다.

김좌진이 이끄는 대한군정부(서)는 독립군의 무기 구입과 식량 등 군수물자 조달을 위해 막대한 군자금이 필요했다. 대한군정부(서)의 군자금은 간도 거주 동포의 징수금과 국내 의연금에 의존하는 수밖에 없었다. 그들은 거주 동포들에게 재력에 따라 출연하도록 하되, 부담을 경감시키려고 분납 등의 방법으로 배려하기도 했다.[29]

그들은 국내에도 '모연대募捐隊'를 파견했다. 예컨대 이걸李杰·허정許精·이홍래李鴻來·김광숙金光淑 등이 군자금 모금을 위해 1920년 8월 말 함경북도에 파견되었다가 9월 9일 연사경찰대延社警察隊와 교전하고 돌아간 적이 있다. 이때 그들이 지녔던 군자금 모금 관련 문서는 매우 다양하여 군자금 모금 양태를 잘 보여줄 뿐만 아니라, 대한건국단원이 지녔던 문서의 일단을 추측할 수 있게 한다. 즉, 그들은 군자금을 받고 대상자에게 영수증인 「수납표收納票」를 주었다. 대한군정부재무서의연국大韓軍政府財務署義捐局 명의의 「수납표」에 기록된 내용은 금액과, 이를 '대한독립에 관한 준비금'으로 영수한다는 내용, "국가 광복 대업을 위하야 진력하는 성충誠忠을 가상嘉尙하야 차표此票를 교부交付"한다는 사실을 기재한 것이다. 그런데 「수납표」는 대한민국 원년 발행으로 되어 있어 1919년부터 군자금 모금 활동 때 사용했음을 알려주며, 대한건국단의 활동 시기와도 일치한다. 또한 이걸 등이 지녔던 문서인 「감사장感謝狀」에는 "우인

---

29 「北間島地方의 抗日團體狀況」, 『韓國獨立運動史』 資料編 제3권, 633~634쪽. 여기에 보면 "각 單體의 勢力範圍는 대체에 있어서 區劃되어 軍資 軍糧의 모집에 際해서도 他의 세력 범위를 犯하지 아니할 것을 豫히 協定하고 있는 것 같다. 그래서 그 모집의 시기에 있어서는 상당히 고려를 拂하고 軍政署와 如한 것은 흡사 納稅 徵稅와 如히 分納主義를 채용하여 前期, 後期로 하여 징수하고, 또한 그 財源을 일시에 고갈하지 아니하기에 주의한 형적이 있다. 최근 득한 정보에 의하면 평균 토지 15晌 이상을 有한 자에 限하여 100원 이상 3,000원을 本年 8월부터 11월까지의 間에 出捐하도록 布達하고 一般民에 대해서도 평균 粟 2斗, 草鞋 2足分을 납부하도록 命하였던 것 같다"고 보고했다.

氏이 광복에 군자금 ○○원을 연약捐約했으므로 자玆에 특히 감사장을 수여함"이라고 되어 있는데,[30] 이는 대한건국단원이 소지했던 「군정부 포상장軍政府褒賞狀」과 같은 것으로 짐작된다.

대한건국단원들이 지녔던 군자금 관련 문서는 천경세가 1919년 음력 10월 초에 다시 와서 조병채에게 전달한 것이었다. 그런데 이들은 천경세가 전달한 문서가 부족하자 직접 군정서와 재무서의 인장을 만들어 사용하기도 했다.

> 피고 김명수에 대한 동 신문조서 중, 다이쇼 10년 음력 3월 초순경에 유기종이 와서 이 근처에 가정부 재무총장이 왔는바 나에게 가정부의 도장을 알선해오라는데 당신이 새겨달라고 하고, 또 宋迪憲(김영진의 이명 – 필자 주)이라는 자가 찾아와서 하는 말이 가정부에 돈을 바칠 사람들이 많은바 이를 받고 처리할 受領에 필요한 인장이 없어 이를 수령할 수 없으니 가정부에서 사용하는 인장을 조각하여달라고 부탁하므로 나는 이를 승낙하였다. 그리하여 나는 유기종으로부터 印材를 받아 군정서의 인장과 재무서의 인장을 조각한바, 유기종이 백노지(갱지)를 지참하여 半紙보다 작게 잘라서 5장에 그 인장을 찍은 다음에 그 도장을 아궁이에서 불태워버렸다. …[31]

이에 따르면 군정서와 재무서 인장의 조각은 김영진의 지시로 유기종이 김명수를 소개하여 진행된 것임을 알 수 있다. 그런데 위 판결문에 보이는 '가정부의 재무총장'이라는 인물은 김영진을 지칭한 것으로 보

---

30 「不逞鮮人團擊攘」, 高警第29412號, 1919년 9월 20일자(現代史資料 27, 『朝鮮』(三), 496~497쪽).

31 「金瑛鎭・金明秀・柳冀宗・李完伯・李昌鎬・金伯順・盧載喆・趙炳彩・李相雪 判決文」(1922. 9. 18), 경성복심법원(『독립운동사자료집』 10, 769~770쪽).

인다. 김영진은 앞의 「조선군정부 계통표系統表」에서도 재무총장으로 파악된 바 있는데, 임시정부의 재무총장이라기보다는 김좌진 휘하의 군자금 모금 책임자 정도로 이해하는 것이 타당할 듯하다. 그런데 군자금 모금 책임자가 국내에서 임시정부나 군정부의 인장을 새겨 사용한 것은 드문 사례라 할 수 있다. 함경북도에서 활동했던 이걸 등이 소지했던 문건을 보면 적은 수가 아니었다. 예컨대 그들은 군자금 영수증인 「수납표」 16철을 소지하고 있었는데, 각 철에는 30매의 수납표가 묶여 있었으니(그중 하나의 철에는 50매가 묶여 있음) 모두 500매의 영수증을 지니고 있던 셈이며, 군자금 납부를 명하는 「부령部令」 306매, 「독촉서督促書」 106매, 「군권軍券」 101매, 「감사장」 9매 등 다양하고 많은 수의 문건을 소지하고 활동했음을 알 수 있다.[32]

김좌진의 특사인 천경수가 조병채에게 건넨 군자금 모금 관련 문서의 종류나 수량이 얼마였는지는 알 수 없으나, 대한건국단의 실제적 지도자인 김영진과 김좌진의 관계를 고려하면 김영진이 인장을 새겨 사용하는 것은 가능한 일이었다고 보인다. 또한 김영진의 말대로 군자금을 낼 사람이 많은데 영수증이 없어 돈을 받지 못하여 인장을 새긴 것이라면 그들의 활동이 활발했음을 방증하는 것이라 할 수 있다.

그런데 대한건국단의 활동과 관련하여 의문이 드는 것은 왜 이들의 주요 활동지역이 부여에 집중되고, 활동 시기가 1920년 말로 종료되는가 하는 점이다. 대한건국단의 군자금 모금 활동은 충남 대전·논산·금산·보령과 전북 익산에서도 있었고, 경남 거창에서 활동하기도 했다.[33]

---

32 「不逞鮮人團擊攘」, 高警第29412號, 1919년 9월 20일자(現代史資料 27, 『朝鮮』(三), 496~497쪽).
33 조병채는 '원심상 피고'인 李明奎·梁憲錫·李淳植과 함께 1921년 2월 거창군으로 모금 활동을 떠났다. 이는 이명규가 이미 자신의 고향인 거창군에 살고 있는 정수일에게 군자금 출급 통지를 해두었고, 또한 자기 동리에 자산가가 많으니 군자금 모금

표 1 대한건국단의 군자금 모금 활동 내역

일자	지역	대상	모금액	참여자
1919. 11	충남 대전	서병주	350원	백남식·신현창
1920. 1	충남 논산	김인태	실패	조병채 외 1인
	충남 공주	인영태	50원	백남식·강중현·임종구
1920. 3	충남 금산	송석기	100원	조병채·이상설·백남식·윤태병
1920. 3	충남 금산	윤상응	142원	조병채·이상설·백남식·윤태병
1920. 5	충남 보령	황오현	860원	김영진·김명수·이광호
1920. 10	충남 부여	임성재	100원	김영진(100원 납부 지원서)
1920. 11	충남 부여	이석진	실패	노재철·김백순(1,000원 납부 지원서)
1920. 12	충남 부여	윤상옥	100원	노재철
	충남 부여	이규신	100원	노재철·윤상옥(200원 납부 지원서)
	전북 익산	이규석	실패	(김영진 지시) 노재철(윤교병이 모금)
	충남 부여	박창규	실패	노재철·이창호·이치국(500원 납부 지원서)
	충남 부여	김영만	실패	(김영진 지시) 노재철·이치국(400원 납부 지원서)
	충남 부여	이태헌	실패	(김영진 지시) 노재철·이치국(1천 원 납부 지원서)
	충남 부여	김명규	실패	(김영진 지시) 노재철
	충남 부여	염건수	실패	노재철·이치국(200원 납부 지원서)
	충남 부여	김재철	300원	(김영진 지시) 노재철·이창호·이치국
	충남 부여	박남규	실패	(김영진 지시) 노재철·이창호·이치국
	충남 부여	최문기	실패?	김영진·유기종
1921. 2	경남 거창	?	?	조병채·양헌석·이병규

그런데 이들의 활동 내역을 보면 20건 중 12건이 부여 지역에 집중되어 있고, 1920년 말에 김영진과 노재철이 주축이 되어 활동했음을 알 수 있다. 활동 무대가 부여 지방에 집중된 것은 이 지역 활동의 주역인 노재철을 비롯하여 그와 함께 활동한 이창호와 김백순이 부여군 규암면

문서를 가지고 가서 수금해오자는 말에 따른 것이었으나, 그 결과에 대하여는 기록이 없어 알 수 없다.

출신이라 지역적 연고가 있었고 사정에 밝았기 때문으로 보인다. 또한 대한건국단원의 활동이 1920년 말경으로 그치는 것은 김좌진이 1920년 10월 청산리 전투 승리 이후 노령으로 부대를 이동하는 독립군의 변화와 관련이 있는 듯하다. 이와 함께 1921년 4월, 주요 단원인 조병채와 백남식 등이 피체되어 조직이 발각된 것도 이유의 하나라 할 수 있다. 각종 기록에 나타난 대한건국단원의 군자금 모금 활동 내역은 표 1과 같다.

개별적 군자금 모금 활동

1. 윤태병의 모금 활동

3·1운동 직후 충남 일원에서 군자금 모금 활동이 벌어지는데, 이는 김용원에 의해 주도적으로 전개되었다. 김용원은 3·1운동 때 향리인 대전에 있었는데, '만세 소동'이 별 성과가 없이 끝나자 독립을 달성하기 위해 친구인 이면호의 권유에 따라 대동단에 가입했다.[34] 그는 1919년 11월 전협全協 등과 이강공의 탈출을 주도하다가 실패하자 피신하여 향리에 은거하고 있었다.[35] 그는 1920년 3월 아내와 동지들과 함께 중국으로 망명했다. 그는 향리에 은거하는 사이에 동지들을 모아 충청도 논산과 공주, 금산 등지에서 군자금을 모금했다.

이때 병사리의 윤태병·윤상기 등 노성윤씨와 백남식으로 대표되는

---

34 김상기 편저, 「김용원·오영근 공판조서(1회)」, 『애국지사 강산 김용원』, 경인문화사, 2004, 106쪽. '만세소동'이란 김용원이 공판 때 3·1운동을 표현한 용어이다.
35 신복룡, 『대동단실기』, 도서출판 선인, 2003, 135~137·173쪽.

수원백씨가 주요 인물로 활동했다. 김용원의 군자금 모금 주도 활동에 대해서는 다음의 김용원 판결문을 참고할 수 있다.

> 피고인은 대정 8년 중 조선 독립을 위하여 계획된 상하이 임시정부의 별동 단체로서 조선 안의 불령자들로 조직된 대동단이라는 단체에 가입하여 그 간부로서 활동 중, 그 운동자금이 궁핍하여 조선 내 각지의 부호에게서 돈을 강탈하여 그 자금을 마련할 것을 기도하고, 그해 음력 11월 중에 경성부 내에서 金鎰 곧 金暎鎭에게 권총 1정을 교부하고 그 사람으로 하여금 白南式 외 수 명에게 권총을 위협의 도구로 삼아 각지에서 돈을 강탈하도록 교사하였기 때문에 위 백남식 외 수 명은 위 교사에 기인하여 대정 8년 11월 19일 충청남도 대전군 기성면 가수원리의 徐丙胄의 집에 침입하여 집안의 사람을 협박하고 돈 350원을 강탈하였는데, 대정 9년 3월 6일까지 그 외의 3개소에 침입하여 각각 집안사람들을 협박한 끝에 각각 돈을 강탈했다. …[36]

여기에서 김용원이 모금한 군자금의 성격을 대동단 운동자금이라고 파악한 점이 주목된다. 김용원은 1919년 음력 3월 대동단 단원인 김익수가 논산 지방에서 모은 군자금 10원을 수령하는 것을 시작으로 하여 망명하기 직전까지 총 8회의 군자금 모금 활동을 했다. 이 중 논산군 연산면 장전리에 거주하던 김익수는 1919년 음력 3월 10원, 같은 해 5월 20원, 11월 50원, 12월 300원 등 4회에 걸쳐 대동단원들에게서 총 380원의 군자금을 거출하여 김용원에게 제공했다. 대동단원의 자금은

---

36 김상기 편저(2004), 「김용원 판결문」(형공 제28호, 1927. 2. 14), 앞의 책, 123쪽.

김용원이 직접 수령하거나 채근병蔡謹秉을 보내 받아왔는데, 그의 상하이 망명 자금으로서의 성격이 강한 것으로 보인다. 백남식도 공판 때에 공주 인영태印榮台의 집에 군자금을 모금하러 간 부분에 대해 "내가 소속하고 있는 대동단大同團의 군자금 청구를 하기 위해"라고 진술한 바 있다. 이는 백남식이 대동단원이었음과, 모금한 자금의 성격이 대동단의 활동 자금이었음을 알려준다.[37]

김용원은 부하들을 조직하여 대동단 이외의 사람들을 대상으로 군자금을 모금하기도 했다. 그는 1919년 음력 11월 11일 윤용중·조병채·홍순기·고석민을 시켜서 논산군 성남원 북리 김인태의 집으로 가 그를 몽둥이로 위협하며 군자금을 거출하려 했으나 뜻을 이루지는 못했다. 동년 음력 12월 9일에는 백남식·조병채·임종구·윤상기·윤태병·강중견·이중기 등 7명의 부하를 거느리고 공주군 우성면 봉약리鳳若里 인영태의 집으로 가서 130원을 모금했다. 이 과정에서 백남식은 김용원이 준 권총을 발사하고 임종구는 인영태를 묶기도 했다.[38] 1920년 음력 1월 16일, 김용원은 금산군 금성면 하류리下柳里 송석기의 집에 부하 백남식·조병채·윤태병·이상령을 보내 93원을 모금해 오도록 했다. 이들은 이날 같은 동리의 윤상응의 집에도 들러 143원을 거출했다. 이들이 군자금 모금 활동 시 지참했던 권총과 실탄은 1919년 음력 10월 서울의 입정정笠井町에서 김용원이 채근병에게 주어 은닉하도록 한 것이었다.[39] 이 무기는 이강공 탈출 기도 때 김용원 자신이 소지하고 이강공과 정운복에게 위협을 가할 때 쓰였던 것이다. 그는 일제의 심문 때 자신이 소

---

37 「姜中見·白南式·尹相起·尹太炳·任鍾龜 判決文」(刑控 第3820號, 1920. 7. 12), 경성복심법원.

38 백남식의 선계는 師臣(23세, 입향조)-東觀(24세)-源鎭(25세)-泰洙(26세)-樂夏(27세)-南式(28세)으로 연결된다(『수원백씨대동보』 참조).

39 김상기 편저(2004), 「書類追送ノ件」(京東秘 第4190號, 1924. 10. 3), 앞의 책, 98쪽.

표 2 김용원 주도의 군자금 모금 활동 내역

일자	지역	대상	모금액(원)	비고
1919. 3	충남 논산	김익수	10	대동단원
1919. 5	충남 논산	김익수	20	대동단원
1919. 11	충남 논산	김익수	50	대동단원
1919. 11	충남 논산	김인태	0	모금 실패
1919. 12	충남 논산	김익수	300	대동단원
1919. 12	충남 공주	인영태	130	김용원이 윤태병·백남식 등 부하 인솔하여 모금
1920. 1	충남 금산	송석기	93	부하 백남식 등 4인 보내 모금
1920. 1	충남 금산	윤상응	143	부하 백남식 등 4인 보내 모금

※ 일자는 음력
※ 색칠된 부분은 대한건국단의 모금 활동과 중복됨

지했던 권총을 전협에게 주고 향리로 피신했다고 진술했으나,[40] 자신이 향후 군자금 모금 활동을 위해 채근병에게 주어 은닉하게 했다. 이상과 같은 김용원 주도의 군자금 모금 활동을 간단히 정리하면 표 2와 같다.

표 2의 활동을 보면, 대동단원인 김익수에게서 모금한 것을 제외하면 실제 김용원이 군자금 모금 활동을 주도한 것은 1919년 11월부터 이듬해 1월에 걸친 약 3개월에 불과했다. 그런데 이러한 그의 군자금 모금 활동은 그가 상하이로 망명함에 따라 기소중지가 되어 드러나지 않았다. 그러나 그가 귀국하여 독립공채를 이용하여 군자금 모금 활동을 하다가 1924년 9월 피체되면서 이때의 활동과 함께 수사를 받게 된 것이다. 일제는 김용원을 심문한 결과 '조선군정부 계통'을 밝혀냈다고 발표했다. 그 내용은 표 3과 같다.[41]

그런데 표 3은 다소 과장된 것으로 보인다. 왜냐하면 김용원이 대동

40 김상기 편저(2004), 「김용원 신문조서(제2회)」, 앞의 책, 92쪽.
41 김상기 편저(2004), 「朝鮮軍政府 系統表」, 앞의 책, 94쪽.

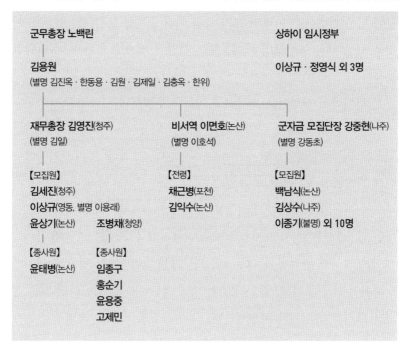

표 3 「조선군정부 계통표」　　　　　　　상하이 임시정부의 밀명을 전달하기 위해 입경

군무총장 노백린　　　　　　　　　　　　상하이 임시정부
ㅣ　　　　　　　　　　　　　　　　　　　　ㅣ
김용원　　　　　　　　　　　　　　　　이상규 · 정영식 외 3명
(별명 김진옥 · 한동용 · 김원 · 김제일 · 김충옥 · 한위)

재무총장 김영진(청주)　　　　비서역 이면호(논산)　　　군자금 모집단장 강중현(나주)
(별명 김일)　　　　　　　　　　(별명 이호석)　　　　　　(별명 강동초)

【모집원】　　　　　　　　　　【전령】　　　　　　　　　【모집원】
김세진(청주)　　　　　　　　　채근병(포천)　　　　　　　백남식(논산)
이상규(영동, 별명 이용래)　　김익수(논산)　　　　　　　김상수(나주)
윤상기(논산)　　조병채(청양)　　　　　　　　　　　　　이종기(불명) 외 10명

【종사원】　　【종사원】
윤태병(논산)　임종구
　　　　　　　홍순기
　　　　　　　윤용중
　　　　　　　고제민

단에 가입했다가 임시정부로 망명한 시기가 1920년 3월이고, 귀국했다가 피체된 때가 1924년임을 감안하면 그가 군무총장 노백린의 직접 지휘를 받아 30여 명의 조직을 거느리고 국내에서 군자금 모금 활동을 주도했다는 사실은 정황상 성립되기 어렵기 때문이다. 더구나 이 사실이 밝혀진 것은 1924년의 일이나, 당시 그의 공판에서는 이 죄가 적용되지 않았다. 오히려 제령 제7호 위반, 공갈 피고사건으로 2년형이 확정된 뒤 망명 이전의 군자금 모금 활동을 문제 삼아 다시 공판에 회부한 것은 납득하기 어렵다. 그는 1927년 2월 24일 공주지방법원에서 강도교사죄로 징역 2년 6개월형을 선고받았다. 그의 부하들 중 백남식과 김영진이 10년형을 선고받고, 노재철이 9년형, 강중현이 7년형을 선고받는 등 많은 사람들이 그의 명령에 따르거나, 그를 수행하여 행한 군자금 모금 활

동으로 중형에 처해진 것에 비하면 그가 병중이었음을 감안하더라도 형량이 너무 가볍다.[42] 따라서 그가 망명 이전 군자금 모금 활동을 주도한 것은 사실이나, 조선군정부 계통표는 과장된 것으로 보는 편이 타당할 듯하다.

상하이에서 철혈단을 조직하고, 임시정부에서 임시의정원 상임위원과 경무국장 등 요직을 역임하며 활동하던 김용원은 병에 걸려 1924년 4월 약 4년여의 해외생활을 마치고 귀국했다. 그러나 그는 상하이에서 함께 기거했던 오근영(일명 오영)을 만나 그의 안내로 수원 남창리에 거주하던 이규연을 찾아가 임시정부의 독립공채를 보이며 군자금을 모금하는 활동을 하다가 이해 9월 일제에 피체되었다.[43] 병으로 인해 구속과 형 집행정지를 반복하던 그는 1928년 11월 28일 다시 형 집행정지가 취소되어 일제에 피체, 압송되었다. 이때 그는 자신을 압송하던 일본 경찰을 때려 기절시키고 피신했는데, 그의 은신을 도와준 조병채의 존재에 주목해야 한다. 조병채는 일찍이 김용원의 부하가 되어 군자금 모금 활동을 했고, 이로 말미암아 8년형을 선고받고 5년 6개월의 옥고를 치른 인물이다. 이때 그는 피신하는 김용원을 보호하고 안내했다가 다시 벌금 50원의 처분을 당했다.[44]

조병채는 1904년 정산군의 관문이었던 청양면 왕진리(당시 청면) 농민이 중심이 되어 1,000여 명이 봉기한 정산定山 농민항요農民抗擾의 주도자인 조병길趙炳吉과 동일인이다. 3월 1일부터 15일간에 걸쳐 전개된 정

---

42 김상기 편저(2004), 「김용원 판결문」(형공 제28호, 1927. 2. 24), 앞의 책, 123~124쪽. 판결문 말미에는 그의 사정이 가여워 형량을 경감 조치한다는 내용이 있는데, 그가 병중이었음을 감안한 조치로 이해된다.

43 김상기 편저(2004), 「피의자 김용원 심문조서」 1회, 앞의 책, 87~90쪽. 김용원은 일제의 심문에 대해 자신이 귀국하여 가회동 취운정에 머물고 있을 때 오근영이 세 차례 찾아와 독립공채를 전하고 이규연을 소개했다고 진술했다.

44 김상기 편저(2004), 「김용원 판결문」(형공 제638호, 1928. 12. 7), 앞의 책, 125~127쪽.

산 농민항요는 부패 관료와 봉건적 학정에 대한 의식적이고 계획적인 항쟁이었다. 또한 일시적 선동에 의한 것이 아니라, 지계혁파地契革罷와 감리監理의 축출을 요구하며 폭동으로 발전하여 지계사업에 대한 불만을 잘 보여준다.[45] 이후 그는 김용원은 물론, 만주의 김좌진을 후원하기 위해 김좌진의 재종인 김영진·김세진 등과 함께 대한건국단을 조직하여 군자금 모금 활동에 주도적으로 참여한 인물이다.[46] 즉, 조병채는 반봉건투쟁에 이어 반제투쟁의 민족운동에 앞장선 인물이라 평가할 수 있다.

이상과 같은 김용원이 주도한 군자금 모금 활동에서 주목해야 할 것은 주된 활동지역이 논산이고, 그의 부하 가운데 윤상기와 윤태병 및 백남식은 병사리의 노성윤씨와 수원백씨라는 점이다. 특히 이들은 후술할 병사리 출신 윤교병의 활동과 함께, 병사리에서 조직된 대한건국단의 주도적 인물이었다는 점에서 병사리와 노성윤씨를 기반으로 한 군자금 모금 활동의 면모로서 파악할 수 있다.

2. 윤교병의 모금 활동

윤교병은 병사리 17번지 출생이다.[47] 그는 평소 조선의 독립을 희망

---

45 趙東杰, 「地契事業에 대한 定山의 農民抗擾」, 『韓國民族主義의 成立과 獨立運動史研究』, 84~87쪽.

46 『靑陽郡誌』, 1965, 277쪽. 金佐鎭의 再從 金英鎭은 자료에 따라 金鎰·金永鎭·金瑛鎭 등으로 표기되었다.

47 윤교병은 문정공파煌인 相靖과 청주한씨 사이에서 四子로 출생했으나 설봉공파燧인 相爵에게 出系했다. 이에 따라 그의 선계는 燧(23세)-舜擧(24세)-哲(25세)-智敎(26세)-東奎(27세)-光紹(28세)-晦基(29세)-鼎鎭(30세)-滋晩(31세)-相爵(32세)-喬炳(33세)으로 연결된다(『坡平尹氏魯宗派譜』天, 1983). 그는 당초 부유했으나, 독립운동에 참여한 이래 생계가 곤란해지자 문중에서 얼마간 생계를 지원했다고 한다. 이 소식을 들은 그는 조상님 제사 모실 재산을 썼다며 세 아들의 종아리를 때렸다고 한다(尹汝仁, 78세, 대전 거주 증언).

하고 있었는데, 상하이 임시정부의 군자금 모금원 나상필羅相泌과 함께 1919년 음력 10월부터 1921년 음력 3월까지 충남 논산과 보령, 전북 전주와 익산 및 경북 봉화 등지에서 10여 회에 걸쳐 960원을 모금하여 상하이 임시정부에서 특파한 정상섭鄭祥燮에게 전달하는 활동을 했다.[48]

나상필은 경기도 용인 사람으로 임시정부에서 파견한 정상섭을 만나면서 모금원이 되어 군자금 모금 활동을 시작했다.[49] 나상필과 정상섭은 이전부터 알던 사이였으나, 1919년 9월 서울 창신동에서 만나 군자금을 모금하여 상하이 임시정부로 망명할 것을 결의했다. 이때 정상섭은 서울에 머물며 군자금을 모으기로 하고, 나상필은 논산의 윤교병과 의논하여 군자금을 모으기 위해 논산으로 내려왔다. 나상필과 윤교병은 1915년경 서울 이종하李宗夏 변호사의 집에서 만난 적이 있어 구면이었다. 정상섭도 윤교병을 사전에 알고 있었다. 나상필에게서 군자금 모금 계획을 전해 들은 윤교병은 이에 찬성하고 지방의 부호들을 안내하기로 했다.[50]

윤교병과 나상필이 제일 먼저 군자금 모금 대상으로 정한 것은 전북 익산의 이규석李圭錫이었다. 그들은 1919년 음력 10월 이규석의 집으로 가 70원을 모금했다.[51] 이때 나상필은 자신이 이시영李始榮의 조카 이

48 「羅相泌·尹喬炳·朴起緒 判決文」, 大正十年 刑公第940號(1921. 10. 28), 경성지방법원.

49 『東亞日報』, 1921년 9월 20일자 기사에는 나상필이 독립사상을 품고 상하이로 가서 임시정부에 투신했다고 되어 있으나, 그는 종로경찰서에서 심문을 받으며 여러 차례에 걸쳐 상하이에 간 일이 없다고 답했다. 또한 자신이 군자금을 모금하는 이유가 상하이로 가기 위한 것이라고 말한 것으로 미루어 상하이에는 가지 않았던 것으로 보인다. 국사편찬위원회, 「나상필 신문조서(제1회)」, 『韓民族獨立運動史資料集』 36.

50 국사편찬위원회, 「나상필 신문조서(제2회)」, 『韓民族獨立運動史資料集』 36.

51 이규석은 1920년 12월 김영진의 지시로 노재철이 찾아가 군자금을 모금하려다가 실패한 인물이다(「金瑛鎭·金明秀·柳翼宗·李完伯·李昌鎬·金伯順·盧載喆·趙炳彩·李商雪 등 判決文」).

규홍李奎鴻이라고 변성명을 했다. 그 까닭은 이시영이 임시정부의 재무총장으로 있어 자금을 책임지고 있었기 때문이기도 했으나, 이규석이 이시영과 척족관계에 있었음을 이용하려 한 것이다. 이는 '아직 상민 칭호도 벗지 못한 이규석'에게 이시영과 같은 유명한 양반과 인척관계라는 점을 자극하여 군자금을 거출하고자 하는 계책이기도 했다.[52] 나상필은 그로부터 1년 반이 지난 1921년 음력 4월 이정우李貞雨에게 1,000원 권 임시정부 공채증서를 주어 이규석에게 나머지 930원을 모금해 오도록 했으나, 이규석의 거부로 뜻을 이루지는 못했다.[53]

이들이 다음 군자금 모금 대상자로 지목한 사람은 논산의 부호인 윤일병이었다.[54] 윤일병은 윤교병과는 20촌의 친척으로서, 그도 이전부터 정상섭을 알고 있었다. 윤교병과 나상필은 1919년 음력 11월 윤일병의 집을 방문하여 100원을 모금한 이래 이듬해 4월까지 3회에 걸쳐 360원을 모금했다.[55] 또한 이들은 1920년 음력 5월 역시 논산의 부호인 천석지기 윤임중에게서 2회에 걸쳐 350원을 모금했는데, 그 또한 윤교병과 20촌의 친척이었다.[56] 즉, 윤교병은 척족 내의 부호들을 나상필에게 소개하며 군자금을 거출한 것인데, 당시 노성윤씨 가운데는 군자금을 제공한 사람들이 많았다고 한다.[57]

---

52 국사편찬위원회, 「나상필 신문조서(제2회)」, 『韓民族獨立運動史資料集』 36; 『東亞日報』, 1921년 9월 20일자.

53 국사편찬위원회, 「나상필 신문조서(제3회)」, 『韓民族獨立運動史資料集』 36.

54 윤일병은 1923년 3월 논산공립보통학교에 150원 가액의 품금을 기증한 부호였다. 『東亞日報』, 1923년 3월 11일자.

55 지금도 문중에서는 윤일병이 배일사상이 강했고 독립운동을 했다고 기억하고 있다(윤여인 증언).

56 국사편찬위원회, 「윤교병 신문조서(제2회)」, 「나상필 신문조서(제2회)」, 『韓民族獨立運動史資料集』 36. 윤임중은 문정공파 훈거의 후손이다.

57 설봉공파 종대 후손으로서 현재 종사 업무를 맡고 있는 尹汝仁의 증언에 따르면, 당시 윤씨 문중에는 군자금을 제공한 사람이 많다고 하며, 종가인 자기의 집에도 教旨

1920년 음력 6월, 이들은 경북 봉화군 법전면 척곡리 강봉원의 집으로 갔다. 강봉원은 나상필이나 윤교병 가문과 수대 전부터 인척관계였다.[58] 그들은 강봉원의 집에서 보름간 머물며 그의 아들인 강문창을 상대로 군 자금이라는 사실을 숨기고 인척관계인 점을 이용, 『갑을록甲乙錄』을 만 든다는 명분을 내세워 모금하려 했다. 또한 그들은 동군 춘양면 춘양리에 거주하는 강필에게서도 『갑을록』 제작 명분으로 100원을 모금했다.[59] 이 는 과거 자신들의 가문이 소론에 속한 사실을 활용해 인척을 찾아다니며 군자금을 모금한 특이한 사례로 주목된다. 이들이 무기를 휴대하지 않고, 또한 강압적 수단을 사용하지 않고서도 모금이 가능했고 비밀이 보장되 었던 데는 이러한 혈연적 유대가 작용했기 때문으로 이해된다.[60]

이후 이들은 1920년 음력 8월 보령의 이시우에게서 여비조로 40원 을 받았는데, 이시우는 윤교병의 조카다.[61] 1921년 3월에는 전북 전주 의 김종진에게서 역시 여비조로 10원을 받는 등 총 960원을 모금했다. 이시우와 김종진이 이들에게 준 돈은 군자금이라기보다는 여비의 성격 으로 보는 것이 타당할 듯하다. 그러나 이들이 모금한 총액과 정상섭 에게 건넨 액수에는 포함되어 있다.[62] 나상필은 모금액 중 여비 등으로

뭉치 속에 임시정부 군자금 납부 영수증이 많이 들어 있었다고 한다. 그러나 6·25 때 인민군이 종가를 빼앗아 사용했는데 이때 인민군이 교지와 군자금 영수증 등을 모두 불태워버렸다고 한다.

58 나상필·윤교병·강봉원이 수대 전부터 인척관계라는 사실은 나상필이 일제의 심문 때 밝힌 사실이나, 그 구체적인 관계는 알 수 없다.

59 『甲乙錄』이란 조선 숙종 때 송시열과 윤선거의 대립으로 인한 노론과 소론의 분립과 관련이 있는 50여 명의 서신·상소·차자 등을 모아 엮은 책으로, 책명은 사건 당년 인 갑자년(1684)과 을축년(1685)의 머리를 따서 붙인 것이다.

60 나상필과 윤교병에게 군자금을 제공한 윤일병과 윤임중은 증인 심문 때 그들에게 위 협받은 사실이 있다고 진술했으나, 이는 임의성이 없는 진술로 보인다.

61 이시우는 윤교병 여동생(서 이종칠)의 아들이다(『坡平尹氏魯宗派譜』 天, 212쪽).

62 이들의 심문조서에는 여비로 받은 것이라 되어 있으나, 판결문에는 군자금으로 받은 것이라 되어 있다. 그런데 이들이 인척관계였던 점, 액수, 이들의 직접 답변 내용 등

사용한 110원을 제외한 850원을 7~8회에 걸쳐 정상섭에게 전달했다. 그러나 정상섭이 이 돈으로 인천에서 쌀 거래를 하다가 모두 날리고 1920년 음력 9월 병사하는 바람에 그간의 노력이 허사가 되자 그들은 다른 방법을 강구하는 수밖에 없었다.[63]

1920년 음력 11월, 나상필은 서울에서 평소 친숙하여 가끔 시국에 대해 의견을 나누던 박기서와 군자금 모금 대책을 협의했다. 이때 나상필이 임시정부에서 발행한 공채증서를 가지고 다니면 신용을 얻어 군자금 모금이 수월할 것이라고 하자, 박기서는 1921년 4월 임시정부 특파원인 정태유를 소개했고, 정태유는 임시정부에서 발행한 1,000원 권 공채증서를 나상필에게 주었다.[64]

나상필은 이 공채증서를 가지고 윤교병을 다시 찾아갔다. 그는 윤교병에게 이미 350원을 주었던 윤임중에게서 나머지 650원을, 이정우에게는 이미 70원을 주었던 이규석에게서 930원을 받아오도록 했으나 모두 성공하지 못했다. 나상필은 한 달 뒤인 5월에 공채증서를 강경의 형 집에 와 있던 박기서를 방문하여 돌려주었다.[65] 나상필과 윤교병이 상하이를 왕래했다는 주장도 있으나, 확인되지 않는다.[66] 이상과 같은 윤교병과 나상필의 군자금 모금 활동 사항을 정리하면 표 4와 같다.

을 종합하면 여비의 성격으로 받은 것이나, 모금 총액에 합산되어 있고, 실제 정상섭에게 전달되었기 때문에 군자금으로 보아도 무방할 듯하다.

63 국사편찬위원회, 「나상필 신문조서(제2회)」, 『韓民族獨立運動史資料集』 36.
64 「朴起緖 判決文(刑控 第881號)」, 『독립운동사자료집』 10, 684~685쪽.
65 국사편찬위원회, 「나상필 신문조서(제3회)」, 『韓民族獨立運動史資料集』 36.
66 윤교병의 손자인 윤석경(2009년 현재 69세, 광복회 대전·충남연합지부장)의 증언에 따르면 윤교병이 군자금 모금을 위해 집을 나갔다가 몇 달이 지난 뒤 거지꼴을 하고 돌아와서 상하이에 다녀왔노라고 하며, 이 사실이 알려지면 모두 죽으니 일체 비밀로 하라고 신신당부했다고 한다.

표 4   윤교병·나상필의 군자금 모금 활동 내역

일자(음력)	지역	대상	모금액(원)	비고
1919. 10	전북 익산	이규석	70	이시영의 친척, 이후 재차 모금시도 실패
1919. 11	충남 논산	윤일병	100	윤교병과 20촌
1920. 3			60	
1920. 4			200	
1920. 5	충남 논산	윤임중	350	윤교병과 20촌, 천석지기, 2차에 걸쳐 모금
1920. 6	경북 봉화	강봉원	40	인척관계 이용, 『갑을록』 발간 구실
		강 필	100	
1920. 8	충남 보령	이시우	40	윤교병의 조카, 여비 성격
1921. 3	전북 전주	김종진	10	여비 성격
1921. 4	충남 논산	이정우	실패	독립공채를 주어 이규석에게 930원을 징구했으나 불응

3. 윤상긍의 모금 활동

윤교병과 나상필이 활동했던 비슷한 시기인 1920년 후반에 역시 논산 지방을 무대로 한 광복단 충남지단과 윤상긍 등의 군자금 모금 활동이 있었다. 윤상긍은 논산군 상월면 상도리 출신이다. 광복단 충남지단은 1920년 11월 5일 지단장 박재옥(일명 박재영) 등 7인이 일제에 피체되며 그 조직과 활동이 드러나게 되었다.

일제의 기록에 따르면 이 조직은 간도광복단의 단장 박성빈이 김국 경을 전라·경상·충청지방 수령으로 임명하고 군자금 모금과 독립군 모집을 위해 국내에 잠입시키면서 활동이 시작된 것으로 되어 있다. 김 국경은 간도광복단의 지휘에 의해 대소 관공리를 암살하기 위해 경성에 잠복해 있던 중 정무총감이 이해 10월 9일 공주지방을 순시한다는 소문 을 듣고 곧 동지를 모으는 한편 무기를 구입하기 위해 평양으로 동지를

보내고 자기는 공주로 내려왔다.[67]

이때 김국경은 홍성에 거주하던 지기인 박재옥을 만나 그를 광복단 충청남도 지부장으로 임명하고 정무총감 암살 계획에 가담하도록 했다. 박재옥은 이에 찬동하고 평양에서 무기가 올 때를 기다렸다. 그러나 무기는 오지 않았고, 결국 공주에 왔던 정무총감이 논산으로 떠나 계획이 실패하자, 김국경은 10월 11일 박재옥과 이별하고 경상도 지방으로 떠났다.

박재옥은 활동을 계속하기 위해 윤상긍을 찾아왔고, 윤상긍은 박재옥의 권유에 따라 단원이 되었다. 이들은 10월 12일 이승조를 단원으로 가입시키고 그에게 '대한민국광복단지인大韓民國光復團之印'이라는 인장을 새기게 하고 군자금 납부를 요구하는 통고서 8매를 제작했다. 이들은 통고서를 광석면에 거주하는 윤구병 외 2명에게 발송했다. 이때 박재옥은 윤상긍을 통신원으로, 이주호를 논산지단장論山支團長으로 임명했는데,[68] 간부의 선임 과정과 절차에 의문이 제기되는 부분이다.

이들은 성동면에 거주하는 부호인 조동시가 그간 여러 계열로부터 수차 군자금을 요구하는 문서를 받고 두려워하고 있다는 사실을 알고 임시정부를 상대로 사형을 면제해주도록 노력하겠다고 하여 운동비 명

67 金正明 編,「光復團員の檢擧」, 高警 第36203號, 『明治百年史叢書 朝鮮獨立運動』 第1卷 分冊, 476~478쪽.
68 윤구병에게 보낸 통고문의 발신자는 '노성읍내 하중' 명의로 되어 있는데(발행자는 박재영 명의), 하중이 병자 아래에 중자 항렬을 사용하는 노성윤씨 중 누구인지, 혹은 가공의 인물인지는 알 수 없다. 통고문의 내용은 神聖한 민족으로서 未聞未見의 노예적 희생에서 벗어나기 위해 군자금을 내도록 권고하고 있고, 적의 경계망을 벗어나 정부에 스스로 오기가 어려우므로 광복단이 통고문을 보내는 것임을 표방하며 10월 그믐까지 3만 원을 내도록 요구하고 있다. 또한 말미에는 만일 불응할 시 국가 사업을 방해하는 것이므로 광복단이 정부의 명령에 의해 최후 수단을 사용할 것임을 경고하고 있다. 통고문에서 광복단이 임시정부와 관련이 있다는 사실을 강조하려 했음이 주목된다.

목으로 3회에 걸쳐 560원을 받았다. 이들은 이른바 '성공사금'으로 돈을 더 거두기 위해 「사형선고취소증死刑宣告取消證」을 만들어 먼저 단원 강영의를 조동시에게 보내고, 11월 8일 단원들이 조동시의 집으로 가서 수금할 예정이었으나, 이 계획이 사전에 탄로나 피체된 것이다.[69]

그런데 간도광복단이나 박성빈에 대해서는 다른 자료에 전혀 나타나지 않아 조직의 실체 등에 대해 알 수 없다. 또한 광복단 충남지단의 활동도 이 이상은 확인되지 않는다. 물론 이전의 광복회 충청도지회와는 시기나 인물도 완전히 달라 연계성도 찾을 수 없다.[70] 따라서 그 조직의 실존 여부나, 모금 활동의 독립운동적 성격 여부는 판단하기 어렵다.[71]

맺음말

이 글은 3·1운동 직후부터 1921년 4월경까지 충남 일원에서 전개된 군자금 모금 활동에서 노성윤씨의 참여와 활동을 살펴본 것이다. 당시 이곳의 군자금 모금은 김용원을 중심으로 임시정부와 연계한 활동, 윤교병과 나상필의 활동, 윤상긍과 광복단 충남지단의 활동, 대한건국단의 조직과 활동 등이 거의 같은 시기에 전개되었다.

노성윤씨들은 16세기 중반부터 병사리에 세거하기 시작하여 17세

---

69 金正明 編, 「光復團員の檢擧」, 高警 第36203號, 『明治百年史叢書 朝鮮獨立運動』 第1卷 分冊, 477쪽.

70 李成雨, 『光復會硏究』, 충남대학교 박사학위논문, 2007, 71~80쪽.

71 일제 측 자료에 이주호는 논산군 내에서, 정인행은 서울로 가서 임시정부의 파견원에 연줄을 구하기 위해 노력했다는 사실에 따르면, 이들이 임시정부와 사전에 연계된 조직이 아니었음을 알 수 있다. 또한 이들이 조동시에게 보냈다는 「사형선고취소증」은 다른 사례에서는 전혀 볼 수 없는 서식이다.

기에는 은진송씨, 광산김씨와 함께 '호서 3대족'으로 성장했다. 이들은 1893년의 노성민요를 주도했고, 곧이어 전개된 동학농민운동 때 창의를 촉구하는 고종의 밀지가 전달되는 등 위상이 강화되며 근대 민족운동의 전면에 나서게 되었다.

3·1운동 직후 대동단원 김용원은 대동단과 임시정부를 지원하기 위하여 논산·금산·공주 등지에서 군자금을 모금했다. 이 활동은 그가 상하이로 망명하기 직전인 1920년 1월로 그치나, 1924년 귀국한 김용원을 심문하여 일제가 파악한 「조선군정부 계통표」에는 30여 명의 부하들이 보인다. 이들의 활동은 논산을 주 무대로 노성윤씨인 윤상기와 윤태병, 수원백씨인 백남식이 주요인물로 참여하고 있고, 대한건국단으로 확대 발전하고 있어 주목된다.

윤교병은 병사리 출신으로 임시정부에서 특파한 정상섭과 연계한 군자금 모금원 나상필과 함께 1919년 10월부터 1921년 4월까지 주로 충남 논산과 경북 봉화 일원에서 군자금 모금 활동을 벌였다. 윤교병은 나상필과 함께 논산의 윤일병·윤임중 등 문중의 부호와, 봉화의 강봉원 등에게 모금을 했는데, 이들은 모두 문중이거나 인척관계였다. 이는 혈연적 유대를 이용한 독특한 군자금 모금 사례라 할 수 있다. 따라서 그들은 군자금 모금 과정에서 무기를 사용하거나 위압적 행동을 하지 않았다. 이들은 다시 정태유·박기서 등 임시정부 특파원과 연계하여 임시정부가 발행한 독립공채를 지니고 군자금 모금 활동을 벌이기도 했다. 한편 1920년 10월, 윤상궁과 광복단 충남지단의 활동도 보인다. 그러나 이 조직은 실체를 알 수 없을 뿐만 아니라, 모금 활동의 독립운동적 성격도 판단하기 어렵다.

1919년 음력 10월 조직된 대한건국단은 당시 '군정부원' 또는 '김좌진의 부하'로 인식되었다. 실제 대한건국단은 조병채 등 기존 김용원 부하들이 김좌진이 파견한 특사와 연계하며 조직한 것인데, 김좌진의 재종인 김영진·김세진이 참여하고 있어 김좌진의 후원 조직이 분명하다. 대한건국단의 규모는 25명 내외로 보이는데, 조직의 명칭에서 건국을 선구적으로 표방한 점이 주목된다. 대한건국단의 실제 주도자는 김영진과 조병채였는데, 일제는 그 단장을 윤태병으로 파악했고 윤상기의 집에서 결성되었다는 점에서 노성윤씨의 영향력을 짐작할 수 있다.

대한건국단의 활동은 1919년 11월부터 1920년 말까지 20여 회에 걸쳐 전개되었다. 이들은 임시정부와 군정서에서 발행한 다수의 문서를 지니고 다녔으며, 군자금 영수증이 부족할 경우에는 김영진의 주도로 군정서와 재무서의 인장을 새겨 사용하기도 했다. 대한건국단의 주요 활동지역은 부여지방에 집중되어 있는데, 이는 주역인 노재철 등이 부여 출신으로서 지역 사정에 밝았기 때문으로 보인다. 이들의 활동시기가 1920년 말로 끝나는 것은 후원 대상인 김좌진의 독립군 부대가 청산리대첩 이후 근거지를 이동하는 등 변화에 따른 것이라 할 수 있다.

요컨대 3·1운동 직후부터 1921년 4월경까지 충남 일원에서 전개된 군자금 모금 활동에는 윤교병·윤상긍·윤태병·윤상기 등 노성윤씨들이 다수 참여하고 있고, 또한 노성윤씨 중 군자금 제공자가 다수 있어 이를 군자금 모금의 문중적 기반과 활동 사례로 이해할 수 있다. 다만, 여러 명의 노성윤씨들이 별개로 전개한 군자금 모금운동을 문중적 기반에서 파악하기 위해서는 향후 자료의 보완과 후속 연구가 필요하다.

(『역사와 담론』 제52권 52호, 호서사학회, 2009)

3부

독립운동가의
역사인식

황현의
당대사 인식

머리말

매천梅泉 황현黃玹에 대한 연구는 1955년 『매천야록梅泉野錄』의 간행 이후 1960년대 말에 시작되어 문학과 역사학의 양면에서 많은 업적을 산출해왔다.[1] 그중 역사학 분야에서는 주로 『매천야록』 등의 저술 분석을 통하여 매천의 현실인식·시대인식·역사인식 등을 중심으로 하는 당대사 인식 문제를 논의해왔다. 그리고 그 논의의 중심에는 개화와 동학인식, 제국주의 열강과 민족운동에 대한 인식 문제가 있다.

황현의 당대사 인식은 『매천야록』 간행과 더불어 김황의 간단한 서평 이래,[2] 홍이섭의 연구를 필두로 본격적으로 논의되기 시작했다. 홍이섭은 매천이 의존적이지 않은 독자적 개화를 적극 추구했다고 해석했으나, 주로 『매천야록』의 체재와 내용 설명을 위주로 했고 구조적 분석

---

1 황현을 주제로 문학 분야에서 20여 편, 역사학 분야에서 10여 편의 논문이 발표되었고, 석·박사학위논문 주제로 다룬 것도 30여 편에 달한다.

2 金榥, 「看梅泉野錄」, 『歷史學報』 제8권, 1955. 김황은 곽종석의 학통을 이은 유학자로서 유림단사건에 연루되어 옥고를 치른 인물이다.

에까지 이르지는 못했다.[3]

1970년대 후반에 들어 이장희는 황현의 생애와 사상을 검토하고 역사의식을 분석했는데, 매천의 학문이 다산학茶山學에서 유래하고 있다고 해석하고, 그를 진보적 시국관을 지닌 온건개화파로 규정했다.[4] 이상식은 『매천야록』에 대한 구체적 분석을 통해 매천의 비판의식과 민족의식을 주목하면서, 그가 진보적인 외국관을 지녔고 개화와 평등사상에도 관심을 지니고 있었다고 보았다.[5] 신용하는 『매천야록』의 사료적 가치를 높이 평가하고, 본서를 일관하여 관통하고 있는 사상은 위정척사라고 강조했다.[6] 최홍규도 매천의 사상이 존왕양이적 위정척사론과 주체성이 없는 외면적인 급진개화론의 중간에서 내수자강적內修自强的 온건개화를 추구했다고 보았다.[7]

매천의 당대사 인식에 대한 연구는 1980년대 김창수의 일련의 연구로 진전되었다. 그는 매천을 급진적 개화에 의한 외세의 침투를 경계하고 자주적 개화의 방향을 추구한 전통 중시의 온건개화론자로 파악했다. 그리고 매천을 중도적이고 점진적 정치·현실개혁을 이뤄야 한다고 주장하는 경세론자로 파악했다.[8] 하우봉은 『매천야록』에 대한 사학사적 검토에 이어, 그의 민족의식과 개화관에 대해 논의했다. 그는 『매천야록』을 중세적 역사학에서 근대적 역사학으로 넘어가는 과도기의

3　洪以燮, 「黃玹의 歷史意識」, 『淑大史論』 제4집, 1969; 「黃玹의 歷史意識」, 『人文科學』 제27·28권, 연세대학교 인문과학연구소, 1972.

4　李章熙, 「黃玹의 生涯와 思想」, 『亞細亞研究』 제60호, 고려대학교 아세아문제연구소, 1978.

5　李相寔, 「梅泉 黃玹의 歷史意識」, 『歷史學研究』 Ⅷ, 전남사학회, 1978.

6　愼鏞廈, 「『黃玹全集』 解題」, 『黃玹全集』 上, 아세아문화사, 1978.

7　崔洪奎, 「黃玹의 현실의식과 역사 감각」, 『韓國思想』 제17집, 한국사상연구회, 1980.

8　金昌洙, 「梅泉 黃玹의 民族意識」, 『史學研究』 제33호, 한국사학회, 1981; 『韓國近代의 民族意識研究』, 동화출판공사, 1987. 그러나 이후 그는 매천을 위정척사론자로 설명했다.

교량적 사서로 보았다. 또한 매천의 사상이 동도서기론적東道西器論的 채서론採西論에 이르렀음을 주목하고, 주체적 개화론과 개량주의적 방향을 지니고 있었으나 개화파의 사상과는 다름을 지적했다. 나아가 매천의 민족의식은 화이관을 탈피하고 있었으며, 의병을 민족운동의 본류로 인식하고 있다고 파악했다.[9]

이러한 연구가 진행되었음에도 매천의 당대사 인식과 관련하여 논의가 계속되는 것이 있다. 즉, 『매천야록』의 자료적 성격, 개화관, 외세관, 민족운동관과 관련된 내용 등이다. 이는 그의 의식 세계의 다양성과 그의 비판적 당대사 인식을 어떻게 해석할 것인가의 문제와 관련된다. 이러한 사실에 유의하며 매천의 당대사 인식과 관련한 몇 가지 논의를 검토하고자 한다.

『매천야록』에 대한 논의

『매천야록』이 세상에 알려지게 된 것은 김택영金澤榮이 망명지 화이난淮南에서 『한사계韓史綮』를 저술하면서 이를 인용하면서부터이다. 그는 『한사계』를 저술하면서 『매천야록』을 『대동기년大東紀年』(헐버트), 『국조인물고國朝人物考』(안종화)와 함께 주요 참고문헌으로 했다고 밝혔다.[10]

매천의 저술로는 『매천야록』 외에 『매천집梅泉集』과 『매천속집梅泉續集』・『동비기략東匪紀略』과 『오하기문梧下記聞』이 있다. 『매천집』과 『매천속집』은 그의 친우인 김택영이 매천의 시문 중에서 직접 수정하여 1911년과 1913년 상하이에서 간행한 것이다. 『오하기문』은 『매천야록』의 대

---

9   河宇鳳, 「黃玹의 歷史意識에 대한 硏究」, 『全北史學』 제6집, 전북사학회, 1982.
10 金澤榮, 『韓史綮』序; 跋, 중앙대학교 인문학연구소, 3・355쪽.

본으로 이용된 자료로 보이며,[11] 다시 『동비기략』으로 정리된 것이므로 『오하기문』의 서설은 곧 『동비기략』의 서설이라는 가설이 제시되어 있다.[12] 황현은 『매천야록』을 정리하며 "동학의 시말에 대해서는 『동비기략』에 상세히 실려 있으므로 여기에서는 개략적으로만 언급했다"고 밝혔다.[13] 즉, 황현은 『동비기략』을 동학의 특별사로서 정리한 것이나, 현전하지는 않는다.

이 가운데 매천의 당대사 인식을 가장 종합적으로 보여주는 것은 『매천야록』이다. 매천이 본서를 서술하기 시작한 시점은 불명하다.[14] 그러나 1권이 1864년경부터 1893년까지를 수문록隨聞錄의 형태로 다루고, 2권 이하에서 1894년 동학농민운동부터를 편년으로 다루고 있는 데에서 동학농민운동의 발발이 저술의 주요 동인이 되었음을 알 수 있다.

그런데 1권의 성격에 대해서 논란이 있다. 『매천야록』은 갑오개혁 이후 1910년까지 17년의 일제 침략사가 중심이기 때문에 1권을 그 서론으로 보아야 한다는 견해가 일찍이 제기되었으나,[15] 한편으로 1904년 이전 기록에 일제 침략 관련 기록이 별로 없다 하여 이를 부정하는 견해

---

11 愼鏞廈, 「『黃玹全集』解題」, 『黃玹全集』 上.

12 임형택, 「『매천야록』해제」, 『역주 매천야록』, 문학과 지성사, 2005, 26쪽.

13 黃玹, 『梅泉野錄』, 國史編纂委員會, 1955, 124쪽.

14 『梅泉野錄』의 저술 시점은 대개 1894년으로 보고 있다. 그러나 병자년(1876) 흉년 기사(29쪽)와 무자년(1888) 흉년기사(102쪽), 병진년(1856) 3월 12일 밤 三鼓 때 일어난 일의 정황(47쪽), 임오군란 당일의 降雨 관련 기사(57쪽), 무자년 여름에 서울과 호남에서 나돌던 일본인과 서양인에 대한 유언비어(102~104쪽) 및 계미년(1883) 12월 22일 출현한 혜성의 관찰 기록을 비롯한 다수의 천재지변 관련 기사 등은 일시까지 분명히 밝히고 있어 그때그때 기록을 남기지 않고서는 나중에 한꺼번에 정리하기가 불가능한 기사이다. 따라서 그는 1895년 훨씬 이전부터 매일의 기록을 남겼으며, 이를 토대로 하여 동학을 기점으로 『梅泉野錄』을 본격적으로 정리했다고 보는 것이 타당할 듯하다.

15 洪以燮, 「黃玹의 歷史意識」, 『人文科學』 제27권, 117쪽. 하우봉도 이 견해를 따르고 있다. 河宇鳳(1982), 앞의 논문, 128쪽.

도 있다.[16] 그런데 매천이 동학의 충격으로 『매천야록』의 집필을 본격적으로 시작한 점, 동학 이후 부분의 서술에 중점을 두고 있는 점, 동학 이전과 이후의 서술 방식이 다른 점, 같은 시기의 자료인 『대한계년사大韓季年史』의 편제와 같은 점 등으로 볼 때 전자의 견해가 타당하다고 여겨진다.[17] 즉, 매천은 서술 시기를 고종 대부터 시작하되, 동학 이후 각종 적폐와 일제 침략으로 말미암은 망국사에 서술의 중점을 두고 기술하고자 했던 것이기 때문에 동학 이전의 고종시대사를 서론격으로 인식했을 것이다.

1권은 상·하로 분권했는데, 분권의 특별한 기준은 없는 것 같다. 상권은 1864~1887년간 24년을 101쪽으로, 하권은 1888~1893년간 6년을 26쪽으로 다뤘다. 분권의 기준이 없을 뿐만 아니라, 시기나 분량조차 감안하지 않은 거친 편제다.[18] 또한 연대를 건너뛰어 서술한 부분도 눈에 띈다. 예컨대 메이지 유신 이후 일본에 대한 대비를 제대로 하지 못한 동래부사 정현덕과 경상감사 김세호로 인해 나중에 나라가 망하게 되었다고 기술한 부분이 있다.[19] 또한 1880년 김홍집이 일본에 사신으로 갔을 때의 일화를 설명하는 부분에서 1894년 그가 국정을 맡았을 때의 기사를 미리 설명하거나,[20] 1886년 허훈에 관한 기사에서 그 아우 허위가 1894년에 비로소 세상에 이름이 알려졌다는 사실을 설명한 부분

---

16 李相寔(1978), 앞의 논문, 19쪽.
17 『大韓季年史』는 『梅泉野錄』과 다른 시기가 똑같다. 『大韓季年史』 역시 제1권을 1864~1893년으로 편제하고, 이후 17년간의 당대사를 이하 제8권에서 서술하고 있어 제1권을 서론으로 인식했음을 알려준다. 鄭喬, 『大韓季年史』, 國史編纂委員會, 1957.
18 그러나 제2권 이하에서는 나름대로 분권의 기준을 가지고 편제했던 것으로 보인다. 즉, 제5권이 1905년 11월부터 시작하는 것은 을사조약을, 제6권이 1907년 8월에서 시작한 것은 고종의 강제 퇴위와 순종의 즉위 및 군대해산을 분권의 기준으로 삼았다. 즉, 일제 침략의 중대한 사실을 분권의 기준으로 편제했던 것이다.
19 黃玹, 『梅泉野錄』, 13쪽.
20 黃玹, 『梅泉野錄』, 49쪽.

이 있다. 또 같은 해의 기정진에 관한 기사에서 신축(1901), 임인(1902)에 문집을 간행한 사실을 첨기했다.[21] 이는 1권에 해당하기 때문에 편년이 맞지 않더라도 별 문제는 없다.

2권 이하는 '완전한 편년체'라거나,[22] 대개 편년체라는 데 의견이 일치되고 있다. 그러나 여기에서도 편년이 아니라 기사본말식 서술을 한 부분이 산견된다. 2권의 1888년 박문국 폐지 사실을 설명하는 부분에서, 사람들이 이를 1905년 이토 히로부미가 통감부를 설치하고 정국을 거머쥘 참언讖言으로 말했다고 했다.[23] 1894년의 청일전쟁 때 성환 전투의 실상을 설명하며, 이 사실은 자신이 전쟁이 끝난 몇 년 후에 성환의 유적지를 돌아보다가 이 지역 사람들에게 들은 내용에 기초하여 서술한 것이라고 했다.[24] 또한 1895년 박영효의 일본 도주 관련 내용을 설명하는 부분에서 10년 후인 1905년 이기李沂가 강호에서 박영효를 만난 사실도 설명하고 있다.[25] 역시 이해 고산군수 장태수가 면직된 기사에 이어 그가 1911년 음독 자결한 사실을 함께 설명했다.[26]

한편 4권에서는 1905년 김택영의 망명 관련 사실을 설명하며, 그 내용이 1906년 봄과 1907년 여름에 김택영이 자신에게 보낸 편지에 근거하여 기술된 것임을 밝혔다.[27] 5권에서는 1906년 영국 신문에 보도된 을사오조약 내용을 설명하며 이듬해에 헤이그 특사 사건이 발생하게 되었음을 설명했다.[28] 6권에서는 1909년 김택영이 일시 귀국한 내용을 서술하며 그가

21 黃玹,『梅泉野錄』, 88쪽.
22 申奭鎬,「梅泉野錄解說」,『梅泉野錄』, 5쪽.
23 黃玹,『梅泉野錄』, 103쪽.
24 黃玹,『梅泉野錄』, 148쪽.
25 黃玹,『梅泉野錄』, 179쪽.
26 黃玹,『梅泉野錄』, 191쪽.
27 黃玹,『梅泉野錄』, 346쪽.
28 黃玹,『梅泉野錄』, 405쪽.

수 개월 체류했고, 귀국 후 자신에게 편지를 보낸 사실을 기술했다.[29]

이러한 기사는 매천이 2권 이하를 편년순으로 기술하면서도 후에 관련되는 사실을 때때로 추기 또는 보완한 것으로 해석된다. 서술 방식도 일관되지는 않았다. 예컨대 1905년부터는 간지와 연호에 이어 세주細註로 청淸의 광서光緒와 일본의 메이지明治 연호를 병기하고 있다. 일제 침략을 날카롭게 비판하면서도 일본 연호를 느닷없이 병기한 것은 의아하나, 러일전쟁 이후 망국이 국제성을 띠며 치닫는 현실을 인식한 결과로 이해된다. 또한 1909년 1월부터는 매월 1일 간지와 음력 일자를 병기했다. 이 또한 망국의 위기의식이 고조된 현상을 반영한 것이라 할 수 있다.

『매천야록』은 김택영의 교열본이 있다. 『매천야록』의 부본이 그에게 전해진 정확한 시기는 알 수 없으나, 그가 1911년 상하이에서 『매천집』을 간행하고 1914년 『한사계』를 집필하며 『매천야록』을 인용했기 때문에 본서는 시문집과 함께 그가 순국한 직후 김택영에게 전해졌다고 보는 것이 타당하다.[30] 매천은 중국에 있는 김택영과 역사저술에 관해 편지로 논의한 바 있다. 특히 그는 조선시대사 중 당쟁 이후 인물 평가의 어려움을 토로하며 김택영에게 조선시대사 저술을 기대하기도 했다.[31]

김택영은 『매천야록』 원고에 주묵으로 삭제를 가했다.[32] 그는 맨 첫 장의 고종이 경연 석상에서 무승지 신정희와 나눈 대화에서 시작하여 거의 마지막 부분인 1910년 6월의 「의보義報」에 이르기까지 거의 매 장

---

29 黃玹, 『梅泉野錄』, 496쪽.
30 『韓史綮』의 발행은 발문에 있는 바와 같이 '무오(1918) 孟秋'이나, 이를 집필한 때는 서문에 "中華民國三年舊曆辛丑臘月"이라 한바, 1914년 1월임을 알 수 있다.
31 黃玹, 「與金滄江」, 『梅泉續集』 卷一.
32 김택영의 교열본은 매천본가에 전한다고 하는데 원본을 구해 보지는 못했다. 이 글의 김택영 교열에 관한 논의는 국사편찬위원회 활자본에 「 」 표로 표시한 것에 따랐다.

에 걸쳐 철저히 교열했다. 김택영은 교열 과정에서 사가인 그의 관점에서 볼 때 불필요하다고 생각되거나 역사적 사실의 기술로서 부적당하다고 생각하는 부분을 삭제했던 것으로 보인다. 예컨대 남연군묘 도굴사건은 중대한 사건임에도 한 장에 해당하는 부분을 모두 삭제했다. 그 까닭은 이 기사가 남연군묘의 도굴이라는 역사적 사실을 설명하기보다는 묘를 쓰는 과정에서 대원군 형제들의 꿈 이야기, 묘의 풍수 지리적 특징 등의 설명에 치우쳐 있기 때문으로 보인다.[33] 이는 성균 진사과를 설명하는 부분에서 과거제도 자체에 대한 설명이 아니라, 지나치게 시관試官개인 중심의 일화로 기술되자 한 장 이상이나 되는 부분을 모두 삭제한 것과 같은 사유였을 것이다.[34]

또한 대원군 집권기에 너무 많은 사람을 죽여 사람 죽이는 데 염증을 느낀 포도청 형졸들이 백지를 얼굴에 붙이고 물을 뿌려 질식사시켰다는 기사에서 사실적 기사는 그대로 두되, 당시 '도모지都某知'라는 말이 유행했는데 이를 대원군의 학정에 빗대 얼굴에 바른 종이라는 의미의 동음어 '도모지塗貌紙'라 말하는 사람도 있다는 부분은 삭제했다.[35] 김택영이 교열한 내용은 대부분 이러한 경우가 많으며, 이 밖에도 자연재이 기사, 외국 관련 기사, 관리 임면 기사 등의 상당 부분을 삭제했다.

이는 한말의 대표적 사가로서 정통 저사著史의 경험이 풍부했던 김택영과, 역사서가 아닌 당대 사실의 기록자인 황현의 서술 방식의 차이에 기인한 것으로 보인다. 그런데 김택영은 매천의 역사인식에서 특징으로 평가되는 의병에 관한 월별 종합기사 「의보」를 모두 삭제했다.[36] 그 까

33 黃玹, 『梅泉野錄』, 5~6쪽.
34 黃玹, 『梅泉野錄』, 15~16쪽.
35 黃玹, 『梅泉野錄』, 7쪽.
36 매천은 1908년 1월부터 1909년 11월까지 1908년 4월만 제외하고는 매월 말미에

닭은 양인은 같은 유학자로서 절친한 사이였지만 매천은 국내에 머물며 일제의 침략을 치열하게 비판하다가 자결 순국한 우국지사이고, 창강은 일찍이 중국으로 나가 '중화신민한산中華臣民韓産'[37]을 자칭했다는 차이에서 찾을 수 있을 것이다.

김택영의 『한사계』는 국내 유림들의 커다란 반발에 당면했다. 유림들은 김택영이 조선왕조의 건국 자체를 찬탈로 보고 세조 등의 군주를 비판하고, 특히 송시열을 평가절하한 부분을 집중적으로 비판했다. 김택영이 중국 망명 중 독립운동의 일환으로 역사를 저술한 것이라는 적극적 평가도 있으나,[38] 국내에서 의병과 계몽운동에 투신하며 역사저술을 남긴 류필영·류인식 부자는 그의 '자국정신自國精神'의 결여와 사대주의를 비판했음에 유념해야 한다.[39]

『매천야록』은 정교의 『대한계년사』나 박은식의 『한국통사』와 비교 평가된다.[40] 또한 김윤식의 『음청사陰晴史』나 『속음청사續陰晴史』와 비교되기도 한다.[41] 서술 방법이나 대상 시기 등이 유사하기 때문이다. 그날그날 직접 체험의 기록이라는 점에서 『매천야록』은 『대한계년사』나 『음청사』·『속음청사』와 견주어볼 수 있으며 체재 등에서 유사성을 찾을 수 있다. 그러나 『매천야록』이 이 자료들과 구별되는 가장 커다란 차이

「義報」란을 두어 의병에 대해 상세히 기술했다. 「의보」는 이후 1910년 6월에 한 차례 더 등장한다. 김택영은 1908년 3월의 「의보」만 제외하고 모든 「의보」를 삭제했는데, 이를 삭제하지 않은 것은 특별한 의미가 있는 것이 아니라, 단순한 실수였을 것이다.

37 金澤榮, 『韓史緊』 序.
38 崔惠珠, 『滄江 金澤榮의 韓國史論』, 도서출판 한울, 1996, 195쪽.
39 박걸순, 「東山 柳寅植의 歷史認識」, 『植民地 시기의 歷史學과 歷史認識』, 경인문화사, 2004; 박걸순, 『시대의 선각자 혁신 유림 류인식』, 지식산업사, 2010 참조.
40 이는 홍이섭이 최초로 제기했고(洪以燮, 앞의 논문, 1969, 115쪽), 하우봉이 본격적으로 비교 분석했다(河宇鳳, 앞의 논문, 1982, 144~161쪽).
41 임형택(2005), 앞의 책, 12쪽.

점은 날카로운 비판정신으로 서술되었다는 점이다. 『한국통사』는 『매천야록』에 비해 사서로서 정제된 체재를 갖추고 있다. 이는 그날그날의 기록이 아니기 때문이다. 또한 『한국통사』는 저자가 해외에 체류하며 간접 견문에 의한 기록이기 때문에 『매천야록』에 비해 사서로서 체재는 우수하나, 기록의 생동감과 현장감 및 자료적 가치는 떨어진다.

『매천야록』은 사서는 아니다.[42] 그러나 그 어떤 사서나 사료보다도 한국근대사, 특히 일제 침략사와 망국사에 대해 매우 치열한 비판의식을 지니고 관찬 사료에서 다루지 않는 민중의 여론까지 충실히 전하고 있는 점에서 그 가치가 매우 높음은 재론할 필요도 없다. 그는 자신의 서술 내용에 대한 신뢰를 주기 위해 여러 군데에서 취재원을 밝혔다.[43] 그는 시골에 은거하는 선비로서 견문의 한계를 교유관계나 신문 구독 등을 통해 보완해나갔지만, 다분히 그의 주관적 판단에 따른 자기중심적 기록이라는 한계 또한 지니고 있다.

개화에 대한 인식

황현의 시국과 역사인식에 대한 논의 가운데서 그가 위정척사론자인가 아니면 개화론자인가는 가장 주목되어온 주제의 하나이다. 매천을 위정척사론자로 보아야 하며,[44] 그가 계몽운동이 아니라 의병투쟁을 민족

---

42 『梅泉野錄』을 중세적 역사학에서 근대적 역사학으로 넘어가는 과도기 단계의 교량 역할을 한 역사서로 평가하는 견해도 있다(河宇鳳, 앞의 논문, 1982, 163쪽). 그러나 역사서와 사료는 구별되어야 한다.

43 그가 밝힌 취재원으로 유제관, 이건창, 한장석, 김윤식, 이최승, 성환의 점촌사람, 정만조, 이기, 구례 상인 강모 등이 있고, 당시 식자층을 중심으로 한 여론은 물론 시정의 소문까지도 근거로 제시했다.

44 이는 신용하의 주장(『黃玹全集』解題)인데, 일부 동의를 얻기도 했으나 대부분의

운동의 본류로 인식했다는 주장이 있다.[45] 그는 전통적 유생이었기 때문에 그의 이념과 사상의 바탕을 이루고 있는 것은 성리학적 가치였다. 『매천야록』의 곳곳에 그러한 인식이 드러나지만, 그렇다고 그를 위정척 사론자로 규정하기에는 무리가 따른다.

1900년대의 계몽운동은 위정척사의 사상적 바탕이 비교적 미약했던 관서지방 유학자들의 사상 전회를 통해 전개되었다.[46] 그러나 영남 유학의 본향인 안동에서 스승에게 파문당하고, 부친에게 의절당하면서 개화사상으로 철저히 전회하여 계몽운동에 진력한 류인식의 경우에서 유림적 사상이 고착되지 않고 '수시변역隨時變易'했음도 알 수 있다.[47] 매천의 개화관과 현실인식을 집약적으로 보여주는 것은 그가 작성한 상소문「언사소言事疏」이다. 여기에서 그는 개화에 대해 다음과 같이 설명했다.

> … 대저 開化라는 것은 별 것이 아니다. 開物化民을 가리키는 것인즉 開物化民은 本이 없이 어떻게 이룰 수 있겠는가. 賢人을 가까이 하고 姦人을 멀리하며 백성을 사랑하고 소비를 절약하며 信賞必罰을 하는 것을 本이라 할 수 있다. 軍隊를 훈련하고 器械를 이용하며 商販을 하는 것을 末이라 할 수 있다. 西洋의 法이 비록 中國과 다르다 해도 지금 저들의 萬國史라는 것을 살펴본즉 흥기할 때에는 반드시 本에 서 있다. 진실로 本이 없으면 비록 강하다 해도 반드시 멸망하는 발자취를 종종 살필 수 있다. 이것으로 보건대 開化라는 것은 처음 세상에

연구자들은 매천의 진보적이고 주체적 개화관에 주목하고 평가했다.

45 河宇鳳(1982), 앞의 논문, 141~142쪽.
46 李光麟,「舊韓末 關西地方 儒學者의 思想的 轉回」,『開化派와 開化思想 研究』, 일조각, 1991, 297쪽.
47 박걸순(2004), 앞의 논문, 234~235쪽.

나타난 것처럼 보이나 사실은 中國의 정치와 다를 바 없다. …[48]

그가 개화를 개물화민開物化民이라 정의한 것은 『역경易經』의 '개물성무開物成務'와 '화민성속化民成俗'을 합한 것으로, 당시 신진 지식인들이 개화를 서양화나 문명화로 인식했던 것과는 전혀 달랐다.[49] 그는 유교적 질서를 지키고 그 가치를 숭상하는 것을 본本으로, 기술과 문명의 이기와 통상을 말末로 정의하며 본에 서 있으면 흥하고 그렇지 않으면 아무리 강하다 하더라도 반드시 멸망한다고 해석했다. 그리고 결국 개화라는 것은 중국의 정치와 다를 바 없다고 함으로써 서양화와 문명화가 아닌 보다 철저한 중국화를 강조했다.

매천은 갑오개혁 이래 도리어 화란禍亂이 일어나고 위망危亡의 징조가 심해지는 것은 본을 강구하지 않고 쓸데없이 개화의 말을 숭상했기 때문이라고 진단했다. 그리고 그 대책으로 임금에게 9개항의 '개화지본開化之本'을 건의했다.[50] 그가 제시한 '개화지본'은 곧 경세론經世論이라고도 할 수 있는데, 매우 온건한 유교적 민본정치의 바탕 위에서 입론된 것으로서 중농적 실학사상을 반영하기도 한다.[51] 따라서 개화의 주체성을 강조하고는 있으나, 변법적 차원이 아닌 기존 질서 속에서 운용의 개선과 실

---

48 黃玹, 「言事疏」, 『黃玹全集』上, 아세아문화사, 1978, 441~442쪽.

49 李光麟, 「開化思想의 形成과 그 展開」, 『開化派와 開化思想 研究』, 일조각, 1989, 25~29쪽.

50 이를 요약하면 ① 言路를 개방하여 命脈을 통하게 할 것, ② 法令을 신뢰하게 하여 백성의 마음을 안정시킬 것, ③ 刑章을 엄중히 하여 기강을 바로 잡을 것, ④ 節儉을 숭상하여 재원을 확충할 것, ⑤ 戚臣을 몰아내어 公憤을 풀어줄 것, ⑥ 保擧를 엄격히 하여 현명한 사람을 등용할 것, ⑦ 職任 기간을 오래하여 통치에 대한 책임을 지게 할 것, ⑧ 軍制를 개편하여 난이 일어날 싹을 없앨 것, ⑨ 田帳을 조사하여 國計를 넉넉히 할 것 등이다.

51 金昌洙(1981), 앞의 논문, 26쪽.

용성을 강조하는 정도로서 개량주의적 한계를 지녔다.[52]

그러나 무엇보다도 「언사소」에 나타난 그의 개화관은 서양화나 문명화가 아니라는 점에서 당시 개화에 대한 논의와는 분명한 차이가 있다. 그가 말한 개화는 유교적 질서를 바탕으로 한 군주 중심의 중세적 통치 질서 강화책이자, 그의 화이관적 세계관을 보여주는 논의라는 것이 타당하다. 즉, 그의 개화관은 한말의 현실인식이나 운동노선과는 무관하다.

그는 일련의 개화운동이나 개화파 인사들에 대해 비판적이고 부정적 평가를 내렸다. 위정척사적 인사에 대한 우호적 평가와는 분명히 대비된다. 매천은 개항 이후 영선사와 신사유람단의 파견, 별기군 훈련 등 초기 개화운동에 대해서는 특별한 비평 없이 사실 기술로만 그쳤다. 이는 정부 주도의 개화운동에 대해서는 그 당위성을 인정하려 한 그의 인식을 보여주는 것이라 생각된다.

그러나 갑신정변의 서술에서는 서술 용어나 내용 등에서 부정적이고 비판적인 인식을 분명히 드러내고 있다. 그는 갑신정변 주도세력을 왜당倭黨이나 제적諸賊,[53] 역당逆黨 또는 사역四逆[54]이라 했다. 그리고 김옥균이 일본에 가 있을 때 '일본을 미칠 듯 사모[慕倭如狂]'했고,[55] 박영효 등이 서양제도를 흠모한 나머지 '미친 듯이 좋아했다[嗜好若狂]'는 표현에서 인식의 일단을 여과 없이 드러내고 있다.[56] 주도세력에 대한 인물평에서는 부도덕하고 패륜적인 면을 부각하고자 했다. 즉, 서재필에 대해서는 조부가 사망했을 때 상제를 주관해야 하는 처지였으나, 일본에서 귀

---

52 河宇鳳(1982), 앞의 논문, 154~155쪽.

53 黃玹, 『梅泉野錄』, 81쪽.

54 黃玹, 『梅泉野錄』, 82쪽.

55 黃玹, 『梅泉野錄』, 67쪽.

56 黃玹, 『梅泉野錄』, 75쪽.

국하지 않다가 한참 지난 뒤에 분상^{奔喪}을 하고, 이때 박영효가 비단 옷을 가져와 그에게 입히고 상제의 도리를 하지 말고 부귀영화를 같이하자고 말했던 사실을 기술했다. 또한 홍영식에 대해서는 미국에서 귀국 후 한동안 아버지 홍순목에게 인사도 드리지 않았었는데, 입시하여 아버지를 마주쳤음에도 부친을 뵙지 않고 집으로 퇴청한 일과, 상중인 판서 이승오의 집을 두루마리 차림으로 들어가 조문도 하지 않고 집을 둘러보고 나온 일을 소개했다. 그리고 한장석의 입을 빌려 "윤리가 없어졌으니 나라가 망하지 않을 수 있겠는가"라고 개탄했다.[57] 서광범에 대한 설명에서도 그가 아버지 서상익과 다른 집에 기거하며 찾지 않는다는 사실을 기술했다.[58]

김옥균에 대해서는 더욱 부정적으로 기술했다. 김옥균이 포경사에 임명되자 당시 사람들이 이를 비웃었다는 사실,[59] 김옥균이 밤에 자기 집에서 처첩이 보는 앞에서 벌거벗은 일본인과 대화를 나눈 해괴한 사실,[60] 김옥균이 울릉도를 일본인에게 팔았는데, 이 사실이 탄로날 것 같자 급히 정변을 일으킨 것이라는 소문,[61] 김옥균의 부인 송씨가 옥중에서 음행을 한 사실 등을 기술했다.[62]

또한 위안스카이가 김윤식에게 갑신정변의 정당성을 인정하고 김옥균 등이 미리 자신에게 이 계획을 말했더라면 자신은 중립을 지키고 관

---

57 黃玹, 『梅泉野錄』, 74~75쪽. 홍영식은 영민하여 시무를 말하는 것이 들을 만했으나, 그의 부친 홍순목은 홍영식을 가문을 보전할 아들로 생각하지 않았다는 사실(『梅泉野錄』, 68~69쪽)도 기술했다.

58 黃玹, 『梅泉野錄』, 68쪽.

59 黃玹, 『梅泉野錄』, 67쪽.

60 黃玹, 『梅泉野錄』, 77쪽.

61 黃玹, 『梅泉野錄』, 78쪽.

62 黃玹, 『梅泉野錄』, 82쪽. 이 사실은 서광범의 부인 김씨가 옥중에서 정절을 지켜 갑오년 이후 남편과 다시 만나 함께 살았다는 기사에 이어 細註로 설명했다.

망했을 것이라고 말한 사실을 기술했다.[63] 또한 김옥균을 암살한 홍종우의 소행을 긍정적으로 기술하면서도, 김옥균은 정변 주모자 가운데 가장 영리한 사람으로서 만일 정변이 성공하여 그가 정국을 장악했다면 반드시 볼 만한 정책을 많이 펼쳤을 것이라는 당시의 인심도 전했다.[64] 이는 정부 주도가 아닌 급진적 개화파 인사들이 주도한 개화운동에는 단호히 반대한다는 의지를 지니고 있으면서도, 사실의 전달에 충실하고자 했던 그의 서술 태도를 잘 보여준다. 갑오개혁에 대한 서술도 그의 개화운동에 대한 인식을 잘 보여주는 부분이다. 그는 갑오개혁에 대해 상세히 기술했는데, 특히 일본 공사 오토리 게이스케大鳥圭介가 우리 정부에 제시한 '오강五綱 십육조十六條'를 열거한 뒤 이를 다음과 같이 평가했다.

이 조항들을 살펴보면 반드시 우리를 위한 眞情에서 나온 것이라고 할 수는 없겠으나, 증세에 대처하는 약 처방이 아니라고 말할 수도 없다. 힘써 이를 행하였다면 어찌 오늘날과 같은 禍가 있겠는가? 경전에 이르기를 나라는 필시 스스로가 해친 후에 남이 치고 들어온다 하였으니 아! 슬프다.[65]

즉, 그는 개혁을 요구하는 일본의 진정성을 의심하면서도 그 필요성과 당위성은 인정한 것이다. 그리고 이 안들을 힘써 시행하지 않았기 때문에 오늘날의 화禍가 있게 되었다며, 일본보다 스스로에 대한 귀책을 따졌다. 갑오개혁을 이끈 주도세력에 대하여는 성품이나 재능, 나라를

---

63 이는 국사편찬위원회 활자본에는 없는 부분으로, 임병택, 『역주 매천야록』상, 문학과 지성사, 2005, 220~221쪽에 기재된 내용이다.
64 黃玹, 『梅泉野錄』, 130쪽.
65 黃玹, 『梅泉野錄』, 137~139쪽.

위한 마음을 높이 평가하고, 그들이 살해된 데 애석함을 표하는 등 호의적으로 기술했다.[66] 갑신정변 주체에 대한 기술과는 상당히 다르다. 이는 그가 급진적 개화에 반대하고 온건하고 점진적인 개화에 동의한 인물로 평가되는 부분이다.[67] 그런데 이는 급진 과격이냐 또는 점진 온건이냐 하는 그의 개혁의 성향보다는, 누가 개혁을 추구했느냐 하는 개혁주체에 대한 인식 문제로 보는 것이 타당할 듯하다. 즉, 개혁의 필요성은 인정하되, 정부 주도의 개혁을 지지한 것으로 이해된다. 그는 갑오개혁 당시의 민심을 다음과 같이 기술했다.

> … 新法令이 공포되자 백성들이 모두 기뻐 날뛰고 손뼉을 치면서 그것이 서양에서 나왔건 일본에서 나왔건 따지지 않고 모두 즐거워하며 다시 태어난 것 같았다. … [68]

그러나 그는 갑오개혁의 실효성에 대해서는 부정적이었다. 의안議案들의 잦은 발표와 개정 등으로 명실상부하지 않아 실질적 개혁으로 성공하지 못한 사실을 지적한 것이었다.

> … 이런 議案들은 열흘에 하나꼴로 발표되었다. 이들 가운데 어떤 것은 이름은 있으나 실질적인 것이 없으며, 어떤 것은 오래 행해지기도 했으나 어떤 것은 곧 고치기도 하여, 마침내 定案이 없이 文籍만 뒤섞여져 번거로워졌으므로 의안들을 모두 기록할 수 없으므로 다만 한둘만 기록하여 당시 시행된 조치들의 개략만 보이고자 한다. 이후에

---

66 김홍집·어윤중·유길준 등에 대한 평가가 대개 그러하다.
67 李章熙(1978), 앞의 논문, 260~261쪽.
68 黃玹, 『梅泉野錄』, 169쪽.

는 기록하지 않는다.[69]

그는 또한 시속의 교활한 무리들이 신법에 찬성하여 일본에 빌붙고 청국을 배반했다고 지적했다. 그리고 김홍집이 관속들에게 "우리들은 변법소인變法小人으로서 청의淸議에 죄罪를 범하였다"고 한 말을 소개했다.[70] 따라서 매천이 갑오개혁의 타율성을 인정하고 비자주성을 비판한 것이라고 하여 독자적 개화를 추구했다든가,[71] 자주민족의식이 내재되어 있다는 견해[72]는 과도한 평가다. 그는 서양이나 일본의 영향은 부정적이고 비판적으로 인식하면서도 청에 대해서는 종속이나 의리론에서 벗어나지 못했다고 보아야 한다. 즉, 그의 자주의 대상은 서양과 일본이지, 청은 아니라는 사실을 분명히 해야 할 것이다.

한편 그의 개화론의 근대지향성 여부도 좀 더 논의되어야 할 부분이다.[73] 그가 표출하고 있는 개화인식 가운데에는 분명히 진보적인 부분이 있다. 그러나 이를 근대지향적이라고까지 보기는 어려울 듯하다. 그 까닭은 그가 이후에도 "의리義理를 논할 때는 존화양이尊華攘夷이고, 정치를 담론할 때는 귀왕천백貴王賤伯", "천天은 변하지 않듯이 도道 또한 변하지 않는 것이다. 하늘이 높이 있어 멀지만 항상 새롭듯이 오도吾道의

69 黃玹, 『梅泉野錄』, 158쪽.
70 黃玹, 『梅泉野錄』, 151쪽. 그는 다른 부분에서도 김홍집이 일본과 和議를 주장하여 淸議에 罪를 얻었다고 평가한 바 있다(194쪽).
71 洪以燮, 「黃玹의 歷史意識」, 123쪽.
72 金昌洙, 「梅泉 黃玹의 民族意識」, 27쪽.
73 매천의 개화관이 '근대화'라는 개념으로 표현되지 않았을 뿐 분명히 이 방향을 지향한다거나(洪以燮, 앞의 논문, 1972, 123쪽), 근대지향의식을 지닌 것이라는 평가가 있다(金昌洙, 앞의 논문, 1987, 27쪽). 이에 대해 그의 개화의식이 1905년을 기점으로 변화하고는 있지만, 근대사회를 지향하는 구체적이고 변법적 차원의 개화사상과는 엄연한 차이가 있다고 보는 견해(河宇鳳, 앞의 논문, 1982, 162쪽)가 대립되어 있다.

혹변惑變함을 의심하지 말라"[74]고 하는 등 여전히 정통 유학자의 보수적 사고의 틀 속에 머물러 있음에 유의해야 한다.

외세에 대한 인식

매천은 청·일본·러시아·서양 등 외세와의 관계사, 특히 그들이 우리나라를 침략하는 상황을 예의주시했다.[75] 그는 조정 세력을 외세와의 결탁에 따라 세 개의 파벌로 분류하며, 이를 비판적으로 설명했다.

> … 세상에서는 김윤식과 어윤중을 淸黨으로, 김홍집과 유길준을 倭黨으로, 이범진과 이윤용을 俄黨이라 불렀다. 세 당이 번갈아 진출하니 나라꼴이 더욱 좋지 않았다. 갑오년과 을미년 사이에는 왜인이 나라의 운명을 쥐었다가 이때에 이르러 아국에 빼앗겼는데, 곧 바로 임인년 전쟁이 벌어진 뒤에 다시 왜가 뜻을 펴게 되었다.[76]

그런데 그의 외세에 관한 입장은 나라에 따라 다르다. 먼저 그의 청에 대한 인식의 일단을 살펴보기로 한다. 당시 청이 조선을 '속번屬藩'으로 인식하고 있었음은 재론할 필요도 없다. 예컨대 주미공사 박정양이 미국인의 집에서 개최된 연회에서 청국 공사와 대등한 예를 취한 적이 있는데, 이때 청국 공사가 노하여 속국으로서 외국과 함부로 외교를

---

74 黃玹, 「養英學校記」, 『黃玹全集』上, 아세아문화사, 1978, 396~399쪽.
75 매천의 역사인식 발표회를 기획하며 매천의 일본 인식에 대한 부분은 한철호 교수 발표에서 논의하기로 했기 때문에 이 글에서는 중복을 피하기 위해 매천의 淸, 러시아, 서양에 대한 인식만 논의하기로 한다.
76 黃玹, 『梅泉野錄』, 194쪽.

맺고 감히 대등하게 대하려 한다고 항의하자 임기가 남아 있는 그를 고종이 소환한 사실은 그런 인식을 보여주는 하나의 사례이다.[77] 또한 청과 일본이 조선 파병을 둘러싸고 일본 외무성경外務省卿과 청국 총리아문 사이에 벌인 '복번服藩' 논쟁도 이를 잘 보여준다.[78] 일왕이 보낸 칙서에도 자기들은 조선을 독립국으로 인정하나 청은 속방으로 여기며 내정을 간섭하고 있다고 비난한 바 있다.[79] 리홍장이 위안스카이에게 보낸 전문은 이를 명료하게 보여준다.

> 한국이 중국에게 속한 것은 이미 1천여 년이나 지나 여러 나라가 다 알고 있고, 한국이 서양 각국과 조약을 맺을 때 또한 입장을 밝힌 바 있다. 왕에게 힘써 권하여 견지하도록 할 것이다. 만일 일본을 두려워하여 마침내 조선이 중국에 속하지 않는다고 인정하고 멋대로 문서를 작성한다면 중국은 반드시 군대를 보내 죄를 물을 것이다.[80]

동학농민봉기 당시 조정은 청이 우방으로서 우리를 보호하는 데 악의가 없을 것으로 믿고 의지하고 있었다. 즉, 청의 침략성을 전혀 경계하지 않았다. 반면 일본은 이전부터 우리를 침략하려 했다고 경계했다.[81] 특히 고종은 외교에 신경을 많이 쓰되 서양과 일본은 끝내 의심하고 꺼리면서도 오직 청국은 위급할 때 의지할 수 있다고 생각하여 북학의 논

---

77 黃玹, 『梅泉野錄』, 104~105쪽.
78 黃玹, 『梅泉野錄』, 135쪽. 한편 주일청국공사 汪鳳藻가 일본 외무경 陸奧宗光의 조회에 대한 답에서 조선의 내치는 중국도 간섭할 수 없다고 한 것은 일본과 동시 철병을 위한 논리에 불과하다.
79 黃玹, 『梅泉野錄』, 343쪽.
80 黃玹, 『梅泉野錄』, 143쪽.
81 黃玹, 『梅泉野錄』, 132쪽.

의까지 있었다.[82] 고종은 청일전쟁 때 청국 군대가 일본 군대에 연패하자 몹시 당황하고 두려움에 떨며 의지할 곳을 잃어버렸다고 생각했다.[83]

　매천의 청에 대한 인식 또한 이와 크게 다르지 않았다. 그는 우리가 전통적으로 중국의 영향 아래에 있었다는 논의를 반박하거나 부정하는 논리를 펴지는 않았다. 즉, 청에 대해서는 다른 나라와는 달리 침략성을 경계하거나, 주체성을 강조하려 하지는 않았던 것으로 보인다.[84] 물론 그는 갑오년 이래 세상이 변하는 것에 강개하여 서양 서적을 구독하는 등 세계관의 확대를 위해 노력하고,[85] 『매천야록』에 세계 정세를 다수 기록하는 등 관심을 표명하고 있어 진보적 세계관을 보이는 것도 사실이다. 또한 말년에 이르러 다소간의 의식의 변화를 보이기도 한다. 그러나 그는 여전히 화이관적 세계관에서 탈피하지 못했다고 보는 것이 타당할 듯하다.[86] 이는 전통 유학자로서의 체질을 극복하지 못했음을 반영하는 것이기도 하다.

　그는 청을 무조건 존숭하지만은 않았다. 특히 청일전쟁 때 청군의 소행에 대해서는 비판하고 질타했다. 그는 청일 양군의 군기나 소행에

82　黃玹, 『梅泉野錄』, 54쪽.

83　黃玹, 『梅泉野錄』, 162쪽. 그러나 時輩附倭者들은 도리어 경사를 만난 듯 의기양양했다고 했다.

84　매천이 청을 다른 제국주의 열강과 같이 침략적으로 보거나 주체적으로 인식하려 했다는 견해(李相寔, 앞의 논문, 1978, 19쪽; 河宇鳳, 앞의 논문, 1982, 136쪽)는 논란의 소지가 있다.

85　黃瑗, 「先兄梅泉公事行零錄」, 『黃玹全集』 上, 아세아문화사, 1978, 31쪽.

86　종래 매천이 화이관적 세계관을 탈피하거나 부정했다는 견해는 「養英學校記」의 해석상의 오류에서 빚어진 것이라는 지적이 있다. 또한 그는 중국의 문화를 동경하거나, 우리가 중국인이 되지 못함을 한탄하고 창강이 중국에 있음을 부러워하는 등 문학을 통해서도 화이관적 세계관을 표현했다(尹景喜, 「黃玹의 世界觀과 詩世界」, 『韓國漢文學硏究』 제14호, 한국한문학회, 1991, 387쪽). 오히려 이 부분은 그가 중국 중심의 세계관이 파탄되는 현실을 안타까워하여 華夷가 없으면 王覇도 없다고 외치며 화이의 분계를 더욱 선명하게 주장한 것으로 해석함이 타당하다.

대해서는 일본군에 훨씬 우호적이다.[87] 물론 이는 청군의 약탈과 음행을 비판하기 위한 강조적 서술 기법이다. 그런데 당시 조정에서 청과 단교했다는 유언비어가 나돌았고, 공주나 청주 사람들이 청군을 박절하게 대했던 사실이나,[88] 평양 사람들이 일본군의 향도가 되어 청군의 숨은 곳을 알려주었다는 기사는 청군에 대한 민심을 잘 반영하고 있다.

> … 이 전쟁에서 왜인들은 모든 군수품을 자기 나라에서 가져와 썼는데 땔감 또한 그러하였다. 그들은 이르는 곳마다 물을 사서 마셨다. 군령이 매우 엄하여 백성들은 군대가 와 있는지도 몰랐다. 그래서 모두 기꺼이 그들의 嚮導가 되었던 것이다. 청군은 음행과 약탈을 자행하고 날마다 징발하기를 일삼아 관민이 모두 곤란을 당해 그들 보기를 원수 보듯 하였다. 평양이 포위되었을 때 문을 열고 왜를 안내한 사람도 있고, 청군이 패하여 도망하여 숨자 성안 사람들이 그들이 숨은 곳을 알려주어 포위망을 벗어날 수 없었다.[89]

이러한 그의 청국에 대한 기술은 다른 국가들과는 달리 비교적 의존적·우호적이다. 그러면서도 청군의 음행을 비판적으로 기록한다든가, 청국의 기년 폐지 사실을 논평 없이 기술[90]한 것은 그의 객관적 서술 태도를 돋보이게 하는 부분이다.

---

87 예컨대 청군이 대부분 匪賊들로 구성된 부대라 노략질이 습성화되어 있어 그들이 지나간 성환·괴산·충주 등지는 닭과 개가 남아나지를 않았고 심지어 부인의 속곳을 훔치는 병사도 있었다고 했다(156쪽). 그러나 일본군은 청군과 달리 군기가 엄하여 살상하거나 약탈하는 일이 없었고(149쪽), 군령이 매우 엄하여 우리 백성들이 일본군이 가까이 있는 사실을 알지 못할 정도였다(161쪽)는 등 양군을 대비하며 서술했다.

88 黃玹, 『梅泉野錄』, 148쪽.

89 黃玹, 『梅泉野錄』, 161쪽.

90 黃玹, 『梅泉野錄』, 170쪽.

한편 그의 러시아에 관한 인식은 청에 대한 것처럼 우호적이지는 않았으나, 일본에 대한 것보다는 상대적으로 덜 비판적이었다. 그러나 그들의 침략성은 예리하게 간파했다. 삼국간섭에 대한 부분은 다음과 같이 기술했다.

> … 처음부터 러시아인은 東三省에 침을 흘리고 있었는데 동아시아로 통하는 길목을 탐냈던 것이다. 오랫동안 계획을 품고 있다가 이때에 이르러 일본이 요동을 점거한다는 말을 듣고 크게 노하여 독일·프랑스와 연계하여 일본에게 대만은 할양할 수 있어도 요동은 절대 할양할 수 없다고 힐책하였다. …[91]

즉, 그는 러시아가 일찍부터 동아시아의 침략을 위해 동삼성에 눈독을 들이고 있었음을 간파한 것이다. 그는 뒤에서 다시 "외면으로는 평화라는 명분을 빌렸으나 실제로는 기회를 타서 자기들이 요동을 점거하여 동양을 엿보려 한 것"이라고 강조했다.[92] 아관파천에 관한 기사에서는 러시아가 일본에게 우리나라에 대한 선수를 빼앗겨 늘 유감스럽게 여기고 있던 차에 벌어진 일이라고 해석했다.[93] 이 밖에도 러시아인의 용암포 산림 벌채,[94] 러시아 공사 파블로프가 고종이 러시아 공사관에 보관한 수백만 원을 가지고 본국으로 돌아간 사실,[95] 러일전쟁 기간 중 병사들의 음행[96] 등 부정적인 기사가 많다.

---

91 黃玹, 『梅泉野錄』, 174쪽.
92 黃玹, 『梅泉野錄』, 299쪽.
93 黃玹, 『梅泉野錄』, 193쪽.
94 黃玹, 『梅泉野錄』, 291쪽.
95 黃玹, 『梅泉野錄』, 300쪽.
96 黃玹, 『梅泉野錄』, 303쪽.

그러나 고종은 본래 러시아에 호감을 갖고 있었고, 조정이 러시아와 단교한 것은 일본의 압력 때문이라고 분석했다. 매천은 이러한 사실은 러시아도 잘 알고 있다고 하며, 함경북도에서 일본군에 편입되어 러시아 군대와 대치중이던 평양의 지방대가 러시아군의 말에 따라 해산한 사례를 소개했다.[97]

러일전쟁 당시 조정은 물론 일반인들도 일본보다 러시아를 침략세력으로 간주하고 경계했다. 그러나 매천은 그러한 조야의 분위기를 경고했다. 다음의 글은 매천의 일본과 러시아에 대한 인식을 잘 보여준다.

> 이때에 조야가 모두 일본인은 그래도 사람이지만 러시아인은 곧 짐승이다. 만약 저들이 일본을 이기고 석권하여 남하한다면 장차 사람의 씨가 마를 것이라고 생각하여 모두들 일본이 이기고 러시아가 패하기를 기도하였다. 그래서 자기 고장에서 전투가 벌어질 때마다 운송하는 수고를 마다하지 않은 것이다. 그렇지만 일본인이 우리를 해치려는 마음을 숨기고 있던 것은 전쟁을 시작하던 날부터였다.[98]

한말의 지성들은 대개 원론적 동양평화론에 매몰되어 러일전쟁을 러시아의 침략을 막기 위한 인종대결이나, 동서양의 대결로 인식했다. 이러한 사유는 3·1운동을 주도한 이른바 민족대표들에서도 일정하게 보인다.[99] 그러나 매천은 일찍이 일본을 침략세력으로 인식하고 경계했던 것이다.

---

97 黃玹, 『梅泉野錄』, 308쪽.
98 黃玹, 『梅泉野錄』, 310쪽.
99 박걸순, 「3·1운동 공판기록을 통해 본 충북 출신 '민족대표'의 독립사상」, 『중원문화연구』 제13권, 충북대학교 중원문화연구소, 2010, 19~23쪽.

매천의 서양에 대한 인식은 그리 철저하거나 구체적이지 못한 부분이 많다. 특히 초기 부분의 것은 '양구洋寇'나 '이적夷狄'의 수준을 넘지 못했다.[100] 이는 그가 서양에 대해 관심을 갖게 된 것이 갑오년 이후였다는 점에서 이해가 된다. 따라서 병인양요나 신미양요를 비롯하여 초기 대외관계에 대한 서술은 국제 정세에 대한 원인 분석이 되어 있지 않으며, 정교나 박은식보다 상대적으로 인식이 부족한 면을 드러내고 있다.[101]

그의 서양 인식은 서학에 대한 부정적 서술에서 극명하게 드러난다. 그는 『오하기문』의 서설에서 당파로 말미암아 유학이 쇠퇴하고 그로 인해 괴상하고 황탄한 사설邪說인 천주학天主學이 들어왔다고 진단했다.[102] 그는 기독교와 천주교는 "비속하고 황탄하여 따져볼 나위도 없는 것",[103] 그 신자들을 "오직 콩과 보리도 구분하지 못하는 부녀자와 아이들, 그리고 천한 무리들"이라고 했다.[104] 심지어 그는 천주교도를 망나니와 짝을 이루는 칭호라고 말했다.

… 천주교의 교리는 천박하고 불경하여 老子의 淸淨도 없고 佛家의 玄妙도 없고 구구히 천당과 지옥을 꾸미고 禍와 福으로 속이니 愚民

---

100 그는 당시 서울에서 洋人이 어린아이를 삶아 먹는다는 유언비어가 있었다고 하고 (102쪽), 호남지방에 왜인과 양인이 민간에 흩어져 우물에 독약을 넣어 물을 마시는 사람은 곧 죽는다는 유언비어를 소개했는데(104쪽), 이는 그의 서양에 대한 인식과 큰 차이는 없는 것으로 보인다. 또한 그는 갑신정변 때 일본으로 도망한 사람들에 대한 설명에서 萬國公法의 國事犯과 私事犯을 '夷狄無君之法'이라 했다(83쪽). 또한 서양 상품을 '淫巧奇囊之物'(53쪽)이라 하여 부정적으로 인식했음을 보여준다.

101 河宇鳳(1982), 앞의 논문, 132쪽.

102 黃玹, 『梧下紀聞』 서설, 670~671·697쪽. 매천은 邪學의 禍는 근원이 朋黨에 있다고 했다.

103 黃玹, 『梧下紀聞』 서설, 709쪽.

104 黃玹, 『梧下紀聞』 서설, 713쪽.

을 欺弄하기에 알맞은 것이다. 그런 까닭에 지식이 있는 자들은 모두 비판을 하며 여항에서는 비웃을 때 "너는 천주학쟁이다"라고 하니 이른바 속언에 '망나니'와 짝을 이루는 칭호이다. … [105]

매천의 대원군에 대한 평가는 매우 비판적이다. 그는 대원군을 공평하게 평가하면 죄는 백이고 공은 열에 불과하다고 했는데,[106] '그중에서도 천주교도를 모두 잡아 죽인 것을 가장 통쾌한 일'로 평가할 정도로 천주교에 대해 부정적이었다.[107]

1904년을 전후하여 그의 서양에 대한 인식은 대개 사실의 기술에 충실하여 비교적 객관적이다. 그것은 그가 그때부터 한국 침략의 주체를 일본으로 확신했기 때문에 굳이 서양의 문물이나 서양인을 비판적으로 기술할 필요가 없었을 것이다. 따라서 베델Ernest Bethell이나 헐버트Homer Hulbert 등 일부 외국인의 민족운동 참여를 긍정적으로 기술했던 것으로 이해된다.[108]

---

105 黃玹, 『梧下紀聞』 서설, 714쪽.

106 黃玹, 『梧下紀聞』 서설, 676쪽. 예컨대 매천은 서원 철폐가 대원군이 한 일이라고 해서 싸잡아 그르다고 해서는 안 된다고 옹호했다. 黃玹, 『梅泉野錄』, 5쪽.

107 黃玹, 『梧下紀聞』 서설, 713쪽.

108 1908년 9월조의 기독교청년회(YMCA)와 구세군에 대한 서술을 긍정적으로 해석하는 견해도 있으나(河宇鳳, 앞의 논문, 1982, 134쪽), 이는 단순한 사실의 기술로서 긍정 또는 부정의 감정을 곁들인 것은 아니었다. 따라서 이를 근거로 그가 1905년부터 서양의 종교에 대해서도 적대적이고 배척적인 자세를 바꾸었다고 보기는 어려울 듯하다.

민족운동에 대한 인식

『매천야록』은 망국사와 민족운동사에 관한 당대 최고의 기록이라 해도 과언이 아닐 정도로 다양한 민족운동에 대해 상세히 기술했다. 그런데 매천이 한말의 국권회복운동을 어떻게 평가하고, 어느 방법론을 주류로 인식했는가 하는 논의는 계속되고 있다.

한말의 국권회복운동은 개인적 의열투쟁, 계몽운동, 의병항쟁의 형태로 전개되었다. 이 가운데 그는 개인적 의열투쟁인 자결이라는 방법을 택했다. 매천처럼 비평정신이 투철한 인사가 을사늑약 후 계몽운동과 의병투쟁이 격동하는 분위기 속에서 아무런 행동도 없이 『매천야록』만 쓰면서 칩거한 것에 대해 문제를 제기하는 견해도 있다.[109] 그러나 그는 계몽운동과 의병투쟁을 긍정적으로 인식했음은 물론 일정하게 연계하고 있었고, 끝내 자결 순국의 의열투쟁을 선택함으로써 결국 민족운동에 합류한 것으로 해석함이 타당할 듯하다.

매천은 「절명시」에서 자신의 자결 행위를 "인仁을 이룸이요 충忠은 아니다"라고 자평했다. 그리고 자신이 "단지 윤곡尹穀을 따르는 데 그치고 진동陳東을 따르지 못함이 부끄럽다"고 했다. 곧 그는 자결의 방법이 적극적 민족운동은 아니라고 여긴 것이다. 그가 「유자제서遺子弟書」에서 말한 바와 같이 자신이 반드시 죽어 의義를 지켜야 할 까닭이 없음에도 자결한 것은 '식자인識字人'의 의무를 다하고자 한 것으로 평가해야 한다.

매천이 자결 순국을 어떻게 인식하고 있었는가 하는 것은 이시원李是遠의 순사殉死에 대한 기술 부분에 잘 나타난다. 이시원은 이건창의 조부

---

109 愼鏞廈(1978), 앞의 글, 6쪽.

로 성품이 강직하여 늘 순국의 뜻을 지니고 있었는데, 병인양요 때 강화도가 점령되자 동생 이지원과 함께 독약을 마시고 순국한 인물이다. 이 부분의 기술은 그와 이건창의 친교관계로 인해 다소 장황하고 주견이 개입된 부분도 보이는데, 그는 다음과 같이 기술했다.

> … 당시 사람들이 더러 (이시원의 자결을) 傷勇이라 헐뜯기도 하였다. 후일 그의 손자 이건창이 사신으로 북경에 가서 侍郎 黃鈺과 교유한 일이 있는데 황옥은 이건창에게 지어준 글에서 그의 선대의 덕을 기술하며 죽지 않아도 될 처지에서 배운 바를 저버리지 않았다고 했는데, 세상 사람들은 이를 적실한 기록[實錄]이라 하였다.[110]

그는 송병선의 순사와 관련된 기술에서도 '실록實錄'이라는 표현을 사용했다. 매천은 송병선이 최익현 등 학자들과는 달리 가문의 후광으로 빈사賓師의 자리까지 올랐으나, 명론名論이 별로였고 청렴하지 못하다는 비방을 받았지만 그가 순사하자 사람들이 감복하여 '완인完人'으로 추대했다고 평가했다. 또한 평소 송병선을 대단치 않게 여기던 사람이 그의 죽음을 '마감법磨勘法'이라고 표현한 편지의 내용을 소개하며, 당시 사람들이 이 표현을 '실록'이라 여겼다고 했다.[111] 이는 '세상 사람'들의 평가를 전한 것이나, 그가 자결이 지니는 의미와 가치를 어떻게 인식하고 있었는가를 잘 보여주는 것으로 생각된다.

매천은 이한응의 순국부터 관료나 양반은 물론 평민과 노비에 이르

---

110 黃玹, 『梅泉野錄』, 8쪽.

111 黃玹, 『梅泉野錄』, 369쪽. 그는 '송병선의 순사 소식을 들은 최익현이 죽는 것은 참으로 좋은 것이나, 사람들이 모두 죽는다면 나라를 위할 자 누구인가'라고 탄식하며 그때부터 더욱 식사를 잘하여 기운을 돋워 사방으로 사람을 불러모을 계책을 세웠다는 사실도 소개했다.

기까지 다양한 계층의 자결 순국을 상세히 기술했다. 또한 전명운·장인환 의거와 안중근 의거 등 개인의 의열투쟁에 관해서도 상세하게 서술했다.[112]『매천야록』은 의열투쟁 기록의 보고寶庫로서, 본서가 아니면 세상에 묻힐 내용도 많다. 결국 매천은 자신이 택한 자결 순국의 의열투쟁을 다른 방법론에 비해 적극적 투쟁이 아닌 소극적 항쟁으로 여기면서도, 의열투쟁에 관한 매우 상세한 기록을 통해 이를 당당한 민족운동의 한 갈래로 간주했음을 알 수 있다.[113]

그는 계몽운동에 대해서도 상세히 기록했다. 그는 신문과 잡지 등 언론의 효능에 대해서 처음에는 회의적이었으나, 1905년 이후 인식과 태도가 변하게 되었다.[114] 그는 1909년 당시 국내에서는『대한매일신보』가 '격앙비분지사激昂悲憤之辭'를, 해외 동포사회에서는 미주의『신한민보』와 연해주의『해조신문海潮新聞』이 '배외지론排外之論'을 펴고 있다고 평가했다. 그러나 일제가 치안 방해를 구실로 발매금지 조치를 내리고 있다고 하며, 당시 뜻이 있는 사람들은 '치안 방해' 네 글자를 망국의 부호로 여겼다고 기술했다.[115]

매천은 각종 학회와 단체의 활동에 대해서 일제의 통제로 인해 본질적 한계를 안고 있음을 지적하고 또한 그 효과에 대해서 부정적이었으

---

112 李相寔(1978), 앞의 논문, 25~28쪽.
113 매천이 의열투쟁의 개인적 한계성 때문에 이를 민족운동의 주류로 인식하지 않았다는 견해가 있다(河宇鳳, 1982, 앞의 논문, 141쪽). 물론 의병투쟁보다 적극적 투쟁으로 여기지는 않았던 것 같다. 그러나 홍범식의 경우에서 분명히 알 수 있는 바와 같이 자결 순국의 의열투쟁은 그 후손에게 올바른 삶의 방향을 제시함은 물론, 많은 사람들에게 민족의식을 일깨워 항일투쟁에 나서게 한 점에서 소극적이거나 봉건적 투쟁으로만 보아서는 안 될 것이다. 박걸순, 「一阮 洪範植의 자결 순국과 그 遺訓」,『홍범식과 신채호의 민족운동 재조명』, 충북대학교 중원문화연구소, 2010, 9~29쪽.
114 李相寔(1978), 앞의 논문, 24쪽; 河宇鳳(1982), 앞의 논문, 141~142쪽.
115 黃玹,『梅泉野錄』, 494쪽.

황현의 당대사 인식 465

나, 1894년 이후 사람들의 이목이 바뀌고 사상이 새로워지는 등 변화하는 상황을 주목했다.

> … 이때 학교와 단체가 온 나라에 가득 찼는데 … 그러나 관립과 공립 모두 일본의 통제를 받았으므로 자유롭게 활동할 수 없었다. 오직 사립만은 조금도 구애가 없었는데 재력이 군색하여 일어섰다 쓰러지는 일이 계속되었다. 단체는 문학과 종교에서 공예 미술에 이르기까지 그 이름이 千百이 되었으나 그 우두머리가 된 자들은 얼굴만 바꾼 경우가 많았고, 이름을 내서 이익을 얻고자 하여 實心으로 유지하고자 하는 바가 없어 놀고 이야깃거리[遊談] 삼는 데 불과할 뿐이었다. … 이 때문에 개화한 지 10여 년이 넘었지만 그 효과는 바람 잡는 것과 같았다. 그러나 사람들의 이목이 조금 바뀌고 생각도 조금 새로워져 종종 학교와 단체가 반드시 그만둘 수 없다는 것을 알았다. 모든 것을 갑오년 이전과 비교하면 정말로 많이 달라졌다.[116]

이는 갑오경장 이후 의식의 변화를 인정하면서도 사회현상의 무규범적 현상을 지적한 것이라 할 수 있다. 『매천야록』이 구한말의 사회변동과 이에 대한 사회심리 체계의 상호 작용에 대한 분석 자료로 이용되는 것은 그러한 인식을 잘 반영하고 있기 때문이다.[117]

매천은 당시 사람들의 인식의 변화를 인정하고, 계몽운동이 전개되는 시대적·사회적 상황을 긍정하면서도 그 효용에 대해서는 부정적이었다. 그리고 계몽운동이 효용을 발휘하지 못하게 된 주요 원인으로 일

---

116 黃玹, 『梅泉野錄』, 395쪽.
117 오세철, 「舊韓末 社會變動과 社會心理體系의 相互作用에 대한 分析-梅泉野錄을 중심으로-」, 『東方學志』 제29권, 연세대학교 국학연구원, 1981.

제의 탄압과, 주도계층의 한계를 지적한 것은 주목되는 견해이다. 그는 1907년 자신이 직접 신학문 수용을 바탕으로 호양학교壺陽學校를 설립하여 애국적 인재 양성에 나섰다. 그는 나라와 백성이 패망하지 않으려면 약육강식의 상태를 벗어나야 하고, 그 방법은 서양의 부강함과 학문을 받아들이는 것이라고 여겼다.[118] 이 시기 그는 의병에 대해 상당한 관심을 기울이면서도 정작 본인은 계몽운동을 주도했던 것이다. 이는 그의 국권회복운동 방법론의 다변적 인식을 보여주는 것으로 이해된다. 즉, 특정 방법론에 편중되기보다는 국권회복을 위해서는 총체적 대응이 필요함을 깨닫고 있었다고 해석함이 타당할 듯하다.

많은 연구자들이 주목했듯이 매천은 의병에 관해 매우 상세한 기록을 남겼다. 그는 전국 각지에서 봉기한 의병의 활약상을 빠짐없이 기록하려 했고, 그들의 상소문이나 격문도 자신이 입수한 것은 모두 수록했다. 그가 1908년 1월부터 매월 「의보」를 따로 정리한 것은 의병에 대한 관심을 잘 보여준다. 그는 일부 의병의 의식적 한계나 무기와 기율 등 전략적 취약성을 지적하면서도,[119] 일제의 은폐 때문에 의병의 승전이 알려지지 못함을 안타까워했다.[120]

그는 의병에 동참하지 않은 유림들을 질타했는데, 한편으로는 의병 봉기의 한계도 절감하고 있었다. 다음은 그런 인식을 잘 보여준다.

… 최익현이 의병을 일으킬 적에 서신을 보내 곽종석을 맞아들이려고 하였으나 곽종석은 君父에게 화를 재촉하고 백성에게 독을 끼칠 뿐이라고 하여 호응하지 않았다. 또 기우만에게 담양의 산사에서 회

---

118 金項𨥆, 「黃玹의 新學問 受容과 '壺陽學校' 設立」, 『文化史學』 제21호, 한국문화사학회, 2004, 1003~1005쪽.
119 河宇鳳(1982), 앞의 논문, 143~144쪽.
120 黃玹, 『梅泉野錄』, 372·429쪽.

합하여 함께 거사할 것을 요청하였으나 그도 사절하였다. … 실제 기우만과 박봉양이 모두 관망만 할 줄은 몰랐다. 비록 서로 앞뒤를 이어서 호응을 했더라도 단지 지방의 피폐함만 더하였을 뿐이었다. …[121]

그는 계몽운동의 한계를 인식하고 있으면서도, 직접 계몽운동에 나서기도 했다. 마찬가지로 그는 의병투쟁의 한계를 인식하면서도, 함께 기의하지 않은 곽종석과 기우만의 행위를 비판했다. 또한 매천은 의병과 일정한 교분이 있었던 것으로 보인다. 그는 최익현 의병부대의 거의일기擧義日記를 저술하거나, 고광순 의병장의 약사를 정리해 두었고, 면암을 대신하여 「창의격소倡義檄疏」를 작성하기도 했다.[122]

곧, 매천은 1907년 이후 일제의 침략이 더욱 격화되며 일제에 직접 맞서는 의병투쟁에 깊은 관심을 표하고 의병과 일정한 교분을 갖는 한편, 실력양성과 계몽운동에도 직접 참여했던 것이다. 그것은 두 운동 계열의 한계를 명확히 인식하고, 어느 하나의 방법론만으로는 국권을 회복할 수 없다고 믿었기 때문으로 보인다. 따라서 그는 특정 이념이나 방법론에 매몰되지 않고 국권회복을 최우선 과제로 설정한 뒤 그 해결에 진력했다고 이해하는 것이 타당할 듯하다. 그러나 끝내 망국에 처하자, 자신의 의지만으로 가능한 자결 순국의 의열투쟁을 결행함으로써 '식자인識字人'으로서의 의무를 다하고자 했던 것이다.

---

121 黃玹, 『梅泉野錄』, 382~383쪽. 그는 곽종석이 왕의 徵召를 피하는 등 의리에 처함이 분명치 못하여 영남 사람들이 그의 행동을 부끄럽게 여겼다고 비판했다(364쪽).
122 이 자료들은 石田 黃瑗의 집에 私藏되어 있다고 한다(李相寔, 앞의 논문, 1978, 23~24쪽).

맺음말

이 글은 매천 황현의 당대사 인식에 대한 해석을 둘러싸고 논의가 계속되고 있는 몇 개의 사안에 대해 검토한 것이다. 『매천야록』은 황현이 동학농민운동의 발발에 충격을 받아 1894년경부터 본격적으로 정리한 당대사였다. 그는 동학 발발 이전부터 매일의 기록을 정리했으며, 이를 토대로 『매천야록』을 기술한 것으로 보인다. 또한 편년 기록이 아니라, 연대를 뛰어넘어 기사본말식으로 정리된 부분도 많은데, 이는 그가 후일 추기하거나 보완한 것으로 보인다. 김택영은 본서에서 역사 기록으로서 불필요하다고 판단되는 부분을 대거 삭제했다. 그러나 그가 「의보」를 모두 삭제한 것은 양인이 처해 있던 상황과, 민족의식의 차이에서 기인한 것으로 평가된다. 『매천야록』은 일제 침략사와 망국사에 관해 자료적 가치가 높은 사료이나, 역사서의 기준으로 평가하는 것은 무리이다.

황현은 전통 유생으로서 그의 이념과 사상의 바탕을 이루고 있는 것은 성리학적 가치였다. 그러나 그는 위정척사적 사고의 틀 속에만 매몰되어 있지 않고 '개화지본開化之本'을 주장했다. 그러나 그가 상정한 개화는 개화파 인사들이 추구한 서양화나 문명화가 아니라, 유교적 질서를 바탕으로 한 군주 중심의 중세적 통치 질서 강화책으로서 그의 화이관적 세계관을 보여주는 논의일 뿐이다. 그는 개혁의 필요성은 인정하되, 정부 주도의 개혁을 지지한 것으로 이해된다. 그는 정통 유생으로서 보수적 사고를 크게 탈피하지 못한 인물이었다. 따라서 개화관에 일부 진보적 부분이 있다 하여 근대 지향적 인물로 해석하는 것은 과도한 평가이다.

매천은 청에 대해서 일본이나 러시아와는 달리 침략성을 경계하거나 주체성을 강조하려 하지 않았다. 그는 말년에 이르러 다소간 의식의 변화를 보이기도 하나, 끝내 전통 유학자로서의 체질적 한계를 극복하지 못하고, 화이관적 세계관에서 벗어나지 못했다. 그러나 일본의 침략적 본질은 명확히 간파하고 있었다. 그는 일본의 정치적 침략은 물론 경제적 침탈도 날카롭게 비판했다. 독도 영유권을 주장하는 부분에서는 강렬한 영토주권의식을 엿볼 수 있다. 러시아에 관한 인식은 청에 대한 것처럼 우호적이지는 않았으나, 일본에 대한 것보다는 상대적으로 덜 비판적이었다.

매천의 서양에 대한 인식은 그리 철저하지 못하다. 특히 초기 부분은 '양구洋寇'나 '이적夷狄'의 수준을 넘지 못했다. 그의 서양 인식은 서학에 대한 부정적 서술에서 극명하게 드러난다. 그러나 1904년을 전후하여 한국 침략의 주체를 일본으로 확신하며, 서양에 대한 기술은 비교적 객관적이 되었다.

매천은 1907년 이후 일제의 침략이 더욱 노골화하자, 의병투쟁에 깊은 관심을 표하고 의병과 일정한 교분을 갖는 한편, 실력 양성과 계몽운동에도 직접 참여했다. 그는 특정 이념이나 방법론에 매몰되지 않고 국권회복을 최우선의 과제로 설정하고 진력했다. 그러나 끝내 망국에 처하자, 자신의 의지만으로 가능한 자결 순국의 의열투쟁을 결행함으로써 '식자인'으로서의 의무를 다하고자 했다. 곧, 그는 한말의 민족운동인 의병항쟁·계몽운동·의열투쟁의 모든 방법론을 동원하여 일제의 침략에 온몸을 던져 적극적으로 항거한 인물로 평가해야 마땅하다.

(『한국근현대사연구』 제55호, 한국근현대사학회, 2010)

북한 소장
미공개 신채호 유고

머리말

2016년 올해는 단재 신채호가 뤼순旅順 감옥에서 옥고를 치르던 중 순국한 지 꼭 80주년이 되는 뜻깊은 해이다. 조국 독립을 위해 단심丹心으로 일관한 그의 고뇌와 사색이 이 시대에 지니는 의미를 반추하고, 오늘의 우리를 성찰해야 할 시점이다.

그런데 단재의 역사적 위상에 비해 볼 때 기념사업은 만족스럽지 못하다. 청주 지역에서 몇몇 일회성 행사로 그치는 것 같아 단재 선생께 송구한 마음이다. 가장 안타까운 것은 북한이 소장하고 있는 단재의 유고가 공개되어 집성되지 못하고 있다는 사실이다. 지난 2007~2008년간 『단재신채호전집』이 전 9권으로 발간되었으나,[1] 북한 소장 유고가 누락된 것이니 절반의 완성에 불과한 셈이다. 필자는 이 전집 발간에 편찬위원으로 참여했으나, 전집 발간 직후 북한이 소장하고 있는 단재의

---

1 단재신채호전집편찬위원회, 『단재신채호전집』(전 9권), 독립기념관 한국독립운동사 연구소, 2007~2008.

미공개 유고를 중심으로 전집의 '보유편'을 출간해야 한다고 주장한 바 있다.[2] 그것은 단재의 친필이라는 유물 자료적 측면도 있으나, 아직 내용조차 모르는 학술 자료로서 가치가 매우 중요하기 때문이다.

필자는 기회가 있을 때마다 북한 소장 단재 유고의 수집과 출판의 필요성을 역설해왔다. 올해 단재 순국 80주년은 이를 제안할 좋은 계기라고 생각했다. 그러나 북한의 핵실험과 미사일 도발에 따른 남북 초강경 대치 국면으로 한반도는 순식간에 잿더미가 될 위기에 봉착해 있다. 또한 권력 실세와 비선의 각종 의혹으로 점철되는 등 내우외환의 극심한 혼란에 빠져 있다. 이런 상황에서 북한 소장 단재 유고의 수집과 출판을 말하는 것은 허공에 대고 외치는 공론인 듯해 맥이 빠진다. 그러니 그의 순국 80주년에 느끼는 자괴감과 허탈한 심정은 더욱 깊다.

북한이 소장하고 있는 단재의 유고는 소중한 민족의 자산이다. 북한이 소장하고 있다고 해서 감춰두고 거래하거나 흥정할 대상이 아니다. 필자는 북한 소장 단재의 유고 목록을 학계에 공개한 바 있다.[3] 그러나 학계에서조차 그 중요성을 제대로 인식하지 못하는 듯하다. 따라서 이 글로써 북한 소장 단재 유고의 현황과 성격을 논의하여, 이를 공론화하고자 한다. 나아가 1980~1990년대 동서독이 베르톨트 브레히트Bertolt Brecht(1898~1956) 전집을 공동 발간하며 분단의 벽을 학문적으로 허물어 나갔듯이, 단재를 한국의 브레히트로 삼아 새로운 단재 전집을 공동 편찬하자는 간절한 제안을 하고자 한다. 그것은 학술적으로는 단재의 사상과 학문을 복원하는 것이지만, 단절된 민족사를 연결하는 가교가 되어 분단 시대를 극복하고자 하는 의미로서 역사적 함의 또한 적지 않을 것이다.

---

2 박걸순, 「'보유편(북한 소장 자료)' 출판을 고대한다」, 『교수신문』, 2008년 6월 16일자.
3 박걸순, 「『단재 신채호전집』 편찬의 의의와 과제」, 『한국독립운동사연구』 제30권 30호, 2008, 1~44쪽.

신채호 유고의 집성

1. 『단재신채호전집』의 편찬

신채호의 유고는 해방 이전부터 집성이 추진되었다. 1942년 한용운과 신백우·최범술·박광 등이 그의 유고 간행을 추진했으나, 일제의 감시로 성사되지 못했다. 1945년에는 중국 상하이에서 신채호학사申采浩學社가 설립되어 다시 유고 간행이 추진되었다. 여기에는 중국인으로 세계사世界社 대표 리스쩡李石曾과 중국학전관中國學典館 대표 양중뤄楊衆駱, 상하이생물학연구소 대표 주서朱設가, 한국인으로 정화암鄭華岩과 류자명柳子明이 참가하여 조선의 학술과 문화, 특히 단재의 유고를 모아 중문과 영문으로 출판하여 세계에 그의 학문을 과시하고자 했다.[4] 리스쩡과 류자명의 존재로 보아 이 조직의 가능성은 인정할 수 있으나, 이 또한 결실을 맺지는 못했다.

해방 전에 단재 유고 발간을 추진했던 신백우는 해방 후 다시 단재 유고 출간을 계획했다. 그는 '단재유고발행기념회'를 발족해 자료를 수집하고 출판 기금을 마련하기 위해 애썼으나, 결실을 맺지는 못했다. 그러나 이때 신백우가 수집해둔 자료는 1972년 전집 간행 시 도움을 주었던 것으로 보인다.[5]

이후 1955년 단재유고출판회(회장 변영로) 명의로 『을지문덕』이 한글로 출판되었으나, 구체적인 움직임은 1970년 이선근을 대표로 하는 '단재신채호전집편찬위원회'가 결성되면서부터이다. 그 첫 결실은 1972년

---

4 외솔회 편, 『단재 신채호』, 단재교육원, 1989, 146쪽.
5 畊夫申伯雨先生紀念事業會, 『畊夫申伯雨』, 서울신문사, 1973, 188쪽; 李瑄根, 「初版 刊行辭」, 『改訂版丹齋申采浩全集』 上, 丹齋申采浩先生紀念事業會, 14쪽(이하 『全集』이라 약칭하며, 2008~2009년간 발행된 것은 『전집』으로 약칭하여 구별한다).

『단재신채호전집』 상·하권의 간행이었다. 해방 전후부터 단재 전집 편찬이 추진되었으나, 자료 수집과 출판 자금 염출 때문에 어려움을 겪다가 "박 대통령의 물심양면에 걸친 배려"와, "이선근 박사 외 여러 분들의 정성"으로 이때에 간행하기에 이른 것이다.[6] 이어 1975년에 보유편 1권이 추가되었다. 보유편에 수록된 자료는 한용운과 신백우 등이 유고집 발간을 위해 모아둔 '자료 보따리'에서 찾은 자료와 여기에서 나온 저작목록을 가지고 찾은 자료라고 한다. 또한 단재의 장남 신수범이 이사할 때 발견한 윤세복이 정리해둔 미간 유고를 저본으로 했다고 한다.[7]

그러나 이 전집에 오탈자 등의 문제가 제기되자 '정세한 고증'을 가하여 1977년 상·중·하 3권으로 재간하기에 이르렀다. 간행위원장이던 이은상은 다음과 같이 말했다.

> 우리가 단재사학을 통하여 민족의 사통을 바로잡으려고 단재 선생의 유고들을 수집하여 전집 상하권을 발간한 것은 진작 1972년도의 일이었고, 그 뒤 補遺의 一冊을 더한 것은 1975년도의 일이었습니다. 그러나 일이란 매양 처음부터 圓滿할 수가 없는 것이어서 旣刊本에 誤字와 字句의 顚倒·漏落 등이 있어 민망한 생각을 금할 길이 없었습니다. 물론 선생의 저작들을 수집하여 전집을 간행한 것만으로도 의의 있는 일 아닌 것은 아니지마는, 그래도 거기에 誤落이 있다는 것은 도리어 선생께 죄를 범한 것 같은 느낌을 갖지 않을 수 없습니다. 그래서 이번에 다시금 거기에 精細한 교정을 가하여 틀린 것을 바로잡아 上·中·下 삼 권으로 개편 간행하게 된 것입니다. …[8]

6 申範植,「初版 序」,『全集』上, 7쪽.
7 金泳鎬,「初版 解題」,『全集』下, 489~490쪽.
8 이은상,「改訂版 發刊辭」,『全集』上, 6쪽.

한편 이인재도 개정판의 서문에서 다음과 같이 말했다.

… 先生은 生前에 어떠한 著述이라도 副本을 둔 적이 없고, 身後에는 遺文을 蒐集하여둔 特出한 篤志家도 없어 1972년 遺稿를 刊行하는 데 몇 가지 旣刊한 單行本 외에 新聞이나 雜誌의 斷簡 零片을 모은 것뿐 이기에 漏落이 많았고 급히 서두른 까닭에 인용의 오류와 자구의 倒錯이 많아 疎忽의 慚愧는 이루 말할 수 없었다. 다행히 개정판에는 사학계의 권위이신 천관우 선생의 심혈을 기울인 교열로 많은 오류를 바로 잡았고, 貧病의 상속과 실의에 빠진 선생의 落胤 秀範氏가 필설로 다할 수 없는 정성으로 개정판을 내게 된 것이다. …[9]

개정판 전집 간행 과정에서 주목되는 것은 천관우가 교열에 참여한 사실이다. 그는 당시 존경받는 역사학자로서, 그의 참여는 이전 전집의 오류를 보완함은 물론 개정판 전집의 신뢰와 권위를 높여주었다. 이어 이해 말 누락된 자료를 추가하기 위해 별집 간행이 추진되었다. 별집에는 사론, 논평·성토문·논설, 천고(문헌), 소설, 수상, 시·시조, 서간, 추모문, 자료(전기) 등을 수록했는데, 이는 도쿄 무사시대학武藏大學 와타나베 마나부渡部學 교수를 비롯하여 김영호·신수범·임중빈·하동호 등이 제공한 자료들이다.[10]

이로써 보면 단재 전집은 해방 이전부터 몇 차례 간행이 시도되었으나, 결실을 맺지 못하다가 1970년대에 편찬되고 이후 보유와 개정을 거

---

9   李仁哉, 「改訂版 序」, 『全集』 上, 4~5쪽.
10 李殷相, 「刊行辭」, 『全集』 別集, 1998, 2~3쪽. 여기에서는 " … 특히 선생의 영식 수범이 직접 나서서 피나는 노력으로 옛날의 묵은 신문들을 장장이 뒤져 찾아낸 것이므로 마치 구름 깊은 崑山에서 옥을 캐어 오고 안개 짙은 驪壑에서 구슬을 찾아낸 것 같아 얼마나 귀중한 것인지 모릅니다"라고 신수범의 노력을 특기했다.

쳤음을 알 수 있다. 그런데 그 후 30여 년이 경과하며 단재 전집 재간행의 필요성이 제기되었다. 그 까닭은 기존 전집 발행 후 새로운 자료가 많이 발굴되었고, 전집에 수록된 일부 논설 등이 단재의 저작이 아니라는 문제 제기가 있었기 때문이다. 또한 원전을 수록하지 않고 활자화하여 수록했기 때문에 이 과정에서 발생한 적지 않은 오류도 지적되었다.

2006년은 단재 서거 70주년을 기념해 단재기념사업회 등에서는 학술세미나를 개최하기도 했으며, 독립기념관은 단재 전집 편찬 계획을 수립하여 추진했다.[11] 이 사업은 새 관장으로 부임해 온 김삼웅 관장의 제안으로 출발했다. 김삼웅 관장은 이미 백범 김구와 백암 박은식, 우강 양기탁 전집 간행에 참여했던바, 민족주의사학을 결산하는 후속사업으로 단재 전집의 간행의 필요성을 절감하고 있었다. 김삼웅 관장의 노력으로 정부에서 전집 간행 예산 지원이 확정되었다.

그에 따라 국내외에 걸친 광범위한 자료 수집과 편찬 방침 결정 등 중요사항을 자문, 결정하기 위하여 학계의 전문가로 편찬위원회를 구성하기로 하고 위원 인선에 착수했다. 위원은 단재의 학문 세계와 활동 분야를 고려하여 역사·문학·언론·사상·독립운동 등을 망라할 수 있는 사계斯界의 원로와 실무를 담당할 중견 학자들 간 조화를 이루도록 고려하여 선임했다. 특히, 기간旣刊 전집과의 연계를 위해 기간 전집 편찬위원으로서 주요한 역할을 했던 김영호와, 중국이나 북한 학계와의 연계를 위해 신채호 연구자로서 북한 소장 단재 자료를 직접 열람하고 소개한 바 있는 김병민 등을 위촉했다.[12]

---

11 단재의 순국 70주기를 추모하여 단재예술문화제전추진위원회는 「단재 신채호 연구의 재조명」(2. 17), 단재신채호선생기념사업회는 「단재 신채호 사상의 현재적 평가」(2. 21)라는 주제로 학술심포지엄을 각각 진행했다.
12 단재신채호전집편찬위원회의 구성은 다음과 같다(당시 직책).
　　• 위원장: 윤병석(인하대 명예교수)

한편 편찬위원회는 효율적인 편찬 업무 추진을 위하여 김용달·김주현·박걸순·최기영·한시준 등으로 별도의 소위원회를 구성하여, 이들이 수시 회합하며 수집된 자료를 검토하고, 무기명 논설의 확정 여부를 심의하는 등 편찬위원회 전체 회의에 상정할 안건을 사전 검토, 조정하도록 했다.

편찬위원회는 수차 회합을 거듭하며 전집 편찬의 방향과 원칙을 수립해나갔다. 편찬위원들은 단재 전집 편찬을 자료 수집과 연계하여 진행하기로 했는데, 우선 현재로서 더 이상 새로운 자료가 나올 가능성이 희박하다고 판단한 「역사편」을 먼저 편찬하기로 했다. 그리고 다른 분야도 만약 북한 등에서 새로운 자료가 나올 때는 보유편 등의 형태로 보완해나가기로 했다.

새로 편찬할 전집은 역사·신문과 잡지·사론과 논설·문학편 등으로 분류하여 수록하기로 하되, 한말 이래 국내외에서 전개된 단재의 다양한 활동을 자료를 통해 정리하는 독립운동편을 별도로 설정하기로 했다.[13] 또한 단재의 사후 지기와 후학들의 논찬을 모아 별권으로 간행함으로써 그의 역사적 위상을 정리하도록 했다.[14]

편찬위원회는 새로운 단재 전집을 모두 9권으로 구성한바, 각 권별 분류와 수록 내용, 해제 및 교열자는 표 1과 같이 구성했다.

전집에 수록될 자료는 단재가 직접 저술한 원고와 처음 활자화된 원

- 위원: 김병민(중국 옌벤대 총장)·김삼웅(독립기념관장)·김영호(유한대 학장)·김용달(독립기념관 수석연구원)·김주현(경북대 교수)·박걸순(충북대 교수)·신용하(서울대 명예교수)·이만열(전 국사편찬위원장)·이호룡(민주화운동기념사업회 책임연구원)·최광식(고려대 교수)·최기영(서강대 교수)·최원식(인하대 교수)·최홍규(전 경기대 교수)·한시준(단국대 교수)
- 간사: 박민영(독립기념관 선임연구원)·윤종문(독립기념관 연구원)

13 독립운동편은 『白巖朴殷植全集』 편찬 때 편제된 바 있다.
14 논찬과 추모편은 『島山安昌浩全集』 편찬 때 편제된 바 있다.

표 1 단재 전집 각 권별 수록 내용과 해제·교열 책임자

권	분류	수록 내용	해제·교열
1권	역사	『조선상고사』	이만열
2권	역사	「독사신론」·「대동제국사 서언」·「조선상고문화사」	신용하
3권	역사	『조선사연구초』	박걸순
4권	전기	「을지문덕전」 등 전기	최홍규
5권	신문·잡지	『천고』·『신대한』 등 단재가 발간한 신문과 잡지	최광식
6권	사론·논설	신문 등에 수록된 논설류 및 서한	김삼웅
7권	문학	「룡과 룡의 대격전」 등 문학작품	김주현
8권	독립운동	일제 정보 자료 등 단재 활동 자료	윤병석
9권	단재론·연보	단재에 대한 논찬 기록과 연보	최기영

전(신문 또는 초판 출판물 등)을 영인 수록하되, 독자의 이해와 편의를 위하여 필요한 부분은 새로 활자화하여 말미에 첨부했다. 활자화 작업은 한문과 고어체 등 원문에 충실하되, 띄어쓰기만 현대 맞춤법에 맞추도록 했고, 명백한 오류는 괄호로 처리하여 작은 글씨로 부기하기로 했다. 다만, 활자화 과정에서 발생할 수 있는 오류를 최소화하기 위하여 해제자가 최종 교열을 하도록 했다. 그리고 원전을 크게 훼손하지 않는 선에서 신문에 게재된 논설의 경우는 면수 등을 조정, 편집하여 실었다. 기존의 전집이 거의 활자화하여 수록한 것과 대비되는 부분이다. 특히 새 활자본을 저본으로 색인을 제작하여 가독성을 높이고 열람의 편의를 제공하도록 했다.

　편찬위원회는 해외, 특히 중국에 소장되어 있을 단재 자료의 수집에 관심을 두었다. 특히 베이징대학교 도서관에 소장된 『천고天鼓』의 원본 열람 및 사본 수집과, 단재가 중국에 있을 때 중국 신문에 게재한 논설을 조사 수집하기 위해 김주현과 박걸순 위원이 중국 베이징北京과 옌지延吉 등지에 출장을 가서 자료 조사를 했다.

새로운 단재 전집 간행의 의의로는 첫째, 원전을 중심으로 단재의 다양한 자료를 제공함으로써 연구자들이 일일이 원전을 찾는 불편을 해소하고 자료 이용의 편의를 제공했다는 점을 들 수 있다. 둘째, 기간 전집의 오류를 정정함으로써 단재 자료의 학술적 정확성을 제고했다는 점을 들 수 있다. 셋째, 기간 전집 편찬 이후 30년이 경과하며 새로 발굴한 자료를 추록함으로써 단재 자료의 집대성을 이루었다는 점을 들 수 있다. 넷째, 원전에 가장 가까운 자료를 중심으로 새 활자본을 만들고, 이를 바탕으로 색인을 제작하여 열람의 편의를 제공함은 물론 자료의 이용도를 높인 점 등을 평가할 수 있다.[15]

북한 소장 신채호 유고의 현황

1. 단재 유고의 북한 유입

2009년 단재 전집 전 9권이 완간됨으로써 그의 자료가 집대성되었다고 하나, 완벽하게 망라된 것은 아니다. 단재의 유고 가운데 이미 알려진 상당수 자료가 수록되지 못했기 때문이다. 예컨대 단재가 1920년대 초 베이징에 거주하던 자신을 방문했던 이윤재에게 보여주었다는 『조선사통론朝鮮史通論』·『문화편文化篇』·『사상변천편思想變遷篇』·『강역고疆域考』·『인물고人物考』·『부록附錄』 등의 원고가 그 예이다. 단재의 원고는 수 년 전부터 써둔 것으로 5책으로 되어 있었다고 한다. 당시 이윤재는 단재에게 이 원고의 출판을 권유했고, 철자법 문제나 출판비, 국내 출판 문

---

15 박걸순(2008), 앞의 논문, 33쪽.

제 등 구체적 사안까지 논의했다고 한다.[16] 또한 『동아일보』에 연재하다 중단한 「조선사朝鮮史」의 '여장旅裝에서 착란錯亂되어 있던'[17] 원고도 행방을 알 수 없다. 이들 원고는 1920년대 단재의 연구 주제와 집필 원고의 상황을 짐작할 수 있게 하나, 불행히 현전하지 않아 수록할 수 없었다.

그러나 소재를 알면서도 수록하지 못한 단재 자료가 있다. 그것은 북한이 소장하고 있는 단재의 유고이다. 새로운 단재 전집이 지니는 여러 의의가 큼에도, 북한 소장 단재 유고를 수록하지 못한 것은 가장 큰 결함이다. 당시 편찬위원회는 북한 소장 단재 유고의 중요성을 인지하고 수집에 최선의 노력을 다했다. 그리고 상당히 희망적인 결과를 예측하는 상황까지 도달했으나, 막판에 북측에서 단재 유고 제공 약속을 파기하는 바람에 수포로 돌아가고 말았다.

북한에 상당량의 단재 자료가 소장되어 있다는 것은 오래전부터 알려져온 공공연한 사실이었다. 그리고 이 자료의 수집을 위해 개인 또는 단체 차원에서 몇 차례 북측과 접촉을 시도하기도 했다. 1982~1985년간 평양 김일성대학에서 유학한 옌볜대학延邊大學 김병민 교수가 유학 시절 인민대학습당에서 본 단재 유고 「꿈하늘」 등 16편을 활자로 출판하여 그 존재 실상을 공개한 바 있다. 이 중 「꿈하늘」 등 11편은 『룡과 룡의 대격전』에 수록된 것을 재록한 것이나, 「단아잡감록丹兒雜感錄」·「조선朝鮮의 지사志士」·「선언宣言」·「아방윤리경我邦倫理鏡」·「고구려삼걸전高句麗三傑傳」 등 5편은 최초로 공개한 자료이다.[18]

단재의 장서와 친필 원고 등은 그가 뤼순 감옥에 갇힌 뒤 톈진天津에 살던 박용태朴龍泰에게 맡겨졌다고 한다.[19] 박용태는 천진불변단天津不變團,

16 李允宰, 「北京時代의 丹齋」, 『全集』 下, 480~481쪽.
17 『東亞日報』, 1921년 10월 15일자.
18 김병민 편, 『신채호문학유고선집』, 옌볜대학교출판사, 1994.
19 李允宰, 「北京時代의 丹齋」, 『全集』 下, 481쪽. 여기에서는 '任置'라고 표현하고 있

대한독립당주비회^{大韓獨立黨籌備會} 등에 참여하여 독립운동을 펼쳤던 인물이다(2005년 애국장).[20] 그런데 이 자료가 광복 후 베이징 주재 북한대사관을 통해 평양으로 유입된 것이다. 이 사실은 1986년 베이징대학에서 개최된 제1회 조선어문학학술토론회에 토론자로 참석한 베이징민족출판사 김파가 김병민의 발표에 대한 토론에서 공개한 사실이다.[21] 박용태는 1938년 사망했는데, 그가 맡아두었던 유고의 이후 행방과 북한으로 유입된 경위 등은 알 수 없다.

단재의 유고 자료는 북한에서 먼저 정리와 연구 출판이 진행되었다. 이에 대해서는 김병민의 기록이 참고된다.

> … 그 후 단재 선생의 유고는 1960년대 초 평양의 국립중앙도서관에서 처음으로 발견되었는데, 평양의 학자들의 말씀에 의하면 김책공업대학에 있는 한 선생이 국립중앙도서관 서고에 들어갔다가 우연한 기회에 큰 주머니 속에 넣어져 있는 단재 선생의 유고를 발견했다고 한다. 하여 즉각 학계의 중시를 일으켰던바 김일성종합대학 어문연구소의 주룡걸 선생, 언어문화학부 안함광 교수, 그리고 국립중앙도서관의 관계 일꾼들이 유고 정리 사업에 착수했다고 한다. …[22]

이에 따르면 사실 북한 학계에서도 1960년대 초까지는 단재 자료의 소재를 잘 알지 못했던 것 같다. 단재 자료는 1962년에 이르러야 인

는데, 이는 단재가 수감기간 동안 일시 맡겨둔 것을 의미한다. 그런데 그것이 단재의 의지에 따른 것인지 여부는 확인할 수 없다.

20 조규태, 「天津 不變團의 조직과 활동」, 『한국독립운동사연구』 제23권 23호, 2004; 양지선, 『중국 천진지역 한인의 이주와 정착』, 『한국독립운동사연구』 제48권 48호, 2014 참조.

21 김병민 편(1994), 앞의 책, 1995, 2쪽.

22 김병민 편(1994), 위의 책, 2쪽.

민대학습당 자료 관리번호가 부여되었다. 그리고 1964년 『조선문학』에 김하명의 해설과 「룡과 룡의 대격전」이, 『문학신문』에 주룡걸의 해설과 「꿈하늘」이 소개되기 시작하며 단재의 문학을 조명하기 시작했다. 이는 단재 유고의 실체를 확인해주었을 뿐만 아니라, 신채호 연구에 중대한 의의를 지니는 일이었다.[23]

조선문학예술총동맹출판사는 1966년 단재의 문학 작품 유고 일부를 정리하여 『룡과 룡의 대격전』으로 편찬했다. 이 책에는 「룡과 룡의 대격전」 등 문학·논설·서신류가 수록되어 있는데, 역사 관련 논설은 「조선사 정리에 대한 사의」 1점뿐이다.[24] 이는 북한 학계에서 단재 유고 정리가 일단락되었음을 의미하는 것으로 이해되나, 문학 작품의 소개로만 그치고 있어 그들의 관심이 거의 문학에만 치우쳐 있었음을 알려준다. 즉, 단재 학문 영역에서 또 하나의 중요한 부분인 역사학에는 거의 관심을 두지 않았던 것이다.

2. 북한 소장 단재 유고 현황[25]

독립기념관은 2005년부터 북한 소장 단재 유고의 수집 계획에 착수했다. 곧 구체적인 단재 전집 편찬 계획 수립 이전 시기부터 추진하기 시작했던 것이다. 2005년 10월과 12월, 두 차례에 걸쳐 옌볜대학을 방

---

23 김주현, 「해제」, 『전집』 제7권, 2008, iv ~ vi쪽.
24 조선문학예술총동맹출판사, 『룡과 룡의 대격전』, 1966. 이 책은 북한 국립중앙도서관 민족고전부에서 「룡과 룡의 대격전」 등 53건의 유고를 신채호 명의로 출간한 것이다.
25 필자는 2006년 독립기념관 한국독립운동사연구소 수석연구원으로서 북한의 단재 유고 수집 업무를 담당했으며, 2007년 3월 이후에는 충북대학교 교수이자 단재전집 편찬위원으로서 계속 이 업무에 관여했다. 따라서 이 부분은 거의 필자의 메모나 기억에 의해 작성한 것임을 밝혀둔다.

문한 김삼웅 관장은 김병민 총장을 만나 북한 소장 단재 유고 수집 방안을 협의하고 협조를 요청했다. 우리가 직접 나서 북한과 협상할 수 없는 형편이었기 때문에 옌볜대학을 내세우고자 한 것이다. 이에 대해 김 총장은 자신이 직접 방북하여 북한과 협의를 진행하겠다면서 적극적인 협조를 약속했다. 실제 김병민 총장은 옌볜대학 민족연구원 최문식 원장과 함께 방북하여 북한 측과 단재 자료를 공동으로 수집할 것을 제안했다.

2006년 4월 북한 인민대학습당 측이 김병민 총장의 제안에 동의하는 서한을 보내오면서 본격적인 단재 유고 수집 계획이 추진되었다.[26] 옌볜대학은 5월 24일 민족연구원 명의로 「단재 신채호선생 유고집 공동 발간 계획서」와 「단재 신채호선생 유고집 공동 발굴 정리 출판 의향서」를 선양瀋陽 소재 북한영사관을 통해 북한으로 보냈다. 이때 옌볜대학은 북측에 6월 10일까지 북한이 소장하고 있는 단재 관련 자료 일체의 목록과 자료 수집에 소요되는 예산안을 보내줄 것과, 6월 내에 북한 측 대표단을 파견하여 의향서를 체결할 것을 요청했다.[27]

당시 독립기념관의 복안은 일단 옌볜대학을 통해 북한 소장 단재 유고를 수집한 뒤 독립기념관·인민대학습당·옌볜대학 3자 명의로 출판을 제안하고자 한 것이다. 만일 북한이 거절한다면 인민대학습당과 옌볜대학이 공동 출판하게 한 뒤 옌볜대학에서 판권을 넘겨받는 방안도 김병민 총장과 협의해두었다.

그러나 북한은 한동안 의향서에 대해 응답이 없었다. 그러던 10월 12일, 사전 연락도 없이 인민대학습당 번역국장 리명호를 단장으로 한 북한 대표단 4인이 전격 옌지에 도착했다. 이에 옌볜대학 측도 당황해

---

26 서한은 인민대학습당 최희정 총장 명의로 보내왔다.
27 옌볜대학은 만일 북한이 대표단을 파견할 수 없는 상황이라면 옌볜대학에서 북한으로 대표단을 파견하여 의향서를 체결할 수도 있다는 의견을 전달했다.

했다. 북한 대표단은 10월 13일 옌볜대학을 방문하여 김병민 총장을 면담하고 전격적으로 약정서에 서명했다.[28] 이때 북측은 인민대학습당에 소장하고 있는 단재 자료 목록과 함께 예산요구안을 옌볜대학 측에 건넸다. 또한 「룡과 룡의 대격전」 등 원전을 촬영한 사진 4매도 함께 제시했다. 옌볜대학과 인민대학습당 대표 간에는 예산상 현격한 의견 차이가 있었음에도 약정서에 서명했던 것이다. 이때까지만 해도 북한도 옌볜대학과 단재 유고의 공동 발굴과 간행에 적극적 의향을 지니고 있었던 것이다. 결국 북한 측은 11월 중 옌지에서 자료 수집 문제를 재협의하고 12월 말 목록상의 유고 사본을 옌볜대학에 인도하기로 합의했다. 옌볜대학에서는 12월 중순, 김춘선 민족연구소장을 단장으로 하는 TF 팀을 북한에 출장케 하여 유고를 인수하기로 했다.[29]

북한 대표단이 옌볜대학을 방문하여 약정서를 체결한 10월 13일, 공교롭게 필자도 옌볜대학을 방문하여 독립기념관 한국독립운동사연구소와 옌볜대학 민족연구원 사이에 「단재 신채호 선생 자료 발굴과 수집을 위한 약정서」를 체결했다.[30] 북한 대표단의 방중 소식을 알고는 일부러 조우하지는 않았으나, 옌볜대학과 북한이 약정서를 체결하는 과정을 주시하고 있었다. 이날 저녁 필자는 옌볜대학을 통해 북한 대표단이 협상 과정에서 제시한 「신채호유고목록」을 전해 받았다. 그 내용은 매우 놀라운 것이었다. 단재의 원고와 소장 자료가 모두 북으로 전해졌다는 풍문이 사실로 밝혀지는 순간이었다. 유고의 양이 방대함은 물론 지금까

---

28 이 약정서는 사전에 독립기념관이 옌볜대학에 제시한 내용으로, 쌍방이 공동으로 자료를 발굴하여 출간하는 내용을 골자로 전문과 11개 조항으로 되어 있다.

29 처음 북한 측은 자료 제공의 조건으로 10만 달러를 요구하다가 7만 달러로 하향 제시했으나, 옌볜대학 측은 더 하향할 것을 요구하여 예산 문제는 타협을 보지 못한 채, 추후 재협의하기로 했다.

30 이 약정서는 전문과 13개 조항으로 되어 있다.

지 제명조차 알려지지 않은 저술도 상당했다. 북한이 제시한 단재 유고 목록은 표 2와 같다.

표 2　북한 소장 신채호 유고 목록

NO.	제목	면	구분	분류
1	彊域考	65	자필	순한문
2	高句麗史抄考	123	자필	국한문
3	朴象羲, 李适	73	자필	국한문
4	申采浩遺稿 史論	48	자필	국한문
5	仙郞史 通編의 原稿本	56	자필	국한문
6	朝鮮古代思想考	14	자필	국한문
7	傳說時代史	32	자필	국한문
8	朝鮮史 第 1編, 수두시대	221	자필	국한문
9	未完成朝鮮史草稿	16	자필	국한문
10	朝鮮史열대 二, 海北列國과 高句麗	102	자필	국한문
11	高百兩國의 衝突	290	자필	국한문
12	朝鮮史열대 第一編 朝鮮建國史	134	자필	국한문
13	朝鮮史 第二冊 三國史	303	자필	국한문
14	朝鮮上古文化史	366	자필	국한문
15	龍과 龍의 大激戰	94	자필	국한문
16	百歲老僧의 美人談	99	자필	국문
17	我邦倫理鏡의 原本	68	자필	국한문
18	利害	80	자필	국한문
19	宣言	23	자필	국한문
20	朝鮮史를 외국인에게 바우지 말어라	36	자필	국한문
21	朝鮮의 志士	28	자필	국한문
22	伊太利建國三傑傳	94	인쇄	국한문
23	乙支文德傳	79	인쇄	국한문
24	檀君彊域圖와 滿洲國	25	필사	국한문
25	中國史觀	86	필사	국한문

NO.	제목	면	구분	분류
26	朝鮮史研究草	110	필사	국한문
27	朝鮮史 第1編 수두시대	250	필사	국한문
28	上古史 第1編 檀君時代	216	필사	국한문
29	朝鮮稿 下, 第七章 衛氏滅亡과 漢四郡의 建置	397	필사	국한문
30	柳花傳	100	필사	국한문
31	泰山行記	37	필사	국한문
32	我邦倫理鏡 原本	60	필사	국한문
33	朝鮮史總論	137	필사	국한문
34	朝鮮史 下	267	필사	국한문
35	朝鮮史 正 1 수두시대	60	필사	국한문
36	第一編 上古史 檀君時代	114	필사	국한문
37	第一編 上古史 簡易朝鮮史二	28	필사	국한문
38	朝鮮史열대一	115	필사	국한문
39	朝鮮史열대二	57	필사	국한문
40	朝鮮史열대二 海北列國과 高句麗	52	필사	국한문
41	簡易朝鮮史	59	필사	국한문
42	第2編 列國分立時代	35	필사	국한문
43	檀君史講演	51	필사	국한문
44	日用常話	29	필사	국한문
45	朝鮮史열대 二 百濟와 高句麗의 衝突史 一	94	필사	국한문
46	平壤浿水考	93	필사	국한문
47	仙郎史 通編	62	필사	국한문
48	仙郎史 正編	113	필사	국한문
49	檀君史略 임금의 朝鮮	72	필사	국한문
50	國之史草	56	필사	국한문
51	朝鮮史 未定草 自序 丹齋雜感綠	21	필사	국한문
52	檀君의 舊 彊域版圖解	23	필사	국한문
53	朝鮮史整理에 對한 私議	33	필사	국한문
	합계	5,296		

「신채호유고목록」에는 모두 53종 5,296쪽의 저술이 제시되었는데, 자필·인쇄·필사로 구분했다. 자필은『조선상고문화사』(366쪽) 등 21종 2,271쪽에 달했고, 인쇄는『이태리건국삼걸전』과『을지문덕전』2종 173쪽이었으며, 필사는『조선사연구초』(110쪽) 등 30종 2,852쪽에 달했다. 자필은 단재의 친필 유고를, 필사는 단재의 글을 타인이 베껴둔 것을 말하는 듯하다. 여하튼 목록에 제시된 자료만 모두 입수된다 하더라도 500쪽짜리 전집 10책이 추가될 수 있는 엄청난 분량이다.

북한이 제시한 유고 목록 중에는『조선사』,『조선상고문화사』,『조선사연구초』등의 초고로 정리되었거나 이미 공개되어 알려진 것도 다수 있다. 그러나 절반 이상은 전혀 알려지지 않은 것이어서 주목된다. 당시 방중한 북한 대표단은 전원 인민대학습당 번역국 소속 직원들이라 단재 유고의 성격에 대해서 잘 알지는 못했으나, 이 목록 외에도 단재의 유고가 더 있다고 말했다고 한다.[31]

당시 북한이 제시한 계획서에 따르면, 인민대학습당 소장 단재 유고는 물론 북한 내 다른 기관에 소장된 단재 자료까지 일제 조사하는 것으로 되어 있다. 즉 예산요구서에는 북한 전역에 단재 자료 수집 공문을 시달하고, 4명을 한 팀으로 하여 10개 도에 10일씩 출장한다고 되어 있다.[32] 이는 평양 이외 기관에도 단재 자료가 존재할 가능성을 시사하는 것이나, 그들이 제시한 목록은 전부 인민대학습당 소장 자료였다. 따라서 다른 기관에 어떤 자료가 더 있는지, 실제 조사가 진행되었는지는 알 수 없다. 조사비 예산 요구도 실제 조사를 위한 것인지, 단순히 예산을

---

31 김병민 증언(2006년 10월 13일, 옌볜대 총장실).

32 북한 측이 제시한 계획서에는 '자료 발굴'은 5개월간 3단계(제1단계: 발굴팀 구성, 계획 수립 및 확정, 제2단계: 전국적 조사 발굴 사업 전개, 제3단계: 자료 수합)로 나누어, 전국 1만여 소에 자료 발굴과 조사를 지시하는 공문을 시달하여 진행하는 것으로 되어 있다. 또한 이 계획서에는 '단재 자필 자료의 구입비'까지 계상되어 있다.

요구하기 위한 것인지도 분간하기 어렵다.

그러나 방중 북한 대표단은 귀국 이후 옌벤대학과의 연락을 단절했다. 옌벤대학은 심양 북한영사관을 통해 인민대학습당과 연락을 시도했으나 전혀 회신이 없었다. 따라서 11월로 약속한 북한 대표단의 방중과 재협상, 12월 옌벤대학의 북한 방문 등도 모두 무산되었다. 북한이 태도를 돌변하여 약속을 위배한 내막은 알 수 없으나, 이 사업의 주체가 옌벤대학이 아님을 뒤늦게 감지한 때문이 아닌가 한다.

따라서 단재전집편찬위원회는 우선 전집에 수록할 자료 구성에 큰 변화가 없을 「역사편」부터 편찬하기로 하고, 2007년 8월 발간하기에 이르렀다. 이는 혹시 추후라도 북한이 태도를 바꿔 단재 유고를 제공할 것을 기대한 조치였으나, 허망한 희망이었다.

2007년 7월, 필자는 평양에서 개최된 국제학술대회에 참가하여 단재 관련 발표를 하며, 북한 당국에 그들이 소장하고 있는 단재 유고의 존재를 거론하고 수집에 협조해줄 것을 간곡히 호소했다.[33] 또한 평양 인민대학습당을 방문했을 때에도 그곳 책임자와 관계자들에게 재차 단재 유고 수집의 협조를 요청했다. 그러나 그들은 아예 단재 유고의 존재를 부정하거나, 의도적으로 답변을 회피했다.

북한 소장 신채호 유고의 성격

북한이 옌벤대학에 제시한 단재 유고 목록만으로는 구체적 내용과 성격

---

[33] 박걸순, 「申采浩의 역사연구와 『朝鮮史硏究草』의 사학사적 의의」, 『보천보 전투 승리 70돐 기념 평양국제학술대회발표문』, 2007. 이 발표회는 2007년 7월 4일 평양시 인민문화궁전에서 개최되었다.

을 파악하기가 어렵다. 그러나 그들이 제시한 목록을 분석하면 다음과 같은 사실 정도는 파악할 수 있다.

첫째, 이 목록은 북한이 소장한 단재 유고의 일부분일 뿐이라는 사실이다. 이 목록에 제시된 유고들은 북한의 인민대학습당에 소장되어 있는 유고조차 누락된 것이다. 이 목록은 주로 역사 관련 저술로서, 이미 공개된 단재의 유고 중 문학이나 기타 분야의 유고 목록은 거의 제시되지 않았다. 예컨대 북한에서 간행한 『룡과 룡의 대격전』에 수록된 유고는 상당수가 누락되어 있고, 김병민의 『신채호문학유고선집』에 수록된 유고조차 누락된 것이 있다.[34] 앞의 두 권에 수록된 것과 목록이 일치하는 것은 「룡과 룡의 대격전」·「백세 노승의 미인담」·「선언」·「이해」 등 4점에 불과하다. 또한 예산요구서에는 이 목록에서 제시하지 않은 「사론史論」(자필, 48쪽), 「국사주척國史湊尺」(필사, 85쪽)이라는 자료를 별도로 제시했다. 따라서 이 목록은 인민대학습당 소장 유고조차 매우 부실하게 조사하여 제시한 데 지나지 않음을 입증하는 것이다.

둘째, 단재의 저술 방식, 즉 글쓰기에 대해 이해할 수 있다. 유고 목록의 상당 부분은 그가 국내 언론에 기고한 역사 논문(논설)과, 『조선상고문화사』나 『조선상고사』, 『조선사연구초』 등의 초고로 보인다. 예컨대 목록 29)의 「조선고 제7장 위씨 멸망과 한사군의 건치」는 『조선상고문화사』 제5편 제7장과 일치하고,[35] 11) 「고백 양국의 충돌」은 「조선사」 제6편과 완전히 일치한다.[36] 또한 28)과 29)의 「단군시대」 역시 『조선상고문화사』 제1편 단군시대의 초고로 보인다.[37]

---

34 김병민 편 『신채호문학유고선집』에 16편의 작품이 게재되어 있는데, 목록에는 이 중 「꿈하늘」 등 10점이나 누락되어 있다.
35 단재신채호전집편찬위원회, 『전집』 제3권, 300쪽.
36 단재신채호전집편찬위원회, 『전집』 제1권, 101쪽.
37 단재신채호전집편찬위원회, 『전집』 제3권, 357쪽.

그러나 나머지 초고는 편명이나 장절의 차순이 일치하지 않아, 초고 작성 이후 상당 부분 개변된 것임을 알려준다. 즉, 8)·27)·35)의「조선사 제1편 수두시대」는『조선사』의 초고 부분으로 보이는데, 초고에는 편차가 제1편으로 되어 있으나,『조선사』에서는 제2편으로 편제되었다.[38] 이는 단재가『조선사』의 본문을 먼저 쓰고 총론편을 몇 년 후에 정리했기 때문에 편차가 바뀌었을 가능성이 있다.[39] 42)「열국분립시대」는「조선사」제4편에서「열국쟁웅시대」로 바뀐 듯하다.[40] 그러나 10), 40)의「해북열국과 고구려」와, 45)의「백제와 고구려의 충돌사 一」등은 다른 저서에서 유사한 편차나 편명은 찾을 수 없다. 따라서 이 유고들은 별고로 준비한 것인지, 완고 시 개변하여 저서의 초고가 된 것인지 알 수 없다. 단재의 글쓰기는「전후 삼한고」친필본이 남아 있어 그 엄격성을 짐작할 수 있으나, 목록과 함께 제시된 유고 사진은 그의 글쓰기 방식을 확인시켜준다. 북한 소장 단재 친필 유고는 김병민이 저서에서 사진으로 촬영하여 소개함으로써 그 일단이 알려진 바 있다.[41]

그런데 목록과 함께 제시된 사진은 인민대학습당 관리번호 269번 청색 고무인이 선명히 찍힌「룡과 룡의 대격전」원고와, 관리번호 274번 청색 고무인이 찍힌 제명과 내용을 알 수 없는 원고,『조선상고문화사』의 첫 장으로 보이는「상고사 제1편 단군시대」의 원고, 앞의 청색 고무인과는 다른 원형의 주인이 찍힌「제6편 백고 양국의 충돌」원고 등 4장이다. 이는 단재의 글쓰기 방식을 알려주는 자료로 평가된다.

셋째, 이 목록은 지금까지 잘 알려지지 않은 단재의 저술 세계를 알

---

38 단재신채호전집편찬위원회,『전집』제1권, 33쪽.
39 이만열,「해제」,『전집』제1권, iv~v쪽.
40 단재신채호전집편찬위원회,『전집』제1권, 51쪽.
41 김병민 편(1994), 앞의 책. 이 책의 권수에「룡과 룡의 대격전」·「선언」등 한지에 작성한 단재의 친필 원고를 모아 촬영한 사진을 게재했다.

려준다. 1)「강역고」는 1920년대 이윤재가 베이징에서 보았다는 「강역고」와 제목이 일치하고 있어 그 유고로 짐작된다. 그런데 33)「조선사총론」은 이윤재에게 보여준 「조선사통론」인지 「조선사」 제1편 총론인지 속단하기 어렵다. 「선랑사통론」·「전설시대사」·「고구려사」·「단군강역도만주고」·「해상열국과 고구려」·「선랑사통론」·「조선의 지사」·「조선사를 외국인에게 바우지 말어라」·「태산행기」·「아방윤리경」 등은 김병민이 유학 시 보았던 유고와 일치한다.[42] 목록 32)「아방윤리경 원본」은 인민대학습당이 보관하고 있는 초고본과 정서본 두 개의 유고 중 초고본을 말하는 듯하다. 김병민은 이 유고의 말미에 이 논설이 필사본에 근거하여 정리한 것이나, 도서관 직원 리영순의 말을 인용하여 이 원고가 김일성대학 철학박사였던 정○○가 가지고 있던 단행본을 직원이 베껴둔 것인데 단행본 자체도 원모를 보존하지 못하고 있다고 부기했다. 현재 「아방윤리경」의 정서본은 김일성대학 도서관에 보관되어 있다고 한다.[43] 따라서 「아방윤리경」은 이전에 단행본으로 출판된 적이 있었다는 것인데, 이를 인민대학습당 직원이 필사해둘 때 원본의 훼손이 심했던 것 같다. 그런데 내용은 차치하고 제목조차 생소한 것이 적지 않다. 24)「단군강역도와 만주국」, 43)「단군사강연」, 49)「단군사략 임금의 조선」, 52)「단군의 구 강역판도해」 등은 신채호의 단군과 그 강역에 관한 관심을 알려준다. 특히 24)·47)·48)의 선랑사 관련 일련의 논고는 주목된다. 이는 화랑과 낭가사상에 관해 논의한 것으로 짐작된다. 그러나 「조선고대사상고」·「중국사관」·「간이조선사」·「일용상화」·「국지사초」 등은 이 목록을 통해 처음 공개되는 것이다. 또한 예산안에서 별도로 요구한 「사론」과 「국사주척」도 처음

---

42 김병민 편(1994), 앞의 책, 8~9쪽.

43 김병민 편(1994), 앞의 책, 246쪽.

알려진 단재의 저술이다. 이들 유고의 정확한 내용은 알 수 없으나, 단재의 학문적 관심과 저술의 범주가 지금까지 알려진 것보다 더 광대함을 시사한다.

넷째, 이 목록은 단재 저술 원형 복원의 가능성을 알려준다. 그간 단재의 저술은 남북에서 각기 다른 편찬 방식에 따라 원전을 훼손했다.[44] 그 대표적인 사례는 「룡과 룡의 대격전」으로 남북한에 의해 두 차례에 걸쳐 윤색되며 그 본래의 문의文意가 크게 퇴색하고 말았다.[45] 극히 일부에 불과하지만, 사진으로 확인한 친필 원고는 활자화 과정에서 윤색된 단재 저술의 본미를 확인할 수 있었다.

다섯째, 이 목록은 단재 연구의 새로운 이정을 제시해준다. 북한이 제시한 단재 유고 목록은 그들이 소장한 자료 중 일부분에 지나지 않는다. 따라서 어떤 유고가 얼마만큼 더 소장되어 있는지 가늠하기 어렵다. 분명한 것은 현재 제시된 북한 소장 목록만으로도 단재의 학문적 영역과 스펙트럼의 광대함을 알기에 충분하다는 사실이다. 따라서 북한이 제시한 단재 유고 목록은 지금까지 단재 연구가 적잖은 연구업적을 산출해 냈으나, 아직 미지의 분야가 많고 그의 본질에 도달할 이정이 멀다는 인식을 환기시켜준다.

맺음말: 남북 공동 전집 발간을 제안하며

이 글은 북한에 소장되어 있는 단재의 미공개 유고의 현황과 성격을 논의한 것이다. 해방 후 단재 유고가 북한으로 유입되어 인민대학습당에

---

44 김병민 편(1994), 앞의 책, 4~8쪽.
45 박걸순(2008), 앞의 논문, 6~8쪽.

소장되게 된 경위를 살펴보고, 이를 수집하기 위한 대북 접촉 과정을 공개하고 당시 북한이 제시한 단재 유고 목록도 제시했다. 그리고 이 목록에서 제시된 자료를 분석하여 그 성격을 몇 가지로 정리했다. 요컨대 북한에 소장된 방대한 단재의 유고 등 미공개 자료는 단재 전집 재간행의 필요성과, 단재 연구의 새로운 이정을 제시해준다 하겠다.

마지막으로, 독일의 브레히트 전집 편찬 사례를 통해 남북이 공동으로 단재 전집을 편찬하자는 제안을 하며 글을 맺고자 한다. 신채호와 독일의 시인이자 극작가인 브레히트는 여러 면에서 유사점이 있다.[46] 그들은 1800년대 후반에 태어나 비슷한 시기를 살았다. 각각 조국이 처했던 상황은 달랐지만, 작품이 시대성을 강하게 반영하고 있고, 문학작품이라 하더라도 역사성을 함의하는 공통점을 지닌다. 특히 민중의 혁명성을 인지하고 중요하게 여긴 점은 가장 중요한 공통점이라 하겠다.

그들의 원고 집필과 수정 과정의 괴팍성도 유사하다. 신채호가 자기의 저술에 엄격하여 원고가 불만스러울 때면 가차 없이 찢어버리는 '누작누훼累作累毁'를 거듭했음은 지기들의 회고를 통해 잘 알려진 사실이다.[47] 브레히트도 자신이 작성한 텍스트를 완결된 것이 아니라 변모하는 것으로 인식하여 수시로 고쳤는데, 자칭 '가위질과 풀칠의 대가'라 할 만큼 동일한 작품이라 하더라도 여러 종류의 판본을 갖고 있다.

그들의 공통점은 또 있다. 신채호는 일제에, 브레히트는 나치스에 각각 자신들의 저술을 금압당했다. 또한 그들은 모두 사상적으로 조국의 어느 쪽에서도 환영받지 못했던 시기가 있었음도 유사하다. 이 또한 단재가 식민지 치하의 지성이었다는 점에서 브레히트와 일치하지는 않으

---

46 이승진, 「동서독 분단을 극복한 브레히트 전집 발간」, 『역사비평』 1999년 겨울호(통권 49호), 263~281쪽. 이하 브레히트 전집 발간과 관련된 내용은 이 논문의 도움을 받아 작성했다.

47 洪命憙, 『朝鮮史硏究草』序文(『전집』 제2권), 182쪽.

나, 정치적 이유에서 탄압을 받았다는 점에서는 상통한다.

신채호와 브레히트의 전집 편찬과 관련하여 새겨두어야 할 공통점도 있다. 그것은 분단된 조국의 양쪽에서 전집이 각각 만들어진 기이한 출판의 역사를 지니고 있다는 사실이다. 다만, 차이가 있다면 신채호는 사망 이후에, 브레히트는 생전에 전집 출간이 진행된 점이다.

이들의 전집 발간에서 가장 큰 차이점은 1983년 동서독이 브레히트 전집의 공동 발간에 합의하고 1999년 17년의 대장정 끝에 연 2만여 쪽, 31권의 방대한 결실을 거뒀다는 사실이다. 그들은 전집을 만들어나가던 1990년 베를린 장벽이 허물어지고 통일을 이뤄냈다. 분단을 극복하고자 한 독일인들의 의지는 민간 차원의 학술교류인 브레히트 전집 발간으로 모아졌다. 브레히트 전집의 이름은 '대베를린·프랑크푸르트 주석 전집'이다. 동서독 양측의 합작품임을 양측을 대표하는 도시의 이름을 공동 병기하여 자부한 것이다. 정말 꿈같이 부러운 일이다.

브레히트 전집은 발간 과정에서 통일이 이루어지는 바람에 그 역사적 의미가 극대화되지는 못했다. 그러나 여전히 분단 상태에 있는 우리들에게는 커다란 교훈이 된다. 우리는 신채호를 독일의 브레히트로 삼아 통일의 물꼬를 틀 수는 없을까? 브레히트의 사례를 타산지석으로 삼아 남북이 지혜를 모아야 한다. 우리가 단재 전집을 만든 지도 10년이 되어간다. 기간 전집의 오류를 고치고, 그 이후 발굴한 새로운 자료를 모을 필요가 있다. 더구나 북한이 소장하고 있는 단재 유고의 소재를 확인한 이상 이를 아우르는 보유편을 구상할 때이다. 현재 우리가 제작한 단재 전집 전 9권의 연면은 5,768쪽이고, 북한이 소장하고 있는 자료 5,296쪽을 합하면 1만 쪽이 훨씬 넘는다. 여기에 주석과 해제를 첨가하면 브레히트 전집을 능가하는 단재 전집 제작이 불가능한 일은 아니다. 더구나 단재는 브레히트가 아우르지 못한 역사 분야에서 매우 탁월한 업적을 남겼다. 따라서 단재의 학문적 다변성과 근대 지성사에서의 공적은 결코 브레히트에 뒤지지 않는다.

브레히트 전집 편찬 시 동서독의 출판사가 나서고, 각각 2명씩의 전문가로 편찬위원회를 꾸려 진행했다. 우리도 남측은 이미 단재 전집 편찬의 경험을 지닌 독립기념관이 주체가 되고, 북측은 유고를 소장하고 있는 인민대학습당이 주체가 되어, 남북의 전문가를 편찬위원으로 선정하여 그들에게 전집 편찬의 전권을 위임하여야 한다.

필자가 이 글에서 북한 소장 단재 자료 수집 과정의 전말과, 북한이 제시한 목록을 공개 거론한 것은 더 이상 비밀 접촉이 아니라 공론화하자는 취지이다. 남북이 합심하여 공동으로 단재 전집을 만드는 일은 시대적 소명이다. 그간 남북이 손을 잡고 성취해낸 민족의 숙원사업이 있었다. 2005년 10월, 남북은 손을 잡고 그간 일본이 반환을 거부하던 북관대첩비를 꼭 100년 만에 제자리로 찾아왔다. 또한 2008년에는 중국이 거부하던 안중근 의사 유해 발굴을 남북이 공동 신청함으로써 성사시켰다. 분단 상황을 빌미로 문화재 반환이나 유해 발굴을 거부하던 주변국가로부터 남북의 합치된 힘으로 이뤄낸 결과였다. 그러나 단재 전집 편찬은 외국의 동의를 구해야 할 사안이 아니다. 남북이 손을 잡으면 되는 일이다. 물론 지금의 남북관계는 역대 최악의 강대강 대치 국면이다. 한치 앞도 전망할 수 없는 남북관계, 그 경색과 단절을 극복할 수 있는 정답은 남북이 공동으로 추앙하고 있고 자료를 분산 보유하고 있는 단재 전집의 공동 발간사업에서 찾아야 할 것이다. 자료의 분단이 극복되어야 통일도 성취할 수 있지 않을까?

(『한국근현대사연구』 제79권, 한국근현대사학회, 2016)

03

일제강점기 안동인의
민족운동과 역사인식

머리말

안동은 1990년대 후반부터 '한국독립운동의 성지'로 불렸다. 그 까닭은 안동이 독립운동의 발상지이고, 전국에서 가장 많은 독립유공자를 배출했으며, 또한 가장 많은 순절자와 빼어난 독립운동가를 배출한 고장이기 때문이다.[1] 안동에 지자체 단위의 독립운동기념관의 설립이 추진되어 2007년 내앞 마을에 완공을 볼 수 있었던 것도 이같이 풍부한 역사적 소재와 활발한 연구의 결과였다. 필자는 몇 편의 안동인 관련 논문을 집필하며 안동이 독립운동의 성지가 될 수 있는 구체적 원인을 확인했다. 그것은 민족운동과 만주 망명의 경험을 지닌 이상룡·류인식·이원태의 역사저술을 분석한 결과였다.[2] 필자는 안동인의 민족운동과 역

---

1 김희곤, 『안동의 독립운동사』, 안동시, 1999, 23~26쪽. 이 책은 2007년 지식산업사에서 『안동사람들의 항일투쟁』으로 증보판이 간행되었다.

2 박걸순, 「日帝强占期 亡命 人士의 高句麗·渤海認識」, 『한국독립운동사연구』 제23권 23호, 독립기념관 한국독립운동사연구소, 2004; 「東山 柳寅植의 歷史認識」, 『韓國史學史學報』 제2권 2호, 한국사학사학회, 2000; 「祖國精神·國粹論·南北朝

사서술에는 '안동정신'이 깃들어 있다고 정의하고, 이들의 상관관계를 보다 구체적이고 종합적으로 논의하여 '안동정신'을 형상화하기를 희망한 바 있다.[3]

일제강점기 민족사 연구와 저술은 민족운동의 한 방편이었다. 역사저술은 역사인식의 소산이고, 역사의식의 방향성을 규정하기 때문이다. 물론 양자를 합일하거나 일치시키지 못하고 훼절한 사람도 있으나, 대부분의 인사들은 독립운동의 이론적 기틀로서 역사를 저술했다. 그 가장 대표적인 경우가 안동인 이상룡·류인식·이원태다. 이들은 안동의 전통이 강한 보수적 구각을 깨뜨리고 계몽운동을 선도한 혁신 유림이었고, 안동과 중앙의 민족운동을 주도했으며, 척족 단위로 만주에 집단 망명하여 서간도를 독립운동기지로 개척했던 경험을 지닌 인물들이다. 전문적인 역사서술은 아니지만, 노구를 이끌고 만주로 망명길에 나선 김대락이 보망補忘을 위해 일록日錄으로 남긴 『백하일기白下日記』도 치열한 역사인식의 소산이라 할 수 있다.[4]

이 글에서는 이상룡의 「서사록西徙錄」을 중심으로 한 『석주유고石洲遺稿』, 류인식의 『대동사大東史』와 『동산문고東山文稿』, 이원태의 『배달족강역형세도倍達族疆域形勢圖』와 『원대유고圓臺遺稿』 등의 개별 분석과 종합을 통해 안동인의 민족운동과 역사인식을 살펴보고자 한다. 이로써 '안동정신'을 구체적으로 형상화함은 물론, 한국근대사학사에서 연구가 부진한

   史觀으로 민족사를 통찰한 『大東史』, 『大東史』(상·하), 韓國國學振興院, 2006; 「李源台의 生涯와 歷史認識」, 『한국근현대사연구』 제26권, 한국근현대사학회, 2003 참조.

3 박걸순, 『시대의 선각자 혁신유림 류인식』, 지식산업사, 2009, 10쪽. 필자는 이를 '안동인의 역사민족주의'로 정의하여 정리한 바 있다(『每日新聞』, 2010년 6월 14일자).

4 안동독립운동기념관 편, 『국역 백하일기』, 경인문화사, 2011; 조동걸, 「백하 김대락의 망명일기(1911~1913)」, 『안동사학』 제5권, 안동사학회, 2000; 강윤정, 「백하 김대락의 생애와 민족운동」, 『백범과 민족운동연구』 제7권, 백범학술원, 2000 참조.

1910~1920년대 민족주의사학의 면모도 좀 더 밝혀질 수 있을 것으로
기대해본다.

안동인의 민족운동과 역사저술

일제의 한국 침략과 식민지 지배의 궁극적 목표는 한민족 말살이었다.
일제는 그 수단으로 어문을 금압하고 역사를 왜곡했다. 따라서 이에 대
응한 국학운동은 어문민족주의와 역사민족주의에 기초하여 운동성과
실천성을 지닌 강렬한 민족운동으로 전개되었다. 당시 국학자들의 학문
적 영역이 다변적이었고, 어문과 역사학의 영역을 넘나든 것은 당연하
고 일반적 현상이었다. 최남선처럼 학자의 길만을 고집하다가 끝내 훼
절한 국학자도 있으나, 다수의 국학자들은 학자이자 독립투사였다. 그
들은 지행합일을 실천하고자 노력했으며, 이는 민족사의 연구와 저술로
나타났다. 신채호·박은식·김정규·계봉우 등은 그 대표적 경우이다.
따라서 일제강점기의 역사 연구와 저술은 민족주의와 이데올로기적 성
향을 지닐 수밖에 없었다. 일제강점기의 역사학을 민족주의사학이라
일컬으며 한국독립운동사의 중요한 부분으로 논의하는 까닭이 여기에
있다.[5]

　안동 출신 민족운동가 가운데 역사저술을 남겨 민족운동과 역사저
술의 관계를 분명히 입증하는 인물은 이상룡·류인식·이원태이다. 이
들은 모두 안동지방의 계몽적 개화와 독립운동의 선구자로서 계몽운동
이나 만주지역 독립운동의 경험을 지닌 인물들이다. 안동 지방 개화 혁

5　박걸순, 『국학운동』, 한국독립운동사편찬위원회·독립기념관 한국독립운동사연구
　소, 2009, 7~14쪽.

신 유림의 형성은 류인식에 의해 혁명적으로 추진되고, 김동삼을 전위로 한 협동학교의 교육적 보급, 그리고 이상룡이 창설한 대한협회 안동지회의 사회운동을 통하여 확대되어갔다. 여기에는 유림 전통의 척족 관계가 의미 있게 작용한 것으로 평가되고 있다.[6] 이상룡과 류인식은 척사의병에 참여했다가 개화운동에 나섰는데, 이는 안동은 물론 전국적으로도 드문 일로서 혁명적 변화라 할 수 있다. 이원태는 이상룡이나 류인식보다 연배는 다소 차이가 있으나, 퇴계의 후손으로서 김동삼과 함께 망명하여 만주의 독립운동에 참여하고, 귀국 후 대종교 활동을 지속함으로 보아 동류로 보아도 무방할 듯하다.

이상룡(1858~1932)은 안동시 법흥동 출생으로 을미의병 참여를 필두로 민족운동에 나섰다. 이후 을사오조약 늑결 때에도 다시 의병을 도모했으나, 여의치 않자 새로운 방략을 모색하던 중 1907년경 개화사상으로 전회하고, 1909년 4월 대한협회 안동지회를 결성하며 본격적인 계몽운동에 나섰다.[7]

그러나 1910년 망국을 당하자, 그는 신민회 동지의 결의에 따라 서간도 이주 계획을 세우고 가산을 정리한 뒤 1911년 식솔과 내앞 마을의 김대락 등 척족을 이끌고 망명길에 나섰다. 서간도에 정착 후 그는 이주한인의 자치와 독립운동을 위해 노력했다. 경학사를 설립하고 사장으로 취임하는 한편 그 부속기관으로 신흥학교를 세웠는데 이것이 훗날 신흥무관학교로 발전하여 독립군 양성의 중추기구가 되었다. 그가 1913년에 저술했다는 『대동역사大東歷史』가 1923년경에 신흥무관학교의 교재로 사용되었다고 한다.[8] 이 책은 현전하지 않으나, 그 대강이 다음과 같이

6　趙東杰,「安東儒林의 渡滿經緯와 獨立運動上의 性向」,『韓國民族主義의 成立과 獨立運動史硏究』, 지식산업사, 1989, 238~242쪽.

7　김희곤,『안동사람들의 항일투쟁』, 지식산업사, 2007, 211~223쪽.

8　서중석,『신흥무관학교와 망명자들』, 역사비평사, 2001, 214쪽.

알려져 있다.

癸丑年에 『大東歷史』를 초록하였다. 예전의 東史들은 나라의 경계는
압록강 이동과 두만강 이남을 四郡으로 삼았고 國統은 箕氏로서 檀君
을 잇고, 기자조선이 망하자 고구려, 백제, 신라가 병립하였으며 고
구려와 백제가 망함에 미쳐서는 신라로 정통을 귀속시키고 발해에
대해서는 아무런 언급이 없었다. 公은 처음으로 중국 동쪽 여러 나라
의 地誌와 歷史를 널리 고찰하여 바로 잡아서 滿洲가 조선의 뿌리가
되는 땅임을 밝혔고, 고구려와 발해를 민족의 正統으로 삼았는데, 이
는 모두 다 國統을 높이고 국민정신을 고양하고자 함이다.[9]

1919년 그는 대한독립선언에 참여했으며, 한인사회의 자치기구로
서 한족회가 조직되자 중앙위원회 위원에 피임되었다. 이해 4월에는 서
로군정서를 조직하여 최고 대표인 독판이 되었다. 1922년에는 대한통
의부를 조직했으며, 1923년 상하이에서 국민대표회의가 개최되자 김동
삼을 파견했다. 1925년 대한민국임시정부가 국무령제로 바뀌고 그를
국무령으로 추대하자 이를 수락하고 상하이로 건너가 독립운동 세력의
통합과 조정을 위해 애썼다. 그러나 독립운동 세력의 비협조로 자신의
뜻을 달성하기 어려워지자 곧 국무령을 사임하고 1926년 2월 만주로 돌
아와 독립운동단체를 통합하는 데 노력했다.[10]

그는 역사를 애국심과 국민정신의 배양수단으로 인식했다. 그리고
역사는 학문적 진실 그 자체보다도 국가의 체통을 높이고자 하는 목적

---

9   안동독립운동기념관 편, 「행장」, 『국역 石洲遺稿』 하, 2008, 156~157쪽. 이상룡이
    저술한 『大東歷史』는 1923년 신흥무관학교 교재로 사용되었다고 한다(서중석, 위의
    책, 2001, 214쪽).
10 김희곤, 『安東 독립운동 인물사전』, 선인, 2011, 341~345쪽.

성을 지닌 것이어야 한다고 믿었다.[11] 현재 그가 저술했다고 하는 역사서는 전해지지 않으나, 『석주유고』에 전하는 「서사록」(1911), 「봉기자우조선封箕子于朝鮮」(1913), 「요동평양遼東平壤」(1915), 「조선평양확유기자묘우유정전朝鮮平壤確有箕子墓又有井田」(1915), 「존화양이변尊華攘夷辨」(1915) 및 각종 시문 등에는 그의 역사인식이 잘 표출되어 있다.

류인식(1865~1928)은 예안면 주진리 출생으로 안동에서 가장 먼저 계몽운동에 나섰던 격정적인 혁신 유림이다. 그 역시 을미의병 참여를 시작으로, 사거하기 전년인 1927년 신간회 안동지회 초대 회장으로 추대될 때까지 30여 년을 오로지 국권회복과 민족의 독립을 모색하는 데에만 전념했다. 그가 활동한 지역은 안동을 중심으로 하되, 중앙과 국외에까지 미쳤다. 그렇기 때문에 그는 민족운동사의 방법론에서는 혁신성과 다양성을, 공간적으로는 전국적 대표성을, 시간적으로는 한순간도 일제의 침략과 식민지 지배를 인정하지 않는 지구성을 지니고 투쟁한 한국독립운동사의 대표적 지도자의 한 사람이라 할 수 있을 것이다.[12]

그는 1903년경 신채호와의 만남을 통해 개화사상에 눈을 떴고, 『음빙실문집飲氷室文集』 등 신서적을 통해 사상 전회의 이론을 정립해나갔다. 그는 러일전쟁을 겪으며 계몽운동의 구체적 지표를 설정하고 실천해나갔다. 당시의 세계정세를 '신구교체新舊交替의 시기', '약육강식弱肉强食 우승열패優勝劣敗의 대변국大變局'으로 파악한 그는, 유신維新을 혁신적으로 추구하는 것은 신학新學을 교육하는 것이라고 확신하고 교육구국운동을 전개했다. 그는 자신이 개화사상으로 전회하여 계몽운동을 주도한 일로 부친 류필영에게 의절당하고 스승 김도화에게 파문당했다. 그러나 그는

---

11 韓永愚, 「1910年代 李相龍·金敎獻의 民族主義 歷史敍述」, 『韓國民族主義歷史學』, 일조각, 1994, 88~89쪽.

12 박걸순, 『시대의 선각자 혁신유림 류인식』, 지식산업사, 2009, 16쪽.

자신이 문하에서 끊어진 것이 아니라 스스로 끊은 것이라고 당당히 말하고, 스승에게 '수시변이隨時變易'의 논리에 따라 유신할 것을 건의하며 자신의 길을 걸었다.[13] 협동학교의 설립과 대한협회 안동지회의 설립 (1907), 교남교육회의 조직(1908)은 그 노력의 결실이다.

그러나 망국 사태를 당하자, 그는 만주로 눈을 돌렸다. 그는 발해의 옛 땅이 우리가 돌아갈 곳이라고 여겼다.[14] 이는 이상룡이 망국을 당하자 곧 만주를 응시했던 것과 같은 사유이다. 그는 도만 이후 이상룡·김동삼 등과 함께 서간도를 독립군 기지로 개척하는 데 나섰다. 그는 경학사의 교무부장에 선임되었는데, 안동에서 협동학교 운영의 경험을 인정받았기 때문으로 여겨진다.

1921년 일시 귀국했던 그는 일제에 피체되는 바람에 다시 만주로 돌아가지는 못했으나, 안동을 중심으로 다방면의 민족운동을 주도했다. 그는 이 과정에서 적지 않은 저술을 남겼다. 그러나 그는 계몽운동으로 전회하기 이전에 저술한 문장을 '무실無實한 공언空言'이라며 스스로 불태울 만큼 저술에서도 계몽운동에 단호한 의지를 보였다.[15]

여기에서 특기할 것은 독립운동가의 노비해방 행위이다. 류인식은 계몽운동가로 전회한 뒤 1908년경 자신의 가노들을 해방시켰다. 그는 인류 평화를 부르짖는 시대에 계급차별은 인도적 견지에서 볼 때 모순이라고 여기고 가노를 해방시켰던 것이다. 이상룡도 마찬가지였다. 그는 가노들의 노비 문서를 불질러 양민으로 해방시키고 그들에게 토지를 나누어주고 만주로 떠났다. 독립운동가가 독립운동에 나서며 노비를 해방시킨 사례는 김좌진·이회영·여운형의 경우에서도 확인된다. 곧 그

---

13 그의 계몽운동에 대한 결연한 의지는 「上金拓菴先生」, 『東山文稿』, 東山先生紀念事業會, 1978, 9~12쪽에 잘 나타나 있다.

14 「略歷」, 『東山文稿』, 145쪽.

15 「跋」, 『東山文稿』, 164쪽.

들에게 노비의 해방은 일제에 속박된 민족의 해방을 위한 첫걸음이었던 것이다.[16]

류인식의 유저로 현전하는 것은 『대동사』11권과 『대동시사大東詩史』 2권 및 『동산문고』2권 등 모두 15권이다. 그런데 『대동사』외에 나머지 저술들도 그의 역사인식을 반영하고 있어 사학사적 검토를 요한다. 『대동시사』는 시사일체론詩史一體論에 따라 독특한 편제로 정리된 것으로, 역사저술의 변형된 형태였다. 한편 『동산문고』에 수록된 「상김척암선생上金拓菴先生」은 비감한 자기변백自己辨白이기도 하지만, 그의 현실인식과 개혁의지가 통렬한 어조로 잘 표현되어 있다. 또한 「태식록太息錄」은 망국의 원인을 정부와 유림의 부패로 인식하고 개혁의 대상과 과제를 제시한 논설이다. 특히 「금사기오金史記誤」는 그의 역사 저술에서 많은 영향을 끼쳤던 김택영金澤榮을 신랄하게 비판하고 있어 주목되며, 「조선여일본관계朝鮮與日本關係」는 그의 일본에 대한 비판적 인식을 잘 보여준다. 곧 그의 현실인식과 민족운동의 주도는 치열한 역사인식에 기인한 것이라 할 수 있다.[17]

이원태(1899~1964)는 도산면 토계리 출신으로 퇴계의 14세손이다. 그는 17세인 1916년경 만주로 건너갔다.[18] 그런데 그의 도만 배경과 시기, 도만 후의 활동 등에 대하여는 자료가 소략하여 잘 알 수 없다.[19] 그의 도만은 안동 유림의 척족관계가 작용한 것으로 보이며, 특히 김동삼

---

16 박걸순(2009), 앞의 책, 61~64쪽.

17 박걸순, 『植民地 시기의 歷史學과 歷史認識』, 경인문화사, 2004, 237~246쪽.

18 『원대유고』권2의 「행록」에는 도만 시기에 대해 언급이 없고, 「행장」에는 3·1운동 직후라고 되어 있다. 그런데 그의 二男 李東保(1924년생)와 손자 李鍵煥의 증언에 의하면 그가 17세이던 1916년에 도만했음을 알 수 있다.

19 「행록」과 「행장」에는 "그가 寧古塔 밖에서 겉으로는 營農을 빙자했고, 속으로는 光復의 뜻을 가졌다"고 했다.

과 사전 연락이 있었던 것으로 보인다.[20] 당시 척족 단위로 망명한 사람 가운데 도산면 하계동^{下溪洞} 출신의 이원일, 도산면 의촌동^{宜村洞} 출신의 이기호·이원박은 그와 척족관계였음도 그의 망명 배경을 시사해준다.

도만한 이원태는 김동삼의 집을 왕래했고, 김교헌의 집에서 기숙하기도 했다. 그는 김동삼의 휘하에서 재정 지원을 했고, 제2대 대종교주^[都司敎]로 취임한 김교헌을 종사^{從事}한 것으로 알려졌다. 이때 그는 대종교에 심취했고, 김교헌의 대종교적 역사인식에 크게 감화를 받았다.[21] 당시 그가 신흥무관학교의 교재편수위원을 맡아 『배달족강역형세도』를 저술했다는 기록도 보인다.[22]

그러나 그는 1918년에 귀국했다. 이는 그의 건강을 염려한 부모의 소환에 따른 것이었다.[23] 귀국 이후 그는 퇴계가 서적을 보관하고 학문에 정진하던 도산면 토계동의 한서암^{寒栖庵}에 머물렀는데, 김교헌과 연락을 주고받으며 판도^{版圖}를 중심한 민족사의 연구를 계속했다. 한편, 대종교의 간부 활동은 광복 이후에까지 계속했다.[24]

이원태의 저술로는 『배달족강역형세도』와 이와 유사한 「채색강역형세도^{彩色疆域形勢圖}」, 천도교 교리를 연구한 구극편^{究極篇}, 대종교이상^{大倧敎理想}, 대종교구경설^{大倧敎究竟說}, 자생동설^{自生桐說} 및 시^詩·서^書·부^賦·발^跋·명^銘·사^辭 등 그가 지은 글을 모은 『원대유고』 등이 전한다. 이 중 그의 역사인식을 잘 보여주는 것은 『배달족강역형세도』와 「채색강역형세도」

20 李東保, 李鍵煥의 證言.

21 『圓臺遺稿』 卷二의 「行錄」과 「行狀」.

22 姜天奉, 「倍達族疆域形勢圖 譯刊에 부침」, 『倍達族疆域形勢圖』, 서울대학교 출판부, 1972; 『圓臺遺稿』 卷一의 「圓臺遺稿序」, 卷二의 「行錄」과 「行狀」 및 李東保의 證言 등.

23 「行錄」, 『圓臺遺稿』 卷二.

24 박걸순(2003), 앞의 논문, 92~122쪽(『植民地 시기의 歷史學과 歷史認識』 재수록).

이다.[25]

이로써 보면 안동인의 역사저술은 만주 망명과 민족운동을 경험하며 치열한 역사인식을 바탕으로 정리된 것이며, 민족사의 연구와 저술이 곧 민족운동의 일환이었음을 알 수 있다.

안동인의 역사인식

1. 이상룡의 「서사록」과 단군국조론

이상룡은 망국을 당하자 선재先齋에 은거하며 만주 지도를 펴놓고 고심했으며, 망명 직전인 1910년 겨울 『국사國史』를 초抄했다고 하나 전하지 않는다.[26] 그의 만주 중심의 역사인식은 망국과 망명을 경험하며 정립되었다. 이상룡이 만주로 망명하기로 결심한 것은 만주가 단성檀聖의 구강舊疆이고 그곳 사람들이 동족이라고 인식했기 때문이었다.

> 예로부터 뜻을 지닌 사람이 뜻을 이루지 못하면 온 가족이 은둔하는 것이 또한 하나의 길이다. 하물며 만주는 우리 檀聖의 舊疆이며 恒道川은 高句麗의 國內城이며, 近地인 遼東은 또 箕氏의 封地로서 四郡二府의 歷史가 있다. 그곳에 사는 사람들은 비록 옷차림이 같지 않고

---

25 李源台의 저술은 후손이 송암미술관에 기증했는데, 정리되지 않은 채 보관되고 있다. 필자가 자료를 열람할 수 있도록 편의를 제공하고, 증언을 해준 李東保와 李鍵煥 선생께 감사드린다.

26 「西槎錄」 2월 22일자, 『국역 石洲遺稿』 하, 안동독립운동기념관, 2008, 32쪽. 당시 그는 자신의 집을 방문한 일본 순사 箕元達이 단군을 일본 천신시대의 첫 임금이라 말한 사실을 상기하며 만일 그의 말이 맞다면 이는 일본이 우리에게 복속한 증거라고 설명했다.

언어가 서로 다르지만 그 선조는 같은 종족이다. 강 하나를 사이에 두고 서로 왕래하고 거리낌이 없었으니 어찌 남의 땅으로 보는 것이 옳겠는가. 이에 이곳으로 옮기기로 결의한 것이다.[27]

그는 황망한 망명길에서도 『만주원류고滿洲源流考』와 『만주지리지滿洲地理誌』 등 만주의 역사와 지리 서적을 구입하여 읽었으며 만주와 우리나라 지도를 구입해두었다. 또 간고한 노정에서 우리나라의 역사를 탐독하는 것도 게을리하지 않았다.[28]

그의 역사인식은 「서사록」은 물론 각종 시문詩文과 변설辨說 등에도 잘 나타나 있다. 그는 망명 도중 평양에 이르러 단조檀祖의 사당에서 고구려의 왕업이 서려 있는 큰 강을 보며 머지않아 태평성대가 올 것을 기망했고, 압록강 위에서 만주를 바라보며 부여 왕업 이래 국토의 위축을 슬퍼했다.[29] 또한 산피참山陂站에 이르기까지 집집마다 수십 마리의 가축을 기르는 모습을 보고는 부여 엽관獵官의 명칭을 상기하며 단군조선의 유속이 남아 있다고 여겼다.[30]

그는 만주를 돌아다닐 때 항상 단군과 고구려, 발해를 연상했다. 그는 만주를 다니다가 이자동李紫東의 송경 회고운을 차운하여 단군조선과 백두산을 노래했고,[31] 지린성에 당도하여 고구려와 발해의 옛 터전을

27 안동독립운동기념관, 「西槎錄」, 『국역 石洲遺稿』 하, 2008, 15쪽.
28 안동독립운동기념관, 「西槎錄」 1월 22·28일자, 『국역 石洲遺稿』 하, 2008, 21~23쪽. 한편 그는 「耕學社趣旨書」에서도 만주는 부여의 구강이기 때문에 이역이 아니며, 고구려의 유족이 발해로 모인 것이기 때문에 당시의 만주인은 동포라고 주장했다. 즉, 만주는 과거는 물론 현재도 우리 민족사와 계속성과 동질성을 지니는 곳이란 점을 강조한 것이었다.
29 안동독립운동기념관, 「抵平壤口占」, 『국역 石洲遺稿』 상, 2008, 135쪽.
30 안동독립운동기념관, 「西槎錄」 2월 3일자, 『국역 石洲遺稿』 하, 2008, 25쪽.
31 안동독립운동기념관, 「滿洲旅遊次李紫東正模松京懷古韻」, 『국역 石洲遺稿』 상, 2008, 163쪽.

돌아볼 때에는 한성의 종소리를 듣는 듯한 착각에 빠졌다.[32] 또한 친한 친구가 백두산을 다녀온 이야기를 하자, 그 웅장함을 찬탄하고 단황檀皇의 유적이 있음을 자랑스러워했다.[33] 심지어는 도연명의 귀거래사에 화운한 시조차 "아아! 단군이래 오천 년 역사는 영원하며 단절이 없다는 것을 의심치 않노라"고 노래할 정도였다.[34]

단군국조론을 강조한 그는 기자의 한반도 동래설을 강력히 부정했다. 그는 단군을 구이九夷의 우두머리로 해석하고 숙신은 물론 일본까지 그 속국으로 비정했다.[35] 그러나 그는 기자동래설을 부정하기 위해 우리나라와 중국 사료를 인용하며 기자가 도읍한 곳이 평양이 아니라 요동임을 입증하고, 특히 정약용과 김택영의 견해를 인용하며 평양의 기자릉과 정전제의 허구를 지적했다. 그는 기자동래설이 노예근성과 노예사관에서 비롯된 근거 없는 황당무계한 허구라고 질타했다.

> … 대개 단군의 혈통은 북부여·동부여·졸본부여로부터 면면히 이어져 3천 년 동안 끊어지지 않았다. 한 침상 위에 어디에 箕氏가 코를 골며 잠잘 곳이 있겠는가? 우리나라 사람들은 당초 사가의 견식이 없어 망령되이 노예의 근성으로 꾸며 찬술하는 솜씨를 남용하여 국가의 체통이 손상될 것을 생각지 않고 오직 타인을 숭배하는 데만 힘썼다. 드디어 은나라의 망명 신하로 하여금 우리 동방의 창업 시조

---

32 안동독립운동기념관, 「到吉林城」, 『국역 石洲遺稿』 상, 2008, 184쪽.
33 안동독립운동기념관, 「聽人談白頭山」, 『국역 石洲遺稿』 상, 2008, 177쪽. 그는 황학수와 함께 단군성조가 보유한 백두산을 읊기도 했다(「與黃夢乎共賦」, 221쪽).
34 안동독립운동기념관, 「和陶淵明歸去來辭」, 『국역 石洲遺稿』 상, 2008, 261쪽.
35 이 논리에 대해 일제의 일선동조론과 만선사관에 영합될 성질을 지녔다고 보아 그의 역사인식의 한계로 지적하는 견해가 있다(全遇容, 「김교헌·이상룡」, 『한국의 역사가와 역사학』 하, 창작과 비평사, 1994, 121~122쪽). 그러나 이상룡의 주장은 철저한 민족주의사관에 기초한 것으로서, 일제의 식민사학과는 분명히 구별된다.

가 되도록 꾸며 사당을 세우고 분묘를 만들어놓았다. 그것을 법 삼아 지켜온 세월이 오래되자 국민의 이목이 모두 바뀌고 지명과 면모의 변화한 자취가 의거할 곳을 잃어버렸다. 비록 총명 박아한 학자라 하더라도 어찌 그 진위를 가릴 수 있겠는가? …[36]

그는 기자를 성인이라 하여 정통의 반열에 세우는 것도 부당하지만, '일개 강도'인 위만을 강국이라 하여 정통으로 귀속시키는 것도 안된다고 했다. 그는 이를 일본이 우리를 식민지로 삼았다고 하여 일본에 나라를 양보하고 그들의 지배를 인정하여, 무쓰히토睦仁를 임금으로 추대하고 메이지明治 연호를 쓰는 것에 비유하며 질타했다.[37]

그는 단군의 혈통이 단군-부여-고구려-발해로 이어지는 것으로 설명했다. 그는『만주지지』와『신당서』등을 인용하며 고구려의 광대한 영토를 설명하고, 소견이 협소한 우리나라 사가들이 영토를 위축시켜 '700년 문화대국을 느닷없이 일개의 작은 선괴仙怪의 소굴'로 만들어 버렸다고 개탄했다.[38] 그는 삼국시대에서 고구려를 수위에 놓고 설명했다. 즉, 신라가 22대 지증왕 대에 이르러서야 국호를 정하고 왕을 칭했다면 마땅히 삼국의 서차序次는 고구려-백제-신라 순이 되어야 한다고 했다. 그러나 그는『만주원류고』와『요사』등 중국 사서를 인용하여 신라의 영역을 압록강 이북으로까지 확대 비정했다.[39] 이는『삼국사기』의 편년을 부정하는 고구려 중심사관에 입각한 것이며, 신라의 영역을 만주로 확대 해석한 것은 다른 민족주의사가들의 견해와도 구별되는 그의 독특한 사안史眼으로 평가된다.

---

36 안동독립운동기념관,「西槎錄」1월 24일자,『국역 石洲遺稿』하, 2008, 34쪽.
37 안동독립운동기념관,「別紙」,『국역 石洲遺稿』상, 2008, 401쪽.
38 안동독립운동기념관,「西槎錄」2월 26일자,『국역 石洲遺稿』하, 2008, 34~35쪽.
39 안동독립운동기념관,「西槎錄」2월 28일자,『국역 石洲遺稿』하, 2008, 35~36쪽.

그는 고구려-발해 정통론을 주장했다. 그는 역시 『만주지지』 등을 인용하여 고구려 땅이 하루아침에 당나라 영토가 되었다고 하나, 실은 그 땅의 성곽을 감독하던 자가 고구려 옛 신하이고 옛 백성이므로 대씨大氏가 병기를 쓰지 않고도 판도를 넓힐 수 있었던 것으로 해석했다. 즉, 발해가 고구려의 후예였기 때문에 가능했던 일이라는 것이다. 또한 이적李勣의 상주문에 압록강 이북에 항복하지 않은 11개의 성이 있다는 보고 내용을 고구려의 명맥이 유지되는 것으로 해석했다. 그는 발해를 기술하지 않은 우리나라 사가들의 잘못을 지적하며, 발해를 고구려의 적통으로 설명했다. 그러면서도 신라·백제·가락은 삼한을 통서統緖한 계파로 인정했다.

> … 그러나 우리 사가들이 단지 신라만 알고 발해를 알지 못하여 마침내 3천 년 조국의 후신을 먼 이역의 오랑캐의 반열에 떠밀어 넣고 끝내 국내의 역사기록에 단 한 글자도 전해지지 못하도록 했으니, 이것이 어찌 공평한 의리를 주장한 信筆이란 말인가? 나의 어리석은 식견으로는 오직 고구려의 王統은 마땅히 渤海로서 正嫡을 삼고 新羅와 百濟와 駕洛은 三韓의 뒤를 이은 하나의 계파라고 한 후에야 우리나라 역사가 마침내 바른 데로 귀착하리라 본다.[40]

이는 그가 명시적으로 남북국을 칭하지는 않았으나, 사실상의 남북국론으로 평가할 수 있다. 곧 후술할 류인식이나 이원태의 역사인식 구조와 일치하며, 신채호가 「독사신론讀史新論」에서 체계화한 민족사의 계통과도 일치하는 것이라 할 수 있다.

---

40 안동독립운동기념관, 「西槎錄」 2월 29일자, 『국역 石洲遺稿』 하, 2008, 36~37쪽.

그런데 그의 단군 중심의 만주인식은 신채호나 박은식의 고토 수복론과는 차이를 보인다. 즉, 그는 망명지에서의 경제권과 귀화권, 교육권 획득 등 중국과의 당면 과제를 해결하기 위해 때로는 현실적으로 접근할 수밖에 없었던 것이다.[41] 따라서 이상룡은 망명 10년이 경과한 1920년을 전후하여 중국과 우리나라가 동족 동문임을 강조하는 등 지나친 중한일체 인식을 보이기도 한다. 이는 그가 지닌 민족주의 역사인식과는 모순되는 것으로 지적된다.[42]

그는 「경학사취지서耕學社趣旨書」(1911)에서 "언어言語가 다르니 동족同族이면서도 또한 우리에게 너그럽지 못하고, 사정을 자세히 알리기 어려우니 동병同病이면서도 서로 가련해 하지 않았다"[43]고 했다. 또한 「존화양이변」(1914)에서는 '중화中華'와 '이적夷狄'은 일정한 구분이 있는 것이 아니라, 단지 문명과 야만의 표현일 뿐이라고 하며, '중국中國'은 중국인의 사유만이 아니며 우리나라도 칭할 수 있는 것이라고 했다. 그는 그 근거로 "우리나라는 단군성조부터 해가 뜨는 고을에서 독자적으로 존립하여 정화政化와 풍속이 천하에서 사모하는바"라서 공자가 우리나라에서 살고 싶다고 했고, 명 고조가 고려국에서 태어나고 싶다고 말했다는 고사를 제시했다.[44]

그러나 그는 1917년 지린 총독을 만나 한교韓僑의 제반 문제를 상의하기 위해 보낸 서한에서는 자신의 선조가 본래 중국인이라 "중화中華는 원조遠祖의 나라이고, 조선朝鮮은 근조近祖의 나라"라 했다.[45] 또한 1920년

41 박걸순, 「日帝强占期 亡命 人士의 高句麗·渤海認識」, 『한국독립운동사연구』 제23권 23호, 2004, 450~451쪽.
42 韓永愚(1994), 앞의 논문, 94쪽.
43 안동독립운동기념관, 「耕學社趣旨書」, 『국역 石洲遺稿』 상, 2008, 625쪽.
44 안동독립운동기념관, 「尊華攘夷辨」, 『국역 石洲遺稿』 상, 2008, 629~634쪽.
45 안동독립운동기념관, 「與吉林總督筆話」, 『국역 石洲遺稿』 상, 2008, 648쪽.

을 전후하여 중국과의 역사적 관계를 설명할 때에는 중국을 "4,000년 동안 모국母國이었던 중화"라 칭하고, 주 무왕이 기자를 책봉하고, 한 사군과 당의 도독부가 설치된 이래 동문동궤同文同軌를 이루게 되었다고 했다. 망명을 전후하여 기자동래설을 강하게 부정했던 것과는 분명히 대비되는 부분이다. 그러나 그의 이른바 중한일체론은 그 외형적 구조 만으로 식민사학과의 연관성을 의심해서는 안 된다. 한국광복군을 이끌 던 이청천이나 김학규가 '중국 동포'라고 표현하며 혈연적 근친성을 강 조한 것은 중국의 지원을 받지 못하면 독립운동을 수행하기 어려웠기 때문이었다.[46] 하물며 생존을 위해 중국의 지원과 보호가 절박했던 이 상룡의 처지에서 단군대황조의 5,000년의 역사와 문화만을 주장하기에 는 현실적으로 더욱 어려웠음을 가히 짐작할 수 있다.

2. 류인식의 『대동사』와 남북조사관

류인식은 다수의 저술을 했으나, 현재 유저로 남아 있는 것은 『대동사』 11권과 『대동시사』 2권 및 『동산문고』 2권 등 모두 15권이다. 『대동사』 는 그가 만주에서 독립운동을 하다가 귀국한 1912년경 저술에 착수하 여 1917년경 일단 초고가 완성되었다. 그러나 그는 이후에도 "고증이 정밀하지 못하고 유례가 완전하지 못하다"[47]고 판단하여 문인들에게 검 토를 요청하며 일제의 삼엄한 감시를 피하여 1920년경까지도 계속 수 정 보완을 진행했다. 이는 류인식의 역사저술이 매우 신중한 태도로 진 행되었으며, 『대동사』는 그의 50대 내내 걸친 역사인식과 저술의 산물

---

46 박걸순(2004), 앞의 논문, 451쪽.
47 「答洪致裕」, 『東山文稿』, 30쪽.

임을 알려준다.[48]

류인식은 우리 민족이 단군 자손이라는 사실에 큰 자부심을 지니고 있었다.[49] 그는 고유문명을 지닌 민족사가 노예사가奴隷史家들에 의해 완전히 말살당한 것을 통한으로 여기고, 젊은이들에게 조국정신을 심어주어 국수國粹를 발휘하도록 하기 위해 『대동사』를 저술한 것이다.

> … 우리나라가 立國한 지 半萬年이 되어 예의와 武强의 기풍이 천하
> 에 떨쳐졌는데 고유문명의 역사가 奴隷史家들에 의해 말살되어 한
> 部도 완전한 것이 없다. 내가 일찍이 이를 痛恨으로 여겨 年前에 책
> 한 권을 모았는데 위로는 檀君 戊辰으로부터 아래로는 朝鮮 庚戌年
> 에 이르기까지 編年으로 서술하여 대략적으로 편찬했는데 10여 권
> 이다. 견식이 모자라고 고증이 넓지 못하여 헤아려 생각함이 정돈되
> 지 못한 날이 허다하다. … 오늘날의 젊은이들은 도무지 歷史觀念이
> 없어 檀箕三國이 어떤 역사인지 알지 못하고 祖國精神이 나날이 없어
> 지니 작은 걱정거리가 아니다. 만약 이 일로 인하여 系統 沿革과 種族
> 의 源委 및 英雄烈士의 장한 업적과 위대한 행동을 통찰하여 능히 國粹
> 를 발휘한다면 단지 그 사람의 思想에만 도움이 될 뿐이 아니다. …[50]

『대동사』는 단군부터 경술국치까지의 통사를 3권 11책으로 서술했다. 순한문의 편년체로 된 본서의 권수卷首에 있는 「대동연혁지총도大東沿革地總圖」·「대동연혁국차도大東沿革國次圖」·「대동족총도大東族總圖」·「대동역대일람도大東歷代一覽圖」 등은 애국심을 불러일으키기 위해 작성한 것으

---

48 박걸순(2009), 앞의 책, 93~113쪽.
49 「與族姪德允」,『東山文稿』, 16~20쪽.
50 「答李德純」,『東山文稿』, 31쪽.

로, 그의 역사인식을 잘 보여준다.[51] 이는 신채호의 대조선주의大朝鮮主義
와, 대종교 역사인식의 특징인 범동북아세아중심汎東北亞細亞中心 사관과 일
맥상통한다. 또한 「범례凡例」 17조는 『대동사』의 서술 방향을 제시한 것
으로 본서의 성격을 집약적으로 보여준다.[52] 한편 「인용서목引用書目」에
제시된 32종의 참고문헌은 그의 저술이 실학과 대종교의 역사인식에 영
향을 받았음을 보여준다.[53]

　『대동사』의 본문은 단씨조선기檀氏朝鮮紀-남북조기南北朝紀-고려기高麗紀
-조선기朝鮮紀 등 4부분으로 구성되었다. 이러한 구분은 그의 남북조사
관에 따른 계통론系統論과 관련된 것이다. 그의 남북조사관은 「범례」 제
3조에서 밝힌 바 있으며, 「대동연혁국차도」에서 북조北朝 부여扶餘와 남
조南朝 기씨箕氏 아래에 통일 왕조인 고려로 이어지기까지 존재했던 정치
세력과 집단을 족통族統의 전개와 남·북의 방위에 따라 구분한 것이다.
이를 요약하면 다음과 같다.

　　北朝(扶餘): 箕氏 ― 衛氏 ― 四郡二府 ― 高句麗 ― 渤海 ―
　　　　　　　　　　　　　　　　　　　　　　　　　　　 　― 高麗 ― 朝鮮
　　南朝(箕氏): 馬韓, 百濟, 駕洛, 新羅 ―――――――

　이러한 류인식의 남북조사관은 민족주의사가들이 삼국 멸망 이후의

51　『大東史』 3권 11책의 구성은 다음과 같다.
　　卷一 檀氏朝鮮紀와 南北朝紀(1~3책, 3책에서 卷二 高麗紀가 나눠짐)
　　卷二 高麗紀(3~5책)
　　卷三 朝鮮紀(6~11책)
52　박걸순(2004), 앞의 논문, 68~69쪽.
53　「引用書目」은 등초본과 동산선생기념사업회의 활자본(1978) 및 한국국학진흥원의
　　영인본(2006)에 모두 누락되어 있다. 필자는 동산의 손자인 류기원 선생(2009년 작
　　고)에게서 이를 입수하여 공개한 바 있다(박걸순, 『植民地 시기의 歷史學과 歷史認
　　識』, 경인문화사, 2004, 256쪽).

발해와 신라를 남북조 개념으로 이해했던 것과는 큰 차이를 보이는 매우 독특한 것이다. 그가 체계화 한 남북조사관은 단순히 방위 개념에 따른 구조가 아니다. 곧 그는 국가사 중심의 국가사가 아니라 민족사 중심의 국가사 서술을 지향함으로써 민족사의 외연과 진폭을 넓히고자 했다.

류인식의 남북조사관은 김교헌이 『신단민사神檀民史』의 권수에서 제시한 「남북강통일국계표南北疆統一國系表」와 비교할 필요가 있다. 김교헌은 배달족이라는 족통계보를 중심으로 만주와 한반도가 하나의 국가로 통합된 시대를 통일시대로 보고, 그렇지 않았던 시대는 열국시대列國時代 또는 남북조시대南北朝時代라고 보았다.[54] 따라서 신시시대神市時代와 배달시대倍達時代만이 통일시대이며, 삼국은 열국시대, 통일신라와 고려는 물론 조선까지를 남북조로 보았던 것이다. 물론 김교헌의 남북조사관은 열국시대라는 구분과, 고려와 조선까지를 남북조로 설정한 점에서 류인식의 남북조사관과는 차이가 있다. 그러나 양자는 남북조의 개념을 족통의 전개를 기준으로 했다는 점에서는 일치된다. 결국 류인식의 남북조사관은 대종교 계통 사가의 역사이해 체계와 관련성은 인정되나, 이를 그대로 수용하지 않고 변형한 독특한 구분이라 할 수 있다.

권수의 「족통도族統圖」도 남북조사관에 의해 정리된 것이다. 그는 배달족을 조선족·북부여족·예맥족·옥저족·숙신족 등 5개의 지파로 나누고, 다시 이들 지파가 분파한 것으로 보았는데, 처음 분파된 조선족이 고려와 조선족으로 연계되는 도식으로 설명했다.[55] 이 도식에서는 선비·계단·요·금·여진·후금·말갈은 물론 일본 홋카이도北海島까지를 배

---

54 韓永愚(1994), 앞의 논문, 107쪽. 한편 김교헌은 『神檀民史』의 「남북강통일국계표」에서 북강국가를 기씨조선-위씨조선-부여-고구려-발해-요-금-청으로, 남강국가를 마한-백제-가락-신라-고려-조선으로 구분했다.

55 『大東史』上, 韓國國學振興院, 2006, 5~6쪽. 卷首의 「大東族統圖」(이후 韓國國學振興院의 영인본 쪽수로 표기).

달족의 범주에서 논의하고 있어 주목된다. 이는 이른바 대종교의 범동이민족주의의 역사인식 체계와 같다. 류인식의「대동족통도」는 김교헌의「족통원류」와 매우 흡사하며,[56] '입入'·'전傳'·'합合' 등으로 배달족에서 조선족으로 이어지는 족통의 전개를 설명했는데, 이를 정리하면 표 1과 같다.

표 1 **대동족통도**

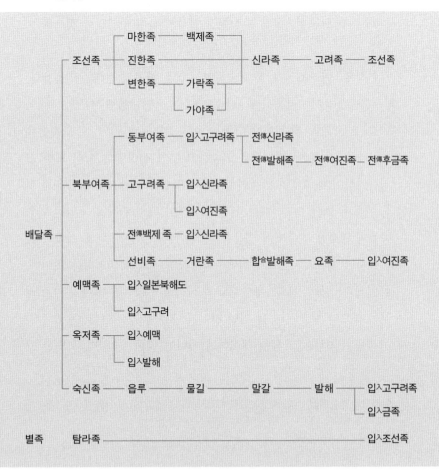

---

56 「族統源流」,『神檀實記』卷首.

『대동사』에서 단군 인식을 잘 보여주는 부분은 「단군조선기」이다. 이 또한 김교헌의 『신단실기』와 『신단민사』의 내용과 같다. 여기에서 류인식은 김택영의 주장을 인용하여 주기註記했다. 그런데 김택영은 단군조선을 '기記'로 표기하고, 단군이 백성들의 추대를 받아 '주主'가 되었다고 하고 단군의 죽음을 '몰沒'이라고 표현했으나,[57] 류인식은 이를 각각 '기紀'·'군君'·'흥薨'이라 높여 표현하여 차이를 보인다.[58] 이는 김택영이 단군의 실재를 부정하고 서술에 소극적이었던 반면, 류인식은 단군국조론과 단군혈손론을 주장했던 인식의 차이에 기인한 것으로 보인다.[59]

류인식은 「단군조선기」를 서술하면서 많은 사가의 견해를 인용했다. 특히 『신단실기』를 인용하여 「단군변檀君辨」·「단군릉변檀君陵辨」·「태백산변太白山辨」·「평양패수변平壤浿水辨」·「단군강역고檀君疆域考」·「고속습유古俗拾遺」·「족통원류族統源流」 등을 고증하고 부연 설명했다.[60] 이 또한 그의 역사인식이 대종교의 역사인식체계와 밀접히 연관되어 있음을 시사한다. 이로써 보면 그가 『대동사』를 저술하며 특히 관심을 두었던 범위는 종족과 영토에 집중되어 있음을 알 수 있다. 이는 신채호 사학의 유형과 유사한 것으로서, 초기 민족주의사학의 성격과 일맥하는 것이다.

류인식은 「범례」 제6조에서 단군과 삼국사가 황원荒遠하여 믿기 어려운 것이 많으나 오랜 전승을 지닌 것이기 때문에 몰실沒實할 수 없어 기사 아래에 주기하여 고사에 대비하게 한다고 밝힌 바 있다.[61] 또한 그

---

57 金澤榮, 『歷史輯略』(『韓國開化期教科書叢書』 15, 亞細亞文化社, 1977), 1쪽. 본고에서는 『東史輯略』을 수정 보완한 『歷史輯略』을 이용했다.

58 『大東史』 상, 15~16쪽.

59 박걸순(2004), 앞의 책, 261쪽.

60 이 내용은 안정복의 『東史綱目』, 박지원의 『熱河日記』, 허목의 『記言』, 정약용의 『疆域考』 및 『臥遊錄』, 『東方地名辨』 등을 참고하여 정리했다.

61 『大東史』 상, 11쪽.

는「단군조선기」말미에서 단군과 삼국 이상의 역사가 근거가 없거나, 혹은 야인野人 구전口傳이나 승가잡기僧家雜記 등에 있더라도 황탄불경荒誕不經한 것은 유감이라고 했다. 그러나 그는 노망황탄鹵莽荒誕한 기사는 사마천의『사기』에도 있는 등 만국 사가들에 공통된 일이므로, 유독 우리 나라 역사에서만 미비함을 한탄할 것이 아니고, 불경하다고 하여 말살한다면 천하의 사서 가운데 믿을 것이 얼마나 되겠냐고 반문했다. 따라서 우리나라의 야승패사野乘稗史와 중국 사서에서 관련 사실을 널리 채록하여 편집한 후 박고博古한 자가 선택하기를 기다리겠다고 했다.[62] 즉, 그는 단군 기사의 사실성을 부정하지 않으면서도, 평가는 후대에 유보하는 합리적 자세를 보인 것이다. 대부분의 한말의 사가들이 단군의 서술에 소극적이거나 부정적이었던 것과는 대비되는 부분이며, 단군에 대한 그의 인식을 잘 보여준다.

그런데 그는 기자가 직접 단군을 이었다고 하는 구사舊史와, 기자를 외족外族으로 폄출貶黜하여 통서統緖를 인정하지 않는 근세사가들을 양비론적 입장에서 비판했다.[63] 그러나 사실은 기자동래설을 취하며 기자를 '대동역대大東歷代'에서 단군을 통계統系하는 것으로 설명했다. 단, 그 도읍은 중국의 광닝廣寧과 지금의 평양으로 설명했고, 기자가 무왕에게 신복臣服하지 않았고 봉작封爵하지 않았음을 강조했다. 또한 그는 8조 금법을 소개하며 인현仁賢에 의한 교화로 인해 천하가 '동방군자지국東方君子之國'을 칭하게 된 것이라며 기자의 치적을 높이 평가했다.[64] 그가 기자의 죽음을 '훙'이라 하면서도 위만의 죽음을 '졸卒'이라 표현한 것은 계통

---

62 『大東史』상, 30~31쪽.
63 『大東史』상, 9쪽, 31쪽
64 『大東史』상, 33~34쪽. 그러나 그는 평양의 기자릉은 사실이 아니라고 부정했다 (『大東史』상, 36~37쪽).

론에 대한 그의 인식을 잘 보여준다.[65]

류인식은 삼국시대사를 『삼국사기』의 편년에 준거하여 서술했다. 이는 그가 유림의 체질을 극복하지 못했음을 보여주는 것으로, 삼국이 모두 단군-부여에서 계출한 '단군신성지국檀君神聖之國의 후예後裔'라고 했으나, 특히 고구려를 '단군의 통서를 이은 삼국시대의 종국宗國'으로 인식했다.[66] 따라서 신라에 의한 삼국통일에 대해서는 비판적이었다.[67]

그는 「대동족통도」에서 발해의 종족에 대해 매우 복잡하게 설명했으나, 「대동연혁국차도」에서는 발해가 고구려를 계통하는 것을 분명히 서술했다. 또한 그는 본문의 서술에서도 발해왕의 죽음을 '훙'이라 하여 신라와 동격으로 서술했고, 신라와 발해를 남북조라 한 김택영의 사론을 소개했다.[68] 발해의 멸망을 다룬 사론에서도 신라와 발해가 상접相接하고 백성들이 교고交股했음에도 신라의 역사 기록에 발해와 서로 왕래한 사실이 없음에 의혹을 제기하고, 발해의 사료가 전해지지 못하고, 선유先儒들이 발해를 외국으로 간주하여 연구고거研究考據하지 않아 결국 인멸湮滅되고 만 것을 애석해 했다.[69]

류인식은 단군 중심의 민족사를 영토와 족통 중심으로 서술하고자 했다. 물론 그의 역사인식에서 서술 방식 등의 전근대성이나, 임나일본부의 수용 등 내용상의 한계로 지적될 부분이 적지 않다. 그러나 단군 이래 고려의 후삼국 통일까지를 남북조사관으로 구조화하여 서술한 것은 김교헌과 대종교의 영향을 받은 것이나, 한편으로는 조국정신祖國精神

---

65 『大東史』 상, 38쪽, 49쪽.
66 『大東史』 상, 292~293쪽.
67 그는 신라가 당에 병력을 '乞'하여 700년 역사를 지닌 양대 강국을 하루아침에 폐허로 만든 것은 '外寇'를 불러들여 同室의 사람을 죽인 것과 같은 것이라고 비판했다(『大東史』 상, 38쪽, 49쪽).
68 『大東史』 상, 293쪽.
69 『大東史』 상, 363~366쪽.

과 국수론國粹論을 요체로 1910년대의 한국사학사에서 독특한 위치를 차지하는 것으로 평가할 수 있다.[70]

3. 이원태의 『배달족강역형세도』와 남북강국론

이원태는 1916년 만주로 망명하여 김교헌을 종사하며 역사에 관심을 지니게 되었다. 1918년 귀국한 그는 『배달족강역형세도』와 「채색강역형세도」를 저술하여 1923년에 완성했다.[71] 본서는 신흥무관학교의 교재로 사용되었다고 전하나, 사실 여부를 확인할 수는 없다.

『배달족강역형세도』는 우리 민족과 강역의 변천을 무려 44도나 되는 방대한 강역형세도로 그려낸 것으로서, 한국근대사학사에서 독특한 위치를 차지한다.[72] 그런데 본서는 이원태와 김교헌의 관계로 인하여 김교헌 사학의 관점에서 평가되기도 한다. 물론 이원태는 김교헌을 종사하며 그의 사학의 영향을 받았고, 『배달족강역형세도』를 저술할 때 분명히 그에게 조언과 감수를 받았다. 등인본 『배달족강역형세도』의 표제에는 이원태가 짓고 김교헌이 감수했다고 되어 있다(대작大作 무원첨茂袁籤). 그리고 그의 유품 중에는 그가 손수 필사하여 소중하게 보관하던 『신단민사고본神檀民史藁本』이 있었다. 특히 김교헌이 이원태에게 보낸 서간(1923)은 이원태가 『배달족강역형세도』를 저술할 때 김교헌의 지도를 받았음을 알려주는 주목되는 자료이다. '원대員坮 지기知己 감鑒'으로 시작되는 이 서한은 이원태가 강역형세도를 저술하며 김교헌에게 그림과

---

70 박걸순(2004), 앞의 책, 288~292쪽.

71 『倍達族疆域形勢圖』는 44도, 「彩色疆域形勢圖」는 11도로 민족의 강역을 사생한 것이다. 「彩色疆域形勢圖」는 본래 「疆域形勢圖」라 되어 있으나, 채색이 되어 있고 『倍達族疆域形勢圖』와 구분하기 위해 필자가 붙인 이름이다.

72 朴杰淳, 「李源台의 生涯와 歷史認識」, 92~122쪽.

표에 대한 초안·서언·경계선·경위선 등의 문제에 대해 조언을 구하자, 김교헌이 이에 대해 회신한 내용이다.[73] 이로써 볼 때 이원태가 김교헌의 사학의 영향을 받았음은 의심의 여지가 없다.

그렇다고 하여 『배달족강역형세도』를 김교헌의 강역 문제에 관한 관심이 이원태를 통해 표출되었다거나, 단순히 『신단민사』의 논조에 맞춘 지리부도 정도로 평가하는 견해[74]는 사실과 부합하지 않는다. 그렇게 해석하는 까닭은 다음과 같다. 첫째, 김교헌이 『신단실기』와 『신단민사』 등의 저술을 통해 강역 문제에 대해 관심을 기울인 것은 사실이나, 그는 이를 문장으로 설명했을 뿐 지도로서 설명하지는 않았다. 더구나 이원태는 김교헌이 매우 소략하게 취급하거나 언급하지 않은 부분도 별개의 강역도로서 그려냈다. 복잡한 종족의 계통을 강역의 변천으로 그려낸다는 것은 용이한 일이 아니다. 더구나 44도라는 전무후무한 강역형세도로 세분하여 사생해내는 일은 민족사에 대한 심오한 이해와 해박한 지식이 없이는 불가능하다. 둘째, 그가 비고에서 제시한 참고문헌은 이원태가 우리나라와 중국 측 사서에 정통했음을 알려준다. 그는 본서에서 105종의 참고문헌을 270여 회 제시하며 해당 강역도를 입증하고자 했다.[75] 이는 이원태의 학문의 정도를 가늠하게 해주며 『배달족강역형세도』가 단순히 김교헌의 『신단민사』를 지도로 그린 것이 아님을 알려준다. 셋째, 김교헌이 이원태에게 보낸 서간의 내용에 따르면 김교헌은 이원태의 요청에 대해 조언은 하되, 강역형세도의 작성에 대하여

---

73 「金教獻이 李源台에게 보낸 書簡(1923. 8. 12)」. 이 서한은 난초로 되어 있어 한학을 전공한 학자들조차 읽기가 어렵다. 이 서간의 탈초와 번역을 도와주신 이충구 박사 (국사편찬위원회 고전연구위원)께 감사드린다.

74 金正珉, 「金教獻 史學의 精神的 背景」, 『國學研究』 第4輯, 國學研究所, 1990, 16쪽.

75 이는 필자가 『倍達族疆域形勢圖』의 비고에 인용된 참고문헌을 통계한 것이다.

는 대부분 그의 재량에 맡겼음을 알 수 있다.[76] 이는 비록 연령차는 많이 나지만 김교헌이 이원태의 학문과 능력을 인정한 것으로 볼 수 있다. 이러한 점 등을 감안할 때 이원태가 김교헌 사학의 영향을 받은 것은 사실이되, 자신의 민족사에 대한 지식과 이해를 바탕으로 『배달족강역형세도』를 작성한 것이라 할 수 있다. 즉, 『배달족강역형세도』는 이원태 나름의 역사인식이 용해되어 있는 것으로 해석하는 것이 타당하다.

『배달족강역형세도』의 각 도는 1쪽의 지도와 1쪽의 비고로 구성되었다. 각 도에는 도판의 제명과 그에 해당하는 연기를 병기했다. 그런데 여기에서의 연기는 단군 기년을 중심으로 하되, 중국과 한국의 왕년을 표기하고 간지까지 혼용하는 형태를 취하고 있다. 이는 김교헌의 『신단민사』에서 연기표기 방식으로 개천기년開天紀年과 간지干支를 사용했으나, 이러한 연기표기 방식이 불편하여 후일에 고칠 것이라고 한 바 있다.[77] 따라서 본서의 연기표기 방식은 김교헌의 연기표기에 대한 의견이 반영된 것인지는 알 수 없으나, 단군 기년이 중심이 되고 있기 때문에 큰 변화라고는 할 수 없다. 특히 우리나라와 중국(만주)의 왕년을 표기하고 있는 것은 한반도와 만주를 민족사의 범주로 설정하고, 국가사가 아닌 민족사의 개념으로 정리된 것임을 알려준다.

이는 김교헌의 역사인식과 합치된다. 김교헌은 『신단민사』에서 "국

---

76 「金敎獻이 李源台에게 보낸 書簡(1923. 8. 12)」. 서간의 내용 중 판독이 가능하고 또한 강역형세도와 관련된 내용은 다음과 같다.
" … 말씀하신 그림과 表는 조속히 草를 잡아 올릴 요량이오나, 序言은 傑作을 구하여 앞에 넣는 것이 매우 좋겠습니다. 境界線이 긴요하지 않다는 견해는 온당하지 않은 것은 아니나, 해당 경계선을 또한 근거하여 인연하지 않을 수 없습니다. 그것을 두든지 빼든지 오직 … 재량하여 처리하시는 여부에 달렸습니다. 저는 두어도 괜찮고 빼어도 괜찮습니다. 각 그림 중에 다시 經緯線을 가하는 것이 매우 좋겠습니다. … ".
77 『神檀民史』의 범례는 9개항으로 된바, 이 중 김교헌은 제9항에서 연대표기 방식의 폐단을 설명하며 후일 정리되는 대로 정정하겠다고 밝혔다.

대국代를 한限치 않고 민족을 표준하여 단군민족의 전체를 통거統擧"하여 서술한다고 밝혔고, 서명을 『신단민사』라 한 것도 그런 연유라고 설명했다.[78] 즉, 국가의 변천이 아니라 민족의 소장消長을 역사서술의 기준으로 삼았다는 것이다.

이원태는 중국과 우리나라의 사서를 인용하여 동이구족東夷九族의 범위를 설정하고, 그들의 임금이 단군에서 시작된다는 사실과, 단군의 교화와 신화神化에 대해 설명했다. 또한 단군은 동명천제東明天帝라고 하며 배달과 조선에 대한 어의와 단군의 후손에 대한 설명을 했다.[79] 이는 김교헌이 『신단실기』의 「족통원류族統源流」에서 "단군지예檀君之裔는 배달종족倍達種族이며, 백산白山 남북南北의 조만朝滿민족은 단군의 혈통"이라 한 것과,[80] 『신단민사』「민족계」의 설명[81] 및 박은식의 『단조사고檀祖事攷』의 「배달족원류倍達族源流」,[82] 류인식의 『대동사』의 「대동연혁국차도」·「대동족총도」와 일치한다.[83]

한편 기자조선에 대해서는 상서대전尚書大傳·수서隋書·대명일통지大明一統志 등을 인용하여 기자동래와 봉작설을 설명했다. 김교헌은 『신단민사』에서 「기자箕子의 동래東來」를 절節로 구성하고 '타족문화他族文化의 시始'라고 설명했다.[84] 이런 인식은 김교헌과 박은식 등이 기자가 내도한 곳이 평양이 아니라, 요서의 영평永平과 광녕廣寧으로 해석한 것과는 같으

---

78 『神檀民史』, 凡例 第1項 참조.
79 『倍達族疆域形勢圖』, 4~7쪽. 그가 참고한 문헌은 說文·後漢書·山海經·爾雅·論語集解·竹書紀年·東萊集·汲冢周書·風俗通·旬五志·靑鶴集·海東繹史·九夷考·鷄林類事·陽村集·海東繹史·史記·山海經·修山集·東史·世宗實錄(地理志) 등이었다.
80 『神檀實記』, 35~36쪽.
81 『神檀民史』, 1~3쪽.
82 白巖朴殷植全集編纂委員會, 『白巖朴殷植全集』 제4권, 동방미디어, 2002, 494쪽.
83 『大東史』 상, 卷首.
84 『神檀民史』, 6쪽.

며, 객족인 기자를 반배달족半倍達族으로 보면서도 결국은 단군에 동화되어 동족화되었다고 이해한 점에서도 일치한다. 그러나 전술한 바와 같이 이상룡과 류인식이 주 무왕의 기자 봉작을 부정했던 것과는 다르다.

『배달족강역형세도』 작성의 기본이 된 것은 만주와 한반도에 존재했던 모든 국가들을 배달족의 국가로 본 인식이다. 전술한 바와 같이 이를 김교헌은 '남북강국'이라 했고, 박은식은 '대동민족大東民族'·'만한일국滿韓一國'·'만한동족滿韓同族' 인식에 바탕하여 '대동사관大東史觀'과 '만한사관滿韓史觀'으로 정립했으며, 류인식 역시 '대동민족大東民族'이라는 인식하에 '남북조사관'이라는 독특한 역사인식을 바탕으로 민족사를 구성했던 것이다. 즉, 기씨조선·위씨조선·부여·고구려·발해·요·금·청을 북강[北朝]으로, 마한·백제·가락·신라·고려·조선을 남강[南朝]으로 인식한 것이다. 본서는 『신단민사』의 「남북강통일국계표」처럼 남북강 국가를 확연히 구분하지는 않았으나, 남북강국 인식을 기본으로 작성되었다. 제32도를 「신라통일남강도新羅統一南疆圖」라 한 것은 그 단적인 예이다.[85] 또한 제34도는 「발해전성강역도渤海全盛疆域圖」인데, 비고에서 당서唐書와 최치원崔致遠의 글을 인용하여 발해를 고구려 후손이 세운 국가라 하면서도, 다시 『해동역사』를 인용하여 말갈의 종족이라고 상위한 설명을 부연했다.[86] 그러나 이는 만주와 한반도를 모두 민족사로 보는 관점에서 굳이 고구려와 말갈에 대한 종족의 구분이 필요치 않았기 때문이었을 것이다.[87]

『배달족강역형세도』는 한국사학사에서 민족의 강역 판도의 변천을 가장 상세한 44도로 사생해내고, 이를 비고의 사서 고증을 통해 입증하

---

85 『倍達族疆域形勢圖』, 66~67쪽.

86 『倍達族疆域形勢圖』, 71쪽.

87 이는 김교헌이 『神檀民史』의 「남북국통일국계표」에서 발해에 이어 요-금-청까지를 북강국가로 개념화한 인식체계와 유사한 것이다.

고자 한 것으로 평가할 수 있다. 김교헌의 『신단실기』나 『신단민사』는 지도가 전혀 없이 표와 문장의 서술로 그쳤다. 한편 박은식은 『단조사고』에서 「삼천단부三千團部」 1도를, 류인식은 『대동사』에서 「대동연혁지총도大東沿革地總圖」 1도를 첨부하여 강역 판도를 설명했는데, 이들과는 엄청난 차이를 보인다. 반면 지나칠 정도로 세분 작성하여 산만한 느낌이 들 정도이다. 또한 분계가 정확하지 못한 부분도 있으나, 제32도처럼 탐라와 우산국을 표기하는 세심함도 보인다. 비록 비고에서 별도의 사론을 전개하지는 않았으나, 수많은 사서를 인용하고 이론異論을 덧붙여 소개[附異論]하는 등 철저한 고증적 태도가 돋보인다.[88] 그러나 서술 방식이 근대사학의 체계에 부합하지 않고 전근대적 방식을 택하고 있음은 그가 유림적 체질에서 벗어나지 못했음을 보여준다.

안동인의 역사인식의 특징과 의의

일제강점기 안동은 독립운동의 성지였고, 안동인은 국내외에서 다양한 독립운동을 주도했다. 안동인은 독립운동 과정에서 민족사를 연구하고 저술함으로써 독립운동과 역사저술의 구체적 연관 관계를 입증했다. 안동인의 역사저술을 통해 그들의 역사인식의 특징과 의의를 정리하면 다음과 같다.

첫째, 일제의 침략이 가속화되던 시기에 혁신 유림의 시국인식과 역사인식을 잘 보여준다는 점이다. 이상룡과 류인식은 모두 의병의 경험을 지녔고, 그 반성적 성찰을 통해 개화사상으로 전회하고 계몽운동에 진력

---

88 별도로 사론을 전개하지는 않았으나, 제18·19·21도에서 '附異論'이라 하여 『疆域考』와 『海東繹史』를 인용하여 중국 사서의 오류를 지적하고 위치를 고증했다.

한 인물들이다. 이들이 사상을 전회한 시기는 이상룡이 50세, 류인식이 40세 무렵일 때였다. 이는 40세가 되어 개화사상으로 전회한 박은식의 경우와 비견할 수 있으나, 보수적 성향이 특히 강한 안동에서 그러하기란 더욱 어려운 일이었을 것이다. 그로 인해 부자관계와 사제관계가 모두 끊어진 류인식의 사례는 그 극단적 대척점을 잘 보여준다. 이들의 역사저술은 이들의 사상 전회와 민족운동의 이론적 기틀이었으며, 여기에 표출된 역사인식은 혁신 유림의 시국인식과 역사인식을 잘 보여준다.[89]

둘째, 민족운동과 만주 망명의 경험을 바탕으로 역사저술을 했다는 점이다. 이상룡은 망국이 다가오자 독립운동기지로서 만주를 주목했고, 망명하는 절박한 노정에서 「서사록」을 통해 역사인식을 표출했다. 망명 후에는 신흥무관학교 생도들의 교재로서 『대동역사』를 저술하여 장차 독립군을 이끌 청년들의 역사인식 형성에 기여했다. 류인식과 이원태는 만주로 망명했다가 귀국한 후 향리에서 각각 『대동사』와 『배달족강역형세도』를 저술했다. 곧 안동인에게 역사저술은 민족운동과 만주 망명의 실천적 지표로서 독립운동과 역사저술의 구체적 연관 관계를 입증하고 있는 것이다.

셋째, 대종교적 역사인식을 보이고 있다는 점이다. 대종교도의 역사인식체계는 백두산 부근이 세계문화의 발상지요 중심이라는 문화의식, 이른바 범동이민족주의에 의해 부여족·여진·몽고·거란을 배달족으로 보는 민족의식, 민족의 활동무대를 한반도는 물론 만주와 중국 동북지역까지 확대하려는 영토의식, 민족문화의 핵을 단군 이래의 신교神教로 보는 선민의식選民意識으로 정리할 수 있는데, 이들은 모두 이러한 인식

---

89 특히 류인식은 『大東史』에서 자신이 개화사상으로 전회한 1903년 이후의 근대사를 생생하게 기록했다. 그는 유림적 체질을 극복하지는 못했으나, 일제의 침략을 을사오조약-정미칠조약-경술국치의 3단계로 설명하며, 자신의 경험을 토대로 민족운동을 생동적으로 기술했다(박걸순, 앞의 책, 2004, 284~287쪽).

하에서 민족사를 정리했다.[90] 그러나 류인식과 이원태는 모두 김교헌 사학의 영향을 받았으나, 이를 주체적으로 수용하여 독자적 논리를 폈음에 주목해야 한다.

넷째, 강렬한 민족주의사학으로서의 성격을 지니고 있다는 점이다. 물론 이는 대종교적 역사인식의 영향 때문인데, 이들은 강역과 종족을 중심으로 민족사를 서술하되, 그 외연을 확대하여 해석했다. 강역은 한반도는 물론 만주 전역을 아울렀으며, 종족은 배달족의 개념하에 '동이구종東夷九種'을 민족에 포함했다. 이들은 강역疆域과 국차國次, 족통族統을 강조했는데, 국가의 변천이 아니라 민족의 소장消長을 기준으로 민족사를 서술하고 그렸던 것이다.[91] 따라서 지나친 관념론사학의 성격을 드러내는 부분이 산견된다. 이와 함께 임나일본부설을 무비판적으로 수용하는 등 식민사학의 굴레에 빠진 것도 한계로 지적될 수 있다.

다섯째, 단군檀君에 대해 적극적으로 해석하고, 단군국조론과 단군혈통론에 따라 서술했다는 점이다. 한말의 사가들이 단군의 서술에 소극적이거나 부정적인 자세를 보인 반면, 이들은 대종교 사서를 참고하여 단군기원을 기년으로 삼는 등 적극적으로 해석했다. 그러면서도 기록이 노망황탄하다는 비판을 염두에 두고, 평가를 후대에 유보하는 합리적 자세를 견지했다. 이들은 서명書名에서부터 단군 자손으로서의 자부심을 드러냈는데, 이상룡과 류인식은 '대동大東'을, 이원태는 '배달족'을 내세웠다.

여섯째, 단군-부여-고구려-발해 정통론을 지니고 있었다는 점이다. 이는 족통론의 전개와 밀접한 관련을 지녔다. 물론 이들이 한반도 남부에 존재했던 왕조를 부정한 것은 아니나, 만주에서 존재했던 왕조

---

90 韓永愚(1994), 앞의 논문, 10~11쪽.
91 박걸순(2004), 앞의 책, 317쪽. 이는 김교헌이 『神檀民史』에서 "국대를 한치 않고 민족을 표준하여 단군 민족의 전체를 통거"하여 서술한다는 원칙을 따른 것으로 이해된다.

에 정통을 부여했다. 특히 이들은 발해를 우리 역사에서 제외한 기존의 사학을 질타하며 모두 우리 민족사로 수용하여 서술했다.

일곱째, 독특한 남북조사관 또는 남북강국론을 표방하고 있다는 점이다. 이원태의『배달족강역형세도』작성의 기본이 된 것은 만주와 한반도에 존재했던 모든 국가들을 배달족 국가로 본 인식이다. 류인식은 '대동민족'이라는 인식하에 단군 이후를 남북조로 나누되, 북조(부여)는 기씨箕氏-위씨衛氏-사군이부四郡二府-고구려高句麗-발해渤海로, 남조(기씨)는 마한·백제·가락·신라로 나뉘었다가 남북조가 합해져 고려와 조선으로 통서가 이어지는 것으로 해석했다. 김교헌은 '남북강국'이라 했고, 박은식은 '대동민족'·'만한일국'·'만한동족' 인식에 기초하여 '대동사관'과 '만한사관'으로 정립했다. 이원태는 남북강국론에 따라 기씨조선·위씨조선·부여·고구려·발해·요·금·청을 북강(북조)으로, 마한·백제·가락·신라·고려·조선을 남강(남조)으로 인식했던 것이다. 이는 족통을 중심한 계통론과 관련된 것으로, 실학자 이래의 남북조 개념은 물론 여타 민족주의사가들의 관점과도 크게 다르다.[92]

마지막으로, 이상에서 살펴본 바와 같이 일제강점기 안동인이 저술한 민족사는 한국근대사학사에서 1910년대와 1920년대 민족주의사학의 특징을 포괄적으로 보여주고 있다는 점이다. 일제강점기 역사서술이 근대적으로 발전을 이룬 것은 1923년을 전후한 시기였다. 이해에 황의돈의『신편조선역사』, 장도빈의『조선역사요령』, 안확의『조선문명사』가 동시에 출판되었고, 1929년에 권덕규의『조선유기략』, 남궁억의『조선이야기』등이 통사로서 출판되었다. 한편 1920년대에는 분류사의 저술도 활발했다.[93] 1920년대를 전후한 시기에 민족사를 연구한 사람들은

---

92 박걸순(2004), 앞의 책, 322쪽.
93 박걸순(2004), 위의 책, 50쪽.

일정하게 민족운동과 연계되기도 하나, 전혀 연계되지 않거나 오히려 반대의 경우도 있다. 그런데 민족운동과 역사저술의 관계를 가장 명확하게 보여주는 『대동사』와 『배달족강역형세도』가 한국근대사학사에서 제대로 논의되지 않는 것은 안타까운 일이다. 물론 이들의 저술은 현대 사학의 관점에서 볼 때 한계로 지적될 부분이 적지 않을 것이다. 그러나 당시의 처지에서 이들의 역사저술이 미친 긍정적 영향 또한 적지 않았다. 따라서 향후 안동인의 역사저술을 한국근대사학사에서 본격적으로 논의하는 것이 타당하다고 사료된다.

맺음말

일제강점기 민족사의 연구와 저술은 민족운동의 방편이었다. 안동은 한국독립운동의 성지로서, 안동인 이상룡·류인식·이원태는 민족운동과 역사저술의 상관관계를 구체적으로 입증하는 인물이다. 이 글은 이들을 중심으로 안동인의 민족운동과 역사인식을 논의한 것으로서, 이상을 요약하면 다음과 같다.

이상룡과 류인식은 안동의 척사의병에 참여했다가 개화운동에 나섰는데, 이는 안동은 물론 전국적으로도 드문 일로서 혁명적 변화라 할 수 있다. 이들은 안동의 보수적 구각을 깨뜨리고 계몽운동을 선도한 혁신유림이었다. 또한 안동과 중앙의 민족운동을 주도했으며, 척족 단위로 만주로 집단 망명하여 서간도를 독립운동기지로 개척했던 경험을 지닌 인물들이다. 이원태는 퇴계의 후손으로서 김동삼과 함께 망명하여 만주의 독립운동에 참여하고, 귀국 후 대종교 활동을 지속한 안동인이었다.

이들은 민족운동 과정에서 많은 역사저술을 남겼다. 이상룡의 「서사록」을 중심으로 한 『석주유고』, 류인식의 『대동사』와 『동산문고』, 이원태의 『배달족강역형세도』와 『원대유고』는 그중 현전하는 것으로서, 이들의 역사인식을 잘 보여준다.

　이들은 위정척사에서 개화사상으로 전회한 유림으로서, 이른바 혁신 유림의 시국인식과 역사인식을 잘 보여주고 있다. 또한 민족운동과 만주 망명의 경험을 바탕으로 역사를 저술함으로써 민족운동과 역사저술이 상호보완적 관계를 지니며, 역사저술이 민족운동의 실천적 지표로서 정리된 것임을 입증한다. 그렇기 때문에 대종교적 역사인식을 보이며 강렬한 민족주의적 성격을 지니고 있다. 안동인들은 단군국조론과 단군혈통론에 따라 남북조사관이나 남북강국론을 지니고 민족사를 서술하거나 그려냈다. 이들이 지녔던 남북조(강)론은 실학자들이 개념화한 그것과는 전혀 다른 구조로서 족통을 중심으로 한 계통론이었다. 한편 이들은 한반도 남부에 존재했던 정치세력을 부정하지 않으면서도 단군-부여-고구려-발해 정통론을 지니고 있었다. 결국 이들의 역사인식은 1910년대에서 1920년대에 걸친 민족주의사학의 특징을 포괄적으로 보여준다고 할 수 있다. 다만, 지나치게 관념론에 경도되어 유림의 체질적 경직성을 노정한 부분이나, 임나일본부설을 무비판적으로 수용하는 등 일제 식민사학의 굴레에 빠진 부분은 한계로 지적되어야 할 것이다.

　안동의 민족운동과 안동인의 역사저술은 한국독립운동사에서 독특한 의미를 지닌다. 이는 안동인이기에 가능한 '안동정신'의 역사 민족주의적 표현이라 사료된다. 안동의 민족운동이 한국독립운동사에서 주목되고 평가된 만큼, 이제 안동인의 역사저술도 한국근대사학사에서 정당한 평가를 받아야 할 것으로 믿는다.

(『국학연구』 제20권 20호, 한국국학진흥원, 2012)

04

권덕규의 '조선생각'과
근세사 인식론

머리말

애류崖溜 권덕규權悳奎(1891~1949)는 일제강점기에 '강직한 애국자', '한
국의 민족주의자'로서 국어학과 역사학 분야에서 뛰어난 업적을 남긴
국학자이다.[1] 일제강점기 국학자들의 학문적 영역은 다변적이었다. 물
론 당시는 어문학이나 역사학이 개별 학문으로서 독립적 체계를 갖추지
못한 상태였다. 권덕규를 비롯하여 신채호·정인보·백남운·류인식·안
확·문일평·계봉우 등 대부분의 국학자들이 어문학과 역사학의 영역을
넘나든 것은, 일제의 한민족말살정책에 대응하여 민족을 보전하기 위한
방책이었다. 당시 민족혼과 국수 발양을 위해서는 국학민족주의가 요구
되었고, 그 양대 기축은 어문학과 역사학이었다.[2]

    권덕규는 1914년 스승인 주시경의 역사를 정리한 글을 발표한 것

---

1 鄭寅承, 「權悳奎論」, 『思潮』 1958년 10월호, 79쪽.
2 박걸순, 『국학운동』(한국독립운동의 역사 34), 한국독립운동사편찬위원회·독립기념
   관 한국독립운동사연구소, 2009, 13~14쪽.

을 시작으로, 40여 편의 어문 관련 글을 신문과 잡지에 발표했고, 『조선어문경위朝鮮語文經緯』(1923, 광문사)를 저서로 출간하기도 했다.[3] 그는 1921년 십수 인의 동지와 함께 조선어학회朝鮮語學會를 조직했고, 「한글맞춤법통일안」 작성과 우리말 사전 편찬사업에 참여하는 등 어문학에서 큰 업적을 남겼다.

한편 역사학 분야에서도 괄목할 만한 업적을 남겼다. 그런데 그의 역사학에 관해서는 어문학보다 늦게 관심을 받았고, 본격적인 연구도 그리 많지 않다.[4] 권덕규를 본격적으로 주목한 것은 조동걸로, 그의 사학을 역사방법론으로 종교와 어문에 비중을 둔 초기 문화사학으로 분류했다.[5] 이후 이만열·한영우·박걸순·최기영 등도 문화사가로서 권덕규를 주목했다.[6] 한편 그를 대단군주의 관점에서 논의하는 연구도 계속되고 있다.[7] 그러나 그의 저술을 심층적으로 분석하여 한국사학사의 관점에서 그의 사학의 특징을 검출하려는 노력은 아직 많이 부족한 실정이다.

권덕규는 1924년과 1926년 『조선유기朝鮮留記』 상·중(상문관)을 저술했고, 1929년 이를 『조선유기략朝鮮留記略』으로 합책하여 간행했으며, 1945년 『조선사朝鮮史』로 재간했다. 문일평은 『조선유기』를 대표적인 중

---

3 권덕규의 저술에 대해서는 崔起榮, 「崖溜 權悳奎(1891~1949)의 생애와 저술」, 『韓國史學史研究』, 于松趙東杰先生停年紀念論叢刊行委員會, 1997 참조.

4 권덕규에 대한 상세한 연구사는 정민지, 「權悳奎의 『朝鮮史』에 나타난 한국사 인식」, 『역사교육연구』 제17호, 한국역사교육학회, 2013 참조.

5 趙東杰, 『現代韓國史學史』, 나남출판, 1998, 178~196쪽.

6 李萬烈, 「民族主義史學의 韓國史認識」, 『韓國近代歷史學의 理解』, 문학과 지성사, 1981; 朴杰淳, 「1920年代 韓國史 通史의 構成과 性格」, 『民族文化의 諸問題』, 세종문화사, 1994(『植民地 시기의 歷史學과 歷史認識』, 경인문화사, 2004 재수록); 한영우, 『역사학의 역사』, 지식산업사, 2002; 崔起榮(1997), 앞의 논문 참조.

7 박광용, 「대단군 민족주의의 전개와 양면성」, 『역사비평』 제19호, 1992 겨울; 정민지, 「權悳奎의 『朝鮮史』에 나타난 한국사 인식」, 『역사교육연구』 제17호, 2013; 조남호, 「주시경과 제자들의 단군에 대한 이해」, 『仙道文化』 제19권, 국제뇌교육종합대학원 국학연구원, 2015 참조.

등용 교과서로 평가했고, 『조선유기략^{朝鮮留記略}』으로 간행하자 다시 이를 중등 정도 교과서로 높이 평가했다.[8] 『조선유기략』이 출간되자 당시 언론은 이를 '조선사의 일개 콘사이스'·'조선어독본 겸 조선사독본'으로 극찬했다.[9] 한편 『조선사』는 1950년도 베스트셀러가 되었다.[10] 그의 한국사 저술은 『조선유기』를 저본으로 하여 합책과 재간의 형태로 진행된 것이지만, 당대의 역사 저술을 대표하는 것이었다. 따라서 그를 역사가로 규정할 것인가의 논의와는 별개로 그의 저술은 응당 한국사학사에서 중요하게 논의해야 할 대상이다.[11]

일제강점기 민족주의사학에서 가장 중요한 논점의 하나는 사가의 역사인식을 관통하는 관념의 정신적 기축을 구명하는 일이었다. 그러나 지금까지 권덕규의 역사저술과 역사인식을 거론하되, 그의 사학의 기축을 이루는 관념체계가 무엇인지에 대해 거의 관심을 두지 않았다. 이 글에서는 권덕규의 역사인식을 관통하는 관념을 그가 강조한 '조선생각'으로 설정하고, 근세사 인식을 검토하려 한다. 그의 근세사 인식을 검토 대상으로 설정한 것은, 그가 통사에서 가장 비중을 두어 서술하며 근대를 전망했고, 문화사가로서의 성향이 강하게 반영된 부분이기 때문이다. 먼저 그의 관념론인 '조선생각'의 구조를 분석하고, 『조선유기』(『조선사』)를 저본으로 하여 그의 근세사 인식론을 검토하고자 한다.

---

8   文一平, 「朝鮮史의 敎科書에 대하여」, 『東光』 제10호, 1927년 2월 1일; 「讀史閑評」, 『朝鮮日報』, 1929년 10월 3일자. 『朝鮮留記』는 국내는 물론 만주 지역에서도 교과서로 사용했음이 밝혀졌다(崔起榮, 앞의 논문, 1997, 93쪽).

9   『中外日報』, 1929년 6월 10일자.

10   한국출판연구소, 『건국 이후 베스트셀러 50選』, 1998. 베스트셀러는 대부분 소설 등 문학 작품이며, 역사 서적으로는 이 책이 유일하게 선정되었다.

11   함석헌을 본격적인 역사가로 말하지는 않지만 그가 1934~1935년간 저술한 『聖書的 立場에서 본 朝鮮歷史』를 한국사학사에서 논의해야 하는 것과 같은 까닭이다(박걸순, 「咸錫憲의 역사서술과 역사인식」, 『韓國史學史學報』 제22권 22호, 2010 참조).

'조선생각'과 역사저술

1. 문화 관념론으로서 '조선생각'

일제강점기의 민족주의사학은 관념론사학을 특징으로 한다. 신채호의 낭가사상郎家思想, 박은식의 혼백사상魂魄思想, 문일평의 조선심朝鮮心, 정인보의 얼, 최남선의 조선정신朝鮮精神 등은 각기 그들 사학의 요체를 형성하고 있는 관념론이다.

권덕규는 조선국수朝鮮國粹, 참조선, 조선생각을 강조했다. 그의 관념론은 강렬한 문화주의에 토대하고 있고, 그의 문화주의는 중국을 의식한 우월론에 바탕을 두고 있다. 그의 문화 우월론은 대명의리와 춘추의리를 추앙하는 조선의 유학자에 대한 신랄한 비판에서 시작한다. 그는 조선의 유학자들을 "20세기 이 시대를 그야말로 호랑이 담배 먹던 시절로 알아 천둥벌거숭이 짓을 하고 있는 자"라고 비판하며, '한노漢奴'라는 극단적 표현을 서슴지 않았다.

> … 無心無腸한 그네들은 愚하게도 支那思想의 奴隸가 되어 他를 己에 同化시키는 代身에 己를 他에 同化하여 名은 朝鮮人이로되 그 實은 支那人의 一模型에 不過하며 身이 此土에 生한 것이 철전의 한이 되어 … 만일 그네의 입에 자랑이 있다 하면 大弓人이요 君子國보다 小中華요 金紫光祿大夫가 唯一의 出品이며 彭虞 碑文이나 帝釋經字보다 太平頌과 萬東廟가 無雙의 光寶이라. …[12]

12　한별, 「假明人 頭上에 一棒(二)」, 『東亞日報』, 1920년 5월 9일자.

또한 그는 '정신상의 망국 졸업생'인 조선인은 중국에 앞서는 문화를 지녔음에도, 스스로를 오랑캐라 부르는 현실을 질타하며, 유학자들이 중국과 우리나라를 구별하지 못하고 '자타를 도치'하고 있는 '가명인假明人'이라고 비판했다.

… 檀祖의 新政이 아무리 赫赫한들 누구나 讚辭 하나 드리며 扶餘의 至治가 아무리 燦爛한들 누구나 一瞥의 時間을 벼르며 三國의 文藝가 萬丈의 光輝가 있은들 何等의 價値를 얻나뇨. 後無의 盛時인 南北朝는 名字조차 無有하고 渤海의 繼體인 女眞은 宋史의 一葉에 傍註되었으며 高麗의 磁器는 古物商의 싸구려品에 지나지 못하여 文明花인 正音이 下級社會의 장난 件이 되지 않았는가 … 檀君을 버리고 堯舜을 尊崇하며 天君을 등지고 孔孟을 섬김이여. 이것이 父師作隻에 其父를 저버림과 무엇이 다르리오. 그런고로 내 너희를 命名하여 假明人이라 하노라. …[13]

이 논설이 발표되자, 격앙된 수많은 지방 유생들이 상경하여 신문사를 찾아와 항의하고 그를 찾아다닐 정도로 커다란 반향을 일으켰다.[14] 그러나 그의 반유교적 인식은 확고했다. 그는 대원군이 서원을 철폐한 사실을 근대사에서 통쾌한 일로 평가했다. 그 까닭으로 존화사상을 박멸하고, 양반의 굴혈掘穴을 소탕했으며, 양반사상을 파쇄破碎한 사실을 들었다.[15]

권덕규는 우리의 문화 가운데 자랑거리가 많으나, 이를 자랑하지 못

13 한별, 「假明人 頭上에 一棒(二)」, 『東亞日報』, 1920년 5월 9일자.
14 金瑢俊, 「崖溜 權悳奎 先生」, 『桂友』 제30호, 1993.
15 權悳奎, 「朝鮮近代史 中에 통쾌한 일」, 『別乾坤』 제8호, 1927년 8월 17일.

하는 사실을 매우 안타까워했다. 그는 구체적으로 갑옷과 투구를 입고 활을 잘 쏘는 대궁인大弓人(동두철신銅頭鐵身), 세계 최초의 활자 창제, 최초의 철갑선 제작, 고구려 벽화, 조선 측우기, 고려자기, 경주 석굴암, 동무 이제마의 사상설四象說 등을 조선의 자랑거리로 들었다. 특히 그는 로마자와 한자를 '불구적不具的 글자'라고 평가절하하며, 훈민정음을 '한 점도 티가 없는 가장 고등의 합리한 글자'라고 극찬했다.[16]

그의 이른바 문화사학은 철저히 중국을 의식한 인식의 발로였다. 그는 중국의 문화가 조선에서 배태했다고 하며 우리 문화의 선행성과 우월성을 강조했다. 그는 조선 민족은 상고시대부터 중국보다 훨씬 문화 민족이란 사실을 내세웠는데, 그 출발점으로 천강天降의 천신인天神人 삼위일체인 단군을 받든 사실을 들었다. 일찍이 무武도 중국보다 강하여 그들을 압도했고, 농업과 천문학이 앞섰다고 했다. 특히 '순舜'이라는 칭호 자체가 조선적이라고 주장하며, 신경준의 견해를 인용하여 '순'을 무궁화와 연계하여 '근역槿域의 사람'이라고 했다. 또한 창힐蒼頡의 조자造字도 『포박자抱朴子』를 인용하여 조선인의 영향임을 강조했고, 중국의 사상은 조선의 선도仙道가 중국에 이입되어 형성된 것이라고 했다.

그러나 그는 중국의 서적과 일본인 주장의 오류로 말미암아 우리의 선진 고급문화가 제대로 입증되지 못함을 안타까워했다. 그는 보만재保晚齋 서명응徐命膺이 "조선이 중화보다 낫고도 못한 것은 문적文籍이 없는 까닭이요, 중화가 조선만 못하고도 나은 것은 문적이 있기 때문"이라고 한 말을 옳은 말이라고 긍정했다. 나아가 중국의 문적은 우리를 덮어 누르려고 '적賊'이 쓴 것이라고 비판했다. 나아가 우리의 기록도 적의 기록을 그대로 베낀 것이며, 사가들의 논찬인 '안설按說'조차도 노예

---

16 權悳奎, 「마침내 조선 사람이 자랑이여야 한다」, 『開闢』 제61호, 1923년 7월 1일, 20쪽.

사상을 지닌 조선 사람이 적의 기록에 탄복한 것에 지나지 않는다고 폄하했다.

> … 지금의 우리가 參考한다는 조선의 기록이 우리의 손으로 된 것이 하나가 있는가. 모두 우리를 덮어 누르려 하는 賊의 쓴 바가 아닌가. 賊이 가르되 '네가 오랑캐라' 했어도 그대로 베낀 것이요, 賊이 가르되 '네가 우리의 종이니라' 했어도 그대로 적어 온 것이 아니냐. 『三國史記』나 『東國通鑑』이 賊인 支那사람의 붓끝으로 된 그것을 다만 년대를 찾아 정성스럽게 들이낀 것이 아닌가. 더구나 이들의 책 중의 按說이라는 것은 賊의 이야기를 무슨 戒訓처럼 여기는 지나에 대하여 奴隷思想을 가진 조선 사람의 賊의 설명을 탄복하여 마지않는 按說이 아닌가. 내 말하되 '조선은 아직 歷史가 업는 나라이라'라 한다. 歷史는 따로 있다. 그러나 歷史冊은 업다. 다만 역사의 자료가 있을 뿐이다. …[17]

이러한 그의 주장은 일제의 식민지로 전락한 상황에서 지나치게 중국을 의식한 논의라는 비판을 받을 소지가 있다. 이는 학부 편찬 역사교과서나 김택영의 『역사집략歷史輯略』 등이 대중국 주체의식과 자주의식의 회복이라는 전통적 과제에 함몰되어 있던 한말사학의 한계로 지적되는 현상이다.[18]

그런데 권덕규는 '가명인'만을 배척한 것이 아니라, 식민지하의 친일군상을 말뚝족제비라고 규탄했다. 1934년 그는, 비록 간접화법이기는 하지만 일제에 기생하고 있는 이른바 '학자'를 비판하며 학자가 없

---

17 權悳奎, 「朝鮮에서 胚胎한 支那의 文化」, 『東光』 제7호, 1926년 11월 1일.
18 朴杰淳, 『韓國近代史學史研究』, 국학자료원, 1998, 79~80쪽.

는 세상을 개탄했다. 그는 '요새 소위 말하는 따위의 학자'는 '이만저만 하고 지내는 따위의 학자'이고, 민족문화에 하등의 효용가치가 없다고 하며 '절조 있는 학자'가 필요하다고 강조했다. 그는 학자가 생활의 곤란이라는 외적 조건을 내세워 자신의 생각을 허무는 것은 계통 있는 사상을 온전하게 가지지 못하기 때문이라고 지적하며, 학자는 자각과 인내로써 절조를 지켜야 한다고 강조했다.[19] 이는 최남선 등이 민족운동 전선에서 이탈하여 변절 훼절한 것을 비판한 내용이라 할 수 있다.

권덕규의 국학민족주의는 종교에 기반을 두고 있다. 그는 유학에 대해서는 매우 신랄한 반면, 대종교와 불교에 대해서는 긍정적이었다. 권덕규는 최남선과 유근의 영향으로 대종교를 신봉하게 되었고,[20] 1920년대 초부터 대종교의 천제식·중광절·개천절 등 각종 기념일에 연사로 나서 강연을 했다.[21]

그는 민족의 영예는 정치상·문화상의 지위로 나뉘는데, 세계의 다른 민족은 모두 하나씩만 가지고 떠들고 자랑을 하나, 우리 민족은 그 두 자랑을 아울러 가졌다고 자부했다. 그는 문화상의 지위로서 종교를 우선으로 들었으며, 대종교의 진리가 현오심오玄奧深奧하며 중국에도 영향을 주었다고 강조했다. 그러나 이러한 대종교가 쇠미하게 된 원인으로 사서史書의 부전不傳, 모화자慕華者의 죄과罪過, 대종교도들의 죄, 대종교리의 과범過汎함 등 넷으로 설명했다. 특히 최치원에서부터 외인外人 숭배벽崇拜癖이 시작되어 『삼국사기』에서 이를 제외한 것을 가장 중요한 까닭으로 지적했다.[22] 또한 대종교도의 죄로서 불교나 유교와 수차 충돌

---

19 權悳奎, 「참 갑시 잇는 學者 待望」, 『每日申報』, 1934년 1월 3일자.

20 崔起榮(1997), 앞의 논문, 478~479쪽.

21 『每日申報』, 1920년 5월 5일자; 1921년 12월 21일자; 1922년 11월 25일자 등.

22 권덕규는 최치원을 '慕華家'의 시초라고 비판했다(「慶州行」, 『開闢』 제18호, 1921년 12월 1일).

했지만, 교도들이 안여晏如하게 대처한 점을 들었다.[23]

> … 이와 같이 大倧의 진리가 玄奧하고 남에게 영향을 주었다 하면 어
> 찌하여 그 그림자도 접해볼 수가 업느냐 질문하는 이가 있으리라. 나
> 는 이에 대답하기를 여기에는 별다른 여러 가지 까닭이 많을지나 대
> 개 네 가지 까닭에 원인하였다 하노니 첫째는 朝代가 자주 興替하야
> 史書가 傳치 못함이요, 둘째는 慕華者의 罪過, 셋째는 倧敎徒들의 죄
> 며, 넷째는 大倧敎理의 過汎함이라. 史書가 傳치 못하매 倧敎가 우리
> 정신에 함양된 영향과 및 그 後傳의 여하를 찾아볼 길이 아득한데 隣
> 兵을 끌어들여 自家의 욕심을 채운 金春秋, 金庾信의 일시적 수단이
> 이내 後來 羅人의 外人崇拜癖을 이루어 崔致遠이 걸음을 하고 金富軾
> 이 집대성을 하야 소위 三國史記 編纂에(이름이 三國史記이지만) 붓
> 을 제외하였더라. …[24]

권덕규는 자신의 국학민족주의를 '조선생각'으로 개념화했다. 그는
우리 민족이 세계사에서 영광을 찾기 위해서는 오직 조선 사람의 것이라
고 일컬을 문화의 길이라고 단언했다. 그리고 옛 문화를 찾아서 본래 빛
을 발하게 가식加飾한 것이라고 했다. 그것은 곧 조선 사람의 실생활과 연
계된 사상과 감정으로, 이는 참 조선이지 모방한 문명이 아니라고 했다.

> … 우리 문화운동이란 것은 오직 옛 문화를 찾아 세워서 제 빛으로
> 加飾할 뿐이라. 그리하여 이것을 늘릴 뿐이라. 다른 말로 하면 朝鮮

---

23 그는 대표적 사례로 진성여왕의 『삼대목』 저술 지시와 국학부흥운동을 들고, 이에
   대항한 유학자들의 대립(倧儒 충돌)을 대종교와 유교 사이에 벌어진 종교전쟁으로
   규정했다.
24 權悳奎, 「朝鮮생각을 차즐대」, 『開闢』 제45호, 1924년 3월 1일, 36쪽.

사람의 사상, 감정 곧 實사회에 접촉하는 그러한 것이요. 참 朝鮮과 관련이 뜬 模倣的 문명 그러한 것이 아니로다. …[25]

그는 이러한 '조선생각'은 조선에서 찾아 조선 사람의 실생활에 맞도록 세워야 한다고 했다. 그리고 그 주체와 대상을 금강산과 다도해와 같은 자연과, 늙은 부노父老·약한 부유婦幼·무식한 노동자로 설정했다.[26]

> … 아아. 조선의 생각은 어디가 찾아서 어떻게 세울고. 그것이야 朝鮮에서 찾아서 조선 사람의 실생활에 맞도록 세우는 것이지. 칠판 밑에서 찾을 것도 아니요. 漢籍에서 찾을 것도 아니요. 東京 유학생의 소견 아래도 아니요. 서양 유학생의 이상 속에도 아니라 … 또 그 찾는 데가 조선인 것이야 물론이지마는 조선이라 하면 그 혹 북쪽일까 남쪽일까 혹 늙은이에 일까 幼者에게 일까. 우리의 진정한 역사는 5,000년의 역사 그것이 아니라 높고 낮은 뫼이나 맑고 흐린 바다들이며 우리의 철학이나 문학이 이제 우리 洋服 입고 과학을 말하는 젊은 사람에게 있는 것이 아니라 저 늙은 父老며 약한 婦幼와 및 무식한 노동자에 있다 하노니. …[27]

그에게 있어서 '조선생각'이란 조선의 산과 바다와 같은 자연과, 조선인(양복 입고 과학을 말하는 젊은이가 아닌 늙은이·부녀와 아이·노동자)의 실제 사상과 감정으로 정의할 수 있다. 일제강점기 대부분의 국학

---

25 權悳奎, 「朝鮮생각을 차즐대」, 『開闢』 제45호, 1924년 3월 1일, 38쪽.
26 그는 늙은 사람의 전설이 무의미하지 않고, 아이들의 장난소리가 無根底하지 않으며, 노동자의 끊이지 않는 욕설은 우리 君子國의 도덕적 반향이라고 해석했는데, 이들을 큰 스승이라고 표현했다.
27 權悳奎, 「朝鮮생각을 차즐대」, 『開闢』 제45호, 1924년 3월 1일, 40쪽.

자들이 그렇듯이 그의 문화주의로서 '조선생각'은 다분히 추상적이고 관념론적이다. 곧 '조선생각'은 그의 국학민족주의의 기축을 이룰 뿐만 아니라, 문화를 우선시하는 역사관의 핵심을 형성하는 것으로 이해된다. 따라서 일련의 그의 통사 저술은 '조선생각'에 입각한 민족사의 체계화라 할 수 있다.

2. 역사저술

권덕규는 1924년과 1926년 『조선유기』 상·중(상문관)을 저술했고, 1929년 이를 『조선유기략』으로 대폭 축약하여 간행했으며, 1945년 『조선사』로 재간했다. 1920년대에 들어 한국사 통사와 분류사 저술이 활발해지고 민족사 서술과 이해의 범위·진폭이 넓어지고 근대사학의 면모를 보이고 있다. 당시 그를 비롯하여 황의돈이 『신편조선역사新編朝鮮歷史』, 장도빈이 『조선역사요령朝鮮歷史要領』, 남궁억이 『동사략東史略』과 『조선朝鮮이야기』, 안확이 『조선문명사朝鮮文明史』, 최남선이 『조선역사강화朝鮮歷史講話』라는 통사를 저술했다.[28]

그런데 그는 자신의 최초의 역사 저술에 '유기留記'를 제명으로 붙였고, 이를 합편했을 때에도 유기를 그대로 제명으로 사용했다. 이는 자신을 본격적인 사가로 생각하지 않은 겸칭으로 생각된다. 그는 『조선유기』를 3권으로 구상했으나, 러일전쟁까지 근세사의 저술로만 그치고, 그 이후를 구상한 하권은 끝내 완성하지 못했다. 이는 일제강점기의 시휘時諱 때문으로 생각된다. 따라서 다른 사가들과 같은 통사적 개념의 명칭 사용을 주저했을 것이다. 한편 고구려 역사서인 『유기留記』를 염두에

---

28 朴杰淳(1994), 앞의 논문, 91~94쪽.

둔 제명일 가능성도 있다. 그 자신이 제명에 대한 별도의 해석을 남기지 않아 정확한 사유는 알 수 없으나, 일제강점기에 역사를 기록한다는 위기의식을 반영한 것으로 이해된다.

『조선유기』는 3편 10장으로 구성되었는데, 상권의 1편 상고사는 따로 절節을 설정하지 않고 8개의 장으로만 구성했고, 2편의 중고사는 1장(고려시대) 16절로 구성했다. 중권은 3편 근세사로서 1장(조선시대) 43절로 구성했다.

『조선유기』의 편제는 『조선유기략』에서 변화한다. 우선 상고-중고-근세의 3시기 구분이 상고-중고-근고-근세 4시기로 나뉘고, 중고를 상(삼국시대)과 하(남북국시대)로 양분하여 사실상 5시기로 구분했다. 장절의 편제도 변화했다. 『조선유기략』은 절을 편성하지 않고 장으로만 나눴는데, 상고 6장, 중고 19장, 근고 11장, 근세 22장으로 분장했다. 그런데 『조선사』는 다시 『조선유기』 편제로 환원하여 상고-중고-근세의 3시기로 구분하고, 상고 8장 30절, 중고 1장 16절, 근세 1장 42절로 편제했다. 그런데 『조선유기』에서는 상고편에서 분절하지 않았으나, 『조선사』에서는 상고편을 30절로 상세하게 나누고 있음이 특징적이다.

그의 일련의 역사 저술은 최초의 저술인 『조선유기』의 연속선상에 있으며, 여전히 근대 부분은 보완하지 않았다. 『조선유기』는 상권에서 상고사와 중고사를, 중권에서 근세사를 다뤘다. 『조선유기략』은 250쪽이 넘는 『조선유기』를 합책하고 100쪽 이내로 축약하되, 다수의 자료 사진을 수록함으로써 교과서로서의 기능을 강화한 것이다.[29] 해방 직후 간행한 『조선사』 또한 『조선유기』의 재판 수준을 넘지 않는다.

---

29 『조선유기략』에는 말미에 부표로서 傳世圖, 歷代年表, 黨色圖를 넣었으나, 『조선사』는 모두에 「조선역대전수도」를 싣고, 1·2편의 상고사와 중고사의 목차 다음에 고려까지의 傳世圖를, 3편의 모두에 조선의 전세도를 싣는 등 변화를 주었다.

권덕규의 '조선생각'에 입각한 역사인식을 집약적으로 보여주는 것은 「조선역대전수도朝鮮歷代傳授圖」이다. 여기에서는 실학자들이 주장한 이래 한말 사가들에게 계승되어온 삼한정통론三韓正統論을 부정하고 단조壇朝 이래 부여-고구려-발해-고려-조선-한으로 연계되는 통계統系를 제시했다. 여기서는 단조 이래 숙신·부여·한의 3개 종족이 부여시대-삼국시대-남북국시대를 거치며 이합집산을 거듭하다가 결국 부여족이 한족과 합류하여 발해 이후 고려-조선으로 이어지는 계통과, 여진-금-청으로 분기되는 것으로 설명하며 이른바 대조선주의를 표방하고 있다.[30]

대조선주의는 상고사편 첫 부분의 지리와 종족을 설명하는 부분에서 잘 나타나 있다. 그는 이 부분에서도 중국을 의식하여 중국인이 조선인을 대인, 군자로 불렀고 중국과 쟁패하여 무서운 바람을 황하 북쪽에 일으켰다고 자부했다.[31] 그는 조선은 이전의 조선과 만주를 아우르는 지역으로 설정하고, 그들을 6대 문명개창자의 한 사람인 환족(천족), 퉁구스족이라 했다. 민족의 시원을 천강天降과 문명사적 관점에서 설명하고 있는 것이다. 단군조선에 대한 서술은 대종교적 인식과 일치하나, 기자조선에 대해서는 『조선유기』에서 이를 인정하는 서술을 했다. 특히 『신지비사』를 '조선 문예의 시始'라고 서술한 것은 신채호의 영향으로 보인다.[32] 기자조선에 대해서는 『조선사』에서 '기자의 동래건국설'이라며 실체를 부정적으로 서술했으나, 이로 말미암아 '한인漢人 주집漢集이 성대盛大'하게 되었다고 서술했다.[33] 위만조선은 연燕 망인亡人의 침습으

---

30 『朝鮮史』卷首「朝鮮歷代傳授圖」.
31 대중국 우월의식은 『조선사』에서는 다소 완화되었으나, 근본 인식은 변하지 않았다.
32 申采浩, 『朝鮮上古史』, 10쪽(『단재신채호전집』제1권, 234쪽). 권덕규는 이후 근세사 부분에서도 『神誌秘詞』에 대해서 재차 언급했다(『朝鮮史』, 7쪽).
33 權悳奎, 『朝鮮史』, 10~11쪽.

로 해석했으며, 한사군의 실체는 인정했으나, 한족을 배격하려 한 '아인我人'의 투쟁을 평가했다.[34]

삼국시대는 『삼국사기』의 편년을 따르지 않고 고구려-백제-신라 순으로 서술했다. 이는 『삼국사기』의 편년을 부정하고 고구려 중심의 서술을 한 최초의 역사서로서 주목된다. 그는 민족적 자각과 고대국가의 성장을 삼국시대로 보되, 그 시기를 고구려가 2~3세기 중으로 가장 이르고, 다음이 백제로서 고구려보다 약간 이후이며, 신라가 2~3세기 말에 성립된 것으로 해석했다.[35]

권덕규는 고구려 중심의 역사인식을 지녔던 만큼 신라에 의한 삼국통일에는 별다른 의미를 부여하지 않았다. 그는 '려제麗濟의 멸망滅亡', '려제麗濟의 평정平定'이란 용어는 사용했으나 통일統一이란 용어를 사용하지는 않았다. 그런데, 지수신遲受信과 흑치상지黑齒常之 등의 백제부흥운동군을 '독립군獨立軍'이라 표현하고 있어 주목된다.[36] 그는 발해의 부흥운동군에 대해서도 '독립군'이란 용어를 사용한바,[37] 이는 식민지 현실에 대한 그의 인식과 독립에 대한 여망을 간접적으로 시사한다고 할 수 있다.

그는 남북조시대를 설정하고, '230년간 동방사상東方史上의 주인'으로서 '가장 큰 판도를 보유하고 가장 높은 문화를 가져 큰 색채를 끼친 5,000년 역사상의 성대盛代'라고 강조했다.[38] 또한 장명章名을 통해 신라는 쇠운을, 발해는 융성함을 강조하고자 했으며, 삼국의 문화를 남북조

---

34 權悳奎, 『朝鮮史』, 11~12쪽.
35 權悳奎, 『朝鮮史』, 19~21쪽. 여기에서 世紀는 檀紀를 일컫는다.
36 權悳奎, 『朝鮮史』, 44쪽.
37 權悳奎, 『朝鮮史』, 75쪽.
38 權悳奎, 『朝鮮史』, 47쪽. 그는 章 다음에 별도의 설명 없이 바로 節을 편성하여 서술했는데, 8장 남북조는 그 역사상의 의의를 설명한 다음에 제1절을 편성하여 남북조를 강조한 그의 의도를 편제에서도 확인할 수 있다.

권덕규의 '조선생각'과 근세사 인식론　543

시대 말미에 편성함으로써 남북조를 삼국시대의 연장선상에서 서술했음을 알 수 있다. 발해의 문화를 별도로 서술하지 않은 것에 대한 지적이 있을 수 있다.[39] 그는 남북조시대 서술의 마지막 절로 삼국의 문화를 설정하고, 이 부분에서 발해의 문화를 설명하고 있다. 따라서 이를 한계로 지적하기보다는 오히려 발해의 문화를 더욱 강조한 편제로 이해하는 것이 타당할 듯하다. 특히 발해가 669년 사신을 신라와 돌궐에 파견했다고 기술함으로써, 양국의 관계를 대립과 반목으로 설명한 『삼국사기』와 일제 관학자의 식민사학적 해석을 반박했다.[40] 발해의 멸망 후 영토의 분할 귀속에 대한 서술에서도 '입(入, 고려)', '몰(沒, 여진)', '영(領, 거란)'으로 표현을 달리하여 주목된다.[41] 이는 「조선역대전수도」에서 설명한 바와 같이 발해에서 고려로 이어지는 민족사의 계통을 강조하고자 한 것으로 이해된다.

삼국의 통일에 대해 의미를 부여하지 않았던 그는, 고려의 건국을 '반도의 통일'로 표현했다.[42] 특히 고려의 통일을 고대사 말미에 서술함으로써 고대사의 마감과 중고사의 분기점으로 인식했음을 보여준다. 이는 장도빈 등 당시 민족주의사가들의 인식과 궤를 같이하는 것이다.[43]

고려시대사 역시 정치사는 부정적으로 서술하는 대신, 문화사를 긍정적으로 기술하는 이원적 양상을 보인다. 특히 다른 사서들이 고려 멸망의 필연성을 강조하고 조선 건국의 정당성을 옹호한 반면, 그는 친원파와 왕실파의 대립에서 이성계가 승리하는 간단한 사실의 설명으로만

---

39 趙東杰, 『現代韓國史學史』, 1998, 194쪽.

40 權悳奎, 『朝鮮史』, 49쪽.

41 權悳奎, 『朝鮮史』, 57~58쪽.

42 權悳奎, 『朝鮮史』, 59쪽.

43 朴杰淳(1994), 앞의 논문, 92쪽. 조동걸은 그가 휘문의숙에서 황의돈의 가르침을 받은 사실을 주목하여 황의돈의 역사인식을 발전시킨 것으로 해석했다(趙東杰, 『現代韓國史學史』, 193쪽).

그쳤다.[44] 조선시대사에 대해 부정적 인식을 지닌 그로서는 당연한 일이었을 것이다.

그러나 고려의 문화에 대해서는 상세히 서술하여 정치사 서술과 대비를 이룬다. 그는 고려대장경과 대각국사, 활자 창제, 경판經板 재영再營, 안유安裕의 흥학興學을 각각 절로 구성하여 강조했고, 고려의 문화를 종교·제도·문학·예술·풍속으로 상세하게 설명했다. 특히 종교를 신교·불교·유교·도교로 나누어 설명하되, 신사神事와 불사佛事가 호용互用되었다고 설명함으로써 불교를 강조했다.[45] 제도는 관제·병제·형제·학제·전제와 세제로 나눠 설명했고, 문학에서는 한문학과 함께 국문학이 성행했음을 강조했다. 예술은 건축·조각·서화·음악으로 나눠 설명했고, 조각에서 '경판 조각은 세계의 최고最古 최완最完한 자者'로, '활자는 세계의 최선最先 발명發明'이라고 하여 세계사적 의의를 강조했다. 특히 아악·속악·당악의 3종이 존재한 음악은 '동양 최고最古의 악樂'이라고 강조했다.[46] 고려시대사의 서술 분량은 전체가 35쪽에 지나지 않는다. 그런데 이 중 제16절 고려의 문화 부분이 13쪽에 이르며, 문화에 대해 서술한 7절과 12절을 합하면 19쪽에 달해 고려시대사 서술의 절반 이상을 문화 부분의 서술에 할애하고 있어 권덕규의 문화사 중심의 고려시대사 인식을 잘 보여준다.

그런데 그가 고려시대사를 소략하게 기술했다고 하여 이를 역사학자가 아니기 때문이라거나 고려 이후의 한국사 개설서를 찾지 못했을 것이라고 보는 견해[47]는 옳지 않다. 그와 가깝게 지냈고 그가 『조선유기략』을 발간하자 이를 극찬한 문일평이 불과 2년 전인 1927년 「고려개

---

44 權悳奎, 『朝鮮史』, 91~92쪽.
45 權悳奎, 『朝鮮史』, 92~94쪽. 유교에 대해서 간단히 언급한 것과 대비된다.
46 權悳奎, 『朝鮮史』, 92~104쪽.
47 정민지(2013), 앞의 논문, 25쪽.

사」를 저술하여 교재로 사용하고 있었다. 「고려개사」는 이마니시 류今西龍의 『고려사개설高麗史槪說』과 세노 우마쿠마瀨野馬熊의 『조선사대계朝鮮史大系』 중세사편 등 일제 관학자들의 고려사 왜곡에 맞서 고려 건국 이래의 북진주의를 고려의 국가적 이상, 또는 범고려주의汎高麗主義로 설정하고 민족사를 수호하고자 한 저술이었다.[48] 따라서 그는 정치사적으로 부정적으로 인식했던 고려시대를 의도적으로 소략하게 기술한 것으로 해석하는 것이 타당하다.

근고사까지를 104쪽으로 서술한 그는 근세사인 조선시대사를 무려 126쪽에 걸쳐 서술했다. 따라서 조선시대사가 비록 1개 장으로 이뤄졌다고 해서 상고사보다 단순하게 구성했다고 이해해서는 안 된다. 왜냐하면 분량도 크게 증가했지만, 조선시대를 무려 42개로 분절하여 상세하게 기술하고 있기 때문이다. 그러나 당쟁黨爭에 관해서는 부정적 기술이 이전보다 훨씬 강화되는 양상을 보인다.

조선시대사 서술은 정치사·문화사·대외관계사로 대별할 수 있을 것이다. 정치사는 역대 왕들의 문치文治를 주목하고자 했으나, 당쟁을 상세하게 기술했음이 특징적이다. 조선시대사는 그의 문화사학의 관점이 강하게 투영된 부분이다. 그는 여러 절에 걸쳐서 정음의 반포, 간경도감의 설치, 유교의 융성과 불교의 배척, 유학자의 배출 등을 설명했고, 마지막 절에 조선의 문화를 19쪽에 걸쳐 설명했다. 조선의 문화는 종교를 수위에 두고 제도·문학·예술·풍속의 5개항으로 설명했다. 그런데 종교에서 선교를 신교의 일파라고 하며 나철이 대종교로 중광重光했음을 강조했다. 유교는 성리학 일변도의 성향을 비판하고, 이로 인해 언론의 자유가 없다고 진단했으나, 윤휴尹鑴를 자유학파自由學派로 지칭했다. 신

48 朴杰淳, 「文一平의 高麗史 敍述과 認識論」, 『忠北史學』제11~12권, 2000, 369~372쪽.

교 중심의 문화민족주의자인 그가 천주교와 천도교까지 설명한 것은 자신의 입장과는 달리 현실의 실제적 상황을 인정한 때문으로 이해된다.[49]

한편, 조선시대사 서술의 하한의 변화가 있어 주목된다. 즉, 『조선유기』 중[中]의 하한은 1904년의 한일의정서 체결까지를 서술했고, 『조선유기략』에서는 1910년의 강제병합까지 서술했으나, 『조선사』에서는 다시 한일의정서가 하한으로 환원되었다. 당초 『조선유기』 중의 하한이 1904년인 것을 보면, 그는 하권을 1905년 을사늑약 이후 일제의 본격적인 식민지 침략과 지배를 서술하고자 했던 것으로 보인다. 이를 합책하여 약술한 『조선유기략』은 한일의정서 이후 을사늑약과 헤이그 특사, 광무황제의 퇴위, 정미칠조약, 군대해산, 안중근 의거, 경술국치를 아주 간단하나마 기술했다. 그런데 해방 후 『조선유기』를 합본하여 발간한 『조선사』는 다시 한일의정서까지만 기술했다. 아마 건강이 좋지 않고 『조선유기』 간행 이후 20년이 흘러 1905년 이후를 쓰고자 했던 하권을 근대사로서 집필하지 못했던 것으로 이해된다. 『조선유기략』 간행 때에는 시휘에 저촉되는 부분이라 이를 추가할 수 없었을 것이나, 해방 이후에 편찬한 『조선사』에서도 이 시기를 추가하지 못함은 안타까운 일이다.

---

49 權悳奎, 『朝鮮史』, 108~110쪽.

조선시대사 인식

1. 근세사로서 조선시대사의 강조

1920년대 한국사 통사의 저술에서 주목되는 현상의 하나는 시기 구분이 활발히 이뤄지고 있다는 점이다. 권덕규의 시기 구분론을 이해하기 위해서는 동시대 여타 민족주의사가의 시기 구분을 검토할 필요가 있다.

황의돈은 민족주의사가의 통사 중 최초로 평가되는 『대동청사』(1909)를 저술하며 상고사-중고사-근고사로 시기 구분을 했다.

> 1. 상고사(부여족의 창립 및 한족 침입 시대): 단군~삼한시대
> 2. 중고사(부여족의 웅비 시대): 삼국시대~고려시대 몽고의 입구入寇
> 3. 근고사(문흥무쇠 시대): 몽고의 압제~조선의 세도정치

대부분의 당시 사가들이 고려를 단대사로 구분한 반면, 몽고의 침입을 기준으로 중고와 근고의 분기로 설정한 것은 황의돈만의 독특한 구분법이다. 그는 중고사와 근고사 말미에 종교와 문화를 별도의 장으로 설정하여 문화민족주의적 성격을 보인다.

그런데 황의돈은 『신편조선역사』(1923)에서는 『대동청사』와는 다른 시기구분을 시도했다. 즉, 상고사-중고사-근고사-근세사-최근세사의 5시기 구분을 시도한 것인데, 고려시대를 근고사로, 조선 건국부터 영·정조 시대까지를 근세사로, 대원군부터 1904년까지를 최근세사最近世史로 설정한 것이다. 1920년대 민족주의사가 가운데 최근세사라는 개념은 여기에서 처음 설정된 것이다.[50]

---

[50] 朴杰淳(1994), 앞의 논문, 53쪽.

한편 장도빈도 같은 시기에 『조선역사요령』을 출간했다. 여기에서는 상고-중고-근고-근세-최근의 5시기로 설정하여 황의돈과 거의 유사하다.[51] 안확은 『조선문명사』에서 태고-상고-중고-근고-근세의 5시기 구분법을 취했다. 단군 이전의 원시시대를 별도로 설정하여 태고사로 설정한 점 외에는 황의돈이나 장도빈의 구분법과 유사하다. 1931년 『조선역사』를 저술한 최남선은 상고-중고-근세-최근의 4시기로 구분했다. 중고는 고려시대를, 근세는 조선 태조부터 철종까지를, 최근은 고종부터 1910년까지를 서술했다.

이처럼 1920년대 민족주의사가들의 한국사 통사에서 시기 구분이 활발하게 시도된 것은 한국근대사학의 발전적 면모라 할 수 있다. 즉, 단순한 편년적 서술의 차원을 넘어 민족사의 발전 과정을 체계적으로 인식하고 발전단계를 구획하여 평가를 내린 것은 학문상의 발전을 의미함은 물론 일제 식민사학에 맞서 민족사를 수호한 점에서 의의를 부여할 수 있다.

권덕규의 시기구분법은 이들과 유사한 점도 있으나, 차이점도 있다. 그의 최초의 통사인 『조선유기』의 편제는 상고-중고-근세의 3시기 구분을 따랐고, 『조선사』도 마찬가지이다. 이 편제는 『조선유기략』에서 상고-중고-근고-근세의 4시기로 바꿨었다. 그런데 중고를 상(삼국시대)과 하(남북국시대)로 양분하고 있어 사실상 5시기로 구분한 셈이다. 마치 황의돈이 최초의 통사에서 3시기로 구분했다가 후에 5시기로 구분한 것과 같은 변화이다. 그런데 남북국시대를 중고(하)로서 독립시킨 것은 권덕규가 유일하다. 이는 그가 다른 사가들보다 남북국시대에 대한 역사적 의미를 극대화하고 있음을 의미한다.

---

[51] 장도빈은 다수의 통사를 저술했으나 시기 구분은 모두 5시기 구분법을 취하고 있다.

그가 저술한 통사에서 가장 주목되는 것은 조선시대사에 대한 서술이다. 우선 분량이 다른 사가들과는 비교가 되지 않을 정도로 많다.[52] 장도빈 등 대부분의 민족주의사가들이 고대사 서술에 절반 이상을 할애한 반면, 그는 조선시대사의 서술에 큰 비중을 두었다. 그는 『조선유기략』에서는 통사의 33%를 조선시대사의 서술에 할애했으나, 『조선유기』(『조선사』)에서는 무려 55%나 할애했다. 따라서 그는 당시 민족주의사가 가운데 조선시대사 서술에 가장 큰 비중을 둔 사가라 할 수 있다. 조선시대를 42개 절로 나눠 상론한 것은 전무후무한 일이었다. 이는 전통적 역사인식을 계승하여 기사본말체적인 성격을 지니고 있으면서도 통사로서 근대적 서술을 하고 있다는 평가를 받을 만하다.[53]

그러나 권덕규의 조선시대사 인식은 다분히 부정적이다. 예컨대 이성계가 요동정벌을 반대하여 위화도 회군을 단행함으로써 우리 민족의 대륙 경영의 기회를 막은 사실을 한국사에서 가장 원통한 일이라 했으니,[54] 조선의 건국 자체를 부정적으로 보았던 것이다. 그럼에도 근세사로서 조선시대사 서술에 가장 큰 비중을 두었던 것은 그의 민족주의 사학자로서의 면모를 보여주는 것으로 이해된다. 즉, 일제치하라는 시대적 상황에서 시간적 간극이 큰 고대사를 장엄하게 기술하기보다는, 망국으로 치달은 조선시대를 반성적으로 성찰함으로써 현실적 모순 극복을 위한 교훈을 찾고자 했다고 할 수 있다.

---

52 권덕규가 저술한 통사의 시대사별 지면을 정리하면 다음과 같다.

서명	삼국 이전	삼국시대	남북국시대	고려시대	조선시대	총면 수
『조선유기』 상·중	18	28	22	35	126	229
『조선유기략』	11	21	8	18	28	86

53 李萬烈(1981), 앞의 논문, 155~157쪽.
54 權悳奎, 「가장 痛憤한 일」, 『學生』, 1929, 39쪽.

2. 반유학과 당쟁 비판론

권덕규는 문화에서 종교를 강조하되 신교 우위의 서술을 했고 유교는
간략히 설명하는 데 그쳤다.[55] 그런데 역대 왕의 문치를 주목하며 유학
을 중심으로 한 흥학에 대해서는 긍정적으로 기술했다. 그는 태조와 세
종, 성종, 영·정조대의 문치와 흥학을 주목했다. 심지어 세조의 찬위를
상세히 설명함으로써 그 정통성에 의문을 제기하면서도 그의 문치는 칭
송했다.[56]

그런데 근세사 말미의 조선의 문화 부분에서 유교에 대한 설명은 다
분히 비판적이다.

> … 儒敎는 專히 性理學說을 主하야 老壯의 言이나 陸王의 學 等 무릇
> 程朱의 意見과 同치 아니한 者면 다 斥黜하야 言論에 自由가 無하고
> 性理學은 實로 隆盛하야 儒賢으로 著名한 人이 極多하다. 그러나 一面
> 에 尹鑴, 沈允大 等 自由學派와 盧守愼 崔鳴吉 鄭齊斗 以下近來의 朴殷
> 植의 陽明學派도 有하고 …

요컨대 조선의 성리학은 오로지 정주학 일변도이기 때문에 학문적
배타성과 폐쇄성이 강함을 지적한 것이다. 그는 고려 말 정주학의 도입
이래 유명한 학자가 많이 배출되었고, 그중 이황을 '조선의 유종'이라
하면서도 그로 인해 학문에 협애狹隘의 풍風이 생겼다고 지적했다.

---

55 고려의 문화에서 유교는 신교와 불교 다음에 배열하여 설명했으나, 조선의 문화에서
   유교는 신교 다음으로 배열하여 설명했다.
56 權悳奎, 『朝鮮史』, 8~11쪽.

儒教는 麗末에 程朱學이 行하야 鄭夢周가 道學과 氣節로 顯하드니 李朝에 至하야 더욱 隆盛할 새 그 尤著한 者는 金宏弼 鄭汝昌 趙光祖 李彦迪 李滉 李珥 等이요 그중에 滉은 깊이 性理學을 修하야 躬行實踐하야 程朱의 神髓를 得하니 곧 朝鮮의 儒宗이라 그러나 老莊과 陸王을 다 排斥하여 學問에 狹隘의 風이 생기니라.[57]

　그런데 통사에서는 비교적 객관적 자세를 보이던 그는, 논설을 통해서 유학자, 특히 대명의리와 춘추의리를 추앙하는 사대적 유학자에 대해서는 매우 신랄하게 비판했다. 「가명인假明人 두상頭上에 일봉一棒」은 그 대표적 논설이다. 그는 "신라의 문화혈文化血을 이은 영남인嶺南人이 한학漢學으로 빼어난 점이 있으면 추로鄒魯의 향鄕이라는 아니꼬운 명칭을 붙이며 기껏 자기를 자랑한다 하여 문화모의중국文化侔擬中國"이라 하는 현실을 비판했다.

　송시열을 중심으로 한 화양동 유생에 대한 비판은 혹독할 정도이다. 그는 만동묘萬東廟를 "만절필동萬折必東이라는 좋은 뜻을 더럽게 응용하여 광대한 옥玉으로 장식한 화려한 옥우屋宇를 세우고 화양동華陽洞 깨끗한 수석水石으로 대명건곤大明乾坤을 삼고 이를 등대어 대명의리니 무엇이니 하는 허명虛名하에 엄연히 머리에 관 쓴 벼슬아치[冠紳] 도둑놈들의 소굴'이라고 표현했다. 또한 당시 만동묘 제사 통지서에 '만절필동의 구가 있고 숭정기원후崇禎紀元後라 기정記正'한 사실도 비판했다. 그는 이러한 현상을 '내 부스럼[我瘍]에 남의 다리[人脚] 긁는' 것이라 하고 '자기 밭을 버리고 남의 밭을 가는' 것이라고 했다.

57　權悳奎, 『朝鮮史』, 19~20쪽.

… 人의 恩을 報하려도 自己는 自己로 살아야 할지니라. 당당한 朝鮮
의 겨레가 어찌 假明人이 되랴. 이후로는 蜘蛛를 見하여 朱子를 追想
하고 明太를 口하며 大明을 例思함을 본받아 桂花島를 繼華島라 고
치는 무리가 나지 말게 하자. 바라건대 너의 생각을 이 글에 葬事하
여라.[58]

그는 임진왜란 때 조선을 원병한 명군明軍을 '촌리寸利는 있을 법하되
척해尺害를 끼친' 것으로 평가하며, 이들이 다녀가자 '찰거머리 같은 모
화慕華의 신神'이 우리를 떠나지 않았다고 했다. 그런데 이들에게 은혜를
갚더라도 조선인은 조선인이어야지 가명인이 되어서는 안 된다고 말한
것이다. 거미[蜘蛛]를 주자에, 명태明太를 대명大明에 빗댄 것은 현학적이지
만 통렬한 풍자이다. 계화도桂花島 운운은 간재艮齋 전우田愚의 행태를 빗대
어 비판한 것이다.

이러한 사유에서 그는 대원군의 섭정에 대해서도 "하유瑕瑜 상참相叅
하여 득실得失이 거반居半이요 강의엄려剛毅嚴厲하고 고기顧忌가 소무少無함
으로 령令하면 행行하며 금禁하면 지止"했다고 비교적 긍정적으로 서술
했다.[59] 전술한 바와 같이 그가 대원군이 서원을 철폐한 사실을 근대사
에서 통쾌한 일로 평가한 것도 '존화사상을 박멸'하고 '양반사상을 파
쇄'했다고 인식한 데서 비롯된 것이다.[60] 이는 장도빈이 대원군의 일련
의 쇄국정책을 높이 평가한 것과 유사하다.[61]

권덕규의 당파에 대한 부정적 서술은 이러한 인식의 연장선상에
있다. 그는 조선시대사 42절 가운데 사림의 액화(8), 기묘사화(10),

58 한별, 「假明人 頭上에 一棒(二)」, 『東亞日報』, 1920년 5월 9일자.
59 權悳奎, 『朝鮮史』, 78~79쪽.
60 權悳奎, 「朝鮮近代史 中에 통쾌한 일」, 『別乾坤』 제8호, 1927년 8월 17일.
61 朴杰淳(1994), 앞의 논문, 61쪽.

간흉의 농권弄權과 을사사화(11), 동서 당론의 분分(15), 북서당의 분열 (18), 당쟁의 번복(25), 세도의 시始와 탕평 이후의 당의黨議(29) 등 7개의 절에 걸쳐 사화와 당쟁을 상세하게 설명했다. 민족주의사가들이 대개 당쟁을 부정적으로 인식하되, 간단히 다뤘던 것에 비하면 그는 매우 상세히 다룬 것이다. 특히 「당색도」는 동서 분당 이후 시·벽파 분열과 호락논쟁까지 상세한 전개과정을 도표로 제시하고 있어 주목된다.

이러한 그의 당쟁사 서술은 당파를 필요 이상으로 부각시킨 편벽성으로 지적되고, 당파망국론의 서술 경향은 한계로 지적되기도 한다.[62] 1920년대의 통사 가운데 안확의 『조선문명사』를 제외하고 대부분 당쟁을 부정적으로 기술했다. 그런데 권덕규는 당쟁을 상세히 기술하고는 있으나, 객관적 태도를 유지하고 있으며 이를 망국과 직결시키지도 않았다. 이는 일제 침략이라는 외적 요인과는 별개로 망국의 내적 원인을 규명하고자 한 의도로 이해된다. 따라서 그의 당쟁 서술은 일제 식민사학이 침략과 식민 지배를 강변하기 위해 강조한 당파망국론과는 다르게 평가해야 할 것이다.

3. 한일관계사 인식

일본과의 관계사 기술은 고려 말 왜구 관련 기사에서부터 본격화되었다. 그는 조선 세종조의 대마도 정벌과 통교조약, 삼포 개시 이후의 상황에 대해서 설명하고, 연산군부터 명종조 사이에 전개된 '경오庚午 삼포란三浦亂' 등을 설명했는데, 대개 조선의 왜구 금지 조치와 왜구 정벌 기사가 중심을 이룬다.[63]

---

62 趙東杰, 『現代韓國史學史』, 1998, 196쪽.
63 權悳奎, 『朝鮮史』, 22~23쪽.

비교적 간단한 기술에 그치던 한일관계사는 임진왜란 부분에서 매우 상세해졌다. 그는 임진왜란을 2개 절로 나눠 총 25쪽으로 설명했다. 이는 그의 장절 편제에서 유일한 중복 편제인데, 분량은 전체 조선시대사의 1/5에 달한다.

그는 도요토미 히데요시豊臣秀吉가 처음부터 조선에 통호通好하려고 사신을 보낸 것은 공명攻明의 가도假道를 빙자하여 우리의 허실을 엿보려 한 것이라고 진단했다. 그리고 왜가 파죽지세로 조선을 침공하는 과정을 상세히 설명하되, 이순신의 철함鐵艦 창조와 해전의 승리를 강조했다.[64] 그는 의병을 '도략韜略에는 능能치 못하나 적개敵愾의 심心은 강强'하다고 평가하며 각지에서 기병한 의병의 활약상을 상세히 설명했다. 특히 '국인國人이 신장神將'이라 부른 김덕령金德齡의 활약을 소개하며, 끝내 그가 이몽학李夢鶴과 내통했다는 무고로 비명에 죽은 것은 지금까지 세상 사람이 원한怨恨하는 일이라고 안타까워했다.[65]

그런데 비차飛車와 귀선龜船에 대한 설명은 주목된다. 그는 진주성이 함락당할 때 김제인金堤人 정평구鄭平九가 비차를 타고 멀리 치왕馳往했다는 전설을 소개하며, 이를 신경준申景濬과 이규경李圭景의 기록을 근거로 제시했다. 이 부분에서 그는 우리의 항공航空에 대한 사상이 아주 오래전부터 전래한 것이며 실재했을 가능성을 제기했다. 거북선 또한 이순신이 처음 안출案出한 것이 아닐 가능성을 제기했다. 그는 태종실록과 일본의 기록을 인용하며 고려나 늦어도 태종 때에는 이미 철갑鐵甲의 귀선을 사용했을 것이라고 했다.[66] 이는 비격진천뢰를 '세계世界 수창首創'

---

64 權悳奎, 『朝鮮史』, 29~31쪽. 세주로 철선의 제원을 설명하며, 이를 飛鳥와 같다고 했다. 또한 세주로 飛擊震天雷를 설명하며, 이를 鐵艦과 함께 '世界 首創'임을 강조했다.

65 權悳奎, 『朝鮮史』, 32~39쪽.

66 權悳奎, 『朝鮮史』, 37~38쪽. 심지어는 朱蒙說話의 한 대목을 인용하며 이를 龜船의

이라고 강조한 것과 함께 문화민족주의의 입장에서 우리의 자랑스러운 선진문화로 강조하고자 한 것이다.

그가 임진왜란의 서술에 커다란 비중을 둔 것은 일제의 식민치하로 전락한 연원을 역사에서 구하여 교훈으로 삼고자 한 것으로 이해된다. 또한 이순신을 중심으로 임진왜란을 승리의 역사로 강조한 것도 일제를 극복하고자 하는 의도가 개재된 것으로 보인다.

한일관계사의 서술은 후대로 오며 더욱 상세해지나, 특별한 사론 없이 사실을 기술로 그치고 있다. 그런데 안용복이 일본이 울릉도 재목을 벌목하며 섬을 차지하려 하자 백기주伯耆州 태수太守에게 가서 이를 따지고 매축罵逐한 사실을 별도의 절로 설정하여 설명했다.[67] 이는 백두산정계비의 설치와 해석을 둘러싼 청과의 분쟁을 설명함으로써 영토 문제에 관심을 보인 사실과 함께 주목되는 부분이다.[68]

이후 일본의 메이지 유신, 정한론, 운양호 사건, 조일수호조규의 체결 과정을 특별한 사론 없이 간단히 기술했다. 그런데 절명節名을 '조선의 국권과 조일통상朝日通商'이라 하여 이를 조선의 국권 침해와 연관 짓고자 했다.[69] 이와 관련, 연대 표기법은 일정하지는 않으나 유의미한 변화를 보인다. 즉, 왕년을 쓰고 단기와 서기를 세주로 병기한다든가, 단기를 쓰고 왕년을 세주로 병기하던 그는, 1895년과 이듬해에는 개국기년開國紀年을 내세우기도 했다.[70]

그의 한일관계사 서술은 강화도 조약 이후 더욱 강화되는 양상을 보인다. 그는 임오군란, 갑신정변, 동학과 청일전쟁, 한일의정서를 각

소식을 暗影하는 것으로 추론하기도 했다.

67 權悳奎, 『朝鮮史』, 63쪽. 그러나 이를 일본의 독도 침탈로까지 설명하지는 않았다.

68 權悳奎, 『朝鮮史』, 63~64쪽.

69 權悳奎, 『朝鮮史』, 83~85쪽.

70 權悳奎, 『朝鮮史』, 102쪽.

각 별개의 절로 구성하여 서술했다. 물론 특별한 사론을 제시하지는 않았으나, 그는 일련의 일제 침략 과정을 상세히 기술함으로써 식민지로 전락하는 역사적 과오를 되새기고자 했던 것으로 보인다.[71] 그런데 1894년의 조일잠정합동조약朝日暫定合同條約에 이어 강요된 조일공수동맹朝日攻守同盟에 관한 서술은 이해하기 어렵다. 즉, "양국이 이체동심異體同心으로 동양평화와 조선의 독립자유를 기基하야 조일공수동맹朝日攻守同盟을 체결締結"했다고 한 것이다.[72] 이는 일본의 조약 강요의 명분을 그대로 옮긴 것이나, 오해의 소지가 다분하다.

결국 그는 일본의 한일의정서 강요로 한국의 주권이 완전히 상실된 것이라 판단하며 조약의 6개 조항을 모두 서술하며 근세사를 마무리했다.

이 條約이 成하매 韓國의 主權이 全失된 지라. 外國新聞은 韓國이 이 條約으로써 永히 日本의 附庸이 되었다 論하고 國內에는 輿論이 大起하여 李址鎔, 具完喜를 賣國으로 劾論하며 或은 演說로써 民心을 激發하고 或은 死士를 募하여 李, 具 等을 鎗擊하며 或 爆彈으로써 投하였으나 모두 損傷이 無하고 혹은 巡檢에게 捕獲한 바 되니라.[73]

권덕규가 1904년 이후 일제의 침략 과정을 기술하지 않은 것은 아쉬운 일이나, 한일의정서를 사실상 주권의 완전 상실로 이해했기 때문에 더 이상의 기술은 무의미한 일이었을 것이다.[74]

---

71 권덕규는 일련의 일제 침략 과정을 기술하며 주관을 배제하고 사실만을 서술했다. 당시로서는 어쩔 수 없는 일이었을 것이나, 명성황후의 시해조차도 "閔后가 弑를 被했더라"(『朝鮮史』, 101쪽)라고만 서술했다.

72 權悳奎, 『朝鮮史』, 97~98쪽.

73 權悳奎, 『朝鮮史』, 107~108쪽.

74 그런데 한일의정서를 '日韓國防同盟'으로 표현한 것은 의아하다. 한일의정서를 朝日攻守同盟이라고는 하나, 국방동맹이라고 부르지는 않기 때문이다. 이는 이 부분

4. 근대의 여명 인식

권덕규는 근대를 설정하지 않았다. 1920년대의 일부 통사가 '최근最近'을 설정했으나, 근대를 설정한 사가는 한명도 없다. 따라서 근대를 설정하지 못한 것을 그의 허물로만 지적하는 것은 온당치 못하다. 오히려 그의 일부 서술에서는 전근대적 서술로의 회귀로 볼 수 있는 부분도 있는 실정이다.[75]

그러나 그는 분명 우리 역사에서 근대의 여명을 감지하고 있었던 것으로 보인다. 그는 서양세력과의 접촉을 상세히 기술했다. 그는 임진왜란 직후 일본에서 입국한 세스페데스Cespedes 선교사 이래 신유사옥까지를 하나의 절로 설정하여 서술했다.[76] 헌종 때부터 구주 선교사가 다수 입국하여 교세가 확장되었으나, 대원군에 이르기까지 탄압으로 일관하는 상황을 상세히 기술했다. 이로 말미암아 프랑스와 미국과의 충돌이 일어나게 되었다고 설명했다.

대원군에 관한 기술은 주목된다. 그는 대원군의 서원 철폐 등 내정에 대해서는 긍정적으로 평가한 바 있다. 그런데 신미양요 이래 대원군의 교오驕傲함이 더욱 심해져 구미 제국을 경이輕易하게 알고 서교도西教徒의 주륙誅戮도 더욱 심해졌다고 서술했다.[77] 이는 급변하는 국제 정세에 기민하고 능동적으로 대처하지 못한 대원군의 외치에 대한 비판이라 할 수 있다. 그는 프랑스와 미국이 청에 조선의 독립국 여부를 질문한 사실

의 서술에서 日本年紀를 사용하고 그 밑에 光武年紀를 세주로 쓴 것과 함께 지적되어야 할 것이다.

75 광해군을 光海主로 표기한 것이 그 하나의 사례이다(『朝鮮史』, 51쪽). 물론 최남선도 광해주라 표기했으나, 이런 표기는 조선 말 正統論의 잔영이다.

76 權悳奎, 『朝鮮史』, 71~73쪽.

77 權悳奎, 『朝鮮史』, 82~82쪽.

을 조선의 국권과 관련하여 설명했다.

> 大院君이 佛國 宣敎師를 殺할 時에 佛國이 淸國에 向하여 淸과 朝鮮
> 과의 關係를 質問하니 淸이 答하되 朝鮮은 淸의 屬國이 아니라 하고
> 그 뒤 米國이 軍艦 砲擊한 事로 戰和의 當否를 淸에 向하여 問하니 淸
> 이 朝鮮의 宣戰과 講和權은 朝鮮이 自行한다 하고 淸이 歐美 各國에
> 對하여 朝鮮의 屬國 아님을 公言하니 이로써 朝鮮의 獨立을 世界가
> 盡知러라.[78]

이 기사에 이어 일본의 메이지 유신과 정한론, 운양호 사건, 조일수호
조약으로 이어지는 침략 과정을 설명하고 있기 때문에 그가 진심으로 조
선이 독립국이라 여기지는 않았을 것이다. 그러나 서술 내용은 지나칠 정
도로 상대화되어 있고, 자신의 견해를 철저히 절제하는 자세를 보인다.

그런데 비록 구체적 서술로써 자신의 주관적 견해를 명시적으로 드
러내지는 않았으나, 절명節名이나 서술의 흐름에서 그 행간에 담긴 의도
를 읽을 수 있다. 그는 최제우의 동학 창도가 '세도世道의 쇠패衰敗함과
인민의 전전轉顚함을 견見'한 결과로 설명했다.[79] 동학농민운동이 발발하
게 되는 시대적 상황에 대한 비판적 설명도 신랄하다.

> 甲申政變의 後, 十年의 間에 內政의 腐敗는 實로 極度에 趨하여 閔氏 等
> 權戚이 勢塗를 替代하여 貪黷을 專尙하여 官爵을 賣하며 賄賂를 公行하
> 니 無賴의 輩가 官場에 干預하며 地方官吏가 다 銅臭로 得한 者라. …[80]

---

78 權悳奎, 『朝鮮史』, 83쪽.
79 權悳奎, 『朝鮮史』, 76쪽.
80 權悳奎, 『朝鮮史』, 94~95쪽.

이러한 서술은 동학농민운동 동인動因의 역사적 의의를 긍정한 것이라 할 수 있다. 그런데 동학을 설명하는 역사 용어는 호의적이지 않다. 예컨대 절의 제목을 '동학東學의 난亂'이라 했고, '동학괴東學魁', '난亂이 평平', '토벌討伐' 등 부정적 용어를 사용했으며, 공주·보은·옥천 등지에 둔취屯聚한 동학도들의 행동을 "평일平日 숙원宿怨을 보복報復하니 훼가毁家·겁부刧婦·굴묘堀墓·할세割勢의 사事가 유有"하다고 비판적으로 서술했다.[81] 그럼에도 권덕규는 1920년대에 동학에 대해 가장 많은 비중을 두어 서술한 사가라 할 수 있다. 그의 동학 서술 성향은 진행 과정에 대해서는 다소 비판적이나, 동인은 긍정적이며 그 역사적 의의는 인정하고 있다. 이는 동학농민운동을 근대의 여명으로 전망하려 한 그의 인식의 일단을 반영하는 것이라 할 수 있다.

5. 문화사관의 투영

권덕규는 근세사의 마지막으로 조선의 문화를 19쪽이나 할애하여 설명했다. 이 외에도 4개 절에 걸쳐서 오교五教 양종兩宗과 정음正音의 반포(4), 간경도감刊經都監의 설치(6), 유교의 융성과 불교의 배척(12), 유학자의 배출(28) 등을 설명했다. 정치사에 대해 부정적이고 비판적이었던 그는 문화와 문명에 대해 적극적 의미를 부여하며 긍정적으로 기술했다.

전술한 바와 같이 그는 임진왜란을 설명하는 부분에서 철함과 비격진천뢰, 비차를 세계 수창의 선진 문물로 설명한 바 있다. 또 문학 부분에 있어서는 한문학과 별개의 국문학이 있었음을 강조했다. 이미 고구려와 발해에 한문학과 별개의 국문國文이 있었음을 강조한 그는, 고려시

---

81 權惠奎, 『朝鮮史』, 94~96쪽.

대에도 한문학과 함께 국문학이 별도로 존재했다고 서술했다.[82] 논설을 통해 훈민정음의 세계 문자사상의 의미를 강조했던 그는[83] 여기서도 다시 그 의의를 높이 평가하며 강조했다.

朝鮮은 古來로 國文이 自有하니 神誌秘詞는 그 如何를 知치 못하나 漢字가 輸入된 뒤에도 漢字의 音 혹 義를 假하여 國字로 쓴 吏讀나 口訣 밖에 國文字가 別有하되 그 數가 備치 못하고 그 形이 法되지 못하여 一方의 言을 形하기에 足치 못한 점이 있더니 … 이 곧 訓民正音이라. 世界 文字 가운데에 가장 新式의 것으로 東洋의 唯一한 알파뻬트式 文字로 그 精巧함이 文字史上에 特節한 바러라.[84]

조선의 문화 또한 종교·제도·문학·예술·풍속의 5개 항으로 나눠 설명했다.[85] 종교는 역시 신교를 수위에 놓고 강조하면서도 유교와 불교, 도교는 물론 천주교와 천도교까지 설명했다. 제도는 관제·형제·학제·전제를 설명했다. 문학 부분에서는 학문의 각 분야별로 뛰어난 학자와 저술을 상세히 소개하고자 했다. 그 가운데 '측우測雨의 기록記錄은 세계世界의 최선차최완最先且最完한 자者'라고 극찬했다.[86] 예술은 건축·조각·서화·음악을 설명했는데, 철함과 비골선飛鶻船을 유명한 건축으로 강조했고, 도자기의 발달이 고려자기 이상의 진귀한 것이라고 극찬

---

82 權悳奎, 『朝鮮史』, 62~63·98쪽.
83 權悳奎, 「마침내 조선 사람이 자랑이여야 한다」, 『開闢』 제61호, 1923년 7월 1일, 20쪽. 그는 여기에서 정인지·이익·이수광·신경준은 물론 金澤庄三郎과 白鳥庫吉 등 일본인 학자의 평가까지 소개하며 훈민정음을 극찬했다.
84 權悳奎, 『朝鮮史』, 7쪽.
85 『朝鮮留記略』에서는 조선의 문화를 宗敎·制度·學藝·工藝의 4개 항으로 설명했다.
86 權悳奎, 『朝鮮史』, 118쪽.

했다.[87] 이러한 그의 조선 문화 인식은 망국으로 치달은 근세사이지만, 오히려 문화민족주의와 문화사관의 관점이 가장 강하게 투영된 부분이라 할 수 있다.

맺음말

권덕규는 일제강점기 문화민족주의에 입각하여 큰 업적을 남긴 국학자이다. 그는 1920년대 '조선생각'을 관념론으로 하는 민족사의 체계를 구축했다.

그는 민족사를 관통하는 관념론을 '조선생각'으로 설정했다. 일제강점기 민족주의사가들이 민족사에서 추출한 낭가사상·혼백사상·조선심·얼·조선정신 등과 같은 사유체계이다. 그의 관념론은 강렬한 문화주의에 토대한 문화사학의 요체를 이뤘는데, 중국 문화보다 비교우위의 선행성과 우월성을 강조했다. 그러나 지나치게 중국을 의식한 측면이 있고, 다분히 추상적이고 관념론적이다. 곧 그의 '조선생각'은 국학민족주의의 기축을 이루는 것일 뿐만 아니라, 문화사학의 핵심을 형성하는 것으로 이해된다.

권덕규는 1924년과 1926년 『조선유기』상·중(상문관)을 저술했고, 1929년 이를 『조선유기략』으로 대폭 축약하여 간행했으며, 1945년 『조선사』로 재간했으나, 끝내 근대편을 기술하지는 못했다. 그는 대조선주의에 입각하여 상고사를 천강天降과 문명사적 관점에서 광대하게 설

---

87 權惠奎, 『朝鮮史』, 121쪽. 조선의 도자기는 분원자기를 제일로 꼽는데 造作의 순수한 조선식임과 入畵의 취미, 眞砂의 용법이 特絶한 점으로 고려자기 이상 진귀하다고 했다.

명했다. 삼국시대는 고구려중심사관에 따라 기술했으며, 남북국시대의 민족사적 의미를 극대화했다. 따라서 신라가 아닌 고려의 통일에 민족사적 의미를 부여했으나, 고려는 매우 소략하게 문화사 중심으로 기술했다.

『조선유기』(『조선사』)는 조선시대를 무려 42개 절에 걸쳐 전체의 55%나 할애하며 상세히 서술했다. 이는 당시 통사 가운데 근세사로서 조선시대사에 가장 큰 비중을 두어 서술한 것으로, 망국을 반성적으로 성찰함으로써 현실적 모순 극복의 교훈을 찾고자 한 것으로 이해된다.

조선의 정치사에 대해서는 부정적이었는데, 반유학反儒學과 당쟁 비판론적 시각이 강하다. 그는 정주학 일변도의 유학은 배타성과 폐쇄성이 강하다고 지적했다. 그는 논설을 통해서 유학자, 특히 대명의리와 춘추의리를 추앙하는 사대적 유학자에 대해 매우 신랄한 비판을 가했다. 대원군의 서원 철폐를 높이 평가한 것은 이런 인식의 발로였다. 그러나 그의 당쟁사 서술은 비록 부정적이지만, 당파망국론이라고 비판하기보다는 망국의 내적 원인을 규명하기 위해서라고 이해하는 편이 타당할 것이다.

그는 임진왜란을 중복 편제하면서까지 상세히 기술했다. 이 또한 일제의 식민치하로 전락한 연원을 역사에서 구하여 교훈으로 삼고자 한 것으로 보인다. 이 부분에서 비차와 귀선, 비격진천뢰를 '세계 수창'이라고 강조한 것은 문화사관을 반영한 것이다. 이후 일제의 침략 과정을 상세히 기술하고자 했다. 비록 별도의 사론을 제시하지는 않았으나, 식민지로 전락하는 역사적 과오를 되새기고자 했던 것으로 생각된다. 결국 그는 1904년 일본의 한일의정서 강요로 한국의 주권이 완전히 상실된 것이라 판단했다.

권덕규는 근대를 설정하거나 기술하지는 않았으나, 민족사에서 근대의 여명을 감지하고 있었던 것으로 보인다. 이 또한 자신의 주견을 명시적으로 드러내지는 않았으나, 절의 명칭이나 행간을 통해 그의 의도를 읽을 수 있다. 동학의 진행 과정에 대해서는 다소 비판적이나, 그 동인과 역사적 의의를 인정한 것은 동학을 근대의 여명으로 전망한 것이라 할 수 있다.

근세의 정치사에 대해 부정적이고 비판적이었던 그는 문화와 문명에 대해 적극적 의미를 부여하며 긍정적으로 기술했다. 그의 조선 문화 인식은 망국으로 치달은 근세사이지만, 오히려 문화민족주의와 문화사관의 관점이 가장 강하게 투영된 결과다.

(『애산학보』 제42권, 애산학회, 2016)

05

함석헌의 역사서술과 역사인식

-『성서적 입장에서 본 조선역사』를 중심으로

머리말

함석헌咸錫憲(1901~1989)은 한국근현대사에서 다양한 분야에 걸쳐 커다란 족적을 남긴 인물이다. 그는 자신에 대해 다음과 같이 말했다.

> … 교육을 하려다 교육자가 못 되고, 농사를 하려다 농부가 못 되고, 역사를 연구했으면 하다가 역사책을 내던지고, 성경을 연구하자 하면서 성경을 들고만 있으면서 … 학자도 못 되고 기술자도 못 되고 사상가도 못 되고 …[1]

그를 평가하는 관점 또한 다양하다. "그가 어떠한 사람인가를 정의하는 것은 금강산에 있는 만물상에 이름 붙이기와 같이 어려운 일"이며, "그는 학자이기도 하고 학자가 아니기도 하며, 문인이면서 문인이

---

1   함석헌, 「머리말」, 『수평선을 넘어』, 일우사, 1961.

아니며, 종교인이면서 종교인이 아니다"라고 평가된다.[2]

함석헌에 대해서는 그간 다방면으로 많은 연구가 이루어졌다.[3] 그러나 사학사적으로 역사가로서의 규정 여부와 역사인식의 성격 문제는 여전히 논란의 대상이 되고 있다. 일찍이 함석헌의 한국사관을 주목하여 그를 "자신의 사관을 선명하게 드러내어 우리의 역사를 사료의 창고가 아닌 살아 펄펄 뛰는 역사로 만든 분"이라고 평가한 견해가 있었다.[4] 즉, 함석헌은 기독교사관에 입각해 있으면서도 그 저변에 민중이 있어 민족사의 훈기를 느낄 수 있다는 것이다. 또한 『성서적聖書的 입장立場에서 본 조선역사朝鮮歷史』(이하 『조선역사』로 약칭)가 일제하에 통사의 저술이 이루어지지 못했다는 점에 견주어 개성적인 사관에 의한 통사로서 사학사적 의미가 평가되기도 했다.[5] 나아가 함석헌의 '고난사관苦難史觀'이 역사를 보는 관점과 시각에서 볼 때 "토인비Arnold J. Toynbee와 놀랄 만큼 거의 일치"한다고 의미를 부여하고, 그의 사풍史風이 계승될 것이라고 전망하며, 『조선역사』를 한국사학사를 뛰어넘어 "20세기 세계사학사에서 선구자적 위치"로 자리매김해야 한다는 견해까지 제기되었다.[6] 그뿐만 아니라 비록 함석헌의 역사인식과 한국사 이해가 1930년대의 수준을 반영한 것이라 현대 역사학에서 하등의 참고할 만한 사실

2 「함석헌전집 간행에 부쳐」, 『咸錫憲全集』 1, 한길사, 1983.
3 함석헌에 대한 연구 논저 목록은 사단법인 함석헌기념사업회 홈페이지(http://www.ssialsori.net/) 참조.
4 千寬宇, 「咸先生의 韓國史觀」, 『씨올의 소리』 1971년 12월호, 46~51쪽.
5 이만열, 「한 역사학도에게 비친 함석헌 선생」, 『나의 스승 咸錫憲』, 해동문화사, 1991, 272쪽. 그러나 그는 함석헌의 역사인식이 한국사의 수동성을 강조하고 지리결정론에 빠지는 등 식민주의 역사학을 극복하지 못했다고 평가했다(『한국기독교와 역사의식』, 지식산업사, 1981, 254쪽).
6 盧明植, 「토인비와 咸錫憲의 比較試論 -苦難史觀을 중심으로-」, 『한국기독교연구논총』 제3권, 숭실대학교 한국기독교문화연구소, 1985; 「함석헌」, 『한국사시민강좌』 제26권, 2000 참조.

이 없다고 하면서도, 그의 역사인식을 지리결정론에 대한 몰입이 아니라 민족의 존재에 대한 신뢰로서 평가하며 그를 '1930년대의 조선사회가 배출했던 역사학자로 비정'하는 논문이 발표되기에 이르렀다.[7] 나아가 그의 저술을 비전문가에 의한 통속적 개설서로 규정하면서도, 민족주의사학의 전통을 비판적으로 계승했으며 역사적 사실에 대한 의미 파악과 보편적 인류로서의 삶과 민족적 삶에 대한 직관과 통찰은 오히려 전문 연구자보다 탁월한 요소로 평가하는 견해도 제기되었다.[8] 특히 이 글의 저술이 후지이 다케시藤井武의 『성서聖書에서 본 일본日本』(1929)에서부터 촉발된 것으로 보고, 일본 유학생이 일본 근대 지식인의 민중에 대한 엄격하고 엘리트적인 역사관에 영향을 받은 것이라며 양자의 관련성을 밝힌 논고는 주목된다.[9]

그러나 함석헌과 『조선역사』를 한국사학사의 범주에서 논의하는 것에 대해 주저하는 경향이 있는 것도 엄연한 사실이다.[10] 그 까닭은 종교적 성격이 과도하다고 판단되기 때문이다. 필자도 한국사학사를 공부하며 『조선역사』를 접했으나, 성서적 입장에서 우리의 역사를 해석하는 것이 가능한가에 대한 확신을 가질 수 없어 분석의 대상으로 삼지 못한바 있다. 그것은 이른바 기독교사관·종교사관·섭리사관·종말사관·고난사관 등으로 평가되는 그의 사관이 한국사 서술과 인식의 관점으로서

---

7   조광,「1930년대 咸錫憲의 역사인식과 한국사 이해」,『韓國思想史學』 제21권 21호, 한국사상사학회, 2003 참조.
8   김기승,「함석헌의 한국사 인식」,『씨올의 소리』 제188호, 함석헌기념사업회, 2006년 1·2월호 참조.
9   지명관,「함석헌의 조선사관에 대한 고찰-藤井武의 일본사관과의 비교를 중심으로-」,『씨올의 소리』 제154호, 2000년 5·6월호 참조. 藤井武의「聖書より見たる日本」이『舊約과 新約』에 연재된 것이라는 형태적 측면의 유사성과, 그도 우치무라의 문하였던 점, 후지이는 역사를 産痛으로 함석헌은 苦難으로 해석한 사관의 유사성 등이 양자의 상관성으로 지적될 수 있다.
10   趙東杰,『現代韓國史學史』, 나남출판, 1998, 338쪽.

타당한가, 1930년대에 분화 발전한 다양한 사학의 한 경향으로 유형화할 수 있는가라는 회의 때문이었다.[11]

그럼에도 함석헌의 역사서술과 역사인식을 사학사의 관점에서 논의하는 것은 그에 대한 사학사적 논의가 충분하지 않다고 여겼기 때문이다. 또한 그의 역사서술이 단지 지리적 결정론이나 신의 섭리론에만 머물러 있지 않다고 판단했으며, 당대에 일정하게 영향을 끼친 것도 인정해야 한다고 여겼기 때문이다.[12]

함석헌이 역사가인가 아닌가의 논의는 본질적인 것이 아니다. 오히려 그의 역사저술과 인식이 당시의 상황에서 어떤 의미를 지니고 있는가를 파악하는 것이 더욱 중요한 문제이다. 여기에서 조명하고자 하는 시간적 공간은 1930년대이다. 따라서 그가 1934~35년간 『성서조선聖書朝鮮』에 연재한 『성서적 입장에서 본 조선역사』를 검토의 대상으로 하고자 한다. 그래야만 1930년대 한국사학계에서 그가 차지하는 위치가 올바로 자리매김될 수 있을 것이기 때문이다.[13]

11　함석헌은 朝鮮史의 基調를 지리·조선 민족의 특질·조물주의 섭리의 세 개로 설명하며, 이를 각각 무대·배우·각본이나, 기후와 토질·과수·과수 재배자에 비유했다. 그는 민족의 성질이 어느 정도는 지리적 조건의 영향을 초월한다고 했으나, 무엇보다 결정적인 것은 조물주의 섭리라고 강조했다. 왜냐하면 지리와 조선 민족의 특질도 필경 신의 섭리 안에서 그 존재 이유를 구할 수 있다고 보았기 때문이다(『聖書朝鮮』제65호, 1934년 6월호, 4~5쪽). 우리 역사가 지리적 요건에 의해 결정된다는 주장은 일제 식민사학인 지정학적 운명론이 연상되어 동의하기 어렵고, 더구나 신의 섭리가 결정적이라는 것은 우리 역사의 피동성과 우연성을 강조하는 것 같아 더욱 납득하기 어려웠다.

12　이기백은 어린 시절 『朝鮮歷史』를 읽고 하느님에 의한 인류의 구원이 고난의 상징과 같은 우리 민족에게 이루어질 수 있다는 희망을 가지게 되었다고 회술했다(이기백,「나의 한국사 연구」,『韓國史學史學報』제1호, 2000, 232~233쪽).

13　함석헌은 1950년 본서를 발간하며 내용을 수정하지 않은 이유에 대해 다음과 같이 설명했다. "고치지도 깊지도 아니하는 데는 또 까닭이 하나 있기도 하다. 그것은 이 고난의 역사는 이대로 그 잡혀 갔혔던 때의 한 가지 예술품이니, 그 모양대로 두어서 고난을 말하게 하자는 것이다. 뻐젓이 내놓지 못한 것도 그때의 그 空氣니 그대

1930년대의 한국사학계

1930년대는 일제의 만주침략(1931)과 이후 15년 동안 계속된 침략전쟁의 수행, 신사참배와 황국신민화 강요, 국가총동원법(1938) 이후 각종 수탈 등 파쇼적 지배체제가 강화된 시기이다. 이 시기에는 1920년대 이래의 소작인·노동자 투쟁이 본격화하고, 공산주의운동도 더욱 확산되어 민족 내부에서 이데올로기의 대립이 문제로 제기되기도 했다.

일제의 강권적 통치는 더욱 기승을 부렸으나, 민족주의사학자들은 이런 악조건 속에서도 역사연구를 부단히 진행했다. 1930년대의 한국사 연구는 신채호의 투옥(1928)과 순국(1936) 이후 국외에서의 활동은 거의 중단되고 국내를 중심으로 전개되었다. 특히 주목해야 할 것은 통사류의 저술이 거의 중단되고 민족주의사학·사회경제사학·실증사학으로 분화·발전하는 양상을 보이고, 안재홍·정인보·문일평 등을 중심으로 하여 이른바 '조선학운동'이 전개되고 있는 점이다.[14]

함석헌이 『조선역사』를 저술했던 시기를 전후하여 한국사학계는

로 두자는 것이요, 연구가 찬찬치 못하고 말하는 법이 거칠은 것도 그 고난의 곡조 아뢰는 데 뽑힌 깨어진 악기의 저 제대로의 꼴이니 그냥 두자는 것이다. …"(『咸錫憲全集』 1, 12쪽의 「머리말」). 그러나 1962년의 셋째 판부터는 『뜻으로 본 한국역사』로 개명되었을 뿐 아니라 용어나 내용도 대폭 수정 보완되었다. 이는 분량에서도 확인되는데, 『朝鮮歷史』에 연재된 내용은 200자 원고지 800매 분량인데, 이는 1965년 최종판의 절반도 되지 않는다. 따라서 함석헌의 역사사상과 인식의 변천을 주제로 논의하기 위해서는 그 과정이 반영된 『뜻으로 본 한국역사』를 참고해야 하나, 1930년대의 사학사 범주에서 함석헌을 논의하기 위해서는 당대에 발표된 『聖書的 立場에서 본 朝鮮歷史』를 이용해야만 한다. 한편 그는 『聖書朝鮮』 제88호(1936. 5)부터 "그는 苦難의 歷史요. 그 苦難의 짐은 朝鮮이 저 자신의 罪로 因하여 지는 因果報應인 것일 뿐만 아니라 世界的인 의미가 있다"고 하며 『聖書的 立場에서 본 世界歷史』를 저술했다. 이는 별고로 논의해야 할 것이기 때문에 이 글에서는 검토의 대상에서 제외했다.

14 박걸순, 『韓國近代史學史硏究』, 국학자료원, 1998, 205~206쪽.

일대 전기를 맞이하게 되었다. 먼저 백남운의 『조선사회경제사^{朝鮮社會經}
^{濟史}』(1933)와 『조선봉건사회경제사^{朝鮮封建社會經濟史} (상)』(1937) 및 이청원
의 『조선력사독본^{朝鮮歷史讀本}』(1937)이 발표되며 한국사를 사적 유물론에
입각하여 해석하고자 하는 사회경제사학이 등장했다. 백남운은 민족주
의사학을 신비적·감상적이라 비판했고 실증사학의 문헌 고증적 사풍도
비판했다. 그뿐만 아니라 식민사학을 인류사회 발전의 역사적 법칙의
공통점을 거부한 '반동적^{反動的}' 형태로서, 독점적이고 정치적인 '특수사
관^{特殊史觀}'이라고 배격했다. 그들은 사회경제사학이 '유일한 과학적 방
법론'으로서 한국사도 세계사의 일원론적인 역사발전법칙과 동궤적 발
전 과정을 거치고 있다고 주장했다.[15]

사회경제사학은 새로운 역사연구 방법론을 도입하는 한편, 다른 사
학의 경향을 비판적으로 수용했다. 특히 일제의 허구적인 정체성 이론
을 극복했기 때문에 민족사학으로서의 의의도 있다. 그러나 유럽사가
기준이 된 유물사관 공식만을 유일한 과학적 방법이라는 배타적 태도로
이를 무리하게 한국사에 대입해 다원성을 무시했고, 생산력 발전에 대
한 구체적 연구가 소홀한 채 한국사의 실제와 일치되지 않는 허구적 결
론을 도출한 한계가 지적된다.[16] 따라서 비록 문제의식은 정당하다 하
더라도 논리적 일관성이 결여되었기 때문에 '공식주의'로 비판받을 소
지를 안고 있다.[17]

그가 『조선역사』의 발표를 시작한 1934년에는 진단학회^{震檀學會}가 조
직되어 이른바 실증사학을 주도했다. 진단학회는 일본인의 조선 연구에
자극을 받아 조선인에 의한 조선 문화의 연구를 지향했다. 당시 언론이

---

15 白南雲, 『朝鮮社會經濟史』, 改造社, 1933, 9쪽.
16 李基白, 「社會經濟史學과 實證史學의 問題」, 『歷史와 民族』, 일조각, 1971,
    31~36쪽; 「唯物史觀的 韓國史像」, 『現代 韓國史學과 史觀』, 일조각, 156~159쪽.
17 방기중, 「백남운의 역사이론과 한국사인식」, 『역사비평』 제11호, 1990, 250쪽.

진단학회의 창립을 '불후^{不朽}의 성사^{盛事}'라 극찬하며 장래를 촉망한 것도 결국은 일본인에 의해 한국문화가 연구되어온 현실적 반성에서 비롯한 것이다.[18]

그러나 '랑케류의 실증사학자'들은 이 학파의 학풍으로 말미암아 민족주의 사학자와 같은 시론적 성격의 역사서술은 하지 않고, 다만 식민지 통치하에서 민족사를 연구하는 것 자체를 민족적인 것으로 생각했다.[19] 따라서 실증사학은 민족주의사학자들에게서 역사의 효용성과 교훈성이 결여되었다는 비판을 면치 못했고,[20] 유물론 사가들에게서도 사관이 존재하지 않는다고 비판받았다.[21]

이와 관련하여 실증사학 자체를 사관이 전제된 역사연구 방법론으로서 별도의 유형으로 분류할 수 없으며, 실증이 랑케사학만의 전유물이 아니기 때문에 다만 하나의 학풍이나 사풍으로만 보아야 한다는 견해가 제기되기도 했다.[22] 또한 그들이 식민지 권력에 무관심, 혹은 동참하거나 의도적으로 피해간 것이라면 조선 후기 고증학이 세도정권을 피해갔던 것과 같이 비판받을 수 있을 것이다.[23] 사실 역사학의 일반적이고 필수적 기초인 사실의 실증을 역사연구의 방법론과 유형으로 분류하는 것은 재고할 필요가 있다.

실증사학자들이 일제하에서 근대사학의 방법으로 민족사에 대한 자

---

18 『東亞日報』는 이해 5월 9일자 사설(「震檀學會의 創立 -有終의 美가 있으라-」), 『朝鮮中央日報』는 5월 10일자 사설(「朝鮮文化 研究熱 -震檀學會 創立을 듣고-」), 『朝鮮日報』도 이 날짜 사설(「朝鮮文化의 科學的 研究」)을 통하여 각각 진단학회의 창립을 축하하고 앞날을 기망했다.

19 金容燮, 「日本·韓國에 있어서의 韓國史敍述」, 『歷史學報』 제31권, 1966, 138~140쪽.

20 李基白(1971), 앞의 논문, 38~39쪽.

21 李淸源, 「震檀學報 第三卷을 읽고」, 『震檀學報』 第4卷 彙報, 154~155쪽.

22 李萬烈, 「한국 近代史學의 계보」, 『韓國近代歷史學의 理解』, 문학과 지성사, 1981, 94쪽; 李基白(1971), 앞의 논문, 41쪽.

23 趙東杰(1988), 앞의 책, 44쪽.

부심을 갖고 일본인 연구자들과의 경쟁적 연구를 통해서 성과를 거둔 사실은 평가되어야 한다.[24] 사실 그들은 사료의 비판을 통해 한국사 연구와 이해에 기초가 되는 사료와 사실의 확보에 있어 성공적으로 연구를 진행하기도 했다. 그러나 식민사학과 대립이 아니라 그 속에서 공존을 모색하거나, 개별적 사실에 지나친 천착과 정치사 위주의 연구 경향으로 사회 전반에 걸친 현상들과 연계가 소홀한 점은 지적될 수 있을 것이다.[25] 특히 현대 한국사학이 혼미하게 된 원인의 하나로 작용한 어두운 면이 지적됨에 유념해야 한다.[26]

이처럼 한국사학의 유형이 분화 발전한 것은 1930년대 한국사학의 특징적 현상이라 할 수 있다. 이와 함께 당시 민족주의계열을 중심으로 전개된 조선학운동도 함석헌이 역사저술을 하게 된 시대적 배경으로 이해되어야 한다.

조선학운동은 1934년 다산 서거 99주기 기념강연회에서 안재홍이 정인보와 함께 제창한 것이다. 안재홍은 '조선학'의 두 가지 방법론을 제시한바 ① 현대現代 현실現實에 즉卽한 통계적統計的 수자적數字的인 사회동태적社會動態的 방면, ② 역사적歷史的 전통적傳統的 문화특수文化特殊 경향의 방면으로, 이 모두 엄정한 과학적 조사 연구의 대상이라 했다.[27] 이는 그 자신이 밝힌 바와 같이 '조선학의 현재적 필요성'을 강조한 것이다.[28]

문일평은 조선학을 광의와 협의의 개념으로 구분하되, 광의의 조선연구 대상 전체가 아니라 협의의 개념인 조선사와 조선 문학으로 한정

24 金容燮(1966), 앞의 논문, 139~140쪽.
25 洪承基, 「實證史學論」, 『現代 韓國史學과 史觀』, 1991, 77~79쪽.
26 李基白(1971), 앞의 논문, 36~41쪽.
27 安在鴻, 「朝鮮學의 問題」, 『新朝鮮』 第7號, 1934. 11, 3쪽.
28 安在鴻, 「朝鮮과 文化運動」, 『新朝鮮』 第8號, 1935. 1, 1쪽.

해야 한다고 주장했다.[29] 이러한 조선학운동에 대해 유물론 사가들은
'소부르주아적 배타주의, 반동적 보수주의, 감상적 복고주의'라 비판했
으나, 안재홍 등은 오히려 진보적·약진적·세계적으로 되는 것이라 반
박하며 이 운동을 추진해나갔다.[30]

　　결국 조선학운동은 두 가지 목적하에 전개된 것으로 볼 수 있다. 하
나는 신간회 해소 이후 지향점을 상실한 민족주의계열이 민족운동의 돌
파구로서 모색한 것이고, 한편으로는 일제의 민족문화말살에 대응책으
로 강구된 것이라 할 수 있다.[31]

　　1930년대는 국학민족주의시대라 일컬을 만큼 국학이 민족운동을 선
도하는 이데올로기적 성격을 지녔던 시대이다. 당시 한국사학은 민족주
의사학·사회경제사학·실증사학 등으로 유형이 분화 발전했고, 조선학
운동이 전개되기도 했다. 『조선역사』는 이러한 배경에서 잉태된 시대적
산물이라 할 수 있다.

『성서적 입장에서 본 조선역사』의 저술

1. 당시 한국사학계에 대한 평가

함석헌은 자신이 『조선역사』를 연재할 당시의 한국사학계를 "사학계
라 할 것도 없다"고 평가했다. 그는 『조선역사』가 사학계를 염두에 둔

29　文一平, 「史眼으로 본 朝鮮」, 『湖岩全集』 제2권 1호, 15쪽.

30　安在鴻, 「化建設私議(二)-未來를 지나 今日에-」, 『朝鮮日報』, 1935년 6월 7일자.
　　이러한 비판은 白南雲뿐만 아니라, 李淸源과 金台俊도 마찬가지였다.

31　박걸순, 『국학운동』(한국독립운동의 역사 34), 한국독립운동사편찬위원회·독립기념
　　관 한국독립운동사연구소, 2009, 313~317쪽.

것이 아니라고 겸양했으나, 『조선역사』가 해방될 때까지 10년 동안 '역사를 쓰는 이들로부터 묵살'당한 데 대한 섭섭한 감정도 드러냈다. 또한 성서조선사건으로 피체되었을 때의 일화를 들며 결국 자신이 추구한 고난의 역사가 승리한 것이라고 자평했다.[32]

그러나 그는 자신의 역사 연구를 "전인미답前人未踏의 처녀지에 제일보를 들여놓는 모험"이라며 다음과 같이 말했다.

> … 선생을 가지지 못한 자는 불행할진저. 그러나 안심하고 따라갈 선생을 가지지 못한 나보다도 그 나에게다 전인미답의 처녀지에 넣는 제일보를 강요하지 않으면 안 되는 조선은 더욱 불행하다는 생각을 할 때 나는 용기를 떨친다. …[33]

그는 당시 조선의 역사학계를 전인미답의 처녀지라고 여기고 자신의 역사연구를 그 첫발을 딛는 모험으로 생각했던 것이다. 이러한 그의 평가는 당시의 한국사학계를 무시하거나 부정하는 듯하나, 실제 본문에서는 신채호 등 민족주의사가의 견해를 수차 인용하고 있다. 그는 당시의 한국사학계에 대해 비판적이었다. 우선 그는 우리 역사에서 영웅과 찬란한 문화를 통해 민중의 분발을 촉구하고자 한 민족주의사학의 '영휘榮輝있는 조국의 역사' 교육은 자기기만을 하지 않고는 할 수 없는 것이라고 말했다.

> … 나는 6~7년 이래 중등 학생에게 역사를 가르치는 기회를 가졌음으로 어떻게 하면 그 젊은 가슴에 광영 있는 역사를 파악시킬까 하고

---

32 「네째판에 부치는 말」, 『咸錫憲全集』 1, 한길사, 1983.
33 『聖書朝鮮』 제65호, 1934년 6월호, 8쪽.

노력하여 보았다. 그러나 무용이었다. 어렸을 때 듣던 모양으로 을지
문덕, 강감찬의 이름을 크게 불러보려 힘썼으나 그것으로써 묻어버
리기에는 조선 역사 전체에서 발하는 신음의 소리는 너무도 컸다. 남
들이 하는 모양으로 生生字, 龜船, 石窟庵, 多寶塔을 총출동을 시켜서
관병식을 거행해보려 하였으나 그것으로써 숨겨버리기에는 속에 있
는 襤褸가 너무 심했다. 드디어 나는 자기기만을 하지 않고는 유행식
의 '榮輝 있는 조국의 역사'를 가르칠 수 없음을 깨달았다. …[34]

또한 그는 칼라일Thomas Carlyle의 영웅사관이 지니는 진리성을 인정하면
서도 개인은 그 자체로 자족적인 것이 아니며 그 배후에 있는 사회, 즉 민
족적 배경이 더욱 중요한 것이라는 입장을 표명했다. 따라서 그의 관점에
서 볼 때 종교개혁을 이끈 루터는 개인이 아니라 독일인으로서의 루터라
는 것이다.[35] 우리 역사에도 영웅이 있었지만, 그 영웅만을 주목할 것이
아니라, 영웅을 배태한 시대와 민족적 배경을 주목해야 한다는 견해다.
따라서 이러한 견해는 초기 영웅을 역사의 주체로 인식한 신채호나 박은
식, 문화사학의 관점에서 민족문화의 우수성을 강조하고자 한 황의돈·권
덕규·장도빈·최남선의 사학 경향까지 함께 비판한 것이라 할 수 있다.[36]
　그는 영웅사관과 함께 당시 크게 유행하고 있던 계급사관에 대하여
도 비판적이었다. 기독교사관을 지니고 있던 그가 유물사관에 토대한
계급사관을 비판한 것은 어찌 보면 당연한 일이었을 것이다. 그는 역사
에서 이해관계가 역사변천의 동인이 되어왔고, 역사상 지배와 피지배
계급이 대립하여, 각 계급이 이익을 추구해온 것은 사실이라고 인정하

34　『聖書朝鮮』제65호, 1934년 6월호, 9쪽.
35　『聖書朝鮮』제65호, 1934년 6월호, 5~6쪽.
36　박걸순, 『韓國近代史學史研究』, 국학자료원, 1998, 269쪽.

면서도 영속적인 자기의식이 없다는 점에서 그들이 말하는 것은 국부적 진실에 불과하다고 평가했던 것이다.

> … 그 계급은 항상 신진대사가 되어왔다. 고로 전연 추상적으로 생각하면 계속하는 계급의 대립이 있으나 구체적 사실에 있어서는 단군시대의 지배계급과 오늘날의 지배계급과를 동일한 자아의식 속에 통일하여 '우리'라는 1인칭을 쓰게 될 수 있겠는가 하면 전연 불능이다. 그러나 민족은 그렇지 않다. … [37]

한편 그는 1934년 진단학회의 창립과 더불어 새로운 학풍으로 각광을 받던 실증사학에 대해서도 비판적이었다. 그는 역사를 '과거 사실의 기록'이라 정의하면서도, 이 '조잡한 정의'를 수정하는 것에서부터 역사의 정당한 이해가 시작되어야 한다고 강조했다. 그는 역사는 이미 죽어버린 단순한 과거가 아니라 현재에 살아 계속되고 있는 것이라고 했다. 또한 사실이라는 것은 현재와의 관련하에 '선택된 사실'로서, 사실이라고 판단되고 해석된 것이라고 정의했다. 요컨대 그는 과거와 사실에서의 현재적 가치를 강조한 것이었다. 기록 또한 사실과 사실 간에 인과적 관계가 있는 것을 의미적으로 재현시킨 것으로서 기록이라기보다는 해석이라고 해야 한다고 했다. 곧 기록은 '일종의 예술적 창작'이라는 표현이 사실에 가깝다고 했다.[38]

그는 자연과학적 기술만이 역사적 진실이라고 여기는 것은 대착오라고 지적했다. 또한 과거의 사가들이 공정한 역사를 위하여 해석 없는 사실의 기록에만 그친 것은 '수백 권의 납골당納骨堂 명록名錄'에 불과한

---

37 『聖書朝鮮』 제65호, 1934년 6월호, 6쪽.
38 『聖書朝鮮』 제65호, 1934년 6월호, 9~10쪽.

것이라고 비판했다. 그는 민중은 '사실의 역사'나 '연구적 역사'를 요구하는 것이 아니라 '해석의 역사'를 요구한다고 주장했다. 또한 그는 참된 역사가의 임무는 '한 권의 민중의 역사'를 쓰는 것이라 했다. 그는 역사가의 임무에 대해 다음과 같이 말했다.

> … 전문적 역사가의 사명은 究竟에 한 권의 민중의 역사를 쓰는 데 있다. … 참 역사가의 사명은 그 자료를 써가지고 한 그릇 진미를 조진하는 데 있다. 한 권의 민중의 역사를 써낸 후에야 그의 일이 이루어진 것이다. 역사가의 생명은 기록에 있지 않고 그 판단에 있다. 인간사회의 蒸溜器面에 피어오르는 無定形한 事象의 증기를 냉각시켜서 한 정형을 주는 것이 그 일이다. …[39]

곧 그가 추구한 역사 연구의 목표는 역사가의 주관적 해석과 판단에 의해 한 권의 민중의 역사를 쓰는 데 있었다. 따라서 그는 역사를 읽는 사람에게 양서良書의 선택과 독사讀史 방법의 중요성을 강조했다. 그는 깊은 사관 위에서 쓴 것이 참 역사이고, 그것을 파악하는 것이 '독사의 정신精神'이라고 했다.[40] 함석헌의 '독사의 정신'과 '참 역사'론은 신채호가 「독사신론」에서 새로운 역사연구법을 제창하고, '참 조선사'를 주장한 사유와 매우 흡사하다.[41] 이로써 보면 그는 당시 유행하던 랑케류의 실증사학에 대해 매우 비판적이었음을 알 수 있다.

결국 그는 당시 역사학의 학풍인 민족주의사학·유물론사학·실증사학을 모두 비판적으로 평가했던 것이다. 그럼에도 그의 역사인식과

---

39 『聖書朝鮮』 제65호, 1934년 6월호, 11쪽.
40 『聖書朝鮮』 제62호, 1934년 3월호, 9쪽.
41 박걸순, 「1920년대 申采浩의 역사인식과 역사서술」, 『湖西史學』 제50집, 호서사학회, 2008, 106쪽.

민족사 해석의 기축을 형성하고 있는 것이 민족주의였음은 부정할 수 없다. 그는 일제강점기라는 시대적 상황에 대해 외면할 수 없었을 것이다. 따라서 『조선역사』는 이러한 그의 고뇌와 사색이 담긴 '민족적'인 민족사의 서술이라 할 수 있다. 곧 그는 배타적 민족주의는 '타기唾棄'해야 한다고 했고, 민족주의를 버려야 한다고 했어도 결국 민족의 가치를 발견해야 한다며 민족을 부둥켜안았던 것이다.[42]

그는 세계 역사의 진행 과정에서 가장 경계해야 할 것은 배타적인 '민족심'이며, 가장 큰 죄악은 집단적 배타주의와 이기주의라고 지적하며 모든 국가주의를 종식시킬 것을 역설한 바 있다. 그러나 결국 그는 '역사의 하담자荷擔者는 개인도 계급도 아닌 민족이다. 개인이나 계급은 민족적 세력의 대표자, 대행자이다. 조선역사는 어쩔 수 없이 조선 사람의 역사'라고 정의한 바와 같이 민족주의적 성격을 내포할 수밖에 없었던 것이다. 그런 점에서 보면 함석헌이 이 글을 발표할 당시 "유물사관 이외의 것은 구경究竟에 이르러 정신사관으로 귀의하며, 정신사관은 결국 역사의 원동력을 추상적 관념의 여러 형태에서 구하려 하는 만큼 객관적 합법칙성을 천명하기는커녕 도리어 엄폐하고 만다"고 한 홍기문洪起文의 지적은 시사하는 바가 크다.[43] 일제강점하 한국 기독교는 민족주의의 다양한 스펙트럼을 통해 들여다볼 때 다양한 부류가 존재했으나,[44] 그의 한국사 연구와 서술은 그 자신이 배척하고자 역설한 '민족주의적' 범주를 벗어나지 못한 것으로 이해된다.

---

42 『聖書朝鮮』 제65호, 1934년 6월호, 7쪽.
43 洪起文, 「歷史學의 硏究」, 『朝鮮日報』, 1935년 3월 20일자.
44 장규식, 『일제하 한국 기독교 민족주의 연구』, 혜안, 2001, 16~17쪽. 여기에서는 일제강점하 한국 기독교계의 정치·사회세력을 부르주아 민족주의 세력, 사회주의 세력, 친일파의 세 부류로 구분하고 있다.

2. 『성서조선』 겨울 집회 강의와 연재

『조선역사』는 김교신이 주필로 있던 『성서조선』의 1934년 2월호(제61호)부터 1935년 12월호(제83호)까지 23회에 걸쳐 연재되었다. 『조선역사』는 도쿄고등사범학교 문과文科 일부一部에서 역사를 전공하고 1928년 귀국하여 모교 오산학교에서 역사를 가르치던 함석헌[45]이 '약혼받은 거러지 처녀 같은 심정'이었으나, '세 가지 작대기 같은 생각'(믿자는 의지·나라에 대한 사랑·과학적이려는 양심)으로 저술한 것이다. 그는 오산학교에서 역사 교사로 재직하던 시절 우리 역사를 직시하게 되었다. 그는 일제를 동네 건달로, 식민지로 전락한 우리를 그 건달에게 능욕당한 처녀에 비유했다.

> 나는 조그만 시골학교에서 한국역사를 가르치게 되었습니다. 내가 실제로 교실에서 가르치기 시작했을 때, 나는 한국사를 있는 그대로 학생들에게 가르치기가 불가능하다는 것을 깨달았습니다. 4천 년의 한국역사는 굴욕과 좌절 그리고 실패의 연속이었습니다. … 그럼에도 불구하고 나는 한국사를 정면으로 응시하기 시작했습니다. 그랬을 때 그것은 마치 버림받은 길거리의 거지 처녀아이처럼 내 눈앞에 나타났습니다. 그 넝마를 입은 처녀아이는 동네 건달들로부터 능욕을 당하고, 쫓겨 다니고, 숨어 다니다가, 결국에는 길거리 바닥에 지쳐 쓰러져서 힘없이 울고 있었습니다. … 나는 이 거지 처녀를 생각하기 시작했습니다. 조용히 나는 그녀에게 접근했습니다. 그녀의

---

45 당시 일제는 학교에서 일본 역사를 가르칠 것을 강요했는데, 함석헌은 오산학교 재직 시절 우리 역사만을 가르쳤다고 한다(엄영식, 「오산학교에 대하여」, 『남강 이승훈과 민족운동』, 남강문화재단출판부, 1988, 153쪽).

젖은 눈물을 닦아주고, 더러운 먼지를 털어주며, 그녀의 상처를 치료했습니다. 그리고는 그녀가 더듬거리며 얘기하는 중얼거림을 들었습니다. 나는 점차 한 형상을 내 눈앞에 떠올렸습니다. 그 형상은 희미하게 그녀의 뒤에 서 있었습니다. 그것은 한국의 수난의 역사, 고난의 여왕이었습니다.[46]

『조선역사』는 그가 이러한 현실인식하에 『성서조선』 겨울집회에서 1주일 동안 '겨울날 문을 닫은 골방 안에서 여남은 되는 믿음의 동지들과 무릎을 걷고 앉거나 머리를 맞대고 기도로써 한 이야기'를 정리한 것이다. 성서강습회라고도 불린 이 집회는 중학 졸업 정도 이상자를 참여자격으로 제한했다. 그가 『조선역사』를 강의한 집회는 두 번째인 '오류동집회梧柳洞集會'로서, 1932년 12월 30일부터 이듬해 1월 5일까지 7일간 개최되었다. 강사와 강좌는 김교신金教臣(복음서 연구·조선지리), 유석동柳錫東(예언서 연구), 양능점楊能漸(구약성서의 역사적 가치), 함석헌(조선역사), 이덕봉李德鳳(성서 식물학)이었으며, 기도회는 송두용宋斗用이, 가정 예배는 함석헌이 사회를 맡았다.

이 집회는 강사의 구성에서 알 수 있듯이 1925년 일본에서 무교회 사상을 주장한 우치무라 간조內村鑑三의 영향을 받은 문하생 6인이 조직한 '조선성서연구회'를 기반으로 진행한 것이다.[47] 함석헌은 '두 개의 J(Jesus and Japan)'를 위해 헌신한 스승 우치무라 간조의 사상과 행동에 촉발하여 조국과 기독교 신앙을 예언을 통해 총합하고자 시도했다.[48]

『조선역사』는 오후 7시부터 10시까지 3시간씩 삼강三講(12/31, 1/1,

46 「네째판에 부치는 말」, 『咸錫憲全集』 1, 한길사, 1983, 16쪽.

47 조광(2003), 앞의 논문, 519쪽.

48 양현혜, 「김교신, 함석헌, 그리고 우찌무라 간조」, 『한국교회사학회지』 제18호, 한국교회사학회, 2006, 81쪽.

1/2)이 배정되었다. 수강자들은 이 강좌를 주먹에 땀을 쥐며 경청했고, '조선 첫째의 조선사', '세계 제일의 조선역사 강좌'라고 극찬했다. 그러면서도 다음과 같은 한계를 아쉬워했다.

> … 滿三時間의 연속강의이엇스나 講者聽者가 모두 一瞬間을 보낸 것처럼 시간이 흐름을 애석하엿다. 조선역사 반만년에 역사도 길엇거니와 사가도 많엇다. 마는 조선 백성에게 史觀을 준 이가 없엇다. 이 날에 '前人未踏'의 境에 일보를 내디디어 반만년사의 사관을 제시하엿건만 二千萬中에 이것을 들은 자 二十名에 未滿하고 이것을 읽을 자 二百人에 不及하니 무슨 贅言을 添書할 필요있으랴. 오직 일이 奇異함을 心碑에 銘記할 뿐이엇다. …[49]

이러한 한계는 함석헌 자신도 알고 있었다. 독자가 많을 때에도 200명이 되지 않았다고 말한 바도 있다. 또한 그는 『조선역사』를 다음과 같이 말했다.

> … 본래 이것은 나 홀로의 한숨이며 돌아봄이요, 알아주는 친구에게 하는 위로요 권면이다. 우리의 기도요 믿음이지 역사연구가 아니다. …[50]

『조선역사』는 집회 말미의 '감화회感話會' 때 출판을 하기로 결의했고, 이에 따라 함석헌이 오산학교 수업시간 이외에 원고의 정리에 진력한 끝에 『성서조선』에 연재하게 되었던 것이다. 함석헌은 강연 내용을 "때로

---

49 一記者, 「聖書講習會記」, 『聖書朝鮮』 제61호, 1934년 2월호, 9~10쪽.
50 「머리말」, 『咸錫憲全集』 1, 한길사, 1983, 12쪽.

는 나 혼자 감격도 했고 흥분했고 눈물도 닦기도" 하며 저술했다.[51] 『조선역사』 집필 당시의 어려운 상황을 그는 다음과 같이 토로했다.

… 지도교수가 있는 대학도 아니지, 도서관도 참고서도 없는 시골인 오산이지, 자료라고는 중등학교 교과서와 보통 돌아다니는 몇 권의 참고서를 가지고 나는 내 머리와 가슴과 씨름을 하지 않으면 안되었다. 파리한 염소 모양으로 나는 씹는 것이 일이었다. 지푸라기같은 다 뜯어먹고 남은 생선 뼈다귀 같은, 일본 사람이 쓴 꼬부려 댄 모욕적인, 또 우리나라 사람이 쓴 과장된 사실의 나열을 나는 씹고 또 씹어 거기서 새끼를 먹일 수 있는 젖을 내보자니 쉬운 일이 아니었다. 재주 없는 것을 한도 많이 하였고, 공부 못한 것을 후회도 많이 하였다. 또 30년 전 일이다. 문장을 다듬어보자는 어리석은 생각도 아직 있었고, 더구나 일본시대에 말의 자유가 없는 때라 당당히 할 말도 많이 스스로 깎아야 하는 때이므로 더욱 어려웠다. …[52]

『조선역사』의 연재는 독자에게 커다란 영향을 주었다. 김교신은 1934년 3월 어느 도쿄 유학생에게서 '제일 좋은 조선역사 책'을 소개해달라는 서신을 받았다. 그때는 『조선역사』가 연재된 지 2회에 불과한 때이나, 그는 주저 없이 『조선역사』를 '천지신명 앞에도 부끄럼 없이 추천'할 수 있음을 확언할 정도였다.[53]

연재가 완료된 후 『조선역사』는 단행본 출판이 계획되었던 것으로 보이나, 일제강점하에서는 실행되지 못했다. 해방 직후 『조선역사』는

---

51 「한국역사의 의미-『뜻으로 본 한국역사』를 중심으로」, 『咸錫憲全集』 1, 한길사, 1983, 385쪽.
52 「네째판에 부치는 말」, 『咸錫憲全集』 1, 한길사, 1983, 16쪽.
53 『聖書朝鮮』 제63호, 1934년 4월호, 18쪽.

노평구가 간행하던 『성서연구』에 재록되었고, 1950년 4월 성광문화사_聖
光文化社에서 단행본으로 간행되었다. 그런데 이때의 내용은 일제의 검열
로 삭제된 기사[54]가 복원되고 해방 이후의 내용도 첨가되었다. 1954년
에는 증보 재판이 간행되었고, 1962년의 3판부터는 『뜻으로 본 한국
역사』로 개제하여 간행했는데, 내용이 대폭 수정 보완되었다. 제4판은
1965년 제일출판사에서 간행되었는데, 여기에 함석헌이 쓴 「네째판에
부치는 말」이 수록되어 있어 당시까지의 전말을 잘 알려준다. 『뜻으로
본 한국역사』는 이후 삼중당·한길사 등에서 속간했다.[55]

그가 '성서적 입장에서 본'을 '뜻으로 본'으로 바꾼 것은 그의 역사
인식에서 커다란 전회를 의미하는 것으로 이해된다. 당초 그는 역사철
학은 성경밖에 없고, 성경의 자리에서만 역사를 쓸 수 있으며, 『조선역
사』가 가치 있는 것은 성경에 있다고 단언했다. 다음은 이 같은 그의 확
신을 잘 보여준다.

> … '聖書的 立場에서 본'이라는 제목의 귀절이 일반 사람에게는 걸림
> 이 될 듯하니 빼면 어떤가 하는 의견이 잠간 나왔으나 그것은 사슴에
> 게서 뿔을 자르는 것과 같아 그대로 두기로 하였다. 이 글이 이 글된 까
> 닭은 聖經에 있다. 쓴 사람의 생각으로는 聖書的 立場에서도 歷史를
> 쓸 수 있는 것이 아니라, 聖經의 자리에서만 역사를 쓸 수 있다. 똑바
> 른 말로는 歷史哲學은 성경밖에는 없기 때문이다. 서양에도 없고 동
> 양에도 없다. 歷史는 시간을 인격으로 보는 이 성경의 자리에서만 될
> 수 있다. …[56]

---

54 17회의 '임진왜란', 22회의 '고난의 의미', 23회의 '역사가 지시하는 우리 사명'은
   표지에는 제명이 수록되었으나, 본문에는 일제의 검열로 삭제당하여 수록하지 못했다.

55 조광(2003), 앞의 논문, 509~511쪽.

56 「머리말」, 『咸錫憲全集』 1, 한길사, 1983, 12쪽.

그는 1942년 이른바 '성서조선사건'[57]으로 1년간의 옥고를 치르는 동안 스승인 우치무라 간조의 무교회 신앙에서 해방되어야겠다고 결심하고, 스스로 사상의 외연을 넓혀나갔다. 그는 후일 우치무라에 대하여 "나는 이따금은 우리가 일본에게 36년간 종살이를 했더라도, 적어도 내게는, 우치무라 하나만을 가지고도 바꾸고도 남음이 있다고 생각"할 정도로 개인적으로 커다란 영향을 받았다고 밝힌 바 있다.[58] 그러한 그가 우치무라 신앙에서 벗어나고자 한 것은 이를 '남의 사상, 남의 종교'로 여기고, '내 종교'를 갖고자 한 그의 성품 때문이었다.[59] 그리고 6·25를 거치며 『조선역사』를 대폭 수정하는 '대선언'을 하게 된다. 즉, 그는 기독교만이 유일 종교가 아니고, 역사철학은 성경에만 있는 것이 아니며, 성경만이 완전한 진리도 아니라고 생각을 고친 것이다. 그는 자신의 감옥행을 하나님이 자신만의 믿음을 갖고자 하는 기도를 들어서 보내준 대학이라고 말할 정도로 수감생활 동안 커다란 사고의 전환이 있었음을 인정했다. 이후 그는 『조선역사』에서 교파주의적이고 독단적인 부분을 버리고 제명도 『뜻으로 본 한국역사』로 수정했다. 그 스스로가 '사슴에게서 뿔을 자른' 것이었다. 더구나 그가 이 수정 작업을 1964년 겨울 한 달 동안 해인사에 머무르며 진행했다는 사실은 시사하는 바 크다.[60]

이처럼 대폭 수정된 셋째 판이 출판되자 그가 예상했던 대로 일부 무교회 사람들은 그가 타락했다고 비난하기도 했다. 그러나 그는 타락이라는 것은 상대적인 것으로서, 지옥에서 보면 천당이 타락이 아니냐

---

57 이 사건은 『聖書朝鮮』 1942년 3월호에 실린 권두언 「弔蛙」의 내용에 대한 시비로부터 비롯되었다. 즉, 일제는 이 기사의 '얼어 죽은 개구리'가 일본의 억압으로부터 고통 받는 조선을 빗댄 것이라며 『聖書朝鮮』을 압수 폐기하고 강제 폐간 조치하고, 전국에서 수십 명의 독자를 검속했다.

58 「하나님의 발길에 채어서」, 『咸錫憲全集』 4, 한길사, 1983, 217쪽.

59 「네째판에 부치는 말」, 『咸錫憲全集』 1, 한길사, 1983, 18쪽.

60 「네째판에 부치는 말」, 『咸錫憲全集』 1, 한길사, 1983, 17~18쪽.

고 반문하며 장차 역사가 자신을 옳다고 할 것이라고 확신했다. 그리고
다시 한번 논란이 되고 있는 '뜻'을 만인의 종교라고 규정하고 다음과
같이 강조했다.

> … 유신론자·무신론자가 다 같이 믿으며 살고 있는 종교는 무엇일
> 까? 그래서 한 소리가 '뜻'이다. 하나님은 못 믿겠다면 아니 믿어도
> 좋지만 '뜻'도 아니 믿을 수는 없지 않으냐? 긍정해도 뜻은 살아 있
> 고 부정해도 뜻은 살아 있다. 져서도 뜻만 있으면 되고, 이겨서도 뜻
> 이 없으면 아니 된다. 그래서 뜻이라고 한 것이다. 이야말로 만인의
> 종교다. 뜻이라면 뜻이고 하나님이라면 하나님이고 생명이라 해도
> 좋고 역사라고 해도 좋고 그저 하나라 해도 좋다. 그 자리에서 우리
> 역사를 보자는 말이다. …[61]

이는 매우 중대한 사상의 전회를 의미하는 것이라 생각된다. 즉, 기
독교라는 종교의 울타리 속에서만 역사를 논의하고 가치를 추구하던 그
가 자폐적 범주를 벗어나 만인의 종교를 추구하며 이를 '뜻'으로 개념
화한 것이었다. 따라서 그의 역사인식의 중심에는 관념론적 성격이 강
한 '뜻'이 자리하고 있었으며, 곧 일제강점기 민족주의사가들이 형상화
하고자 했던 관념론과 상통하는 성향으로 이해할 수 있는 것이다.

---

61 「네째판에 부치는 말」, 『咸錫憲全集』 1, 한길사, 19쪽.

한국사의 인식론

1. 역사 발전 단계론

함석헌은 역사는 수레바퀴나 나선운동과 같이 제자리를 돈 것 같으나 실제는 앞으로 나아간 것이라는 발전사관을 지니고 있었다.[62] 그리고 역사를 사람의 일생(출생·성장·장년·노년)에 빗대어 발생기·성장기·단련기·완성기로 나누어 발전 단계를 이해했다. 그의 역사발전 4단계설을 요약하면 다음과 같다.

- 제1단계(발생기): 인류의 출현에 대한 정확한 시기를 알 수 없으며, 연구도 제대로 이루어지지 않았다. 7,000년경에 이르러 상당한 문화의 지역에 들어섰으며 석기시대 이전까지가 발생시기이다. 동굴 거주 인류의 유물을 통해 보면 그들은 순박했고 신화적이었다.
- 제2단계(성장기): 고대국가가 발생하고 민족문화의 개성의 기초가 생겼는데, 애급·바빌론·인도·지나·조선·일본·아메리카 등의 문화가 그중 현저한 것이다. 定住의 농경문화가 물질의 풍요를 가지고 와 도시를 낳고 사회제도를 만들었는데, 사람들은 낭만적이었다.
- 제3단계(단련기): 중세 이래 지금까지로서, 조선은 삼국시대 이래이고 중국은 漢 이래이다. 동양에서는 소분립시대를 지나 대통일시대가 되고, 서양에서는 로마제국이 출현하여 비로소 근대국가

---

62 함석헌, 『뜻으로 본 한국역사』, 한길사, 2013, 73~74쪽.

가 시작된다. 이 시대는 회의의 시대, 고투의 시대로서 현세적에서 내세적으로, 물질에서 정신으로, 필연에서 자유로, 奴隷에서 子女로 나아가기 위한 시대이다.

- 제4단계(완성기): 아직 오지 않았고 언제 올지도 모른다. 그러나 모든 문제가 '愛'안에 해결되는 시대가 올 것은 확실하다. 이는 통일의 시대요, 정화의 시대요, 영화의 시대요, 영원의 시대이다.[63]

그는 우리나라의 역사를 이러한 4단계 발달설로 설명하고자 했다. 그가 세계사의 발전단계설에 입각하여 한국사를 논의한 것은 일제의 식민사관인 '조선사의 특수성'을 배격한 것이라는 점에서 의미를 부여할 수 있다. 일제는 한국사와 세계사의 연결고리를 차단하고 분리 고립시키고자 했다. 그리고 그 틀 속에서 한국 역사의 패배주의적이고 저열한 현상을 부각시키고자 했다. 그러나 그는 세계사와 대등한 관점에서 우리 민족사를 논의함으로써 식민사관이 허구적인 것임을 은연중에 설명한 것이다.

그는 단군시대를 제1단계인 발생기로 설명했다. 그는 단군시대의 역사를 매우 과학적이면서도 치밀하게 논의하고자 했다. 그리고 이 시기의 상황을 혈족단체 부락이 있었고, 각 부락은 임금에 복속된 수장들이 통솔하고 있었다고 보았다. 또한 그들은 산곡을 의지하여 소박한 원시적 생활을 했다고 했고, 이 시대를 태고시대太古時代라고 표현했다.[64]

그리고 골을 떠나 벌에 정착하고 혈족단체를 단위로 하던 공동체로부터 지리적 단위로 확대되며 소형의 국가가 곳곳에 생겨난 열국시대를 거쳐 정치단위가 3개로 정리된 삼국시대의 도래까지를 제2단계 성장기로 이해했다. 그는 단군 조선 1,000년이 발아시기發芽時期라면, 열국시

---

63 『聖書朝鮮』 제64호, 1934년 5월호, 6~7쪽.
64 『聖書朝鮮』 제69호, 1934년 10월호, 3쪽.

대 1,000년은 묘상시기苗床時期로서 장래의 사명을 다할 수 있는 자격자를 기르기 위해 싹이 튼 종자를 특별한 방법으로 양육하는 때라고 비유했다.[65]

그는 삼국시대를 제3단계 단련기로 이해했다. 그리고 이를 '용광로 중의 삼국시대'라고 표현했다. 그는 이 시대의 민족적 과제로서 역량을 기르고 이상을 세우고 식견을 높여 든든한 통일국가를 이루는 것이라고 보았다. 그리고 이 시대에서 주목해야 할 것으로 민족적 자각을 일깨워 준 낙랑군과, 민족통일의 정신적 기초가 된 불교의 전래를 중요한 사실로 지적했다. 그러나 삼국은 조선역사상 그렇게 의미심장한 시기였으나 결국 실패로 돌아갔고, 광채 찬란한 정금正金을 얻기도 전에 용광로가 터지고 말았다고 아쉬워했다.[66]

고려는 성장기에서 시련기로 넘어가는 과도기적 단계로 이해했고, 삼국시대의 참담한 실패를 딛고 자아를 재건해야 할 책임이 큰 시기였다고 파악했다. 그러나 고려는 세 차례의 기회가 있었으나, 자아를 찾지 못해 결국 실패한 왕조가 되고 말았다고 보았다. 그는 조선왕조를 본격적인 수난시대, '중축中軸이 부러진 역사歷史'로 규정했다.[67]

그는 조선민족이 지내온 역사의 변천을 산세에 비유하여 설명했다. 즉, 단군 이전은 만주 평원의 위대한 초원이고, 단군시대는 백두산에서 초석을 놓은 시대라고 했다. 그리고 천지天池의 정기가 넘쳐흘러 산록을 따라 여러 산계를 이루니 이를 열국시대에 비유했다. 이후 개마고원에서부터 금강산에 이르는 산세는 삼국시대로 비유했고, 일만 이천 봉의 빼어남을 웅장한 삼국 문화라 하며 이 시기를 '단군 이래 최성기'로 보

65 『聖書朝鮮』 제69호, 1934년 10월호, 5쪽.
66 『聖書朝鮮』 제70호, 1934년 11월호, 3~6쪽.
67 『聖書朝鮮』 제71호, 1934년 12월호, 3~4쪽.

앗다. 그러나 신라의 통일은 척추가 부러진 태백산 형세에 불과한 것으로 평가절하하고, 태백산 이하에서 산세가 점차 줄어들고 지리산에 이르러 척량脊梁의 주맥이 아주 형적을 잃어버린 것을 고려시대에 비유했던 것이다. 그리고 조선은 지리산 남쪽에 갈기갈기 찢긴 소백산계의 왜약倭弱한 산맥에 빗대었다.[68]

이러한 그의 한국사 인식은 당대 민족주의사가들과 유사하다. 특히 안확의 『조선문명사朝鮮文明史』와 흡사하다.[69] 그러나 단군에 대한 냉철한 분석, 고대사에 대한 인식, 고려의 책임론 등은 민족주의사학의 한계를 극복한 인식 구조라 할 수 있다. 다만, 그가 일제강점기에 대해 서술하거나 평가하지 않은 것은 한계로 지적될 수 있다. 물론 이런 현상은 당시 여타 사가들의 경우도 마찬가지였는데, 시휘에 저촉되어 불가피한 일이었을 것이다.

2. 단군과 고대사 인식

함석헌의 단군에 관한 인식은 매우 과학적이면서도 민족적이다. 그는 단군신화가 지니는 한계를 인정하면서도, 민족사적 의의를 강조했다. 그는 한민족의 기원을 반도가 아닌 파미르 고원에서부터 이주해 온 몽고 인종의 일파로 보고, 단군 시기에 이르러 백두산 일대를 무대로 생활을 영위한 것으로 해석했다. 그는 당시 민족주의사가들이 단군의 실존을 강조하려 했던 것과는 달리, 단군의 사적은 일군주一君主의 치적이 아니라 일시대一時代의 사실이 신화화된 것이라고 해석했다. 그리고 건국 동기에서 도덕적 이유만이 제시되고 다른 민족들과 달리 황당무계하거

---

68 『聖書朝鮮』제74호, 1935년 3월호, 3~4쪽.
69 박걸순(1998), 앞의 책, 255~256쪽.

나 살벌한 정복 내용이 없다는 것을 높이 평가했다. 그러면서도 신화의 한계를 다음과 같이 지적했다.

> … 神話는 결코 사실은 아니다. 그러나 다른 의미에서 그는 사실이다. 단군신화는 佛家輩의 造出이니 일편의 가치가 없다 하야 단군을 말살하려는 계획적 曲論을 하는 자면 모르지만, 그렇지 않다면 그것이 수천 년의 생명을 가지는 민족적 신앙의 결정임을 부정할 수 없다. …[70]

이는 단군신화가 일연을 중심으로 하는 불교도들이 후대에 조작한 것이라고 역사성을 전혀 부정한 일제 식민사학을 비판하며, 신화 속에서 역사적 사실을 추출해야 한다는 점을 지적한 것이다. 그는 단군시대가 만주에서부터 남쪽으로 이동하여 수렵생활에서 시작해 농경생활을 하고 기계를 만들고 제도를 만듦으로써 민족생활의 기초가 확립된 시기로 해석했다.[71]

그는 단군 개창시대의 역사는 희망을 약속하는 광휘있는 역사로서 '당당한 출발'이라고 평가했다. 나아가 그는 어떤 이지理知의 판단자라도 단군의 후예들은 아세아의 동부에 대국가를 건설하고 그곳의 패주霸主가 되리라는 판정을 하기에 서슴지 않았을 것이라고 하며 다음과 같이 단군 역사의 출발을 감동적·서사적으로 서술했다

> … 헤아릴 수 없는 태고의 어떤 날 망망한 만주평원의 황무한 초원 위에 트는 여명의 빛, 億萬古 사람의 자취를 보지 못한 興安嶺의 마루턱을 희망과 장엄으로 물들일 때, 체구는 장대하고 근육은 강인한 거인

---

70 『聖書朝鮮』 제69호, 1934년 9월호, 4~5쪽.
71 『聖書朝鮮』 제69호, 1934년 9월호, 3쪽.

의 一群이 허리에는 제각기 石斧를 차고 손에는 强弓을 들고 선발대의 보무로 그 정상에 나타났다. 흩으러진 두 발 사이로 보이는 널따란 그 이마에는 仁者의 기상이 떠어 있고, 쏘는 듯한 그 안광에는 義勇의 정신이 들어 있다. 주먹은 굳게 쥐어 강함을 보이고 입은 무겁게 다물어 謹厚를 나타낸다. 문득 솟는 해가 결승선을 돌파하는 용사 같이 一躍하여 지평선을 떠날 때, 그들은 한 소리 높여 여기다! 하고 부르짖었다. 거인군의 우렁찬 소리는 아침 광선을 타고 천뢰와 같이 울리어 끝없는 만주 벌판으로 달아 내려갔다. 이런 상상을 나는 몇 번씩 하고는 스스로 알지 못하게 주먹을 쥐어 書案을 두드리곤 하였다. 이는 허무한 상상일까? 조선역사의 출발은 아마도 이러했던 것이다. …[72]

그의 기자조선에 대한 해석은 매우 중요하다. 즉, 그는 기자조선을 부여·읍루·옥저·졸본·예맥·삼한 등과 함께 열국의 하나로 인식했다. 당시 민족주의사가들은 대개 기자동래설을 부정했으나, 기자조선 자체를 부정하지는 않았다.[73] 그러나 그는 기자조선의 실체로서 이주 한인漢人 세력의 존재는 인정했으나, 기자동래설은 '지나 숭배사상의 중독'에서 나온 것이라고 배척했다.

… 기자조선이라 부르는 나라가 있었다. 은의 왕족 기자가 그 나라가 망할 때 동으로 조선에 들어와 나라를 세우고 평양에 도읍하여 팔조로써 백성을 가르쳤다는 말은 지나 숭배사상의 중독에서 나온 말이오 믿을 수 있는 것이 아니지만 당시 지나 천지의 어지러운 때를 당

---

72 『聖書朝鮮』 제68호, 1934년 9월호, 6쪽.
73 황의돈·장도빈·안확·권덕규·최남선 등 대부분의 사가들은 기자동래설을 부정했으나, 기자조선의 존재는 인정했다(박걸순, 앞의 책, 1998, 243~283쪽).

하여 다수한 이주 지나인이 있었고 거기에 따라 그 부근으로 한문화의 요소가 많이 들어오게 된 것은 사실일 것이다. …[74]

그는 위만조선도 간략히 서술하는 것으로 그쳤다. 그런데 그가 열국시대에서 특히 강조하고자 한 것은 한사군의 존재와 중국 문화의 수입이다. 그는 특히 낙랑군과의 대치를 통해 우리의 민족적 자아의식이 명료해지고 정치사상이 발달했다고 했다. 그는 이를 폭풍이 묘포苗圃를 습래하여 유약한 묘목은 많이 꺾어버렸으나 살아남은 것에게는 강한 자립력을 심어주었다고 함으로써 고구려가 강대해진 원인을 여기에서 구했다. 또한 실천적 도덕인 유교문화를 수용함으로써 왕도정치의 기반을 닦은 것도 평가했다.[75]

함석헌은 철저한 고구려 중심사관에 따라 삼국시대를 서술했다. 그는 삼국의 개창 연대에 대해 『삼국사기』의 편년을 따르지 않았다. 그러면서도 신라의 지리적 편협성과 이민족에 대한 침입 등 불리한 조건이 오히려 국민적 분투력과 의지력을 키워 삼국통일의 동력이 된 것으로 보았다. 그는 삼국시대를 실패한 시대라고 하며, 그 원인을 민족통일의 제일의 자격자인 고구려의 패망에서부터 설명했다.

… 삼국시대의 실패의 까닭은 고구려의 패망에 달렸다. 누구나 역사를 읽는 사람은 고구려에게 종주권을 인허하지 않을 수 없고 또 동정이 많이 가는 것이 사실이다. 만일 고구려가 그렇듯 급작히 망하지 않았더라면 만주 조선을 통일하여 대국을 이루었을 것이고 그것이 되었다면 반드시 지나 평원에 그 麒足을 폈을 것이다. … 그런데 그

---

74 『聖書朝鮮』 제69호, 1934년 9월호, 5쪽.
75 『聖書朝鮮』 제69호, 1934년 9월호, 6~7쪽.

고구려가 패하고 말았으니 이는 단독 고구려의 일에만 그치는 것이 아니요 실로 조선민족 오천 년 역사상에 一大痛恨史다. …[76]

그는 고구려가 '횡사橫死'·'요사夭死'하면서 조선의 역사는 일대 전기를 맞이하여 비극이 시작되었다고 해석했다. 따라서 그의 신라의 삼국통일에 대한 평가 역시 부정적일 수밖에 없다. 그는 전 민족적 입장에서 볼 때 신라의 통일은 고구려의 비장한 죽음의 그늘 아래에서 이룬 것이라고 보았다. 결국 그는 삼국통일을 '빈약한 통일', '통일이 아닌 분할' 등으로 평가절하했다.

… 신라는 너무 과한 대가를 주고 통일을 샀건만 그 통일은 실로 빈약한 통일이다. 청천강 북을 가보지 못한 통일이다. 진정한 의미에서 하면 통일이 아니오 분할이다. 이 때문에 대부분은 상실되고 일부분이 남아서 조선을 대표하게 되었고 조선 사람의 아름다운 것이 많이 없어지고 아름답지 못한 것이 길었기 때문이다. 그나마 그 통일도 불과 백 년에 부패하였다. …[77]

그가 신라에 의한 삼국통일을 부정적으로 평가한 것은 일제강점기 민족주의사가들의 견해와 일치한다. 그러나 함석헌은 더욱 강렬하게 고구려중심사론을 펼치고 있는 것이다. 따라서 발해를 고구려의 후예로 인식했음은 물론이다. 그는 남북조(국)라는 용어를 사용하지는 않았으나, '발해는 고구려와 이명동신異名同身'이라고 하여 고구려 부흥운동의

---

[76] 『聖書朝鮮』제70호, 1934년 11월호, 7쪽.
[77] 『聖書朝鮮』제70호, 1934년 11월호, 9쪽.

결과 수립한 후예라 했다.[78] 또한 발해 유민을 환영하여 '수호收護'하고 발해를 멸망시킨 거란과 외교적 마찰을 벌인 고려 태조에 대해 비난하는 논의를 '실로 어이없는 론論'[79]이라고 한 표현에서도 그의 고구려-발해 계승론을 분명히 알 수 있다.

3. 고려시대사 인식

그는 고려시대를 유교의 노예가 되어 자아를 잃어버리고 허위를 좇아 삼국에 이어 또 실패하고 만 왕조로 평가했다. 그러면서 고려가 세 차례의 고조기를 놓친 것을 안타깝게 여겼다. 그가 말한 고려의 '세 차례 구절句節(고조기)'이란 민족주의사가들이 '고려의 국가적 이상'[80]으로 주목한 북진정책과 관련된 것이다.

첫 번째 고조기로서 건국 초의 북진정책을 들며, 궁예를 주목했다. 그는 궁예가 가혹한 평을 받고 있으나 사실은 큰 뜻을 품은 사람으로서 국민의식의 고조를 대표하는 인물이라고 옹호했다. 그러나 궁예는 결국 성공하지 못한 '묘이불수苗而不秀의 영웅'이라고 했다. 반면 왕건에 대해서는 매우 적극적이고 긍정적으로 평가했다. 그는 왕건이 '삼국 통일'을 했다고 하여 신라에 의한 민족 통일을 부정적으로 보았던 것과는 달리 통일의 의미를 부여했다. 그리고 일련의 북진정책은 중국 제도 채용과 종교정책에 잘 나타나 있다고 했다. 즉, 그는 왕건이 조선정신을 작흥하기 위해 중국의 것을 모방하지 못하게 했으며, 불교를 통제하고 팔관회를 장려한 것은 조선의 고유한 사상의 부흥을 지도하려 한 것이라

---

78 『聖書朝鮮』 제70호, 1934년 11월호, 10쪽.
79 『聖書朝鮮』 제71호, 1934년 12월호, 5쪽.
80 文一平, 「高麗의 國家的 理想(上·下)」, 『한빛』 1928년 1~2월호 연재.

는 독특한 해석을 내렸다. 그러나 태조도 이상을 실현하지 못했기 때문에 '수이부실秀而不實한 자者'라고 평가했다.[81]

두 번째 고조기로서 윤관에 의한 여진정벌을 들었다. 그는 여타의 사가들이 높게 평가했던 광종대와 성종대의 제도 정비에 대해 모화사상·사대주의·현상유지주의가 생겨 자아를 망각하고 허위에 취한 정신적 저조기라고 평가절하했다. 그리고 이를 일깨워준 것이 거란의 침입으로서 퇴영적 현상유지주의자들에게 경종을 울렸으나, 태조의 장지壯志는 찾아보기 어려웠다고 했다. 거란의 침입 부분에서 대다수의 사가들은 서희의 대소손녕 담판과 강감찬의 승전을 높이 평가했으나, 그는 단 한 줄로 설명하는 데 그쳤다. 비록 승리의 역사이기는 하나 국초의 웅대한 북진정책과 비교할 때 만족스럽지 못하다는 의지의 표현으로 이해된다.

그는 숙종조에 북벌사상이 일어난 것을 조선심朝鮮心을 울린 결과라고 했다. 그리고 북벌론의 선봉인 윤관을 도원수로 출정시킨 것을 '조선민족 부침이 갈리는 역사적 대사건'이라 했다. 신채호가 묘청의 서경전역을 '조선역사상 일천년래제일대사건'이라 평가한 것과 유사하다. 그러나 결국 대조선부흥운동大朝鮮復興運動은 조정의 '사대주의 부유일파腐儒一派'에 의해 윤관의 처벌과 9성 환부가 결정되며 북벌운동은 서리를 맞고 인종 이후 다시 저조기를 맞이하게 된 것으로 해석했다.[82]

그는 묘청의 서경천도운동을 '묘청의 난'이라고 표현했으나, 신채호의 평가를 제시하면서 높이 평가했다. 그는 먼저 음양도참사상에 의한 서경천도론이 미신적 침전물로 황당무계한 것이나, 역사적 견지에서 보면 인민의 신라 왕조에 대한 불평불만, 잃어버린 고토에 대한 분한憤恨, 위축된 민족운명에 대한 개탄, 미래에 대한 희구를 반영하는 것이라고 의

81 『聖書朝鮮』 제71호, 1934년 12월호, 4~7쪽.
82 『聖書朝鮮』 제72호, 1935년 1월호, 3~5쪽.

미를 부여했다. 그리고 이를 '조선역사상 일천년래제일대사건'으로 평가한 신채호의 견해를 소개하며, '투철한 관찰', '옳은 말'이라고 동감을 표시했다. 그리고 자신도 김부식이 승리한 것에 대해 "허위가 또 이기고 자아를 또 못 찾았다"고 개탄했다.[83] 이 또한 신채호 사학의 영향을 받은 문일평 등 대다수의 민족주의사가들의 묘청에 대한 인식과 궤를 같이하는 것이라 할 수 있다. 이후 고려의 역사는 급전직하의 형세로 난조에 빠진 것이라고 보았다.

세 번째 고조기로서 최영의 북벌을 들었다. 그는 최영을 '군우중群牛中 일필一匹 기린麒麟'같이 강경한 북벌론을 주창한 인물이라고 하고, 그의 요동 정벌을 고려로서 최후의 허락을 얻은 기회요, 고구려 멸망 이래 실패의 역사를 회복할 수 있는 일전이라고 의미를 부여했다. 그러나 그는 결국 최영이 이성계에게 패배하여 북진정벌이 실패한 사실을 '대사건'이라 하며 다음과 같이 한탄했다.

… 이성계가 이기고 최영이 패하던 날이다. 이상주의가 패하고 현실주의가 이기던 날이다. 以小事大의 국책이 결정된 날이다. 조선역사의 지침이 고난의 길로 결정적으로 돌아간 날이다. … 이날에 이상이 죽고 齷齪한 현실이 이긴 것이다. 구차한 현실이 조선 사람의 왕이 된 것이다. 이해철학의 구구한 논리가 조선 사람의 스승이 된 것이다. 그런 고로 대사건이다. … 이날은 조선 사람의 가슴에서 慕北思想을 최종적으로 긁어 내던진 날이다. 고구려의 망한 날이 조선 민족 파산의 날이라면 이날은 家運 復興의 결심을 내던진 날이다. 집을 영잊은 날이다. …[84]

---

83 『聖書朝鮮』 제72호, 1935년 1월호, 5~6쪽.
84 『聖書朝鮮』 제73호, 1935년 2월호, 4~5쪽.

'모북주의慕北主義'라는 말은 '모화주의慕華主義'의 상대 개념으로 그가 처음 사용한 역사 용어이다. 그는 최영의 북벌 실패는 조물주의 시험에서 조선 민족이 완전히 패배한 것으로 해석했다. 그는 자신의 최영에 대한 서술이 너무 길어 형평에 맞지 않을 것이라고 하면서도 그를 '조선혼'의 상징적 인물이라고 극찬했다. 그리고 최영은 죽은 것이 아니고, 조선혼도 죽을 수 있는 것이 아니라고 했다. 조선정신-조선심-조선혼이라는 용어의 사용과 강조에서 그의 역사인식이 관념론적인 민족주의적 성향을 강하게 지니고 있음을 확인할 수 있다. 특히 이 부분은 신채호가 「동국거걸東國巨傑 최도통전崔都統傳」을 서술하며 극찬했던 것과 일치한다. 그뿐만 아니라 조선혼을 설명하는 부분에서는 혼백사상을 체계화한 박은식의 『한국통사』와 『한국독립운동지혈사韓國獨立運動之血史』의 한 대목을 읽는 듯한 착각에 빠질 정도로 흡사하다.[85]

"고구려, 백제의 최후보다 신라의 최후가 더럽고, 신라의 것보다 고려의 것이 더 더럽고, 고려보다 이조가 더 더럽다"고 한 것은 조선 이전 왕조에 대한 그의 역사적 평가를 집약적으로 보여주는 대목이라 할 수 있다.[86]

4. 조선시대사 인식

『조선역사』에서 조선시대 이하는 14회째인 『성서조선』 제74호(1935. 3)부터 연재되기 시작했다. 조선시대 부분은 「수난의 오백 년」이라는 제

---

85 그는 당시 민족주의사가들의 역사 연구에 대해 냉정할 정도로 부정적이고 비판적이다. 그러나 그의 역사인식의 관념론적 구조와 역사 용어 선택 등에 있어서는 민족주의 사가를 방불케 한다. 또한 신채호·박은식·최남선 등의 견해를 수차 거론하며 동감을 표하고 있는데, 결국 그는 민족주의사학의 비판적 동조자의 범주를 크게 벗어날 수는 없었을 것이다.

86 『聖書朝鮮』 제73호, 1935년 2월호, 7쪽.

명으로 7회가 연재되었는데, 이 중 17회(수난의 오백 년 四, 77호)는 일제의 검열로 삭제되어 게재되지 못했다. 또한 21회(81호)와 23회(83호, 고난의 의미, 역사가 지시하는 우리의 사명) 역시 게재되지 못했다.[87]

삭제된 기사는 후에 그가 첨가하여 기술한 수정판을 통해 그 내용을 짐작할 수 있는데, 17회에서 삭제당한 것은 '율곡의 헛수고'와 '제1차 환란'임을 알 수 있다. 또한 83호에서 삭제당한 내용도 수정판을 통해 알 수 있다. 그런데 81호에서 삭제당한 내용은 장명章名이 확인되지 않기 때문에 알 수 없다. 대개 삭제당한 기사는 시휘와 관련된 내용이었을 것이고, 후에 그가 이른바 '성서조선사건'으로 구속된 것도 일제가 그의 저술 내용을 '민족주의적'이거나 '반일적'이라 여겼기 때문이 분명하다.

함석헌은 조선시대를 중축이 부러진 역사라 했으니, 조선시대사에 대한 인식은 매우 부정적이다. 그는 세종대왕의 치적을 조선 500년 일대 중에 제일 성시를 이루었다고 극찬하면서도 모두 무용으로 돌아가고 말았다고 개탄했다. 다음은 이를 잘 보여준다.

---

87 조선시대의 목차를 정리하면 다음과 같다.
　　1. 수난시대
　　2. 中軸이 부러진 역사
　　3. 虛에 돌아간 世宗의 治
　　4. 무너진 土臺
　　5. 義人의 피
　　6. 灰칠한 무덤
　　7. 殺人의 역사
　　8. 痼疾(이하 9, 10은 삭제당함)
　　11. 第2次 患亂
　　12. 林慶業
　　13. 新生의 微光
　　14. 福音 傳來
　　15. 再顚落

… 中軸이 부러진 歷史! 그것이 正軌를 밟아 정도를 나갈 수 있을 리가 없다. 오백 년간의 일은 그저 失錯이요 顚倒요 破損이다. 당초부터 以小事大를 표어로 삼고 된 구차한 건국인지라 구차 아닌 것이 없다. … 그렇듯 중축이 부러진 역사인지라 모든 노력이 다 쓸데없다. 제도의 정돈은 도리어 역사의 車輪의 운행을 더디게 할 뿐이요 敎學의 장려는 차라리 그 顚覆의 원인이 될 뿐이다. …[88]

　그는 당쟁에 대해 매우 부정적이고 비판적이었다. 당쟁을 '고질痼疾'이라고 표현한 데에서 그 같은 인식을 단적으로 보여준다. 그리고 당쟁의 기원을 삼국의 멸망으로 보고 노예근성에서 나온 것이라는 독특한 논리를 전개하고 있다. 그는 당쟁이 자아를 잃었기 때문에 이상을 잃고, 민족적 대이상이 없는지라 대동단결이 없고, 자유를 잃은지라 편당을 짓게 되어 생긴 것이라고 연동적으로 해석했다. 그리고 "원래 크던 조선 사람의 생활이 이때부터 적어졌고, 원래 넓던 조선심이 이때부터 좁아졌으며, 원래 높던 민족의 기개가 이때부터 낮아졌으니 발병의 원인도 여기 있는 것"이라고 지적했다. 그가 몇 차례에 걸쳐 강조한 조선심은 문일평이 개념화한 것과 내용이 같다.

　당시 당쟁은 식민사학이나 민족주의사학에서 모두 중요하게 논급한 주제였다. 물론 일제의 식민사학에서는 당쟁을 조선 멸망의 당위성을 도출하기 위해 악의적 관점에서 주목했다. 민족주의사학에서는 안확과 같이 당쟁을 민주주의 발달 과정으로 적극적으로 해석한 사가가 있는가 하면, 대부분 망국의 교훈으로 여기고 있었다. 그러나 그는 당쟁의 역사적 연원을 삼국의 멸망과 민족적 대이상의 상실, 관념사학의 가치개념

<hr />

88　『聖書朝鮮』 제74호, 1935년 3월호, 4~7쪽.

인 '조선심'의 협착에서 비롯된 것으로 독특하게 이해하고 있다.[89] 그런 점에서 그의 당쟁론은 식민사학과 다름은 물론 민족주의 사가들의 견해와도 근본적으로 인식을 달리하고 있음을 알 수 있다.

그는 조선의 인물 중 특히 임경업을 이순신과 비견하며 찬양했다.

… 그와 이순신을 비하면 잘 대조가 된다. 저가 조선의 남문을 지키고 저가 해상의 용자면, 이는 육상의 영웅이다. 그 빼어난 재용에서 같고 그 탁월한 식견에서 같고 그 높고 높은 충의 인격에서 같다. 저를 병자에 두었으면 임장군이 되었을 것이요 이를 임진에 나게 하였으면 이순신이 되었을 것이다. 그러나 둘의 운명은 달랐다. 그 일생을 조선을 위하여 바친 점에서 다를 것이 없으나, 하나는 계획을 세워 세운 대로 성공되어 구국의 사명을 다하였고, 하나는 애를 쓰면 쓰는 대로 무너져 천고의 원한을 맺고 갔을 뿐이다. 그 재의 모자람이었던가, 대적의 용병이 신기함이었던가, 아니라 그보다 시세가 허락하지 않은 고였다. 둘의 운명이 다름은 둘의 대표하는 시대의 의미가 다르기 때문이다. …[90]

그는 임경업을 일면에 있어 압박된 시대를 대표하는 비분의 사람이요, 원한의 사람이면서도 다른 면에 있어서 빙설을 들치고 나오는 생명의 새싹과 같이 희망과 신앙으로 새 시대를 예표豫表하는 사람이라고 극찬했다.[91]

그러면서도 그는 병자호란 이후 3차에 걸친 '신생新生의 미광微光'을

89 『聖書朝鮮』 제76호, 1935년 5월호, 7~8쪽.
90 『聖書朝鮮』 제78호, 1935년 7월호, 8쪽.
91 『聖書朝鮮』 제78호, 1935년 7월호, 8~9쪽. 이기백도 『조선역사』에서 사육신과 임경업에 대한 서술 부분이 가장 감동적이었다고 회술했다.

주목했다. 그는 전쟁은 홍수와 같은 파괴 속에서도 신생을 준비한다고 했다. 그리고 전쟁의 진정한 의미를 설명하는 부분에서 국민적 시련을 이겨내는 것이 승리이고 시련에 낙제하는 것이 참 패배라고 역설했다.[92]

그가 주목한 첫 번째 신생의 미광은 자유의 요구로서 배청운동排淸運動과 삼학사三學士였다. 그는 삼학사의 척화론이 당시의 정세로 보았을 때 현실을 무시한 일개 '대언장어大言壯語'로 치부할 수 있고, '단연주의斷然主義'라고 하지만, 일전을 치를 준비가 되지 않아 '일편一片의 공론空論'에 불과한 것이라고 그 한계를 인정했다. 그러나 그 의기는 놀라운 것으로서, 일개 함성이고 일개 선언이라고 규정했으나 효종에 의해 실행되지 못함에 안타까움을 표했다.[93]

그가 두 번째 신생의 미광으로서 주목한 것은 탕평책이었다. 그는 효종대의 북벌론이 얼마 지나지 않아 냉각되고 숙종 대에 연문학軟文學이 발달하는 것을 오히려 민족적 부흥운동에서 보면 일단의 퇴화라고 평가했다. 왜냐하면 이른바 문화와 문학의 배경이 된 것은 구차한 노예생활에서 얻은 일시적 승평시대昇平時代이기 때문이라는 것이다. 따라서 그는 그 운동이 실패로 돌아가지 않기 위하여 먼저 국력소모의 원인이 되는 당론을 없애는 것이 절대 필요한 일이라고 강조했다. 만일 이것을 고치지 못한다면 어떠한 계획도 일시적 공론으로 그치는 것을 면할 수 없다는 것이다. 그러나 이미 당파의 뿌리가 깊어 탕평책도 성공할 수 없

---

92 『聖書朝鮮』 제78호, 1935년 7월호, 3쪽. 여기에서 그는 "… 전쟁의 의미는 전시보다 전후에, 전장보다 학교와 농터와 공장과 店頭에 있다. 침략자에게나 방어자에게나 다 말할 것 없이 전쟁은 일대 국민적 시련이라는 데 그 진의가 들어 있다. 적국의 영토를 빼앗고 살육을 맘대로 하는 것이 승자가 아니라 이 시련에 의하여 일단 향상의 수련을 얻는 국민이 참 승자요, 국토를 잃고 배상을 내는 것이 패가 아니라 이 시련에 낙제하는 것이 참 패배이다"라고 했다.

93 『聖書朝鮮』 제79호, 1935년 8월호, 4쪽.

는 현실이 되고 말았다고 개탄했다.[94]

그가 마지막으로 주목한 신생의 미광은 실학이었다. 그는 최남선의 『조선역사』를 인용하며 실학을 상세히 설명했다. 그는 실학에서도 학문, 특히 조선 연구 경향을 높이 평가하며 실학을 "조선 고유의 것을 찾으며 실제적 견지에서 국가부흥의 도를 찾는 일이 성히 일어나니 이른바 실학"이라고 정의했다. 그는 실학으로 신생운동이 최고 단계에 도달했다고 하며, 이로써 정치적 해방운동에서 도덕적 민심 곽청廓淸운동으로, 소극적 곽청운동에서 적극적 자기확충운동으로 나아갔다고 평가했다.

> … 회고하면 당당한 역사의 출발을 했던 동아의 일대민족이 자기를 잃고 허위의 길을 헤매기 시작한 것도 벌써 오랜 일이다. 사명 컸던 고구려가 넘어진 지 이미 천수백 년 그동안에 역사는 좌절 우절 파란 위에 파란을 더하였다. … 그러는 동안에 옛날의 영롱하던 문화의 전당은 회토에 묻히고 荊蔓에 갇히어 돌아보는 이 없으매 그 실재를 알 수 없이 되었고 일찍이 영예의 왕관을 썼던 자는 그 마음에 진실을 잃고 존엄을 잃으매 빈곤 중에 자포자기 하여 流乞의 생활에 안연하게 되었다. 그러나 신의 채찍은 드디어 그를 쳐 깨우쳤다. 이제 그는 부르짖는 자기의 痛聲에 꿈을 깨는 사람처럼 놀라 깨어 과거와 현재의 대조되는 두 자아를 한데 연결하는 정각에 돌아왔다. 그리하여 새로운 희망을 가지고 잃어버린 전당의 수리를 시작하였다. 저가 만일 그 자신과 노력을 잃지 않는다면 未久에 얼클어진 가시덤불을 헤치며 깃들이는 야수의 무리를 내어 쫓은 후 무너진 담을 다 쌓고 퇴락한 궁전을 고쳐 세우는 날이 올 것이다.[95]

94 『聖書朝鮮』 제79호, 1935년 8월호, 4~5쪽.
95 『聖書朝鮮』 제79호, 1935년 8월호, 6쪽.

그가 실학을 주목한 것은 당시 민족주의 진영에서 다산을 중심으로 전개되던 조선학운동의 시대적 인식과 연관이 있다고 여겨진다. 그러나 그는 실학만으로는 무너진 역사의 전당을 세울 수 없다고 여겼다. 그는 단순한 현실론만 가지고는 되지 않으며, 단순한 학문 이상의 것이 필요하다고 강조했다. 또한 새벽하늘과 같이 전 민중을 생동시키는 맑은 대기와 광명이 가득 찬 사회를 위해 새 종교가 필요하다고 역설했다. 그러나 그는 복음의 전래에서 일시 희망을 가졌으나 실학도 무용이고 조선 연구도 어디가고 복음도 잠류潛流가 되어 재전락의 길을 걷게 되었다고 아쉬워했다.

그는 500년 수난의 역사도 부족하여 돌아오려던 회복의 기운도 사라지고 우리 자신이 지금 그 수난의 언덕길을 구르고 있다고 말하며 글을 맺었다. 곧 일제강점기를 '재전락'으로 은유적으로 표현했던 것이다. 그러나 그가 조선시대를 마무리하며 일제의 식민지로 전락하는 과정을 말을 할 필요조차 없다고 하며 단지 신의 섭리로만 돌린 것은 아쉬운 대목이다.

> … 약자라고는 하나 남기지 않고 다 삼키려는 서양 문물의 거파가 닥쳐 들어오며 열강의 압박이 날로 심하여가는 가운데서 국책의 수립도 없고 국민적 각오도 없고 하등 역사적 이상도 없고 姑息之計로 오늘은 親清, 내일은 親露, 臨時 臨時를 미봉하여 가며 일신의 榮奪을 다 투기에만 급급하였다. 이후의 임오군란, 갑신정변, 갑오경장, 경술합병의 세세한 이야기를 다 하지 않는다. 大院君은 무식했거니 閔妃는 陰邪했거니 누구의 일은 痛恨하니 누구의 일은 그 고기를 씹고 싶으니 하는 말을 할 필요도 없다. 神은 이 歷史의 指針을 벌써 顚落의 방향으로 쑥 돌려놓았다. …[96]

맺음말

이 글에서는 함석헌이 1934~1935년간『성서조선』에 연재한『성서적 입장에서 본 조선역사』를 중심으로 그의 역사서술과 역사인식을 논의했다.

함석헌이『조선역사』를 발표했던 1930년대 전반기는 한국사학계가 일대 전기를 맞이하던 시기였다. 1930년대는 국학민족주의시대라 일컬을 만큼 국학이 민족운동을 선도하는 이데올로기적 성격을 지녔던 시대였다. 당시 한국사학은 민족주의사학·사회경제사학·실증사학 등으로 유형이 분화 발전했고, 조선학운동이 전개되기도 했다.『조선역사』는 이러한 배경에서 잉태된 시대적 산물이라 할 수 있다. 또한 그가『조선역사』를 저술한 배경에 일본 유학 당시 우치무라의 동문이었던 후지이가 저술한『성서에서 본 일본』(1929)의 영향이 있음도 유의해야 할 것이다.

그는 당시 조선의 역사학계를 전인미답의 처녀지라고 여기고 자신의 역사연구를 그 첫발을 딛는 모험으로 생각했다. 이러한 그의 평가는 당시의 한국사학계를 전혀 무시하거나 부정하는 듯하나, 실제 본문에서는 신채호 등 민족주의사가의 견해를 수차 인용하고 있다. 그는 오히려 자신이 배척하고자 한 민족주의사학을 비판적으로 수용했던 것이다.

그가 추구한 역사연구의 목표는 역사가의 주관적 해석과 판단에 의해 한 권의 민중의 역사를 쓰는 데 있었다. 그는 역사를 읽는 사람에게 양서의 선택과 독사 방법의 중요성을 강조했는데, 그가 주장한 '독사의 정신'과 '참 역사'론은 신채호가「독사신론」에서 새로운 역사연구법을 제창하고, '참 조선사'론을 주장한 것과 매우 흡사하다.

『조선역사』는 독자들에게 큰 영향을 주었고, 당시 최고의 역사저술

---

96 『聖書朝鮮』제80호, 1935년 9월호, 10쪽.

이라는 평가를 받기도 했다. 그는 오산학교 역사 교사로 재직하던 시절 우리 역사를 직시하게 되었다. 그는 일제를 동네 건달로, 식민지로 전락한 우리를 그 건달에게 능욕당한 처녀에 비유했다. 그의 역사저술은 이런 인식으로부터 출발했다.

그는 모든 역사는 성서적 입장에서만 쓸 수 있고, 역사철학은 성경밖에 없다고 믿었다. 이러한 인식은 1942년 '성서조선사건'을 겪으며 스스로 사상의 외연을 넓히고, '성서'에서 '뜻'으로 바꾸는 대전환을 하게 된다. 즉, 기독교라는 종교의 울타리 속에서만 역사를 논의하고 가치를 추구하던 그가 자폐적 범주를 벗어나 만인의 종교를 추구하며 이를 '뜻'으로 개념화한 것이었다. 따라서 그의 역사인식의 중심에는 관념론적 성격이 강한 '뜻'이 자리하고 있었으며, 곧 일제강점기 민족주의사가들이 형상화하고자 했던 관념론적 역사인식과 상통하는 성향으로 이해할 수 있는 것이다.

그는 역사발전단계를 발생기·성장기·단련기·완성기로 나누어 이해했다. 그가 세계사의 발전단계설에 입각하여 한국사를 논의한 것은 일제의 식민사관인 '조선사의 특수성'을 배격한 것이라는 점에서 의미를 부여할 수 있다.

함석헌은 단군에 대해 매우 과학적이면서도 민족적으로 접근했다. 이는 단군을 부정한 식민사학에 대한 배격이자, 단군의 실존을 추구한 민족주의사학에 대한 반박이라는 양면성을 지닌다. 그는 기자동래설을 부정하되, 그 실체는 인정했고 위만조선에 대해서도 간략히 서술했으며, 특히 낙랑군 등 한사군과의 대치를 통해 민족적 자아의식이 성장했다고 서술했다. 그의 고대사 인식은 철저한 고구려 중심사관에 의해 정리되었다. 따라서 신라의 삼국통일의 의의를 인정하지 않았으며, 고구려-발해 정통론을 전개했다.

그는 고려시대를 실패한 왕조로 규정했다. 그러나 건국 초의 북진정책, 윤관의 여진정벌과 묘청의 서경천도운동, 숙종조의 북벌사상을 3차의 고조기라 하며 고려가 이 기회를 놓친 것을 안타까워했다. 이 부분의 서술에서 그는 조선정신-조선심-조선혼이라는 용어를 수차 강조하며 사용하고 있어 민족주의 사가의 관념론적인 역사인식을 방불케 한다.

조선시대 역시 중축이 부러진 역사라 하며 매우 부정적으로 인식했다. 그는 특히 당쟁에 대해 많이 논급했다. 그는 당쟁의 역사적 연원을 삼국의 멸망과 민족적 대이상의 상실, 관념사학의 가치개념인 '조선심'의 협착에서 비롯된 것으로 독특하게 이해함으로써 식민사학과 다름은 물론 민족주의 사가들의 견해와도 근본적으로 인식을 달리하고 있다. 그는 임경업을 높이 평가하고, 배청운동과 삼학사, 탕평책, 실학을 '신생新生의 미광微光'으로 주목했으나, 모두 성공하지 못한 것으로 평가했다.

함석헌의 역사저술은 본격적인 역사서로서 정리된 것이 아니고, 당시 학계에서도 외면당했으며 독자도 매우 제한적이었다. 또한 역사저술 방법이 체계적이지 못하며, 이론도 거칠고 정제되어 있지 않다. 따라서 그의 『조선역사』가 그 시대에 끼친 영향에 대한 회의적 평가가 있을 수 있다. 그러나 해방 이후 『조선역사』는 여러 차례 간행되며 가치를 다시 인정받았고 생명력이 확인되었다. 일제강점기에 필사본의 형태로 회람된 사서 가운데에서도 중요하게 평가되는 사례가 있기 때문에 『조선역사』는 응당 한국사학사에서 논의되어야 하며, 1930년대에 독특한 위치를 차지하는 역사서로 평가되어야 한다고 믿는다.

지금까지 그의 한국사관은 기독교사관·종교사관·섭리사관·종말사관·도덕사관·고난사관 등으로 논의되어왔다. 그가 성경과 섭리사관을 내세워 종교적 사관을 표방한 것은 분명한 사실이다. 그는 또한 반식민사학反植民史學을 표방했고, 계급사관과 영웅사학 및 실증사학을 비판하고 배격했다. 그러나 그의 역사서술에서 강력히 발광하는 것은 민족주의 사학적 면모이다. 결국 그는 1930년대라는 시대적 상황에서 기독교를 내세운 민족주의사학의 비판적 동조자로 보는 것이 타당할 듯하다. 그는 1960년대에 본서를 『뜻으로 본 한국역사』로 개명하고 내용을 대폭 수정 보완하며 '성서'보다는 '뜻'을 추구하는 사안史眼의 자가 교정을 했다. 그 전조前兆는 이미 1930년대 그의 역사서술과 인식에서 배태되었음을 알 수 있는 것이다.

(『한국사학사학보』 제22권 22호, 한국사학사학회, 2010)

ㅊ

ㅋ

ㅌ

한국
독립운동과
역사인식

초판 1쇄 인쇄 2019년 4월 2일
초판 1쇄 발행 2019년 4월 11일

지 은 이 박걸순
펴 낸 이 주혜숙

펴 낸 곳 역사공간
등   록 2003년 7월 22일 제6-510호
주   소 03996 서울시 마포구 월드컵로 100 한산빌딩 4층
전   화 02-725-8806
팩   스 02-725-8801
전자우편 jhs8807@hanmail.net

I S B N 979-11-5707-192-0 93910